# Konrad Löw

# Der Mythos Marx
## und seine Macher

# Konrad Löw

# Der Mythos Marx
## und seine Macher

### Wie aus Geschichten
### Geschichte wird

Mit einem Vorwort von
Karl Wilhelm Fricke

71 Abbildungen und Dokumente

**Langen Müller**

Mit Abbildungen aus der Sammlung Löw

1. Auflage 1996
2. Auflage 2000 – Sonderproduktion

© 1996 by Langen Müller
in der F. A. Herbig Verlagsbuchhandlung GmbH, München
Alle Rechte vorbehalten
Schutzumschlag: Atelier Höpfner-Thoma, unter Verwendung eines
Gemäldes von P. Nasarow und N. Gereljuk (1920), AKG, Berlin
Herstellung und Satz: VerlagsService Dr. Helmut Neuberger
& Karl Schaumann GmbH, Heimstetten
Gesetzt aus der 10,5/12 Punkt Times
Druck und Binden: Wiener Verlag, Himberg bei Wien
Printed in Austria
ISBN 3-7844-2567-4

*Klaus Kunkel,*
*dem mutigen Mentor*

*Allen, die mit Kritik, guten Ratschlägen, scharfem Blick, flinken Fingern, durch Zulieferung relevanter Texte oder auf andere Weise das Zustandekommen dieses Buches gefördert haben, sei auch an dieser Stelle aufrichtig gedankt, insbesondere Gerhard Adler, Uwe Backes, Robert Grünbaum, Sabine Gries, Horst Haun, Dagmar Lawrence, Matthias Schmidt, Christine Smieszalski, Heidi Weigand-Diederichs.*

*Nolo decipere
nec decipi*

*(Ich will weder täuschen
noch getäuscht werden)*

Gefördert durch die informedia-Stiftung
Gemeinnützige Stiftung für Gesellschaftswissenschaften
und Publizistik, Köln.

*»Weder Männer, noch Massen machen Geschichte, sondern Mythen.«*
(Noack aaO S. 9)

*»Nie wird ganz ein Gerücht sich verlieren, das vielerlei Volkes häufig im Munde geführt; denn ein Gott ist auch das Gerücht selbst.«*
(Hesiod)

*»Kaum befreit vom Gängelband ihrer alten Herrscher, fabrizieren sie sich selber neue und regen sich auf über jene ›Ungläubigen und Rebellen‹, die sich unangenehm bemerkbar machen, indem sie lästige Wahrheiten veröffentlichen und kompromittierende Tatsachen enthüllen und sich so der Gotteslästerung und Majestätsbeleidigung an den neuerdings heiliggesprochenen... Göttern und Königen schuldig machen.«*
(Karl Marx; MEW aaO 8, 392 f.)

*»Die politische und klassenmäßige Differenziertheit der Marx-Biographen ist außerordentlich groß, aber seit den 70er Jahren ist auch auf diesem Gebiet der Einfluß der reaktionären konservativen Marxismus-Kritik spürbar. Ihre Vertreter konzentrierten sich dabei auf psychologische und psychoanalytische Argumentationen, um aus der Persönlichkeit Karl Marx Haß, Gewalt und Macht als die typischen Strukturen für sein Denken und Handeln zu kennzeichnen. Ob Löw, Friedenthal, Peters, Kaltenbrunner, Rohrmoser, Topitsch, sie alle analysieren bei Karl Marx einen ›Glauben an das eigene Auserwähltsein, das sich mehr und mehr zu messianischem Sendungsbewußtsein und cäsarischen Machtansprüchen‹ steigere und sie folgern daraus, daß der Marxismus-Leninismus nichts anderes als ›theoretische Rationalisierung des dämonischen Machtwillens von Karl Marx sei‹.«* (Aus »Beiträge zur Kritik der bürgerlichen Philosophie und Gesellschaftstheorie« Martin-Luther-Universität Halle-Wittenberg 1989)

# Inhalt

## I.
## Marx – der »Mythos des 20. Jahrhunderts«

## II.
## »Einen Thron will ich mir auferbauen« –
## Karl Marx und Friedrich Engels

## III.
## »Du hoher Priester und Bischof des Herzens« –
## Die Familie Marx

## IV.
## »Unser großer Führer« –
## Zeit und »Partei«-Genossen

## V.
## »Der bedeutendste Gelehrte und Lehrer des
## modernen Proletariats in der ganzen zivilisierten Welt« –
## KPdSU, KPD, SED

## VI.
## Die »Marxsche Geschichts- und Gesellschaftslehre« als »Wurzel« – die SPD von der Spaltung bis heute

## VII.
## Marx – »der erfolgreichste ›Theologe‹ seit der Reformation«

## VIII.
## »Marx und Engels... Begründer einer wissenschaftlichen philosophischen Weltanschauung«

## XII.
## »Wären unsere Gegner pfiffiger als sie sind...« – Konservative und Liberale

## XIII.
## Auch der Mythos des 21. Jahrhunderts?

# Vorwort

Der Bitte, zu der vorliegenden schonungslos kritischen Schrift über Karl Marx ein Vorwort zu schreiben, bin ich aus drei Gründen gern nachgekommen: Erstens halte ich Konrad Löw für den besten Marx-Kenner demokratisch-konservativer Gesinnung. Schon das allein nimmt mich für ihn ein. Zweitens teile ich seine Auffassung, daß sich die Machthaber der gewesenen DDR, die die zweite deutsche Diktatur im 20. Jahrhundert zu verantworten haben, durchaus zu Recht auf Marx und Engels (sowie auf Lenin und Stalin) berufen haben, um ihrer Herrschaft ein ideologisches Fundament zu verschaffen. Indem sie die Dogmen der »Klassiker« verabsolutierten – ganz im Sinne Lenins: »Die Lehre von Marx ist allmächtig, weil sie wahr ist« –, mußte der »real existierende Sozialismus« in der DDR zur Diktatur verkommen. Und drittens stimme ich mit Konrad Löw auch in der Auffassung überein, daß aus der historischen Erfahrung des Kommunismus nicht zuletzt die Konsequenz zu ziehen ist, den Mythos des Marxismus zu entzaubern. Geschieht das nicht nachhaltig genug, bleibt die Zukunft dem Mißverständnis ausgesetzt, daß das Scheitern des Kommunismus letztlich nicht durch seine Ideologie, sondern »lediglich« durch die verfehlte Verwirklichung der »an sich« richtigen Ideologie bedingt gewesen ist.

In der DDR waren die Lehren von Marx, Engels, Lenin und Stalin zur Staatsdoktrin erhoben. Ihre Maximen und Prinzipien durften nicht in Zweifel gezogen werden. Ihre kritische Diskussion wurde von Staats wegen unterbunden. Selbst skeptische Marxisten wurden, so sie sich zu Wort meldeten, mit strafrechtlichen Sanktionen belegt. Erst als 1956 auf dem XX. Parteitag der Kommunistischen Partei der Sowjetunion in Moskau der tote Stalin seiner Dogmatik und seiner durch sie bedingten Verbrechen wegen parteioffiziell verketzert und verdammt wurde, durfte auch im Staat der SED Kritik an Stalin geäußert werden, verhalten zwar und eher marginal, aber immerhin. Walter Ulbricht, der Stalin jahrelang als »Fortsetzer und Vollender der unsterblichen Werke von Marx, Engels und Lenin« hatte verklären lassen, dekretierte nun kaltschnäuzig: »Zu den Klassikern des Marxismus kann man Stalin nicht rechnen.«

Gleichwohl blieben seine Kerndogmen ideologische Grundlage für die Diktatur der SED. Es konnte nicht anders sein, denn sie bilden eine untrennbare Einheit: die Lehren des Kommunismus. Jede prinzipielle Kritik an Stalins Ideologie schließt unausgesprochen auch Kritik an Lenin ein, freilich ebenso an Marx und Engels. Oder umgekehrt: Ohne Marx und Engels wären Lenin und Stalin nicht denkbar, weshalb es Täuschung oder Selbsttäuschung ist, zwischen ihren Lehren qualitative Unterschiede zu behaupten. Von Marxens These, daß die Gewalt »der Geburtshelfer jeder alten Gesellschaft« sei, »die mit einer neuen schwanger geht«, führt eine blutige Linie bis hin zu Lenins Definition einer Diktatur als einer »sich unmittelbar auf Gewalt stützenden Macht, die an keine Gesetze gebunden ist« - eine Definition, die er mit Blick auf die Diktatur des Proletariats durchaus positiv verstanden wissen wollte, als Anleitung zu »revolutionärem Handeln«. Indem Lenin und Stalin die Theorie von Marx und Engels in revolutionäre Praxis umsetzten, und zwar mit Gewalt, handelten sie logisch konsequent.

Belege und Begründungen legt Konrad Löw in seinem Buch zur Genüge vor. Die ideologische Bedingtheit der kommunistischen Diktatur findet bei ihm eine plausible Erklärung. Sie gilt auch für die DDR. Die Diktatur der SED war systembedingt, nicht Willkür, die gewiß auch nicht auszuschließen war, die aber zusätzlich wirkte, das heißt, die systemimmanenten Widersprüche nur zuspitzte.

Zum Beispiel beschloß die 2. Parteikonferenz der SED 1952 unter ausdrücklicher Berufung auf Marx, Engels, Lenin und Stalin mit der Proklamierung des »Aufbaus des Sozialismus« zugleich eine »Verschärfung des Klassenkampfes« in der DDR, was sich im Alltag in Staat und Gesellschaft unmittelbar in verstärkter Repression niederschlug, in verschärfter Verfolgung vermeintlicher und tatsächlicher »Klassenfeinde« durch Staatssicherheit und Strafjustiz. Stalins These von der »Verschärfung des Klassenkampfes« beim Aufbau des Sozialismus wurde in der DDR erst 1956 durch die 3. Parteikonferenz der SED »revidiert«, als Reaktion auf den XX. Parteitag der KPdSU, aber die verhängnisvollen Folgen, die sie bis dahin für Zehntausende von politischen Gefangenen und für Hunderttausende von zur Flucht aus der DDR getriebenen Menschen gezeitigt hatte, sie ließen sich nicht mehr »revidieren«.

Wer bestreitet hier systembedingtes Unrecht? Es geschah eben nicht aus Willkür, sondern weil die Staats- und Rechtsideologie der SED mit Bezug auf die »Klassiker« den Staat als Machtinstrument der Partei und das Recht als den zum Gesetz erhobenen Willen der Partei begriffen hatte. Das praktisch Geschehene mit seinen unmensch-lichen Folgen war theoretisch begründet.

Der Verfasser dieses Vorworts wurde sich über diese Zusammen-hänge so klar wie nie zuvor, als er den »real existierenden Sozialis-mus« der DDR konkret erlebte: in Bautzen II, einem Hochsicher-heitsgefängnis in der alten Wendenstadt unter Aufsicht des Ministe-riums für Staatssicherheit. Mir, dem »Strafgefangenen Fricke, Karl Wilhelm«, der hier eine vierjährige Zuchthausstrafe wegen »Kriegshetze« zu verbüßen hatte, war durch zentrale Weisung ei-nerseits zwar strenge Einzelhaft auferlegt, andererseits aber die Er-laubnis eingeräumt worden, Bücher von Marx, Engels und Lenin zu lesen sowie dazu Papier und Bleistift zu besitzen.

Selbstverständlich habe ich diese Möglichkeit genutzt, bot sie mir doch die Chance, die Zeit im Zuchthaus sinnvoll zu verwenden. Und so studierte ich systematisch aufgebaut die »Klassiker«, zu denen man Stalin nun nicht mehr rechnen durfte, mit einer Gründlichkeit, wie ich sie während meines Hochschulstudiums niemals hatte auf-bringen können. Engels' »Anti-Dühring«, »Das Kapital« von Marx, Lenins »Staat und Revolution« oder seine unsäglich diffamierende Polemik gegen Karl Kautsky – ich habe sie sorgfältiger studiert als gewiß so mancher Kursant an der Parteihochschule »Karl Marx« der SED. Und ich lernte das ideologische Bedingungsgefüge der Dikta-tur der SED durchschauen. Mir wurde klar, daß der Marxismus nicht allmächtig war, weil er wahr schien, nein, er hatte »wahr« zu sein, weil sich die Herrschenden allmächtig dünkten.

Auszug aus einem »Führungsbericht über den Strafgefangenen Fricke«, vorgelegt vom Leiter der Strafvollzugsanstalt Bautzen II, datierend vom 1. April 1958 und somit auf den Tag genau drei Jah-re nach meiner Entführung aus West-Berlin: »Aus Sicherheitsgrün-den konnte der Strafgefangene Fricke bisher noch nicht zur Arbeit eingesetzt werden. Er befindet sich in Einzelhaft... Seine Einstellung zum Staat der Arbeiter und Bauern, überhaupt zur DDR, ist un-durchsichtig. Trotzdem ist er über den Marxismus-Leninismus gut informiert.

Werke wie »Das Kapital« von Marx erhielt der Strafgefangene zum Studium ...«.

Gut drei Monate später, in einer Aktennotiz vom 11. Juli 1958, schien einem Leutnant, dem »Stellvertreter Allgemein« in Bautzen II, meine Einstellung zur DDR weniger undurchsichtig. Bei einer Vernehmung aus gegebenem Anlaß, so vermerkte er schriftlich,

»kam klar zum Ausdruck, daß Fricke ein unversöhnlicher und eingefleischter Gegner der Deutschen Demokratischen Republik ist.« Was hat diese Reminiszenz aus meiner Zuchthauszeit mit dem Vorwort zu Konrad Löws Buch zu tun? Sehr viel – glaube ich: Sie veranschaulicht exemplarisch die ideologische Gläubigkeit der Herrschenden in der DDR, deren Gefängnisbüttel es offenbar für möglich hielten, daß ein Studium des Marxismus-Leninismus in totaler gesellschaftlicher Isolation zu einem Wandel des politischen Bewußtseins führen könnte.

Irgendwie war die Erfahrung des Strafgefangenen in Bautzen symptomatisch für die Erfahrungen vieler Menschen in der DDR, die auch in vier Jahrzehnten für die Lehren von Marx und Engels, Lenin und Stalin nicht zu gewinnen waren. Mir fällt zudem ein Wort von Tolstoj ein: »Niemand kennt seine Regierung, solange er nicht einmal in ihren Gefängnissen geschmachtet hat.«

Ich wünsche dem vorliegenden Buch von Konrad Löw, das von tiefer Kenntnis der Marx'schen Lehren zeugt und dadurch überzeugt, weite Verbreitung, zumal unter Marxisten, sofern sie sich der Fesseln der Ideologie in ihrem Denken entledigen können. Erst die kritische Auseinandersetzung mit der kommunistischen Theorie macht gegen Rückfälle in die kommunistische Praxis immun.

*Köln, im Januar 1996*                                   *Karl Wilhelm Fricke*

# Zu diesem Buch

*»›Das Ende des Marxismus‹ ist ein Klischee. Streng genommen ist der Marxismus nicht gestorben. Er lebt und wird lange leben. Dafür gibt es objektive und subjektive Gründe.«*

Anatolij Frenkin[1]

Am 12. September 1949 wurde Theodor Heuss zum ersten Bundespräsidenten der Bundesrepublik Deutschland gewählt. Zehn Jahre bekleidete er dieses Amt, ausnehmend beliebt in Deutschland, geachtet überall in der Welt, wo die Bundesrepublik diplomatisch tätig werden konnte. Er hat sich um das Vaterland verdient gemacht.
1932 veröffentlichte er ein Buch, betitelt »Hitlers Weg«. Aus seiner Sicht, die er schon in der Vorbemerkung deutlich ausformuliert, gab es bis dahin zum Thema Nationalsozialismus »Apologetik wie Polemik. Die Frage erhob sich, ob zwischen diesen Büchern und Broschüren ein neuer und gewiß weniger lauter Versuch noch Raum fände.«[2] Mit diesen Worten skizzierte er drei Möglichkeiten, sich mit einer Weltanschauung und Bewegung auseinanderzusetzen: Apologetik, Polemik und einen wenig spektakulären Mittelweg. Wohl jeder, der sich der Wahrhaftigkeit verpflichtet weiß, dürfte, zumindest beim ersten Hören oder Lesen, Heuss' Standpunkt grundsätzlich gewogen sein. Heuss hat seine Absicht auch in die Tat umgesetzt. Schon auf der ersten Seite rückt er Hochverräter in ein mildes Licht und nennt die Männer, die am 9. November 1923 vor der Feldherrnhalle in München erschossen wurden, »schuldlose Opfer einer unsicheren Regie«. Er attestierte Hitlers Buch »Mein Kampf« »eine innere Verwandtschaft« zu August Bebels »Frau«.[3] Einige Seiten später führt er aus, und solche Passagen sind typisch: »Willy Hellpach hat einmal den Versuch gemacht, Hitler als den vierten Einsatz der deutschen Geschichte im Streben nach einem nationalen Sozialismus darzustellen; die Vorgänger, nicht die Vorläufer sind ihm Fichte, Lassalle, Naumann. Die Überlegung ist interessant und anregend, aber es wäre verwirrend, zwischen den Namen

eine ursächliche Verschlingung zu sehen.«[4] Und an anderer Stelle: »Es ist unsicher, wer sich mehr beleidigt fühlt, der Sozialdemokrat oder der Nationalsozialist, wenn man Ferdinand Lassalle und Adolf Hitler nebeneinander nennt. Sie sind gewiß höchst verschieden in ihrer geistigen Herkunft, in ihren Bildungsansprüchen, in ihrer Lebensführung, wohl verwandt in dem Ehrgeiz, der Sache und Person in eins setzt und in einer empfindsamen Eitelkeit, die Kränkung, Nichtachtung witternd, immerzu ein humorloses Pathos der Abwehr zur Verfügung hat.«[5] Über eine Seite hinweg werden dann Parallelen aufgezeigt, vor allem die innerparteiliche Diktatur.[6]

Souverän, ironisch, zugleich meist verhalten kritisiert Heuss das Programm der NSDAP und das Buch »Mein Kampf«. Die Kritik verschwindet fast im Meer geistreicher historisch-soziologischer Erörterung politischer Tagesfragen. Obgleich die achte und zugleich letzte Auflage nach dem ersten Wahlgang der Reichspräsidentenwahl am 13. März 1932 überarbeitet wurde, erschallt an keiner Stelle der Ruf: Hitler ante portas! Gefahr ist im Verzug! Von Bestürzung, Furcht oder Schrecken keine Spur.

War seine auf den ersten Blick so zivilisierte Methode des Fechtens mit dem Degen in der Scheide die richtige? Wäre Heuss damals gefragt worden, an wen er denke, wenn er mit Blick auf Hitler von Polemik spreche, so hätte der Name Gerlich als erster fallen können. Dr. Fritz Gerlich war ein angesehener Journalist, von 1920 bis 1928 Chefredakteur der Münchner Neuesten Nachrichten, der heutigen Süddeutschen Zeitung. Er riß Hitler mit drastischen Worten die Maske vom Gesicht: »Die Übel, unter welchen die Völker leiden, können allein geheilt werden durch *Verständigung, Versöhnung, Abrüstung und Frieden.* Nationalsozialismus aber bedeutet: *Feindschaft mit den benachbarten Völkern, Gewaltherrschaft im Innern, Bürgerkrieg, Völkerkrieg.* Nationalsozialismus heißt: *Lüge, Haß, Brudermord und grenzenlose Not.*«[7]

Wer traf 1932 ins Schwarze, Heuss oder Gerlich? Selten hat die Geschichte eine Frage mit solcher Eindeutigkeit beantwortet und die auf den ersten Blick so sympathisch-generöse »Methode Heuss« disqualifiziert. Daraus folgt ganz allgemein, daß eine »polemische«, besser: eine kritische, an tradierten Werten orientierte Auseinandersetzung mit einer Weltanschauung, mit einer politischen oder religiösen Bewegung nicht von vornherein zu mißbilligen ist. Auch mit Blick auf den Marxismus und seinen Namenspatron, Karl Marx, ist diese Erkenntnis angemessen.

Aus Gründen, die sich einer vollständigen Aufklärung letztlich entziehen, ist die »Methode Heuss« keineswegs nur die Schwäche von »Hitlers Weg«, keineswegs nur die Schwäche dieses Autors in seiner Zeit, vielmehr genießt sie, von seltenen Ausnahmen – z.B. Nationalsozialismus – abgesehen, in allen Generationen und weit über Deutschland hinaus Reputation. Das beweist vor allem, so lautet meine These, der Umgang mit Karl Marx und seiner Lehre. Nicht seriöse Forschung hat ihm den Lorbeerkranz geflochten, der ihn, seinen Worten und Bestrebungen gemäß, »unangetastet, von der Menge bewundert und über sie erhaben dastehn läßt«,[8] vielmehr haben Menschen verschiedener Länder, Herkunft, Berufe, Epochen, Klassen den Mythos Marx geschaffen, um einen neuen Gott ins verwaiste Heiligtum[9] zu setzen.

Das eine Wort Mythos hat eine zweifache Bedeutung. Der Große Duden übersetzt es einerseits mit »Überlieferung, überlieferte Dichtung, Sage, Erzählung...«, andererseits mit »Person, Sache, Begebenheit, die (aus meist verschwommenen, irrationalen Vorstellungen heraus) glorifiziert wird, legendären Charakter hat«. Beiden Begriffen ist gemeinsam, daß sie auch auf die Menschen einer aufgeklärten Welt eine starke Faszination ausüben. Für die Auseinandersetzung mit Marx, wie er wirklich war, mit dem, was er tatsächlich gelehrt hat, und mit dem, was jeweils daraus gemacht worden ist, gibt es eine Reihe guter Gründe; dabei sollte es vor allem darum gehen, den Schein vom Sein zu trennen:

Der Kommunismus und seine Wortführer, insbesondere Karl Marx und Friedrich Engels, haben Weltgeschichte gemacht. Die am meisten verbreitete Schrift der Freunde, »Das Manifest der Kommunistischen Partei« (1848), beginnt mit den Worten: »Ein Gespenst geht um in Europa – das Gespenst des Kommunismus.«[10] 150 Jahre später lautet die Fortschreibung: Ein Gespenst ging um in Europa – das Gespenst des Kommunismus. Dieses Gespenst nahm Gestalt an, wurde zu einer gewaltigen Bewegung, beherrschte ein Viertel der Erdoberfläche und ein Drittel der Menschheit. Als die Weltherrschaft des Kommunismus zum Greifen nahe schien, begann – für die meisten völlig überraschend – seine rasante Erosion, die dazu führte, daß am 25. Dezember 1991 vom Zentrum des kommunistischen Imperiums, vom Kreml in Moskau, die rote Flagge eingeholt wurde. Der Kommunismus hat weltweit Millionen und Abermillionen Menschen Not und Tod gebracht. Hauptverantwortlich dafür sind Männer wie Lenin,[11] Stalin, Mao, Castro. Haben sie, die sich alle auf

Marx beriefen, Marx verraten oder die Marxschen Vorgaben konsequent ausgeführt? Alan Bullock zeigt in seinem Buch »Hitler und Stalin. Parallele Leben«[12] ein Foto, das den bolschewistischen Diktator am Schreibtisch sitzend darstellt und über ihm ein Bildnis des Karl Marx, der spiritus rector gleichsam des Joseph Dshugaschwili, wie Stalin ursprünglich hieß. Das ist eine Sichtweise, der wir immer häufiger (u. a. bei Maurice Duverger, André Glucksmann, Bernard-Henri Lévy, Erhard Schreiber[13]) begegnen und die uns Deutsche ganz besonders herausfordert. Für den namhaften russischen Philosophen Alexander Zipko liegen die »Quellen des Stalinismus« in der Marxschen Lehre.[14] Walerij Alexandrowitsch Wolin, Militäroberstaatsanwalt der Russischen Föderation für Rehabilitation, äußerte sich vor dem Bautzen-Forum der SPD (17./18. Juni 1993) ebenfalls in diesem Sinne:

Hat Marx Stalin inspiriert?

»Wenn ich in meinem Vortrag über Repressionen spreche, dann wünsche ich mir, daß Sie den Begriff der Repression nicht mit dem Namen Stalins verbinden. Ob Stalin, Lenin, Ulbricht oder Breschnew – sie alle sind Erzeugnisse des Systems der Kommunisten. Mein Vortrag enthält keine sensationelle Mitteilung, zumindest habe ich mich darum nicht bemüht. Ich muß Ihnen aber sagen, daß ich in den Jahren meiner Arbeit in der Rehabilitierungsverwaltung Akten und Unterlagen gelesen habe, die so schlimm waren, daß ich davon schlaflose Nächte hatte. Mein ganzes bewußtes Leben lang, ich bin den größten Teil meines Lebens in Internats-Schulen des Komsomol aufgewachsen, wurde mir immer wieder der Haß gegen den Faschismus und gegen alles, was deutsch war, eingehämmert. Und nun, im reifen Alter stehend, erfahre ich, daß die Kommunisten keinen Deut besser waren als die Faschisten – und oft haben jene diese sogar übertroffen.«[15]

Damit stellt Wolin neben seiner Genealogie des Bösen einen Vergleich an, der vielen nicht behagt. Daß wir Deutsche auch noch 50 Jahre nach dem Ende des Hitlerspuks mit der »Bewältigung« dieser Vergangenheit befaßt sind, ist allgemein bekannt, wird Tag für Tag in Veröffentlichungen dokumentiert. Mit der totalen Niederlage zerbrach Hitlers Mythos; der Sieg aber steigerte Stalins Mythos ins schier Unendliche, ein Mythos, der erst drei Jahre nach dem Tod »des größten Menschen des 20. Jahrhunderts«[16] zu bröckeln begann. Mag auch Hitler nach Herkunft und Denken nicht vorbehaltlos dem Deutschen zuzuordnen sein, was aus ihm und durch ihn geworden ist, ist auf Dauer mit dem deutschen Namen verkettet. Auch Marx gilt als Deutscher, wenngleich er die deutsche Staatsangehörigkeit nie besessen hat. Doch wenn es nach ihm gegangen wäre, wäre er als Preuße und damit als Deutscher gestorben. Daß ihn mit Deutschland und dem »deutschen Wesen« eine Haßliebe verband, ist hinlänglich belegt.[17] »Etwa 40 000 Einzeltitel – Bücher, Zeitschriftenaufsätze, Artikel und Filme – über ihn sind weltweit verfügbar« – heißt es mit Blick auf Hitler.[18] 40 000 Bände vereinigte die Karl-Marx-Bibliothek, Trier, als sie 1981 eröffnet wurde. Weiter wachsen die Papierberge, die schlicht mit »Marx« einerseits (in Trier jetzt 80 000 Bände) und »Hitler« andererseits betitelt werden könnten. Auch Hitlers Bild wurde von wild wuchernden Mythen umrahmt:

»Die Wirksamkeit des Hitler-Mythos lag in der Tatsache, daß er eine Synthese aus verbreiteten Erwartungen und raffinierten Manipulationen war. Nach der Machtergreifung erschien er den Deutschen als Verkörperung der Volksgemeinschaft, als Symbol der nationalen Einheit und Garant für das Wiedererstarken Deutschlands. Seine Beliebtheit ging zeitweise quer durch alle Klassen und Schichten, kannte keine regionalen und konfessionellen Grenzen, keine Unterschiede nach Alter und Geschlecht... Es ist zudem erstaunlich, wie lange dieser Führer-Mythos seine Kraft behielt.«[19]

Beide Mythen haben letztlich zur Machtergreifung geführt. Die jeweils Hauptverantwortlichen standen sich bald als Todfeinde und bald als Freunde gegenüber. In der »Freundschafts«-Phase (1939–1941) wurden über hundert deutsche Kommunisten (104 Fälle sind bekannt), die in der »Heimat aller Werktätigen« ihr Asyl gesucht hatten, an Hitler-Deutschland ausgeliefert.[20]

Ist Hitler tot? In den Augen der Welt, in den Augen der allermeisten Deutschen ist sein Mythos zerfallen, und die realen Scherben werden auch noch nach 50 Jahren als schwere Erblast empfunden. Ist Marx tot? Der belesene und beschlagene Bundesminister für Arbeit und Sozialordnung, Dr. Norbert Blüm, äußerte auf einer Polenreise: »Marx ist tot, Christus lebt.«[21] In einer Veröffentlichung des Presse- und Informationsamtes der Bundesregierung heißt es dementsprechend: »Marx, Engels und ihre Theorie sind ›out‹, ›in‹ sind die Spielregeln der Demokratie und der Sozialen Marktwirtschaft.«[22]

Wer nicht dem Wunschdenken verfallen ist, Wünschenswertes als Wirklichkeit ausgibt, muß, ob es ihm gefällt oder nicht, anerkennen, daß nicht nur Marxens gigantischer Grabstein auf dem Friedhof von

Die PDS im Schatten von Karl Marx.

Highgate in London die Implosion des Weltkommunismus, den Bankrott des real existierenden Sozialismus überstanden hat, sondern er selbst uns trotz mancher Blessuren ganz vital auf vielfältige Weise begegnet.

»Unverdrossen«, so wird berichtet,[23] »hängt er als vergilbtes Plakat, versehen mit dem Staatswappen der DDR, in der Geschäftsstelle der PDS.« Der SED/PDS-Vorstand, u. a. Gregor Gysi und Hans Modrow, hielten zum 176. Geburtstag ihres Idols (5. Mai 1994) am Marx-Engels-Platz zu Berlin trotzige Ansprachen. Wenig später bescherten dem scheinbar geschlagenen Häuflein aus Totalitarismus befreite Bürger örtlich bis zu 25 Prozent Wählerstimmen, ein Resultat, das uns mit Betroffenheit an die 11 Prozent der Stimmen erinnert, die die NSDAP-Nachfolgeorganisation Sozialistische Reichspartei (SRP) 1951 in Niedersachsen erzielte.[24] In Ungarn, Bulgarien, Rumänien, Polen sind zumindest früher marxistisch orientierte Sozialisten an die Macht zurückgekehrt. In Rußland erhielt die Kommunistische Partei bei den Parlamentswahlen im Dezember 1995 mit Abstand die meisten Stimmen.

Wenngleich schon lange vorbereitet, taucht der Marxismus – welche Ironie der Geschichte – erstmals nach der Wende in einem Programm von Deutschlands ältester und größter Partei, der SPD, als eine ihrer Wurzeln auf.[25]

Marx begegnet uns in den Namen von Straßen und Plätzen, besonders markant in Monumenten, die den Umsturz überdauert haben: So sein gewaltiger 7,10 Meter hoher Schädel, vom Volksmund »Nischel« getauft, im Zentrum der ehemaligen Karl-Marx-Stadt Chemnitz, und die Skulptur der ehernen Freunde vor dem »Palast der Republik« im

Welch bittere Ironie! Die Rede ist von Karl-Marx-Stadt, wie Chemnitz bis 1990 hieß.

Herzen Berlins. Im Bonner Regierungsviertel gibt es auf Drängen der SPD seit 1974 eine Karl-Marx-Straße, nachdem Marx vorher schon zweimal (1933 und 1961) dem Kurfürsten Max-Joseph hatte weichen müssen, den er 1922 und 1949 von seinem angestammten Platz im Stadtzentrum (Max-Straße) verdrängt hatte. Neue Denkmäler werden errichtet. So wird Marx künftig auf dem Ratsturm der Stadt Köln in Stein gehauen zu sehen sein, gespendet von der dortigen SPD.[26]

Marx begegnet uns in Aufsätzen und Büchern, die voll des Lobes sind und ihre Tendenz plakativ herausstellen. So brachte der renommierte Piper-Verlag »Marx, wir brauchen dich« auf den Markt und konnte wenig später schon mit der zweiten Auflage aufwarten.[27] Eben erschien »Gerechtigkeit bei Karl Marx und in der Hebräischen Bibel«. Obwohl der Verfasser, Heinz Monz, einräumen muß, daß Marx »nie expressis verbis die Forderung nach Gerechtigkeit erhob« und das Wort nur »ironisch oder polemisch Erwähnung« fand (S. 16), wird Marx durch unglaubliche Manipulationen in sein Gegenteil verkehrt und – für den Unkundigen überzeugend – zum Symbol der Gerechtigkeit hochstilisiert.

Der Mythos Marx bildet den skurrilen Hintergrund von Umfrageergebnissen, die in Frankfurt a. M., Halle, Leipzig, Freiburg i. Br. und Erfurt unter Studenten ermittelt wurden. Zwei Sätze standen dabei zur Auswahl. Der erste: »Der Marxismus-Leninismus hat Millionen von Menschen um ihre Zukunft betrogen. In seinem Namen wurden schreckliche Verbrechen begangen und fortwährend die Menschenrechte verletzt. Er ist und bleibt diskreditiert.« Dieser Satz erhält im Osten unter fünf Befragten nur von einem die Zustimmung – im Westen sind es auch nur 36 Prozent.

Der zweite Satz: »Der Marxismus-Leninismus beruht auf Prinzipien, die gut sind, aber schlecht ausgeführt wurden. Besser eingesetzt könnten sie für die Welt von morgen hilfreich sein.« Diesem Satz stimmen drei von vier Oststudenten zu. Im Westen erhält er 57 Prozent Zustimmung.[28] Diese Verblendung erinnert auf fatale Weise an die Umfrageergebnisse des Jahres 1951 unter bundesdeutschen Bürgern, von denen rund ein Drittel den Nationalsozialismus insgesamt für eine gute Sache hielt.[29]

Doppelt so hoch wie der Chemnitzer »Nischel«, von dem oben schon die Rede war, soll der Bücherberg werden, der in Abwandlung der Losung: »Alles zur größeren Ehre Gottes!« mit Omnia »ad maiorem gloriam Marxi«[30] bezeichnet werden kann. Worum geht es? Schon

1983 erschien der letzte der 42 Bände »Karl Marx/Friedrich Engels-Werke«. Sie sind nicht vollständig. Es fehlen darin die meisten der insgesamt ca. 150 Jugendgedichte des Karl Marx und einige der gehässigsten Abhandlungen, die Geschichte Rußlands betreffend. Jedoch könnten mit einem einzigen Band die »Werke« vervollständigt werden. Aber nun soll – einem Beschluß der KPdSU und der SED aus den 60er Jahren folgend – die literarische Hinterlassenschaft der Freunde zu einem gewaltigen Papiermonument aufgeschäumt werden, das seinesgleichen in der Menschheitsgeschichte nicht findet. Millionen wurden schon vor der friedlichen Revolution aufgewendet und viele weitere Millionen sollen noch in die MEGA investiert werden. MEGA, d. h. Marx-Engels-Gesamtausgabe, wirft die Frage auf, ob hier nicht MEGA-lomania im Spiele ist, Götzendienst in Buchgestalt. DIE ZEIT nennt den Redaktionsstab die »MEGA-Stars« und weiß zu berichten: »Geplant waren 150 Bände. Manche Bände bestehen aus mehreren Büchern. Macht zusammen 170 Bücher. Zu jedem Band gibt es einen Apparat mit Anmerkungen. Macht noch einmal 150 Bücher. Zusammen also 320 Bücher. Dazu kommen Sonderbände und Register. Das alles rundet sich auf 350 Bücher. Ein durchschnittliches Exemplar hat 600 Seiten. Insgesamt sind es also 210 000 Seiten. Im Regal wären das 15 Meter, auf der Waage 150 kg... Kosten pro Band: Eine Million Mark.«[31]
Aber wie schafft man es, aus 43 Bänden 350 zu machen? Die Autoren sind doch tot, wird ihr Nachlaß aus dem Jenseits, an das sie nicht glaubten, angereichert? Die Antwort verschlägt fast den Atem: »Jede Streichung, jedes Ersetzte, wird im Apparat der Mega-Bände ausgewiesen. Auch das gibt es in den ›Werken‹ nicht... Marx und Engels schrieben eifrig Briefe, und wenn sie lasen – auch das taten sie reichlich –, strichen sie Stellen an oder schrieben ganze Passagen heraus. All das sollte einen Platz in der MEGA finden. Wenn jetzt jemand sagt, hier werde jeder Furz notiert, liegt er wohl richtig.«[32]
Wer trägt heute nach dem unrühmlichen Ende sowohl der KPdSU als auch der SED das Mamutprojekt? Jürgen Rojahn, der Leiter des Instituts für Sozialgeschichte, Amsterdam, gibt uns unter der bezeichnenden Überschrift »Und sie bewegt sich doch!« die Antwort:

»Auf Initiative des Internationaal Instituut voor Sociale Geschiedenis (IISG) wurde am 2. Oktober 1990 in Amsterdam die Internationale Marx-Engels-Stiftung (IMES) gegründet. Die Hauptaufgabe dieser politisch unabhängigen, ausschließlich wissenschaftlichen

MEGA-STIFTUNG Berlin e.V.

Der Vorstand

Bundeskanzler
Dr. Helmut Kohl
Bundeskanzleramt
Bonn
W - 5300

Unser Zeichen: 90246120                           Berlin, den 25. Febr. 1991
voll-schm

Sehr geehrter Herr Bundeskanzler,

in großer Sorge fühlen wir uns verpflichtet, Ihre Aufmerksamkeit
darauf zu lenken, daß die Entscheidung der "Unabhängigen Kommission
zur Überprüfung des Vermögens der Parteien und Massenorganisationen
der ehem. DDR" vom 22. Februar d.J., das Konto der MEGA-STIFTUNG
Berlin e.V. zu sperren und ihr Vermögen von ca. 27,5 Mill. DM der
Treuhandstelle zu übergeben, dazu führen dürfte, dem Ansehen der
Bundesrepublik Deutschland und des deutschen Volkes Schaden zuzu-
fügen.

                        Wie Sie unzweifelhaft wissen, erfolgte der
Tod der ersten MEGA in den dreißiger Jahren infolge brutaler Ein-
wirkungen des Stalinismus in der Sowjetunion und des Faschismus in
Deutschland. Ungeachtet der formal-juristisch gerechtfertigten Entscheidung der Kommission wird die künftige Geschichte sich weniger
der rechtlich komplizierten Details erinnern, sondern mit der ihr
eigenen Rigorosität konstatieren, daß das Schicksal der 1975 begon-
nenen zweiten MEGA in der geeinten Bundesrepublik Deutschland besiegelt wurde.

Sehr geehrter Herr Bundeskanzler, wir dürfen zweifellos davon ausgehen, daß auch Sie das wissenschaftliche Lebenswerk von Marx und
Engels für ein unveräußerliches Gut der deutschen Geschichte ansehen
das es völlig unabhängig von politischen Gesichtspunkten zu bewahren
und kritisch zu erschließen gilt, was auch die internationale Wissenschaft von Deutschland erwartet (wie hunderte entsprechende Stellung-
nahmen bezeugen).

Fotokopie des Schreibens der MEGA-Stiftung an Bundeskanzler Helmut
Kohl

Zielen dienende Stiftung ist nach ihrer Satzung, die Marx-Engels-Gesamtausgabe (MEGA) ›als vollständige historisch-kritische Edition der Veröffentlichungen, Handschriften und Korrespondenzen von Karl Marx und Friedrich Engels‹ fortzuführen. Mit dem 1993 erfolgten Beitritt der neuen Berlin-Brandenburgischen Akademie der Wissenschaften (BBAW) hat sich die IMES, die außerdem noch vom Trierer Karl-Marx-Haus (KMH) der Friedrich-Ebert-Stiftung und zwei russischen Institutionen getragen wird, konsolidiert.«[33]

»Und sie bewegt sich doch!« – läßt uns an die Sonne sowie den bedrängten Galileo Galilei denken. Marx unsere Sonne? Marx der Galilei des 19. und 20. Jahrhunderts? – Alle diese Institutionen leben davon, daß der Mythos für wahr gehalten wird.
Wer war Marx wirklich? Dürfen wir es widerspruchslos hinnehmen, daß ein sich fortzeugender Mythos die Ahnengalerie deutscher Geistigkeit anführt? Schon vor über hundert Jahren, am 26. März 1891, schrieb August Bebel mit Blick auf Marx an Karl Kautsky: »Wären unsere Gegner pfiffiger als sie sind... Wehe den Gegnern, denen wir ähnliches nachzuweisen vermöchten.«[34]

# I.
# Marx – der »Mythos des 20. Jahrhunderts«

## 1. »Marxbüsten aus Gips«

»Du siehst auch, wir sind bereits der Mythenbildung verfallen« – schrieb Friedrich Engels am 13. März 1870 an Karl Marx.[1] Was war vorgefallen? Ein Kommunist namens Carl Wilhelm Klein hatte behauptet, der junge Engels hätte jedem Arbeiter gleichen Lohn »nach kommunistischem Prinzip« ausgezahlt und auf die Vorwürfe des Vaters hin geantwortet, »daß die Werkmeister bei ihrer Faulenzerei doch noch froh sein sollten, gleichen Lohn mit den *wirklichen* Arbeitern zu erhalten.«[2] Dazu der Kommentar von Engels gegenüber Marx: »Mein Alter würde sich schön gehütet haben, mich Arbeitslohn oder sonst etwas auszahlen zu lassen, dazu konnte ich ihm lange nicht richtig genug rechnen.«[3]

Aufschlußreiche Äußerungen! Ob die Kolportage des Wilhelm Klein von ihm stammt oder nur von ihm übernommen wurde, wissen wir nicht. Wenn wir Marx und Engels als Einheit betrachten – was nach wohl herrschender Meinung für die gemeinsame Spanne des Lebens gerechtfertigt ist – und »Marxismus« nicht willkürlich von Marx abtrennen, so ist Wilhelm Klein ungewollt und nichtsahnend einer der ersten typischen »Macher des Marxismus«. Offenbar kannte er weder die Lebensweise noch die Lebensweisheiten der Freunde. Was er behauptet, ist geeignet, der Mythenbildung Vorschub zu leisten, zugleich aber in mehrfacher Hinsicht nachweislich unrichtig, nicht nur im unmittelbaren Wortsinn, wie Engels' Korrektur anschaulich zeigt, sondern auch in dem, was mit der Legende eigentlich gesagt sein soll:

1. Engels hatte zeitlebens nie die geringsten Bedenken, ein Vielfaches dessen, was seine Arbeiter verdienten, als eigenen »Lohn« aus der Firma des Vaters (»Ermen & Engels«), an der er später selbst Teilhaber war, zu nehmen. Niemand behauptet auch nur, die Arbeitsbedingungen seien dort humaner, die Löhne höher gewesen als allgemein üblich. Auch der Lebensstandard von Marx lag haushoch über dem der Proletarier, wovon noch die Rede sein wird (III 8).

2. Diese Lebensweise stand nicht im Widerspruch zur Lehre. Vielmehr vertrat Marx ausdrücklich die Auffassung: »Der Ruf nach *Gleichheit der Löhne* beruht daher auf einem Irrtum, ist ein unerfüllbarer *törichter* Wunsch.«[4]

Typisch auch die folgende Episode, wenngleich dem Künstler, von dem die Rede ist, sicherlich jedes Bewußtsein gefehlt hat, »Weltgeschichte« zu machen, er nur seinerseits gefällig sein wollte. Marxens Tochter Jenny beklagte sich über einen Maler, der ihren Vater nach einer Photographie porträtiert hatte: »Das Bild gefällt mir nicht sehr. Bei dem Versuch, die Züge zu verschönern usw., hat der Künstler alles geopfert, was charakteristisch war.«[5] Schon zu seinen Lebzeiten sollte also Marx »verschönert« und auf ein Piedestal gehievt werden, um weithin sichtbar zu sein, weiter als dank der natürlichen Größe. Bereits 1846 vertrat Wilhelm Weitling, der Handwerksburschenkommunist, mit Blick auf Marx die Auffassung: »Sein Einfluß ist ein durch Persönlichkeiten gemachter.«[6]

Aus dem Jahre 1894 weiß Engels zu berichten: »In Paris hat man jetzt ein ziemlich großes Medaillon gemacht, das man zu verkaufen versucht, und in Deutschland, in Österreich und in der Schweiz wimmelt es von Marx-Büsten aus Gips bis zur Unverkäuflichkeit.«[7] Der Triumphzug des Mythos hatte begonnen, und dem Volk, dessen »Allerheiligstes zerrissen« worden war, wurde ein neues Kultobjekt ins Herz gesenkt: »In der Stadt Trier, wo er am 5. Mai 1818 geboren war, mit der er aber seit seiner Heirat fast nichts mehr zu tun gehabt hat, wurde die Hundertjahrfeier schon im März dieses Jahres zelebriert. Jeder konnte sich ein Andenken kaufen, fast wie im Mittelalter ein Stückchen der Gebeine der zehntausend Jungfrauen: Marx, der rote Doktor, jahrelang das Schreckgespenst des deutschen Bürgertums, ist endlich ein gutes Geschäft geworden.«[8]

»Inzwischen hat der Persönlichkeitskult Orwellsche Dimensionen angenommen – Hunderte von Millionen suchen ihr Heil in der neuen Heiligenverehrung.«[9] Mit dieser Feststellung traf Ossip Flechtheim 1983 voll ins Schwarze. Die Verehrung und Mythenbildung hat zu Lebzeiten von Marx begonnen und bis heute kein Ende gefunden. Sie steigerte sich fast im Quadrat der zeitlichen Entfernung von seinem Ableben. Maximilien Rubel, ein namhafter französischer Marxologe (gest. am 28. Februar 1996), sprach daher mit Blick auf Marx und den Marxismus zu recht vom »Mythos des 20. Jahrhunderts«.[10] Gegenstand der Verehrung war und ist aber weithin nicht der historische Marx aus Trier, sondern ein legendärer Marx aus Utopia.

## 2. Legende, Mythos, Wirklichkeit

Zweck dieser Untersuchung soll es sein, das Legendäre vom Authentischen abzulösen; genauer: Es geht um den Nachweis wahrheitswidriger Tatsachenbehauptungen Marx und Engels betreffend, um den Versuch, aufzuzeigen, wer hat wie, warum und wozu am echten Marx Abstriche gemacht, Falten geliftet, Korrekturen vorgenommen, Rankenwerk angebracht (Imagologie). Was stimmt, was ist fragwürdig, was ist falsch?

Nebensächlichkeiten interessieren nicht. Ob Heinrich Marx zusammen mit Sohn Karl getauft wurde, wie häufig behauptet wird,[11] oder schon Jahre vorher, wie nachweislich richtig ist,[12] ist kein Thema der Entmythologisierung. Auch vergessene Irrtümer bleiben unberücksichtigt, so der, daß Engels schon zwei Jahre vor seinem Ableben »für tot erklärt« wurde.[13]

Wegen der schier unübersehbaren Materialfülle kann nur berücksichtigt werden, wer Rang und Namen hat (siehe das Personenverzeichnis), oder was sich weiter Verbreitung erfreut (siehe die Gliederung).

Auch das, was die Geschichte unbestreitbar und unbestritten widerlegt hat, etwa daß Marx in Vorlesungen Hegels gesessen habe, und das, was als bloßes Werturteil keiner exakten Überprüfung zugänglich ist, soll dahingestellt bleiben, so wenn der Literaturhistoriker und politische Essayist Hans Mayer noch 1993 in einem SPIEGEL-Interview äußerte: »Ich bin nach wie vor unbelehrbar, ja fest davon überzeugt, daß der Marxismus eine der großen wissenschaftlichen Lehrmeinungen unseres Jahrhunderts ist, die noch längst nicht ausgespielt hat. Nur der Marxismus-Leninismus war eine Fehlentwicklung...«[14]

Die Entmythologisierung soll nicht beiläufig geschehen, sondern den Inhalt des Buches bilden. Daher: Wer sich über Marx und den Marxismus ganz allgemein informieren möchte, muß zu anderer Lektüre greifen. Dieses Buch wendet sich vorwiegend an jene, die sich schon mit Marx und dem Marxismus etwas befaßt haben und wissen wollen, was davon anfechtbar ist, die bereit sind, ihr Wissen über Marx einer kritischen Anfrage zu unterziehen.

Die Arbeit möchte darüberhinaus einen prinzipiellen Beitrag dazu leisten, einer die Wissenschaften diskreditierenden Mythenbildung und Mythentradierung entgegenzuwirken. Der Nachweis, auf welchen Umwegen und Schleichwegen die Wissenschaften, nahezu alle Geisteswissenschaften, bisweilen von Fiktionen korrumpiert werden, trägt hoffentlich dazu bei, diese Zugänge kritischer zu überwachen.

Millionen und Abermillionen Menschen aller Erdteile wähnten sich auf den Schultern von Marx oder mußten diesen Standpunkt zumindest mit den Lippen bekennen. Marx war *die* säkulare Gestalt unserer Zeit, ein profaner Heiland. Auch auf uns wartete seine Verheißung, über deren wahre Beschaffenheit jeder Bescheid wissen sollte.

## 3. Rjasanow mußte sterben

Marx hatte doch recht, als er schrieb: »Man hat bisher geglaubt, die christliche Mythenbildung unter dem römischen Kaiserreich sei nur möglich gewesen, weil die Druckerei noch nicht erfunden war. Gerade umgekehrt. Die Tagespresse und der Telegraph, der ihre Erfindungen im Nu über den ganzen Erdboden ausstreut, fabrizieren mehr Mythen (und das Bourgeoisrind glaubt und verbreitet sie) in einem Tag, als früher in einem Jahrhundert fertiggebracht werden konnten.«[15] Er hätte hinzufügen können: Der Kampf gegen Mythen gleicht dem Kampf gegen Windmühlen. Er ist schier aussichtslos. Zugleich ist er gefährlich. Nicht selten wird der Kämpfer Opfer eines Rufmordes, mitunter kostet es ihn sogar das Leben, wie Rjasanow.

David Borissowitsch Rjasanow, einer der namhaftesten Marx- und Marxismusforscher in den ersten Jahrzehnten des 20. Jahrhunderts – er veröffentlichte als erster alle, auch die kompromittierenden Briefe von Marx und Engels –, wurde zusammen mit der Mehrzahl der Mitarbeiter des von ihm geleiteten Karl-Marx-Instituts, Moskau, sicherlich auf Stalins Geheiß, entlassen, er selbst nach Saratow verbannt, verhaftet, vor Gericht gestellt –, nach »insgesamt 15 (!) Minuten«[16] – einschließlich Beratung der Richter und Urteilsverkündung – zum Tode verurteilt und schließlich hingerichtet (31. Januar 1938). Marx und Engels, für viele Gegenstand einer schier religiösen Verehrung, sind kein Forschungsgegenstand wie jeder andere auch. Vorurteile und Emotionen regierten weithin über die Vernunft, und zwar nicht nur dort, wo jeder Zweifel an ihrer Größe als Sakrileg mit staatlichen Sanktionen geahndet wurde.

Schon zu Lebzeiten von Marx wurde der Weihrauchqualm, in den er sich hüllte und hüllen ließ, als widerwärtig empfunden: »Marx, der schon an und für sich zur Selbstanbetung neigte, wurde definitiv durch die Abgötterei seiner Schüler verdorben, die aus ihm eine Art doktrinären Papst gemacht haben...

Dies ist der Hauptgrund des Hasses von Marx und den Marxianern gegen uns. Dazu kommt, daß, wenn sie jemand hassen, sie glauben, sich jede Infamie gegen ihn erlauben zu können.«[17]

Aus Anlaß der 150sten Wiederkehr des Geburtstages von Friedrich Engels veranstaltete seine Heimatstadt Wuppertal 1970 eine internationale Konferenz. Eingeladen war auch der bereits erwähnte französische Marxismusforscher Maximilien Rubel. Er berichtet: »Ich hatte also den Organisatoren ein – in deutscher Sprache verfaßtes – acht Punkte umfassendes Dokument übersandt, dem ich die Überschrift ›Gesichtspunkte zum Thema ›Engels als Begründer‹ gegeben hatte. Zu meiner Überraschung wurde ich bei meiner Ankunft in Wuppertal von den für die Konferenz verantwortlichen Herren empfangen, die mir ihre Verlegenheit bekannten: Meine sowjetischen und ostdeutschen Kollegen, die sich bei der Lektüre meiner *Gesichtspunkte* gewissermaßen persönlich beleidigt fühlten, drohten die Konferenz zu verlassen, falls mein Beitrag nicht zurückgezogen würde.«[18] Rubel mußte sich dem Wunsch der Veranstalter, die ihrerseits der östlichen Pression nachgaben, beugen. Doch den Veranstaltern stand es frei, Rubels Beitrag zumindest in ihrem Bericht zu berücksichtigen. Rubel: »In der Tat haben die Organisatoren sich nicht gescheut, die in der ›bürgerlichen‹ Demokratie allgemein respektierten Grundregeln der Editionspraxis zu mißachten: Der inkriminierte Text, der auf Anforderung der Verantwortlichen übermittelt worden war, ist in dem Sammelband der vorab nach Wuppertal eingesandten Beiträge nicht aufgenommen worden.«[19] Das geschah, wohlgemerkt, in einer Stadt des freien Westens – auf östlichen Druck.

Als Leszek Kolakowski auf Vorschlag von Jürgen Habermas in Frankfurt Nachfolger auf dem Adorno-Lehrstuhl werden sollte, protestierte die »Fachschaft des Philosophischen Seminars« gegen seine Berufung und warf ihm »mangelnde marxistische Linientreue« vor. Damit wurde wohl zum ersten Mal im Nachkriegsdeutschland

weltanschauliche »Linientreue« als wissenschaftliches Qualitäts-
merkmal erfolgreich angemahnt. »Das orthodoxe Liniendenken hatte ihn sogar in jenem Land und in jener Stadt verfolgt, wo *kritische
Theorie* scheinbar die Absage an jeden Dogmatismus versprach.«[20]
Der Schweizer Arnold Künzli, der sich als Sozialist versteht, hat sich
an eine aufs Ganze gesehen sehr erhellende »Psychographie« des
Karl Marx gewagt. Das Ergebnis ist für Marx und damit auch für seine Anhänger wenig schmeichelhaft. Die zum Teil wütende Kritik an
Künzli gipfelt in der ungeheuerlichen Anschuldigung, die »Psycho-
logisierung des marxschen Judentums ist gleichzeitig ein Insult gegen das Judentum, eine Vernichtung, die mit der Vernichtung der Juden in Auschwitz letztlich eins ist.«[21] Künzli wußte im voraus, was
ihn erwartete. Im Vorwort seines Buches schrieb er: »Der Marxismus hat weitgehend die Form einer Zwangsneurose angenommen.
Wer es wagt, an Karl Marx zu rühren, ihn in seiner subjektiven und
historischen Bedingtheit zu begreifen, verurteilt sich in den Augen
selbst mancher ›revisionistischer‹ Marxisten zum Reaktionär.«[22]
Fritz Raddatz, auch linksorientiert, versuchte sich am gleichen Thema »Karl Marx«.[23] Was er hierzu schreibt, hat Hand und Fuß, wird,
von den geradezu unvermeidbaren Ausnahmen abgesehen, sauber
belegt, ist im Ergebnis ebenfalls dem Marxbild der Altäre abträglich.
Die Besprechung durch Wolfgang Harich im SPIEGEL war so wüst,
daß sich die Verantwortlichen der Zeitschrift veranlaßt sahen, eine
Metakritik durch Günter Grass folgen zu lassen. Harich endete mit
den Worten: »Kein Zweifel: Ein Brautgeschenk, keine politische
Biographie. Wohl aber ein Politikum. Insofern, als hier einer, der gestern noch, angeblich Freund Feltrinellis [eines italienischen Verle-
gers und Terroristen] auf der APO-Woge schwamm, jetzt dem neu-
en Restaurations-Trend vorausrennen möchte... Kein Zweifel: ein
Brautgeschenk an die CDU/CSU. Die Fairness gebietet, ihr zu dem
windigen Burschen, der sich ihr da an den Hals wirft, aufrichtig Bei-
leid zu bekunden.«[24]
»Harich hat die Raddatzsche These bestätigt«, konstatierte Grass,
»es habe sich die Manie des Karl Marx, den Gegner wie einen Feind
zu vernichten, auf den Marxismus und seine sich wechselseitig li-
quidierenden Ideologiemuster übertragen; man muß ja nicht gleich
zum Eispickel greifen, mit dem Trotzki erschlagen wurde. Eine grif-
fige Formulierung tut es auch... Doch die Exekution des Autors – ob
mit verbalem Fallbeil, ob durch brillanten Genickschuß – hätte dem
Philologen und Essayisten Wolfgang Harich zuwider sein müssen.

Seitdem wir wissen, daß auch Wörter töten können, motiviert sich das billige Intellektuellenvergnügen an literarischen Hinrichtungen dort, wo auch der chorische Schrei der unbelesenen Scharfrichter – ›Kopf ab!‹ – seinen Ursprung hat: aus der Lust, den anderen (den anders Denkenden) fix und fertig zu machen.«[25] (Harich starb am 15. März 1995 als unbekehrter verquerer Stalinist, obgleich er selbst – nach Aktenlage – über viele Jahre hinweg Opfer anderer Stalinisten war.)

Im Vergleich zu Raddatz hatte Richard Friedenthal mit seiner gleichnamigen Biographie noch Glück. »Mangelhaft« urteilten die immerhin regional bedeutsamen Nürnberger Nachrichten: »Der Verdacht drängt sich auf, daß Friedenthal im Laufe der Arbeit eine gründliche Aversion gegenüber Marx entwickelte...«[26] (Das dürfte auch bei Künzli und Raddatz der Fall gewesen sein und spricht doch dafür, daß sie sich unvoreingenommen oder zunächst sogar positiv eingenommen an ihre Arbeit gemacht haben.)

»Ausreichend« lautete das erste Urteil des Fachbereichsrates Katholische Theologie der westfälischen Wilhelms-Universität Münster über eine Dissertation mit dem Titel »Marxismus als atheistische Weltanschauung«.[27] Das wäre nicht weiter bemerkenswert, hätten nicht die beiden Gutachter die Note »ausgezeichnet« bzw. »sehr gut« für angezeigt gehalten, wäre die Dissertation nicht von einer ganzen Reihe großer deutscher Zeitungen, und zwar positiv, besprochen worden, läge die Arbeit nicht zwischenzeitlich in zweiter Auflage vor. Auch in diesem Fall ist der Verdacht nicht von der Hand zu weisen, daß ideologische Gründe mehr als sachliche die Kontroverse der Theologen beeinfluß haben.

»Marx wird als Gott gehandelt. Ein Gott darf nicht angeklagt, nicht gerichtet, am wenigsten aufgrund von Indizien verurteilt werden.«[28] So Volker Pilgrim in seiner Studie über die »drei Liebesgefährtinnen von Karl Marx«.

Ja, Marx und der Marxismus sind heiße Eisen, an denen jeder, der sich damit befaßt, Gefahr läuft, sich die Finger zu verbrennen. Die »Kollegen« aus der DDR nannten in ihren Büchern und Aufsätzen uns westliche Marxismusforscher mit gebetsmühlenartiger Monotonie: Lügner, Marx-Verfälscher, Marx-Töter, Verleumder.[29] Hunderte von Seiten ließen sich mit entsprechenden Belegen füllen. Selbstverständlich wurden die »lieben Kollegen« nirgendwo nachprüfbar konkret, selbstverständlich schwiegen sie auf entsprechende Anfragen.[30]

Die »Kollegen« Marxisten wurden sicherlich nicht von Skrupeln geplagt. Denn ihre Praxis hat System, entsprach nicht nur dem Vorbild des »großen« Lenin, sondern auch dem Marx' und Engels'. Deren Kritik an Andersdenkenden war nicht nur unüberbietbar hart, sondern zugleich höchst persönlich und diffamierend. Kein Kenner der Materie wird dies bezweifeln, kein Zweifler bleibt unkuriert, befaßt er sich mit den Quellen, die auch in den vorhin erwähnten Biographien ausführlich zitiert werden.

Soll man selbst, des lieben (ideologischen) Friedens willen, schweigen, obwohl man glaubt, es besser zu wissen? Das ist Temperamentssache, und die Temperamente sind verschieden. Ohne an den Erfolg zu glauben und wider die psychologische Vernunft, jedoch getragen vom Beispiel Denis Diderots beginne ich dieses Buch. Diderot klagt: »Was uns die Geschichte von den Verleumdungen des Neides, der Lüge, der Dummheit und des Fanatismus berichtet hat, haben wir an uns selbst erfahren.« Auch Diderot glaubte nicht an den raschen Erfolg: »Wir werden der Menschheit gedient haben, aber wir werden längst zu kaltem und unempfindlichem Staub geworden sein, ehe man uns Dank wissen wird...« Doch, so fragt er sich: »Sollte der Wahn seine Märtyrer haben und die Wahrheit nur von Feiglingen verkündet werden?«[31] Mit seinem Leben und seinem Werk gab er die richtungweisende Antwort.

## 4. Zur Aufbereitung des Stoffes

Das Buch gliedert sich nach Personengruppen, die meist chronologisch aneinandergereiht sind, beginnend mit den Hauptpersonen Marx und Engels und ihren Selbstzeugnissen, über die Familie Marx, Zeit- und Parteigenossen, Funktionäre der Kommunistischen Parteien usw. bis hin zu Zweigen der Wissenschaft einschließlich Theologie, Philosophie, Geschichte und Nationalökonomie sowie politischen Strömungen.

Bisher war es offenbar in allen Marxpublikationen selbstverständlich, als Belege dienende Briefe, Erklärungen, Erinnerungen, oder was als solche ausgegeben wurde, für bare Münze zu nehmen, auch wenn sich Glaubwürdigkeitszweifel noch so sehr aufgedrängt haben. Mit dieser wissenschaftsfeindlichen Leichtgläubigkeit muß auch mit Blick auf Marx Schluß sein. Allein der Umstand, daß Engels zahlreiche Briefe von Marx in manipulativer Absicht vernichtet[32] und vorab schon Eleanor Marx eine entsprechende Sichtung vorgenommen hat[33], zwingt zu Skepsis, ebenso Bebels Bemerkung: »Wir haben ja die schlimmsten dieser Briefe beseitigt«.[34] (»Zweieinhalbtausend Briefe sind getauscht worden, 1300 sind erhalten.«[35])

Um die Lektüre zu erleichtern, wurden verschiedene Schrifttypen gewählt. Aussagen, denen besonderes Gewicht beigemessen wird, sind kursiv gesetzt, kompreß hingegen jene Passagen, die der eilige Leser überspringen kann, wenn ihm die vorausgegangenen Behauptungen nicht fragwürdig erscheinen.

Niemand ist in der Lage, jede Behauptung, die er übernimmt, auf ihre Richtigkeit hin zu prüfen. Doch leider ist es, auch im wissenschaftlichen Schrifttum, noch nicht allgemeinverbindlicher Brauch, in solchen Fällen jeweils die Quelle anzugeben. Dies soll hier geschehen; ferner soll tunlichst jede Behauptung belegt werden. Das Buch enthält zahlreiche ausführliche Zitate. Dokumente sind besonders zuverlässige Beweismittel. Zitate sind dank der Rechtsprechung des Bundesverfassungsgerichts weitestgehend der Manipulation entzogen. Die Ausführlichkeit erschwert den Vorwurf, die Zitate seien aus dem Zusammenhang gerissen.

Dankbar bin ich allen, die fundierte Kritik üben oder weiterführende Ratschläge erteilen. Niemand ist gegen die Gefahr gefeit, unfreiwillig an der Erschaffung und Fortentwicklung von Legenden und Mythen mitzuwirken. Schon deshalb ist, soweit nicht eine vorsätzliche Entstellung von Tatsachen behauptet wird, mit dem Aufzeigen von Verstößen gegen die historische Wirklichkeit keinerlei Vorwurf verbunden.

## II.
## »Einen Thron will ich mir auferbauen«[1] –
## Karl Marx und Friedrich Engels

> *»Und wie man im Privatleben unterscheidet zwischen dem, was ein Mensch von sich meint und sagt, und dem, was er wirklich ist und tut, so muß man noch mehr in geschichtlichen Kämpfen die Phrasen und Einbildungen der Parteien von ihrem wirklichen Organismus und ihren wirklichen Interessen, ihre Vorstellung von ihrer Realität unterscheiden.«[2]*
>
> Karl Marx

Eberhard Fromm, bis zur Wende als Professor Leiter des Forschungsbereichs am Institut Marxistisch-Leninistische Philosophie in Berlin (Ost) tätig, schreibt in dem 1991 erschienenen Buch »Der Kult der großen Männer«: »Der Personenkult, wie er im 20. Jahrhundert in der kommunistischen Bewegung auftritt, wie er – sicher in unterschiedlicher Ausprägung – von Stalin bis Honecker, von Mao Zedong bis Kim Il Sung, von Walter Ulbricht bis Enver Hodscha reicht, erscheint dann als Konsequenz und Fortsetzung des bei Karl Marx selbst angelegten Anspruchs der überlegenen Führerpersönlichkeit.«[3] Diese Worte und der Tenor des Ganzen kontrastierten auf kaum zu überbietende Weise mit seinen Bekenntnissen des Jahres 1989:

»›Wir ehren in Karl Marx den größten Sohn des deutschen Volkes‹, heißt es in den Thesen, die das Zentralkomitee der SED zum Karl-Marx-Jahr 1983 veröffentlicht hat. In dieser Feststellung kommt *unsere* Wertschätzung der Persönlichkeit von Marx zum Ausdruck. Sein Leben ist vielen Menschen bekannt; sein Werk wird nicht nur studiert, sondern es wird in den sozialistischen Ländern Wirklichkeit. Marx steht so nicht für eine abgeschlossene Doktrin, sondern für eine lebendige Theorie, die dazu dient, die Welt zu erkennen und zu verändern.«[4]

Doch diese exemplarische Metamorphose eines Wendehalses, so sehr sie ein Ausrufezeichen verdient, ist für das Thema »Mythos Marx« belanglos. Hier lautet die Frage, mit welchen Mitteln Marx und Engels die »überlegene Führerpersönlichkeit« herausgebildet und herausgestellt haben. *Daß ihnen als Revolutionären »jedes Mittel recht [war], das zum Ziel führt, das gewaltsamste, aber auch das scheinbar zahmste«[5], hat Engels in einem Brief freimütig eingeräumt und muß immer gegenwärtig sein.* Demgemäß haben beide bedenkenlos die Unwahrheit gesagt, wenn sie ihren Zwecken diente. Dafür gibt es genügend Urkundenbeweise, von denen die wichtigsten im Verlaufe dieses Kapitels angesprochen werden. *Die totale moralische Ungebundenheit der Marxisten sollte jeder stets vor Augen haben, der sich mit ihnen einläßt.*

## 1. »Ein Gespenst geht um in Europa« – die Kommunistische Partei

Spätestens 1844 kommt Marx mit sich ins Reine, bezieht er jene weltanschauliche Position, die er bis zum Lebensende nicht mehr verläßt, sondern nur weiter ausbaut. Das »Glaubensbekenntnis«, so Freund Engels[6], ist niedergelegt im »Manifest der Kommunistischen Partei«, geschrieben zusammen mit Engels um die Wende 1847/48. Darin heißt es:

»In Deutschland kämpft die Kommunistische Partei, sobald die Bourgeoisie revolutionär auftritt, gemeinsam mit der Bourgeoisie gegen die absolute Monarchie, das feudale Grundeigentum und die Kleinbürgerei. Sie unterläßt aber keinen Augenblick, bei den Arbeitern ein möglichst klares Bewußtsein über den feindlichen Gegensatz zwischen Bourgeoisie und Proletariat herauszuarbeiten,... damit, nach dem Sturz der reaktionären Klassen in Deutschland, sofort der Kampf gegen die Bourgeoisie selbst beginnt...«[7]

Zu den Ansichten und Absichten zählen: »Kampf gegen die Bourgeoisie«, »Eigentumsfrage« (»Es kann dies natürlich zunächst nur geschehn vermittelst despotischer Eingriffe in das Eigentumsrecht und in die bürgerlichen Produktionsverhältnisse... Expropriation des Grundeigentums... Abschaffung des Erbrechts... Konfiskation des Eigentums aller Emigranten und Rebellen...«[8]), »Gewaltsamer Umsturz aller bisherigen Gesellschaftsordnung«, kurz: Kommunismus. »Das Manifest der Kommunistischen Partei« läßt niemanden daran zweifeln, daß es da eine zahlenmäßig starke, internationale Organisation gab, die unter diesem Namen auftrat, heißt es doch im eben zitierten Text: »In Deutschland kämpft die Kommunistische Partei...« und auf den ersten Seiten des Dokuments: »Der Kommunismus wird bereits von allen europäischen Mächten als eine Macht anerkannt.«[9]

Doch eine *internationale Kommunistische Partei gab es nicht, und die deutsche entstand 71 Jahre nach der Veröffentlichung dieses »Manifests der Kommunistischen Partei«*. Was es damals gab, war ein »Bund der Gerechten«, der auf Betreiben der Freunde 1847 die Bezeichnung »Bund der Kommunisten« annahm. Marx und Engels berichten über diesen zahlenmäßig kleinen Bund (Engels: »unbedeutende Streitkraft«[10], ein »paar hundert«[11]), der bereits fünf Jahre später an den internen Streitigkeiten eingegangen ist.[12]

Der Marx-Biograph Friedenthal bemerkt treffend: »Die damalige Situation zeichnet sich – für uns jedenfalls – ziemlich klar ab. Es sind alles Möglichkeiten, potentielle Größen, mit denen er [Engels] und Marx rechnen; und es zeichnen sich auch schon die Isolierung und Reduzierung der gesamten ›Partei‹ auf Marx und Engels allein ab, die Engels dann nach der Katastrophe von 1848 im Londoner Exil mit großem Stolz begrüßen wird.«[13] Es folgt eine Betrachtung aus Engels Feder, die das Wesen der »Kommunistischen Partei« und ihrer selbsternannten Führer auf schier unglaubliche Weise demaskiert: »Haben wir nicht seit soundsoviel Jahren getan, als wären Krethi und Plethi unsre Partei, wo wir gar keine Partei hatten?... Wie passen Leute wie wir, die offizielle Stellungen fliehen wie die Pest, in eine ›Partei‹? Was soll uns, die wir auf die Popularität spucken, die wir an uns selbst irre werden, wenn wir populär zu werden anfangen, eine ›Partei‹, d. h. eine Bande von Eseln, die auf uns schwört, weil sie uns für ihresgleichen hält?«[14]

## 2. Das »Organ der Demokratie« –
## die Neue Rheinische Zeitung

Das Manifest klingt aus mit der trutzigen Parole, offenen Visiers in die Schlacht zu ziehen: »Die Kommunisten verschmähen es, ihre Ansichten und Absichten zu verheimlichen«:

»Mit einem Wort, die Kommunisten unterstützen überall jede revolutionäre Bewegung gegen die bestehenden gesellschaftlichen und politischen Zustände. In allen diesen Bewegungen heben sie die Eigentumsfrage, welche mehr oder minder entwickelte Form sie auch angenommen haben möge, als die Grundfrage der Bewegung hervor... Die Kommunisten verschmähen es, ihre Ansichten und Absichten zu verheimlichen. Sie erklären es offen, daß ihre Zwecke nur erreicht werden können durch den gewaltsamen Umsturz aller bisherigen Gesellschaftsordnung.«[15]
»Es ist hohe Zeit, daß die Kommunisten ihre Anschauungsweise, ihre Zwecke, ihre Tendenzen vor der ganzen Welt offen darlegen und dem Märchen vom Gespenst des Kommunismus ein Manifest der Partei selbst entgegenstellen«.[16]

Anfang 1848 kam es zu einer bürgerlichen Revolution in Frankreich, die rasch auf Deutschland übergriff. Von Brüssel aus begaben sich Marx und Engels über Paris nach Köln und hoben zusammen mit anderen Kommunisten, die schon vorbereitend tätig geworden waren, die »Neue Rheinische Zeitung« aus der Taufe, das »Organ der Demokratie«, wie der Untertitel lautet.

Das »Organ der Demokratie« bekämpft von Anfang an die Frankfurter Nationalversammlung und vertritt auch sonst Positionen, die die Mehrheit selbst der politisch »Fortschrittlichen« vor den Kopf stoßen. *Das »Organ der Demokratie« unterläßt es aber konsequent, ihre kommunistischen »Ansichten und Absichten« zu bekennen.* Obwohl täglich dazu Gelegenheit geboten ist, werden der »Kampf gegen die Bourgeoisie« nach geglückter Revolution, »die Eigentumsfrage« und der »gewaltsame Umsturz aller bisherigen Gesellschaftsordnungen« nicht thematisiert. Der Kommunismus, auch als Wort, bleibt tabu. Der Grundtenor lautet vielmehr: »Die ›Neue Rheinische Zeitung‹... wird... aufs neue mit Energie und Besonnenheit die demokratischen Interessen des gesamten Volkes vertreten«.[17]

Aus dem Briefwechsel der Freunde und aus späteren Veröffentlichungen wird deutlich, daß diese Camouflage ganz bewußt gewählt

wurde, daß die Kommunisten entgegen dem Wortlaut ihres Manifests es *nicht* »verschmähen, ihre Ansichten und Absichten zu verheimlichen.«[18]
Zuerst freilich wollten die Freunde Flagge zeigen. Doch als die Emissäre, die von Marx beauftragt waren, Aktionäre für das neue Zeitungsunternehmen aufzutreiben, auf keinerlei Kommunismussympathien stießen, entschloß man sich, die rote Fahne einzuholen und die radikaldemokratische zu hissen.

Typisch für das Echo der Emissäre ist ein am 25. April 1848 von Engels an Marx gerichteter Brief: »Auf Aktien von hier ist verdammt wenig zu rechnen. Der Blank, an den ich schon früher deswegen geschrieben und der noch der beste von allen ist, ist in praxi ein Bourgeois geworden; die andern noch mehr, seit sie etabliert sind und mit den Arbeitern in Kollisionen gekommen. Die Leute scheuen sich alle wie die Pest vor der Diskussion der gesellschaftlichen Fragen; das nennen sie Aufwiegelei. Ich habe die schönsten Redensarten verschwendet, alle mögliche Diplomatie aufgeboten, aber immer schwankende Antworten. Ich mache jetzt noch einen letzten Versuch, scheitert der, ist alles am Ende... Wenn ein einziges Exemplar unserer 17 Punkte [stark abgeschwächte Thesen aus dem Manifest] hier verbreitet würde, so wär' hier alles verloren für uns. Die Stimmung bei den Bourgeois ist wirklich niederträchtig.«[19]
36 Jahre später verfaßte Engels einen Zeitungsartikel »Marx und die ›Neue Rheinische Zeitung‹ 1848/49«. Engels bestätigt darin das Gesagte: »Die paar hundert vereinzelten Bundesmitglieder verschwanden in der ungeheuren, plötzlich in die Bewegung geschleuderten Masse. Das deutsche Proletariat erschien so zunächst auf der politischen Bühne als äußerste demokratische Partei.
Damit war uns, als wir in Deutschland eine große Zeitung begründeten, die Fahne von selbst gegeben. Es konnte nur die der Demokratie sein, aber die einer Demokratie, die überall den spezifisch proletarischen Charakter im einzelnen hervorhob, den sie noch nicht ein für allemal aufs Banner schreiben konnte. Wollten wir das nicht, wollten wir nicht die Bewegung in ihrem vorgefundenen, fortgeschrittensten, tatsächlich proletarischen Ende aufnehmen und weiter vorantreiben, so blieb uns nichts, als Kommunismus in einem kleinen Winkelblättchen dozieren und statt einer großen Aktionspartei eine kleine Sekte stiften... Das politische Programm der ›Neuen Rheinischen Zeitung‹ bestand aus zwei Hauptpunkten: einige, unteilbare, demokratische deutsche Republik und Krieg mit Rußland, der Wiederherstellung Polens einschloß.«[20] Das war zwar revolutionär, aber durchaus nicht typisch kommunistisch. In einem Brief, wenige Jahre später verfaßt, heißt es dazu: »Als wir im Frühjahr 1848 nach Deutschland zurückkehrten, schlossen wir uns der demo-

kratischen Partei an, als dem einzig möglichen Mittel, das Ohr der Arbeiterklasse zu gewinnen...«[21] Marx liquidierte rasch und souverän den Bund der Kommunisten, wie später Stalin, ebenfalls aus taktischen Gründen, die Komintern.

Für wenige Tage ließ Marx die demokratische Maske fallen, als in Frankreich jene Situation eintrat, die er für Deutschland erhofft und prophezeit hatte, nämlich der Kampf der Linksextremen gegen die Demokraten, und zwar nach dem Sieg der demokratischen Kräfte über die Monarchie:

Am 23. April 1848 hatten gegen den Willen der um Blanqui gescharten linksextremen Kräfte erstmals auf dem europäischen Kontinent, in Frankreich, freie und gleiche Wahlen stattgefunden, an denen alle erwachsenen Männer, auch die Arbeitslosen und die Proletarier, teilnehmen durften. Mit größter Spannung wurde das Resultat im Inland wie im Ausland erwartet. Ergebnis: Die Königstreuen konnten nicht mehr als ein Viertel der Sitze erobern, aber von den 600 republikanischen Abgeordneten waren nur rund 100 Sozialisten, und zwar der verschiedenen Couleurs, von denen kaum einer so radikal dachte wie Marx. Die äußerste Linke bestand »weitgehend aus Intellektuellen der freien Berufe«.[22] Während einer Demonstration besetzten mit dem Wahlergebnis unzufriedene Revolutionäre die unbewachte Nationalversammlung. Die Regierung ordnete die Festnahme ihrer Führer an, und der Bürgerkrieg begann.

Für Marx ist es allen Tatsachen zuwider nicht ein Kampf zwischen den Feinden der Demokratie und den Demokraten, sondern ein »Kampf zwischen Volk und Nationalgarde«.[23] »Der Aufstand ist ein reiner Arbeiteraufstand. Der Groll der Arbeiter ist losgebrochen gegen die Regierung und die Versammlung, die ihre Hoffnungen enttäuscht...«[24] »Paris in Blut schwimmend, die Insurrektion [Aufstand] entwickelt zur größten Revolution, die je stattgefunden, zur Revolution des Proletariats gegen die Bourgeoisie – das sind unsere neuesten Nachrichten aus Paris. Den riesenhaften Umrissen dieser Junirevolution genügen nicht drei Tage wie der Julirevolution [1830] und der Februarrevolution, aber der Sieg des Volkes ist unzweifelhafter als je.«[25]

*Seite um Seite, Artikel um Artikel füllen die Freunde mit Sympathiekundgebungen für jene, die die junge Demokratie blutig liquidieren wollen.* Und als die Aufständischen ihrerseits blutig liquidiert werden, nennt Engels sie die »Opfer der ersten entscheidenden Feldschlacht des Proletariats«[26], und Marx: »... ihnen den Lorbeer um die drohend finstere Stirn zu winden, das ist das *Vorrecht* , das ist das *Recht der demokratischen Presse.*«[27] Wenige Sätze vorher bekennt er sich zur Beseitigung des politischen Gegners: »Die beste Staatsform ist die, worin die gesellschaftlichen Gegensätze nicht verwischt, nicht gewaltsam, also nur künstlich, also nur scheinbar gefesselt werden. Die beste Staatsform ist die, worin sie zum freien Kampf und damit zur Lösung kommen.«[28]

Engels sagt es noch unverblümter:»Gleichzeitig aber war es immer unsere Ansicht, daß, um zu diesem oder den anderen weit wichtigeren Zielen der künftigen sozialen Revolution zu gelangen, die Arbeiterklasse zuerst die organisierte politische Gewalt des Staates in Besitz nehmen und mit ihrer Hilfe den Widerstand der Kapitalistenklasse niederstampfen und die Gesellschaft neu organisieren muß.«[29]

Zwei Jahre danach verfaßten die Freunde einen als »Ansprache an den Bund« bezeichneten Text. Marx äußerte ganz unverblümt, die Ansprache sei »au fond nichts als ein Kriegsplan gegen die Demokratie«[30] gewesen.

Noch Jahrzehnte später (1889) bekennt sich Engels in einem Brief an Gerson Trier zur Taktik von damals: »Sie verwerfen prinzipiell alles und jedes selbst momentane Zusammengehn mit andern Parteien. Ich bin revolutionär genug, mir auch dies Mittel nicht absolut verbieten zu lassen unter Umständen, wo es das vorteilhaftre oder am wenigsten schädliche ist. Daß das Proletariat seine politische Herrschaft, die einzige Tür in die neue Gesellschaft, nicht erobern kann ohne gewaltsame Revolution, darüber sind wir einig.«[31]

Es gibt eine Fülle weiterer zwingender Belege für die Richtigkeit der Behauptung, daß die Diktatur des Proletariats, wie Marx und Engels ab 1850 den von ihnen angestrebten politischen Zustand nannten, die Demokratie in allen wesentlichen Punkten negiert.[32] Doch hier geht es ja nur um den von Marx und Engels kreierten Mythos, den sie später kaum noch kultivierten. *Trotz der zitierten Geständnisse, trotz aller weiterer gleichgerichteten Argumente, trotz der Bekenntnisse zur Diktatur des Proletariats, wird im Westen der Mythos Marx nach wie vor mit einem kümmerlichen Lendenschurz garniert, der allen Tatsachen zum Hohn die Aufschrift »pro-demokratisch« trägt.* Und angesehene Persönlichkeiten des öffentlichen Lebens, renommierte Wissenschaftler, die über jeden Verdacht marxistischer Verblendung erhaben sind, schenken dieser Aufschrift Glauben (VI 5). Mit dem Ende der Revolution in Deutschland 1849, mit der Restauration der überkommenen Ordnung fand auch die »Neue Rheinische Zeitung« ihr Ende. Marx, der sich Jahre zuvor staatenlos hatte machen lassen, mußte innerhalb von 24 Stunden seine Sachen packen. Nun fühlte er sich wieder frei, bedenkenlos seine wahre Gesinnung zu zeigen. Die letzte Nummer der Neuen Rheinischen Zeitung erschien ganz in roten Lettern. Nicht nur die Farbe schockierte, auch der Inhalt. War bisher von der Arbeiterklasse kaum die Rede, so schloß die letzte Nummer mit dem Ruf: »Emanzipation der arbeitenden Klasse!«[33] »Kommunismus« aber blieb tabu. So wurde Marx zum Vorbild für die Kommunistische Partei Deutschlands (KPD), die ab April 1946 in der SBZ als Sozialistische Einheitspartei Deutschland (SED) firmierte und seit der friedlichen Revolution, 1989, als Partei des Demokratischen Sozialismus (PDS) um Wähler wirbt.

## 3. Marx der »Urheber der deutschen Arbeiterbewegung«

Engels polemisiert gegen Lassalle und weist Marx jene Verdienste zu, die allgemein Lassalle zuerkannt werden: »Man hat sich in Deutschland daran gewöhnt, in Ferdinand Lassalle den Urheber der deutschen Arbeiterbewegung zu sehen. Und doch ist nichts unrichtiger. Wenn ihm vor sechs, sieben Jahren in allen Fabrikdistrikten, in allen großen Städten, den Zentren der arbeitenden Bevölkerung, das Proletariat in Massen zuströmte, wenn seine Reisen Triumphzüge waren, um die ihn die Landesfürsten beneiden konnten – war da der Boden nicht vorher etwa schon im stillen gedüngt worden, der so rasch aufschießende Frucht trug?... Die heutige Generation lebt rasch und vergißt rasch... Der ganze Inhalt seiner [Lassalles] Schriften war entlehnt, selbst nicht ohne Mißverständnisse entlehnt, er hatte einen Vorgänger und einen intellektuellen Vorgesetzten, dessen Dasein er freilich verschwieg, während er seine Schriften vulgarisierte, und dieser intellektuelle Vorgesetzte heißt Karl Marx.«[34]
*Nun, Lassalle war also nicht der »Urheber der deutschen Arbeiterbewegung«. War es Marx? Engels erweckt mit dem Zitierten diesen Eindruck. Aber der entspricht nicht der Wirklichkeit, ist ins Reich der zweckdienlichen Legenden zu verweisen.* Insofern verhält es sich so, wie es Willy Brandt, damals Vorsitzender der Sozialistischen In-

ternationale, darstellte: »Wir wissen, daß Marx einen unmittelbaren politischen Erfolg zunächst nicht verzeichnen konnte, daß die Arbeiterbewegung etwa bei uns in Deutschland im wesentlichen ohne ihn... zur Massenorganisation wurde. Erst das unermüdliche Wirken von Friedrich Engels und später von Karl Kautsky führte dazu, daß sich die deutsche Partei unmittelbar nach der Aufhebung der Bismarckschen Sozialistengesetze im Erfurter Programm zu wesentlichen Grundauffassungen von Marx bekannte.«[35] Eine umfangreiche Beweisführung erscheint überflüssig, da die Fakten insofern offen zutage liegen und auch in manchen Veröffentlichungen der Freunde, die zeitlich dem zitierten Engelstext deutlich vorausgehen(!), zu finden sind. (Hermann von Berg: »Seine eigenen ›Verdienste‹ steigerten sich progressiv, je weiter er sich zeitlich von den wahren Begebenheiten entfernte.«[36])

Vorab sei betont, daß ebenso wie die kapitalistische Wirtschaftsform auch die Arbeiterbewegung zunächst im Ausland auftrat und heimisch wurde. Marx im Jahre 1847: »Der Sozialismus und Kommunismus gingen nicht von Deutschland aus, sondern von England, von Frankreich und Nordamerika.«[37] Wenig später befassen sich die Freunde im Kommunistischen Manifest mit den verschiedenen Sozialismus- und Kommunismusformen, die sie vorgefunden haben.[38] Der Bund der Gerechten, dem die Freunde 1847 beitraten, entwickelte sich »aus dem 1834 von deutschen Flüchtlingen gestifteten demokratisch-republikanischen Geheimbund der ›Geächteten‹«.[39] Bereits 1848 betrieben die Freunde erfolgreich, wie wir gesehen haben, seine Liquidierung. Ein Jahr später wiedergegründet, fiel er 1852 vereinsinternen Querelen, an denen Marx in vorderster Linie beteiligt war, endgültig zum Opfer.

Aus der Sicht jener Kommunisten, die Marx »blinden Gehorsam« verweigerten: »Ganz ähnlich wie in Frankreich haben sich die Verhältnisse in der deutschen kommunistischen Partei gestaltet, Journalisten und Halbgelehrte haben sich an die Spitze der Organisation gestellt, noch mehr, sie haben behauptet, daß sie allein diese Organisation bildeten. In ihren Augen waren die Arbeiter Nullen, die nur dadurch Wert erhielten, daß erstere denselben als Einheit voranstanden. So lange sich die Arbeiter diese Stellung gefallen ließen, erteilte man ihnen alles Lob, so bald sie jedoch anfingen, den blinden Gehorsam zu verweigern, waren sie Kerls, Esel, Schwamm, Pack. Hier in London ist, seitdem Marx, Engels usw. sich hier befinden, der früher so kräftige und fest organisierte Arbeiterverein und Kreis London völlig desorganisiert worden, indem man die Personen über

die Sache stellte und jeden auf alle erdenkliche Weise verfolgte, der nicht unselbständig genug war, um unbedingt in das Horn dieser Leute zu blasen... In Erwägung, daß Marx und Engels den Bund in dieser Weise zu einem Mittel persönlicher Macht zu organisieren suchen und andererseits ihn überall vollständig vernachlässigen, wo derselbe ihnen nicht unmittelbar nützlich ist, Beweis das Jahr 1848 in Köln, wo sie ihre Stellung als Zentralbehörde-Mitglieder ihrer Stellung als Redaktoren der Neuen Rheinischen Zeitung aufopferten..., hat der Kreis London, bestehend aus 40 Mitgliedern, einstimmig folgende Beschlüsse gefaßt:
1. die bisherigen Mitglieder der Zentralbehörde sind ihrer Funktion enthoben;
2. die Bürger Marx, Engels, Schramm, Wolff, Seiler, Liebknecht (Student...) sind aus dem Bunde ausgeschlossen...«[40]

1863 wurde der Allgemeine Deutsche Arbeiterverein (ADAV) gegründet – ohne Wissen von Marx. Auch die Sozialdemokratische Deutsche Arbeiterpartei (SDAP) wurde 1869 ohne Beteiligung der Freunde ins Leben gerufen. Der Zusammenschluß von ADAV und SDAP zur SPD (damals noch Sozialistische Arbeiterpartei Deutschlands) wurde den Freunden erst nachträglich mitgeteilt, um massive Störversuche ihrerseits zu verhindern. Eine überaus heftige, weitgehend unsachliche »Kritik des Gothaer Programms«[41] aus der Feder von Marx war die Folge.
Mitte der 70er Jahre erschien es fraglich, ob nicht Eugen Karl Dühring (1833–1921), Privatdozent an der Berliner Universität, der große Parteitheoretiker werden würde.[42]

Franz Mehring, ein sehr guter Kenner der Verhältnisse, schildert die geistige Situation der Sozialdemokratie in den 70er Jahren: »Über jede öffentliche Frage kann man in der sozialdemokratischen Literatur zehn verschiedene Ansichten finden, die sich vom sanftesten Moll des Stimmenfangs bis zum grellsten Dur unfehlbarer Gesinnungstüchtigkeit steigern. Selbst über die ersten Voraussetzungen ihrer Pläne herrscht unter den maßgebenden Autoritäten und Organen widerspruchsvolle Unklarheit...Diese heulenden Widersprüche [zwischen Marx, Dühring, Schäffle, Geiser, Most u. a.] sind durchweg an der Tagesordnung...
Als man Lassalles müde war, hob man Marx auf den Schild; nun wurde auch dieser langweilig, und man proklamierte Dühring und Schäffle. Zwischen diesen vier Evangelisten der neuen Religion nur die leiseste und notdürftigste Harmonie herzustellen, muß selbst der zugleich dreisteste und gewandteste Rabulist von vornherein als ein völlig aussichtsloses Unternehmen aufgeben.«[43]

Um die Suprematie Dührings zu verhindern, verfaßte Engels unter Mithilfe von Marx in den Jahren 1876 bis 1878 den »Anti-Dühring«.[44] Und sie hatten Erfolg. Es gelang ihnen sogar, aber nur auf dem Felde der Theorie, Marx als Parteipapst zu inthronisieren.[45] Da in den 80er Jahren des letzten Jahrhunderts die deutsche Arbeiterbewegung schon in voller Blüte stand, scheidet Marx als ihr *Urheber* eindeutig aus.

## 4. »Als Marx die Internationale gründete«

Marx wird in der Geschichtsschreibung häufig als Gründer der 1847 in Belgien gegründeten Association Démocratique angeführt.[46] Doch die Wirklichkeit sieht anders aus. Die Association Démocratique war als Gegengewicht zum kommunistischen Deutschen Arbeiter-Verein gedacht. Sie hatte sich ausdrücklich die »Einheit und Brüderlichkeit aller Völker« zum Ziele gesetzt, während Marx und Engels »Brüderlichkeit« und »Fraternité« ausdrücklich verhöhnten.[47] Die Association geht zurück auf ein Bankett, das belgische, französische, polnische und schweizerische Demokraten am 27. September 1847 in Brüssel abgehalten hatten. Die Kommunisten rochen Lunte und verstanden es, eigene Leute, u. a. Marx, einzuschleusen und so die Gegenorganisation zu unterwandern.
*Marx war auch nicht der Gründer der Ersten Internationalen Arbeiterassoziation des Jahres 1864,* wenngleich er als solcher spätestens seit 1872 bis auf den heutigen Tag gefeiert wird. In Hans-Ulrich Wehlers neuestem Werk »Deutsche Gesellschaftsgeschichte... 1848–1914« wird »die von Marx inaugurierte erste ›Internationale Arbeiter-Assoziation‹« herausgestellt.[48] Wer diese falsche Behauptung in die Welt gesetzt hat, gutgläubig oder wider besseres Wissen, ist nicht mit letzter Sicherheit zu ermitteln. Doch alles deutet auf Engels hin.
1872 schrieb Michail Bakunin in einem Brief: »Marx ... gab den instinktmäßigen einmütigen Aspirationen des Proletariats beinahe aller Länder Europas einen Körper, indem er in den Jahren 1863/64 die Idee der Internationale faßte und ihre Errichtung vorschlug.«[49]
Bakunin, 1872 mit Marx auf das heftigste zerstritten, hatte nicht die geringste Veranlassung, seinem Rivalen »auf Leben und Tod« un-

verdiente Komplimente zu machen. Alles spricht also dafür, daß er diese Erklärung im besten Glauben abgab.

Ganz anders verhält es sich mit Engels. Er kannte den wahren Sachverhalt genau und hat dennoch wiederholt, mindestens dreimal schriftlich, Marx dieses unbegründete Lob gezollt. Noch zu Lebzeiten von Marx, Mitte Juni 1877, »berichtet« er: »Inzwischen war in den verschiedenen Ländern Europas die Arbeiterbewegung wieder so weit erstarkt, daß Marx daran denken konnte, einen langgehegten Wunsch zur Ausführung zu bringen: die Gründung einer die fortgeschrittensten Länder Europas und Amerikas umfassenden Arbeiter-Assoziation, die den internationalen Charakter der sozialistischen Bewegung sowohl den Arbeitern selbst wie den Bourgeois und den Regierungen sozusagen leiblich vorführen sollte – dem Proletariat zur Ermutigung und Stärkung, seinen Feinden zum Schrecken.«[50]

Engels ferner, 1878, in einem Brief an Florence Kelley-Wischnewetzky: »Als Marx die Internationale gründete...«[51]

Am Grabe von Marx führte Engels aus: »Der Kampf war sein Element. Und er hat gekämpft mit einer Leidenschaft, einer Zähigkeit, einem Erfolg wie wenige... bis endlich die große Internationale Arbeiterassoziation als Krönung des Ganzen entstand – wahrlich, das war wieder ein Resultat, worauf sein Urheber stolz sein konnte, hätte er sonst auch nichts geleistet.«[52]

Engels wußte, wie schon erwähnt, über den Gründungsvorgang ganz genau Bescheid, und zwar aus der Feder von Marx, der ihm am 4. November 1864 eine ausführliche Schilderung der Genesis hatte zukommen lassen:

»*Workingmen's International Association.* Vor einiger Zeit hatten Londoner Arbeiter an Pariser Arbeiter Adressen wegen Polen geschickt und sie zum gemeinschaftlichen Handeln in dieser Sache aufgefordert. Die Pariser schickten ihrerseits Deputation her... Für 28. Sept. 64 wurde Public meeting in St. Martin's Hall ausgeschrieben... Ein gewisser Le Lubez wurde zu mir geschickt, ob ich pour les ouvriers allemands Anteil nehme, speziell einen deutschen Arbeiter als Sprecher für das Meeting etc. liefern wollte. Ich lieferte den Eccarius, der sich famos herausbiß, und ich assistierte ditto als stumme Figur auf der platform. Ich wußte, daß sowohl von der Londoner als Pariser Seite diesmal wirkliche ›Mächte‹ figurierten, und beschloß deswegen, von meiner sonst stehenden Regel, to decline any such invitations, abzustehn.«[53]

1892 trägt Engels in einer Marx-Kurzbiographie den Tatsachen halbwegs Rechnung, da eine gänzliche Verdrehung der Tatsachen energischen Widerspruch ausgelöst hätte. Aber auch so bleibt der Text skandalös: »1864 wurde die Internationale Arbeiterassoziation gegründet. Viele, namentlich Franzosen, haben sich den Ruhm angemaßt, als Gründer dieser Assoziation zu gelten. Es ist selbstredend, daß so etwas nicht von einem allein gegründet werden kann. Aber so viel ist sicher: Unter allen Beteiligten gab es nur einen, der sich klar war über das, was zu geschehen hatte und was zu gründen war...«[54] – das war natürlich Marx – und nicht einer der Initiatoren!. Eine exakte Genealogie dieser Mystifikation ist, wie erwähnt, nicht möglich. Aber obwohl sie längst entdeckt worden ist, die angesehenen zeitgenössischen Biographen auf sie nicht mehr hereinfallen, gelingt die Täuschung bis auf den heutigen Tag.[55]

Wenn Marx und Engels ferner behaupten, die Regierungen des Kontinents hätten nach dem Fall der Kommune (Mai 1871) die Internationale Arbeiterassoziation durch ihre Verfolgungen gezwungen, »ihre formelle, äußere Organisation aufzugeben«[56], so ist auch insofern der Wahrheitsgehalt gering. Unbehindert konnte die Internationale Arbeiterassoziation nach dem Scheitern der Pariser Kommune in London, ihrem Hauptsitz, ihre Tätigkeit fortsetzen. Nein, nicht polizeiliche Maßnahmen brachen ihr das Genick; sie zerbrach an inneren Zwistigkeiten, wie die folgenden Texte beweisen: .

Marx in einem Brief vom 23. November 1871: »Und die Geschichte der Internationalen war ein *fortwährender Kampf des Generalrats* gegen die Sekten und Amateurversuche, die sich gegen die wirkliche Bewegung der Arbeiterklasse innerhalb der Internationalen selbst zu behaupten suchten. Dieser Kampf wurde in den *Kongressen*, aber viel mehr noch in den privaten Verhandlungen des Generalrats mit den einzelnen Sektionen geführt.«[57]

Engels am 9. Mai 1872: »Die Leute von der Alliance werden alles aufbieten, durch die alten Kniffe wie in Basel sich die Majorität zu sichern; die Jurassier werden fingierte Sektionen repräsentieren lassen; die Italiener werden *lauter* Freunde von Bakunin schicken, außer Turin, selbst Mailand, wo diese Leute seit Cunos Entfernung wieder Oberwasser haben; die Spanier werden geteilt sein, in welchem Verhältnis, ist noch nicht zu sagen. Deutschland wird wie gewöhnlich schwach vertreten sein, England ebenfalls, Frankreich nur durch einige Flüchtlinge dort und vielleicht einige von hier...«[58]

Hören wir das Mitglied der Internationale Josef Weber (2. Dezember 1871): »Jene Leutchen, welche durch die unverschämten Reklamen der Londoner Clique beduselt werden und glauben, die Internationalen zählen nach Millionen, würden verwundert ihre Augen aufreißen, wenn sie sähen, wie es in den Sitzungen des Generalrats zu High Holborn zugeht. Vergeblich würden sie welterschütternde Pläne erwarten, nichts wie persönliche Zänkereien und Nörgeleien mit den einzelnen nationalen Sektionen würden sie vorfinden. Der Generalrat der Internationalen wird von seinem Papst Marx nämlich bloß zu persönlichen Zwecken benutzt.

Geradeso wie Marx anfangs der 50er Jahre den braven Schapper und Oberst Willich, den Führer des Aufstandes in der Pfalz, in dem Londoner Zentralverein herunterriß, worauf man ihn selbst aber hinausspeditierte, geradeso treibt er es auch jetzt noch, und persönliche Zänkerein nehmen kein Ende... In England hat der Generalrat im vorigen Sommer seinen Gnadenstoß erhalten. Die beiden einflußreichsten Londoner Trade-Unionisten Odger und Lucraft, welche in ihm Sitz und Stimme hatten, waren des Terrorismus der Marxschen Clique überdrüssig geworden... Die giftigen Angriffe auf den alten Mazzini vergißt man der Marxschen Clique auch nicht. Ebenso hat die niederträchtige Behandlung des braven Russen Bakunin, den jene Clique um jeden Preis zur Internationalen hinausbeißen will, großen Zorn erregt. Es ist ja jeder in den Bann getan, der Marx nicht als Meister anerkennt.«[59]

Webers Hinweis auf »die unverschämten Reklamen der Londoner Clique« erinnert signifikant an die Kommunistische Partei des Jahres 1848, die ausschließlich im Text ihres Manifests existierte. Die Welt will betrogen werden, und viele haben keine Hemmungen, ihr diesen Gefallen zu erweisen.

Prophetisch war das Wort von Marx, als er am 21. Juni 1872 die Vorhersage traf: *»Auf diesem Kongreß handelt es sich um Leben oder Tod der Internationalen.«*[60] Sie fand dort de facto ihr Ende.

*Unbestreitbar ist somit, daß die erste Internationale an internen Querelen scheiterte und nicht ein Opfer der Klassenjustiz oder anderer »reaktionärer« Kräfte wurde.* Oben wurde aus Engels' Ansprache anläßlich der Beerdigung von Marx zitiert, wonach die »große Internationale Arbeiterassoziation als Krönung« seiner Kämpfe und Erfolge entstanden sei. Engels fährt fort: »Und deswegen war Marx der bestgehaßte und bestverleumdete Mann seiner Zeit.«[61] Waren es wirklich seine Leistungen, die ihn suspekt machten, oder nicht vielmehr die Gespenster, die in seinen Publikationen zum Leben kamen?

## 5. »Die glorreichste Tat unserer Partei« – der Aufstand der Pariser Kommune

1871, im Gefolge des deutsch-französischen Krieges, erhob sich Paris gegen die eigene, demokratisch gewählte Regierung. Diese Rebellion und die darauf folgende zehn Wochen dauernde Selbstregierung der Stadt (18. März bis 28. Mai 1871) sind als Pariser Kommune in die Geschichte eingegangen. Wer hat diese Revolution vorbereitet, wer hat sie ausgelöst, wer hat sie geleitet? Bis in unsere Tage steht dazu so oder sinngemäß zu lesen: »Aber als die Pariser am 4. September 1870 im Angesicht der deutschen Truppen und Kanonen die Republik proklamierten und im Kampf gegen ihre eigene Bourgeoisie am Morgen des 18. März 1871 ›Die Kommune‹ ausriefen, da war es klar, daß der auslösende und erlösende Funke aus dem Kopf des Dr. Karl Marx auf die Köpfe der Arbeiter übergesprungen war.«[62]

Blenden wir zurück in die damalige Zeit. Engels behauptet, die Kommune sei »intellektuell unbedingt das Kind der Internationale«[63] gewesen. Marx geht noch einen Schritt weiter, wenn er in einem Brief vom 12. April 1871 »diese jetzige Regierung von Paris ... die glorreichste Tat unserer Partei«[64] nennt. Er brüstet sich mit der auf ihn gemünzten Anschuldigung: »grand chef de l'Internationale!«[65]

Kaum war das Schicksal der Kommune besiegelt, veröffentlichte Marx eine von ihm verfaßte »Adresse des Generalrats der Internationalen Arbeiter-Association« mit dem Titel »Der Bürgerkrieg in Frankreich«. Die Schrift erlebte rasch mehrere Auflagen und fand auch außerhalb der sozialistischen Kreise große Beachtung. Darin lesen wir: »Am Morgen des 18. März 1871 wurde Paris geweckt durch den Donnerruf: ›Es lebe die Kommune!‹«[66] »Sie war wesentlich eine *Regierung der Arbeiterklasse*...«[67] »Das Paris der Arbeiter, mit seiner Kommune, wird ewig gefeiert werden als der ruhmvolle Vorbote einer neuen Gesellschaft. Seine Märtyrer sind eingeschreint in dem großen Herzen der Arbeiterklasse.«[68] – Soweit Marx.

Was aber sagt Marx an anderer Stelle, was sagt die Historiographie? Marx hatte bis dato bei den Parisern keinerlei Anklang gefunden und dementsprechend war seine Wertschätzung für sie:

»Das Schlimme ist, daß wir nicht einen einzigen Menschen in Paris haben, der sich mit den den Proudhonisten *feindlichen* Arbeitersections (und sie bilden die Majorität!) in Verbindung setzen könnte.«[69]
»Proudhon hat enormes Unheil angerichtet. Erst ergriff und bestach seine Scheinkritik und sein Scheingegensatz gegen die Utopisten... die ›jeunesse brillante‹, die Studenten, dann die Arbeiter, besonders die Pariser, die als Luxusarbeiter, ohne es zu wissen, ›sehre‹ dem alten Dreck angehören. Unwissend eitel, anmaßend, schwatzsüchtig, emphatisch aufgeblasen, waren sie auf dem Punkt, alles zu verderben...«[70]

Besondere Betonung verdient, daß Marx die Bildung der Kommune nicht angeregt, nicht einmal gefördert oder gut geheißen, sondern ganz entschieden von revolutionären Aktionen abgeraten hat:

»Jeder Versuch, die neue Regierung zu stürzen, wo der Feind fast schon an die Tore von Paris pocht, wäre eine verzweifelte Torheit. Die französischen Arbeiter müssen ihre Pflicht als Bürger tun...«[71]
»... heute die ganze French Branch nach Paris aufbricht, um dort Dummheiten im Namen der *Internationale* zu machen. ›Sie‹ wollen die provisorische Regierung stürzen, commune de Paris etablieren...«[72]

Laut Marx wurde Paris am Morgen des 18. März 1871 durch den Donnerruf geweckt: »Es lebe die Commune!« Doch wir wissen es heute besser, wodurch Paris geweckt wurde: »In der Nacht vom 17. zum 18. März schickte Thiers [der französische Ministerpräsident] 15 000 Mann Fronttruppen und 3000 Polizisten, in zehn oder zwölf Abteilungen aufgeteilt, gleichzeitig los, um die über Paris verteilten Geschütze einzuziehen... Um 3 Uhr früh marschierten die Truppen ungehindert zum Montmartre und ergriffen von ihm Besitz. Doch die Beute konnte nicht ohne Pferde abtransportiert werden. Als die Pferde schließlich eintrafen, war es inzwischen 8 Uhr morgens. Das Geräusch marschierender Männer und zugerufener Befehle hatte das Proletarierviertel vom Montmartre früh aus dem Schlaf geweckt.«[73]
Am 26. März 1871 fanden in der Pariser Kommune Wahlen statt. Ergebnis: »Es gab keinen einzigen Marxisten darunter, es sei denn, man wollte den aus Ungarn geflohenen Juden Leo Rankel so nennen. Selbst unter den zweitrangigen Delegierten der Kommunalvertretung befand sich bei großzügiger Auslegung des Begriffes nur einer, den man als Anhänger des Marxismus bezeichnen konnte, Seraillier, nämlich.«[74] Die sogenannten Protokolle der Pariser Kommune,

1960 in Moskau herausgegeben, enthalten Kurzbiographien der Gewählten. Danach waren 33 Arbeiter, 24 Journalisten und Schriftsteller, 6 Büroangestellte, 5 Künstler, 5 Verkäufer oder Vertreter, 5 Ärzte, 5 Rechtsanwälte, 1 Kaufmann, 2 Offiziere, 1 Apotheker und 1 berufsmäßiger Revolutionär, nämlich Blanqui.[75]

Die Arbeiter, besser früheren Arbeiter, waren samt und sonders keine Proletarier im Marxschen Sinne,[76] sondern, wie Marx sie bezeichnet hatte, »Luxusarbeiter«. Marx hatte die Kommunarden noch ein halbes Jahr nach ihrer Niederlage »eingeschreint in dem großen Herzen der Arbeiterklasse«. Doch jene, denen die Flucht gelungen war, wurden Marx äußerst suspekt.

Am 9. November 1871 schreibt er an Friedrich Adolf Sorge: »Es hat sich hier unter den French refugees eine Sektion der Internationale gebildet, ›Section française de 1871‹ (ungefähr 24 Mann), welche sofort mit dem General Council in die Haare geraten ist, weil wir Änderungen in ihren Statuten verlangt. Es wird wahrscheinlich zum split kommen. Diese Leute arbeiten zusammen mit einem Teil der französischen Flüchtlinge in der Schweiz, die ihrerseits mit den Männern der von uns aufgelösten ›Alliance de la Démocratie Socialiste‹ (Bakunin) intrigieren. Ihr Angriffsobjekt sind nicht die gegen uns verbündeten Regierungen und herrschenden Klassen von Europa, sondern der Generalrat von London, und speziell meine Wenigkeit. Dies der Dank dafür, daß ich fast 5 Monate in Arbeiten für die Flüchtlinge verloren und dadurch die ›Address on the Civil War‹ als ihr Ehrenretter gewirkt habe.«[77]

Sehr bezeichnend auch der Text eines weiteren Schreibens vom gleichen Monat: »Neben anderen französischen Flüchtlingen hatten wir in den Generalrat Theisz, Chalain und Bastelica aufgenommen. Der letztere war kaum zugelassen, als er Avrial und Camélinat vorschlug, aber est modus in rebus [es ist ein Maß in den Dingen], und wir fanden, daß es jetzt genug Proudhonisten in unseren Reihen gab. Unter verschiedenen Vorwänden wurde daher die Wahl dieser beiden Würdigen bis zu der Konferenz verzögert und nach der Konferenz fallengelassen, da diese eine Resolution gefaßt hatte, in der wir ersucht wurden, nicht zu viele Flüchtlinge zuzulassen.«[78]

In einem nicht für die Öffentlichkeit bestimmten Schreiben bringt Marx zum Ausdruck, was er schon bei Abfassung seines Aufsatzes »Der Bürgerkrieg in Frankreich« hätte wissen und beachten müssen: »Sie werden mich vielleicht auf die Pariser Kommune verweisen; aber abgesehn davon, daß dies bloß Erhebung einer Stadt unter ausnahmsweisen Bedingungen war, war die Majorität der Kommune keineswegs sozialistisch, konnte es auch nicht sein.«[79] Seine Kommunelegende hat er aber nicht korrigiert. Warum hat er sie überhaupt in die Welt gesetzt?

Die Gründe sind teils psychologisch naheliegend, teils der Korrespondenz zu entnehmen. Seit Jahrzehnten haben Marx und Engels fast ständig die bevorstehende Revolution[80] und die Diktatur des Proletariats als unausweichlich angekündigt. Wer kann dann noch der Versuchung widerstehen, jede auch noch so abartige Episode und jeden Moment einer Revolte als Erfüllung der Verheißung auszugeben und zu rufen: »Nun gut, ihr Herren, wollt ihr wissen, wie diese Diktatur aussieht? Seht euch die Pariser Kommune an. Das war die Diktatur des Proletariats.«[81]

Ungemein aufschlußreich sind die folgenden Zeilen von Marx: »Du weißt, daß ich während der ganzen Zeit der letzten Pariser Revolution fortwährend als der ›*grand chef de l'Internationale*‹ von den Versailler Blättern (Stieber mitwirkend) und par répercussion von den hiesigen Journalen denunziert worden bin.

Nun noch die *Adresse* [gemeint ist seine Schrift ›Der Bürgerkrieg in Frankreich‹], die Du erhalten haben wirst! Sie macht einen Lärm vom Teufel, und ich habe die Ehre, at this moment the best calumniated and the most menaced man of London zu sein. Das tut einem wahrhaft wohl nach der langweiligen zwanzigjährigen Sumpfidylle.«[82]

Auch Engels kommt in einem Brief zum Kern: »Der erste große Erfolg... war die Kommune, die intellektuell unbedingt das Kind der Internationale war, obwohl die Internationale keinen Finger rührte, um sie zu machen... Als durch die Kommune die Internationale eine moralische Macht in Europa wurde, fing der Krakeel sofort an. Jede Richtung wollte den Erfolg für sich ausbeuten«[83], Marx und Engels nicht ausgenommen.

Zusammenfassend läßt sich sagen: *Mit gleichem Recht wie die Pariser Kommune des Jahres 1871 hätte Marx die Französische Revolution des Jahres 1789 als »die glorreichste Tat unserer Partei« requirieren können. Diese »Tat« ist aber nicht nur ein Phantom, ein Hirngespinst, eine Geschichtsklitterung, sie ist zugleich ein weiterer (falscher) Stein in der Krone des namhaftesten aller Revolutionäre.*

## 6. »Der Mann der Wissenschaft« und Entdecker des »wissenschaftlichen Sozialismus«

Als »Mann der Wissenschaft«[84] wird Marx von Engels tituliert. Und Engels drückt sich nicht um die Begründung: »Wie Darwin das Gesetz der Entwicklung der organischen Natur, so entdeckte Marx das Entwicklungsgesetz der menschlichen Geschichte... Damit nicht genug. Marx entdeckte auch das spezielle Bewegungsgesetz der heutigen kapitalistischen Produktionsweise und der von ihr erzeugten bürgerlichen Gesellschaft. Mit der Entdeckung des Mehrwerts war hier plötzlich Licht geschaffen.«[85]

Ausführlicher wird Engels in »Die Entwicklung des Sozialismus von der Utopie zur Wissenschaft«.[86] Mit dieser Schrift hat er es letztlich sogar geschafft, daß heute allgemein an den Marxismus (-Leninismus) gedacht wird, wenn von »wissenschaftlichem Sozialismus« die Rede ist. Dabei gab es die Bezeichnung »wissenschaftlicher Sozialismus« bereits vor Marx und Engels.[87] Engels gelang es, dem ursprünglichen »wissenschaftlichen Sozialismus« das Etikett abzulösen und dem eigenen Coop-Produkt anzuheften.

Es ist hier auf Grund des thematisch abgesteckten Feldes nicht der Ort, in eine eingehende Auseinandersetzung mit den beiden hauptsächlichen »Entdeckungen des Karl Marx« einzutreten.[88] Andererseits sollen sie nicht im Raume stehen bleiben, ohne daß ihre Fragwürdigkeit in zweifacher Hinsicht kurz verdeutlicht wird.

Zunächst zum »Entwicklungsgesetz der menschlichen Geschichte«. Engels: »Die neuen Tatsachen zwangen dazu, die ganze bisherige Geschichte einer neuen Untersuchung zu unterwerfen, und da zeigt es sich, daß *alle* bisherige Geschichte, mit Ausnahme der Urzustände, die Geschichte von Klassenkämpfen war, daß diese einander bekämpfenden Klassen der Gesellschaft jedesmal Erzeugnisse sind der Produktions- und Verkehrsverhältnisse, mit einem Wort, der *ökonomischen* Verhältnisse ihrer Epoche; daß also die jedesmalige ökonomische Struktur der Gesellschaft die reale Grundlage bildet, aus der der gesamte Überbau der rechtlichen und politischen Einrichtungen sowie der religiösen, philosophischen und sonstigen Vorstellungsweise eines jeden geschichtlichen Zeitabschnitts in letzter Instanz zu erklären sind.«[89]

Welcher Mensch oder welches Menschenpaar hat die Kapazität, »die ganze bisherige Geschichte einer neuen Untersuchung zu unterwerfen«? Allein die offenkundige Antwort auf diese Frage spricht Bände. Der Text besagt, einfach ausgedrückt, unter Berücksichtigung dessen, was Marx an vielen Stellen darüber geschrieben hat: Die Sklavenhaltergesellschaft, die Feudalherrengesellschaft, die kapitalistische Gesellschaft und die sozialistisch-kommunistische Gesellschaft haben auf Grund ihrer unterschiedlichen Wirtschaftsordnungen ein je unterschiedliches Bewußtsein, wobei es sich von Stufe zu Stufe höher entwickelt. Dem höheren Bewußtsein geht eine maschinell anspruchsvollere Ausstattung der Arbeitsplätze voraus.

Dem ganz zuwider war jedoch das technische Niveau in den Staaten der »Zweiten Welt« deutlich niedriger als in den sogenannten kapitalistischen Staaten, obwohl doch die Staaten der »Zweiten Welt« bereits über das sozialistische Bewußtsein verfügten und schon die Schwelle zum kommunistischen Endzustand betreten hatten.

Nicht nur die Zukunft hat diese Ungereimtheit – aus der Sicht der Freunde – ad oculos demonstriert. Engels widerspricht sich ganz augenfällig. Im Vorwort schreibt er nämlich: »Aber der wissenschaftliche Sozialismus ist nun einmal ein wesentlich deutsches Produkt und konnte nur bei der Nation entstehn, deren klassische Philosophie die Tradition der bewußten Dialektik lebendig erhalten hatte: in Deutschland.«[90] Ob das wissenschaftlich verbrämter Chauvinismus ist, sei dahingestellt. Bemerkenswerter scheint die Rolle, die hier die deutsche Philosophie einnimmt. In den industriell fortgeschritteneren Staaten der damaligen Welt, insbesondere in England, hätte die Philosophie, gemäß der marxistischen Theorie, viel weiter fortgeschritten sein müssen als in Deutschland. Aber siehe da, die deutsche ist führend. Ohne sie würde die ganze Mechanik des historischen Materialismus nicht funktionieren. Schwer auszudenken, was aus der Welt ohne Deutschland und die deutsche Philosophie geworden wäre! Schwer auszudenken auch, wo wir heute stünden, wenn nicht der ganz besondere deutsche Mann gekommen wäre, der »die totale Verkehrtheit des bisherigen deutschen Idealismus«[91] erkannt und vom Kopf auf die Füße gestellt hätte, nämlich Karl Marx!

Zum Thema Mehrwert. Engels: »Der bisherige Sozialismus kritisierte zwar die bestehende kapitalistische Produktionsweise und ihre Folgen, konnte sie aber nicht erklären, also auch nicht mit ihr fertig werden; er konnte sie nur einfach als schlecht verwerfen. Je heftiger er gegen die von ihr unzertrennliche Ausbeutung der Arbeiterklasse eiferte, desto weniger war er imstand, deutlich anzugeben, worin diese Ausbeutung bestehe und wie sie entstehe. Es handelte sich aber darum, die kapitalistische Produktionsweise einerseits in ihrem geschichtlichen Zusammenhang und ihrer Notwendigkeit für einen bestimmten geschichtlichen Zeitabschnitt, also auch die Notwendigkeit ihres Untergangs darzustellen, andrerseits aber auch ihren innern Charakter bloßzulegen, der noch immer verborgen war. Dies geschah durch die Enthüllung des *Mehrwerts*.«[92]

*Die beste Widerlegung der angeblichen »Enthüllung des Geheimnisses der kapitalistischen Produktion«[93] liegt wohl in dem Faktum, daß seit Jahrzehnten an allen freien Universitäten die Marxsche Wertlehre als eindeutig falsch ad acta gelegt worden ist,* soweit sie überhaupt je in Ansätzen ernst genommen worden war (X 2). In den sozialistischen Staaten durfte man zwar diesen Schritt nicht akustisch wahrnehmbar nachvollziehen, mußte aber in der Praxis auf die Marxsche Wert- und Mehrwertlehre gänzlich verzichten. Sie spielte bei der Gestaltung des Wirtschaftslebens der sozialistischen Staaten keine Rolle.

Lohnt es sich da noch, darauf hinzuweisen, daß diese angeblich alles überragende »Enthüllung« schon zu Lebzeiten von Marx leidenschaftlich angefochten wurde? – Jean Most, der mit Einwilligung des Autors »Das Kapital« in Kurzfassung veröffentlicht hat, also von Marx selbst als sachverständig angesehen worden war, schreibt unter der Überschrift »Die ›Entdeckung‹ des Mehrwerts«: »Jene Dinge, worauf sich die Marx-Eunuchen am meisten zugute tun, sind gerade die schwächsten und nebensächlichsten Dinge unter den Marxschen Leistungen.

Da wird namentlich fortwährend davon gefaselt, Marx habe den ›Mehrwert‹ entdeckt. Die meisten, welche diese Losung gedankenlos nachplappern, scheinen gar nicht zu wissen, daß diese Behauptung nicht bloß eine Aufschneiderei, sondern geradezu der reinste Unsinn ist.

Wenn man von einer Entdeckung des Mehrwerts redet, so ist das gerade so geistreich, als wenn man etwa von der Entdeckung des Wassers, der Luft, des Erdbodens und dergleichen sprechen wollte. Eine Sache, die von dem Augenblicke an, wo sie existierte, für jedermann auf der Hand lag, entdecken zu wollen – das ist schlimmer als ein Schnappen nach abgestandenen Gemeinplätzen... Der moderne Arbeiter aber befindet sich in keinem Falle dermaßen im Trance, wo der sogenannte Profit seines Ausbeuters herkommt.«[94]

Robertus fühlte sich »von Schäffle und Marx geplündert«, und viele andere haben sich dem Plagiatvorwurf angeschlossen.[95]

Am 17. Mai 1901 hielt Eduard Bernstein einen Vortrag, in dem er bestritt, daß der von Karl Marx abgeleitete Sozialismus als »wissenschaftlicher Sozialismus« bezeichnet werden könne. Dem ist nur so viel hinzuzufügen, daß diese mutig ausgesprochene Erkenntnis eines revisionistischen Sozialisten zwischenzeitlich noch nicht einmal zum Gemeingut aller Bürgerlichen geworden ist. Mit jener Selbstverständlichkeit, die keiner Begründung bedarf, ja fast jede Begründung verbietet, ist heute allen wissenschaftlichen Maximen zum Trotz mit Blick auf die Marxsche Lehre vom »wissenschaftlichen Sozialismus« die Rede, wobei man sich meist sogar die Anführungszeichen schenkt.

Andererseits, das kommt einer Sensation nahe, wird heute von Marxisten behauptet, »daß Engels mitunter Schwierigkeiten hatte, Marx' Methode zu begreifen, seine Intentionen zu treffen bzw. den gesponnenen Faden logisch fortzusetzen.«[96] Welchen Wert hat das Zeugnis eines Mannes, dem die Sachkompetenz abgesprochen werden muß?

## 7. Die »große Verschwörung« gegen Marx

Zum Klischee des Mitleid heischenden, Begeisterung weckenden Helden gehört – neben Armut – Verfolgung, besonders ungerechte. Geradezu mit innerer Notwendigkeit erwärmt sich für ihn und seine Sache das Herz des Durchschnittsbürgers. Engels wußte das: »Aber daß Regierung und bürgerliche Opposition, von der vulgär-liberalen bis zur demokratischen sich zusammentaten zu einer großen Verschwörung gegen ihren [Jenny Marx'] Mann; daß sie ihn mit den elendesten, niederträchtigsten Verleumdungen überschütteten; daß die gesamte Presse sich ihm verschloß, ihm jede Verteidigung abschnitt, so daß er momentan wehrlos dastand vor Gegnern, die er und sie verachten mußten – das hat sie tief getroffen. Und das dauerte sehr lange.«[97]

*Nun, die »große Verschwörung« gleicht dem Ungeheuer von Loch Ness: Nirgendwo hat man es dingfest gemacht, nirgendwo seine Spuren nachgewiesen.* Verleumdungen gab es wohl – auf beiden Seiten. Vom Thema her ist es nicht angezeigt, diesen Verleumdungen nachzugehen, weder den einen noch den anderen, es sei denn, daß sie den

Die Arretierung fand nachts um 2.00 Uhr statt. Da gab es sicher kein Zuschauerspalier.

Mythos tangieren. Nachprüfbar konkret wird Engels nicht. Auch Marx selbst nennt sich wider besseres Wissen Opfer von Verleumdungen. Am 2. August 1851 schreibt er an Joseph Weydemeyer: »Du kannst Dir denken, daß meine Lage sehr trüb ist. Meine Frau geht unter, wenn es lange so fortdauert... Und dazu noch die Infamien meiner Gegner, die... sich für ihre Ohnmacht dadurch zu rächen suchen, daß sie mich bürgerlich verdächtigen und die unsagbarsten Infamien über mich verbreiten.«[98] Welche? Marx sei Vater eines unehelichen Kindes geworden! Nun, das war die reine, aber äußerst unbequeme Wahrheit, wovon noch die Rede ist (III 5).

Nachweisbar unrichtig ist die Behauptung, »daß die gesamte Presse sich ihm verschloß«. Es ist unschwer möglich, ein Dutzend Zeitungen aufzuzählen, die Marx offenstanden, nicht nur die »Rheinische Zeitung«, die »Deutsch-Brüsseler-Zeitung«, die »Neue Rheinische Zeitung«, die »Politisch-Ökonomische Revue«, sondern auch »New York Daily Tribune«, »People's Paper«, »Neue Oder-Zeitung«, »Tucker's Political Fly-Sheets«, »Free Press«, »Das Volk«, »Die Presse«, »Der Sozialdemokrat« u. a.

Etwas besser bestellt ist es um einen anderen Engelstext: »Mitzuwirken... an der Befreiung des modernen Proletariats... das war sein wirklicher Lebensberuf. Und deswegen war Marx der bestgehaßte und bestverleumdete Mann seiner Zeit. Regierungen, absolute wie republikanische, wiesen ihn aus...«[99] Was an diesen Behauptungen exakt nachprüfbar ist, kann als im Kern richtig bezeichnet werden, sehen wir einmal davon ab, daß Belgien, staatsrechtlich betrachtet, weder absolute Monarchie noch Republik gewesen ist.

Ob Marx 1845 aus Frankreich ausgewiesen wurde oder freiwillig das Land verließ, scheint nicht restlos geklärt.[100] Ausgewiesen wurde er im März 1848 aus Belgien, im Mai 1849 aus Preußen, im Juli 1849 aus Paris. Bevor wir aber das Opfer dieser Verfügungen beklagen, sollten wir uns die Gründe für diese behördlichen Maßnahmen vergegenwärtigen.

Einige Monate nach dem Verbot der Rheinischen Zeitung begab sich Marx nach Paris (Oktober 1843), wo er Mitarbeiter des »Vorwärts« wurde. In diesem Blatt konnte sich der politische Extremismus austoben. So bedauerte es ausdrücklich, daß das Revolverattentat auf den preußischen König mißlang, da kein besserer Schütze zur Stelle gewesen sei. Dieser Artikel stammte zwar nicht von Marx, aber Marx fühlte sich unter den Sympathisanten der Königsmörder heimisch, leistete ihnen vom Schreibtisch aus sogar Vorschub. Daher wurde das Blatt verboten und manch ein Mitarbeiter des Landes verwiesen. Marx begab sich nach Belgien.

Drei Jahre später, am 3. März 1848 erhielt er von der belgischen Regierung eine Ausweisungsverfügung. Der Grund: Am 22. Februar war in Paris die Revolution ausgebrochen und König Louis-Philippe gestürzt worden. Die Kunde davon erreichte am Morgen des 26. Februar Brüssel. Auch dort befürchteten die Behörden einen bewaffneten Aufstand, insbesondere seitens der Association Démocratique, zu deren Vizepräsidenten Marx am 7. November 1847 gewählt worden war. Marx: »Sonntag, den 27. Februar, hielt die Brüsseler Demokratische Gesellschaft ihre erste öffentliche Sitzung ab seit der Nachricht von der Proklamierung der Französischen Republik. Man wußte im voraus, daß eine große Anzahl von Arbeitern daran teilnehmen würde, die fest entschlossen seien, alle von der Gesellschaft als zweckdienlich erkannten Maßnahmen tatkräftig zu unterstützen.«[101]

An diesem 27. Februar schrieb Engels in der »Deutsche-Brüsseler-Zeitung«: »Die Flammen der Tuilerien und des Palais Royal sind die Morgenröte des Proletariats. Die Bourgeoisherrschaft wird jetzt überall zusammenkrachen oder zusammengeworfen werden.«[102]

Am Nachmittag des 28. wurde von der Polizei beobachtet, wie sich Marx aus dem Hause des Vorsitzenden der Association Démocratique kommend in eine Bank begab. Der Verdacht tauchte auf, daß Marx Geld wechseln oder abheben könnte, um Waffen zu kaufen oder kaufen zu lassen.[103] (Seine Frau und Freunde haben auch schriftlich behauptet, dem sei so gewesen.[104]) Am 3. März wurde Marx ein Ausweisungsbefehl zugestellt, um Mitternacht das Hotel, in dem Marx wohnte, gründlich durchsucht, ein Beschluß des Bundes der Kommunisten sichergestellt und Marx am Ende der Durchsuchung, am 4. März kurz nach 2 Uhr morgens, verhaftet. In dem beschlagnahmten Beschluß heißt es u. a.: »Die Zentralbehörde des Bundes der Kommunisten, sitzend in Brüssel... in Erwägung:...

daß Paris in diesem Augenblick das Zentrum der ganzen revolutionären Bewegung ist;

daß die gegenwärtigen Umstände eine durchaus energische Leitung des Bundes erheischen, zu welcher eine momentane diskretionäre Gewalt unbedingt nötig ist; beschließt:

Art. 1 die Zentralbehörde ist nach Paris verlegt

Art. 2 die Brüsseler Zentralbehörde überträgt dem Bundesmitglied Karl Marx diskretionäre Vollmacht zur momentanen Zentraldirektion aller Bundesangelegenheiten...«[105]
Frau Marx, die sich nach der Verhaftung ihres Mannes sofort hilfesuchend an den Vorsitzenden der Association Démocratique wandte, erlitt bei ihrer Rückkehr das gleiche Schicksal. Am Nachmittag desselben Tages sind beide wieder frei. Gemäß der Ausweisungsverfügung verläßt Marx mit dem Abendzug Brüssel in Richtung Paris. Die belgische und französische Presse nimmt sich des Falles an. Auf Drängen des Parlaments werden Recherchen eingeleitet, und der belgische König selbst läßt sich berichten.
Ob die Arretierung von Marx, wenngleich nur für zwölf Stunden, gerechtfertigt war, erscheint fraglich. Daß jedoch Ausländer, die in einer so kritischen Situation mit guten Gründen verdächtigt werden, dem gewaltsamen Umsturz Vorschub zu leisten – man denke nur an das kurz vorher verfaßte »Manifest der Kommunistischen Partei«, in dem es abschließend heißt: »Mit einem Wort, die Kommunisten unterstützen überall jede revolutionäre Bewegung gegen die bestehenden gesellschaftlichen und politischen Zustände... sie erklären es offen, daß ihre Zwecke nur erreicht werden können durch den gewaltsamen Umsturz aller bisherigen Gesellschaftsordnung«,[106] – aus dem Gastland verwiesen werden, dürfte von den Rechtsordnungen aller Staaten der Welt voll gedeckt sein. Marx hatte zudem bei Bewilligung des Aufenthalts in Belgien versichert, sich aller politischen Aktivitäten zu enthalten. Ein solcher Wortbruch wog damals weit schwerer als heute, da ihn zugleich ein strenger Ehrenkodex mißbilligte.
Marx kehrte über Frankreich (5. März – Anfang April 1848) nach Deutschland zurück und schlug (Mitte April) in dem damals preußischen Köln seine Zelte auf. Gut ein Jahr später, am 16. Mai 1849, wurde er aufgefordert, Preußen zu verlassen und acht Wochen später, am 19. Juli, Frankreich.
Der Verfügung, die ihn in Köln traf, ging seine Tätigkeit an der Neuen Rheinischen Zeitung voraus, in der er, völlig unstreitig, immer wieder zum Krieg gegen Rußland aufgefordert hatte. Engels: »Das politische Programm der ›Neuen Rheinischen Zeitung‹ bestand aus zwei Hauptpunkten: ... Krieg mit Rußland, der Wiederherstellung Polens einschloß.«[107]
Die Neue Rheinische Zeitung, Chefredakteur Karl Marx, war ein so infames Blatt, daß die meisten Bundesbürger sie nicht einmal mit der

Zange anfassen würden. Einzelne Menschen und ganze Menschengruppen werden der böswilligsten und unsachlichsten Kritik ausgesetzt.[108] Auch ein noch so liberales Strafrecht würde gegen die Verantwortlichen eines derartigen Blattes einschreiten, so die bundesdeutschen Organe wegen Volksverhetzung, § 130 Strafgesetzbuch.[109] Die offizielle Begründung der Ausweisung lautete: »Aufreizung... zum gewaltsamen Umsturz...«[110], eine Anschuldigung, deren Richtigkeit Marx, wie oben dargelegt, nie hätte glaubwürdig bestreiten können und auch nicht bestritten hat.

In Paris angekommen, nahm er sofort wieder Kontakt auf zu ehemaligen Mitgliedern des Bundes der Kommunisten und anderer Geheimbünde. Als ein von diesen Kreisen unterstützter Aufstand fehlgeschlagen war[111], wurde Marx auch in Paris das Gastrecht aberkannt. Vor die Wahl gestellt, in die Provinz zu gehen oder Frankreich zu verlassen, entschied er sich für London, das Heimstatt bis zum Lebensende werden sollte.

Den Behörden war vielleicht auch in Erinnerung, daß Marx sich vor Jahresfrist in der Rheinischen Zeitung (II 2) für die Feinde der demokratisch legitimierten Regierung stark gemacht hatte. Die Wunden, die der Tod Tausender der Stadt Paris geschlagen hatte, waren längst noch nicht vernarbt.

Obwohl Marx seinen Kampf gegen Gott und alle Welt fortsetzte und den Verbalradikalismus gegen die britische Regierung aufnahm, konnte er während der folgenden Jahrzehnte völlig unbelästigt in London arbeiten, in ganz England reisen, im Schnitt jährlich mehrere Wochen in verschiedenen Ländern des Kontinents zubringen, so vom 28. Februar bis 29. April 1861 u. a. bei Lassalle in Berlin, vom 7. Dezember 1863 bis 19. Februar 1864 in Trier und Zalt-Bommel (Holland), vom 10. April bis 19. Mai 1867 in Hannover und Hamburg, vom 10. September bis 11. Oktober 1869 wieder Hannover und Hamburg.[112] Ferner besuchte er Algerien, Belgien, Frankreich, Monte Carlo und die Schweiz, jeweils beliebig lange, jeweils gänzlich unbehelligt. Wenn Schwerbrock schreibt: »Er hält sich in englischen und französischen Badeorten auf – nach Deutschland zu kommen hätte bedeutet, sich der Provokation und Verfolgung auszusetzen. So sehen wir Marx in diesem letzten Dezennium seines Lebens als einen gehetzten, getriebenen, dennoch nicht gebrochenen Mann...«[113] – offenbart diese Darstellung riesige biographische Lücken. Denn in den Jahren 1874, 1875, 1876 ist Marx jeweils für mehrere Wochen in Deutschland/Österreich, insbesondere Karls-

bad, 1877, und zwar vom 8. August bis 27. September, in Bad Neuenahr. Niemand krümmt ihm ein Haar.
Sicherlich wurden die Freunde zumindest zeitweilig überwacht, lagen ihnen doch terroristische Aktivitäten keineswegs fern.[114] Aber wehe den Lauschern und Schnüfflern, wenn sie sich hätten erwischen lassen: »Dein [Marx'] Brief von vorgestern ist *erst heute* bei mir abgeliefert worden, und der Zustand des Kuverts (inl.) läßt keine Zweifel mehr, daß der Schweinehund Bruce ein Auge auf unsre Korrespondenz geworfen hat... Mach Deine Kuverts vorsichtig zu und siegle sie, *über* der Verklebung mit Siegellack, so daß der Petschaft-Abdruck *alle vier Flügel* des Kuverts berührt. Dazu taugen Deine jetzigen Kuverts nicht, die 4 Flügel müssen ganz nah zusammenkommen, damit dies möglich wird. Dieses erschwert die Sache, so daß bei der wenigen Zeit, die die Kerls haben, sie augenscheinliche Beweise geben müssen, dann kann man sie öffentlich denunzieren.«[115]
*Marx, auf eigenen Wunsch seit 1843 staatenlos, müßte auch in modernen Rechtsstaaten zumindest mit den beschriebenen Sanktionen rechnen. Und so betrachtet verdorrt der von Engels kunstvoll gewundene Märtyrerkranz zu disteldurchsetztem Stroh, verwandelt sich seine Anklageschrift gegen monarchische und republikanische Regierungen in Entlastungsmaterial, das moderne Toleranz der damals Regierenden unter Beweis stellt.* (Man vergleiche die eben beschriebenen Maßnahmen mit den Praktiken in den Staaten, die sich auf Marx beriefen.)

Freilich, Leute vom Schlage eines John Most können oder wollen von derlei Fakten nicht belehrt und bekehrt werden. Most, Chefredakteur der »Freiheit«, argumentierte: »In England selbst bewies die dortige Regierung ebenfalls, daß die Pressefreiheit heutzutage überall nur solange und insoweit respektiert wird, als es der herrschenden Klasse genehm ist.
Als am 13. März 1881 der II. Alexander Romanov per Bombe in die Kloake niedergeschmettert wurde, brachte die ›Freiheit‹ vom 19. März, die zur Feier dieses Ereignisses mit rotem Feuerrand erschienen war, einen Artikel unter dem Titel ›Endlich!‹, worin den kühnen Erlegern des gekrönten Ungeheuers Beifall gezollt, deren Tat zur Nachahmung empfohlen und allen Tyrannen ein: ›Bereitet euch zum Tode vor!‹ zugerufen war. Darauf erfolgte eine allgemeine Hetze gegen die ›Freiheit‹ durch die reaktionäre Presse, eine entsprechende Interpellation im englischen Parlament und meine Verhaftung.«[116]

## 8. Aufs »Lärmmachen« kommt es an

Maximilien Rubel, der international hochangesehene Marxforscher, von dem schon im Vorwort die Rede war, ist der Ansicht: »Als Engels sich entschlossen hat, aus dem Munde seiner Gegner Formulierungen wie ›Marxist‹ und ›Marxismus‹ zu übernehmen, um eine feindselige Bezeichnung in einen Ruhmestitel umzuwandeln, ahnte er nicht, daß er sich mit dieser Gebärde des Trotzes – oder der Resignation? – zum Gevatter einer Mythologie machte, die das 20. Jahrhundert beherrschen sollte.«[117] Ja, Engels hat sich zum »Gevatter einer Mythologie« gemacht.

Wer die gegenseitige Korrespondenz der Freunde durchliest – sie blieb weitgehend erhalten (1545 Briefe) – gewinnt den Eindruck echter Partnerschaft. Auch wenn sich Engels als Junior fühlte und benahm, seine Briefe sind alles andere als reine Speichelleckerei. Er wagt durchaus Kritik, die er schicklich zu verpacken weiß.

Da heißt es beispielsweise unter dem 16. Juni 1867 mit Blick auf die Druckfahnen vom »Kapital«, die Marx an Engels zum Korrekturlesen versandt hatte: »Bogen 2 namentlich trägt ein etwas gedrücktes Karbunkelgepräge, das ist aber nun nicht mehr zu ändern, und ich meine, du machst im Nachtrag weiter nichts darüber, denn der Philister ist doch an diese Art abstrakten Denkens nicht gewöhnt und wird sie sich der Wertform zu Gefallen sicher nicht anquälen. Höchstens würde das hier dialektisch Gewonnene etwas weitläufiger historisch nachzuweisen, sozusagen aus der Geschichte die Probe darauf zu machen sein, obgleich dafür das Nötigste auch schon zugesagt ist...

Du hast den großen Fehler begangen, den Gedankengang dieser abstrakteren Entwicklung nicht durch mehr kleine Unterabteilungen und Separatüberschriften anschaulich zu machen. Diesen Teil hättest Du behandeln sollen in der Art, wie die Hegelsche Enzyklopädie, mit kurzen Paragraphen, jeden dialektischen Übergang durch besondre Überschrift hervorgehoben und womöglich alle Exkurse und bloßen Illustrationen mit besondrer Schrift gedruckt.«[118]

Trotz dieser Offenheit in der Korrespondenz untereinander dringen nach außen ausnahmslos vorbehaltlose, unüberbietbare Lobesworte. Ob Marx die Freundschaft ähnlich eng gestaltet hätte, wenn Engels nicht die schier unerschöpfliche Geldquelle gewesen wäre, die er fast täglich aufs neue anzapfen konnte und mußte, kann dahingestellt bleiben. Engels hing an Marx, aus welchen Gründen auch immer, und er hat Marx nach außen über Jahrzehnte hinweg mit einem bisweilen gänzlich irrationalen Glorienschein umgeben (III 6).

Was davon seiner Überzeugung entsprach und was bewußte Mystifikation war, ist im einzelnen schwer festzustellen. Daß der bei näherem Zusehen auf wackeligen Beinen stehende Effekt bewußt gesucht wurde, läßt sich exakt nachweisen.

Engels dekuvriert sich recht eindeutig, wenn er Marx animiert: »Die Hauptsache ist, daß Du erst wieder mit einem dicken Buch vor dem Publikum debütierst, und am besten mit dem unverfänglichsten, der Historia. Die mittelmäßigen und lausigen Literaten Deutschlands wissen sehr gut, daß sie ruiniert wären, wenn sie nicht 2–3mal des Jahrs mit irgendeinem Schund vor dem Publikum erschienen.«[119]

Reizvoll die Frage, wie würden die Menschen, die sich für Wissenschaftler halten oder als solche angesehen werden, auf derlei Ratschläge des Freundes reagieren. Ist die Annahme falsch, daß 999 von Tausend dem »Freund« auf Dauer den Abschied gäben? Marx nimmt offenbar keinen Anstoß, macht sie vielmehr zu Maximen seines Handelns.

Und ein andermal: »Sei endlich einmal etwas weniger gewissenhaft Deinen eignen Sachen gegenüber; es ist immer noch viel zu gut für das Lausepublikum. *Daß* das Ding geschrieben wird und erscheint, ist die Hauptsache; die Schwächen, die Dir auffallen, finden die Esel doch nicht heraus...«[120]

Vieles spricht dafür, daß die gesuchte und geförderte, wenn nicht sogar kreierte Mystifikation einer Langzeitstrategie entsprach: Dem Mann, der wie kein zweiter die naturhaft notwendige Revolution predigte, das Herzensanliegen beider,[121] sollte mit allen Mitteln Gehör verschafft werden. Er sollte die Autorität schlechthin sein, mit der sich niemand messen kann.

Über die irrationalen Kräfte jedes Mythos wußten die Freunde recht gut Bescheid. Schon 1865 spricht Marx vom »speichelleckenden Lassallekultus«[122], der ihnen mißfallen habe. Und Engels führt 1891 Klage darüber, daß »die hiesigen sozialistisch angehauchten Bourgeois... aus dem Lassalle eine Legende zu machen [suchen] gegen Marx.«[123]

Auch moralische Bedenken gegen die eigene Kanonisierung konnten nicht auftauchen, hatte doch Marx nachdrücklich betont: »Die Kommunisten predigen überhaupt keine Moral«.[124] Und Engels hatte recht unmißverständlich ergänzt, daß ihm als Revolutionär jedes

Mittel recht sei, »das zum Ziel führt, das gewaltsamste, aber auch das scheinbar zahmste.«[125] Andere fordert er auf: »... hängt die deutschtümliche Ehrlichkeit, Treuherzigkeit und Biederkeit an den Nagel... Man muß in einer Partei alles unterstützen, was voranhilft, und sich da keine langweiligen moralischen Skrupel machen.«[126] Das Gewicht dieser Äußerungen ist kaum zu überschätzen.

Es würde den Rahmen sprengen, *alle* hagiographischen Äußerungen aus der Feder von Engels zugunsten seines Freundes auszubreiten. Marx ist seiner Darstellung nach das Non-Plus-Ultra schlechthin, der »Führer ersten Ranges«. Hier einige Kostproben: »Beim Ausbruch der Februarrevolution bestand die deutsche ›Kommunistische Partei‹... nur aus einem kleinen Stamm... aber diese unbedeutende Streitkraft hatte einen Führer, dem sich alle willig unterordneten, einen Führer ersten Ranges in *Marx* ...«[127]

»Solange es Kapitalisten und Arbeiter in der Welt gibt, ist kein Buch erschienen, welches für die Arbeiter von solcher Wichtigkeit wäre, wie das vorliegende. Das Verhältnis von Kapital und Arbeit, die Angel, um die sich unser ganzes heutiges Gesellschaftssystem dreht, ist hier zum ersten Mal wissenschaftlich entwickelt, und das mit einer Gründlichkeit und Schärfe, wie sie nur einem Deutschen möglich war. Wertvoll wie die Schriften eines Owen, Saint-Simon, Fourier sind und bleiben werden – erst einem Deutschen war es vorbehalten, die Höhe zu erklimmen, von der aus das ganze Gebiet der modernen sozialen Verhältnisse klar und übersichtlich darliegt, wie die niederen Berglandschaften vor dem Zuschauer, der auf der höchsten Kuppe steht.«[128]

Unter eigenem wie unter fremdem Namen, für sozialistische wie für bürgerliche Blätter verfaßte Engels Besprechungen von »Das Kapital« und animierte andere, es ihm gleichzutun. Engels forderte, daß Das Kapital zur »Bibel der Arbeiterklasse«[129] werde.

Von insgesamt 19 Rezensionen, die für 1867 und 1868 festgestellt wurden, stammen neun von Engels und eine von Freund Dr. med. Ludwig Kugelmann [V 1]. Der Regie von Marx gemäß waren die Besprechungen »von ›verschiedenen‹ Standpunkten und in verschiednen Charaktermasken«[130] geschrieben, um nichtsozialistische Verfasser vorzutäuschen und somit die Veröffentlichung in nichtsozialistischen Blättern zu ermöglichen, von der die Verfasser und Marx sich eine Belebung des Buchverkaufs versprachen. Beim Erscheinen der zweiten Auflage hat man sich der alten Taktik erinnert. Im »Hannoverschen Courier« erschien am 6. August 1872 eine

Besprechung, die höchstwahrscheinlich von Engels stammt, da die Marxschen Anweisungen genau befolgt wurden. Eine Woche später druckte der sozialdemokratische »Braunschweiger Volksfreund« diese Rezension nach, wobei er hervorhob, daß der Hannoversche Courier »ein ausgemachtes national-liberales Bourgeois-Blatt« sei und daß »dieses Urteil... von den Gegnern Marx' über sein Werk, über das Werk, das die Bourgeoisie in ihren Grundfesten erschüttern wird, sobald es das Volk versteht,... beweist, daß unsere Gegner die wissenschaftliche Berechtigung des Sozialismus anerkennen müssen«.[131]

Machen wir einen Sprung vom ersten Band des »Kapitals« zum dritten. Engels' Lob überschlägt sich fast: »Dieser III. Band ist das verblüffendste, was ich je gelesen habe, und es ist tausendmal schade, daß der Verfasser nicht mehr dazu kam, ihn auszuarbeiten, ihn selbst zu veröffentlichen und die Wirkung zu beobachten, die er unweigerlich auslösen wird. Nach einer derart klaren Darlegung sind direkte Einwände nicht mehr möglich. Die schwierigsten Fragen werden mit Leichtigkeit erklärt und entwirrt, als ob es sich um ein Kinderspiel handelte...«[132] Doch wie sieht die Wirklichkeit aus? Band 3 hat so gut wie kein Echo, keine Wirkung ausgelöst, alle Einwände sind geblieben, neue hinzugekommen, die Elogen demnach hohle Windbeutel. Ferner: »Der Textkorpus stammt zwar von Marx; aber nur wenige Sätze wurden von Engels so belassen, wie Marx sie niedergeschrieben hatte... Jetzt kann jeder Benutzer selbst Marx' Manuskript von 1864/65 und Engels' Ausgabe von 1894 vergleichen... Am Ende wird sich ihm die Frage aufdrängen, ob Marx' Texte von 1864/65 bzw. Engels' Edition überhaupt als dritter Band des Kapital bezeichnet werden können oder ob dieser, legt man die Elle des ersten Bandes an, nicht ganz anders ausgesehen hätte.«[133]

Die Rede, die Engels an des Freundes Grab hielt, ist eine einzige Litanei höchster Lobpreisungen: »Am 14. März, nachmittags ein Viertel vor drei, hat der größte lebende Denker aufgehört zu denken. Kaum zwei Minuten allein gelassen, fanden wir ihn beim Eintreten in seinem Sessel ruhig entschlummert – aber für immer. Was das streitbare europäische und amerikanische Proletariat, was die historische Wissenschaft an diesem Mann verloren haben, das ist gar nicht zu ermessen. Bald genug wird sich die Lücke fühlbar machen, die der Tod dieses Gewaltigen gerissen hat. Wie Darwin das Gesetz der Entwicklung der organischen Natur, so entdeckte Marx das Entwicklungsgesetz der menschlichen Geschichte...«[134]

So geht es weiter über eineinhalb Seiten. Ossip Flechtheim kommentiert: »Läßt sich eine so grenzenlose Bewunderung und absolute Identifikation mit dem Stifter der Lehre übertreffen? Der Revolutionär Engels akzeptiert nicht nur ohne Bedenken die alte Konvention: de mortuis nil nisi bene – seine Glorifizierung von Marx soll sehr massive politische Ansprüche begründen. Nach dem Tode von Engels folgte man dessen eigenem Beispiel und kanonisierte bald auch ihn.«[135]

Nimmt es wunder, daß Engels, der hier als Moses und Mohammed zugleich fungiert, der SPD die Spaltung androht, falls der Name von Marx nicht geheiligt werde: »Das kleinbürgerliche Element in der Partei bekommt mehr und mehr Oberwasser. Der Name von Marx soll möglichst unterdrückt werden. Wenn das so vorangeht, so gibt es eine Spaltung in der Partei, darauf kannst Du Dich verlassen.«[136]

Das Ausland muß Marx ebenfalls »fix und fertig beziehen«:

»Es ist der Masse der französischen Sozialisten ein Greuel, daß die Nation, die die Welt mit den idées françaises beglückt, die das Monopol der Ideen hat, daß Paris, centre des lumières, jetzt auf einmal ihre sozialistischen Ideen fix und fertig beziehen soll von dem Deutschen Marx. Aber das ist nun einmal so, und zudem ist Marx uns allen durch sein Genie, seine fast übertriebne wissenschaftliche Gewissenhaftigkeit und seine fabelhafte Gelehrsamkeit so weit überlegen, daß, wenn sich einer aufs Kritisieren dieser Entdeckungen verlegen wollte, er sich zunächst nur die Finger verbrennen kann.«[137]

Und wehe dem, der Kritik wagt, ihm ergeht es, wie Wilhelm Liebknechts Schwiegersohn: »Es erscheint, mit *Deinem* [Liebknechts] *Namen gedeckt,* eine Schundschrift von einem mehr als zweideutigen Lumpazius, eine wahre Sauerei, worin dieser unwissende Lumpazius sich zum Verbesserer von Marx aufwirft. Diese Sauerei wird den deutschen Arbeitern durch *Deinen Namen* als Herausgeber auf dem Titelblatt als bildende Lektüre im Sinne unserer Partei empfohlen... Natürlich hat Dein Schwiegersohn Dich geprellt, absichtlich hättest Du das nie getan. Aber jetzt – wo Deine erste Pflicht ist, diese Sauerei abzuschütteln, zu erklären, Du seist schmählich hintergangen worden, und unter Deinem Namen werde kein Bogen mehr davon erscheinen – wie da? ... Wenn Du die Herausgabe der Schl[esingerschen] Sauerei einstellst, so kann ich die Sache einschlafen lassen. Erscheint aber Fortsetzung resp. Schluß *unter Deinem Namen*, so bin ich es Marx schuldig, dagegen öffentlich zu protestieren. Hoffentlich läßt Du es nicht dahin kommen...«[138] Nein, Liebknecht ließ es nicht

dazu kommen, sondern distanzierte sich vom Mann seiner Tochter, aus Dankbarkeit für Engels' pekuniäre Wohltaten, um des innerparteilichen Friedens willen und um den Gegnern nicht Munition zu liefern. Ja, er hat später aus ähnlichen Gründen im Geiste Engels' mitgewirkt, dem Marx »ein Denkmal setzen«.[139]
Wer sich die Belege, die Engels als »Gevatter« nachweisen, vergegenwärtigt, muß Rubels Behauptung entschieden widersprechen, Engels sei durch seine Gegner in diese Rolle gedrängt worden. Dafür tritt Rubel keinen Beweis an; dafür sind keinerlei Anhaltspunkte erkennbar.
Rubel nennt Engels den »Gevatter« des Mythos Marx. Was versteht er unter »Gevatter«? Ganz offenbar: Vater, Urheber, »Begründer«, wie es in der Überschrift seines Aufsatzes heißt. Doch diese Bedeutung hatte das Wort nie. Es kommt, wie Das große Wörterbuch der Deutschen Sprache uns belehrt, »... von kirchenlat. compater = Mitvater (in geistlicher Verantwortung), Taufpate...« Ganz gleich, ob wir bei Gevatter an Mitvater oder an Pate denken, keiner von beiden ist die alleinige Ursache des Erzeugnisses. Engels war auch insofern nur Marxens Partner. *Marx und Engels zusammen sind die Begründer des Marxmythos. Marx ist es, der dem Freund zu verstehen gibt, daß es aufs »Lärmmachen« ankommt, damit sein Name und sein Lebenswerk Verbreitung finden:*

»Dear Fred, aus dem einliegenden Brief des Kugelmann siehst Du, daß nun die Zeit zur action gekommen ist. Du kannst besser über mein Buch ihm schreiben als ich selbst... Du mußt ihm ans Herz legen, daß alles aufs ›Lärmmachen‹ ankommt, viel mehr als auf das Wie oder die Gründlichkeit.«[140]

»Einen Thron will ich mir auferbauen«[141] schreibt der 19jährige Marx in einem seiner rund 150 Jugendgedichte. Und an anderer Stelle heißt es:

> »Dann werf' ich den Handschuh höhnend
> Einer Welt ins breite Angesicht,
> Und die Riesenzwergin stürze stöhnend
> Meine Glut erdrückt ihr Trümmer nicht.«[142]

Wer spricht hier? Eine fremde Stimme oder das Herz des Dichters? – Viele Zeitgenossen wissen von seinem prometheischen Selbstbewußtsein zu berichten, seiner zur Schau gestellten Überlegenheit,

seinem Drang zur Selbstvergötzung: »gottlose Selbstgötter«, wie Heinrich Heine es wahrgenommen hat.[143] Mit der Wiedergabe solcher Charakterbilder könnte ein ganzes Kapitel gefüllt werden.[144] Beschränken wir uns auf die besonders relevanten Selbstzeugnisse: Das früheste uns überlieferte literarische Zeugnis ist der deutsche Abituraufsatz, die »Betrachtung eines Jünglings bei der Wahl eines Berufes«. Der 17jährige Karl will »von der Menge bewundert und über sie erhaben dastehn«.[145] Daran hat sich später nichts geändert. Nach seinem immerwährenden Empfinden steht er nicht nur über der Menge, sondern auch über den namhaften Philosophen und Wissenschaftlern »erhaben da«. Die »Vorrede« seiner Dissertation beginnt: »Die Form dieser Abhandlung würde einesteils streng wissenschaftlicher, andrerseits in manchen Ausführungen minder pedantisch gehalten sein, wäre nicht ihre primitive Bestimmung die einer Doktordissertation gewesen. Sie dennoch in dieser Gestalt dem Druck zu übergeben, bin ich durch äußere Gründe bestimmt. Außerdem glaube ich in ihr ein bis jetzt ungelöstes Problem aus der Geschichte der griechischen Philosophie gelöst zu haben.
Sachverständige wissen, daß für den Gegenstand dieser Abhandlung keine irgendwie brauchbaren Vorarbeiten existieren. Was Cicero und Plutarch geschwatzt haben, ist bis auf die heutige Stunde nachgeschwatzt worden.«[146]
Falsche Bescheidenheit war sein Problem nie. Sein Buch »Das Kapital« präsentiert er als »Triumph der deutschen Wissenschaft«:

»Du verstehst, my dear fellow, daß in einem Werke wie meinem manche shortcomings im Détail existieren müssen. Aber die *Komposition*, der Zusammenhang, ist ein Triumph der deutschen Wissenschaft, den ein einzelner Deutscher eingestehn kann, da es in no way sein Verdienst ist, vielmehr der *Nation* gehört. Dies um so erfreulicher, da es sonst die *silliest nation* unter dem Sonnenlicht!«[147]

Im »Nachwort zur zweiten Auflage« von »Das Kapital« wird Hegels wahrer Stellenwert geoffenbart. Hegel sei zwar durchaus brauchbar, ja genial, aber nicht in der ursprünglichen, sondern in der verwandelten Form. Die Fundamentalkorrektur an Hegel ist Marxens Werk. Er stellt ihn vom Kopf auf die Beine: »Meine dialektische Methode ist der Grundlage nach von der Hegelschen nicht nur verschieden, sondern ihr direktes Gegenteil... Sie [die Dialektik] steht bei ihm auf dem Kopf. Man muß sie umstülpen, um den rationellen Kern in der mystischen Hülle zu entdecken.«[148]

Seine Kritiker können von Glück reden, wenn sie nur als »Schwätzer« abgetan werden:

»Und wozu anders werden die sykophantischen Schwätzer bezahlt, die keinen andern wissenschaftlichen Trumpf auszuspielen wissen, als daß man in der politischen Ökonomie überhaupt nicht denken darf!
Jedoch satis superque. Jedenfalls zeigt es, wie sehr diese Pfaffen der Bourgeoisie verkommen sind, daß Arbeiter und selbst Fabrikanten und Kaufleute mein Buch verstanden und sich darin zurechtgefunden haben, während diese ›Schriftgelehrten(!)‹ klagen, daß ich ihrem Verstand gar Ungebührliches zumute.«[149] »Die ›*Revue des deux mondes*‹ vom letzten September enthält eine sogenannte Kritik des ›Capitals‹... Man muß das gelesen haben, um sich eine Vorstellung von der Idiotie unserer bürgerlichen ›Denker‹ zu machen.«[150]

# III.
# »Du hoher Priester und Bischof des Herzens«[1] –
# Die Familie Marx

Mehrere Familienangehörige, insbesondere Tochter Eleanor, haben zur Schaffung und Ausschmückung des Kultbildes Marx Beachtliches beigetragen:

## 1. »Marx hing innig an seinem Vater«

Das Verhältnis von Marx zu seiner Mutter war miserabel, über Jahrzehnte hinweg bis zu ihrem Tode im Jahre 1863. Das ist so eindeutig, daß bisher, soweit ersichtlich, niemand, auch kein »Linientreuer«, versucht hat, diesen Sachverhalt auf den Kopf zu stellen.[2]

Wie war das Verhältnis Marxens zu seinem Vater, der schon 1838 starb? »Marx hing innig an seinem Vater« – berichtet die Tochter Eleanor und fügt hinzu: »Er wurde nie müde, von ihm zu erzählen und trug immer eine Fotografie von ihm bei sich, die von einem alten Daguerreotyp abgenommen war. Doch wollte er die Fotografie Fremden nicht zeigen, weil sie, wie er sagte, dem Original so wenig ähnelte.«[3]

Alle mir bekannten Biographen von Marx, die sich zum Verhältnis Sohn : Vater äußern, übernehmen diese Behauptung bedenkenlos, teils unter Berufung auf Eleanor, teils unter Hinweis auf den nun folgenden Brief, teils ohne Beleg.[4]

Gibt es Gründe, an der Glaubwürdigkeit dieser Worte Eleanors zu zweifeln? Der Vater starb, als Karl zwanzig Jahre war, am 10. Mai 1838. Marx studierte damals in Berlin und vorher, von 1835 bis 1836, in Bonn. Aus dieser Zeit ist uns ein Brief des Sohnes an den Vater überliefert. Er scheint zu bestätigen, daß Karl seinen Vater schier abgöttisch liebte und verehrte:

»Doch, mein teurer, bester Vater, wäre es nicht möglich, dies alles persönlich mit Dir zu besprechen! Eduards Zustand, des lieben Müt-

terchens Leiden, sein Unwohlsein... alles ließ mich wünschen, ja macht es fast zur Notwendigkeit, zu Euch zu eilen... Glaube mir, mein teurer, lieber Vater, ... Ich bitte Dich, teurer Vater, wie Du auch entscheiden magst, diesen Brief, wenigstens dies Blatt der Engelsmutter nicht zu zeigen. Meine plötzliche Ankunft könnte vielleicht die große, herrliche Frau aufrichten... In der Hoffnung, ... daß es mir selbst vergönnt sei, mit Euch zu leiden und weinen und vielleicht in Eurer Nähe den tiefen, innigen Anteil, die unermeßliche Liebe zu beweisen, die ich oft so schlecht nur auszudrücken vermag, in der Hoffnung, daß auch Du, teurer, ewig geliebter Vater, die vielfach hin- und hergeworfene Gestaltung meines Gemütes erwägend, verzeihst,... daß ich selbst Dich an mein Herz pressen und mich ganz aussprechen kann.
Dein Dich ewig liebender Sohn Karl.«[5]

Sind kräftigere Beteuerungen einer unüberbietbar großen Zuneigung des Sohnes zum Vater überhaupt vorstellbar? Zum 55. Geburtstag sandte Karl seinem Vater einen Band selbstverfaßter Gedichte »als schwaches Zeichen ewiger Liebe«. Bedarf es noch weiterer Belege? Die vorhandenen würden ausreichen, um die innige Liebe des Sohnes zum Vater als Faktum hinzunehmen, gäbe es da nicht eine Reihe von Dokumenten und Gesichtspunkten, die, wie ich meine, bei der Beantwortung der aufgeworfenen Frage zu berücksichtigen sind und die Prima-Facie-Annahme auf den Kopf stellen: »Marx hing innig an seinem Vater. Er wurde nie müde, von ihm zu erzählen...«[6] will uns die jüngste Tochter glauben machen. *Wie läßt sich damit in Einklang bringen, daß Marx in den rund tausend Briefen, die uns erhalten geblieben sind, den Vater so gut wie nicht erwähnt?* Weder in den Briefen an die Gattin noch in den zahlreichen Briefen an die Töchter findet Karls Vater auch nur beiläufige Erwähnung. Die einzige Ausnahme bildet ein Brief an Frau Jenny, in dem er das Testament, »den Wisch« der Mutter sinngemäß wiedergibt: »... 2. Ihrem Sohn Carl erläßt sie die 1100 etc. Taler; 3. Der Sophie das Porträt des Vaters.«[7] In einem Brief an Engels vom 10. März 1853 heißt es: »Ich war diese Woche ein Haar nah am Krepieren. Nämlich eine Leberentzündung oder wenigstens dicht dran vorbeistreifend. Dies ist erblich in meiner Familie. Mein Alter ist dran gestorben.«[8] »Der Alte« ist eine Bezeichnung, die damals wohl keinen Deut respektvoller war als heute, zumal wenn vom Sterben die Rede ist.
In einem Schreiben an Ferdinand Lassalle vom 31. Mai 1858 erwähnt er im Zusammenhang mit eigenen Leberbeschwerden, daß ei-

ne Leberveränderung »den Ausgangspunkt der Todeskrankheit meines Vaters bildete.«[9]

Am 25. März 1868 erinnert er sich gegenüber Engels, »daß mein Vater *als Advokat* mir davon sprach.«[10] Die Worte »als Advokat« hat er unterstrichen. Wovon sprach er? Daß auf dem Hunsrück das altdeutsche Rechtssystem fortbestanden habe.

Nur einmal äußert er sich über seinen Vater positiv: »Da ich selbst der Sohn eines Advokaten (des verstorbnen Justizrats Heinrich Marx zu Trier, der... durch die Reinheit seines Charakters wie seine juristischen Talente ausgezeichnet war), so weiß ich, wie wichtig es für einen gewissenhaften Rechtsanwalt ist, über den Charakter seines Klienten ganz klar zu sein.«[11] Dieser Satz findet sich in dem Schreiben an einen Justizrat Weber, der für ihn anwaltschaftlich tätig werden sollte. Hier ging es eindeutig darum, sich selbst ins rechte Licht zu rücken, und das eben unter Hinweis auf die tadellose Abstammung.

Diese vier Textstellen sind das Ergebnis der Auswertung aller Briefe von Marx mit Bezug auf seinen Vater. Ist es wahrscheinlich, daß jemand, der »nie müde« wurde, von einem Dritten zu erzählen, ihn in seinen massenhaften schriftlichen Äußerungen so gut wie ganz vergißt?

Marx habe immer eine Fotografie des Vaters bei sich getragen, »die von einem alten Daguerreotyp abgenommen war.«[12] So, wie schon oben erwähnt, die Tochter Eleanor. Tatsache aber ist, daß die Daguerreotypie erst 1838 erfunden wurde, also im Todesjahr des Vaters, und Daguerre seine Erfindung erst 1839 publiziert hat.[13] Damit steht fest, daß es keinesfalls eine unmittelbare Daguerreotypie gewesen sein kann. Rein theoretisch hätte es die Fotografie eines Portraits sein können. Aber hätte die Tochter bei ihrer genauen Beschreibung diesen wichtigen Gesichtspunkt verschwiegen? Wäre das nicht die beste Erklärung für den Unterschied zwischen Bild und Original? Auch Karl Marx hätte mit diesem Hinweis das geliebte Bild des Vaters Dritten zeigen können. Nirgendwo sonst begegnen wir diesem angeblich ständigen Vademecum. Oben war von einem Porträt des Vaters als Nachlaßbestandteil der Mutter die Rede. Wurde es abgelichtet? Dafür kam nur Trier in Betracht. Wann? Durch wen? In wessen Auftrag? Nach dem Tode der Mutter hätte Karl, der der Erbschaft wegen nach Trier geeilt war, um das Bildnis des geliebten Vaters feilschen können. Nichts von alledem wird auch nur beiläufig angesprochen. Wie naheliegend wäre es gewesen, im Brief an die Gattin die Beziehung zwischen Porträt und Medaillon zu thematisieren, wenn...

Der zitierte Brief Karls an den Vater läßt zwei Deutungen zu: Entweder Ausdruck einer ganz außergewöhnlichen, alles Bekannte, alles Selbstempfundene übersteigenden Vaterliebe oder tolle »Schmeicheleien«. Letzteres ist das Urteil des Vaters.[14] Die schönen Worte umranken eine Bitte, nämlich von Berlin nach Trier reisen zu dürfen, eine kostspielige Angelegenheit, die der Vater hätte berappen müssen und die sich der Vater aus Kostengründen schon selbst versagt hatte.[15] Karl war finanziell völlig von seinem Vater abhängig. Schon damals zerrann das Geld zwischen Karls Fingern, Anlaß genug, um sich das Wohlwollen des Vaters zu sichern, eine Schmeichelpraxis, die auch später zum Tragen kommt. In dem Brief ist vom »lieben Mütterchen«, von »der Engelsmutter« die Rede, Koseworte, deren Kern – wie das Leben erweisen sollte – dem Inhalt eines Luftballons glich.

Das Wohlwollen des Vaters war keineswegs ungefährdet verbürgt, im Gegenteil. Achtzehn Briefe des Vaters an den Studiosus sind erhalten geblieben. Sie zeigen uns einen liebenden, treu sorgenden, aber zugleich besorgten, ja von schlimmer Angst und tiefer Enttäuschung gequälten Vater. Jeder der meist sehr ausführlichen, mehrere Druckseiten füllenden Briefe legt Zeugnis davon ab. Der erste Brief und einige Sätze aus dem letzten sollen das Gesagte verdeutlichen. Sie stehen für alle:

»Trier, den 8. November 1835

Lieber Karl!
Über drei Wochen sind verflossen, daß Du weg bist, und keine Spur von Dir! Du kennst Deine Mutter und ihre Ängstlichkeit, und dennoch diese grenzenlose Nachlässigkeit! Das bestätigt mir leider nur zu sehr die Meinung, welche ich trotz Deiner mancher guten Eigenschaft hege, daß der Egoismus in Deinem Herzen vorherrschend ist. -
Die Mutter weiß nichts von diesem Schreiben. Ich will ihre Ängstlichkeit nicht noch vergrößern, aber ich wiederhole es, es ist von Dir unverantwortlich...«[16]

»Trier, den 10. Febr. 1838

Lieber Karl!
...
Als ich Dir einen etwas derben Brief schrieb, war freilich die Stimmung, in der ich mich befand, mit in Rechnung zu bringen, doch diese Stimmung erfand nicht, chargieren mochte sie allerdings... ich

leugne nicht, daß ich mir zuweilen Vorwürfe mache, allzu schwach Dir den Zügel gelassen zu haben. So sind wir jetzt im vierten Monat des Justizjahres und schon hast Du 280 Taler bezogen. So viel hab' ich diesen Winter noch nicht verdient... Ich bin erschöpft, lieber Karl, und muß schließen...«[17]

Der Brief, auf den der Vater verweist, ist fünfeinhalb Druckseiten lang und voll bitterster Klagen, die in den Worten gipfeln: »Ich will nicht weich werden, denn ich fühle es, daß ich zu nachsichtig war, zu wenig mich in Beschwerden ergoß und dadurch gewissermaßen Dein Mitschuldiger geworden bin. Ich will und muß Dir sagen, daß Du Deinen Eltern vielen Verdruß gemacht und wenig oder keine Freude.«[18] Ist es vorstellbar, daß ein Sohn, der seinen Vater über alles liebt, zu solch harter, mit Fakten klar belegter Kritik Anlaß gibt? Und selbst wenn – auch liebende Kinder können Verschwender sein –, müßten ihn nicht schlimmste Gewissensbisse quälen? Wenige Monate später starb der Vater. Karl nahm an der Beerdigung nicht teil.[19] Die Gründe dafür sind nur zu vermuten. Nichts deutet darauf hin, daß er in den folgenden 45 Jahren auch nur einmal das Grab des Vaters, später der Eltern aufgesucht, zumindest den Wunsch danach verspürt hat.

Wie schmerzlich mag den stets pekuniär ausgezehrten Karl die letztwillige Verfügung des Vaters getroffen haben, wonach der Mutter im Zusammenwirken mit einem Oheim die alleinige Verfügung über den Nachlaß anvertraut wurde, Karl also finanziell abhängig blieb: »Ich bin, wie ich Ihnen [Arnold Ruge] schon einmal geschrieben, mit meiner Familie verfallen und habe, solange meine Mutter lebt, kein Recht auf mein Vermögen.«[20]

Werner Blumenberg, der als erster den Schriftwechsel Karls mit dem eben erwähnten »Oheim«, Lion Philips, veröffentlicht hat, kommentiert einen überschwänglichen Brief Karls an den »Oheim« mit den Worten: »Es ist kein Grund, an der Aufrichtigkeit dieser Beteuerung zu zweifeln. Es fällt Marx sehr schwer, Gefühlen der Zuneigung und Freundschaft Ausdruck zu geben.«[21] Derselbe Blumenberg schreibt an anderer Stelle: »Der Leser der Marx-Lassalle-Korrespondenz nimmt mit Erstaunen wahr, wie meisterhaft es Marx gelang, seine Feindschaft zu verbergen und wie naiv Lassalle an Marx' Freundschaft glaubte.«[22] Dieser Vorwurf der Naivität fällt auf Blumenberg selbst zurück. Eben diesen gehaßten »Freund« Lassalle bittet Marx, den Onkel Lion zu belügen, damit er selbst, in Scheingold gehüllt, den vermögenden Oheim blenden kann:

»Du weißt, daß ich hier mit meinem Onkel (der das Vermögen meiner Mutter verwaltet und in frühren Zeiten mir öfter bedeutende Vorschüsse auf mein Erbteil gemacht) schwierige Geldverhältnisse in Ordnung bringen will. Der Mann ist zäh, hat aber viel Eitelkeit auf mein Schriftstellertum. Du mußt daher in Deinem Brief an mich von dem Erfolg (lucus a non lucendo [obwohl das Gegenteil der Fall ist]) meiner letzten Schrift gegen Vogt, von gemeinschaftlichen Zeitungsplänen usf. sprechen, überhaupt Deinen Brief so einrichten, daß ich dem Herrn Onkel ›das Vertrauen‹ schenken kann, ihm den Brief mitzuteilen.«[23] Diese bodenlose Skrupellosigkeit wirft die Frage auf, welche seiner herzlichen Briefe wirklich von Herzen kamen.

Auch Jennys Schilderung des »Raubzugs« verrät die hohe Schule der Diplomatie: »Infolge all dieser Geschichten faßte nun Karl den Entschluß, einmal einen Raubzug nach Holland, ins Land der Väter... zu machen. Er will sehen, ob er seinem Onkel einige Spezies ablocken kann. Ich bin also in diesem Augenblick Strohwitwe und in Erwartung, ob die große Holländische Expedition gelingen wird... Natürlich geht solche Geschichte nicht schnell; es muß laviert, diplomatisiert und gehörig gemanagt werden.«[24]

Derlei Spiegelfechterei war bei Marx und in seiner Familie an der Tagesordnung. Seine Frau schreibt ganz ungeniert: »Freiligrath war nicht freundschaftlich gegen uns. Politik und Diplomatie gebieten, nicht offen mit ihm zu brechen; ein Scheinverhältnis wird aufrechterhalten.«[25]

Alles, was der Vater dem Sohn in seinen Briefen ans Herz gelegt hat, hat Karl von sich gestoßen. Das soll an drei Beispielen verdeutlicht werden: Gott, König, Mutter.

Der Vater an den Sohn: »... ein großer Hebel für die Moral ist der reine Glaube an Gott. Du weißt, ich bin nichts weniger als Fanatiker. Aber dieser Glaube ist dem Menschen früh oder spät wahres Bedürfnis, und es gibt Augenblicke im Leben, wo auch der Gottesleugner unwillkürlich zur Anbetung des Höchsten hingezogen wird. Und gemein ist es [sich über den Glauben lustig zu machen], denn was Newton, Locke und Leibniz geglaubt, dem darf sich jeder... unterwerfen.«[26] Nur wenige Jahre später hat Marx der Religion öffentlich den Kampf angesagt und sie als »Opium des Volkes« abgetan.[27] Schon in der Dissertation steht zu lesen: »Ganz hass' ich all' und jeden Gott.«[28] Natürlich, der Gottgleiche verträgt keine Nebenbuhler und einen Höherstehenden schon gar nicht.

Heinrich Marx war ein Verehrer des neuen Landesherrn, des Königs von Preußen (seit 1815). Der Vater regte – offenbar aus reichlich opportunistischen Gründen – an, Karl solle einen Beitrag zur deutschen

Geschichte liefern: »Er muß für Preußen ehrenvoll sein und die Möglichkeit vorhanden, dem Genius der Monarchie... eine Rolle zuzuteilen... Aber patriotisch, gefühlvoll und mit deutschem Sinn bearbeitet, würde eine solche Ode allein hinreichen, einen Ruf zu begründen, einen Namen zu konsolidieren.«[29] Noch in den letzten Monaten seines Lebens entwarf Heinrich Marx eine Broschüre des Königs von Preußen, worin er das Recht des absoluten Monarchen unterstreicht, im Interesse der Erhaltung des Staates die natürlichen Rechte zu verletzen.[30]

Karl aber bekämpft leidenschaftlich den Absolutismus (ebenso wie den Patriotismus und die »Deutschtümelei«), den preußischen König im besonderen.[31] Schon fünf Jahre nach des Vaters Tod steht aus seiner Feder zu lesen:

»Der einzige Gedanke des Despotismus ist die Menschenverachtung, der entmenschte Mensch, und dieser Gedanke hat vor vielen andern den Vorzug, zugleich Tatsache zu sein... Wo das monarchische Prinzip in der Majorität ist, da sind die Menschen in der Minorität, wo es nicht bezweifelt wird, da gibt es keine Menschen. Warum soll nun ein König wie der König von Preußen, der keine Proben davon hat, daß er problematisch wäre, nicht lediglich seiner Laune folgen?... Solange die Laune an ihrem Platze bleibt, hat sie recht. Sie mag dort so unbeständig, so kopflos, so verächtlich sein, wie sie will; sie ist immer noch gut genug, ein Volk zu regieren, welches nie ein anderes Gesetz gekannt hat als die Willkür seiner Könige... Der König von Preußen wird solange ein Mann seiner Zeit sein, als die verkehrte Welt die wirkliche ist.«[32]

Die Eltern Marx lebten nach allem, was wir wissen, in einer harmonischen Ehe. Der Vater preist seine Frau in den höchsten Tönen: »... ich besitze die Liebe einer unvergleichlichen Frau...«,[33] und jede ihrer Zeilen bestätigt, daß sie sich hingebungsvoll um ihre Familie sorgt. Der Vater legt Karl ans Herz: »Deine gute Mutter bedarf der Aufmunterung, und Deine Briefe haben eine wundervolle Wirkung auf ihr Gemüt.«[34] »Leb wohl, lieber Karl,... sehe immer... in Deiner guten Mutter die erste Freundin.«[35]

Zu Lebzeiten des Vaters nennt Karl sie »das liebe Mütterchen«, die »Engelsmutter«[36]. Aber kaum ist der Vater tot, wird die »Engelsmutter« zur »Alten«, über die Marx schimpft[37], die er regelrecht kriminell zu erpressen sucht[38] und der er schließlich den Tod wünscht.[39] »Mit meiner Alten ist... nichts zu machen, bis ich ihr direkt auf dem Hals sitze«[40] – eine für ihn typische Denk- und Handlungsweise. Nicht zur Beerdigung der Mutter, sondern, wie er betont, der Erbschaft wegen, reist er nach Trier.[41] Von dort berichtet er seiner Gattin, seine Mutter habe ihm 1100 Taler erlassen. Dieses Testament nennt er gleichwohl mehrmals einen »Wisch«, und auch sonst ist der Ton, soweit er die Verstorbene betrifft, alles andere als respektvoll.[42]

In seiner trotz mancher Vorbehalte ausgezeichneten Psychographie legt Arnold Künzli ausführlich dar, daß Karl die wesentlichen Eigenheiten seines Vaters verachtete, also das Gegenteil von dem schätzte, was sein Vater verkörperte:
»Karl Marx hat sich einmal, von seinen Töchtern dazu aufgefordert, an einem damals beliebten ›Gesellschaftsspiel‹ beteiligt, das aus einer Art Assoziationstest bestand. Es sind uns zwei Versionen dieser ›Bekenntnisse‹ Karl Marx' bekannt, die sozusagen völlig übereinstimmen. Auf die Frage, welche Eigenschaft er am meisten schätze, antwortete Marx: ›strength‹ – ›Kraft‹. Und die Frage, welches Laster – ›vice‹ – er am meisten hasse, beantwortete er mit: ›Servility‹ – ›Unterwürfigkeit‹. Seine Vorstellung von Glück umschrieb Marx mit ›to fight‹ – ›kämpfen‹, seine Vorstellung von ›misery‹ – ›Elend‹ – mit ›to submit‹ – ›sich unterwerfen‹.
So primitiv dieser ›Autotest‹ des etwa 47jährigen Karl Marx anmutet, darf seine psychologische Bedeutung doch nicht unterschätzt werden. Alle seine Ergebnisse stimmen völlig mit dem Bild überein, das man auch unabhängig davon von Charakter und Psyche Marxens gewinnt. Für die uns hier interessierende Frage ist dabei vor allem das Erstaunliche von Bedeutung, daß Karl Marx hier ein Bild vom Manne entwarf, das im Positiven – Kraft, kämpfen – dem Charakter und dem Verhalten seines Vaters völlig widersprach, im Negativen jedoch – Unterwürfigkeit, sich unterwerfen – diesem völlig entsprach.«[43]

Ein Psychograph hätte auch noch folgendes erwägen und erwähnen können. »Das Bekenntnis des Prometheus: ›Ganz hass' ich all' und jeden Gott‹«[44] – ist Marxens ureigenstes Bekenntnis. Wenn Heine mit dem Vorwurf, daß Marx sich selbst an die Stelle der entthronten Götter setzen wolle[45], recht hat, und vieles in Poesie wie Prosa spricht dafür, dann stehen diesem wohl mehr unterbewußten Drange nicht nur die Religion, sondern auch die leiblichen Eltern im Wege. Gott ist der erste, der unerschaffene Alles-Erschaffer. Er hat keine Eltern. Er ist causa sui. Marx kann seine Eltern nicht verleugnen, aber sich von ihnen distanzieren, sich ihnen entfremden, wie der Vater schon 1837 diagnostizierte: »So jung noch warst Du deiner Familie entfremdet...«[46]

Diese Entfremdung, die entschiedene Ablehnung der Mutter, aber auch, wie eben gezeigt, des Vaters, sie lösen das Rätsel, das bei anderer Betrachtung unlösbar ist. Hans Lamm räsoniert: »Auf Marx' Schrift ›Zur Judenfrage‹ haben Juden scharf reagiert, nicht nur, weil viele seiner Formulierungen arrogant sind, sondern weit mehr, weil sie so ignorant erscheinen, wie Marx 1843 schwerlich sein konnte. Zwar gab es in Trier in Marx' Jugend unter 15 000 Einwohner nur etwa 200 Juden, aber wenn er sie überhaupt kannte, mußte er wissen, daß selbst dieses Grüppchen von so wenigen Familien verschiedener Juden nicht dem ›Image‹ entsprach, das er von ›den Juden‹ entwarf. Er konnte ja seinen von ihm hoch geschätzten Vater – von dem er wußte, daß dieser sich erst zwei Jahre vor Karls Geburt von der Glaubensgemeinschaft der Väter gelöst hatte – nicht mit seinem Zerrbild des Wucher-Juden identifizieren, noch die vielen Rabbiner, die seine Verwandten waren.«[47] – Ja, wenn er seinen Vater hoch geschätzt hat! *Da diese Annahme aber nicht den Tatsachen entspricht, er ihn im Gegenteil entschieden abgelehnt hat, so kann er ihn mit all dem identifizieren, was er verabscheut, ein »literarischprofessioneller Ausbruch seines Hasses auf seine Eltern«*[48], wie Pilgrim urteilt.

Padover verdeutlicht in seiner voluminösen Marx-Biographie den Unterschied zwischen Karl, der angeblich seinen Vater liebt, und Friedrich, »who disliked his ›Schweinhund‹ of a father«[49]. Doch es ist Marx, der Engels' Vater »Schweinhund«[50] nennt und ihm noch andere Schimpfworte gibt. Hätte er so despektierlich über Engels' Vater sprechen und schreiben können, wenn er den eigenen geliebt hätte? Warum verdreht Padover die Wirklichkeit?

## 2. Jenny und Karl – »ein fröhliches Paar«

Eleanor Marx berichtet über die Ehe ihrer Eltern:
»Aber inmitten von alledem, in Unglück und Glück, haben die beiden lebenslänglichen Freunde und Liebenden nie geschwankt, nie gezweifelt, treu bis zum Tode. Und sie sind im Tode nicht getrennt... Sein Leben lang empfand Marx für sein Weib nicht nur Liebe, sondern Verliebtheit. Vor mir liegt ein Liebesbrief, dessen leidenschaftliches, jugendliches Feuer auf einen Jüngling von 18 Jahren als Ver-

fasser hinweist: Marx schrieb ihn 1856, nachdem Jenny ihm sechs Kinder geboren.«[51]

»Ja trotz aller Leiden und Kämpfe waren sie ein fröhliches Paar, und der verbitterte ›Donnergott‹ ist eine Einbildung der Bourgeoisiegehirne.«[52]

»Nie werde ich den Morgen vergessen, an welchem er sich stark genug fühlte, in Mütterchens Stube zu gehen. Sie waren zusammen wieder jung – sie ein liebendes Mädchen und er ein liebender Jüngling, die zusammen ins Leben eintreten – und nicht ein von Krankheit zerrütteter alter Mann und eine sterbende alte Frau, die fürs Leben voneinander Abschied nehmen... Dann starb Mütterchen – am 2. Dezember (1881); ihre letzten Worte – merkwürdigerweise englisch – waren an ihren ›Karl‹ gerichtet.«[53]

Paul Lafargue, ein Schwiegersohn des Ehepaares Marx, bestätigt und ergänzt: »Niemand hat je in höherem Maße das Gefühl der Gleichheit besessen als Frau Marx und dies, obgleich sie in einer deutschen Aristokratenfamilie geboren und erzogen worden war. Für sie existierten keine sozialen Unterschiede und Klassifikationen... Frau Marx kümmerte das nicht, sie hatte alles verlassen, um ihrem Karl zu folgen und nie, sogar in den Zeiten harter Not, bedauerte sie, was sie getan hatte. Sie besaß einen heiteren und glänzenden Geist... Marx hatte so hohe Achtung vor der Intelligenz und dem kritischen Sinn seiner Frau, daß er mir 1866 sagte, er habe ihr alle Manuskripte mitgeteilt, und er lege großen Wert auf ihr Urteil.«[54]

»Frau Marx starb am 2. Dezember 1881, wie sie gelebt hatte, als Kommunistin und Materialistin. Der Tod hatte keine Schrecken für sie. Als sie fühlte, daß der Moment der Auflösung gekommen, rief sie aus: ›Karl, meine Kräfte sind gebrochen.‹ Dies waren ihre letzten, deutlich vernehmbaren Worte.«[55]

Stephan Born, ein Gefolgsmann von Marx in den Wirren der späten 40er Jahre: »Diese Liebe bestand alle Proben eines ununterbrochenen Lebenskampfes. Ich habe selten eine so glückliche Ehe gekannt, in welcher Freud und Leid, das letztere in reichlichstem Maße, geteilt und aller Schmerz in dem Bewußtsein vollster gegenseitiger Angehörigkeit überwunden wurde.«[56]

Ein Biograph Jennys beschenkt seine Leser mit einem grandiosen Bild: »Fast zur selben Zeit gründeten sie... das häusliche Glück, das sich als Insel des Friedens im Meer der sie umbrandenden Kämpfe bewährte.«[57]

*Sind das wahrheitsgetreue Bekundungen der Tochter, des Schwiegersohns, des Freundes? Oder handelt es sich dabei um eine liebe-*

*voll komponierte Gartenlauben-Idylle, die, auf die Probe gestellt, von einer wahren Flut authentischer Dokumente nahezu restlos hinweggespült wird?*

So viel kann als richtig abgehakt werden: Beide waren ineinander verliebt, nicht nur in den sieben Jahren der Verlobung, sondern auch in den ersten sieben Jahren, die auf die Verehelichung (Juni 1843) folgten, wenngleich es schon damals vielfältige wechselseitige Enttäuschungen gab, die Schlimmes befürchten ließen:

»Ich war still, mein Herz hörte auf zu schlagen; da fühltest Du, was Du getan, und batest um Verzeihung. Das konntest Du tun in Augenblicken der höchsten Liebe, was kann ich erwarten, wenn sie einst erkaltet sein wird. Sieh, Karl, das ist ein Gedanke, der die Hölle in sich schließt. Ihn Nähren wäre Selbstmord und dazu muß es noch schlimmer kommen... Karl, daß Du mir sagen konntest, ich sei ein gemeines Mädchen, daß Du es mir in jener Zeit sagen konntest, war nicht recht.«[58]

Die tiefgreifenden Diskordanzen beginnen Anfang der 50er Jahre und dauern bis zu Jennys Tod (Dezember 1881). Was die Entfremdung ausgelöst hat, wissen wir nicht mit letzter Sicherheit. Außergewöhnliche Sensibilität? Karls mangelnde Bereitschaft, trotz Bedürftigkeit und Gelegenheit[59] einem Broterwerb nachzugehen? Die häufigen Schwangerschaften? Der oder die folgenreichen Seitensprünge Karls? Krankheiten? – Wahrscheinlich haben alle diese Faktoren zusammengewirkt. Eine genaue, sichere Antwort wird sich nicht finden lassen. Sie ist auch nicht unser Thema. *Die Zerrüttung ist eine Tatsache, die vernünftigerweise niemand anzweifeln kann, der die Briefe von Karl und Jenny Marx kennt.*

Doch vorab einige andere Merkwürdigkeiten: Schon jeder hat reproduzierte Fotos von Karl Marx gesehen. Es gibt ihn in allen Posen. Wir haben auch Fotos seiner Frau, seiner Kinder, seines Freundes Friedrich Engels, seines Dienstmädchens Helene Demuth. Ferner gibt es Gruppenfotos: Marx und Engels mit den Marxtöchtern, Marx mit Tochter Jenny, Frau Marx mit Tochter Jenny usw. Was es aber offenbar nicht gibt, ist ein Foto von Karl Marx zusammen mit seiner Frau, der angeblich über alles heiß geliebten! Nur ein Zufall? Nur ein Zufall, daß er seiner Frau keine einzige Publikation widmet, daß er seine Kuren und Aufenthalte an der See bis 1876 ohne seine Frau absolviert?[60]

Dutzende von Briefen stellen, zumindest in ihrer Gesamtheit, die Ehe-Idylle, das »fröhliche Paar«, als wirklichkeitsfeindliche Legen-

Was die Wirklichkeit nicht bietet, muß die Phantasie des Malers ersetzen. Offenbar gibt es kein Photo, das Karl mit seiner »geliebten« Frau zeigt.

de bloß. Hier nur einige Kostproben. Wem sie nicht Beweis genug sind, findet über die Anmerkungen 15 weitere Belege.[61]

Schon am 27. Juni 1850 schreibt Marx an Joseph Weydemeyer: »Du wirst die aufgeregten Briefe meiner Frau nicht übelnehmen. Sie stillt, und unsere Lage ist hier so außerordentlich miserabel, daß das Ausreißen der Geduld pardonnable wird.«[62]

Ein Jahr später heißt es in einem Brief an Engels: »Ich wäre längst auf der Bibliothek fertig. Aber die Unterbrechungen und Störungen sind zu groß, und zu Haus, wo alles immer im Belagerungszustand sitzt und Tränenbäche mich ganze Nächte durch ennuyieren und wütend machen, kann ich natürlich nicht viel tun. Meine Frau tut mir leid. Auf sie fällt der Hauptdruck, und au fond hat sie recht. Il faut que l'industrie soit plus productive que le mariage. Trotz alledem erinnerst Du Dich, daß ich von Natur très peu endurant bin und sogar quelque peu dur, so daß von Zeit zu Zeit mein Gleichmut verlorengeht.«[63]

Dem völlig entgegen behauptet Marx nur zwei Tage später in einem Brief, wieder an Weydemeyer, daß er sich keinen Augenblick in der Arbeit stören lasse. Aber die Klagen über die gänzlich irritierte Ehe sind die gleichen: »Du kannst Dir denken, daß meine Lage sehr trüb ist. Meine Frau geht unter, wenn es lange so fort dauert. Die beständigen Sorgen, der allerkleinste bürgerliche Kampf reibt sie auf... Natürlich, ich würde lachen über den ganzen Dreck; ich lasse mich dadurch auch keinen Augenblick in meinen Arbeiten stören, aber Du begreifst, daß meine Frau, die leidend ist, und in der unerfreulichsten bürgerlichen Klemme vom Morgen bis abends sitzt und deren Nervensystem angegriffen ist, nicht dadurch erfrischt wird, wenn jeden Tag dumme Zwischenträger ihr die Ausdünstungen der demokratischen Pestkloake zuführen.«[64]

Besonders aufschlußreich auch die folgenden Zeilen an Engels: »Such, my boy, is the situation. Zum Glück passiert jetzt viel Aufheiterndes in der Außenwelt. Sonst, privatim, I think, führe ich the most troubled life that can be imagined. Never mind! Es gibt keine größre Eselei für Leute von allgemeinen Strebungen, als überhaupt zu heiraten und sich so zu verraten an die petites misères de la vie domestique et privée.«[65]

Volle vier Druckseiten umfaßt ein Brief, ausschließlich angefüllt mit Klagen über den »Hausjammer. Meine Frau ist nervös, zerrüttet... so lange der tägliche Druck und das Gespenst einer unvermeidbaren Schlußkatastrophe sie verfolgt.«[66]

Auch wenn Jenny Marx zur Feder greift, weiß sie meist nur Betrüb-
liches zu berichten. Doch was die Welt betrübt, ist geeignet, Jenny
und Karl zumindest kurzzeitig aufzurichten: »Nicht wahr, an dem
allgemeinen Krach und Zusammenrumpeln des alten Drecks hat
man doch noch eine Freude... Obgleich wir die amerikanische Krise
an unserm Beutel sehr verspüren, indem Karl statt zweimal
wöchentlich nur mehr einmal an die ›Tribüne‹ schreibt, ... so können
Sie sich doch wohl denken, wie high up der Mohr ist. Seine ganze
frühere Arbeitsfähigkeit und Leichtigkeit ist wiedergekehrt sowie
auch die Frische und Heiterkeit des Geistes, die seit Jahren gebrochen war...«[67]

Besonders erschütternd die folgenden Zeilen, ziemlich genau zwölf
Jahre nach dem erstzitierten Text zu Papier gebracht: »Lieber Engels, es ist mir höchst ekelhaft, Dich wieder von meiner misère zu
unterhalten, aber que faire? Meine Frau sagt mir jeden Tag, sie
wünschte, sie läge mit den Kindern im Grab, und ich kann es ihr
wahrlich nicht verdenken, denn die Demütigungen, Qualen und
Schrecken, die in dieser Situation durchzumachen sind, sind in der
Tat unbeschreiblich.«[68]

1866 Marx an Paul Lafargue: »Soweit es in meiner Macht steht, will
ich meine Tochter vor den Klippen bewahren, an denen das Leben
ihrer Mutter zerschellt ist.«[69]

Ein Jahr später Frau Marx an Ludwig Kugelmann: »Ich war in dem
letzten Jahr viel leidend und habe auch leider in der letzten Zeit viel
von meinem ›Glauben‹, meinem Lebensmut eingebüßt. Es war mir
oft schwer, mich aufrechtzuhalten.«[70]

Ab 1868 erhält Marx von Engels laufend Rente, die seine Familie
weitgehend der finanziellen Sorgen enthebt. 1870 nimmt Engels seinen Wohnsitz in London, so daß die äußerst aufschlußreiche Korrespondenz der Freunde fast zum Erliegen kommt. Das beste Resümee
aller zitierten Äußerungen bietet Frau Marx mit einem Brief vom 26.
Mai 1872: »Uns Frauen fällt in allen diesen Kämpfen der schwere-
re, weil kleinlichere Teil zu. Der Mann, er kräftigt sich im Kampf mit
der Außenwelt, erstarkt im Angesicht der Feinde, und sei ihre Zahl
Legion, wir sitzen daheim und stopfen Strümpfe. Das bannt die Sorgen nicht, und die tagtägliche kleine Not nagt langsam aber sicher
den Lebensmut hinweg. Ich spreche aus mehr als 30jähriger Erfahrung, und ich kann wohl sagen, daß ich den Mut nicht leicht sinken
ließ. Jetzt bin ich zu alt geworden, um noch viel zu hoffen, und die
letzten unseligen Ereignisse haben mich völlig erschüttert. Ich

fürchte, wir selbst, wir Alten erleben nicht viel Gutes mehr, und ich hoffe nur, daß unsre Kinder leichter durchs Leben wandeln werden.«[71]

Nicht unerwähnt soll bleiben, daß es auch einige geradezu liebestolle Briefe gibt, und zwar einen von Marx an seine in Trier weilende Frau und zwei von ihr:

»Ich habe Dich leibhaftig vor mir und ich trage Dich auf den Händen, und ich küsse Dich von Kopf bis Fuß, und ich falle vor Dir auf die Knie und ich stöhne: ›Madame, ich liebe Sie.‹ Und ich liebe Sie in der Tat, mehr als der Mohr von Venedig je geliebt hat.«[72] So geht es weiter über zwei Druckseiten!

Und Jenny, nicht etwa an ihren Karl, sondern an Ferdinand Lassalle: »Behalten Sie mir den Mohr nur nicht zu lange, ich gönne Ihnen alles Gute, nur den nicht, das ist der Punkt, wo ich habgierig und eigennützig und neidisch werde, da hört alle Humanität auf und der bare, bloße, eingefleischte Egoismus beginnt.«[73] Und kurz darauf noch einmal: »Das war ein Jubel, als der Mohr... plötzlich und unerwartet bei uns einsprang. Bis spät in die Nacht hinein wurde geplaudert und ausgekramt und besehen und gejubelt, gelacht, geherzt und geküßt.«[74]

Vergleichbares haben wir von ihr weder an den Gatten selbst noch an sonstige Dritte. Das ist auffallend und erinnert uns daran, wie Marx aus den verschiedensten Gründen andere benutzte, um Dritten etwas vorzugaukeln. Frau Marx hatte keinerlei Veranlassung, Herrn Lassalle solche intimen Vorgänge mitzuteilen. Sollte auf diese Weise ein falscher Schein geweckt werden, was auch für Frau Marx durchaus gelegentlich ein Anliegen gewesen ist?[75]

Was aber nun Marxens ekstatischen Liebesbrief anbelangt, so gibt auch er zu kritischen Anmerkungen Anlaß. Künzli: »... sehr richtig nannte er diese Liebe eine ›Leidenschaft‹, denn es war ja nicht die vergeistigte Liebe eines reifen Mannes, in der Geist und Eros sich gegenseitig durchdrungen haben, wie sie seinem Alter und seiner Intellektualität entsprochen hätte, sondern es war die begehrende Leidenschaft des Jünglings. Begehren aber ist nur ein anderes Wort für jenes Habenwollen, das Marx doch eben aus dem Verhältnis von Mann und Frau ausmerzen wollte. Obwohl er wußte, daß Jenny in Trier am Totenbett ihrer Mutter saß, ging er nicht auf ihre Gefühle, auf ihren Schmerz ein, sondern sprach und träumte nur von sich und seiner ›Liebe‹.«[76]

Auffallend ist auch und aufschlußreich zugleich, daß, obwohl Marx häufiger und für längere Zeit verreist gewesen ist (s. II 7), nur weni-

Das Grab der Familie Marx jetzt (oben) und früher. Die Platte ist geblieben: »Jenny von Westphalen the beloved wife of Karl Marx...«.

ge Briefe von ihm an Jenny (ab 1865 insgesamt vier, alle ohne jede Herzlichkeit) und umgekehrt überlebt haben. Die Töchter hätten die Briefe nicht vernichtet, wären sie geeignet gewesen, das Wunschbild als Wirklichkeit erscheinen zu lassen, das, was auf dem Grabstein steht: »Jenny – The beloved wife of Karl Marx«, zu dokumentieren. Zudem, ganz im Gegensatz zum Briefwechsel zwischen Marx und Engels, scheint der Briefwechsel unter den Ehepartnern eher spärlich und lapidar gewesen zu sein.[77] Am 10. April 1867 verließ Marx seine Familie in London zu einer Deutschlandreise. Der angeblich in seine Frau so leidenschaftlich Verliebte gesteht seinem Freund Engels mit Schreiben vom 7. Mai, er »fürchte die Rückkehr nach London, die in 6 – 8 Tagen doch notwendig wird.«[78] Von Sehnsucht nach Frau und Kindern kein Wort. Am 19. Mai kehrt er nach London zurück. Während seiner gut fünfwöchigen Abwesenheit schrieb er an Engels drei Briefe und je einen an die Töchter Jenny und Laura. Hinweise darauf, daß er seiner Frau geschrieben habe, finden sich nicht. Im Brief an Laura heißt es nur: »Viele Grüße an Möhmchen [Frau Marx]...«[79] Das ist alles!

Louise Kautsky-Freyberger glaubte zu wissen: »Daß Frau Marx einmal ihrem Mann von London durchbrannte und nach Deutschland ging und daß Marx und seine Frau für lange Jahre nicht zusammen schliefen...«[80]

Nicht einmal das »Happy-End« dieser Ehe können wir so stehen lassen, wie es überliefert wird. Wir erinnern uns an Paul Lafargues Bericht: »Als sie fühlte, daß der Moment der Auflösung gekommen, rief sie aus: ›Karl, meine Kräfte sind gebrochen‹.«[81] Spricht jemand mit letzter Kraft so umständlich, so pathetisch? Das klingt wie aus dem Textbuch eines albernen Bauerndramas entlehnt. Freilich, die Wirklichkeit wirkt manchmal komisch, nicht aber im Falle Jenny Marx! Paul Lafargue war gar nicht zugegen, als seine Schwiegermutter starb. Zugegen waren Karl Marx und Tochter Eleanor. Sie soll Wilhelm Liebknecht die letzten Augenblicke im Leben ihrer Mutter wie folgt geschildert haben: »... Ihre letzten Worte – merkwürdigerweise englisch – waren an ihren Karl gerichtet.«[82] Welche Worte? – Wir erfahren es nicht. – Liebknecht hat den Text 15 Jahre nach dem Tode von Frau Marx zu Papier gebracht, Lafargue zehn Jahre. Doch zwei Tage nach dem Tode schrieb Eleanor an ihre Schwester Jenny: »Das letzte Wort, das sie zu Papa sagte, war ›gut‹. Sie hat noch etwas hinzugefügt und hatte auch vorher viel gesprochen, aber wir konnten es nicht verstehen.«[83] Nur diese Schilderung verdient es, daß man ihr Glauben schenkt. Ob sich Frau Marx im Sterben wieder ganz mit ihrem Gatten ausgesöhnt hat, wissen wir nicht. Knapp sechs Monate vor ihrem Hinscheiden war sie noch »vom ganzen männlichen Geschlecht angewidert!«[84]

Marx selbst schildert die letzten Tage und Stunden seiner Gattin wie folgt:»Wie Dr. Donkin mir vorhergesagt, nahm der Krankheitsverlauf den Charakter eines allmählichen Hinschwindens wie von Altersschwäche an. Auch während der letzten Stunden kein Todeskampf, allmähliches Entschlafen; ihre Augen voller, schöner, leuchtender als je!«[85]

Doch warum bleibt all das Negative häufig so gänzlich ausgeblendet? Einen Grund verrät uns der eingangs zitierte Biograph:»In der Zeit des größten Elends benutzte sie jedes Mittel, vor fremden Augen the real state of things verborgen zu halten.«[86]

## 3. »Hohe Achtung vor seiner Frau«

Paul Lafargue weiß auch zu berichten:»Marx hatte so hohe Achtung vor der Intelligenz und dem kritischen Sinn seiner Frau, daß er mir 1866 sagte, er habe ihr alle seine Manuskripte mitgeteilt, und er lege großen Wert auf ihr Urteil... Als ich 1865 bei Marx eingeführt ward, war die Jüngste, die jetzige Frau Aveling, ein reizendes Kind mit dem Charakter eines Knaben. Marx behauptete, seine Frau habe sich im Geschlecht geirrt, als sie dieselbe als Mädchen zur Welt gebracht.«[87]

Frau Marx erledigte über viele Jahre hinweg für ihren Mann die Arbeiten einer Sekretärin. Ob und inwieweit sie darüber hinaus, also was Form und Inhalt betrifft, ihren »Herrn und Gebieter«[88] beraten hat, wissen wir nicht. Eine nennenswerte Beeinflussung hätte sich in der Post Marx–Engels, aber auch in ihren eigenen Briefen niedergeschlagen. Die bemerkenswerteste Stelle in der Korrespondenz ist folgende:»Ich habe im Titel Dir [Engels] nachgegeben und (gestern) ›Herr Vogt‹ gesetzt. Meine Frau war absolut dagegen und bestand auf ›Dâ-Dâ Vogt‹, indem, wie sie sehr gelehrt bemerkt hat, selbst in den griechischen Tragödien Titel und Inhalt auf den ersten Blick oft keine Verbindung zeigen.«[89] Der Rat des Freundes war ihm demnach wichtiger als der seiner Frau. Wer den Kontext liest, kann sich des Eindrucks kaum erwehren, daß Jenny nur ein Vorwand ist und der harte Tadel des Freundes an dem Titel auf sie abgeleitet werden sollte: Der hatte nämlich »Dâ-Dâ Vogt« als den denkbar »unglücklichsten«[90] bezeichnet.

Marx hatte erhebliche Vorbehalte gegenüber dem anderen Geschlecht, und der Respekt vor seiner geistig hochstehenden Jenny war nicht so groß, daß bei ihr diese Vorbehalte nicht mehr gegolten hätten. Marx wollte Söhne und keine Töchter. »Vivat der kleine Erdenbürger! Man muß die Welt mit Knaben bevölkern...«[91] Derartige Äußerungen begegnen uns noch öfter, zuletzt zwei Jahre vor seinem Tod in einem Brief an Tochter Jenny: »... ich ziehe meinerseits das ›männliche Geschlecht‹ bei Kindern vor, die an diesem Wendepunkt der Geschichte geboren werden. Sie haben die revolutionärste Periode vor sich, die Menschen jemals zu bestehen hatten.«[92] Deshalb ist es durchaus glaubwürdig, daß, wie wir oben lesen konnten, Marx seine Tochter Eleanor einfach als Knaben gelten lassen wollte.

Von »Hochachtung vor der Intelligenz und dem kritischen Sinn seiner Frau« zeugen Äußerungen wie die folgenden sicherlich nicht: »Consequently war der Hausfriede sehr gestört, und die arme Frau mußte die Sache ausbaden, an der sie in der Tat so weit unschuldig war, als Frauen gewohnt sind, das Unmögliche zu verlangen. Sie hatte natürlich keine Ahnung von dem, was ich schrieb, aber bei einiger Reflexion hätte sie berechnen können, daß so was herauskommen mußte. Die Weiber sind komische Kreaturen, selbst die mit viel Verstand ausgerüsteten.«[93]

»Da ich durchaus nicht wieder in Schulden kommen will, und da das Geld, was ich ihr letzten Montag gab, gestern schon wieder ›alle‹ war, suchte ich um Aufschluß. Da kam denn die Narrheit der Weiber heraus. In dem Schuldverzeichnis, was sie mir aufgesetzt hatte für Dich, hatte sie about 75 Pfund unterdrückt... Ich fragte, warum dies? Antwort: Sie hätte sich gefürchtet, mit der großen Geldsumme herauszurücken! Die Weiber bedürfen offenbar stets der Vormundschaft!«[94]

*Die dokumentierten Fakten, die uns – obgleich in schönfärberischer Absicht filtriert (III 6) – als Grundlage dienen, gestatten eine klare Antwort auf die eingangs gestellte Frage: Hochachtung gebührt nur dem, der auf dem Throne sitzt.*

## 4. »Die heilige Familie«

Jesus, Maria, Joseph, »die heilige Familie«, ist ein fester Begriff der christlichen Religionslehre. »Die heilige Familie«[95] hatten Marx und Engels eine ihrer Streitschriften »gegen Bruno Bauer und Konsorten« getauft. »Die heilige Familie« sei auch, so wird berichtet[96], als Bezeichnung für Karl Marx nebst Gattin und Kindern in Gebrauch gekommen. Diese Namensgebung hat durchaus ihre Berechtigung, unterstellt die folgenden Schilderungen beruhen auf Tatsachen:
»Für diejenigen, die Karl Marx gekannt haben, gibt es keine lustigere Legende als wie die, welche ihn als einen grantigen, verbitterten, unbeugsamen und unnahbaren Menschen hinstellen, so eine Art Donnergott, der unaufhörlich seine Blitze schleudert und niemals ein Lächeln auf seinen Lippen, einsam und unnahbar thront im Olymp. Eine derartige Schilderung des lustigsten und fröhlichsten aller Menschen, der je gelebt hat, des Mannes mit dem übersprudelnden Humor, dessen Lachen unwiderstehlich zum Herzen drang, des freundlichsten, sanftmütigsten, sympathischsten aller Gefährten, ist eine stete Quelle der Verwunderung und Belustigung für alle die, die ihn gekannt haben.
In der Familie wie in seinem Verkehr mit Freunden und Bekannten kam seine Gutherzigkeit so recht zum Ausdruck... Aber erst in seinem Verkehr mit Kindern offenbarten sich die köstlichsten Seiten von Marxens Charakter. Kinder konnten sich keinen besseren Gesellschafter wünschen...«[97] – so die Tochter Eleanor. Des weiteren schreibt sie: »Als Reisegefährte war Mohr entzückend. Immer bei gutem Humor, war er stets bereit, sich an allem zu erfreuen, an einer schönen Landschaft wie an einem Glas Bier.«[98] Ihr Schwager Paul Lafargue pflichtet ihr bei: »Er war ein zärtlicher, sanfter und nachsichtiger Vater. ›Die Kinder müssen die Eltern erziehen‹, pflegte er zu sagen. Nie hat sich in dem Verhältnis zwischen ihm und seinen Töchtern, welche ihn ungemein liebten, auch nur ein Schatten väterlicher Autorität geltend gemacht.«[99]
In Fortsetzung jener schlichten Laienpsychologie, der oben schon (III 1) bei Prüfung des Verhältnisses von Karl zu seinen Eltern Raum geschenkt wurde, bereitet dem Betrachter das angeblich sehr gute Verhältnis zu den Kindern keinerlei theoretische Schwierigkeiten.

Marx, der das Vorgegebene radikal ablehnt, da »Gott« nichts vorfindet, bejaht um so entschiedener seine eigene Schöpfung, seine eigenen Kinder.

Theoretische Schwierigkeiten verursacht »›die heilige Familie‹ Marx« nur den Marxisten, da Marx und Engels in ihrer Lehre die Familie entschieden abgelehnt haben. So vertritt Marx die Auffassung: »Die positive Aufhebung des *Privateigentums* als die Aneignung des *menschlichen* Lebens ist daher die positive Aufhebung aller Entfremdung, also die Rückkehr des Menschen aus Religion, Familie, Staat etc. in sein *menschliches*, d. h. *gesellschaftiches* Dasein.«[100] Und an anderer Stelle: »Also nachdem z. B. die irdische Familie als das Geheimnis der Heiligen Familie entdeckt ist, muß nun erstere selbst theoretisch und praktisch vernichtet werden.«[101] Und Engels propagiert: »Erziehung sämtlicher Kinder, von dem Augenblicke an, wo sie der ersten mütterlichen Pflege entbehren können, in Nationalanstalten und auf Nationalkosten. Erziehung und Fabrikation zusammen.«[102] (Das ist nicht gerade originell, sondern Plänen aus der Zeit der französischen Revolution abgekupfert.)

Nach der Lektüre des Abschnitts: Jenny und Karl – »ein fröhliches Paar« (III 2) ist klar, daß die Kinder unvermeidlich in den Strudel dieser extrem spannungsgeladenen Ehe hineingezogen wurden. Das wird von Marx mehrmals ausdrücklich betont und bedauert:

»Hier im Haus sieht more dreary and desolate out than ever. Da meine Frau selbst kein Weihnachtsfest den Kindern bereiten kann, statt dessen von allen Seiten mit Mahnzetteln gehudelt ist und dabei Manuskript schreibt und dazwischen nach der Stadt in die Pfandhäuser laufen muß, ist die Stimmung außerordentlich düster.«[103] Drei Jahre später: »Was die Situation noch pleasanter macht, ist, daß Jennychen seit beinahe 2 Monaten unter ärztlicher Kur steht. Das Kind hat zusehends abgenommen. Jenny ist jetzt schon so weit, daß sie den ganzen Druck und die Schmiere unsrer Verhältnisse fühlt, und das, glaube ich, ist ein Hauptgrund ihres physischen Leidens.«[104]

*Es gibt darüber hinaus eine Fülle weiterer dokumentarischer Aussagen, die »die heilige Familie« unwiderruflich in die Welt der erbaulichen Legenden verweisen,* so wenn Marx stöhnt: »Ich versichre Dich, daß durch diese letzten petites misères ich a very dull dog geworden bin. Beatus ille, der keine Familie hat.«[105] Niederkünfte seiner Frau nennt er mehrmals eine Katastrophe[106]; den Tod eines Kindes gleich nach der Geburt steckt er mit den Worten weg: »Meine Frau ist endlich niedergekommen. Das child jedoch nicht lebensfähig, starb gleich. Dies an und für sich kein Unglück.«[107] Bei der Geburt einer Tochter [Tussy] lautet sein bitterer Kommentar: »Wäre es ein männliches Wesen, so ginge die Sache schon eher.«[108] Da es kein Photo gibt, das Herrn und Frau Marx zusammen zeigt, gibt es auch keines, das die »heilige Familie« festhält. Wer sich ein zutreffendes Bild von der Familie Marx macht, begreift sehr wohl, daß er

– vor den Tränenbächen ins Britische Museum flüchtet: »Ich war und werde sein bis zu Ende dieses Monats auf dem British Museum, da ich die infolge der pressure from without im Hause notwendigen Quengeleien möglichst vermeiden muß, schon meiner ›Läber‹ wegen.«[109]

– nach langer Reise Angst hat vor der Rückkehr zu seiner Familie: »Wovor ich mich – abgesehn von der Unsicherheit – am meisten fürchte, ist die Rückkehr nach London, die in 6–8 Tagen doch notwendig wird... Dann wieder der Familienjammer, die inneren Kollisionen, die Hetzjagd, statt frisch ungeniert an die Arbeit gehn.«[110]

– die Familienferne als Oase preist: »Den Aufenthalt in Hannover zähle ich zu den schönsten und erfreulichsten Oasen in der Lebenswüste.«[111]

Dabei war er sich dessen bewußt, »daß sie [die Familie] infolge meiner politischen Rücksichtslosigkeit viel Misère durchmachen muß und in der Tat eine freudelose Existenz führt.«[112] »Ich mußte also *jeden* arbeitsfähigen Moment benutzen, um mein Werk fertigzumachen, dem ich Gesundheit, Lebensglück und Familie geopfert habe.«[113]

Diese »Notwendigkeit«, keinem Broterwerb nachzugehen, widerstreitet seiner eigenen Theorie. Denn danach erwachsen Revolutionen nicht aus politischen, philosophischen oder ökonomischen Lehren, vielmehr aus der zwanghaften Entwicklung der Produktionsweisen.[114]

Nur am Rande sei vermerkt, daß Marx, der auszog, die Menschen von der Fessel der Familie zu befreien, gegen Ende seines Lebens ihren zeitlosen Wert immer deutlicher erkannte und privat bekannte.[115]

Eleanor macht sich über alle jene lustig, wir haben es gehört, die Marx für einen »Donnergott« halten, war er doch »der lustigste und fröhlichste aller Menschen, der je gelebt hat«.

Ob er zu Hause als »Donnergott« auftrat, wissen wir nicht. Seine

Flucht in die Bibliothek, seine Angst vor der Rückkehr aus ihr sprechen dagegen, auch Textstellen wie die folgende: »Ich fand meine
Frau desolate, daß ich *nicht den courage hatte*, ihr den true state of
things auseinanderzusetzen.«[116] Daß er außer Hause ein blitze-
schleudernder Donnergott war, dafür gibt es Belege en masse. Aber
angesichts »des lustigsten und fröhlichsten aller Menschen, der je
gelebt hat«, erübrigen sie sich wohl. Denn diese Behauptung straf-
ten alle vorher zitierten Texte Lügen. Nach seinen ca. 1000 hinter-
lassenen Briefen zu urteilen, stand er dem gegenteiligen Extrem weit
näher. Immer und immer wieder stoßen wir auf Klagen und Bitter-
keit (Marx an Engels: »... ist es mir natürlich ekelhaft, Dich fortwährend mit Hiobsposten zu langweilen«[117]). Wer angesichts des
bereits Zitierten noch zweifelt, der kann mit einem Dutzend weiterer Zitate wohl auch nicht überzeugt werden. Er muß sich schon die
Mühe machen, selbst ad fontes zu gehen und Brief für Brief lesen.
Dann wird er sicherlich von seiner Skepsis erlöst.
Auch daß Marx als Reisegefährte entzückend gewesen sei – »immer
bei guter Laune« – kam Eleanor erst Jahrzehnte später zu Bewußtsein. Früher hat sie dies zumindest nie für erwähnenswert gehalten.
Sie spricht in dem zitierten Text konkret die Reise nach Karlsbad
vom 16. August bis 15. September 1876 an. In dieser Zeit schrieb
Marx einen Brief an Engels, einen an seine Tochter Jenny Longuet.
Ob er seiner Frau geschrieben hat, wissen wir nicht. (Eleanor hielt
es für möglich, daß er seiner Frau Grüße senden werde!)
Die beiden uns erhaltenen Briefe von Marx sind recht kurzweilig,
lassen aber durchaus nicht auf Humor schließen:

»Zunächst unser Reiseabenteuer. Meinem Plan gemäß blieben wir
über Nacht in Köln – reisten von da morgens 6 Uhr ab mit Nürnberg
als nächsten Rastplatz. Ungefähr 5 Uhr nachmittags kamen wir in
Nürnberg an, von wo wir erst den folgenden Abend (es war der 14.
und wir hatten der Karlsbader Wirtin den 15. als Tag unserer Ankunft
angegeben) uns nach Karlsbad aufmachen wollten. Die Koffer wurden abgeladen, einem Mann mit einer Karre übergeben, der uns zum
nächsten, gleich bei der Eisenbahn, vor der Stadt gelegnen Gasthof
begleiten sollte. Aber in diesem Gasthof gab's nur noch ein freies
Zimmer, und zugleich kündete uns der Wirt die schauerliche Mär,
daß wir schwerlich anderswo ein Unterkommen finden würden, indem die Stadt überschwemmt sei, teils infolge eines Müller- und
Bäckerkongresses, teils durch Leute aus allen Weltteilen, die sich
von dort zu dem Bayreuther Narrenfest des Staatsmusikanten Wagner begeben wollten. Und so war's. Wir irrten lange in der Stadt ne-

ben dem Karren herum; weder die kleinste Kneipe noch das größte Hotel bot Asyl; alles was wir gewannen, war eine oberflächliche Bekanntschaft mit dem Ursitz (höchst interessantem) des deutschen Knotentums [von ›Knote‹, d. h. ›grober, ungebildeter Mensch‹]. Also zur Eisenbahn zurück; dort hieß es, die Karlsbad nächstgelegne Stadt, wohin wir noch transportiert werden könnten, sei Weiden; nahmen tickets für Weiden. Der Herr Kondukteur hatte aber schon einen Tropfen (oder auch mehr) zu viel im Kopf; statt uns aussteigen zu machen bei Neunkirchen, von wo eine neu angelegte Zweigbahn nach Weiden, führte er uns bis Irrelohe (so ungefähr heißt das Nest), von wo wir wieder zwei ganze Stunden (auf der entgegengesetzten Seite der Hinfahrt) zurückzufahren hatten, um endlich um Mitternacht in Weiden anzukommen. Hier war wieder der einzige dort existierende Gasthof überfüllt, so daß wir auf den harten Stühlen der Eisenbahnstation bis 4 Uhr morgens auszuharren hatten. Im ganzen befanden wir uns 28 Stunden auf Reise von Köln bis Karlsbad! Dabei eine schamlose Hitze!

Was wir den nächsten Tag in Karlsbad (wo es seit 6 Wochen nicht geregnet) von allen Seiten hörten und selbst an eigner Haut erfuhren – war Wärmeüberfluß! Daneben Mangel an Wasser; die Tepl sieht ganz ausgesaugt aus. Die Entwaldung hat sie in den artigen Zustand versetzt, daß sie in regenreicher Zeit (wie 1872) alles überschwemmt, in heißen Jahren ganz alle wird.

Im übrigen hat die übertriebne Wärme seit 3 Tagen nachgelassen, und fanden wir auch während der ganz heißen Tage mir altbekannte Waldschluchten, wo es erträglich war.

Tussychen, die während der Reise ziemlich leidend war, erholt sich hier zusehend, und auf mich wirkt Karlsbad wie immer wundervoll. Ich hatte während der letzten Monate Wiederbeginn des widerlichen Kopfdrucks, der jetzt schon wieder ganz verschwunden ist.«[118]

Und der Brief an die Tochter lautet in den halbwegs einschlägigen Passagen:

»Wir leben hier in den Tag hinein, so gedankenlos, wie es der Erfolg der Kur erfordert. In den letzten Tagen sind unsere Wanderungen durch die Bergwaldungen mehr oder minder unterbrochen infolge des jähen Wetterwechsels, bald Aprilregen, bald Wolkenbruch, dann wieder Sonnenschein. Die Kälte, die plötzlich nach der anhaltenden Hitze eingetreten war, ist jedoch wieder ganz verschwunden.

Bekanntschaften haben wir in der letzten Zeit viele gemacht; einige Polen ausgenommen meist deutsche Universitätsprofessoren und andre Doktoren.

Allüberall wird man mit der Frage gequält: Was denken Sie von Wagner? Höchst charakteristisch für diesen neudeutsch-preußischen Reichsmusikanten: Er nebst Gattin (der von Bülow sich getrennt habenden), nebst Hahnrei Bülow, nebst ihnen gemeinschaftlichem Schwiegervater Liszt hausen in Bayreuth alle vier einträchtig zusammen, herzen, küssen und adorieren sich und lassen sich's wohl sein. Bedenkt man nun außerdem, daß Liszt römischer Mönch und Madame Wagner (Cosima mit Vornamen) seine von Madame d'Agoult (Daniel Stern) gewonnene natürliche Tochter ist – so kann man kaum einen besseren Operntext für Offenbach ersinnen als diese Familiengruppe mit ihren patriarchalischen Beziehungen. Es ließen sich die Begebenheiten dieser Gruppe – wie die Nibelungen – auch in einer Tetralogie darstellen.«[119]

Auch Eleanors Brief an ihre Mutter läßt wirklich nicht auf außergewöhnlichen Humor des »Papas« schließen: »... nur soviel, daß wir uns von unserer 28-Stunden-Reise erholt haben und jetzt Karlsbad genießen. Bevor ich fortfahre, muß ich Dich aber daran erinnern, wie sprichwörtlich stupide man in Karlsbad wird, sei also nicht überrascht, wenn Dir dieser Brief etwas zusammenhanglos vorkommt. Wir durchlaufen wieder haargenau die gleiche Routine, von der Du mich so oft hast erzählen hören. Alles scheint genauso wie früher, außer, daß es viel netter ist ohne Kugelmanns Genörgel und Streiten.«[120]

Nun, »Papa« hat »Mama« nicht geschrieben, oder der Brief ist der hausinternen Zensur zum Opfer gefallen. Die unmittelbaren Reiseberichte Eleanors – in Briefform – eine frühere und eine spätere Reise betreffend, sind keineswegs besser geeignet, den »stets entzückenden Reisegefährten« unter Beweis zu stellen. 1874 kam es zum immerwährenden Bruch zwischen Marx und seinem treu ergebenen Dr. Kugelmann: »Die Kugelmanns waren Papa bei seiner Kur ein schweres Hindernis.«[121] Einzelheiten des Zerwürfnisses bilden den Hauptinhalt des Reports.

Was sie von der Isle of Wight zu schreiben weiß, ist ein einziges Sorgen und Jammern. Von Humor und Lebensfreude nicht die Spur: »Ich klage außerdem überhaupt nicht gern – und vor allem Papa gegenüber nicht –, denn er schimpft mich dann richtig aus, als ob ich mich auf Kosten der Familie ›gehen ließe‹ und das plagt mich dann noch mehr als alles andere.«[122] Andere Reisebriefe an nächste Angehörige gibt es offenbar nicht.

Eine Behauptung steht noch ungeprüft im Raum: »Nie hat sich in dem Verhältnis zwischen ihm und seinen Töchtern, welche ihn ungemein liebten, auch nur ein Schatten väterlicher Autorität geltend gemacht.«[123] So Schwiegersohn Lafargue. Im Gegensatz dazu nennt

der namhafte Biograph Friedenthal Karl Marx einen »Familienvater mit durchaus patriarchalischen Zügen, die bis zur robusten Haustyrannei... gehen konnten.«[124]
Friedenthal hat recht, und Paul Lafargue schrieb seinen Text wider besseres Wissen. Denn er war der Empfänger des folgenden Briefes von Marx, den er bestimmt nie vergessen hat:

»Gestatten Sie mir die folgenden Bemerkungen:
1. Wenn Sie Ihre Beziehungen zu meiner Tochter fortsetzen wollen, werden Sie Ihre Art ›den Hof zu machen‹ aufgeben müssen. Sie wissen gut, daß noch kein Eheversprechen besteht, daß alles noch in der Schwebe ist. Und selbst wenn sie in aller Form Ihre Verlobte wäre, dürften Sie nicht vergessen, daß es sich um eine langwierige Angelegenheit handelt. Die Gewohnheiten eines allzu vertrauten Umgangs sind um so mehr fehl am Platze, als beide Liebenden während einer notwendigerweise verlängerten Periode strenger Prüfung und Läuterung am selben Ort wohnen werden. Mit Entsetzen habe ich die Wandlungen Ihres Benehmens von einem Tag zum andern während einer einzigen Woche beobachtet. Meiner Meinung nach äußert sich wahre Liebe in Zurückhaltung, Bescheidenheit und sogar in der Schüchternheit des Verliebten gegenüber seinem Idol, und ganz und gar nicht in Gemütsexzessen und in einer zu frühen Vertraulichkeit. Wenn Sie sich auf Ihr kreolisches Temperament berufen, so habe ich die Pflicht, mit meinem gesunden Menschenverstand zwischen Ihr Temperament und meine Tochter zu treten. Falls sie Ihre Liebe zu ihr nicht in der Form zu äußern vermögen, wie es dem Londoner Breitengrad entspricht, werden Sie sich damit abfinden müssen, sie aus der Entfernung zu lieben. Ich brauche das wohl nicht näher zu erläutern.
2. Vor der endgültigen Regelung Ihrer Beziehungen zu Laura muß ich völlige Klarheit über Ihre ökonomischen Verhältnisse haben. Meine Tochter glaubt, daß ich über Ihre Angelegenheiten Bescheid weiß. Sie irrt sich. Ich habe diese Dinge nicht zur Sprache gebracht, weil es meiner Meinung nach Ihre Aufgabe gewesen wäre, die Initiative zu ergreifen. Sie wissen, daß ich mein ganzes Vermögen dem revolutionären Kampf geopfert habe. Ich bedaure es nicht. Im Gegenteil. Wenn ich mein Leben noch einmal beginnen müßte, ich täte dasselbe. Nur würde ich nicht heiraten.
Was Ihre augenblickliche Situation betrifft, so sind die Auskünfte, die ich nicht eingeholt, sondern zufällig erhalten habe, ganz und gar nicht beruhigend. Aber lassen wir das. Was Ihre allgemeine Position betrifft, so weiß ich, daß Sie noch Student sind, daß Ihre Karriere in Frankreich durch das Ereignis in Lüttich halb gescheitert ist, daß Ihnen die Sprache – eine unentbehrliche Voraussetzung für Ihre Akklimatisierung in England – noch fehlt und daß Ihre Chancen im be-

sten Falle überaus problematisch sind. Beobachtung hat mich davon überzeugt, daß Sie von Natur aus nicht sehr arbeitsam sind, trotz zeitweiliger fieberhafter Aktivität und guten Willens. Unter diesen Umständen sind Sie auf die Hilfe anderer angewiesen, um den gemeinsamen Lebensweg mit meiner Tochter zu gehen. Von Ihrer Familie weiß ich gar nichts. Sollte sie in vermögenden Verhältnissen leben, so beweist dies noch nicht, daß sie gewillt wäre, Ihnen Opfer zu bringen. Ich weiß nicht einmal, wie sie Ihrem Heiratsprojekt gegenübersteht. Notwendig ist für mich, ich wiederhole es, eine positive Klärung all dieser Fragen. Übrigens können Sie, ein erklärter Realist, nicht erwarten, daß ich mich zur Zukunft meiner Tochter wie ein Idealist verhalte. Ein so positiver Mensch wie Sie, der die Poesie abschaffen möchte, wird nicht zum Schaden meines Kindes Poesie machen wollen.

3. Um jeder falschen Interpretation dieses Briefes zuvorzukommen, mache ich Sie darauf aufmerksam, daß – sollten Sie sich versucht fühlen, schon heute die Ehe einzugehen – Ihnen dies nicht gelingen wird. Meine Tochter würde sich weigern. Ich würde protestieren. Sie müssen etwas erreicht haben im Leben, bevor Sie an eine Ehe denken können, und es wird einer langen Zeit der Prüfung für Sie und für Laura bedürfen.

4. Ich möchte gern, daß dieser Brief nur unter uns beiden bleibt. Ich erwarte Ihre Antwort.«[125]

Lafargue wußte ferner, daß der Schwiegervater gegenüber den Töchtern und ihren Verehrern, aber auch sonst, etwa bei der Aufnahme einer beruflichen Tätigkeit, nicht minder autoritär aufzutreten pflegte. So heißt es in einem Brief von Marx an Engels: »Wie unangenehm die Zustände hier im Haus seit den letzten Monaten wurden, siehst Du daraus, daß Jennychen – hinter meinem Rücken – sich als *Stundengeberin* bei einer englischen Familie engagiert hat. Die Sache beginnt erst Januar 1869. Ich habe nachträglich die Geschichte zugegeben unter der Bedingung..., daß das Engagement *nur für 1 Monat bindend* und jeder Teil nach Ablauf des Monats das *Recht hat aufzukündigen.* So sehr fatal mir die Sache... war – ich brauche Dir das nicht erst zu sagen –, gab ich sie unter diesem Vorbehalt zu, weil ich vor allem gut fand, daß Jennychen durch irgendeine Beschäftigung zerstreut und namentlich aus den 4 Wänden hier geschafft werde.«[126] (»Jennychen« war damals 24 Jahre alt.)

Eleanor bestürmte – erfolglos – ihren Vater: »Mein liebster Mohr, ich will Dich um etwas bitten, aber erst mußt Du mir versprechen, daß Du nicht sehr ärgerlich sein wirst. Ich möchte wissen, lieber Mohr, wann ich L[issagaray] wieder sehen kann. Es ist so sehr hart, ihn nie sehen zu dürfen. Ich habe mir die größte Mühe gegeben, geduldig zu sein, aber es ist so sehr schwer, ich habe das Gefühl, ich kann es nicht mehr aushalten. Ich erwarte nicht, daß Du sagst, er könne herkommen. Ich wünsche das nicht einmal, aber könnte ich nicht ab und zu einen kleinen Spaziergang mit ihm machen?... Wenigstens, lieber Mohr, könntest Du mir doch sagen, wann ich ihn sehen darf, wenn das schon jetzt nicht sein kann. Ich hätte dann etwas für die Zukunft zu erwarten, und wenn die Zeit bis dahin nicht zu unbestimmt wäre, würde mir das Warten weniger schwer fallen. Mein liebster Mohr, bitte sei nicht ärgerlich über diese Zeilen, und entschuldige, wenn ich egoistisch genug bin, Dich wieder zu behelligen. Deine Tussy.«[127] (Tussy = Eleanor war damals 19 Jahre alt.)

Der Verzweiflung nahe schreibt sie, acht Jahre später, an ihre Schwester Jenny: »Was weder Papa noch die Ärzte noch sonst jemand verstehen will, ist, daß ich hauptsächlich *seelischen Kummer* habe. Papa redet davon, daß ich mich ›ausruhen‹ und ›kräftigen werden‹ müsse, bevor ich irgendetwas versuchen könne, er will einfach nicht sehen, daß ›Ruhe‹ das letzte ist, was ich brauche, und daß ich viel eher‹ kräftiger würde‹, wenn ich einen konkreten Plan und eine konkrete Arbeit hätte, als ewig weiter zu warten und zu warten, wenn ich im Augenblick wirklich gebraucht würde, um Papa zu pflegen – wie z. B., als er so krank war –, würde ich meine Lage nicht so empfinden; aber gegenwärtig braucht er mich nicht wirklich, und es macht mich halb wahnsinnig, hier zu sitzen, während vielleicht meine *letzte* Chance, etwas zu tun, dahingeht.«[128]

Im Vorwort zu dem Buch »Die Töchter von Karl Marx – Unveröffentlichte Briefe« resümiert Margarete Mitscherlich-Nielsen: »Eleanor ist schließlich an der immer unerträglicher werdenden Beziehung zu Aveling zerbrochen. Letztlich mag aber auch an ihrem endgültigen Zusammenbruch erst die Einfühlungsunfähigkeit des Vaters ihr gegenüber... mit daran Schuld tragen.«[129]

## 5. »Treu bis zum Tode« – Marx als Gatte

*»Treu bis zum Tode«*[130] *– nennt Eleanor ihre Eltern. Auch das schrieb sie wider besseres Wissen.* Aber so sehr sie einerseits für die freie Ehe eintrat, ebensosehr erwartete sie offenbar von ihren Eltern

die »kleinbürgerlichen Tugenden«. Und da eben nicht sein kann, was nicht sein darf, entsprach Marx allen Tatsachen zum Trotz ihrem Ideal.

Sie hätte ihrem Vater den Seitensprung »Frederick« wohl verziehen. Da sich aber Marx selbst zu diesem Ehebruch und seinen Folgen nicht bekannte, ganz im Gegenteil einen anderen, den bedingungslosen Gefolgsmann Friedrich Engels, als Sünden-Bock einspringen ließ, war der Vater »treu bis zum Tode«.

Und auch dieser glänzende Stern an Marxens Brust würde bis heute funkeln, hätte nicht Werner Blumenberg 1962 im Marx-Engels-Archiv die Abschrift eines Briefes von Louise Freyberger, der ersten Frau Karl Kautskys, entdeckt. Er enthält eine Sensation. Da der Brief auch sonst manch Einschlägiges bietet, soll er ausführlicher zitiert werden:

»Lieber August [Bebel],
... Daß Freddy Demuth Marx' Sohn ist, weiß ich von General [Engels] selbst. Tussy hat mir so zugesetzt, daß ich den Alten direkt fragte. General war sehr erstaunt, daß Tussy so hartnäckig an ihrem Glauben festhielt, und gab mir damals schon das Recht, im Falle der Notwendigkeit dem Geklatsche, daß er seinen Sohn verleugnet, entgegenzutreten. Du wirst Dich erinnern, daß ich Dir Mitteilung schon lange vor Generals Tode machte.
Daß Frederick Demuth der Sohn von Karl Marx und Helene Demuth ist, hat ferner General noch einige Tage vor seinem Tode Mr. Moore bestätigt, der hierauf zu Tussy nach Orpington fuhr und es ihr sagte. Tussy behauptete, daß General lüge und daß er stets selbst gesagt habe, er sei der Vater. Moore kam von Orpington zurück, fragte General nochmals eindringlich, aber der alte Mann blieb bei seiner Behauptung, daß Freddy der Sohn Marx' sei, und sagte zu Moore: Tussy wants to make an idol of her father (sie will ihren Vater zum Götzen machen).
Sonntag, also den Tag vor seinem Tode, hat es General der Tussy selbst auf die Schiefertafel geschrieben, und Tussy kam so erschüttert heraus, daß sie all ihren Haß gegen mich vergaß und an meinem Halse bitterlich weinte.
General ermächtigte uns (Mr. Moore, Ludwig und mich), nur dann von der Mitteilung Gebrauch zu machen, wenn er der Schäbigkeit gegen Freddy geziehen werden sollte; er sagte, er wolle seinen Namen nicht beschimpft haben, zudem wo es gar niemandem mehr nütze. Sein Eintreten für Marx hat letzteren vor einem schweren häuslichen Konflikt bewahrt. Außer uns und Mr. Moore, den Marxschen Kindern, ich glaube, Laura ahnte die Geschichte, wenn sie sie vielleicht auch nicht direkt wußte, wußten um das Vorhandensein eines

Marxschen Sohnes noch Leßner und Pfänder. Leßner sagte mir noch nach der Veröffentlichung der Freddyschen Briefe: ›Der Freddy ist wohl Tussys Bruder, wir wußten wohl darum, konnten aber nie ausfindig machen, wo der Bub aufgezogen wurde.‹

Freddy sieht Marx lächerlich ähnlich, und es gehörte wirklich nur blindes Vorurteil dazu, in dem direkt jüdischen Gesichte mit dem vollen blauschwarzen Haar irgendeine Ähnlichkeit mit General zu wittern. Ich habe den Marxschen Brief gesehen, den er damals an General nach Manchester schrieb, General lebte damals noch nicht in London, aber ich glaube, General hat diesen Brief und wie so viele andere Wechselbriefe vertilgt.

Das ist alles, was ich über die Sache weiß; Freddy hat nie, weder von seiner Mutter noch vom General erfahren, wer sein Vater ist. Ich habe Freddy schon bei meiner ersten Anwesenheit in London kennengelernt, die alte Nimm [Helene Demuth] stellte ihn mir als ihren Liebhaber vor, und er kam auch regelmäßig jede Woche sie besuchen, merkwürdigerweise aber kam er nie beim Besuchstor sondern immer durch die Küche herein, erst als ich zu General kam und er seine Besuche fortsetzte, sorgte ich dafür, daß er alle Rechte eines Besuchers hatte.

Ich lese gerade nochmal die auf die Frage Bezug habenden Zeilen von Dir. Für Marx stand die Scheidung von seiner Frau, die furchtbar eifersüchtig war, immer vor seinen Augen: er liebte den Buben nicht, der Skandal wäre zu groß gewesen, er wagte nicht für den Buben etwas zu tun, er wurde bei einer Mrs. Louis, ich glaube, so schreibt sich die Frau, in Kost gegeben, und er nannte sich auch nach seiner Pflegemutter, erst nach Nimms Tod nahm er den Namen Demuth an. Daß Frau Marx einmal ihrem Mann von London durchbrannte und nach Deutschland ging und daß Marx und seine Frau für lange Jahre nicht zusammen schliefen, hat Tussy sehr wohl gewußt, aber es paßte ihr nicht, den rechten Grund dafür anzugeben; sie vergötterte ihren Vater und dichtete die schönsten Legenden...«[131]

Zunächst wurde die Authentizität und Glaubwürdigkeit dieses Berichts angefochten. Doch zwischenzeitlich ist jeder vernünftige Zweifel an den Kernaussagen ausgeräumt.[132]

Henry Frederick Demuth wurde 1851 geboren. Aber nicht nur der wirkliche Vater hat seinen Sohn total verleugnet, auch der »Sündenbock« hat seine Rolle nur unzulänglich gespielt. Er, der sonst so Splendide, hatte nichts für Freddy übrig, so daß Eleanor dem alten Engels deshalb ernste Vorwürfe machte. An Schwester Laura schrieb sie:»Freddy hat sich in jeder Hinsicht bewundernswürdig verhalten – und Engels' Gereiztheit ihm gegenüber ist so ungerecht wie unverständlich. Ich nehme an, niemand von uns würde gern seiner Vergangenheit in Fleisch und Blut begegnen. Es stimmt, ich habe Freddy gegenüber jedesmal Schuldgefühle oder das Gefühl, Unrecht getan zu haben. Was für ein Leben dieser Mann gehabt hat! Wenn ich ihn davon erzählen höre, fühle ich mich ungeheuer elend und beschämt.«[133]

Ja, was für ein Leben dieser Mann gehabt hat: total verstoßen vom leiblichen Vater, total verstoßen vom Scheinvater, wurde er auch über Jahrzehnte hinweg seiner Mutter entfremdet, bis er dann, halb verstohlen über den Dienstboteneingang, ihr in der Küche wieder begegnen durfte. Treffend bemerkt hier Eleanor, »... wie selten wir, wenn man mal ganz ehrlich ist, alle die löblichen Dinge praktizieren, die wir anderen predigen.«[134] Nach dem Tode von Marx diente Helene dem Scheinvater, was häufigeres Zusammentreffen von Friedrich und Freddy zur Folge hatte.

Die ehelichen Kinder von Marx begegnen uns in den neun Bänden Briefwechsel der Freunde fast auf jeder Seite, Frederick hingegen, der Sohn der lebenslänglichen, treuen Magd im Hause Marx, findet nicht ein einziges Mal auch nur beiläufig Erwähnung. Hat der im fernen Manchester lebende »Vater« sich nie nach ihm erkundigt, hat der Patron seiner Mutter nie von ihm berichtet? Er ist tabu, Unperson, nicht existent, erhält weder vom Vater noch vom Scheinvater ein Erbe. Da es ihn nicht geben darf, gibt es ihn auch nicht. Das große Mythenwerk setzt sich nicht nur aus zahlreichen Legendensteinchen zusammen, es bedarf mitunter der Tünche, die alle Schatten überdeckt, ja, der großen Leinwand, auf der Potemkinsche Dörfer zur Abbildung gelangen.

Dabei blieb es offenbar nicht bei dem Seitensprung, der »Freddy« zur Folge hatte. Pilgrim hat Fakten zusammengetragen und Überlegungen angestellt, die seine Schlußfolgerungen als plausibel erscheinen lassen. Danach wurde auch Helenas Halbschwester, das zweite Dienstmädchen, von Marx geschwängert. Was tun? Engels nochmals einspringen lassen? Das geht wirklich nicht. Also muß eine Engelmacherin her, die – wie so häufig – nicht nur das Kind zu den Engeln befördert. Auch Marianne Kreuz, so heißt die Magd, muß die Geilheit ihres Herrn mit dem Leben bezahlen (Dezember 1862). Damit dessen Frau nichts von dem erneuten Ehebruch erfährt, wird sie ohne jede Reisevorbereitung zum Betteln aufs Festland geschickt.[135] Bei ihrer Rückkehr ist Marianne schon tot.

## 6. »Eine Freundschaft wie die von Damon und Phintias« – »Mohr« und »General«

Eleanor Marx: »Ich hatte Gelegenheit, wie so viele andere, über die Freundschaft zwischen meinem Vater und Engels zu sprechen, eine Freundschaft, welche in künftigen Zeiten historisch werden wird, wie die von Damon und Phintias in der griechischen Mythe. Aber unmöglich können wir diese Aufzeichnungen schließen, ohne zweier Freundschaftsbündnisse zu gedenken, welche aus dem Verhältnis zu Marx flossen und auf sein Leben und seine Arbeit in zweiter Reihe einwirkten... Die erste war die Freundschaft zu meiner Mutter und die zweite zu Helene Demuth...«[136]

Ja, die Freundschaft zwischen Marx und Engels ist in die Geschichtsschreibung eingegangen, hat Geschichte gemacht. Marx und Engels, auch Mohr und General genannt, stehen symbolisch für ein Herz und eine Seele, gemeinsam durch dick und dünn. Engels als »alter Ego«, so sieht ihn Marx, und Engels sieht sich selbst als »zweite Violine«[137] spielend, eben neben Marx.

Und es gibt in der Tat keinen vernünftigen Grund, daran zu zweifeln, daß diese Freundschaft von seiten Engels' ungewöhnlich tief und stark gewesen ist. Er teilt mit Marx, was er hatte,[138] verzichtete nicht nur auf Honorare für Zeitungsartikel, sondern auch auf den Nachweis seiner Autorenschaft, beides zugunsten von Marx. Um dessen Ehe zu retten, spielt er den Vater eines Kindes, dessen leiblicher Vater Freund Marx gewesen ist (III 5), sorgt nach dem Tode von Marx für dessen eheliche Kinder wie ein vorbildlicher Vater. Daß Engels Marx mitunter deutlich kritisierte, tut der idealtypischen Freundschaft keinen Abbruch, zumal dies nur von Freund zu Freund geschah. Marx hat sich diese Zurückhaltung nicht auferlegt und den »General« in Gegenwart Dritter einen »Elberfelder Gassenjungen« gescholten.[139]

Marx, der weiß, daß er ohne den Freund ökonomisch ins Nichts fällt, läßt es an Worten anerkennender Dankbarkeit nicht fehlen: »I embrasse you full of thanks!«[140] »Deine selbstaufopfernde Sorge für mich ist unglaublich, und ich schäme mich oft im Innern –, doch ich will nicht jetzt weiter auf dies Thema eingehn.«[141]

Weiter ist er selten auf dieses Thema eingegangen. Meist hat er sogar ohne Bitte gefordert und ohne Dank quittiert. So wenig uns die

Erschließung aller einschlägigen Quellen an ungewöhnlich intensiven freundschaftlichen Gefühlen von Engels zu Marx zweifeln läßt, sie vielmehr das überkommene Bild bestätigen, ebensowenig sind diese Ergebnisse geeignet, die Freundschaft als gegenseitige, halbwegs gleichwertige Beziehung persönlicher Hochachtung unter Beweis zu stellen. Was wäre aus der Freundschaft Marx-Engels geworden, hätte Engels mehr Selbstbewußtsein behauptet, hätte Marx nicht über Jahrzehnte hinweg bis zum Tode an Engels finanziellem Dauertropf gehangen? Niemand kann darauf eine sichere Antwort geben. Aber das, was wir sicher wissen, begründet erhebliche Zweifel, daß beide Hand in Hand in die Geschichte eingegangen wären.

Marx antwortete Ludwig Kugelmann, der bei Engels für den gemeinsamen Freund sammeln gehen wollte: »Sie verkennen mein Verhältnis zu *Engels*. Er ist mein intimster Freund. Ich habe kein *Geheimnis* für ihn.«[142] Das glaubt man Marx gerne. Der Briefwechsel mit Engels erweckt den Eindruck, als ob mit offenen Karten gespielt würde. Doch da gab es erhebliche Ausnahmen: »Zu derselben Zeit verschwieg er allerdings Engels die Höhe des mütterlichen Erbteils, um das rasche Verschwinden des Wolffschen eher begründen zu können.« Blumenberg, dem wir diese Beobachtung verdanken, fährt fort: »Wie Marx selbst sagt, bezahlte er dieses Streben nach einem falschen Schein mit dem Verlust an ›selfesteem‹.«[143]

Nun, Not macht erfinderisch, sie macht mitunter auch skrupellos. Zur Lebens(länglichen)-Lüge gegenüber Engels wurde »Das Kapital«: Offenbar schon 1844 hat Marx dem Freund die Fertigstellung einer die Wirtschaft betreffenden umfangreichen Schrift in Aussicht gestellt. Denn am 20. Januar 1845 moniert Engels: »Mach, daß Du mit Deinem nationalökonomischen Buch fertig wirst... Drum mach, daß Du *vor* April fertig wirst, mach's wie ich, setz Dir eine Zeit, bis wohin Du positiv *fertig sein willst*, und sorge für einen baldigen Druck.«[144] Marx schloß tatsächlich kurz darauf, am 1. Februar 1845, mit dem Verleger Leske einen Vertrag über die Herausgabe eines zweibändigen Werkes »Kritik der Politik und der Nationalökonomie«, nahm Vorschuß, blieb aber seinerseits die Vertragserfüllung schuldig. Außer Thesen und Notizen nichts gewesen.

Am 2. April 1851, also sieben Jahre später, läßt Marx Richtung Manchester die Sondermeldung vom Stapel: »Ich bin so weit, daß ich in 5 Wochen mit der ganzen ökonomischen Scheiße fertig bin.«[145] Das war wieder nicht mehr als ein reiner Bluff. Selbst 32 Jahre später, als er starb, war er seinem Ziel längst noch nicht so nahe. Trotzdem hat er in dieser und anderer Form immer wieder Freund Engels – den für ihn handgreiflichen Tatsachen zuwider – besänftigt und bei Laune gehalten. Oder kann es sein, daß er in diesem unvorstellbaren Ausmaße Opfer eigener Halluzinationen geworden ist? Und was wäre das Schlimmere, der Selbstbetrug oder die geradezu bodenlose Hochstapelei?

Zwischendurch erweckt er den Anschein, als ob er nicht mehr wüßte, was alles angeblich schon fertig ist: »Ich arbeite wie toll die Nächte durch an der Zusammenfassung meiner Ökonomischen Studien, damit ich wenigstens die Grundrisse im klaren habe bevor dem déluge.«[146]

Zwanzig Jahre sind seit der ersten Ankündigung (1844) vergangen, wieder schenkt er, wie er ausdrücklich betont, dem Freund »reinen Wein« ein: »Was nun meine Arbeit betrifft, so will ich Dir darüber reinen Wein einschenken. Es sind noch 3 Kapitel zu schreiben, um den theoretischen Teil (die 3 ersten Bücher) fertig zu machen. Dann ist noch das 4. Buch, das historisch-literarische zu schreiben, was mir relativ der leichteste Teil ist, da alle Fragen in den 3 ersten Büchern gelöst sind, dies letzte also mehr Repetition in historischer Form ist. Ich kann mich aber nicht entschließen, irgend etwas wegzuschicken, bevor das Ganze vor mir liegt. Whatever shortcoming they may have, das ist der Vorzug meiner Schriften, daß sie ein artistisches Ganzes sind, und das ist nur erreichbar mit meiner Weise, sie nie drucken zu lassen, bevor sie *ganz* vor mir liegen.«[147] Aber nicht jeder Wein ist rein, der sich als solcher deklariert, auch wenn die Beteuerung nachdrücklich wiederholt wird: »Im Winter soll der dritte Band fertig gemacht werden, so daß bis nächstes Frühjahr das ganze Opus abgeschüttelt.«[148]

Band 1 erscheint, ohne daß das »artistische Ganze« auch nur halbwegs fertig ist. Engels läßt uns nicht im Unklaren, was knapp weitere zwanzig Jahre später, bei Marxens Tod, tatsächlich vorhanden ist: »Sobald ich zurück, geht's ernstlich an den 2. Band, und das wird eine Heidenarbeit. Neben vollständig ausgearbeiteten Stücken andres rein skizziert, alles Brouillon [Entwurf], mit Ausnahme etwa von 2 Kapiteln. Die Belegzitate ungeordnet, haufenweise zusammengeworfen, bloß für spätere Auswahl gesammelt.«[149] Im Vorwort zum dritten Band schreibt Engels: »Wie der Leser aus den folgenden Angaben ersehen wird, war die Redaktionsarbeit wesentlich verschieden von der beim zweiten Buch. Für das dritte lag eben nur ein, noch dazu äußerst lückenhafter, erster Entwurf vor.«[150]

Daß ihn die fortgesetzte Täuschung seitens des Freundes »schmerzlich« berührte, kann Engels nicht gänzlich verschweigen.[151] Doch seine Nibelungentreue gerät nicht ins Wanken. Eine Erschütterung anderer Art ist seinem Brief vom 13. Januar 1863 zu entnehmen:

»Du wirst es in der Ordnung finden, daß diesmal mein eignes Pech und Deine frostige Auffassung desselben es mir positiv unmöglich machten, Dir früher zu antworten.
Alle meine Freunde, einschließlich Philisterbekannte, haben mir bei dieser Gelegenheit, die mir wahrhaftig nahe genug gehen mußte, mehr Teilnahme und Freundschaft erwiesen, als ich erwarten konnte. Du fandest den Moment passend, die Überlegenheit Deiner kühlen Denkungsart geltend zu machen.«[152]

Der Tod von Mary Burns, der Lebensgefährtin Engels, konnte Marx lediglich die fast flegelhafte Bemerkung entlocken: »Die Nachricht vom Tode der Mary hat mich ebensosehr überrascht als bestürzt. Sie war sehr gutmütig, witzig und hing fest an Dir. Mag der Teufel wissen, daß nichts als Pech jetzt in unsern Kreisen sich ereignet. Ich weiß auch absolut nicht mehr, wo mir der Kopf steht.«[153] Damit war der Todesfall im engsten Lebenskreis des alter Ego abgetan, das eigene Ego und seine Misère standen ausschließlich im Mittelpunkt von Marxens Denken. Nur weil das alter Ego altruistisch war, konnte das Ego als Sonnengott unberührt von fremdem Leid seine Kreise ziehen, eine Diagnose, die der im Dienst an den Armen sich verzehrende Arzt Dr. Andreas Gottschalk schon 15 Jahre früher getroffen hatte. »Als gelehrter Sonnengott bescheinen Sie [Marx] bloß die Parteien. Sie sind nicht ergriffen von dem, was die Herzen der Menschen bewegt.«[154] Und so fragt es sich, ob Marx überhaupt fähig war, seinen Part im Rahmen einer Ehe, seinen Part im Rahmen einer Freundschaft auszufüllen.
Einen Einblick in die Ehe Marx haben wir uns schon verschafft. Nachzutragen ist, daß Frau Marx trotz aller Erschütterung, Enttäuschung und Entfremdung dem Einfluß Ihres »Hohen Priesters« verhaftet blieb. Frau Marx soll, so haben wir gehört, Engels in Freundschaft verbunden gewesen sein. Als Beweis bietet Eleanor Engels' Ansprache am Grabe von Jenny Marx an. Nun, an ihm hat es wohl nicht gelegen, wenn diese Freundschaft nur auf dem Papier zustande kam. Ab 1844 bis 1881 erlebte Frau Marx das äußerst enge Verhältnis zwischen ihrem Manne und Engels, lebte sie mit ihren Kindern überwiegend von Engels' Subsidien. Häufig war Engels bei ihr zu Gast, ab 1870 fast täglich. Trotzdem kamen sie über das distan-

zierte »Sie« nicht hinaus: Herr Engels, Frau Marx. Warum? Darüber wird viel spekuliert.

*Noch bezeichnender ist, daß die Töchter Veranlassung sahen, Engels einen Teil der wechselseitigen Korrespondenz ihrer Eltern vorzuenthalten.* Eleanor in einem Brief an ihre Schwester Laura: »Ich brauche Dir nicht zu sagen, daß ich *mit der größten Sorgfalt* darauf achten werde, daß unser guter General nichts sehen wird, was ihn verletzen könnte. Ich sondere in der Tat *alle* privaten Briefe aus.«[155] Laura soll sie dann vernichtet haben, weil sich die Eltern »darin über Engels in verletzender Weise ausließen; und die wenigen erhaltenen Briefe bestätigen die Tatsache.«[156] Gemeint ist wohl der ekstatische Liebesbrief, der uns schon in Auszügen bekannt ist. Im vorletzten Absatz steht zu lesen: »Es war mir natürlich nicht ganz mundrecht, daß Frederic mit seinem kleinen kritischen Runzelgesicht das Zeug ruhig durchlas, bevor es abgeschickt ward.«[157] (Eine solche rotzige Bemerkung erschien den Töchtern offenbar noch akzeptabel. Was erst mag in den anderen gestanden haben? – Engels war damals 35 Jahre alt, also bestimmt noch nicht runzlig!) – Als Engels' zweite Lebensgefährtin starb, besteht für Marx kein Anlaß, Engels schriftlich seine Anteilnahme auszusprechen, da Engels nun auch in London wohnt. Marx begnügt sich damit, seiner Frau auf boshaft ironische Weise durch Wiedergabe einer Anekdote ins Gedächtnis zu rufen, daß die Verstorbene, des Lesens und Schreibens unkundig, des »Mr. Chitty« (gemeint ist Engels) als Sekretär bedurfte.[158]

Angesichts all dessen ist glaubhaft, was Mrs. Hyndman, die Frau eines der namhaftesten englischen Sozialistenführer, aus dem Munde von Frau Marx gehört haben will. Ihr Mann berichtet: »Mehr als einmal sprach sie [Frau Marx] von ihm [Engels] zu meiner Frau als von Marx' ›bösem Geist‹ und wünschte ihren Gatten von jeder Abhängigkeit von diesem tüchtigen und ergebenen, aber kaum sympathischen Helfer befreien zu können.«[159]

Auch die beiden Töchter, die Marx überleben und denen Engels wie ein guter Vater zur Seite steht, verhalten sich ihm gegenüber recht zwiespältig.[160]

Ob wir das Verhältnis von Marx zu Engels als Freundschaft ansprechen oder nicht, ist eine Frage der Definition. Die materielle Basis dieser Kooperation bildete Engels' Geld, die personale Basis Engels' säkularisierter Pietismus, die ideelle Basis das beiden gemeinsame ungezügelte Verlangen nach Revolution.[161] Mit der *legendären* Freundschaft zwischen Damon und Phintias, die sich durch die Bereitschaft, für den anderen das Leben einzusetzen, auszeichnet, hat sie nur das Legendäre gemeinsam. *Wenn es eindimensionale Freundschaft gibt, so hat sie in der Beziehung zwischen Marx und Engels ihre geradezu mustergültige Ausprägung erfahren.* Daß Engels kurz vor seinem Tod die Vaterrolle aus der Hand legte, ist insofern nur ein kleiner Schönheitsfehler.

## 7. »Das freundschaftliche Verhältnis« zwischen Marx und Heinrich Heine

Ein Anonymus, höchstwahrscheinlich Franz Mehring[162], weiß, unter Berufung auf Eleanor Marx, von der engen Freundschaft zwischen Heinrich Heine und Karl Marx zu berichten. Politik habe kaum eine Rolle gespielt, jedoch die Dichtkunst. Marx habe beim Reimeschmieden geholfen. Er habe dem Freunde auch tatkräftig beigestanden, als dieser der Bestechlichkeit bezichtigt wurde:

»Es scheint jedoch nicht, als sei der Sozialismus das Bindeglied zwischen Marx und Heine gewesen. Das freundschaftliche Verhältnis zwischen beiden war ein höchst herzliches, wie uns Eleanor Marx-Aveling aus ihren Erinnerungen an die Erzählungen ihrer Eltern mitteilt. Aber in diesen Erzählungen über Heine spielte die Politik keine Rolle. Eine viel größere, die Dichtkunst und das Familienleben. Es gab eine Zeit, wo Heine tagaus tagein bei Marxens vorsprach, um ihnen seine Verse vorzulesen und das Urteil der beiden jungen Leute einzuholen. Ein Gedichtchen von acht Zeilen konnten Heine und Marx zusammen unzählige Male durchgehen, beständig das eine oder andere Wort diskutierend und solange arbeitend und feilend, bis alles glatt und jede Spur von Arbeit und Feile aus dem Gedicht beseitigt war... Marx war ein großer Verehrer Heines. Er liebte den Dichter ebensosehr wie seine Werke und urteilte auf das Nachsichtigste über seine politischen Schwächen. Dichter, erklärte er, seien sonderbare Käuze, die man ihren Weg wandeln lassen müsse. Man dürfe sie nicht mit dem Maßstab gewöhnlicher oder selbst ungewöhnlicher Menschen messen...
Nach der Februarrevolution wurde eine Reihe von Dokumenten aus den Archiven der Regierung Louis-Philippes veröffentlicht. Da zeigte sich's, daß Heine von dem Ministerium Guizot eine Pension bezogen habe, welche Tatsache von der Augsburger ›Allgemeinen Zeitung‹, derselben, deren Berichterstatter Heine gewesen, sofort zu

der Anklage zugespitzt wurde, Heine habe sich von Guizot bestechen lassen.

In dieser Angelegenheit stellte Marx sich vollkommen auf Seite Heines, wie unser Dichter in seiner ›Retrospektiven Aufklärung‹ (August 1854) selbst mitteilt:

›Ich erinnere mich, als damals mehrere meiner Landsleute, darunter der Entschiedenste und Geistreichste, Dr. Marx, zu mir kamen, um ihren Unwillen über den verleumderischen Artikel der ›Allgemeinen Zeitung‹ auszusprechen, rieten sie mir, kein Wort darauf zu antworten, indem sie selbst bereits in deutschen Blättern sich dahin geäußert hätten, daß ich die empfangene Pension gewiß nur in der Absicht angenommen, um meine ärmern *Parteigenossen* tätiger unterstützen zu können. Solches sagten mir sowohl der ehemalige Herausgeber der ›Neuen Rheinischen Zeitung‹ als auch die Freunde, welche seinen Generalstab bildeten.‹

Man sieht, die Kommunisten waren die treuesten Freunde des großen Dichters.«[163]

Drei der in diesem Bericht enthaltenen Behauptungen, die für das Thema »Mystifikation« gewichtig sind, sollen auf ihre Glaubwürdigkeit hin geprüft werden: 1. das freundschaftliche Verhältnis, 2. der poetische Beistand von Marx, 3. sein politischer Einfluß auf Heine.

Bei dem Heine-Biographen Hädecke heißt es: »Ende 1843 schließen in Paris der 46jährige Heinrich Heine, einer der großen europäischen Schriftsteller, Vorkämpfer der Emanzipation und der sozialen Revolution, und der 25jährige Emigrant Dr. Karl Marx, dessen Wirtschafts- und Sozialtheorie, dessen Geschichtsphilosophie das Antlitz der Erde verändern wird, miteinander Freundschaft. Es sieht so aus, als hätten sich beide mit geschichtlicher Notwendigkeit aufeinander zubewegt, um Bundesgenossen in großen Menschheitsfragen zu werden...«[164] Henry Mayers Hyndman weiß ein an sich aufschlußreiches Detail hinzuzufügen: »Marx erzählte mir viel über Heine, mit dem er lange im Briefwechsel gestanden, der selbst jetzt noch nicht veröffentlicht ist...«[165] Soweit die Behauptungen.

Die beiden Männer trafen sich erstmals um Weihnachten 1843. Vorher hatten sie auch keinen Briefkontakt. Gut ein Jahr später, im Januar 1845, verlegte Marx seinen Wohnsitz nach Brüssel. Von den ca. 13 Monaten, die Marx in Paris weilte, befand sich Heine drei Monate auf Deutschlandreise (Juli – Oktober). Daß sie sich während der zehn Monate des gemeinsamen Aufenthalts in Paris häufiger begegneten und sich näher kamen, steht außer Zweifel. Doch was war es

»Heine holt Trost und Rat« – lautet die offiziöse Bildunterschrift

für eine Freundschaft, mit der Marx noch Jahrzehnte später, so im
»Kapital«[166], kokettierte?
Vorab erscheint eine Feststellung bemerkenswert, die sich in einer
neueren Heine-Biographie findet: »Bunt und vielfältig sind Heines
Beziehungen zu den Fremden in Paris, darunter vielen Deutschen...
Sie schlachten ihre Begegnung mit Heine in der Presse weidlich aus;
oft mit dessen Einverständnis, denn Heine muß nach mehrjähriger
Abwesenheit aus Deutschland daran liegen, im Gedächtnis der deut-
schen Leser präsent zu bleiben.«[167]

In den auf Marxens Wegzug folgenden Monaten und Jahren schrieb Heinrich Heine, nach allem was wir wissen, *nicht eine Zeile* an Marx, obwohl Heine mit vielen anderen fleißig korrespondierte.[168] Marx hinterließ Heine, mit dem er sich nicht duzte, bei der Abreise einige bemerkenswerte Zeilen: »Von allem, was ich hier an Menschen zurücklasse, ist mir die Heinesche Hinterlassenschaft am unangenehmsten. Ich möchte Sie gern mit einpacken.«[169] Ein weiterer Brief datiert vom 24. März 1845. Das Persönliche beschränkt sich in ihm auf wenige Worte.[170] Der nächste und letzte Brief an Heine wird rund ein Jahr später expediert. Von den üblichen Floskeln abgesehen, enthält der Brief nichts Persönliches, nicht einmal einen Gruß an Frau Heine, keinen von Frau Marx.[171]

Die Verteidiger des Mythos wollen glauben machen: »Die ganze Atmosphäre des Emigrantenlebens verbot das Ansammeln von erledigten Briefschaften.«[172] Das klingt plausibel, verkennt aber die offenkundige Tatsache, daß beide ihre Briefschaften sehr sorgfältig gesammelt haben. Heine war kein Emigrant auf gepackten Koffern sitzend, sondern in Paris fest etabliert und hoch angesehen. Natürlich kann es sein, daß einige Briefe zwischen den beiden verschollen sind, wahrscheinlich ist es nicht. Der lange Briefwechsel, von dem Hyndman zu wissen glaubt, ist reine Phantasie. Und der Hinweis, der angebliche Briefwechsel sei noch nicht veröffentlicht, hat sich zwischenzeitlich selbst widerlegt, da alles von Heine wie Marx Vorhandene gedruckt erschienen ist.

Auch wenn wir der folgenden Behauptung keinen selbständigen Wert zubilligen, sie wird, was die Einstellung Marxens zu Heine betrifft, anderweitig voll bestätigt. Bei Franziska Kugelmann lesen wir: »Heines Charakter beurteilte Marx durchaus ungünstig. Ganz besonders verurteilte er dessen Undankbarkeit für erwiesene Güte und Freundschaft.«[173] Und Marx auf die oben zitierten Äußerungen Heines eingehend, schreibt: »Ich habe Heines 3 Bände nun zu Hause. Unter anderm erzählt er ausführlich die Lüge, ich etc. seien ihn trösten gekommen, als er in der Augsburger ›AZ‹ wegen der Erhaltung von Louis-Philippeschen Geldern ›angegriffen‹ war. Der gute Heine vergißt absichtlich, daß meine Intervention für ihn sich Ende 1843 ereignete, also nicht mit facts zusammenhängen konnte, die *nach* der Februarrevolution 1848 ans Licht kamen. But let it pass. In der Angst seines bösen Gewissens, denn der alte Hund hat für allen solchen Dreck ein monströses Gedächtnis, sucht er zu kajolieren.«[174] (Das Personenverzeichnis der Marx/Engels-Werke, Bd. 28

S. 787, läßt diese Textstelle unberücksichtigt. Paßt sie nicht zu der dort immer wieder getroffenen Feststellung: »Enger Freund der Familie Marx«?)

Auch was sich sonst Marx und Engels über Heine zu sagen hatten, ist für die Beurteilung der »Freundschaft« ungemein aufschlußreich. Engels, am 14. Januar 1848 mit offenbar wenig Mitgefühl für den von Siechtum gezeichneten »Freund«: »Heine ist am Kaputtgehen. Vor 14 Tagen war ich bei ihm, da lag er im Bett und hatte einen Nervenanfall gehabt. Gestern war er auf, aber höchst elend. Er kann keine drei Schritte mehr gehen, er schleicht, an den Mauern sich stützend, vom Fauteuil bis ans Bett und vice versa. Dazu der Lärm in seinem Hause, der ihn verrückt macht, Schreinern, Hämmern usw. Geistig ist er auch etwas ermattet.«[175]

Marx, 10. Apri, 1856: »Du weißt, daß Heine tot ist, aber Du weißt nicht, daß Ludwig Simon von Trier über sein Grab gepißt hat – ich wollte sagen, sein Wasser abgeschlagen – in der New-Yorker ›Neuen Zeit‹ des quondam Löwen des nach Stuckert retirierenden Parlaments teutscher Nation. Der Dichter oder Minnesinger des Judenweibs Hohenscheiße-esche oder -linden von Frankfurt a. M. findet natürlich, daß Heine kein Dichter war.«[176]

Marx, 8. Mai 1856: »Apropos! Heines Testament gesehen! Rückkehr zum ›lebendigen Gott‹ und ›Abbitte vor Gott und den Menschen‹, sollte er je was ›Immoralisches‹ geschrieben haben!«[177]

Marx, 22. September 1856: »Der brave ›Meißner‹, der so weichen Kuhmist apropos von Heine dem deutschen Publikum ums Maul geschmiert hat, hat bares Geld von der ›Mathilde‹ [Heines Witwe] erhalten, um dies Saumensch, das den poor Heine zu Tod gequält, zu verherrlichen.«[178]

Marx, 9. Februar 1860: »Beide Kerls werfen daher mit Recht – juvante Vogt – dem Heine vor, daß er ein getaufter Jude.«[179]

Engels, 21.Dezember 1866: »Der alte Horaz erinnert mich stellenweise an Heine, der sehr viel von ihm gelernt hat, auch au fond ein ebenso kommuner Hund politice war.«[180]

*Nirgendwo ein gutes Wort über Heine, weder von Marx noch von Engels, weder Anerkennung noch Mitleid.* Wieviele Giftpfeile hätte Marx darüberhinaus noch verschossen, hätte er erfahren, was Heine von Lassalle hielt: »In diesem 19jährigen Jünglinge sehe ich den Messias des Jahrhunderts...«[181]

Heine seinerseits hielt offenbar von Marx, dem Menschen, nicht sonderlich viel. Ein Brief des Gießener Philosophie-Dozenten Moritz Carriere an Varnhagen vom 11. Oktober 1851 überliefert Heines Urteil: »Marx ist ein höchst geistvoller, aber schroffer Mann, der große Diktatorgelüste hat, und von dem Heine sagte: Indes ist der Mensch bei alledem wenig, wenn er nichts als ein Schermesser ist.«[182]

Heines Sekretär Richard Reinhardt schreibt Marx im Verlaufe mehrerer Jahre einige Briefe, nicht in Heines Auftrag, aber dreimal mit einem kurzen Gruß Heines versehen. Am 21. Oktober 1852 lautet ein Zusatz, er, Heine, habe von Marx in der Vorrede zum zweiten Salon-Band gesprochen.[183] Auf diesem Umweg läßt Heine Marx wissen, was er von ihm denkt, und jedermann konnte und kann es nachlesen: »Ach! Einige Jahre später ist eine leibliche und geistige Veränderung eingetreten. Wie oft seitdem denke ich an die Geschichte dieses babylonischen Königs, der sich selbst für den lieben Gott hielt, aber von der Höhe seines Dünkels erbärmlich herabstürzte, wie ein Tier am Boden kroch und Gras aß – (es wird wohl Salat gewesen sein [Anspielung auf den biblischen Text]). In dem prachtvoll grandiosen Buch Daniel steht diese Legende, die ich nicht bloß dem guten Ruge, sondern auch meinem noch viel verstocktern Freunde Marx, ja auch den Herren Feuerbach, Daumer, Bruno Bauer, Hengstenberg und wie sie sonst heißen mögen, diese gottlosen Selbstgötter, zur erbaulichen Beherzigung empfehle.«[184]

Richard Friedental kommentiert diese Stelle: »Das ›Freund‹ für Marx klingt in dieser Tutti-quanti-Liste eher wie ein onkelhaftes ›Freundchen‹ und nicht, wie die Nachwelt es wünschen würde, als Gruß eines Großen zum anderen Genie.«[185]

Marx, so heißt es ferner, habe geholfen, Heines Gedichten die optimale sprachliche Fassung zu geben. Noch deutlicher Walter Victor: »Obwohl nämlich Heine nicht nur ideologisch, sondern gelegentlich sogar auch stilistisch weitgehend der Nehmende war, bereit, selbst einzelne Verszeilen mit dem Freunde zu diskutieren und unter seinem Einfluß zu ändern, war er doch der um mehr als zwanzig Jahre Ältere! [sic!]«[186]

*Marx, Heine stilistisch verbessernd, ist ein skurriles Bild. Derlei Flitter am großen Monument ist nicht nur augenfällig unecht, sondern auch kitschig.* Marx, der sich über Jahre hinweg als Dichter versuchte, hat rund 150 Jugendgedichte hinterlassen. Nicht eines davon gilt als gelungenes Kunstwerk. Darüber sind sich alle einig, Freund und Feind. Auch Marx, dessen Selbstbewußtsein schwerlich seinesgleichen findet, mußte erkennen, daß Phantasie allein noch keinen poeta kreiert. Versetzen wir uns in die Zeit ihrer Begegnung: Heinrich Heine, 46, stand seit Jahren im Zenit seines dichterischen Ruhmes. Noch Goethe, bereits 1832 verstorben, erkannte die Kongenialität des jungen Mannes. Und Marx? 25 Jahre alt hatte er nichts Einschlägiges vorzuweisen, nicht einmal eine bemerkenswerte poetische Ader. Und er soll stilistisch mitunter weitgehend der Gebende gewesen sein!? Wenn dem so gewesen wäre, wüßten wir es aus erster Hand, von Marx selbst, der gerne darauf hinwies, was andere ihm (angeblich) verdankten, z. B. Lassalle, Hyndman.[187]

So aber stammt die Kunde weder aus erster, noch aus zweiter Hand. Ein Dritter will sie von der Tochter gehört haben, die erst ein Dutzend Jahre nach der fraglichen Zeit geboren wurde. Als der Boden fruchtbar war, um Legenden aller Art an Marx' Mausoleum hochwuchern zu lassen, gab sie, die ihren Vater als letzten Halt abgöttisch verehrte, dieser Legende Leben und Nahrung.

Und schließlich: In den Erzählungen über Heine habe Politik keine Rolle gespielt, heißt es, eine Behauptung, die Widerspruch ausgelöst hat.[188] Dieser Widerspruch ist deshalb unbegründet, weil er nicht den Inhalt der Gespräche in der Familie Marx zum Gegenstand hat, sondern die unvergleichlich gewichtigere Frage, ob Marx Heine beeinflußt habe. Das wird von vielen entschieden vertreten. Verwiesen sei auf Victors Behauptung, daß Heine ideologisch »weitgehend der Nehmende war«, ferner auf Friedrich Hirth und Jean Pierre Lefebvre. Hirth: »Der Einfluß von Marx machte sich unstreitig in dem satirischen Epos ›Deutschland. Ein Wintermärchen‹ geltend, noch entscheidender in dem aufwühlenden Gedicht ›Die schlesischen Weber‹. Die Beurteilung des schlesischen Weberaufstandes geht unstreitig auf die Auffassung zurück, die Marx vor Heine dargelegt hatte.«[189]

Lefebvre: »Zieht man die Bilanz der Beziehungen zwischen Marx und Heine, so ist festzustellen, daß Heine es hauptsächlich seiner Zusammenarbeit mit Marx und dessen Freunden verdankte, den Gipfel seiner politischen Lyrik, seines Guerillakrieges gegen Zensur und Absolutismus zu erreichen, zur wirksamen Synthese des politischen Publizisten und des Lyrikers zu gelangen.«[190]

In Eleanors mehr als fragwürdigen Erinnerungen lesen wir, »es scheint jedoch nicht, als sei der Sozialismus das Bindeglied zwischen Marx und Heine gewesen.« So sehr diese Erinnerungen insgesamt jenen gefallen, die den Nimbus Marx mit Heine bereichern wollen, so wenig der eben zitierte Satz. Daher kommentiert Walter

Victor: »Soll wohl heißen: ›Das *einzige* Bindeglied‹, zumal ja vorher ausdrücklich auf die politischen Beziehungen verwiesen worden ist.«[191]

Glaubwürdig erscheint so viel, daß in den häuslichen Gesprächen mit Heine Politik keine größere Rolle gespielt hat. Wäre die Rede auf Heines politisches Weltbild gekommen, dann hätte das zu einer ebenso scharfen, mit persönlichen Verunglimpfungen angereicherten Verurteilung geführt, wie sie allen andersdenkenden Sozialisten und Kommunisten widerfahren ist. Erinnert sei nur an Engels' Fluch: »kommuner Hund politice«, der Heine galt. Schon vor ihrer Bekanntschaft und auch nach ihrer Trennung machte Heine dem Kommunismus – keineswegs widerspruchsfrei – Elogen. Das ist unbestritten und bedarf daher keines Nachweises.[192] Richtig mag sein, daß es Marx gelang, die Härte der Diktion Heines zu steigern. Doch kann weder dies noch das Gegenteil bewiesen werden. Auch andere Dichter, die sicherlich nicht von Marx beeinflußt wurden, schlugen in den 40er Jahren härtere Töne an. Erinnert sei an Dingelstedts »Lieder eines kosmopolitischen Nachtwächters« und Hoffmann von Fallerslebens »Unpolitische Lieder«. Heine konnte »Die schlesischen Weber« nicht vor dem historischen Ereignis thematisieren, und das fand eben erst im Juni 1844 statt.

Heine war kein politischer Theoretiker. In seinem Denken und Fühlen stand er Leuten wie Wilhelm Weitling, dem kommunistischen Handwerksburschen, auch den Saint-Simonisten, viel näher als Marx und Engels. Er machte sich nicht die Mühe, ihr System zu studieren. Übereinstimmend wird berichtet, die von den Freunden verfaßte »Heilige Familie« habe er nur angelesen, 40 von 240 Seiten.[193]

Bei Marx sind ökonomische Kategorien Ausgangspunkt und Mitte seines Historischen Materialismus und seiner Kommunismusprojektion, bei Heine fehlen sie ganz. Bei ihm lesen wir stattdessen: »Als Hauptdogma bekennen sie sich [die Kommunisten] zur ganzen Menschheit, zu einer allgemeinen Liebe zu allen Völkern, zu einer umfassenden Brüderlichkeit unter allen Menschen...«[194] Gerade derlei haben die Freunde ausdrücklich und mit aller Entschiedenheit bekämpft, worauf in anderem Zusammenhang einzugehen ist (VII 2, VIII 2).

Und schließlich: »Dieses Bekenntnis, daß die Zukunft den Kommunisten gehöre, machte ich im Ton der Besorgnis und äußersten Furcht, und – ach! – das war keineswegs Verstellung!«[195] So Heine.

Für Marx aber ist *sein* Kommunismus die lichtere Zukunft der Menschheit, die Lösung aller Welträtsel.[196] Diese gänzlich divergierende Sicht mag dazu beigetragen haben, daß Heine als Christ, Marx jedoch als kommunistischer Atheist das Leben beendet hat.

Hädecke meint am Schluß seiner Betrachtung über die Beziehungen und Wechselwirkungen von Heine und Marx. »Für Legendenbildung bietet die vorübergehende Freundschaft zwischen Heine und Marx jedenfalls keinen Stoff, eine Sternstunde der Menschheit war sie nicht, auch wenn sie in der Biographie beider Männer einen Markstein darstellt.«[197] Zahlreiche Marksteine begleiten unseren Lebensweg, und so können wir unbedenklich diesem Satzteil beipflichten. Falsch hingegen ist die Annahme, das Verhältnis Heines zu Marx habe zur Legendenbildung keinen Stoff geliefert. *Die Legendenbildung begann spätestens mit den Eleanor zugeschriebenen Erinnerungen und hat sich über Franz Mehring bis auf den heutigen Tag fortgesetzt.* Hädecke selbst[198] und zahlreiche andere[199] übernehmen völlig ungeprüft und vorbehaltlos den eingangs zitierten fantastischen Bericht, der sich auf angebliche Erinnerungen der jüngsten Marx-Tochter stützt.

Die Fragwürdigkeit dieses Berichts offenbart sich auch in der kritiklosen Übernahme der Heineschen Apologie, Marx habe ihn gegen den Vorwurf der Bestechlichkeit in Schutz genommen. Das hat Marx nicht nur nicht getan, sondern, wie oben gezeigt, auch noch entschieden in Abrede gestellt. Sowohl der Tochter als auch Mehring scheint beides entgangen zu sein.

Und die abschließende Folgerung: »Man sieht, die Kommunisten waren die treuesten Freunde des großen Dichters« – wird durch Marxens schroffe Erwiderung geradezu in ihr Gegenteil verkehrt. Ohne es näher zu begründen, überschreibt Edda Ziegler ein Kapitel ihrer Biographie »Heinrich Heine« mit: »Heine und Marx: eine politische Legende«.[200] Dem ist im Ergebnis zuzustimmen.

## 8. »Jahre bitterer, drückendster Not«[201]

»Mozart im Armengrab« – diese Vorstellung mag die Verehrung des Genies noch gesteigert haben. Die Romantik liebte es, ihre Helden durch den Mitleidsaffekt aufzuwerten. Die Biographen haben das

Bild vom verarmten und hochverschuldeten Mozart bis ins 20ste Jahrhundert hinein weitergereicht. Es fällt eben schwer, die nüchternen Fakten an die Stelle der kuriosen Legenden treten zu lassen, worauf schon vor mehr als zehn Jahren der wissenschaftliche Leiter der Internationalen Stiftung Mozarteum mit Hunderten von Dokumenten hingewirkt hat. Es gab im Hause Mozart finanzielle Engpässe, verfügte er doch über keine dauernden festen Einnahmen. Aber von Jugend an waren sie beträchtlich, so daß nur außergewöhnliche Ausgaben finanzielle Krisen auslösen konnten. War Mozart also (zeitweilig) arm?

Ein anderer gebürtiger Österreicher, Adolf Hitler, spielte bewußt diese mitleidheischende Melodie, um sich bei den Massen einzuschmeicheln: »Fünf Jahre, in denen ich erst als Hilfsarbeiter, dann als kleiner Maler mir mein Brot verdienen mußte, mein wahrhaft kärglich Brot, das doch nie langte, um auch nur den gewöhnlichen Hunger zu stillen.«[202] Werner Maser weist exakt nach, daß Hitler nie arm gewesen ist.[203]

War Marx arm? »Armut« ist kein fester Begriff. Wir unterscheiden die objektive und die subjektive Armut, die Armut, die einen Anspruch auf Sozialhilfe begründet, und die Armut, die sich aus der Statistik ablesen läßt, etwa: Wer über weniger als die Hälfte des statistischen Durchschnitts verfügt, ist arm.

Mit »Marx im Armengrab« wurde der Reigen einschlägiger Legenden noch nicht angereichert. Aber davon abgesehen, weist seine Vita in ökonomischer Hinsicht deutliche Parallelen zum Leben Mozarts auf. Auch Marx genoß bereits als Student Zuwendungen, die das Übliche weit überschritten. Und trotzdem fiel er schon an beiden Studienorten wegen Schuldenmachens auf. Diese Eigentümlichkeit war gleichsam seine zweite Natur, aus der er sich nicht entpuppen konnte. Seine Einnahmen lassen sich ziemlich genau ermitteln. Sie waren ganz beträchtlich. Doch was die entsprechenden Ausgaben anlangt, so tappt die Forschung im Dunkeln. Vergegenwärtigen wir uns das Gesagte anhand von Dokumenten. In »Urkundliches aus den Universitätsjahren von Karl Marx«, mitgeteilt von Carl Grünberg, finden wir die Belege, »daß Marx wegen Schuldenmachens wiederholt den Bonner als auch den Berliner Universitätsrichter beschäftigt hat«.[204] Im Abgangszeugnis der Königlichen Friedrich Wilhelms-Universität zu Berlin heißt es: »Hinsichtlich seines Verhaltens auf der hiesigen Universität ist in disziplinarischer Hinsicht nichts besonders Nachteiliges, und in ökonomischer Rücksicht nur zu bemerken, daß er mehrmals wegen Schulden verklagt worden ist.«[205]

Sein Vater hatte immer wieder Anlaß mit tiefer Betroffenheit festzustellen: »Lieber Karl, ich wiederhole Dir, daß ich alles recht gerne tue, daß ich aber als Vater von vielen Kindern – und Du weißt recht gut, ich bin nicht reich – nicht mehr tun will, als zu Deinem Wohl und Fortkommen notwendig ist. Wenn Du daher etwas über die Schnur gehauen hast, so mag es, weil es muß, verschleiert werden. Aber ich versichere Dich, ›das nec plus ultra‹ ist das Ausgeworfene. Nach meiner Überzeugung kann es mit weniger durchgesetzt werden, und Herr Notar Müller von hier gibt weniger und kann es vielleicht besser tun, aber mehr unter keiner Bedingung, ich müßte denn besondere Glückszufälle haben, die aber nicht zur Zeit existieren...«[206] »Als wären wir Goldmännchen, verfügt der Herr Sohn in einem Jahre für beinahe 700 Taler gegen alle Abrede, gegen alle Gebräuche, während die Reichsten keine 500 ausgeben.«[207] Nach dem Tode des Vaters bestritt Marx seinen und dann auch seiner Familie Lebensunterhalt mit Zuwendungen seiner Mutter, seiner Schwiegermutter, von Freunden, insbesondere Engels, aus Erbschaften und, zum geringsten Teil, aus eigenem Verdienst als Autor. Nach allem, was wir wissen, war die materielle Not am drückendsten in den Jahren 1850 bis 1852. Frau Marx: »Dies und die folgenden zwei Jahre waren für uns die Jahre der größten äußern Sorgen, beständiger aufzehrender Angst, großer Entbehrungen aller Art und selbst wirklichen Mangels.«[208]

McLellan hat aus den verschiedensten Quellen die Einnahmen dieser Zeit zusammengestellt und addiert: »Zum Glück hatte er ein paar großzügige Freunde, und nach einem einfachen Überschlag scheint Marx in dem Jahr vor dem Erhalt der ersten Honorarschecks von der ›New York-Daily Tribune‹ – also im Jahre seiner vermutlich niedrigsten Einnahmen – mindestens 150 Pfund an Beihilfen bekommen zu haben. (Da hierbei nur die in den erhaltenen Briefen erwähnten Beträge kalkuliert sind, dürfte die tatsächliche Summe wesentlich höher gewesen sein.) Die Quellen waren mannigfaltig, der Löwenanteil kam von Engels und via Daniels von den alten Kölner Freunden; Weerth und Lassalle spendeten ebenfalls Geld; einer von Jennys Vettern schickte Marx 15 Pfund, und von Freiligrath kamen 30 Pfund...«[209]

Zwischen 1855 und 1864 erbten die Marx aus fünf Nachlässen über 2000 Pfund[210], also über 40 000 Goldmark. Die Zuwendungen von

Engels werden von sozialistischer Seite mit »insgesamt 150 000 Goldmark« beziffert.[211] (Die Kaufkraft der Goldmark damals dürfte im Vergleich mit der DM heute das Zwanzig- bis Dreißigfache betragen haben.)

*Rechnet man zu den Erbschaften die Schenkungen und die Honorare hinzu, kommt man auf Einnahmen, die, wenn nicht fürstlich, so doch den Usancen eines lebenslustigen Barons nebst Anhang hätten genügen können. Zehn Proletarierfamilien zusammen mußten mit weniger zurecht kommen.*

Wie die Marxens dem Geld Herr geworden sind, ist allen Biographen ein Rätsel. So etwa wie Heine? Von ihm heißt es: »Doch Heine vermochte mit diesen Geldern nicht auszukommen. Der Hauptgrund dafür war, daß er, so bald er größere Summen in Händen hielt, sofort an der Börse spekulierte, und sehr oft mit großen Verlusten.«[212] Für einen Propheten, der zugleich als erster die Gesetze der kapitalistischen Plusmacherei durchschaut hat, mußte die Börse eine große Versuchung sein. Von Engels wissen wir es mit Sicherheit, daß er auf diese Weise sein Glück auf die Probe gestellt hat. Marx hat es immerhin behauptet, um seinem reichen holländischen Onkel zu imponieren:

»Da mich diese lästige Krankheit sehr am Arbeiten hinderte – der Arzt mir außerdem angestrengte und vielstündige geistige Arbeit untersagt hatte –, habe ich, was Dich nicht wenig wundern wird, spekuliert, teils in amerikanischen Staatspapieren, *namentlich* aber in den englischen Aktienpapieren, die wie Pilze in diesem Jahr hier aus der Erde wachsen..., zu einer gewissen unvernünftigen Höhe getrieben werden und dann meist zerplatzen. Ich habe in dieser Art über 400 Pfund gewonnen und werde jetzt, wo die Verwicklung der politischen Verhältnisse neuen Spielraum bieten, von neuem anfangen. Diese Art von Operationen nimmt nur wenig Zeit fort, und man kann schon etwas riskieren, um seinen Feinden das Geld abzunehmen.«[213]

Engels gegenüber trumpft Marx noch ganz anders auf: »Hätte ich während der letzten 10 Tage das Geld gehabt, so hätte ich viel Geld auf der hiesigen Börse gewonnen. Jetzt ist wieder die Zeit, wo mit Verstand und sehr wenig Geld Geld gemacht werden kann in London... Du wirst mich sehr verpflichten, wenn Du diese Dinge vor dem 15. Juli ordnen kannst. Du entschuldigst mich, daß ich Dich plage bei Deiner Arbeitsüberlastung, aber es stehen sehr ernste Interessen auf dem Spiel.«[214]

Es fällt schwer, über diese Texte keine Satire zu schreiben. Warum nur, ist man versucht zu fragen, war Marx dann stets knapp bei Kasse? »Sehr wenig Geld«, um seine Diktion und Logik aufzugreifen, hatte er doch immer. Und Verstand? Daran auch nur zu zweifeln, – wer könnte es wagen. Das Rätsel bleibt, verliert aber dadurch an Gewicht, daß es der »Spekulant« verstand, auf großem Fuße zu leben, wie das folgende Schreiben an den Prager Kaufmann Max Oppenheim beispielhaft veranschaulicht: »Die Ärzte untersagen mir das Rauchen ohne Zigarettenspitze. Ich möchte also für mich und hiesige Freunde 200 Stück der Spitzen haben, die ich in Karlsbad kennenlernte, die man nach jeder gerauchten Zigarre wegwerfen kann, wenn sie nicht weiter dienlich scheint, und die hier nicht zu haben sind. Aber merken Sie wohl, dies ist ein kommerzieller Auftrag, bei dessen etwaiger Erfüllung Sie mir die Kosten notieren müssen, da ich sonst geniert wäre, mich in ähnlichen Drängnissen an Sie zu wenden.«[215]

Schon der Studiosus Marx hatte keine Bedenken, ungeachtet mangelnder Bonität wie Krösus Aufträge zu erteilen. Eben erst entdeckte Dokumente offenbaren eine geradezu pathologische Verschwendungssucht: »Da das Universitätsgericht damals auch für Zivilklagen gegen Studenten zuständig war, wurden von Handwerkern und Kaufleuten Klagen wegen Zahlung für gelieferte Waren und Dienstleistungen gegen Marx erhoben. So forderte Anfang September 1838 der Schneidermeister Kremling für die Anfertigung von Kleidungsstücken 40 Taler, zweieinhalb Groschen... Anfang Oktober 1838 machte der Schneidermeister Selle für die Anfertigung für Oberbekleidung 41 Taler 10 Groschen geltend. Zu demselben Zeitpunkt machte Kremling wieder eine Forderung von 30 Talern geltend, die mit der Bemerkung ›Execution schwebt noch‹ gemeldet wurde... Mitte November 1838 reichte Selle ein Vollstreckungsgesuch wegen der Forderung von 10 Talern ein... Ende Januar 1839 verlangte der Kaufmann Habel die Summe von 15 Talern... Zu demselben Zeitpunkt forderte Selle den Betrag von 31 Talern 10 Groschen... Mitte 1839 wandte sich der Buchhändler Eysenhardt mit einem Vollstreckungsgesuch in Höhe von 48 Talern vier Groschen an das Universitätsgericht...«[216] (Nicht ihre Unbildung, wie manche vermuten, sondern ihre Weigerung, für alle finanziellen Exzesse ihres Sohnes zu Lasten der sechs unversorgten Geschwister einzustehen, hat den Haß auf seine verwitwete Mutter ausgelöst. Allein die uns erhaltenen Schneiderrechnungen des Jahres 1838 betragen annähernd so viel, wie eine fünfköpfige Familie zum Lebensunterhalt eines Jahres benötigte.[217])

*Die »Jahre bitterer drückender Not« sind keine Legende. Und doch sind sie bei Kenntnis des wahren Sachverhalts wenig geeignet, am Mitleidseffekt, den sie zugunsten der Familie Marx auslösen, das Familienoberhaupt selbst teilhaben zu lassen.* Er hat weder seine kostspieligen Leidenschaften, wie Rauchen und Trinken, gezügelt, noch einen ernsthaften Versuch unternommen, zumindest aus Liebe zu Frau und Kindern einen Brotberuf zu finden. Pilgrim fällt das vernichtende Urteil: »Keimblatthaft lebt Marx vor, was alle seine Nachfolgebonzen fortsetzten: kommunistisch reden und kapitalistisch handeln... Karls großbürgerlicher Lebensstil wird das meiste Geld verschlungen haben.«[218]

Zur Veranschaulichung eine Episode: »Dr. Karl Marx und Frau Jenny Marx, née von Westphalen, invite the pleasure of your company at a ball given at their residence, 1 Modena Villas, Maitland Park, Haverstock Hill London NW, on october 12 1864.« Fünfzig solcher goldumrandeten Einladungen verlassen ihre »residence«. Ein Orchester spielt auf. Bedienstete sorgen für das Wohl der Gäste.[219]

Fünf Jahre vor der Wende machte sich die in Ostberlin erscheinende Junge Welt über das politische Bildungsniveau im Westen lustig und zitierte aus Schüleraufsätzen: »Einige weitere Beispiele, die sich selbst kommentieren: ›Er [Marx] lebte von heute auf morgen; wenn Geld da war, gab er es sofort aus...‹; ›Die meiste Zeit verbrachte er in der Londoner Bibliothek, um seine privaten Probleme zu verdrängen.‹«[220] Nun, der Kommentar müßte doch lauten: Nagel jeweils auf den Kopf getroffen. Hut ab!

## 9. Eleanor als »Gevatter« – »Marx war durchaus ihr ›Gott‹«

Am Ausbau des Marx-Monuments hatten also mehrere Familienangehörige tätigen Anteil, leisteten, um die Kapitelüberschrift aufzugreifen, »Hand- und Spanndienste«. Schon im letzten Kapitel (II 7) fand der offenbar wahrheitswidrige Bericht von Jenny Erwähnung, wonach ihr Gatte den belgischen Insurgenten das Geld zur Beschaffung ihrer Waffen gegeben habe. Bereits in den 40er Jahren pries sie ihre Fähigkeit, mit gefälschten Pfunden zu wuchern: »...was doch der Erfolg thut, oder bei uns vielmehr der *Schein* des Erfolgs, den ich mit der feinsten Tactik zu behaupten weiß.«[221] Auch Schwiegersohn Lafargue verdiente Erwähnung mit seinen phantastischen Schilderungen,[222] aus denen zwei herausgegriffen worden sind.

Doch *Eleanors Beitrag zur Aufwertung des »Mohren« übertrifft den aller anderen Familienangehörigen zusammengenommen bei weitem.* Was bei den anderen als gelegentlicher Exzeß erscheint, hat bei ihr System. Im Sinne Blumenbergs ist also auch sie ein »Gevatter«, mitursächlich für das wirklichkeitsfremde Marxbild. Schon Engels bemerkte: »Tussy [Kosename für Eleanor] wants to make an idol of the father«[223] und Louise Kautsky-Freyberger ergänzte: »... Sie vergötterte ihren Vater und dichtete die schönsten Legenden.«[224] Dementsprechend äußert Margarete Mitscherlich-Nielsen in der Einleitung zu »Die Töchter von Karl Marx...«: »Marx war durchaus ihr ›Gott‹.«[225]

Wie erklärt sich dieser Hang, ein Stück der sie umgebenden Wirklichkeit, eben ihren Vater, mit dem Nimbus des Göttlichen zu umkleiden? Chushichi Tsuzuki gab seiner Biographie den bezeichnenden Titel: »Eleanor Marx 1855–1898. A Socialist Tragedy«. Ja, dieses Leben war eine Tragödie. Daß sie als Mädchen nicht erwünscht war, bekam sie in Kindheit und Jugend wohl kaum zu spüren. Aber später konnte sie es schwarz auf weiß lesen: »Wäre es ein männliches Wesen, so ginge die Sache schon eher«[226] – seufzte der Vater bei ihrer Geburt. Doch es dürften andere Umstände gewesen sein, die ihr exaltiertes Benehmen erklären. Trotz vielfältiger guter Anlagen fand sie keinen Beruf. Ihre wiederholten Versuche, ein festes Engagement als Schauspielerin zu erhalten, scheiterten. Sie schwärmte von freier Liebe und zerbrach schier unter den Freiheiten, die sich ihr Partner, Dr. Aveling, nahm. Vorwiegend nervlich bedingt, war ihr Gesundheitszustand äußerst labil. Das Leben wurde für sie immer sinnloser. Nach einem gescheiterten Versuch nahm sie 1898 die tödliche Menge Gift.

Einige Belege zur Veranschaulichung: Der Vater selbst war der Ansicht, daß bei der 19jährigen »das Hysterische mit hineinspielt«[227], daß die »beunruhigenden Symptome« der 27jährigen, »die namentlich des Nachts... erschreckend – hysterischer Natur sind.«[228] Sie selbst klagt, »ich habe jetzt wirklich Angst, völlig zusammenzubrechen und möchte wegen Papa alles tun, um das zu vermeiden. Am meisten fürchte ich mich aber davor, die Ärzte zu konsultieren. Sie können und wollen nicht sehen, daß seelische Bedrängnis genauso eine Krankheit ist, wie körperliche Beschwerden es wären.«[229] »Und dazu habe ich noch den Eindruck, daß ich ihm [dem Vater] eine äußerst unangenehme und anstrengende Gesellschafterin gewesen bin. Ich war wirklich krank und, wie Du Dir vorstellen kannst, schrecklich mit meinen eigenen, nicht gerade erfreulichen Gedanken beschäftigt.«[230] »Weihnachten! Oh, Laura, diese schrecklichen Feste –, und sie werden immer furchtbarer, je weniger Sinn man dafür hat! Ich wünschte, ich könnte davonlaufen...«[231] »Mein lieber Hottentotto, ich wünsche Dir und Paul alles Gute fürs Neue Jahr. Ich habe immerhin einen Trost, was mich betrifft: Es kann einfach nicht schlimmer werden als das letzte!«[232]

*Das Bild ihres Vaters wurde für sie im Meer der Trostlosigkeit zum einzigen Hoffnungsanker, den sie mit leidenschaftlicher Phantasie vergoldete.* Nachdem der Tod ihn ihr entrückt hatte, trat ihr Halbbruder, Frederick Demuth, dem der eigene Vater die Anerkennung verweigert hatte, als Objekt der Verehrung an seine Stelle. Der unauffällige Handwerker wurde von ihr angeschwärmt: »... ich halte Dich für einen der größten und besten Menschen, die ich kennengelernt habe«.[233]

Als nach dem Tode von Helene die Stelle der Haushälterin vakant wird, engagiert Engels Louise Kautsky, die bald darauf einen Arzt aus Wien heiratet. Olga Meier, die Herausgeberin des Briefwechsels der Töchter, kommentiert Eleanors Reaktion: »In Tussy... weckt es Befürchtungen und Verdächte, die rasch ein obsessives, um nicht zu sagen pathologisches Ausmaß annehmen.«[234] An ihre Schwester schreibt Eleanor (Tussy): »Laura, ich habe Dich immer für eins der klügsten menschlichen Wesen gehalten, die ich je gekannt habe –, und nun schreibst Du, daß Du Freyberger für ›gutmütig‹ hältst! Nicht einmal eine Fliege würde ich seiner liebreichen Güte anvertrauen...«[235] Nachprüfbare Fakten weiß sie jedoch nicht gegen ihn ins Feld zu führen.

Alle hier zusammengetragenen Fakten, die gegen ihre Zuverlässigkeit als Zeugin sprechen, sind den namhaften Biographen weitgehend bekannt. Und doch kommt es kaum vor, daß eine von Eleanors Aussagen angezweifelt wird, obwohl sie doch alle mit einem Fragezeichen zu versehen sind. Ihre Glaubwürdigkeit wird nicht einmal problematisiert. So macht es weniger Mühe, die »Fakten« für eine Biographie zusammenzutragen.

# IV.
# »Unser großer Führer« –
# Zeit- und »Partei«-Genossen

> »... nichts ist für die geistige und moralische
> Gesundheit eines selbst sehr intelligenten
> Mannes so verhängnisvoll, als wenn er
> vergöttert und für unfehlbar erklärt wird.
> All das machte Marx noch persönlicher,
> so daß er jeden zu verabscheuen beginnt,
> der den Hals vor ihm nicht beugen will.«

Michail Bakunin[1]

## 1. »Dr. Marx, so heißt mein Abgott«

Bereits am 2. September 1841 schrieb der namhafte sozialistische
Zionist Moses Heß an den Romancier Berthold Auerbach: »Du wirst
Dich freuen, hier einen Mann kennenzulernen, der jetzt auch zu unseren Freunden gehört, obgleich er in Bonn lebt, wo er bald dozieren wird... Dr. Marx, so heißt mein Abgott, noch ein ganz junger
Mann (etwa 24 Jahre höchstens alt), der der mittelalterlichen Religion und Politik den letzten Stoß versetzen wird, er verbindet mit
dem tiefsten philos. Ernst den schneidendsten Witz; denke Dir Rousseau, Voltaire, Holbach, Lessing, Heine und Hegel in einer Person
vereinigt; ich sage *vereinigt*, nicht zusammengeschmissen – so hast
Du Dr. Marx.«[2] Knapp 50 Jahre später, 1890, wird Marx auf dem
Parteitag der Sozialistischen Arbeiterpartei Deutschlands zu Halle
»unser großer Führer« genannt.[3]
Wie ist Marx dem Moses Heß zum Abgott, zum Moses geworden?
Von unbedeutenden Gedichten abgesehen hatte Marx bis zum Brief-
datum noch nichts veröffentlicht. Es kann also nur am Auftreten, am
Erscheinungsbild, an den mündlichen Äußerungen gelegen haben,
die auf Heß berauschend wirkten. Andere hatten ganz andere Empfindungen, wie dem Schreiben von Heß zu entnehmen ist, ein sehr
bezeichnender Satz, der gerne, um die Eloge nicht abzumildern, unterschlagen wird: »Sollte Dir Braunfels schon etwas von ihm gesagt

Der moderne Moses – The modern Moses.

haben, so ist hierauf nicht das mindeste Gewicht zu legen, da B. über Männer und Bestrebungen, wie der vorliegende Fall bietet, noch weniger Urteil als ein Kind hat, so sehr liegen diese Dinge über dessen Horizont.«

Nun, dieser Ludwig Braunfels war nicht irgendwer. 1810 geboren, hatte er in Heidelberg Philosophie und Philologie studiert und wurde Mitarbeiter von Brockhaus' Leipziger Allgemeiner Zeitung. Auch die Begründer der Rheinischen Zeitung rechneten anfänglich mit seiner Mitarbeit. 1840 ließ er sich in Frankfurt als Advokat nieder und gewann später entscheidenden Einfluß auf die Frankfurter Zeitung. Bemerkenswert ist auch das Vorwort des Herausgebers zu dem zitierten Brief: »Der nachfolgende Brief spricht für sich selbst. Er enthält die erste, große Würdigung von Marx. Wie kaum einer der Zeitgenossen und frühzeitiger als sonst einer unter ihnen hat Heß die überzeitliche Bedeutung Marxens erkannt und ihn als den ›Darwin der ökonomischen Wissenschaft‹ verkündet – trotz aller Abweichungen in aktuellpolitischen Fragen, trotz der heftigsten Anrempelungen, die er von Marx erfuhr, trotz der Streitigkeiten in den ersten Generalversammlungen der Aktionäre der im Herbst 1841 ins Leben gerufenen Rheinischen Zeitung...«[4] Und dennoch das hohe Lob? Das spricht für absolute Ehrlichkeit und Glaubwürdigkeit des Autors! Doch wer genau liest, nimmt wahr, daß die Auseinandersetzung zwischen Heß und Marx erst nach Abfassung des Briefes stattgefunden hat. Sie dauerte bis 1875, bis zum Tode von Heß. Zwischen 1841 und 1875 hat der »Esel Moses Heß«[5] nie wieder ein hohes Lob auf Marx angestimmt. Offenbar hatte der »Abgott« den »Scheiß-Heß«[6], den »konfusen Kopf«[7] seine »Reputation« fühlen lassen, wie sie einer Reihe von Briefen, so dem vom 22. September 1856 an Engels, zu entnehmen ist:

»Aber nun noch eine Geschichte apropos de Moses Heß. Der Ruhm dieses Jünglings was due to a great part – to Sasonow. Dieser Russe, als Heß und Mösin nach Paris kamen, war sehr herunter, sehr zerlumpt, sehr geld- und kreditlos, und folglich sehr plebejisch und revolutionär und weltumstürzenden Ideen zugänglich. Sasonow hörte, daß Moses nicht ohne ›Moneten‹ sei. Er machte sich also hinter Moses und vor die Mösin. Letztere vögelte er und erstern ausposaunte er as a great literary lumen und führte ihn in Revuen ein und Zeitungsredaktionen. Wladimir, of course, hat die Hand überall im Spiel und hat überall Zutritt. So preßte er dem geizigen Moses genug Moneten ab, um wieder ›scheinen‹ und Lockvögel für neuen Kredit auswerfen zu können. Und damit hat Sasonow eine reiche alte Jüdin geködert und in koschern wedlock genommen. Seit der Zeit aber ist er wieder vornehm geworden und drehte dem Moses den Rücken, ihn für a very common and subordinate fellow erklärend. Die Mösin aber verließ er treulos, und sie läuft jetzt schimpfend und polternd in Paris herum und erzählt jedem, der es hören will, von dem Verrat des perfiden Muskowiten. Dies ist gewissermaßen die Geschichte von der Grandeur et Décadence de la Maison Moses.«[8]

Trifft Marxens Urteil über Heß ins Schwarze oder irrt hier der »Abgott«? Wer letzteres ausschließt, muß sich fragen lassen, welchen Wert dann noch der eingangs zitierten Anbetung aus der Feder des »Esels«, des »konfusen Kopfes« zukommt, wer letzteres bejaht, wird den »Ehrwürdigen« in einem anderen Lichte sehen.
Wie ist Marx der SPD zum großen Führer geworden, er, der weder dem Allgemeinen Deutschen Arbeiterverein (ADAV) noch der Sozialistischen Deutschen Arbeiterpartei (SDAP) angehört hatte, er, der den Zusammenschluß dieser Parteien zur SPD 1875 (damals noch Sozialistische Arbeiterpartei Deutschlands) auf das heftigste und unsachlichste kritisiert hatte, er, der sich beharrlich weigerte, dem Zusammenschluß beizutreten, er, der maßgebliche Leute der deutschen sozialdemokratischen Bewegung, wie Ferdinand Lassalle, Johann Baptist Schweitzer, Wilhelm Liebknecht, aber auch den in ihr organisierten »Menschenkehricht«[9] auf das heftigste beschimpft hatte? Marx: »Liebknecht hat in der Tat, nachdem er den großen Bock in der Transaktion mit den Lassalleanern geschossen, allen diesen Halbmenschen Tür und Tor geöffnet...«[10] Mehrere Faktoren haben eine nenneswerte Rolle gespielt, und es ist nicht möglich, ihren Einfluß auf die Inthronisierung von Marx genau zu taxieren. Da ist zunächst die Lehre des Karl Marx, die das Herz jedes Proletariers höher schlagen läßt und in die Kernsätze zusammengefaßt werden kann: Alle Reichtümer der Welt habt ihr geschaffen! Und obwohl ihr alles geschaffen habt, gehört euch nichts! Der alleinige Weg in eine paradiesische Zukunft führt über eure Diktatur, die Diktatur des Proletariats! Diese Botschaft ist nicht ein fragwürdiger Glaube, eine vage Hoffnung, sondern Ergebnis meiner wissenschaftlichen Forschung![11] Damit aber solche Frohbotschaften Wirkung zeigen, müssen sie durch Missionare promulgiert werden. In diesem Zusammenhang verdient – mit großem Abstand – Engels an erster Stelle Erwähnung, was bereits oben (II) dargestellt worden ist: ohne Engels kein Marx.
Die Arbeiterschaft, häufig gezwungen, in fremden Industrierevieren Arbeit und Unterkunft zu suchen, verlor ihre alten Bindungen und ihren religiösen Halt. Das Vakuum, das so entstand, verlangte nach neuen Göttern und Propheten, Lehrern und heiligen Büchern.

Ferner: »Zu dieser theoretischen Unsicherheit trat die enorme Isolation der Sozialdemokratie von den sie verketzernden Parteien und Gruppen, so daß jeder vermeintliche oder wirkliche Bundesgenosse im anderen Lager begrüßt wurde – vor allem, wenn er aus dem der Sozialdemokratie noch fast völlig verschlossenen akademischen Bereich kam...«[12]

Wer sollte nun im Herrgottswinkel der Parteiseele seinen Platz finden? Die erste Entdeckung war Ferdinand Lassalle, ein Aristokrat von Gemüt und Gehabe, der keinerlei Kontakte zu den Proletariern gepflegt hatte. Eine einzige Schrift, die er 1862 der Arbeiterfrage widmete, genügte, um die Aufmerksamkeit des ADAV auf ihn zu lenken und ihm den Vorsitz anzutragen. Doch schon zwei Jahre später starb er standesgemäß an den Folgen eines Duells. Dann kam vorübergehend Marx, wie die Abbildung auf S. 134 veranschaulicht. Die meisten der unzähligen Betrachter haben an das herzliche, zumindest faire Einvernehmen der beiden zentralen Gestalten geglaubt. Aber es war eine Fiktion, ein Mythos, ein Trugbild. Schlimmere Schimpfkanonaden als jene von Marx, offenbar aus Eifersucht und Mißgunst gegen den gutgläubigen Lassalle abgefeuert, sind kaum auszumalen.[13]
Doch alle Welt hatte es schwarz auf weiß vor Augen: Der Zusammenschluß der beiden sozialistischen Parteien entspricht ganz offenbar dem Geiste ihrer jeweiligen geistigen Führer, nämlich Marx und Lassalle. Und das war ein weiterer grandioser Mythos. Letzterer konnte zum Zusammenschluß weder ja noch nein sagen, war er doch schon elf Jahre tot, ersterer wurde, um Sabotageversuche tunlichst zu vermeiden, vor die vollendete Tatsache gestellt.

Engels an August Bebel: »Lieber Bebel! Ich habe Ihren Brief vom 23. Februar erhalten und freue mich, daß es Ihnen körperlich so gut geht. Sie fragen mich, was wir von der Einigungsgeschichte halten? Leider ist es uns ganz gegangen wie Ihnen. Weder Liebknecht noch sonst jemand hat uns irgendwelche Mitteilung gemacht, und auch wir wissen daher nur, was in den Blättern steht, und da stand nichts, bis vor circa acht Tagen der Programmentwurf kam. Er hat uns allerdings nicht wenig in Erstaunen gesetzt.«[14]

Marxens Reaktion ließ nicht lange auf sich warten. In größter Erregung verfaßt er die »Kritik des Gothaer Programms«[15], die unter aller Kritik ist, die, um die vereinigten Mitglieder nicht zu irritieren, nach dem Willen des Parteivorstandes nie veröffentlicht werden sollte.

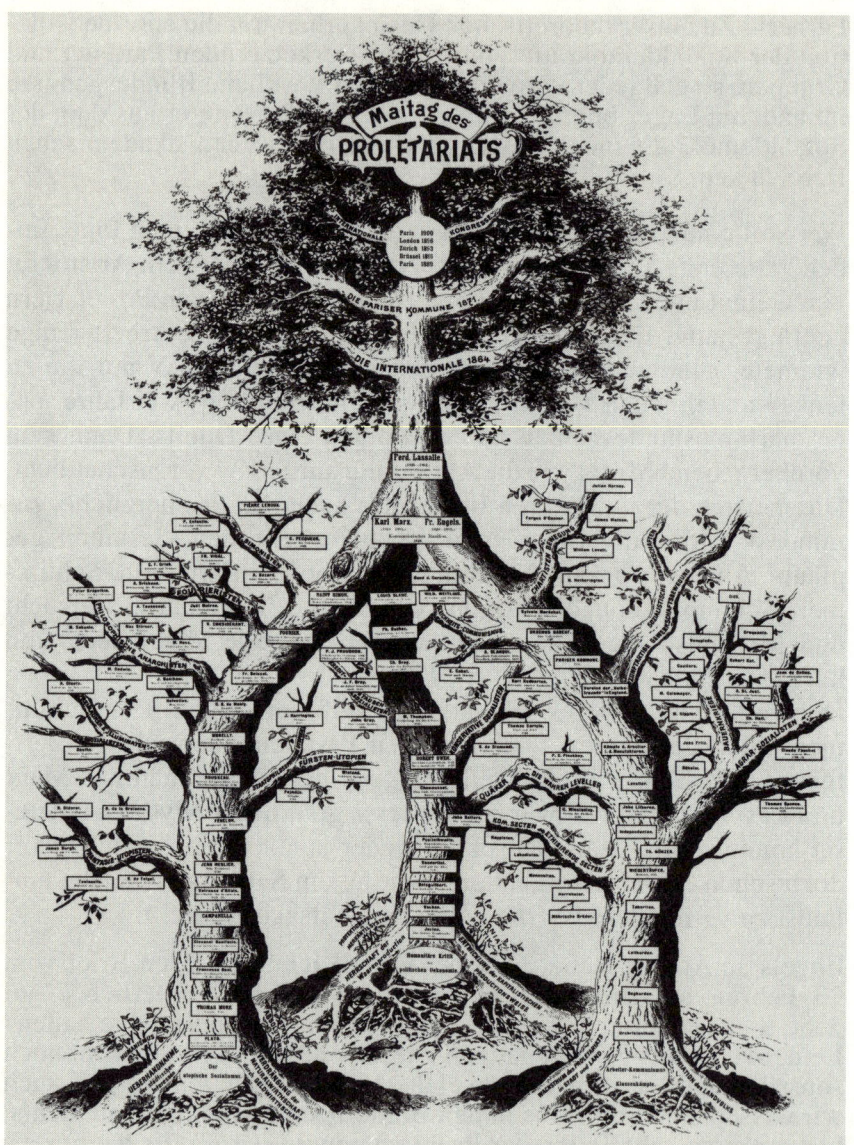

Aus der Erläuterung: Karl Marx (1818–1883) und Friedrich Engels (1820–1895) bilden damit den Vereinigungspunkt der Hauptstämme. In ihrem Werk laufen die lebens- und entwicklungsfähigen Keime von hüben und drüben zusammen. Bewußte und schöpferische Zusammenfassung der überlieferten Gedankenarbeit, von jeher die Aufgabe des Genies, das ist die Charakteristik dieser beiden Männer in der Geschichte des Sozialismus und der Arbeiterbewegung . Sie schließen eine bedeutsame Epoche derselben ab und leiten eine neue ein.

Gedenkblatt des Gothaer Einigungsprozesses 1875.

Später ist es der mittellose Berliner Privatgelehrte Eugen Dühring, der die Herzen der organisierten Arbeiter für sich begeistern kann, obwohl er in seinen Veröffentlichungen Marx mit harten Vorwürfen überhäuft: »Sproß eines Zweiges der neueren Sektenscholastik«, mangelnd »an natürlicher und verständlicher Logik«, dagegen voll an »dialektisch grausen Verschlingungen und Verstellungsarabesken«, an »dialektischem Geheimniskram«, an »Anmerkungspolyhistorie« und »Chinesengelehrsamkeit«.[16]

Das innere Ringen um die geistige Führung wird besonders anschaulich, wenn wir bei Mehring lesen: »Als man Lassalles müde war, hob man Marx auf den Schild; nun wurde auch dieser langweilig, und man proklamierte Dühring und Schäffle. Zwischen diesen vier Evangelisten der neuen Religion nur die leiseste und notdürftigste Harmonie herzustellen, muß der zugleich dreisteste und gewandteste Rabulist von vornherein als ein völlig aussichtsloses Unternehmen aufgeben.«[17]

*Ja, hätte Dühring einen Freund Engels auf seiner Seite gehabt, Dühring wäre »unser großer Führer« geworden.* So aber stürzte sich Engels mit seiner ganzen wilden Energie auf den Ikonoklasten und brachte schließlich die Dühring-Gemeinde zum Schweigen. Erwähnenswert ist hier sein »Anti-Dühring«, genauer: ein rund 300 Druckseiten umfassendes, »Herrn Eugen Dührings Umwälzung der Philosophie« betiteltes Werk, das ab 3. Januar 1877 im Vorwärts, dem »Central-Organ der Sozialdemokratie Deutschlands«, veröffentlicht wurde.

*Der starke, letztlich durchschlagende Einfluß der Londoner Freunde beruht nicht primär auf der Qualität ihrer Argumente, sondern auf der Möglichkeit, ihren Erfüllungsgehilfen in Deutschland sowohl persönlich als auch in parteiamtlicher Eigenschaft finanziell unter die Arme zu greifen.* Die Tatsache als solche ergibt sich aus Briefen[18]; doch eine eingehende Untersuchung der »materiellen Führung« steht offenbar noch aus, kann wohl gar nicht erfolgreich in Angriff genommen werden. Marx' Schwiegersohn Paul Lafargue glaubt zu wissen, Engels sei »von unbegrenzter Freigebigkeit gegenüber der Partei und den Parteigenossen [gewesen], die in der Not sich an ihn wandten.«[19] Darf man den großen Gönner vor den Kopf stoßen, zumal wenn man vielleicht morgen schon wieder bei ihm um Hilfe anklopfen muß? Also folgten sie seinen Vorgaben, seinem Beispiel. Wie massiv Engels auf die SPD Einfluß genommen hat, auf daß der Name Marx alles und alle überstrahle, beweisen die folgenden Sätze: »Das kleinbürgerliche Element in der Partei bekommt mehr und mehr Oberwasser. Der Name von Marx soll möglichst unterdrückt werden. Wenn das so vorangeht, gibt es eine Spaltung in der Partei, darauf kannst Du Dich verlassen.«[20]

Marx schickte die schon erwähnte Kritik des Gothaer Programms an Wilhelm Bracke, einen der Führer der »Eisenacher«, und bat, sie Geib und Auer, Bebel und Liebknecht zur Kenntnis zu bringen. Es sei seine Pflicht, »ein nach meiner Überzeugung durchaus verwerfliches und die Partei demoralisierendes Programm auch nicht durch diplomatisches Stillschweigen anzuerkennen.«[21] Marx, genauer: sein Bild, wurde trotzdem zum Kongreßsymbol gemacht, seine Kritik aber aus naheliegenden Gründen gänzlich unterdrückt. Erst 15 Jahre später, im Januar 1891, wird die Kritik von Engels veröffentlicht[22], gleichsam aus Protest gegen den Etikettenschwindel, der mit dem Idol Marx betrieben wurde.

Zehn Monate später glaubte Engels mit Blick auf das Erfurter Programm triumphierend feststellen zu können: »Wir haben die Satisfaktion, daß die Marxsche Kritik komplett durchgeschlagen hat. – Auch der letzte Rest Lassalleanismus ist entfernt.«[23] Doch rasch muß er einsehen, daß es nur ein Sieg auf dem Papier gewesen ist, daß man in Wirklichkeit sie beide in Sozialdemokraten umwandeln wollte.

Charles Rappoport: »Ich als leidenschaftlicher Sozialrevolutionär widersprach Engels' Meinung über die Erklärung des alten Liebknecht auf dem Erfurter Kongreß, daß das ›Revolutionäre nicht in den Mitteln liegt, sondern in den Zielen. Gewalt hat sich schon seit 1000 Jahren als reaktionärer Faktor erwiesen.‹ (Ich zitiere nach dem Gedächtnis.)

Engels bestritt kategorisch die Richtigkeit von Liebknechts Auffassung und sagte: ›Marx und ich sind immer Revolutionäre geblieben.‹ Und er fügte aufgebracht hinzu: ›Liebknecht kann alles sagen.‹ ... ›Marx und ich‹, sagte Engels, ›wollten uns niemals Sozialdemokraten nennen, da wir die Bezeichnung Kommunisten vorzogen. Wir trugen nur den Polizeiverhältnissen in Deutschland Rechnung.‹«[24]

Ernest Belfort Bay: »Obwohl er bereit war, die praktischen Erfordernisse der jeweiligen Situation stets zu berücksichtigen, hielt der alte Kampfgenosse von Marx auch nach dessen Tod bis zuletzt an der Überzeugung fest, daß die soziale Revolution nicht anders als durch einen gewaltsamen Umsturz eingeleitet werden könne, und zwar ganz besonders in Deutschland. Ich habe ihn mehr als einmal sagen hören, man müsse zur revolutionären Aktion übergehen, sobald die Parteiführung sicher sein könne, daß ihr wenigstens jeder dritte Wehrpflichtige Gehör schenke. In dem Sozialismus eines Scheidemann, eines Südekum oder Noske, überhaupt der ganzen ›revisionistischen‹ Mannschaft, die heute die Mehrheit der Reichstagsfraktion ausmacht, hätte Engels nie etwas anderes gesehen als die Reaktion in ihrer übelsten Form.«[25]

Besonders bezeichnend ist, was seitens der SPD-Führung mit Engels' Einleitung zu »Die Klassenkämpfe in Frankreich« 1895, also im Todesjahr von Engels, gemacht wurde. Im Vorwärts erschien nur das, was Liebknecht »dazu dienen konnte, die um jeden Preis friedliche und Gewaltanwendung verwerfende Taktik zu stützen...«,[26] entrüstet sich Engels.

Gegenüber Kautsky protestiert er: »Zu meinem Erstaunen sehe ich heute im ›Vorwärts‹ einen Auszug aus meiner ›Einleitung‹ ohne mein Vorwissen abgedruckt und derartig zurechtgestutzt, daß ich als friedfertiger Anbeter der Gesetzlichkeit quand même [unter allen Umständen] dastehe. Um so lieber ist es mir, daß das Ganze jetzt in der ›Neuen Zeit‹ erscheint, damit dieser schmähliche Eindruck verwischt wird.«[27]

»Die Führung der deutschen Sozialdemokratie, in deren Händen sich das Marx-Engels-Archiv befand, war bemüht, den gekürzten Text des Engelsschen Artikels zur Begründung ihrer opportunistischen Politik auszunutzen, weshalb sie ihn auch niemals vollständig veröffentlicht hat.«[28]

In einer Annonce, die dem Buch: Karl Kautsky »Vermehrung und Entwicklung in Natur und Gesellschaft«, Stuttgart 1910, beigefügt ist, heißt es: »Die Briefe Marx' und Engels', die sich über einen Zeitraum von 28 Jahren erstrecken, zeigen uns die beiden Altmeister des modernen Sozialismus in ihrer Werkstatt... Manches scharfe Wort wird geschrieben, mit und ohne Berechtigung, das bei manchem Anstoß erregen dürfte, aber überall bricht versöhnend die heiße Liebe durch für die arbeitende Klasse...« Statt »überall« wäre »nirgendwo« treffender gewesen. Nirgendwo ist affirmativ und expressis verbis von mitmenschlicher Liebe, von Mitleid die Rede. – Wer das Gegenteil behauptet, muß es beweisen! – Und das, was als solche Liebe gedeutet werden könnte, versinkt im Meer beleidigender Rundumschläge.

Von Marxens unehelichem Sohn war schon die Rede (III 5). »Allen sozialistischen Führern um 1900 war bekannt, daß Marx der Vater Frederic (Freddy) Demuths, Helene Demuths Sohn, war«, heißt es bei Blumenberg.[29] Und er fährt fort. »Aber es durfte nicht darüber geredet werden, einmal weil die Tatsache jenen Führern selbst nach den bürgerlichen Moralbegriffen der Zeit als anstößig galt, und zum andern, weil sie nicht zu all den heroischen und idyllischen Zügen paßte, die ein Idol der Massen haben mußte.« Wer wirklich darüber Bescheid wußte, wird von Blumenberg nicht benannt. In einem Brief

Bebels an Kautsky vom 3. August 1899 findet sich der Satz: »E [Eduard Bernstein] erklärt jetzt auch, überzeugt zu sein, daß M[arx] der Vater Fr[eddy]s sei«[30], also die drei Namhaftesten waren im Bilde, ferner Clara Zetkin, die weitere Mitwisser benennt.[31] Die führenden Genossen wußten wohl alle von der ins Nebulöse verdrängten Existenz Freddies und haben dennoch nichts unternommen, Licht ins Dunkel zu bringen. Der Nimbus wirft keine Schatten. *Auch wer das Verhalten der verschworenen Gemeinschaft billigt, kann nicht umhin, es als Beitrag zur Mystifikation zu werten.* Eine Ausnahme bildet Kautsky insofern, als er wider besseres Wissen in einem »Vorwärts«-Artikel die Vaterschaft von Marx als »durchaus unwahrscheinlich« ausgab.[32]

1988 bestätigte ein kriminaltechnisches Gutachten, daß die oben zitierte Abschrift des Briefes der Louise Kautsky-Freyberger an Bebel »zweifelsfrei Anfang dieses Jahrhunderts im SPD-Archiv angefertigt worden war«[33].

Befassen wir uns nach diesem Überblick mit einzelnen führenden Sozialdemokraten vor der Spaltung von 1918 und ihrem Beitrag zur Mythenbildung.

## 2. »So wurde ich aus Not... ein Märchenschmied« – Wilhelm Liebknechts späte »Erinnerungen«

*Wir Sozialdemokraten haben keine Heiligen und Heiligengräber; aber Millionen gedenken dankbar und ehrfurchtsvoll des Mannes, der auf diesem Friedhof im Norden von London [Highgate] ruht. Und noch nach Jahrtausenden... werden freie und edle Menschen an diesem Grabe stehen und entblößten Hauptes den aufhorchenden Kindern zuflüstern: ›Hier liegt Karl Marx!‹«*[34]

Wilhelm Liebknecht

*»In jüngster Zeit hat die Marxerei auf deutschem und amerikanischem Boden eine Gestalt angenommen, welche mehr als ekelhaft genannt werden muß. Nahezu in jeder Rede und in jedem Zeitungsartikel deutsch-sozialdemokratischer Tendenz wird dutzendmal betont, daß es mit dem Sozialismus rein Essig wäre, wenn Marx nicht den Sinai der Wissenschaft bestiegen und von da aus, unter der Obhut eines Engels, einen neuen Glauben verkündet hätte.«*[35]

John Most, etwa zeitgleich mit Liebknecht (1896)

Wilhelm Liebknecht (1826–1900), der wohl bedeutendste Repräsentant der Sozialdemokratischen Partei Deutschlands im 19. Jahrhundert (im Nachruf der Parteizeitung »Vorwärts«: »Er war die Partei selbst. Er verkörperte die moderne Arbeiterbewegung«), hielt sich von 1850 bis 1862 wie Marx und Engels im englischen Exil auf. Nach Deutschland zurückgekehrt, ist er zunächst die einzige Verbindung der Freunde zur deutschen Arbeiterbewegung. 1896, dreizehn Jahre nach dem Tode von Marx, veröffentlicht er ein gut 120 Seiten starkes Buch: »Karl Marx zum Gedächtnis. Ein Lebensabriß und Erinnerungen«. Die »Erinnerungen« können sich mit den fantastischsten Heiligenlegenden unschwer messen lassen. Trotzdem

wurden sie bisher für bare Münze genommen, nicht etwa nur dort, wo der Marx-Kult eine der obersten staatsbürgerlichen Pflichten war, sondern auch im »freien« Westen und von durchaus ehrenwerten und anspruchsvollen Biographen wie Friedenthal, Künzli, Pilgrim, Raddatz. Wegen des Umfangs dieser »Erinnerungen«, deren Details sonst nirgendwo belegt sind, beschränken sich die kritischen Anfragen auf einige signifikante Exempel:
»Hundertmal bin ich aufgefordert worden, über Marx und meine persönlichen Beziehungen zu ihm zu schreiben; allein stets habe ich es abgelehnt. Und abgelehnt – wie soll ich es nennen? – aus einer gewissen heiligen Scheu – oder wie soll ich mich richtig ausdrücken? – aus Ehrfurcht vor Marx.«[36] »Inzwischen ist auch Engels gestorben und mit ihm der einzige, der mit dem Menschen Marx und der Familie Marx während der Londoner Flüchtlingszeit bis zu Anfang der 60er Jahre nahezu – nur nahezu – so viel und ebenso innig verkehrt hat wie ich, der ich vom Sommer 1850 an bis zum Anfang des Jahres 1862, wo ich mich nach Deutschland zurückzog, fast täglich, und jahrelang fast den ganzen Tag, im Marxschen Hause verkehrte, so daß ich ein Stück der Familie war.«[37]
Nun glaubt man, die Gründe zu kennen, warum sich Liebknecht so lange betteln ließ. Freilich, hätte Engels noch zu Gesicht bekommen, daß er (Engels) »nur nahezu« mit Marx »so innig verkehrt hat«, es hätte einen für jedermann vernehmbaren schrillen Anpfiff, zumindest eine geharnischte Erwiderung gegeben und Liebknechts Bloßstellung als Aufschneider. Das konnte er nicht riskieren. Engels hätte daran erinnert, daß die Familie Marx damals in äußerst engen Wohnverhältnissen lebte, sieben Personen in einer Zweizimmerwohnung. Und da will Liebknecht »fast täglich, und jahrelang fast den ganzen Tag« dort zugebracht haben? Niemand hätte nach Engels' Konter noch den »Erinnerungen« Liebknechts Glauben geschenkt. Ohnehin war Engels der Ansicht: »Und Freund L[iebknecht] hält mir das ja alles aus Prinzip geheim, seine Berichte sind alle rosenrot, morgenrot, himmelblau und hoffnungsgrün.«[38] Auf der nächsten Seite nennt Liebknecht Marx den Tatsachen zuwider (II 4) den »Gründer der Internationalen Arbeiterassoziation« und wiederholt diese wahrheitswidrige Verdienstbescheinigung noch mehrmals![39]
»Hätten Marx und Engels nichts Weiteres geschaffen, wären sie von der Revolution, an deren Vorabend sie in prophetischer Voraussicht das Manifest in die Welt hinausschmetterten, verschlungen worden

– sie hatten *sich die Unsterblichkeit erobert.* Anfang Februar 1848 war das Manifest erschienen – den 22. Februar öffnete sich nach 18jähriger Ruhe der alte Revolutions-Krater in Paris...«[40] Nein, die von den Freunden stets beschworene und häufig prognostizierte sozialistische Revolution fand 1848 weder in Frankreich noch in Deutschland statt. Wohl keiner der französischen oder deutschen Revolutionäre war damals schon mit dem Manifest in Berührung gekommen. Gegenteiliges wird nirgendwo behauptet, auch nicht von Liebknecht, der aber mit seiner Darstellung den Schluß nahelegt, als ob...

»Und in Deutschland fingen, durch Marx' Schüler Lassalle aus dem Harmonie-Dusel geweckt, die Arbeiter an, die Notwendigkeit einer Klassenorganisation zu begreifen und Versuche zur Bildung einer selbständigen politischen Partei zu machen.«[41] Wie kann er Lassalle Marxens Schüler nennen? Dafür fehlt jede Begründung. Nichts deutet darauf hin, daß Marx für den Arbeiterführer Lassalle ursächlich gewesen sei und mittelbar für die deutsche Arbeiterbewegung.

»Sein [Marx'] Brief über den Entwurf des Programms für den Gothaer Einigungs-Kongreß (1875) ist den Genossen durch die Verhandlungen des Halleschen und Erfurter Parteitags (1890 und 1891) frisch ins Gedächtnis gerufen worden.«[42] In diesem einen Satz stecken wieder mehrere Unrichtigkeiten. Der »Brief« wurde damals nicht »frisch ins Gedächtnis gerufen«. Die Adressaten hatten ihn 1875 stillschweigend weggeschlossen, so daß die Genossen davon kein Wörtlein kannten. Auch waren es nicht die Verhandlungen der Parteitage, die Marxens Kritik publik machten, vielmehr hat Engels die Veröffentlichung in »Die Neue Zeit« erzwungen mit der Drohung, andernfalls den Text in einem parteifernen Organ zu veröffentlichen.

»Marx wies nun nach, daß die ganze bisherige Geschichte eine Geschichte von Klassenkämpfen ist...«[43] Wo hat er das nachgewiesen? Er hat es nur behauptet, aber gar nicht versucht, den Wahrheitsbeweis anzutreten, was ihm auch nicht hätte gelingen können.

Marx »schrieb Englisch und Französisch wie ein Engländer und Franzose...«[44] Nein! Selbst als er schon seit zwei Jahrzehnten in England lebte, mußte ihm der »Pockennarbige« noch stilistisch über die Schultern schauen (III 6).

Ohne Kommentar der folgende Satz, der sich selbst richtet: »Marx selbst war – versteht sich innerhalb des Rahmens der kommunistischen Anschauungsweise – der toleranteste aller Menschen. Er

konnte Widerspruch vertragen, wenn er auch nicht selten darob in argen Zorn geriet...«[45]
»Niemand hatte aber in höherem Maße als er die Fähigkeit, sich klar auszudrücken. Klarheit der Sprache ist die Frucht klaren Denkens; ein klarer Gedanke bedingt mit Notwendigkeit eine klare Form... Gewiß, der Stil des ›Kapital‹ ist schwer verständlich – aber ist etwa der behandelte Gegenstand leicht verständlich?«[46] Durchaus, der »Gegenstand« von »Das Kapital« – Liebknecht hatte nur Band 1 vor Augen – ist leicht verständlich. Aber Marx hat, wie er gegenüber Engels einräumt, bewußt mystifiziert. Engels gesteht: »Es ist verdammt schwer, die dialektische Methode dem Revue lesenden Engländer klarzumachen, und mit den Gleichungen W – G – W etc. kann ich doch dem Mob nicht kommen.«[47] Darauf Marx: »Der Pseudocharakter macht die Sache (die an sich = 0) keineswegs leicht verständlich. Umgekehrt. Die Kunst besteht darin, den Leser so zu mystifizieren und ihm Kopfzerbrechen zu verursachen, damit er schließlich zu seiner Beruhigung entdeckt, daß diese hard words nur Maskeraden von loci communes sind.«[48] Auch was »Klarheit der Sprache« anlangt, ist genau das Gegenteil richtig.
»Aber welche unendliche Fülle originaler, echt deutscher Wortbildungen und Wortfügungen finden wir bei Marx, der trotzdem, daß er zwei Drittel seines Lebens im Ausland war, um unsere deutsche Sprache sich hohe Verdienste erworben hat, und zu den vornehmsten deutschen Sprachmeistern und Sprachschöpfern gehört.«[49] Leider gibt uns Liebknecht aus der »unendlichen Fülle originaler, echt deutscher Wortbildungen« kein einziges Beispiel.
»Und bei der Vielseitigkeit, ja man kann sagen Allseitigkeit dieses Universalgeistes – d. h. das Universum oder Weltall umspannenden, in alle wesentlichen Einzelheiten eindringenden, nichts als unwesentlich und geringfügig verachtenden Geistes – mußte die Schulung auch notwendig eine vielseitige sein.«[50] Kommentar überflüssig. Liebknecht erinnert an Thomas von Aquin, der in seinen Hymnen Gottes Allwissenheit preist (»tu qui cuncta scis et vales...«)
»Es hat nie einen wahrhaftigeren Menschen gegeben als Marx – er war die verkörperte Wahrheit... Und Marx hat niemals geheuchelt. Er war dessen einfach unfähig – gerade wie ein unverdorbenes Kind.«[51] Nach der Lektüre von II dürfte sich auch insofern jeder Kommentar erübrigen. Marx also nicht nur der Allwissende, sondern auch »die verkörperte Wahrhaftigkeit«. Derlei verdient als Beispiel hemmungsloser Mystifikation festgenagelt zu werden.

In der Besprechung einer Briefedition urteilt Heinz Abosch: »So lobte Marx vor Lassalle dessen Buch ›Herakleitos‹ als ›meisterhaft‹, im Brief an Engels ist dasselbe ›ein sehr leppisches Machwerk‹. Nach Lassalles Tod behauptete Marx, ihn ›geliebt‹ zu haben, was zugleich zynische Verhöhnung des Toten nicht ausschloß. Das sind Monumente von Heuchelei und Intrige. Ähnliches zeigt sich auch im Verkehr mit Heinrich Heine, der sehr freundschaftlich verlief, während der Poet in einem Schreiben als ›alter Hund‹ mit ›bösem Gewissen‹ apostrophiert wird.«[52]

»Hundertmal riß er, beim Durchwandern von Quartieren der Armut, sich plötzlich von uns los, um irgendeinem Kind, das in Lumpen auf der Schwelle saß, die Haare zu streicheln und einen Penny oder Halbpenny ins Händchen zu drücken.«[53] Wer denkt da nicht zweifelnd an Marxens Unwerturteile ganze Menschengruppen betreffend, seine chronische Mittellosigkeit, die Niederkünfte seiner Frau, die er Katastrophen nannte, an den eigenen Sohn Freddy, der zu Lebzeiten von Marx die Wohnung der Eltern nicht betreten durfte, der in der Korrespondenz zwischen Vater und Scheinvater nicht einmal Erwähnung findet, den der Vater zu grausamem Schattendasein in bitterer Not verurteilte? Das angebliche Mitleid wird konterkariert durch die unüberbietbare Hartherzigkeit der eigenen Frau, den eigenen Kindern gegenüber. Marx, das »Universalgenie«, weigerte sich beharrlich, einen Brotberuf zu suchen, und das trotz bitterster Armut:

In einem Brief an Freunde – die Familie Weydemeyer – schildert Jenny nur einen Tag ihres Lebens in London: »Seit er [Sohn ›Föxchen‹] auf der Welt ist, hat er noch keine Nacht geschlafen, höchstens 2 bis 3 Stunden. In der letzten Zeit kamen nun noch heftige Krämpfe hinzu, so daß das Kind beständig zwischen Tod und elendem Leben schwankte. In diesen Schmerzen sog er so stark, daß meine Brust wund ward und aufbrach; oft strömte das Blut ihm in sein kleines bebendes Mündchen. So saß ich eines Tages da, als plötzlich unsre Hauswirtin, der wir im Lauf des Winters über 250 Reichstaler gezahlt und mit der wir kontraktlich übereingekommen waren, das spätere Geld nicht ihr, sondern ihrem Landlord auszuzahlen, der sie früher hatte pfänden lassen, eintrat und den Kontrakt leugnete, die 5 Pfund, die wir ihr noch schuldeten, forderte, und als wir sie nicht gleich hatten [...], traten zwei Pfänder ins Haus, legten all meine kleine Habe mit Beschlag, Betten, Wäsche, Kleider, alles, selbst die Wiege meines armen Kindes, die beßren Spielsachen der Mädchen, die in heißen Tränen dastanden. In 2 Stunden drohten sie

alles zu nehmen – ich lag dann auf der flachen Erde mit meinen frierenden Kindern, meiner wehen Brust. Schramm, unser Freund, eilt in die Stadt, um Hülfe zu schaffen. Er steigt in ein Kabriolett, die Pferde gehn durch, er springt aus dem Wagen und wird uns blutend ins Haus gebracht, wo ich mit meinen armen zitternden Kindern jammerte.
Den Tag drauf mußten wir aus dem Hause, es war kalt und regnerisch und trüb, mein Mann sucht uns eine Wohnung, niemand will uns nehmen, wenn er von vier Kindern spricht. Endlich hilft uns ein Freund, wir bezahlen, und ich verkaufe rasch alle meine Betten, um die vom Skandal der Pfändung ängstlich gemachten Apotheker, Bäcker, Fleischer, Milchmann zu bezahlen, die plötzlich mit ihren Rechnungen auf mich losgestürmt kommen. Die verkauften Betten werden vor die Tür gebracht, auf eine Karre geladen – was geschieht? – Es war spät nach Sonnenuntergang geworden, das englische Gesetz verbietet das, der Wirt dringt mit Konstablern vor, behauptet, es könnten auch von seinen Sachen dabei sein, wir wollten durchgehn in ein fremdes Land. In weniger als 5 Minuten stehen mehr als 2 – 3hundert Menschen gaffend vor unsrer Tür, der ganze Mob von Chelsea. Die Betten kommen zurück, erst am andern Morgen nach Sonnenaufgang durften sie dem Käufer übergeben werden; als wir nun so durch den Verkauf unserer sämtlichen Habseligkeiten instand gesetzt waren, jeden Heller zu zahlen, zog ich mit meinen kleinen Lieblingen in unsre jetzigen kleinen 2 Stübchen im Deutschen Hotel, 1, Leicester Street, Leicester Square, wo wir für 5 Pfund die Woche menschliche Aufnahme fanden.«[54]

»Am 2. Dezember 1881 starb seine Jenny – die Jugendgespielin, Lebensgefährtin, Freundin, Beraterin, Mitkämpferin. Der Schlag traf mitten ins Herz. Mit ihr starb er. Ihr Tod war sein Tod. Das wußten wir alle, die ihn kannten... als die treue Lebensgefährtin draußen auf dem Highgate-Kirchhof begraben ward, und mit ihr die Hälfte seines Ich, sein eigenes Leben, da wäre er ins Grab gestürzt, wenn Engels – der mir es später erzählte – ihn nicht rasch am Arm gefaßt hätte.«[55] Rührend diese Szene, wenn man es nicht besser wüßte (III 2 und 3). Auch sie ist frei erfunden. Marx war zu schwach, um überhaupt an der Beerdigung teilzunehmen.[56]
*Warum alle diese rührseligen Ammenmärchen? Drei Gründe dürften ausschlaggebend sein: Naturell, Dienst an der Partei, eigene Belange:*
Liebknecht hatte eine Reihe vorzüglicher Eigenschaften: Er war intelligent, fleißig, zielstrebig, seinen Idealen treu ergeben. Aber ein Fanatiker der Wahrhaftigkeit war er beileibe nicht. Das beweisen

nicht nur die »Erinnerungen«, dafür gibt es eine Reihe weiterer Fakten: Das primär von ihm redaktionell geführte Demokratische Wochenblatt gab sich, wie Liebknechts Biograph Dominick urteilt, keine Mühe, die Nachrichten objektiv und umfassend den Lesern zu präsentieren.[57] Auch sein Buch »Ein Blick in Die Neue Welt« wurde als total einseitig und kritiklos rezensiert.[58] Als im Jahre 1892 die Zeitung »Die Jungen« behauptete, Liebknecht erhalte von der Partei für die Herausgabe des Vorwärts jährlich 12 000 Mark, kam es auf dem nächsten SPD-Kongreß zu Unruhen. Die Kontroverse entzündete sich, als Hamburger Delegierte den Vorschlag machten, kein Parteifunktionär solle mehr als 2500 Mark für seine Tätigkeit bekommen. Liebknecht beteuerte: »Ich lebe als Proletarier und habe die Bedürfnisse eines Proletariers.« Tatsächlich verdiente er ungefähr 10 000 Mark, während der durchschnittliche Arbeiter mit ca. 700 Mark auskommen mußte.[59] Allein Liebknechts Jahresmiete für die Wohnung in Berlin, Kantstraße 160, betrug 1750 Mark.

Die »heilige Scheu«, die »Ehrfurcht« vor Marx, die ihn – wie er im Vorwort schreibt – zunächst hinderten, seine Erinnerungen zu Papier zu bringen, wurden, wie er beteuert, überwunden durch die Einsicht, »daß alles, was Marx unseren Arbeitern, unserer Partei näherbringe, von Wert sei«[60]. In der Tat ist es ein durch nichts aufzuwiegender Dienst an der Partei, wenn der Nachweis gelingt, daß »unser großer Führer« alle anderen Menschen an Geist wie auch an Charakter überragt. Doch warum ließ diese Einsicht so lange auf sich warten? Die Antwort lautet: Er hatte, wie bemerkt, Furcht vor Engels. Und die »heilige Scheu«, die Liebknecht der Kirchensprache entnommen hat, war sie wirklich mehr als eine Schau? In Bebels Autobiographie lesen wir: »kam er [Liebknecht] auf Marx und Lassalle zu sprechen, dann stets polemisch...«[61]

Da war noch ein dritter, weniger handgreiflicher, aber wohl ebenso wirksamer Grund, ein Stachel gleichsam in seinem Fleisch. Die Veröffentlichung von Marxens Kritik des Gothaer Programms durch Engels hatte Liebknechts ausgeprägtem Selbstwertgefühl einen schweren Schlag versetzt. Auch innerparteilich regten sich kritische Stimmen. Der einflußreiche Karl Kautsky war ihm nicht wohlgesonnen und genoß die Bloßstellung durch Marx und Engels. Kautsky in einem Brief an Bebel: »Ich glaube, man kann den Zeitpunkt angeben, von dem an L[iebknecht]s Bedeutung im Sinken ist.«[62] Auch sonst wurden hinter seinem Rücken Pläne geschmiedet, die ihn vor den Kopf stoßen mußten und als Vorboten seiner Entmachtung zu deuten waren.[63] »So wurde ich aus Not... ein Märchenschmied«[64], schreibt er in seinen »Erinnerungen« und bezieht sich damit auf sein Zusammensein mit den Marxtöchtern. Aus der Not innerparteilicher Isolierung heraus hat er seine »Erinnerungen« verfaßt, Karl Marx und sich selbst zur Ehre. Liebknecht kommt darin nicht zu kurz. Die ganze Partei und viele, viele außerhalb erfahren es, wie eng der große Marx und er befreundet waren, wie er Marx immer häufiger beim Schachspiel matt setzte und daß sich Marxens Kritik an der Einigung als Irrtum herausstellte: »Daß ich mich in dieser Beziehung nicht verrechnet, das hat doch die Folge und der Erfolg aufs glänzendste gezeigt.«[65]

*So nützlich die »Erinnerungen« für Partei und Liebknecht waren, sie bilden doch das Zwischenspiel einer sozialistischen Tragödie.* Liebknecht, der wie kaum ein anderer Stein für Stein zur größeren Ehre von Marx aufgeschichtet hat, ihn auf das energischste vor den Gegnern in Schutz nahm: »Bisher haben über Marx als Mensch [sic!] fast nur die Gegner das Wort gehabt und, nach gemeinsamer Schablone arbeitend, haben sie ihn geschildert als herzlos, berechnend kalt, aus dem Ätherhimmel seiner Welt- und Menschenverachtung hochmütig herabsehend auf das gemeine Volk, das ihm nur der Fußschemel seines Ehrgeizes gewesen sei«,[66] war bevorzugtes Opfer eben dieser angeblich inexistenten Laster, wurde von Marx in die »Pißjauche«[67] – eine von Marx' »originalen, echt deutschen Wortbildungen« – gestoßen. In der Korrespondenz mit Engels nennt Marx ihn »Esel«, »Lügner«, »Vieh«.[68] »Liebknecht ist ebenso schriftstellerisch unbrauchbar wie er unzuverlässig und charakterschwach ist... Der Kerl hätte diese Woche einen definitiven Abschiedtritt in den Hintern erhalten, zwängen nicht gewisse Umstände, ihn einstweilen noch als Vogelscheuche zu verwenden.«[69]

## 3. »So etwas sagt man nicht« –
## Bebel, Bernstein, Kautsky

> *»Es hat nichts auf sich, wenn die Erinnerung, die mit Vorliebe das festhält, was erfreute, uns die Vergangenheit schöner erscheinen läßt, als sie war, und es ist nur berechtigt, wenn unser Wollen und Wünschen uns durch den Ausblick auf eine Zukunft, wie sie sein kann, zum Kampf für sie begeistert. Die Gegenwart aber will erkannt sein, wie sie ist.«*[70]
>
> (Eduard Bernstein)

August Bebel (1840–1913) zählt zu den wenigen sozialdemokratischen Führern, die, wenngleich nie dem Proletariat angehörig, aus dem Arbeiterstand hervorgegangen sind. Er bildet auch insofern einen scharfen Kontrast zu Wilhelm Liebknecht, als er sich offenbar nie zu substanzlosen Elogen auf Marx und Engels hinreißen ließ. Sein Beitrag zum Mythos Marx geht kaum über das hinaus, was ihn die Parteiloyalität zu unterlassen zwang. Er ist der Adressat jenes so gewichtigen Briefes von Louise Kautsky-Freyberger, in dem das Geheimnis um Freddy Demuths Abstammung gelüftet wird (III 5). Behält er diese Offenbarung für sich oder teilt er sie anderen mit? Wem? Publik macht er sie nicht.

Die Entschlossenheit, das hohe Ansehen von Marx nicht durch die Veröffentlichung abträglicher Fakten zu beeinträchtigen, hat er noch öfter unter Beweis gestellt und kann eindeutig dem folgenden Briefauszug, Adressat Eleanor, entnommen werden: »Ich verrate auch Dir kein Geheimnis, wenn ich weiter hinzusetze, daß ein großer Teil meiner Zeit während meines letztjährigen Aufenthalts in London der Durchsicht der Papiere von General [Engels] und Deinem Vater gewidmet war, aus denen ich brauchbares Material für die Geschichte der Partei zu erlangen suchte und in beschränktem Maße gefunden habe, da das meiste sich für die Veröffentlichung nicht eignete.«[71] In seinem dreibändigen Werk »Aus meinem Leben«[72] zitiert er zahlreiche Briefe von Engels an ihn, aber – nach dem Gesagten ganz selbstverständlich – nicht jene, die Marxens Diktatur des Proletariats herausstellen und verdeutlichen, so das Schreiben vom 18./28.

März 1875, in dem es heißt: »Da nun der Staat doch nur eine vorübergehende Einrichtung ist, deren man sich im Kampf, in der Revolution bedient, um seine Gegner gewaltsam niederzuhalten, so ist es purer Unsinn, vom freien Volksstaat zu sprechen: so lange das Proletariat den Staat noch *gebraucht*, gebraucht es ihn nicht im Interesse der Freiheit, sondern der Niederhaltung seiner Gegner, und sobald von Freiheit die Rede sein kann, hört der Staat als solcher auf zu bestehen.«[73] Daher war von Bebel auch nicht zu erwarten, daß er sich für die rasche, ungeschönte Veröffentlichung der Briefe von Marx und Engels einsetzt.

Eduard Bernstein (1850–1932), Anfang der 70er Jahre ein begeisterter Anhänger Eugen Dührings, vermeidet ebenfalls alles, was dem persönlichen Ansehen von Marx und Engels hätte abträglich sein können. Doch hinsichtlich ihrer Lehre geht er mit seinem Revisionismus bis an die Grenze des parteiintern Verträglichen. »Bernstein bestritt, daß der von Karl Marx abgeleitete Sozialismus als ›Wissenschaftlicher Sozialismus‹ bezeichnet werden könne. Er stellte damit von einer sozialistischen Position aus in Frage, was zuvor noch nicht einmals außerhalb des Sozialismus ernsthaft bezweifelt worden war.«[74] Was Bernstein schreibt, ist einleuchtend. Und dennoch gibt man ihm zu verstehen: »So etwas sagt man nicht!«

Unübertrefflich aufschlußreich ist die Kritik von Ignaz Auer an Bernstein. Darin kommt zum Ausdruck, wie sehr der Marxismus von vielen, auch führenden SPD-Mitgliedern, nur als Etikett gebraucht wurde. Nicht der genuine Marx war gefragt, sondern eine integrierende Legende, kultfähig und kultwürdig. Statt sich von Marx zu trennen, hat man ihn ausgehöhlt und nach Bedarf ausgestopft. Man wollte ihn, gegen seinen Willen, für Partei und Demokratie retten: »Hast Du denn wirklich gar keine Ahnung, welchen Mißgriff Du begingst, als Du auf S. 165 schriebst: Die Sozialdemokratie soll den Mut finden, sich von einer Phraseologie zu emanzipieren, die tatsächlich überlebt ist, und das scheinen zu wollen, was sie heute in Wirklichkeit ist, eine demokratisch-sozialistische Reformpartei!? Hältst Du es wirklich für möglich, daß eine Partei, die eine 50 Jahre alte Literatur, eine fast 40 Jahre alte Organisation und eine noch ältere Tradition hat, im Handumdrehen eine solche Wendung machen kann? Speziell seitens der maßgebenden Parteikreise so zu handeln, wie Du es verlangst, hieße einfach die Partei sprengen, jahrzehntelange Arbeit in den Wind streuen. Mein lieber Ede, das, was Du verlangst, so etwas beschließt man nicht, so etwas sagt man nicht, so etwas tut man...«[75]

Max Lorenz urteilt treffend: »Das Resultat alles dessen, was Bernstein gelernt hat, ist der Bruch mit den Prinzipien des Marxismus, von denen keines unangefochten bleibt, nicht die materialistische Geschichtsauffassung, nicht die Mehrwerttheorie, auch nicht die Prinzipien und die Taktik der Sozialdemokratischen Partei. Aus begreiflichen taktischen Gründen aber vollzieht Bernstein den Bruch nicht bis zum Zerreißen: Er gibt vor, den Marxismus weiterzuführen und am Ende darlegen zu wollen, daß es schließlich doch Marx ist, der gegen Marx Recht behält.«[76]

Das höchste Lob zu Ehren von Marx stimmt er am Ende seines Buches »Der Sozialismus einst und jetzt« an. Dort heißt es unter der Überschrift »Das Bleibende im Marxismus« abschließend: »Wenn wir heute Karl Marx' Geist heraufbeschwören könnten und ihm die Frage vorlegen wollten. ›Du hast uns die und die Theorie vorgelegt, Du hast uns die und die Zukunft vorgezeichnet, wo sind Deine Beweise?‹, dann würde der Schatten von Karl Marx uns sagen können: ›Sehet die Millionen und Abermillionen organisierter Arbeiter, organisiert als politische Arbeiterpartei, organisiert als Gewerkschaften, organisiert als Genossenschaften, sehet die Arbeiter in den Parlamenten, in den Gemeinden, mit fortwährend wachsenden Kenntnissen, mit wachsendem Schaffensdrang und mit wachsender Schaffensmöglichkeit: das sind meine Beweise!‹«[77]

Beweise wofür? Hat die zentrale Vorhersage, das zentrale Anliegen von Marx nicht ganz anders gelautet, nämlich sozialistische Revolution, Diktatur des Proletariats, Kommunismus, Absterben des Staates? Gerade dafür gab es keine Beweise. Einem etwaigen Hinweis auf die Oktoberrevolution als Erfüllung Marxscher Prophetie hätte Bernstein energisch widersprochen. So betrachtet ist man versucht, seinen »Beweis« geradezu als Gegenbeweis zu werten. Hat er es selbst so empfunden, als er den Schlußsatz schrieb: »Es sind Beweise für das, was ich das Bleibende im Marxismus nenne«?[78]

Bernstein erweckt den Eindruck, als sei Marx der Vorkämpfer und Organisator der Arbeiterparteien, der Gewerkschaften, der Genossenschaften gewesen. Ein solcher Anschein wird durch die wissenschaftlichen Erkenntnisse in das Reich der Fabeln und Mythen verwiesen. Was die »Arbeiter in den Parlamenten« anlangt, so zerstört die Liste der SPD-Reichstagsabgeordneten des Jahres 1890 alle Illusionen:

7 Journalisten und Redakteure
6 Kaufleute und Händler
4 Schriftsteller
3 Gastwirte
3 Zigarettenfabrikanten
2 Rentner
2 Fabrikanten
1 Schumacher
1 Lithograph
1 Verleger
1 Rechtsanwalt
1 Zigarettenmacher
1 Zigarettenarbeiter
1 Parteifunktionär
1 Schneidermeister[79]

Karl Kautsky (1854–1938), der führende marxistische Theoretiker um die Jahrhundertwende, schrieb 1891 zusammen mit Eduard Bernstein das Erfurter Programm der SPD. Sein Anliegen war es, den Marxismus zu popularisieren und politisch umzusetzen. Seine wohl ausführlichste Würdigung von Marx findet sich in »Die historische Leistung von Karl Marx – Zum 25. Todestag des Meisters«. Einleitend beteuert er: »Es ist nicht eine Lobrede auf Karl Marx, was ich hier gebe.«[80] Doch ist diese Beteuerung richtig oder steht ihr »Wahrheitsgehalt« für das ganze Pamphlet? Einige Sätze und Absätze, deren Kernaussage auf 48 Seiten ausgewalzt wird, sollen uns sein Marxbild vor Augen stellen:

»Dieser erstaunliche und stets wachsende Einfluß bliebe völlig unverständlich, wenn es Marx nicht gelungen wäre, die letzten Wurzeln der kapitalistischen Gesellschaft bloßzulegen. Hat er das getan, dann sind freilich, solange diese Gesellschaftsform dauert, neue soziale Erkenntnisse von grundlegender Bedeutung über Marx hinaus nicht mehr zu gewinnen, und dann bleibt so lange der Weg, den er gewiesen, praktisch wie theoretisch weit fruchtbringender als jeder andere. Der gewaltige und dauernde Einfluß von Marx auf das moderne Denken wäre aber auch unverständlich, wenn er nicht vermocht hätte, geistig über das Gebiet der kapitalistischen Produktionsweise hinauszuwachsen, die Tendenzen zu erkennen, die über sich hinaus zu einer höheren Gesellschaftsordnung führen, und uns so ferne Ziele zu weisen, die durch den Fortgang der Entwicklung immer näher, immer greifbarer werden und in demselben Maße auch die Größe des Mannes immer gewaltiger erkennen lassen, der sie zuerst klar erfaßt.«

»Es ist die so seltene Mischung wissenschaftlicher Tiefe mit revolutionärer Kühnheit, was bewirkt, daß Karl Marx heute, ein Vierteljahrhundert nach seinem Tode, zwei Menschenalter nach dem Beginn seines öffentlichen Auftretens, weit machtvoller unter uns lebt als in den Tagen, als er noch unter den Lebenden wandelte.
Suchen wir uns klar zu werden über das Wesen der historischen Leistung dieses wunderbaren Mannes...«[81]
»Wir haben da vor allem die Zusammenfassung von Naturwissenschaft und Geisteswissenschaft, von englischem, französischem, deutschem Denken, von Arbeiterbewegung und Sozialismus, von Theorie und Praxis. Daß ihm das alles gelang, daß er mit einem Universalismus ohnegleichen alle diese Gebiete nicht bloß kannte, sondern bis zur Meisterschaft beherrscht, dadurch wurde es Karl Marx möglich, seine gewaltige historische Leistung zu vollbringen...«[82]
»Auf diese Weise hat Marx nicht bloß die Geschichtswissenschaft völlig umgewälzt, sondern auch die Kluft zwischen Naturwissenschaften und Geisteswissenschaften ausgefüllt, die Einheitlichkeit der gesamten menschlichen Wissenschaft begründet und dadurch die Philosophie überflüssig gemacht...«[83]
Gewaltige Melodien, die die Gläubigen in die Knie zwingen, die Skeptiker aber zum Schmunzeln bringen. Rufen wir uns ins Gedächtnis: Bebels Beitrag zum Mythos Marx besteht in Verschweigen, Bernstein hat, aufs Ganze gesehen, den Marxismus als Irrweg ausgewiesen. Sein Marxlob beschränkt sich auf fragwürdige Randglossen. Ganz anders Kautsky. Er gleicht insofern Liebknecht, der aber seinerseits von den Freunden recht despektierlich behandelt wurde. Auch Kautsky, der Marx-Adorant, hatte wenig Grund, mit Briefen des »Meisters«, die ihn betreffen, zu kokettieren, während sich Bebel und Bernstein Wohlwollen und Respekt verschaffen konnten. Das ist paradox:

Zunächst wird Bernstein von Marx mehrmals verächtlich als »Jüdel Bernstein« angesprochen: »Diese Burschen, theoretisch null, praktisch unbrauchbar, wollen dem Sozialismus (den sie sich nach den Universitätsrezepten zurecht gemanscht) und namentlich der sozialdemokratischen *Partei* die Zähne ausbrechen...«[84] Auch Kautsky geht es nicht besser: »Er ist eine Mittelmäßigkeit, von kleinen Gesichtspunkten, überweis (erst 26 alt), Besserwisser, in einer gewis-

sen Art fleißig, macht sich viel mit Statistik zu schaffen, liest aber wenig Gescheites heraus, gehört von Natur zum Stamm der Philister, im übrigen in seiner Art ein anständiger Mensch, ich wälze ihn möglichst auf amigo Engels ab.«[85]
Zwei Jahre später hat sich das Urteil über Bernstein erheblich gewandelt. »B hat sich so über Erwarten gut gemacht (seine Artikel über die ›Intelligenzen‹ z. B. waren, Kleinigkeiten abgerechnet, ganz vortrefflich und hielten ganz die richtige Linie), daß ein besserer schwerlich zu finden... Er hat wirklichen Takt und faßt schnell auf, das grade Gegenteil von Kautsky, der ein äußerst braver Kerl ist, aber ein geborener Pedant und Haarspalter unter dessen Händen nicht die verwickelten Fragen einfach, sondern die einfachen verwickelt werden.«[86] Dieses Urteil hat Bestand: »Ede [Bernstein] ist theoretisch ein sehr offner Kopf, dabei witzig und schlagfertig, es fehlt ihm aber noch das Vertrauen zu sich selbst, was heutzutage wahrhaftig selten ist und über dem allgemeinen Größenwahn selbst des kleinsten studierten Esels ein wahres Glück relativ; Kautsky hat auf Universitäten eine furchtbare Masse Blödsinn gelernt, gibt sich aber alle Mühe, ihn wieder zu verlernen...«[87]
Bernstein »hat ein zu stark entwickeltes Gefühl für Recht und Gerechtigkeit, und ehe er einem Feind oder einem Menschen, der ihm nicht sympathisch ist, *eine* Ungerechtigkeit zufügte, würde er lieber *zehn* seinen Freunden und Verbündeten antun. Alle seine Freunde werfen ihm diese übertriebene Unparteilichkeit vor, die schließlich zur Parteilichkeit gegen seine Verbündeten wird.«[88]

## 4. »Wir haben ja die schlimmsten dieser Briefe beseitigt« – Bebel und Bernstein fälschen Marxens Briefwechsel mit Engels

Friedrich Engels traf die letztwillige Verfügung, August Bebel und Eduard Bernstein – nicht etwa Wilhelm Liebknecht und Karl Kautsky! – sollen über seinen und Marxens literarischen Nachlaß frei verfügen können. Am 5. August 1895 schloß er für immer seine Augen. Welch ein Vermächtnis! Doch, bei Licht betrachtet, eine schöne Bescherung.

Nach der Lektüre von Marxens »Herr Vogt« schrieb ein Kritiker: »Es gibt in der Affen-Wildnis boshafte Paviane, die in Ermanglung anderer Waffen sich des Unrats bedienen und damit Freunde und Feinde bombardieren. Man nehme sich in acht: Herr Marx praktiziert diese Art von Strategie, wobei man die Ausgaben für Munition scheut, fast ausschließlich auf seinen 190 Seiten. Lest, lest, aber nur dicht neben einem Becken voll Wasser und scharfer Seife und nicht ohne Riechfläschchen!«[89]

Ähnliche Empfindungen müssen Bebel und Bernstein bei der Lektüre des Briefwechsels der Freunde beschlichen haben. Werner Blumenberg urteilt: »Der Marx des Briefwechsels ähnelte nicht dem Bilde, das man sich von ihm geschaffen hatte, und diesen Marx glaubte man weder Freund noch Gegner vorsetzen zu können.«[90] Für Engels gilt das Gesagte nicht minder. Was ist zu tun? Trotzdem veröffentlichen oder vernichten oder zuwarten oder sich lossagen? Letzteres tat Werner Sombart mit bestürzenden Worten:

»Ich habe früher einmal deren große Kraft [der Marxschen Sprache] gerühmt und seinen Redestrom mit dem Ausbruch eines feuerspeienden Berges verglichen: ›Da fliegen auch Asche und Steine und Schlamm mit aus dem Krater heraus. Wie durchglüht seine Sprache ist; wie sie sich dem Gegenstand anzupassen weiß; mit welcher Leidenschaftlichkeit, mit welcher Eindringlichkeit die Gedanken entwickelt werden; welches stürmische Drängen nach dem Ende einer Schlußreihe! Wie glitzern und gleißen die Bilder! Wie sprudelt und quillt das Tatsächliche hervor wie aus einem unerschöpflichen Borne!‹ Man kann das Ruhige gelten lassen, aber man wird doch, je mehr man sich mit Marx beschäftigt, um so deutlicher jene verletzende Schärfe, jene nörgelnde Kritik, jene schoddrige Nonchalance, jene echte jüdische Schutzpe heraushören, die seinem Stil erst sein Gepräge geben. Und dann: zwischen jenem Jahre, als ich jene Worte schrieb, und heute ist der Briefwechsel zwischen Marx und Engels erschienen, der uns ja erst den intimen Marx hat kennen lernen. Und auch seine intime Ausdrucksweise. Und bei der Lektüre dieser Briefe kann einem doch ein Grausen überkommen.«[91]

Sein Schlußsatz lautet: »Auf diesen Briefwechsel läßt sich kein Wort besser anwenden als das, mit dem Marx sein Urteil über die preußische Geschichte abschließt: ›c'est dégoûtant‹ – nach Inhalt und Form. Es ist wahrhaft grauenhaft, aus diesen vier Bänden zu ersehen, welche durch und durch zerfressene Seele in Marx gehaust hat.« Bebel und Bernstein empfanden ähnlich, konnten sich aber zu einem solchen Schritt der Kritik und Ablehnung nicht entschließen:

»Ein anderer Punkt... ist, daß M[arx] und E[ngels] sich weit über das erlaubte Maß in persönlichen Herabsetzungen, Spöttereien und Verunglimpfungen gegen Lass[alle] ergingen. Insbesondere hat es mir bei dem Lesen der Briefe einen äußerst peinlichen Eindruck gemacht, daß M[arx] sich an Lassalle um Hilfe wandte, solche, wenn auch nicht in dem erhofften Maße, erlangte und dann in der oben bemerkten Weise über Lassalle herfiel.«[92]

Schließlich wählten sie, nachdem sie 18 Jahre hatten verstreichen lassen, die schlimmste aller theoretischen Möglichkeiten. Um nur tunlichst keinen Schatten der Wirklichkeit auf das in Gold gefaßte Bild der Freunde fallen zu lassen, entschlossen sie sich zu kosmetischen Sprachoperationen größten Stils und zur Beseitigung der »schlimmsten dieser Briefe«.

Bebel an Kautsky: »Wir haben ja die schlimmsten dieser Briefe beseitigt, die andern stark gemildert«.[93]

Im Vorwort der Briefwechsel-Edition heißt es ziemlich unverfänglich: »Friedrich Engels, der treue Arbeits- und Kampfgenosse von Karl Marx, hat die beiden Unterzeichneten zu Erben seines literarischen Nachlasses sowie des Briefwechsels zwischen ihm und Karl Marx eingesetzt. Wir übergeben diesen Briefwechsel, der sich über ungefähr vier Jahrzehnte erstreckt, nunmehr der Öffentlichkeit. Er wird in den vorliegenden Bänden bis auf Unwesentliches und Intimitäten, die für weitere Kreise kein Interesse haben, unverkürzt zum Abdruck gebracht.«[94] In den folgenden, deutlich kleiner gesetzten »Anmerkungen« werden von Bernstein die Manipulationen, von deren Ausmaß sich der Leser keine Vorstellung machen kann, vorsichtig angedeutet: »Fortgelassen sind auch hier und dort mißfällige Bemerkungen über dritte Personen, doch betrifft dies nur solche Äußerungen, die kein politisches oder wissenschaftliches Urteil einbegriffen, das nicht schon in vorhergegangenen Briefen deutlich ausgesprochen ist.«[95] Dann wird eine »sprachliche Redaktion« eingeräumt, die jedoch durch die Gleichsetzung von Marx mit Goethe eher einem Hymnus als einer Anklage oder einem Schuldbekenntnis gleicht: »Marx läßt sich zeitweise in seinen Briefen nicht weniger drastisch aus, als dies der Olympier Goethe zu tun pflegte, und gelegentlich tut es auch Engels. Es würde aber durchaus nicht in ihrem Sinne gehandelt sein, wenn die derben Ausdrücke unverändert im Druck wiedergegeben würden. Denn weder Marx noch Engels waren etwa doktrinäre Gegner zivilisierter Umgangsformen.«[96] Nein, »*doktrinäre* Gegner zivilisierter Umgangsformen« waren sie nicht. Wann und wo gab es schon derlei? Doch beide gingen mit ihren für den Druck bestimmten Verbalinjurien bis an die Grenze des rechtlich Geduldeten, wofür die oben zitierte Kritik des »Herr Vogt« einen anschaulichen Beleg bietet. Ausschlaggebend sollte letztlich aber nicht sein, was sie für den Druck imprimiert hatten, sondern wie sie losgelöst von juristischen Bindungen über andere dachten, empfanden und sprachen. Und das würde auch heute, in weit weniger ehrbessenen Zeiten, allemal für eine erfolgreiche Beleidigungsklage reichen.

Um dem Leser ein eigenes Urteil zu ermöglichen, sollen beispielhaft einige wenige »sprachliche Redaktionen« aus der zeitlichen Mitte ihrer Korrespondenz (1844–1883) konkretisiert werden, die sich auf die Korrespondenz der Freunde vom Februar 1860 beziehen.

Der Brief Engels an Marx vom 1. Februar 1860 fehlt ganz. Typisch für diesen Brief sind Sätze wie: »Mit solchen Leuten ist nicht räsonieren. Diese langen breiten Bettelsuppen scheinen dem Lassalle so natürlich abzugehn wie sein Kot, und vielleicht noch viel leichter – was kann man auf solche Fadaisen und wohlfeile Weisheit sagen? Wunderbare Ratschläge gibt der Kerl.«[97]

Am 4. Februar schreibt Marx an Engels: »Lieber Engels, von Berlin noch nichts da. Wäre übrigens Itzig kein Lump, so hätte er mir von selbst wenigstens die ›National-Zeitung‹ sofort nach ihrem Erscheinen geschickt. Was nun den Auszug für Lupus aus der ›National-Zeitung‹ betrifft...«[98]

In der Ausgabe Bebel/Bernstein lesen wir: »Lieber Engels! Was den Auszug für Lupus aus der Nationalzeitung betrifft...«[99] Der erste Satz wurde also ausgeblendet.

Vom 9. Februar datiert ein weiterer Brief von Marx an Engels, von dem Dutzende Zeilen der Zensur zum Opfer fielen. Daraus einige Passagen: »Ich stehe mit dem ›Daily Telegraph‹ in a secret und confidential correspondence seit dem Tage, wo die Scheiße erschien... Der Verfasser, i.e. der Sau-Berliner-Korrespondent des ›Daily Telegraph‹ ist ein Jud namens Meier, ein Verwandter des City-Proprietor, der ein englischer Jud namens Levy ist. Beide Kerls werfen daher mit Recht – iuvante Vogt – dem Heine vor, daß er ein getaufter Jude. Der letzte Brief von Itzig, den Du als eine Rarität aufheben mußt, einliegend... Man denke sich die Plastizität dieses ungriechischsten aller Wasserpolackischen Juden.«[100] Im weiteren werden aus »Vieh« »Kerl«, aus »Kerl« »er«! Der nächste Satz wird ganz unterschlagen. Er lautet: »Derselbe Bursche, der die schamlosesten Mittel gebraucht und sich mit den schamlosesten Personen in Verbindung gesetzt au service de la comtesse de Hatzfeld! Vergißt das Vieh,...« Aus: »Nun sieh den gespreizten Affen« machen sie »Nun sieh den gespreizten Menschen«.[101] Und so geht es weiter, Seite für Seite, Brief für Brief, Buch für Buch. Trotzdem behauptet Franz Mehring in seiner Besprechung: »Wer auch nur flüchtig in die vier starken Bände hineinblickt, wird sich sofort überzeugen, daß hier nichts vertuscht worden ist...«[102] Abschließend soll ein Brief von Marx an Engels in voller Länge wiedergegeben werden und, zum Vergleich, was Bebel und Bernstein daraus gemacht haben:

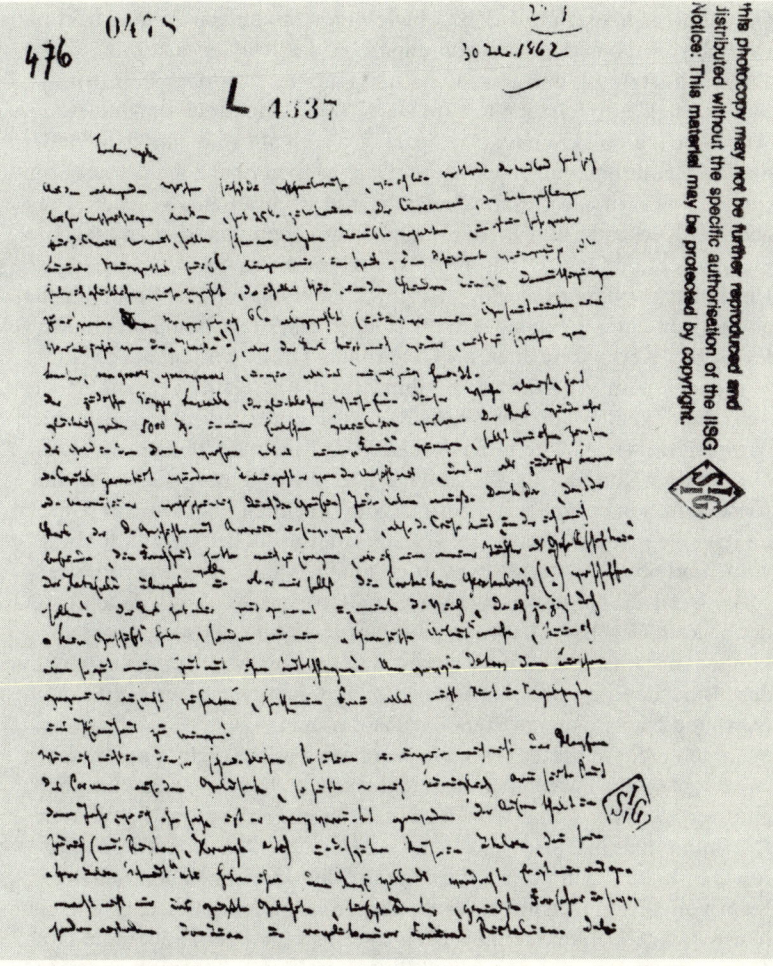

Karl Marx an Friedrich Engels am 30. Juli 1862 (mit Genehmigung des IISG-Amsterdam. Leserliche Wiedergabe des ganzen Briefes auf den folgenden Seiten):

Original nach MEW aaO 30, 257

Marx an Engels
in Manchester

[London] 30. Juli [1862]

Lieber Engels,
aus den einliegenden Wischen siehst Du teilweise, wie ich bin bothered.
Der landlord hat sich bisher beschwichtigen lassen, hat 25 £ zu bekommen.
Der Klaviermann, der Ratenzahlungen für das Klavier bekommt, sollte
schon am letzten Juni 6 £ erhalten, und ist ein sehr grober Lümmel.
Steuerzettel für 6 £ liegen mir im Haus. Den Schuldreck von ungefähr
10 £ habe ich glücklicherweise bezahlt, da ich alles tue, um den Kindern
direkte Demütigungen zu ersparen. Dem Metzger habe ich 6 £ abgezahlt
(und dies war meine Gesamteinnahme eines Vierteljahrs von der »Presse«!),
aber der Kerl tritt mich wieder, nicht zu sprechen von Bäcker, teagrocer,
greengrocer und wie all das Teufelszeug heißt.
Der jüdische Nigger Lassalle, der glücklicherweise Ende dieser Woche
abreist, hat glücklich wieder 5000 Taler in einer falschen Spekulation verloren. Der Kerl würde eher das Geld in den Dreck werfen, als es einem
»Freunde« pumpen, selbst wenn ihm Zinsen und Kapital garantiert würden. Dabei geht er von der Ansicht aus, daß er als jüdischer Baron oder
baronisierter (wahrscheinlich durch die Gräfin) Jude leben muß. Denk
Dir, daß der Kerl, der die Geschichte mit Amerika usw. weiß, also die
Krise kennt, in der ich mich befinde, die Frechheit hatte, mich zu fragen,
ob ich eine meiner Töchter als »Gesellschafterin« der Hatzfeldt übergeben
wolle und ob er mir selbst die Protektion Gerstenbergs (!) verschaffen
solle! Der Kerl hat mir Zeit gekostet und, meinte das Vieh, da ich ja jetzt
doch »kein Geschäft« habe, sondern nur eine »theoretische Arbeit« mache,
könne ich ebensogut meine Zeit mit ihm totschlagen! Um gewisse dehors
dem Burschen gegenüber aufrechtzuhalten, hatte meine Frau alles nicht
Niet- und Nagelfeste ins Pfandhaus zu bringen!
Wäre ich nicht in dieser scheußlichen Position und ärgerte mich nicht
das Klopfen des Parvenu auf den Geldsack, so hätte er mich königlich
amüsiert. Seit dem Jahr, wo ich ihn sah, ist er ganz verrückt geworden.
Der Aufenthalt in Zürich (mit Rüstow, Herwegh etc.) und die spätere
Reise in Italien, dann sein »Herr Julian Schmidt« etc. haben ihm den
Kopf vollends verdreht. Er ist nun ausgemacht nicht nur der größte Ge-
lehrte, tiefste Denker, genialste Forscher usw., sondern außerdem Don
Juan und revolutionärer Kardinal Richelieu. Dabei das fortwährende Ge-
schwätz mit der falschüberschnappenden Stimme, die unästhetisch demon-
strativen Bewegungen, der belehrende Ton!
Als tiefes Geheimnis teilte er mir und meiner Frau mit, daß er Garibaldi

Wiedergabe durch Bebel/Bernstein

30. Juli 1862
Lieber Engels!
Aus den anliegenden Wischen siehst Du teilweise, wie ich <u>gequält bin.</u>
Der Landlord hat sich bisher beschwichtigen lassen, hat 25 Pfund zu bekommen. Der Klaviermann, der Ratenzahlungen für das Klavier bekommt, sollte schon am letzten Juni 6 Pfund erhalten, und ist ein sehr grober Lümmel. Steuerzettel für 6 Pfund liegen mir im Haus. Die Schulrechnung von ungefähr 10 Pfund habe ich glücklicherweise bezahlt. da ich alles tue, um den Kindern direkte Demütigungen zu ersparen. Dem Metzger habe ich 6 Pfund abgezahlt (und dies war meine Gesamteinnahme eines Vierteljahrs von der »Presse«!), aber der Kerl tritt mich wieder, nicht zu sprechen von Bäcker, Teehändler, Grünkrämer und wie all das Teufelszeug heißt.
Lassalle, der                                     Ende dieser Woche
abreist, hat glücklich wieder 5000 Taler in einer falschen Spekulation verloren.

Um gewisse dehors
ihm      gegenüber aufrechtzuhalten, hatte meine Frau alles nicht
Niet- und Nagelfeste ins Pfandhaus zu bringen!
Wäre ich nicht in dieser scheußlichen Position,
so hätte er mich königlich
amüsiert.
Der Aufenthalt in Zürich (mit Rüstow, Herwegh usw.) und die spätere Reise in Italien, dann sein »Herr Julian Schmidt« usw. haben ihm den Kopf vollends verdreht. Er ist nun ausgemacht nicht nur der größte Gelehrte, tiefste Denker, genialste Forscher usw., sondern außerdem Don Juan und revolutionärer Kardinal Richelieu.

Als tiefes Geheimnis teilte er mir und meiner Frau mit, daß er Garibaldi

Original nach MEW aaO 30, 258

den Rat gab, nicht Rom zum Ziel des Angriffs zu machen, sondern er solle
nach Neapel, dort sich zum Diktator (ohne Verletzung Viktor Emanuels)
aufwerfen, die Volksarmee aufrufen zum Feldzug gegen Östreich. Lassalle
ließ ihn 300 000 Mann aus dem Boden stampfen, und die piemontesische
Armee schloß sich natürlich an. Und dann – nach einem von Herrn Rüstow,
wie er sagt, gebilligten Plan – sollte ein detachiertes Korps nach der adria-
tischen Küste (Dalmatien) gehn oder vielmehr schiffen und Ungarn insur-
gieren, während die Hauptarmee unter Garibaldi ohne Berücksichtigung
des Quadrilaterals von Padua nach Wien zog, wo die Bevölkerung sofort
revoltierte. Alles vollendet in 6 Wochen. Als Hebel der Aktion: Lassalles
politischer Einfluß oder seine Feder in Berlin. Und Rüstow an der Spitze
eines Korps von deutschen Freischärlern angeschlossen an Garibaldi.
Bonaparte aber war paralysiert durch diesen Lassalleschen coup d'éclat.
Er war jetzt auch bei Mazzini, und »auch dieser« billigte und »bewun-
derte« seinen Plan.
Er stellte sich diesen Leuten vor als »Repräsentant der deutschen revolutionären Arbeiterklasse« und unterstellte bei ihnen (wörtlich!) die Kenntnis, daß er (Itzig) durch seine »Broschüre über den italienischen Krieg
Preußens Intervention verhinderte«, und in fact »die Geschichte der
letzten 3 Jahre« geleitet hat. L[assalle] war sehr wütend über mich und
Frau, daß wir uns über seine Pläne lustig machten, ihn als »aufgeklärten
Bonapartisten« hänselten usw. Er schrie, tobte, sprang und hat sich endlich
gründlich überzeugt, daß ich zu »abstrakt« bin, um Politik zu verstehn.
As to America, so ist das, sagt er, ganz uninteressant. Die Yankees
haben keine »Ideen«. Die »individuelle Freiheit« ist nur eine »negative
Idee« etc. und was dieses alten verkommenen Spekulationskehrichts
mehr ist.
Wie gesagt, unter andern Umständen (und wenn er mich nicht im
Arbeiten gestört) hätte der Kerl mich königlich amüsiert.
Dabei das wüste Fressen und die geile Brunst dieses »Idealisten«.
Es ist mir jetzt völlig klar, daß er, wie auch seine Kopfbildung und sein
Haarwuchs beweist, – von den Negern abstammt, die sich dem Zug des
Moses aus Ägypten anschlossen (wenn nicht seine Mutter oder Groß-
mutter von väterlicher Seite sich mit einem nigger kreuzten). Nun, diese
Verbindung von Judentum und Germanentum mit der negerhaften Grund-
substanz müssen ein sonderbares Produkt hervorbringen. Die Zudring-
lichkeit des Burschen ist auch niggerhaft.
Wenn Herr Rüstow übrigens den Zug von Padua nach Wien erfunden
hat, so scheint der mir auch einen Sparren zuviel zu haben.
Salut.

Dein
K.M.

## Wiedergabe durch Bebel/Bernstein

den Rat gab, nicht Rom zum Ziel des Angriffs zu machen, sondern er solle
nach Neapel, dort sich zum Diktator (ohne Verletzung Viktor Emanuels)
aufwerfen, die Volksarmee aufrufen zum Feldzug – gegen Österreich. Lassalle
hieß ihn 300 000 Mann aus dem Boden stampfen, und die piemontesische
Armee schloß sich natürlich an. Und dann – nach einem von Herrn Rüstow
wie er sagt, gebilligten Plan – sollte ein detachiertes Korps nach der adria-
tischen Küste (Dalmatien) gehen oder vielmehr schiffen und Ungarn insur-
gieren, während die Hauptarmee unter Garibaldi ohne Berücksichtigung
des Quadrilaterals von Padua nach Wien zog, wo die Bevölkerung sofort
revoltierte. Alles vollendet in sechs Wochen. Als Hebel der Aktion: Lassalles
politischer Einfluß oder seine Feder in Berlin. Und Rüstow an der Spitze
eines Korps von deutschen Freischärlern angeschlossen an Garibaldi.
Bonaparte aber war paralysiert durch diesen Lassalleschen coup d'éclat.
Er war jetzt auch bei Mazzini, und »auch dieser« billigte und »bewun-
derte« seinen Plan.
Er stellte sich diesen Leuten vor als »Repräsentant der deutschen revolutionären Arbeiterklasse« und unterstellte bei ihnen (wörtlich!) die Kenntnis, daß er (<u>Lassalle</u>) »durch seine Broschüre über den italienischen Krieg
Preußens Intervention verhinderte«, und in fact »die Geschichte der
letzten drei Jahre geleitet hat«.

Original nach MEW aaO 30, 259

Eine der großen Entdeckungen unsres nigger – die er aber nur den
»vertrautesten Freunden« noch mitteilt – ist, daß die Pelasger von den
Semiten abstammen. Hauptbeweis: Im Buch der Makkabäer schicken
die Juden Gesandte nach Griechenland um Hülfe, sich berufend auf
Stammverwandtschaft. Ferner hat man eine etruskische Inschrift in Peru-
gia gefunden, und Hofrat Stücker in Berlin und ein Italiener haben sie
gleichzeitig entziffert und die etruskischen Buchstaben unabhängig voneinander in hebräische aufgelöst.
Damit wir ihm nicht mehr mit »Blue Books« kommen, hat er für
20 £ blue books (unter Buchers Leitung) gekauft.
Er hat Bucher zum Sozialismus bekehrt, wie er behauptet. Der Bucher
ist nun ein ganz feines, wenn auch verzwicktes Männchen, und jedenfalls
kann ich nicht glauben, daß er Lassalles »auswärtige Politik« akzeptiert hat
Bucher ist das »Setzerweib« im »Julian Schmidt«.
Wärst du nur ein paar Tage hergekommen, Du hättest für ein Jahr
Stoff zum Lachen eingelegt. Darum wollte ich Dich so gern hier haben.
Solche Gelegenheit kommt nicht jeden Tag.

Wiedergabe durch Bebel/Bernstein

Damit wir ihm nicht mehr mit blue books kommen, hat er für
20 Pfund Sterling blue books (unter Buchers Leitung) gekauft.
Er hat Bucher zum Sozialismus bekehrt, wie er behauptet. Der Bucher
ist nun ein ganz feines, wenn auch verzwicktes Männchen, und jedenfalls
kann ich nicht glauben, daß er Lassalles »auswärtige Politik« akzeptiert hat.
Bucher ist das »Setzerweib« im Julian Schmidt.

[Dein K. M.]

# V.
# »Der bedeutendste Gelehrte und Lehrer des modernen Proletariats in der ganzen zivilisierten Welt«[1]
# KPdSU, KPD, SED

## 1. »Marx lebt in uns und unseren Taten

(Motto der Werktätigen des VEB Numerik »Karl Marx«, Karl-Marx-Stadt, im Wettbewerb des Karl-Marx-Jahres 1983)[2]

Das Zitat in der Kapitelüberschrift stammt von Lenin. An anderer Stelle jubelt er: »Die Lehre von Marx ist allmächtig, weil sie wahr ist. Sie ist in sich geschlossen und harmonisch, sie gibt den Menschen eine einheitliche Weltanschauung, die sich mit keinerlei Aberglauben, keinerlei Reaktion, keinerlei Verteidigung bürgerlicher Knechtung vereinbaren läßt. Sie ist die rechtmäßige Erbin des besten, was die Menschheit im 19. Jahrhundert in Gestalt der deutschen Philosophie, der englischen politischen Ökonomie und des französischen Sozialismus hervorgebracht hat.«[3] Seit 1917 bis in die Tage Gorbatschows war Lenin in der Sowjetunion und den Satellitenstaaten die Autorität schlechthin. Jedes seiner Worte hatte gleichsam Gesetzesrang, niemandem war es gestattet, an ihm oder seiner Weltsicht Kritik zu üben. Da er sich des öftern ähnlich triumphalistisch geäußert hatte, war der *Marxkult nicht nur eine Möglichkeit, sondern ein Gebot von großem Gewicht.* Dieses Gebot haben die Sowjetunion und die DDR selbstverständlich getreulich erfüllt.

1982 wurde mitgeteilt: In rund 22 Millionen Exemplaren hat der SED-eigene Dietz-Verlag seit 1945 die Werke von Karl Marx und Friedrich Engels verbreitet. Traditioneller Spitzenreiter ist nach Angaben des Verlages das »Manifest der Kommunistischen Partei«, von dem seit 1945 weit über sieben Millionen Exemplare verkauft wurden, gefolgt von Marx' »Kritik des Gothaer Programms« mit rund drei Millionen Exemplaren seit Kriegsende. »Das Kapital«, Band 1 bis 3, brachte es im gleichen Zeitraum auf zwei Millionen

Hausinschrift in Dresden vor der Wende.

Exemplare. Für das Karl-Marx-Jahr 1983 plant der Ost-Berliner Dietz-Verlag u. a. die Fortführung der Marx-Engels-Gesamtausgabe.[4]

In den »Thesen des Zentralkomitees der Sozialistischen Einheitspartei Deutschlands zum Karl-Marx-Jahr 1983« heißt es auf der ersten Seite: »Wir ehren in Karl Marx den größten Sohn des deutschen

Volkes. Er begründete zusammen mit Friedrich Engels den wissenschaftlichen Sozialismus, die wissenschaftliche Weltanschauung, die Theorie und das Programm der revolutionären Arbeiterbewegung zur Schaffung einer von Ausbeutung freien Gesellschaft. Karl Marx war zu seinen Lebzeiten der bedeutendste Führer der deutschen und internationalen Arbeiterbewegung... Das Werk von Karl Marx findet in der internationalen Arbeiterbewegung seine schöpferische Fortsetzung. Eine herausragende Rolle kommt dabei W. I. Lenin und der KPdSU zu.«[5]

Um die »Allmacht« der Marxschen Lehre glaubhaft zu machen, war jedes Mittel recht. In hohem Maße effektiv und doch scheinbar harmlos verdient vorab das Außer-Acht-Lassen jener Dokumente oder Äußerungen Erwähnung, die nicht ins Bild des Unfehlbaren passen.[6] So ist Freddy Demuth, der uneheliche Sohn von Marx, nicht existent, obwohl man über ihn nirgendwo besser Bescheid wußte als in der Sowjetunion, hinlänglich auch in der DDR. In den Marx/Engels-Werken kommt er einmal vor, und zwar als Mitunterzeichner einer Postkarte neben Engels und anderen. Die Eintragung im Personenverzeichnis lautet: »Demuth, Frederick [sic!; im amtlichen Geburtsregister der Kirchengemeinde von St. Anne im Londoner Stadtteil Soho steht: ›Henry Frederick Demuth‹, Mutter: ›Helene Demuth‹. Eine Angabe über den Vater existiert nicht[7]] Sohn von Helene Demuth.«[8] Die von Rjasanow gesammelten Dokumente, Freddy betreffend, wurden auf Weisung Stalins weggeschlossen.[9]

Eine weitere Möglichkeit: maßloses, nicht oder schwer nachprüfbares Lob, für das die Eingangszitate Anschauungsmaterial liefern. *Beliebt war es auch, andere, wie Eleanor Marx und Wilhelm Liebknecht, ausführlich zu Worte kommen zu lassen, obwohl die Ostblock-Marxologen genau über die Anfechtbarkeit dieser Texte Bescheid wußten.*

Typisch dafür ist der Aufsatz, den die 70jährige Franziska Kugelmann 1928 für das Moskauer Marx/Lenin-Institut niederschrieb. Als sie neun Jahre alt war, 1867, besuchte Marx ihre Eltern. Sechzig Jahre später schildert sie diese Begebenheit, als seien ihr viele Einzelheiten dieser Tage noch genau gegenwärtig; Unterhaltungen gibt sie wörtlich wieder, wobei keine Rücksicht auf den Erfahrungshorizont und die Verstehensmöglichkeiten eines Mädchens genommen wird.[10] Schon im zweiten Satz behauptet Frau Kugelmann wider besseres Wissen, ihr Vater und Marx seien »lebenslang in treuer Freundschaft verbunden« geblieben. In Wirklichkeit kam es im Au-

## Marx und andere deutsche Ideenbäcker

Triumph der Symbole: Wie aus ideologischen Ladenhütern willige Werbeträger werden

Unser „Ideenbäcker von nebenan" hat ein neues Brot auf den Markt gebracht, das sich in Thüringen und Sachsen schon gut eingeführt haben soll. „Bitte ein Karl-Marx-Brot!" hört man dort immer öfter. Geworben wird vor den Ideenbäckerläden mit dem Konterfei des „genialen Wissenschaftlers und Revolutionärs der Arbeiterklasse", wie er früher genannt wurde, als es noch den Karl-Marx-Orden und Karl-Marx-Stadt gab. Jetzt werden gewissermaßen kleinere Brötchen mit Marx gebacken.

Man habe „keine politischen Ambitionen im Hinterkopf" gehabt, versichert die Erfurter Backwarenkette. Auch der Vorwurf der DDR-Nostalgie träfe nicht, denn „mit der Art von Sozialismus hatte Marx sowieso nichts zu tun". Als Argument der Abgrenzung von der vormaligen Verwendung des Ehrennamens Karl Marx kann das freilich nicht gelten. Auch zu DDR-Zeiten war sein Name nur Schall und Rauch. Daß Marx etwa niemals in Chemnitz war, stellte keinen Hinderungsgrund dar, ihn postum zum Taufpaten für Karl-Marx-Stadt zu bestellen. Als Prophet des kommunistischen Schlaraffenlandes, in dem das Geld seine Bedeutung verlieren sollte, zierte er den Hundertmarkschein

der DDR. Daß nunmehr ein Weizenmischbrot seinen Namen trägt, stellt lediglich eine zeitgemäße Variation der Vermarktung seines Namens dar. Als ideologischer Ladenhüter ging er unter, als Werbeträger taucht er wieder auf.

Ähnlich ergeht es einem zweiten Ehrennamensgeber aus DDR-Tagen: Ernst Thälmann. „Thälmann ist niemals gefallen", sangen Kampfgruppen und Schulklassen. Auf diesen Refrain läßt sich auch die Nachwendegeschichte des Magdeburger Schwermaschinenbaukombinates Ernst Thälmann (SKET) singen, das als GmbH jüngst in die Schlagzeilen geriet, weil sich die Privatisierung komplizierter darstellt als die Erbepflege.

Drei Meter groß stand Thälmann in Bronze gegossen seit 1986 vorm Werkstor. „Thälmannwerker" nannten sich die Arbeiter, aber der Thälmann, den der Berliner Bildhauer Gerhard Rommel geschaffen hatte, hieß im Volksmund „Marx Proper". Der erste Westmanager des Unternehmens mit seinen 6400 Mitarbeitern in die Marktwirtschaft führen gedachte, so ...

hieß. „Marx über Thälmann gestolpert" titelte die Lokalpresse. Marxens Nachfolger, der auch aus dem Westen kam, gab den „Thälmannwerkern" als erstes ihren Thälmann zurück. Er wurde vor der neuen SKET-Fertigungshalle aufgestellt und mit „neuer Symbolkraft" ausgestattet. Doch der Name Ernst Thälmann, der ja für das ET in SKET steht, tauchte in keinem Briefkopf oder Werbeprospekt mehr auf. „Das hätte dann doch die neuen Kunden möglicherweise vergrault", erklärte die Geschäftsführung.

Um so überraschender kam die Nachricht, daß SKET d...
Thälmann als „...
ke" gießen li...
Hütte in ...
dem SK...
d...

Ideenbäcker

gust 1874 zum lebenslänglichen Bruch. Marx an Engels (1. September 1874): »Ich reise *unter keinen Umständen*, obgleich K[ugelmann] das noch nicht weiß, über Hannover [Wohnort Ks] zurück... Dieser Mensch ennuyiert mich mit seinen Gemütsquengeleien – oder Lümmeleien...«[11] Marx hat ihm auch nie mehr geschrieben. Trotzdem heißt es im Personenverzeichnis der Marx/Engels-Werke immer wieder: »Kugelmann... enger Vertrauter und Freund von Marx.«

Eine weitere Möglichkeit, Menschen den Marxglauben bereits mit der Muttermilch einzuflößen, war es, Marx als allgegenwärtig erscheinen zu lassen. Auf die Frage eines Reporters: »Wo begegnet dir Marx?« antwortete eine DDR-Schülerin treffend: »Wenn man so will, begegnet einem Marx überall.«[12] Vom Karl-Marx-Jahr 1983 war schon die Rede. »Karl-Marx-Stadt«, »Karl-Marx-Universität«, »Karl-Marx-Bibliothek«, »Karl-Marx-Orden«, Karl-Marx-Briefmarken, Münzen mit dem Konterfei des Karl Marx, Karl-Marx-Alleen, Karl-Marx-Straßen, Karl-Marx-Monumente. Vom Einhundert-Mark-Schein der DDR strahlte Marx. Marx, auch das ist unstrittig, ist der in diesem Jahrhundert weltweit meistzitierte politische Denker; das 20. Jahrhundert wird wohl als »Zeitalter des Marxismus«[13] in die Geschichte eingehen.

Daß der »Genius« des deutschen Volkes, ja der Menschheit schlechthin, über jede Kritik erhaben war, versteht sich von selbst. Doch wer als Geistesschaffender glaubte, er habe mit entsprechender Abstinenz hinlänglich den sozialistischen Menschen unter Beweis gestellt, irrte gewaltig. Marx mußte in jeder wissenschaftlichen Darstellung positive Erwähnung finden, und zwar unabhängig davon, ob er sich jemals auch nur entfernt mit der Thematik befaßt hat oder nicht. Hierzu ein Beispiel: Ein Verleger schenkte mir zu Weihnachten eine bibliophile Delikatesse: Albert Kapr »Schriftkunst – Geschichte, Anatomie und Schönheit der lateinischen Buchstaben«. Der Verlag hat seinen Sitz, wie es heißt, in »München. New York. London. Paris«. Als ich in der allerersten Anmerkung den Namen »Karl Marx« entdeckte, der mit der Aussage zitiert wird: Die Sprache sei »die unmittelbare Wirklichkeit des Denkens«, war mir jedoch klar, daß das Buch einen DDR-Hintergrund haben muß. Auf der buchstäblich letzten Seite wurde ich fündig: »Bis zweite Auflage im Verlag der Kunst Dresden«. Wie der gläubige Christ zu Beginn seiner Gebete die drei göttlichen Personen anruft und die Muslime Allah ständig memorieren, so mußte in der DDR wie im Machtbereich des Marxismus überhaupt immer und überall der Geist des Unfehlbaren beschworen werden.

Ignace Lepp, ein französischer Kommunist, der in der Sowjetunion als Philosophieprofessor wirken durfte, erinnert sich: »Ich konnte mir einen Lobspruch eines vormarxistischen Denkers jedoch nur unter der Bedingung erlauben, daß ich mich jedesmal irgendeines Zitats aus Engels bediente und zeigte, daß dieser Philosoph im Vergleich zu den ökonomischen Zuständen seiner Zeit ein Progressist gewesen war. Seitdem Karl Marx aber die endgültige Offenbarung gebracht hatte, konnte es nur mehr bei seinen Schülern und Kommentatoren Wahrheit geben... Ein Professor der marxistischen Philosophie war natürlich gehalten, Marx und Engels als geniale Philosophen hinzustellen, aber auch Lenin und sogar Stalin. Wehe ihm, wenn er eine Vorlesung hielt und nicht Gelegenheit fand, wenigstens einmal eine dieser ›Autoritäten‹ zu zitieren!«[14] Hans Reichelt, der DDR-Umweltminister, begann einen Artikel über »Die natürliche Umwelt rationell nutzen, gestalten, schützen« mit den Worten: »Die Umweltpolitik der DDR hat ihr wissenschaftliches Fundament in den Erkenntnissen des Marxismus-Leninismus über die vielfältigen Wechselbeziehungen zwischen Mensch, Gesellschaft und Natur.«[15] Mit derlei Sottisen, die heute geeignet sind, Marx vollends der Lächerlichkeit preiszugeben, könnten nicht nur Bücher, sondern ganze Bibliotheken gefüllt werden.

Von einer weiteren einschlägigen Möglichkeit war schon die Rede, nämlich vom Aufblähen der literarischen Hinterlassenschaft der Freunde bis ins Noch-Nie-Dagewesene in Gestalt der MEGA (s. Vorwort a. E.). 1993 wurde in Bonn ein 1940 Seiten umfassendes Werk veröffentlicht, das Dokumente aus dem Umfeld von Marx enthält.[16] Darin findet sich kein einziger Satz, der auch nur bescheidene Aufmerksamkeit ausgelöst hätte. Doch dahinter verbirgt sich eine unglaublich zeitaufwendige Forscherleistung, die nur aus jener Schatulle vergütet werden konnte, aus der der Weihrauch ad majorem gloriam Marxi bezahlt wurde. Auch insofern hat sich die Vermutung bestätigt. Das Buch war noch zu DDR-Zeiten mit DDR-Mitteln fabriziert worden. Entsprechendes gilt für das »Historisch-kritische Wörterbuch des Marxismus«, an dem seit 1983 weit über 50 Wissenschaftler arbeiten.[17]

Im folgenden soll das eben knapp Skizzierte an drei herausragenden Büchern veranschaulicht werden: 1. Franz Mehring »Karl Marx – Geschichte seines Lebens«, 2. Autorenkollektiv »Karl Marx – Biographie«, 3. Vilmos und Ilse Korn »Mohr und die Raben von London«. Mehrings Marxbiographie, die erste namhafte überhaupt, galt in Kommunistenkreisen jahrzehntelang als das Standardwerk für die Beschäftigung mit Marx: »Unter den zahlreichen Versuchen, das Leben und Schaffen von Karl Marx biographisch zu gestalten, steht Franz Mehrings 1918 veröffentlichte Karl-Marx-Biographie auch heute noch mit an erster Stelle.«[18] Seine 610 Seiten aus dem Jahre 1918 wurden genau 50 Jahre später durch die über 900 Seiten starke Darstellung verdrängt, für die neun Sowjetautoren verantwortlich zeichnen und weitere Mitwirkende genannt werden. Ganz besondere Erwähnung unter dem Aspekt Mythenbildung verdient aber »Mohr und die Raben von London«, war es doch in außergewöhnlicher Weise dazu angetan, die Herzen von Alt und Jung zu begeistern. Eine Pflichtlektüre an allen Schulen der DDR und wohl auch vielerorts sonst im sozialistischen Lager. Eine DEFA-Verfilmung hat die Wirkung noch potenziert.

## 2. »Ich leide nicht an ›Marx-Pfafferei‹« – Franz Mehrings Marx-Biographie

Noch immer erinnern in Berlin »Mehring-Platz« und »Mehring-Damm« an den »verdienten Vorkämpfer des Proletariats«. Franz Mehring, 1846 geboren, entstammte einem bürgerlichen Hause. Schriftstellerisch tätig, trat er, wie man das damals pathetisch nannte, »in die Reihen des Proletariats«. Zusammen mit Rosa Luxemburg und Karl Liebknecht gründete er 1918 die Kommunistische Partei Deutschlands.

Von ihm also stammt die erste große Marx-Biographie. War er zu ihrer Abfassung überhaupt legitimiert? Die Genossen Kautsky und Rjasanow hatten ihm zu verstehen gegeben, er möge seine Finger von diesem Projekt lassen: »Zuerst zieh mich K. Kautsky der ›Marxfeindschaft‹ im allgemeinen und eines angeblich an Frau Lafargue begangenen ›Vertrauensbruchs‹ im besonderen, und als ich gleichwohl auf meiner Absicht beharrte, die Biographie von Marx zu schreiben, opferte er von dem bekanntlich sehr kostbaren Raum der ›Neuen Zeit‹ nicht weniger als einige 60 Seiten einem Pamphlet, worin mich N. Rjasanow – unter einer Flut von Beschuldigungen, deren Gewissenlosigkeit etwa auf gleicher Höhe mit ihrer Sinnlosigkeit stand – des schnödesten Verrats an Marx überführen wollte.«[19]

Mehring war Marx und Engels kein Unbekannter. Engels stellte dem »Lügenbold«[20] ein vernichtendes Leumundszeugnis aus: »Mehring hat über uns so viel Lügen in die Welt geschickt, daß wir die andern alle indirekt für Wahrheit erklären würden, wollten wir eine einzige dementieren. Seit Jahren haben wir all das Lügengeschwätz unberücksichtigt gelassen, wenn nicht höchste Notwendigkeit zur Antwort zwang.«[21]

Bemerkenswert mit Blick auf die 1918 erschienene Biographie ist der folgende Brief Engels, 33 Jahre früher abgefaßt: »Herr Franz Mehring schreibt mir jetzt zum zweiten Mal, ich soll ihm Material für eine Biographie etc. von Marx zur Verfügung stellen, und macht mir unter anderem die unverschämte Zumutung, ihm *unersetzliche* Schriften von uns, die er sich dort nicht verschaffen kann, ›leihweise‹ nach Berlin zu schicken!«[22]

Diese Beschimpfungen vor Augen hat man volles Verständnis dafür, daß Mehring »gewisse sprachliche Redaktionen« an der Korrespondenz der Freunde (IV 4) mit Rücksicht auf die Betroffenen – von denen er eben selbst einer war – gutgeheißen hat: »Wer auch nur flüchtig in die vier starken Bände hineinblickt, wird sich sofort überzeugen, daß hier nichts vertuscht worden ist«.[23] Wer alle Warnungen Engels', Kautskys und Rjasanows bedenkt, sich zugleich an die Absegnung der Manipulationen erinnert und in Mehring einen Vollblutkommunisten wittert, einschließlich der Absage an jede Moral im Dienst der Revolution, wird durch die Lektüre eines Besseren belehrt. Natürlich bringt er längst nicht alles zur Sprache, was das Bild des verehrten Führers hätte beschädigen können. Aber Mehring hat uns keine kitschige Heiligenlegende vermacht, sondern ein Werk, das trotz aller Mängel brauchbar war. Freilich, eine kritische Auseinandersetzung mit Marx und seinem Werk erfolgt kaum. Und wenn Marx schwere Schuld auf sich geladen hat, findet Mehring stets entschuldigende Worte. So betrachtet ist sein Werk also gleichwohl ein wesentlicher Beitrag zur Mythenbildung, zumal Mehring Marx schöne Worte in den Mund legt, die dieser nie gesagt hat. Doch da er auf Fußnoten verzichtet, können derlei Mängel dem unbedarften Leser nicht auffallen.[24] Wie selbstverständlich bedient er sich auch aller rührseligen »Erinnerungen«, so derjenigen von Eleanor Marx und Wilhelm Liebknecht (III u. IV 2).

Ein Beispiel für phantastische Elogen bildet folgender Satz: »Als denkender Kopf hat Marx schon auf der Universität selbständig gearbeitet und in zwei Semestern einen Wissensstoff bewältigt, den in der langsamen Stallfütterung der akademischen Vorlesungen zu verarbeiten nicht 20 Semester genügt haben würden.«[25] Nun, die Wirklichkeit sah ganz anders aus. Marx hat für damalige Verhältnisse lange studiert. Die Durchschnittsstudiendauer betrug im 19. Jahrhundert drei bis vier Jahre. In den sechs Jahren von 1835 bis 1841 legte er kein einziges Examen ab. Das Doktordiplom erwarb er unter für heutige Verhältnisse gänzlich unvorstellbaren Bedingungen. Marx wurde in Jena in absentia promoviert; er mußte sich keinem Rigorosum unterziehen, ja er konnte das Ganze auf dem Postwege abwickeln, ohne je Jena gesehen zu haben. Und was nicht minder sensationell anmutet: Der Brief, mit dem er aus Berlin die Dissertation nach Jena abschickt, datiert vom 6. April 1841. Am 9. Tag nach der Absendung ist die Prozedur schon beendet; das Ergebnis lautet: Dr. phil. Karl Marx. Das im Postkutschenzeitalter! – Jena, so heißt es, habe Geld gebraucht, und der Titel kostete viel Geld.

Für selbstverständlich hält es Mehring, daß Marx als Unternehmer

(Verlag und Druckerei) seinen Verpflichtungen gegenüber der Belegschaft nachkam. Also glaubt er zu wissen: »Daneben erfüllte Marx die Pflichten, die ihm als Kapitän des scheiternden Schiffes oblagen. Die 300 Taler, die ihm Hentze geborgt hatte, 1.500 Taler Abonnementgelder, die er von der Post erhielt, die ihm gehörige Schnellpresse usw. wurden sämtlich verwandt, um die Schulden der Zeitung an Setzer, Drucker, Papierhändler, Kontoristen, Korrespondenten, Redakteurpersonal usw. abzutragen.«[26] Für die Richtigkeit dieser Unterstellung hat er keine Belege. Ein Brief von Marx weist genau in die entgegengesetzte Richtung: »Übrigens, unter uns gesagt, wären wir weiter mit dem Geld gekommen, wenn nicht immer aufs neue Defizite durch neue Diebstähle entständen. Diese aber gehen aus von den alten Agenten. Ich habe *alle*, die sich kompromittiert hatten, von Scherzer an, herausgeworfen. Aber was noch von dem Sauerteig da war, taugte nichts, und wenn diese Knotenlumpen anständig bis dato, machen sie ihr *Exit* mit einer Prellerei. Endlich habe ich *den letzten* herausgeworfen vergangene Woche...«[27]
Schön ist auch die folgende Passage. Mehring zitiert Engels: »Wir können uns übrigens im Grund nicht einmal sehr beklagen, daß die petits grands hommes uns scheuen; haben wir nicht seit soundsoviel Jahren getan, als wären Krethi und Plethi unsre Partei, wo wir gar keine Partei hatten und wo die Leute, die wir als zu unsrer Partei gehörig rechneten, wenigstens offiziell,... auch nicht die Anfangsgründe unsrer Sachen verstanden?«[28] Mehring kommentiert, man könne manches von diesen leidenschaftlichen Äußerungen abziehen. »Soviel bleibt sicher, daß Marx und Engels mit Recht einen rettenden Entschluß darin sahen, sich mit scharfem Schnitt von den unfruchtbaren Streitereien der Emigranten zu trennen...«[29] Entschieden zu mißbilligen ist, daß er das Zitat genau dort abbricht, wo Engels Einblick in den Abgrund seines Fühlens und Denkens gibt:

»Wie passen Leute wie wir, die offizielle Stellungen fliehen wie die Pest, in eine ›Partei‹? Was soll uns, die wir auf die Popularität spucken, die wir an uns selbst irre werden, wenn wir populär zu werden anfangen, eine ›Partei‹, d. h. eine Bande von Eseln, die auf uns schwört, weil sie uns für ihresgleichen hält? Wahrhaftig, es ist kein Verlust, wenn wir nicht mehr für den ›richtigen und adäquaten Ausdruck‹ der bornierten Hunde gelten, mit denen uns die letzten Jahre zusammengeworfen hatten.«[30] Diese »Hunde« waren der Kern der ersten kommunistischen Partei, der Partei Marx.

Dies dem Leser vorzuenthalten, ist eine Irreführung.

Der unbesiegbare Widerwille Marxens gegen einen Brotberuf, mag deshalb auch die Familie krepieren (III 4 u. 8), wird von Mehring nicht nur entschuldigt, sondern verklärt: »So traurig dies Schicksal eines großen Geistes war, so erhob es sich doch zur tragischen Höhe erst dadurch, daß Marx die quälende Marter von Jahrzehnten freiwillig auf sich nahm und jede Versuchung abwies, sich in den Hafen eines bürgerlichen Berufs zu retten, den er mit allen Ehren hätte aufsuchen können.«[31] Dabei behauptete Marx in seiner Theorie, daß der Übergang vom Kapitalismus zum Sozialismus/Kommunismus mit der Notwendigkeit eines Naturereignisses eintrete, seine Agitation gar nicht ausschlaggebend sein könne. Da kann man nur Kopf schüttelnd Heine parodieren:

Was schert mich Weib, was schert mich Kind,
Ich trage höheres Verlangen;
Laß sie betteln gehn, wenn sie hungrig sind –
»Das Kapital«, es hält mich gefangen!

Doch nicht immer ist Mehring so nachsichtig. Mitunter klagt er deutlich an, ohne mit »für Genies gelten andere Gesetze« zu enden: »Aber es kamen dann auch wieder Tage, wo Marx über den toten Lassalle noch bitterer und ungerechter urteilte als nur je über den lebenden. So bleibt ein peinlicher Rest, der sich erst löst in dem erhebenden Gedanken, daß die moderne Arbeiterbewegung viel zu gewaltig ist, als daß auch der gewaltigste Kopf sie erschöpfen könnte.«[32] *Daher kann Mehring trotz aller offenbar berechtigten Kritik zugestimmt werden, wenn er gegen die Behauptung protestiert, »daß ich nur ›zur Zeit‹ nicht an ›Marx-Pfafferei‹, leide...«[33]*

### 3. »Wenn nur die vermaledeiten Tatsachen nicht wären« – das parteiamtliche »wissenschaftliche« Marxbild

Die wenigen kritischen Passagen in Mehrings Marx-Biographie waren des Bösen schon zu viel. Mehring durfte nicht das letzte Wort zu Marx haben, zumal ja auch neue Marxaufzeichnungen aufgetaucht waren. Genau 50 Jahre nach dem Erscheinen von Mehrings Werk folgte eine parteilicherseits bis in alle Details hinein kontrollierte Marx-Vita. Herausgeber dementsprechend: Institut für Marxismus-

Leninismus beim ZK der KPdSU. Sieben Jahre später erschien in Berlin (Ost) die deutsche Übersetzung.

Verglichen mit diesem voluminösen Kollektivprodukt sind alle mir bekannten deutsch- und englischsprachigen Marxbiographien wahre Delikatessen in literarischer wie wissenschaftlicher Hinsicht. Die vielen rot geschürzten Köche haben die Speise gründlich verdorben. Keiner wagte, Würze zu streuen, aus Angst, ein Allergiker unter den Speisemeistern könnte in Rage geraten. Es gibt wohl kein besseres Exempel für das, was die hochgejubelte sozialistische Parteilichkeit letztlich an Stumpfsinn produzierte. Wenn künftig keine solchen Bücher mehr verbrochen werden können, die jeden freien Geist kränken, ist das allein schon Grund genug, um die Wende des Jahres 1989 als großes Geschenk zu feiern. Die ersten Seiten dieser »Musterbiographie« sind gefüllt mit Lobsprüchen, die der Gläubige gerne glaubt, die der Ungläubige als ekelhaft empfindet. Wie selbstverständlich heißt es in der Einleitung: »Die das Leben und Wirken von Marx behandelnden zahlreichen Bücher bürgerlicher und reformistischer Ideologen verfälschen die Geschichte des Marxismus und der Arbeiterbewegung.«[34] Ebenso selbstverständlich ist es, daß keinerlei Fälschungen nachgewiesen werden.

Unter »Kindheit und Jugendzeit« wird mit Blick auf den Vater der bekannte Mythos (III 1) reproduziert. Mit Blick auf die Mutter heißt es: »Ihre geistige Welt war begrenzt, und zu einem echten Freund, wie es Marx der Vater war, wurde sie dem Sohne nicht.«[35] (Liebt ein Kind seine Mutter in erster Linie, weil sie eine geistig hochstehende Diskussionspartnerin ist?) Kein Wort über die niederträchtigen Äußerungen des Sohnes, die »Alte« betreffend, seine Versuche einer kriminellen Erpressung. Alles Menschliche ist Marx dem Autorenkollektiv zufolge fremd, und erst recht alles Unmenschliche. Volksverdummung zelebriert hier ihre Spitzenleistungen. Trockener Sand wird durch ein weitmaschiges Sieb geworfen, und der Leser droht zu ersticken. Beschränken wir uns auf einige wenige Passagen, die auf ihre Weise ein bemerkenswertes Licht in die Alchimistenküche der Pseudo-Wissenschaft werfen.

Der Bruch mit Wilhelm Weitling, dem ersten und namhaftesten Edelkommunisten, wird wie folgt begründet: »Als Weitling Anfang 1846 nach Brüssel kam, bemühten sich Marx und Engels sehr, ihm zu helfen, sich die Grundlagen der wissenschaftlichen Weltanschauung anzueignen. Die Mühen waren jedoch vergeblich. Krankhaft argwöhnisch, von der Unfehlbarkeit seiner Ansichten überzeugt, war Weitling keinerlei Argumenten zugänglich.«[36] Der um zehn Jahre Ältere war eben noch kein sozialistischer Mensch, der sich sofort und bedingungslos der aufkeimenden Parteihierarchie unterworfen hätte. Nur mit Kopfschütteln kann man lesen, wie Marxens Bekenntnis zum revolutionären Terrorismus ausführlich dokumentiert[37] und gleichzeitig den damals Herrschenden der Vorwurf gemacht wird, sie hätten Marx außer Landes gewiesen. Millionen Bewohner der Ostblockstaaten hätten sich zum »revolutionären Terrorismus« bekannt, wäre Ausweisung die Folge gewesen, hätten sie also auf diesem Umweg die Freiheit erlangt. Wo die Marxisten das Sagen hatten, wurde das »Verbrechen« Republikflucht weit härter geahndet als seitens der Bürgerlichen hochverräterisches Treiben.

Weder Rußland noch die Russen hat Marx sonderlich geschätzt. Im Gegenteil. Er hat sich zu Äußerungen hinreißen lassen, die jeden selbstbewußten Russen veranlassen müßten, die Marxmonumente seiner Heimat vom Sockel zu stoßen. Mit entsprechenden Belegen lassen sich ganze Bücher füllen.[38]

Einige Kostproben: »Im blutigen Schlamme mongolischer Sklaverei, nicht in der rohen Pracht der Normannenzeit, steht die Wiege Moskaus, und das moderne Rußland ist nichts anderes als eine Umgestaltung Moskaus.«[39] »Kurz: Moskau ist in der scheußlichen und erbärmlichen Schule mongolischer Sklaverei aufgewachsen und großgezogen worden. Seine Stärke erwarb es nur dadurch, daß es in den Fertigkeiten des Sklaventums zum Virtuosen wurde. Sogar nach seiner Selbstbefreiung spielte Moskau seine hergebrachte Rolle des zum Herrn gewordenen Sklaven noch weiter.«[40] Das war und blieb Marxens Grundüberzeugung.

Überraschenderweise glaubten die Biographen, auf diese Einstellung etwas eingehen zu müssen. Es geschieht mit folgendem Satz: »In den ›Enthüllungen‹ kam Marx auch auf die Geschichte Rußlands zu sprechen. Er hatte nicht die Absicht, einen entsprechenden einigermaßen ausführlichen Abriß darüber zu geben, denn er interessierte sich vornehmlich für die historischen Voraussetzungen der aggressiven Außenpolitik der zaristischen Selbstherrschaft. Man muß auch berücksichtigen, daß er seine damaligen Vorstellungen über die russische Geschichte nur aus Arbeiten europäischer Historiker... schöpfen konnte, und diese widerspiegelten häufig eine feindselige Einstellung gegenüber Rußland und enthielten verschiedene von der Wissenschaft später widerlegte tendenziöse Thesen, so z. B. die Nor-

Moskau verehrt Marx an der Kremlmauer, vor dem Bolschoitheater, in der U-Bahn (s. oben), weil die Moskauer nicht wissen, wie despektierlich er über sie geurteilt hat.

mannentheorie vom Ursprung des Kiewer Staates, den Warägische Eroberer geschaffen haben sollen. Mangel an notwendigen Quellen hinderte Marx damals daran, diese Thesen zu kritisieren.«[41] *Der »Unfehlbare« war schuldlos falschen Informationen aufgesessen. Auch wenn er also ausnahmsweise geirrt hat, sündenlos blieb er allemal.*

Ein eigenes Unterkapitel ist »Marx und Darwin« gewidmet: »Die Beziehungen zwischen Marx und Darwin standen im Zeichen der gegenseitigen Achtung und der Anerkennung des wissenschaftlichen Verdienstes des anderen...«[42] – will man den Leser glauben machen.

Die Begründung lautet: »Marx übersandte Darwin ein Exemplar des ersten Bandes des ›Kapitals‹, worauf Darwin am 1. Oktober 1873 antwortete: ›Geehrter Herr! Ich danke Ihnen für die Ehre, die Sie mir durch Übersendung Ihres großen Werkes ›Das Kapital‹ erwiesen haben. Von Herzen wünschte ich mir, daß ich vom komplizierten und wichtigen Gegenstand der politischen Ökonomie mehr verstünde, um mich dieses Geschenkes würdiger zu erweisen. Obgleich unsere Forschungsgebiete zu verschieden sind, glaube ich, daß wir beide ernstlich die Ausbreitung des Wissens wünschen und daß dies Wissen schließlich sicherlich zum Glücke der Menschheit beitragen wird. Ich verbleibe, sehr geehrter Herr, Ihr ergebener Charles Darwin‹. Darwin war also der Ansicht, daß das wissenschaftliche Werk von Marx so wie sein eigenes dem menschlichen Glück und dem Fortschritt dienen würde.«[43]

Doch genaues Lesen zeigt, daß sich der höfliche Darwin gerade um diese Feststellung drückte. Was er schrieb, kann jeder Gegner von Marx vorbehaltlos mitunterschreiben. Darwin, so ist bekannt, hat allen, die ihm Bücher zusandten, auf ähnliche Weise gedankt. Im Falle von Marx ließ er sich dreieinhalb Monate Zeit (16. Juni – 1. Oktober 1873). Das von Marx mit Widmung versehene Exemplar ist noch vorhanden. Von den 822 Seiten des Buches wurden nur 105 aufgeschnitten, von diesen wurden keine mit Strichen oder Noten versehen, wie es sonst bei Darwin üblich war. Darwin hat es also bestenfalls rasch angelesen. Beide wohnten über Jahrzehnte hinweg nur 35 km voneinander getrennt. Sie sind sich nie begegnet. Darwin hat auch Marxens zweiten Annäherungsversuch, im Oktober 1880, so höflich wie nötig, aber doppelt bestimmt zurückgewiesen: »I am sorry to refuse you any request...« Marx wollte ihm, so wird mit guten Gründen vermutet, die erste englische Ausgabe von »Das Kapital« widmen,[44] was auf entschiedene Ablehnung stieß. Dennoch behauptet Engels gegenüber Bernstein, der Brief sei »äußerst liebenswürdig« gewesen.[45]

Obwohl also die »Beziehungen zwischen Marx und Darwin« ein Falschmünzerprodukt sind, die Blüten gelangten in Umlauf. Unter dem 12./13. März 1983 brachte das SED-Parteiorgan Neues Deutschland einen Artikel: »Am 14. März 1883 starb Karl Marx«. Unter der Überschrift »Humanistische Gesinnung als Basis von Freundschaften« heißt es, daß sich Marxisten aller Stände, insbesondere Wissenschaftler, Künstler und Publizisten, am Grabe von Marx einfanden. »Den heutigen wie den gestrigen Antikommunisten ist diese Tatsache so unbequem, daß sie sie unterschlagen. Sie marschieren wider besseres Wissen unverdrossen den Schmutzweg der Marx-Verfälschung und versteigen sich – wie unlängst wieder der traurig-berühmte Bayreuther Politik-Professor Konrad Löw – zu Ergüssen folgender ›Güte‹: ›Marx haßt offenbar alle Menschen, die Proletarier eingeschlossen.‹[46] Ach, wie lieb wäre den Gegnern jedes sozialen Fortschritts solch ein Marx! Wie leicht könnte man mit solch einem Schreckgespenst auf Dummenfang gehen! Wenn nur die vermaledeiten Tatsachen nicht wären!«[47] Dann werden Bilder gezeigt: ein Phantasiegemälde von Heinrich Heine mit Frau Marx und ihrem Gatten (Unterschrift: »eine tiefe Freundschaft verband Karl Marx mit Heinrich Heine«; S. 115), von Charles Darwin, von Ferdinand Freiligrath und von anderen heute weithin Unbekannten.

Georg Herwegh     Ferdinand Freiligrath     Charles Darwin     Edward Spencer Beesly

»Weggefährten« von Karl Marx nach Neues Deutschland, 12./13. März 1983.

Ja, antworte ich dem »Kollegen« Prof. Dr. Heinrich Gemkow, Berlin, mit seinen eigenen Worten: »Wenn nur die vermaledeiten Tatsachen nicht wären!«: Die »tiefe Freundschaft« mit Heine, die »Beziehungen« zu Darwin (s. o.), die »Freundschaft« mit Freiligrath sind doch bei Licht betrachtet bloße Ammenmärchen. Der tüchtige Freiligrath hatte es als Immigrant in London rasch zu einer beachtlichen wirtschaftlichen Position als Filialleiter der Banque Générale Suisse gebracht. Anders als Darwin antwortete er dem hilfesuchenden Marx nicht mit: »I am sorry...«, griff ihm vielmehr spürbar über längere Zeit hinweg unter die Arme. Marxens »Dank« beweist erneut seine nicht zu unterbietende Charakterlosigkeit.[48] Heute räumt Gemkow »selbstkritisch«, wie er wörtlich bekennt, ein, »nicht zuletzt aus hagiographischen Motiven«[49], also um eine Heiligenlegende zu verfassen, gehandelt zu haben.

Kehren wir nochmals zum kollektiven »Meisterwerk« der sowjetischen Meisterdenker zurück, die nicht müde wurden, andere, mit denen sie keinen offenen Diskurs wagten, als »Fälscher« zu denunzieren. Obwohl sicher jeder von ihnen über den tatsächlichen Vorgang Bescheid wußte, auch Mehring die dokumentarisch belegten Fakten korrekt ausgebreitet hatte, tischen sie die alte Lüge Engels' wieder auf und verkünden als Kapitelüberschrift: »Begründer und Führer der Ersten Internationale«. Darunter ein Lenin-Zitat: »Marx war die Seele dieser Organisation« und im Text: »Unter allen Versammlungsteilnehmern in St. Martin's Hall gab es, wie Friedrich Engels später schrieb, ›nur einen, der sich klar war über das, was zu geschehen hatte und zu begründen war, das war der Mann, der schon 1848 den Ruf in die Welt geschleudert: Proletarier aller Länder vereinigt euch!‹«[50] *Diese Fälschungen müßten den Verlust aller akademischen Titel nach sich ziehen. Aber damals war Parteilichkeit oberstes Gebot, und insofern haben die Herren »Kollegen« nur »ihre Pflicht getan«.*

## 4. Der Mohr als Fabrikinspektor – ein Marxbild, das Schule und Staat machte

Bietet die Marxbiographie des Autorenkollektivs Steine statt Brot, verurteilt es den, der es lesen muß, zu Zwangsarbeit, so bietet »Mohr und die Raben von London« einen Kontrast zu diesem Werk, wie er schärfer kaum sein könnte. Da ist zuerst einmal ein ansprechendes Titelbild. Es zeigt den Tower von London, daneben, den Turm über-

VILMOS UND ILSE KORN **Mohr und die Raben von London**

ragend, steht der »Mohr«, in seinen Fittichen ein Arbeitermädchen. Und dann eine Geschichte, die zu Herzen geht. Über die Autoren erfahren wir keinerlei Details, obwohl man doch gerne Näheres über sie wüßte. Immerhin steht zu lesen: »Für dieses Buch erhielten die Autoren den Fontane-Preis des Jahres 1963«. Beim Preisausschreiben des Ministeriums für Kultur zur Förderung der sozialistischen

Kinder- und Jugendliteratur wurde es 1964 mit einem Sonderpreis ausgezeichnet.[51] Noch wichtiger ist folgender Hinweis: »Schulausgabe mit Genehmigung des Kinderbuchverlages. Kein Verkauf über den Buchhandel.«[52] Offenbar war das Buch in der »alten« Bundesrepublik gar nicht erhältlich. Warum diese Zurückhaltung? Demgegenüber steht fest: In der DDR gab es keine Schulbibliothek, in der dieses Buch fehlte, kein Schulkind, das nicht mit dem Inhalt vertraut gemacht worden wäre. Und jedes Kind, das nicht gänzlich abgestumpft ist für das Leid anderer, dürfte mit Begeisterung in diesem an Dramatik so reichen Buch gelesen haben. Von Anfang an bietet sich die Handlung als ein kräftiger Holzschnitt ohne fragwürdige Grautöne dar. Einerseits das Gute, das uns gefangen nimmt und begeistert; auf der anderen Seite das Böse, das uns abstößt und erschüttert: Kränkliche Kinder, die des Nachts arbeiten müssen – brutale Aufseher, die sie auspeitschen, wenn ihre Kräfte erlahmen. Da tritt der Mohr auf die Bühne. In der Nacht von Samstag auf Sonntag steht er plötzlich – ein Deus ex machina – in der trostlosen Fabrik und macht den Cotton-Lords samt ihren verkommenen Handlangern das bislang so bequeme Leben zur Hölle. Die Lumpen, die die Fabrikgesetze so bedenkenlos brechen, haben es nicht anders verdient. Aber was wäre geworden, hätte sich nicht der Mohr kurz vor Mitternacht auf den Weg gemacht? Er ist ein moderner Heiland! Das Paradies, das der historische Heiland der Christen verheißen hat, es ist immer noch ein frommer ferner Traum. Der Traum, für den Marx gekämpft hat, ist jedoch greifbare nahe Wirklichkeit:
»Du und ich – wir sehen diese Fahne [das flammende Banner des Lebens von der ›Aurora‹, dem Schiff der Morgenröte; 1917 bei Beginn der Oktoberrevolution] schwebend über dem Zug der Millionen, sehen sie bis zu den Sternen steigen und verkünden: Die Herren- und Teufelsreiche verschwinden! Der Traum vom Lande Morgen und Übermorgen, das unsere Väter nur von ferne sahen, wird für uns Wirklichkeit.«[53]
Welcher Literaturgattung ist das Buch zuzuordnen? Ist es ein biographischer Roman? Sind es Bilder aus dem Leben von Marx? Wie dem auch sei, die Schulkinder der DDR werden den Kern der Erzählung für bare Münze genommen haben und wohl auch die meisten Lehrer. Was das Buch erzählt, entspricht ja auch haargenau den gängigen Vorstellungen, die sich mit »Mohr« und »General« verbinden:

»Ein einziger Blick auf die Kinder, die ihr armseliges Gepäck vor ihnen zu verbergen trachten, hatte dem Mohr genügt, das Mißtrauen, mit dem sie ihnen entgegenblickten, richtig zu deuten. Er nickte dem barfüßigen Mädchen freundlich zu und sagte, als kenne er es schon lange: ›Ihr seid aber fleißig gewesen! Champignons... mhm!‹ Bewundernd sah er auf die Pilze. ›Und jetzt gehts heim?‹

Becky überwand ihre Schüchternheit. Einer, der so eine gute Stimme hatte, konnte es nicht böse meinen. Sie trat einen Schritt auf ihn zu und sagte leise, doch bestimmt: ›Mein Bruder Joe muß zur Nachtschicht, Sir. Der Pferdebusschaffner hat uns nicht mitgenommen, weil...‹, sie seufzte, zeigte stumm auf Korb, Sack und Bündel.

Der mit dem schwarzen Bart wandte sich fragend an Joe: ›Du mußt zur Nachtarbeit? Heute? Am Samstagabend? Bei wem?‹

Rasch aufeinander folgten die Fragen, ließen Joe keine Zeit zu Überlegung. ›Bei Cross und Fox, Sir!‹ antwortete er...

›Bitte einzusteigen, die Herren!‹ Joe hatte den hämischen Blick des Kutschers sehr genau eingefangen. Als er sich vom Schaffner wiederum zurückgedrängt sah, verlor er plötzlich allen Mut. Sein eben noch gestraffter Körper wurde schlaff, das Blut wich aus seinem Gesicht. Da hörte er, wie der Mohr mit einer Stimme, die keinen Widerspruch duldete, sagte: ›Zuerst die Kinder!‹«[54]

So geht es weiter über 300 Seiten, der große Held und daneben der kleine Held. Beide sind durch und durch gut, beide haben zu kämpfen, beide bleiben Sieger. Alles kommt zur Sprache, was je an Gutem über Marx in Umlauf gesetzt wurde und deshalb die Herzen höher schlagen läßt. Auch für den Schulalltag können sich die Kinder ein Beispiel nehmen: »Doch der Bibliothekswärter verehrte seinen Doktor nicht allein wegen seiner anteilnehmenden und herzlichen Art, er liebte und schätzte ihn vor allem als vorbildlichen Leser. Einen so vielseitig gebildeten wie diesen Dr. Marx aus Deutschland, einen, der so vertieft und konzentriert arbeitete, gab es hier nicht zum zweiten Mal. Viele Besucher des Lesesaals ließen sich von jeder Kleinigkeit ablenken.«[55]

Wen die Schwarzweiß-Technik nicht stört, findet kaum Anlaß zu Kritik. Immerhin, schon zu Lebzeiten von Marx gab es Fabrikgesetze, die ein Mindestalter für Kinderarbeit vorschrieben und Nachtarbeit für Kinder generell verboten, auch Fabrikinspektoren, die auf den Vollzug achten sollten. Gab es im Kapitalismus vielleicht doch Selbstheilungskräfte, von denen in der Marxschen Theorie nicht die Rede ist? Gab es in der Staatssklaverei des 20. Jahrhunderts, beispielsweise im Archipel Gulag, Ansätze für einen ähnlichen Rechtsschutz?

Des weiteren könnte etwas mißtrauisch machen, daß der gefeierte Mohr, von dem es heißt, er habe die Not der eigenen Familie vor Augen gehabt, »gut gekleidet« und eine Zigarre rauchend mit dem Pferdeomnibus vor die Stadt fährt, um dort an einem Arbeitstag spazieren zu gehen. Müßte er nicht in Arbeitskleidung für den Unterhalt der Familie sorgen? Wäre Milch für die Kinder nicht wichtiger als Zigarren für den Vater? Aber diese Schatten einer kleinlichen Betrachtungsweise können die Lichtgestalt nicht verdunkeln. Und so steht außer Zweifel, daß dieses Buch den Karl-Marx-Orden höchster Stufe tausendfach verdient hat. Wer dieses Marxbild in sich trägt, braucht wohl lange, um es wieder loszuwerden. Und wer es versucht, muß sich sagen lassen: Nur Barbaren kratzen an Ikonen.

An drei Beispielen soll demonstriert werden, wie sehr hier die Form des biographischen Romans mißbraucht wird, um den Helden mit glorreichen Schlachten zu schmücken, die er nicht geschlagen hat:

1. Marx war durchaus kein konzentrierter Arbeiter. So begrüßte er jeden Vorwand, der eine Verzögerung seines Hauptwerks rechtfertigte. Engels klagt: »... er war nur zu froh, wenn er irgendeine theoretische Entschuldigung dafür finden konnte, warum das Werk damals nicht zum Abschluß kam. Alle diese Argumente hat er seinerzeit vis-à-vis de moi gebraucht; sie schienen sein Gewissen zu beruhigen.«[56] Nebenbei oder über Jahre hinweg beschäftigte er sich mit Dingen, für die ein leidenschaftlicher Revolutionär, der eine Offenbarung niederschreibt, keine Zeit haben dürfte: Nicht nur Fremdsprachen, von denen er keinerlei praktischen Nutzen ziehen konnte, und gänzlich bedeutungslose mathematische Probleme, auch primitivste Pornographie. Er rühmte sich: »Trotz meiner Belesenheit auf diesem Gebiete, glaube ich nicht, daß die chaude pisse [Tripper] jemals so poetisch beschrieben worden ist...«.[57] Dann folgen nicht weniger als 28 Verszeilen peinlichster Auslassungen in französischer Sprache, auf deren Übertragung ins Deutsche sogar die Herausgeber der Marx/Engels-Werke schamhaft verzichten!

2. Weit wichtiger und überraschender dürfte sein: Marx hat nie eine Fabrik inspiziert. Kein Biograph, nicht einmal Liebknecht und das sowjetische Autorenkollektiv, stellen eine derartige Behauptung auf.

3. *Und was der Heuchelei unseres Herzensbrechers die Krone aufsetzt, ist: Marx hat sich nicht gegen, sondern für Kinderarbeit ausgesprochen:* »Allgemeines Verbot der Kinderarbeit ist unverträglich mit der Existenz der großen Industrie und daher leerer frommer

Wunsch. Durchführung desselben – wenn möglich – wäre reaktionär, da, bei strenger Reglung der Arbeitszeit nach den verschiedenen Altersstufen und sonstigen Vorsichtsmaßregeln zum Schutze der Kinder frühzeitige Verbindung produktiver Arbeit mit Unterricht eines der mächtigen Umwandlungsmittel der heutigen Gesellschaft ist.«[58]

## 5. »Ihre Namen leben durch die Jahrhunderte fort« – Kondolenzen und Nekrologe

> *»Durch alle Lande schallt ein Trauerruf,*
> *Ein Ruf der Klage, der zu uns gedrungen.*
> *Karl Marx, der Genius, der Welten schuf,*
> *der Feuergeist voll Kraft hat ausgerungen. –*
> *Verstumm' Gemeinheit, wag' zu kritteln nicht*
> *Und blicke scheu empor zu diesen Höhen,*
> *Und Unverstand, der schnell ein Urteil spricht,*
> *Der lerne erst Gewaltiges verstehen!...«[59]*

Ein stattlicher, leinenumschlossener Band von mehr als 600 Seiten trägt den eben zitierten Titel: »Ihre Namen leben durch die Jahrhunderte fort«. Herausgeber sind: Institut für Marxismus-Leninismus beim ZK des SED/Institut für Marxismus-Leninisimus beim ZK der KPdSU. Anlaß für diese festliche Ausgabe: der 100ste Todestag von Marx, Erscheinungsjahr also 1983. Sie ist voller Lobsprüche in allen Niveaulagen, Prosa und Poesie, wovon der Beginn dieses Abschnitts eine Kostprobe bietet. Das Buch imponiert jedem unvoreingenommenen Betrachter, zumal wenn dieser die alte Volksweisheit verdrängt: »Nirgendwo wird mehr gelogen als an offenen Gräbern.« Als erstes Dokument wird die Ansprache von Engels zitiert, in der es heißt: »Und er ist gestorben, verehrt, geliebt, betrauert von Millionen revolutionärer Mitarbeiter, die von den sibirischen Bergwerken an über ganz Europa und Amerika bis Kalifornien hin wohnen...«[60] Ein russischer Sozialist steigert noch die Zahl der Betroffenen ins Mehr-Geht-Nicht: »Die ganze Menschheit steht trauernd am Grabe eines ihrer größten Denker.«[61] Doch schon die Einleitung des Buches macht stutzig. In ihr werden die Teilnehmer namentlich benannt, die sich tatsächlich am Grabe einfanden, und »wahrscheinlich Helena Demuth«.[62] Sie eingeschlossen sind es 15. Ganze 15 aus Millionen, die im nächsten Umkreis um ihn lebten, ganze 15 aus Hunderten von Millionen, die damals die »ganze Menschheit« bildeten. Als 1849 der Edelkommunist Dr. Andreas Gottschalk in Köln zu Grabe getragen wurde, bildeten Tausende von Arbeitern den Trauerzug. Offenbar merkten die Herausgeber den Widerspruch und schrieben: »Auf Marx' ausdrücklichen Wunsch war es eine schlichte Feier.«[63] Wann hat er diesen Wunsch wem gegenüber geäußert? Sonst wird alles feinsäuberlich belegt. Auf diese Frage erhält der Leser keine Antwort. In seiner Heimat gilt der Prophet nicht viel. Die Süddeutsche Zeitung glaubt zu wissen: »Ideologisch nicht fixierte Sozialisten, wie die britischen, waren deshalb immer stolz darauf, keine Zeile des revolutionären Urvaters gelesen zu haben. Der britische Sozialist Lord Shinwell zeigte sich kürzlich bei seinem 100sten Geburtstag verwundert, daß er überhaupt nach Marx gefragt wurde. Er hatte in seinem Leben keine Zeile des Trierer Volksfreundes gelesen, weil er nie einzusehen vermochte, was dieser zu seiner Lebensaufgabe hätte beitragen können, ›die Lage der Arbeiter und der Arbeitslosen zu verbessern‹.«[64]

Ganz anders das Echo in Rußland. Dort gab es – dem Nekrologe-Buch gemäß – weit mehr Echo, weit mehr Nachrufe als in den übrigen europäischen Staaten. In einem der Beiträge aus der Feder eines Russen heißt es: »Es möge mir nicht als ›nationaler Dünkel‹ oder als ›panslawistisches Vorurteil‹ ausgelegt werden, wenn ich die Behauptung aufstelle, daß die russische Jugend, das russische intelligente Proletariat, eines der ersten, ja vielleicht *das erste* war, welches außerhalb Deutschlands sich die grundlegenden Ideen der Marxschen Lehre über Kapital und Arbeit zu eigen machte.«[65] *Dabei befaßte sich Marx in seinem Hauptwerk nur mit den Zuständen in England. Und diese für die fernen Russen nicht nachprüfbare Kritik der politischen Ökonomie hat bei ihnen gutgläubige Aufnahme gefunden, nicht aber bei den unmittelbar Angesprochenen.*

Noch überraschender die Resonanz in den USA. In der Einleitung unserer Jubiläumsausgabe heißt es dazu: »Die bedeutendste Trauerkundgebung fand am 19. März 1883 im New Yorker Cooper-Institut statt. Zahlreiche sozialistische, gewerkschaftliche und demokratische Organisationen hatten eingeladen. Etwa 5000 Arbeiter und andere Werktätige verschiedener Nationalitäten nahmen daran teil.«[66] Während sich aber der Sozialismus in Rußland immer weiter ausbreitete, die Lehre des Karl Marx stets neue Schüler fand,

kam es in den USA zu Stagnation und allmählichem Bedeutungs-
verfall.

Anläßlich des Lutherjahres 1983 (500ster Geburtstag) äußerte Prof.
Horst Bartel im DDR-Rundfunk: »Vor uns Historikern [steht] die
Aufgabe, ein Lutherbild zu entwickeln,... das einen unverzichtbaren
Bestandteil unserer Nationalgeschichte... darstellt.«[67] Nun, ob dies
mit Blick auf Luther noch gelungen ist, soll dahingestellt bleiben.
Was Marx anlangt, so hatte man sich diese Aufgabe schon Jahrzehnte früher gestellt und, wie dieses Kapitel beweist, vorzüglich
gelöst: *Marx und Marxismus waren, von allem Störenden gesäubert,
unverzichtbare Kernelemente der DDR-Nationalgeschichte geworden.*

# VI.
# Die »Marxsche Geschichts- und Gesellschaftslehre« als »Wurzel« – die SPD von der Spaltung bis heute

## 1. Die SPD hat »mit Marx wenig zu tun« (Ralf Dahrendorf)

In dem Buch »Die ersten hundert Jahre – Zur Geschichte einer demokratischen Partei« schreibt der Autor, Karl Anders: »Es ist unbestreitbar, daß die Sozialdemokratie nie eine Partei des Karl Marx war.«[1] Als Bestätigung zitiert Anders Ralf Dahrendorf: »Es war immer mein Eindruck, daß die jahrelangen Bemühungen der SPD, Marx über Bord zu werfen, eigentlich verfehlt und sogar ein wenig amüsant waren; denn streng genommen ist Marx nie an Bord gewesen. Durch die Geschichte der deutschen Sozialdemokratie, von Lassalle über Bebel und Ebert zu Schumacher, zieht sich vielmehr eine Tradition politischen Denkens und Handelns, die mit Marx sehr wenig zu tun hat.«
Ob seine Sicht der Wirklichkeit entspricht, ist nicht die Fragestellung dieser Untersuchung. Es geht um den Beitrag zum Mythos Marx, den die SPD und führende Sozialdemokraten geleistet haben. In Kapitel IV haben wir gesehen, wie Marx in den 80er Jahren des 19. Jahrhunderts zur SPD-Galionsfigur geworden war, die, obgleich eine problematische Legierung, wie pures Gold glänzen sollte. Einfältige konnten glauben, der menschliche Zierat an der Spitze des Schiffes bestimme den Kurs. Selbst Engels hat sich in diesem Sinne geäußert (IV 1). Aber das war Wunschdenken. Revisionisten bedienten das Steuerruder. Doch auch sie taten das Ihre, damit möglichst viele an den guten Geist des Talismans glaubten, der über dem Bug schwebte. Solange keine andere Partei der SPD ihr Maskottchen streitig machte, hatte es mit dieser Symbiose von Schein und Wirklichkeit sein Bewenden. Das änderte sich schlagartig, als sich im Verlauf des Ersten Weltkriegs die Partei spaltete und der Streit über die politische Legitimität begann: Wer beruft sich zu Recht auf Marx, die Sozialdemokraten (so Karl Kautsky) oder die Kommuni-

sten (so Lenin, Rosa Luxemburg, Karl Liebknecht und Franz Mehring)? Der Streit spitzte sich vor allem auf die Frage zu: War Marx Demokrat im üblichen Sinne des Wortes, oder hat er zur Überwindung der bürgerlichen Demokratie eine sozialistische Diktatur gutgeheißen? Obwohl die Aktenlage nur *eine* Antwort zuläßt, wird diese Frage im Dienst an Marx und der eigenen Parteigeschichte offengehalten (VI 5).

Um Marx ein Andenken zu schaffen, das jeden Außenstehenden daran glauben läßt, daß sich der »Guru« im Schoße der SPD zu Hause fühlt, wurde 1928 sein Geburtshaus in der Brückenstraße zu Trier von der SPD für fast 100 000 Goldmark aus privater Hand erworben. Die Restauration im Stil des 18. und 19. Jahrhunderts verschlang weitere 200 000 Reichsmark. Am 5. Mai 1931 sollte die Gedenkstätte eröffnet werden, was jedoch wegen der angespannten wirtschaftlichen und politischen Lage unterbleiben mußte. Doch von der Parteiseele hatte der Nimbus Marx längst Besitz ergriffen. In einer im sozialdemokratischen Parteiverlag erschienenen Geschichte der Arbeiterbewegung bezeichnet der Verfasser die Sozialdemokratie »als Erbin und Willensvollstreckerin von Marx und Engels.«[2] Noch im Februar 1933 fand in Berlin eine Karl-Marx-Kundgebung statt: »Musik aus Beethovens ›Egmont‹ ertönt. Dann spricht begeisternd und begeistert Martha John Wladimir Kirrilows [sic!] hymnische Dichtung ›Karl Marx‹, in der Übertragung von Max Barthel:
›Es kommt die Zeit, da brechen alle Schranken.
Dann hören alle Völker deinen Schrei:
›Ihr Unterdrückten aller Länder, macht euch frei!‹
Du feuriger Titan geflügelter Gedanken.‹
... Dann sprach, hämmernd in Herzen und Hirne, Alexander Stein die Grabrede, die Friedrich Engels am 17. März 1883 auf dem Friedhof zu Highgate Karl Marx gewidmet hat.«[3]

Nach dem Ende der Hitler-Diktatur wurde von der SPD an die alte Tradition angeknüpft. So heißt es im Geleitwort einer Neuausgabe des Jahres 1946 von Das Kommunistische Manifest: »In gemeinsamer Arbeit hatten Marx und Engels das größte politische Dokument des modernen Sozialismus geschrieben, aus dem die sozialistische Bewegung Jahrzehnte hindurch ihre Kraft, ihre Erkenntnisse und Methoden – ja ihre Waffen für den politischen Kampf nahm. Das Kommunistische Manifest ist wieder da. Nach zwölf Jahren geistiger Entmachtung durch den Faschismus gibt es in seinen Grundsätzen wieder Weg und Ziel für die Sozialdemokratie an.«[4]

Am 5. Mai 1947 war es endlich so weit. Das Geburtshaus von Marx konnte »mit einer großen internationalen Festveranstaltung« seiner neuen Bestimmung übergeben werden. Marx' Kopf war dort nun zu bewundern: in Alabaster, auf Porzellan, als Wandteppich und als Originalölgemälde. Das Karl-Marx-Haus versteht sich darüberhinaus als Museum, Bibliothek, Forschungsinstitut und Ort internationaler Begegnungen. Hunderttausende aus aller Welt konnten und können dort ihrem Idol die Reverenz erweisen. So kleideten Rotchinesen ihre Gefühle anläßlich eines Besuches der Gedenkstätte in die Worte:

»Asiaten, Afrikaner,
Amerikaner, Australier,
Alle kommen, um Trier zu besuchen,
Nicht um Mosel zu trinken,
Nicht wegen der Sehenswürdigkeiten
Aus alter Zeit,
Sondern weil in dieser kleinen Stadt
Einst geboren wurde
Der größte Mann unseres Zeitalters.«[5]

Der Andrang dort ist immer noch beachtlich. 1993 zählte das Haus 30 000 Pilger.[6] Ähnlich viele besuchen jährlich das Engels-Haus in Wuppertal.[7]

Einen nicht unerheblichen Beitrag zum Marxkult leistet die parteioffiziöse »Kleine Geschichte der SPD«, die dank dem wiederholten Ankauf durch die Bundeszentrale für politische Bildung in knapp 100 000 Exemplaren Verbreitung gefunden hat. Wer auch nur *ein* kritisches Wort über Marx sucht, sucht vergebens. *Hunderte* gehässiger Äußerungen Marx' gegen die SPD, ihre Gründer und sonstige Mitglieder bleiben unerwähnt. Einmal lobt Marx seinen Konkurrenten Lassalle, und dieser eine Satz wird prompt zitiert.[8] An anderer Stelle heißt es – in krasser Verkennung der eigentlichen Absicht (II 2): »Während Marx und Engels mit der in Köln von ihnen redigierten Neuen Rheinischen Zeitung der Demokratie die Wege zur Eroberung der politischen Macht und zur Vollendung der Revolution zu weisen suchten...«[9]

Im Dienst an einer möglichst totalen Marx-Rezeption sind seit Jahren Kommunisten und Sozialdemokraten in der »Marx-Engels-Stiftung«[10] vereinigt.

## 2. »Darüber sollten wir im engsten Kreise sprechen« – Warum nahm die SPD 1959 Abschied von Marx und kehrte zu ihm zurück?

Kurt Schumacher stand in der Nachkriegszeit völlig unangefochten an der Spitze der SPD, bis ihn, den langjährigen KZ-Häftling, 1952 im Alter von 57 Jahren ein früher Tod ereilte. Von ihm stammen die häufig zitierten Sätze: »Wir haben als Sozialdemokraten gar keine Veranlassung, den Marxismus in Bausch und Bogen zu verdammen und über Bord zu werfen. Einmal wissen ja die Kritiker am Marxismus gar nicht, was Marx ist. Zweitens haben aber die östlichen Entwicklungs- und Entartungsformen des Marxismus gar nichts mit dem zu tun, was die deutsche Sozialdemokratie aus und mit Marx macht.«[11] Wer sich diese wie ein Vermächtnis klingenden Worte, ferner die anderen Ehrungen und Elogen, die Marx seitens der SPD und namhafter Mitglieder in der Zwischen- und Nachkriegszeit zuteil geworden sind, vergegenwärtigt, ist wohl baß erstaunt zu hören, daß das Godesberger Programm der SPD des Jahres 1959 eine, wie unbestritten, brüske Loslösung von Marx und vom Marxismus vollzog. Nicht einmal in der Reihe der geistigen Ahnen des Sozialismus fand der Marxismus neben »christlicher Ethik«, »Humanismus« und »klassischer Philosophie« eine respektvolle Erwähnung. Es drängte sich der Verdacht auf, daß es für diese eklatante Abwertung neben den als Wunder empfundenen Erfolgen der sozialen Marktwirtschaft auf dem tristen ökonomischen Hintergrund des real existierenden Sozialismus im Ostblock, insbesondere in der DDR, neben opportunistischen Erwägungen Gründe gab, die bisher nicht öffentlich zur Sprache gekommen waren.

Die Protokolle und sonstigen Unterlagen der vorbereitenden Ausschüsse des Godesberger Parteitages bilden einen Aktenturm von mehr als einem Meter. Wider Erwarten befinden sich darin keine Schriftstücke, in denen die Aufnahme von Marx oder des Marxismus in den Programmtext erörtert wird. Und dennoch bestätigen die Akten die Vermutung, daß der Abschied von Marx auf Einsichten zurückzuführen ist, deren Veröffentlichung alle der SPD angehörigen Marxverehrer stark irritiert hätte: Rassismus, Antisemitismus, Totalitarismus.

Im Protokoll der Sitzung des Unterausschusses »Grundsatzfragen der Programmkommission« vom 31. Oktober 1955 fragt Gerhard Weisser die sieben anderen anwesenden Mitglieder: »Wie kommt es in unserer Zeit zu totalitären Gesellschaftstypen? Wann stirbt ein solches System und wie stirbt es? Diese Fragen sollten wir einmal gründlich behandeln. Seid ihr ganz sicher, daß wir mit der These vom ›vergewaltigten Marx' Recht haben? Hat nicht die Haßkomponente bei Marx und sein Verlangen nach Rechtgläubigkeit zumindest objektiv-geschichtlich so gewirkt, daß ein konformistisches Denken von da aus seinen Ausgang genommen hat?« Und Weisser fährt fort: »Auch darüber sollten wir einmal im engsten Kreise sprechen.«[12]

Was kam im engsten Kreis, Marx betreffend, alles zur Sprache? Darüber gibt es verständlicherweise keine Aufzeichnungen, aber geradezu zwingende Vermutungen:

Weisser, ein guter Kenner der Schriften von Marx und Engels, kannte wohl auch alle wichtigen Publikationen über sie, ganz sicher zumindest die zeitgenössischen aus der Feder angesehener sozialistischer Mitstreiter. Zu ihnen zählen Roman Rosdolsky, Edmund Silberner und Siegfried Landshut. Alle drei haben in ihren Marxismusstudien Tatsachen aufgezeigt, die die schlimmsten Erinnerungen an die NS-Ideologie und ihre Folgen wachrufen.

Rosdolsky, früher Mitglied des ZK der KP der Westukraine, starb 1967 als überzeugter Sozialist. Schon in seiner Dissertation aus dem Jahre 1929 befaßte er sich mit der Einstellung von Marx zu den slawischen Völkern. Im Frühjahr 1948 hat er die Neubearbeitung unter dem Titel »Friedrich Engels und das Problem der ›geschichtslosen Völker‹« abgeschlossen. Jeder der beiden Untertitel und auch der Anhang nehmen Bezug auf die Neue Rheinische Zeitung, deren Chefredakteur, wie erwähnt, Marx gewesen ist. Sechzehn Jahre später hat die SPD (!) diese Abhandlung veröffentlicht. Wenngleich es mir nicht möglich ist anzugeben, seit wann führende Sozialdemokraten wie Weisser Rosdolskys Schrift kannten, über den Inhalt haben sie sicher längst vor Erarbeitung des Godesberger Programms Bescheid gewußt.

Rosdolskys Abhandlung, 1979 unverändert als Buch erschienen[13], ist eine Anklageschrift wider Willen des Anklägers, die nur mit großer Betroffenheit gelesen werden kann. Gewidmet ist sie Opfern des Stalinterrors. Hier nur einige Passagen, um das Gesagte zu verdeutlichen. Sie vermögen auch nicht annähernd die Wirkung des ganzen Textes zu ersetzen.

Die Vorbemerkung beginnt: »Der Gegenstand dieser Untersuchung sind die Freiheitsbestrebungen der sogenannten *geschichtslosen Völker Österreichs in der Revolution* 1848/49, wie sie sich im radikalsten Blatt der damaligen deutschen Linken, der ›Neuen Rheinischen Zeitung‹ und vor allem in den Aufsätzen ihres führenden Redakteurs, Friedrich Engels', widerspiegeln. Als solche geschichtslose Völker betrachtet Engels vor allem die Slawen Österreichs und Ungarns (mit Ausnahme der Polen), d. h. die Tschechen, Slowaken, Slowenen, Kroaten, Serben und Ukrainer...«[14] Die Texte stammen überwiegend nicht von Marx. Doch hat er sie als Chefredakteur voll zu verantworten. Dafür spricht auch Engels Feststellung: »Die Verfassung der Redaktion war die einfache Diktatur von Marx.«[15]

Das Buch ist gespickt mit Zitaten aus der Neuen Rheinischen Zeitung als Belege. Typisch sind Auslassungen wie die folgenden aus der Feder Engels': »Damals hing das Schicksal der osteuropäischen Revolution von der Stellung der Tschechen und Südslawen ab; wir werden es ihnen nicht vergessen, daß sie im entscheidenden Augenblick um ihrer kleinlichen Nationalhoffnungen willen die Revolution an Petersburg und Ollmütz verraten haben...! Für diesen feigen und niederträchtigen Verrat an der Revolution werden wir einst *blutige Rache an den Slawen nehmen*...« »Auf die sentimentalen Bruderschaftsphrasen, die uns ... im Namen der konterrevolutionären Nationen Europas dargeboten werden, antworten wir: daß der *Russenhaß* die erste revolutionäre Leidenschaft bei den Deutschen war und noch ist; daß seit der Revolution der Tschechen- *und Kroatenhaß* hinzugekommen ist, und daß wir, in Gemeinschaft mit Polen und Magyaren nur durch den entschiedensten Terrorismus gegen diese slawischen Völker die Revolution sicherstellen können...« Daher: »Kampf, ›unerbittlichen Kampf auf Leben und Tod‹ mit dem revolutionsverräterischen Slawentum: *Vernichtungskampf und rücksichtslosen Terrorismus* – nicht im Interesse Deutschlands, sondern im Interesse der Revolution.«[16]

Bevor Rosdolsky mit dem Zitieren fortfährt, schiebt er die Bemerkung ein: »Und den Artikel ›Ungarn‹ schließt Engels mit den herausfordernd harten Sätzen«. Dann wieder Zitat: »Aber bei dem ersten siegreichen Aufstand des französischen Proletariats ... werden österreichische Deutsche und Magyaren frei werden und an den *slawischen Barbaren blutige Rache nehmen*. Der allgemeine Krieg, der dann ausbricht, wird diesen slawischen Sonderbund zersprengen und *alle diese kleinen stierköpfigen Nationen bis auf ihre Namen vernichten*. Der nächste Weltkrieg wird nicht nur reaktionäre Klassen und Dynasti*en, er wird auch ganze reaktionäre Völker vom Erd-boden verschwinden machen.* Und das ist auch ein Fortschritt.« Ros-dolsky selbst fährt fort: »Man muß wohl (besonders nach den schau-rigen Erfahrungen unserer Zeit) K. Kautsky beistimmen, daß diese Sätze von Engels nur ›mit höchstem Befremden‹ gelesen werden können...«[17] Rosdolsky weiter: »›Es ist kein Land in Europa‹ – schreibt Engels – ›das nicht in irgendeinem Winkel eine oder meh-rere Völkerruinen besitzt, Überbleibsel einer früheren Bewohner-schaft, zurückgedrängt und unterjocht von der Nation, welche spä-ter Trägerin der geschichtlichen Entwicklung wurde. Diese Reste ei-ner von dem Gang der Geschichte, wie Hegel sagt, unbarmherzig zertretenen Nation, diese Völkerabfälle, *werden jedesmal und blei-ben bis zu ihrer gänzlichen Vertilgung oder Entnationalisierung die fanatischen Träger der Konterrevolution, wie ihre ganze Existenz überhaupt schon Protest gegen eine große geschichtliche Revolution ist.*‹«[18]

Die Auf- und Abwertung der Völker durch Marx und Engels be-schränkt sich aber nicht auf die Völker des alten Kontinents. Auch an die Bewohner Nordamerikas legen diese Autoren ähnlich wüste Maßstäbe. Rosdolsky zitiert: »Nur ein Wort sagt er [Engels] über die ›allgemeine Verbrüderung‹ und Ziehung von ›Grenzen, welche der souveräne Wille der Völker selbst aufgrund ihrer nationalen Eigen-heit verzeichnet‹... Und wird *Bakunin* den Amerikanern einen ›Er-oberungskrieg‹ zum Vorwurf machen, der zwar seiner auf die ›Ge-rechtigkeit und Menschlichkeit‹ gestützten Theorie einen argen Stoß gibt, der aber doch einzig und allein im *Interesse der Zivilisation* ge-führt wurde? Oder ist es etwa ein Unglück, daß das herrliche Kali-fornien den *faulen Mexikanern* entrissen ist, die nichts damit zu ma-chen wußten? ... Die ›Unabhängigkeit‹ einiger spanischer Kalifor-nier und Texaner mag darunter leiden, die ›Gerechtigkeit‹ und ande-re moralische Grundsätze mögen hie und da verletzt sein; aber was gilt das gegen solche weltgeschichtliche Tatsachen?« Rosdolsky kommentiert: »Was aber das den ›faulen Mexikanern‹ im Gefolge des Krieges entrissene Kalifornien anbelangt, so gab es ihrer in dem ganzen riesigen Land 1846 kaum 15 000 – Verhältnisse, unter denen weder von einem ›Selbstbestimmungsrecht‹ noch von einer Verlet-zung dieses Rechtes die Rede sein konnte. Noch schlimmer aber stand es in diesem Fall um die ›Zivilisation‹: Die Einwanderer aus den Vereinigten Staaten, die sich 1836 gegen Mexiko erhoben, wa-ren nämlich *Pflanzer, Besitzer von Negersklaven,* und der hauptsächlichste Grund ihrer Erhebung bestand darin, daß in *Mexiko* 1829 *die Kaufsklaverei aufgehoben wurde...* Es genügt wohl, die angeführten Umstände ins Auge zu fassen, um das Unpassende, ja Verkehrte des Engelsschen Beispiels zu erkennen.«[19] Rosdolsky abschließend: »Es stimmt einfach nicht, daß (wie z. B. Kautsky es wahrhaben will) die negative Einstellung von Marx und Engels den geschichtslosen slawischen Völkern gegenüber nur eine kurzlebige sich auf die Revolutionsjahre 1848/49 beziehende Episode in der Geschichte des Marxismus darstellte...«[20]

Stichwort »Antisemitismus«: »Als besonders befremdend muß uns heute die Einstellung der Neuen Rheinischen Zeitung den Juden gegenüber erscheinen« – bemerkt Rosdolsky am Beginn seiner Betrachtungen über »Die Neue Rheinische Zeitung und die Juden«[21] – ein Text, der ebenfalls von der Friedrich Ebert-Stiftung veröffentlicht worden ist. Die Belege, die Rosdolsky anführt, sind eindeutige Beweise für die Richtigkeit seiner Behauptung, beispielsweise die folgenden Zitate: »Was Sie Bourgeois nennen, *das sind hier die Juden,* die sich der demokratischen Leitung bemächtigt haben. Dies Judentum ist indessen noch zehnmal niederträchtiger als das westeuropäische Bourgeoistum, weil es die Völker unter der erheuchelten börsengestempelten Maske der Demokratie betrügt, um sie direkt in den Despotismus des Schachers zu führen.«[22]

»Entrüstet über die verräterische Feigheit dieser Erbärmlichkeit und Niedergeschlagenheit wegen des hirnlos-feigen Benehmens des *demokratischen Judengesindels*, welches das Steuer (im Reichstag) führt, verließ ich diese Versammlung...«[23]

»Die Juden haben ein gutes Geschäft bei der Eroberung gemacht. Was die Kroaten raubten und stahlen, haben nämlich meist *jüdische Demokraten* für ein Spottgeld erhandelt. Der Kommunismus der Kroaten brachte natürlich noch mehr ein als die gewöhnliche Zeitungsdemokratie ... Die Militärdiktatur hat alle öffentlichen Gebäude durchsuchen lassen, um Individuen und Waffen zu finden; nur die *Judensynagoge,* wo, wie man sagt, das ganze *demokratische Israel* sein Asyl aufgeschlagen, ist verschont geblieben.«[24]

»Man fühlt in Österreich im ganzen Volke, daß das Judenvolk dort die niederträchtigste Sorte von Bourgeoisie und den gemeinsten Schacher repräsentiert, und darin liegt die ganze Antipathie gegen das Judengesindel...«[25]

Chefredakteur war, wie bemerkt, Karl Marx. Rosdolsky wehrt sich, »die Begründer des Marxismus als eine Art geistiger Waffenbrüder

von Julius Streicher erscheinen« zu lassen[26], aber er kann nicht umhin, Parallelen zu ziehen: »Der Leser [der Neuen Rheinischen Zeitung] ist sicherlich über die geschmacklosen antijüdischen Korrespondenzen dieses Blattes bestürzt. Welcher trüben Quelle entstammen sie? Welche soziale Klasse meldete sich da zum Worte? Die Antwort ist einfach: Die vielstimmige ›Volksmeinung‹ war es, die in diesen Korrespondenzen erklang. Freilich war dieser ›Volksantisemitismus‹ in bedeutendem Maße ›antikapitalistisch‹ – so war aber auch der spätere Antisemitismus Stöckers, Luegers und Hitlers.«[27] Im gleichen Band des »Archivs für Sozialgeschichte« der Friedrich-Ebert-Stiftung kommt auch der namhafteste Fachmann für die Beziehungen der Sozialisten und Kommunisten zu den Juden zu Wort, nämlich Edmund Silberner. Selbst Jude, hat er sich jahrzehntelang mit diesem Themenkomplex beschäftigt. Alles spricht dafür, daß dem Brain Trust der SPD, der das Godesberger Programm vorbereitet hat, nicht nur Silberner selbst ein Begriff gewesen ist, sondern auch, zumindest in groben Zügen, seine Auffassung und die ihr zugrundeliegenden Fakten, nämlich Marx-Zitate wie: »So finden wir, daß hinter jedem Tyrannen ein Jude, wie hinter jedem Papst ein Jesuit steht. Wahrlich, die Gelüste der Unterdrücker wären hoffnungslos, die Möglichkeit von Kriegen unvorstellbar, gäbe es nicht eine Armee von Jesuiten, das Denken zu drosseln, und eine Hand voll Juden, die Taschen zu plündern.«[28] Silberner endet mit dem Satz: »Er [Marx] nimmt daher unbestreitbar eine Schlüsselstellung in dem ein, was man mit einem neuen, aber treffenden Terminus nicht umhin kann, als die antisemitische Tradition des modernen Sozialismus zu bezeichnen.«[29] (s. Dokumentation 4.)
Stichwort »Totalitarismus«: Unter dem Vermerk »Programmdiskussion« befindet sich im »Archiv der sozialen Demokratie« ein Protokoll der Sitzung der Marxismus-Kommission der Studiengemeinschaft der Evangelischen Akademien. An diesen Sitzungen nahmen häufig führende Parteitheoretiker der SPD teil, z. B. das Mitglied des Unterausschusses Grundsatzfragen der Programmkommission Prof. Dr. Christian Gneuss, Peter von Oertzen, Iring Fetscher. Auch der sehr namhafte Marxismusforscher Siegfried Landshut, der 1932 als erster die Jugendschriften des Karl Marx veröffentlicht hat, gehörte zu den Referenten. Am 21. Oktober 1954 sprach er z. B. über »Rousseau, die Französische Revolution und Marx«. Der Kern seiner Ausführungen lautete: »Das Marxsche Grundschema stammt aus dem 18. Jahrhundert; es ist nichts anderes als ein in die bürgerliche und

industrielle Zeit übertragener Rousseau. *Marx, das ist denaturierter Hegel und originärer Rousseau!*«[30]

Rousseau hat nicht zuletzt mit der Lehre von der volonté générale zur geistigen Fundierung des Totalitarismus beigetragen. Statt vieler sei Heinrich Heine zitiert und auf J. Talmon[31] sowie G. Schmidt[32] verwiesen. Heinrich Heine: »Dies merkt euch, ihr stolzen Männer der Zeit. Ihr seid nichts als unbewußte Handlanger der Gedankenmänner, die oft in demütiger Stille euch all euer Tun aufs bestimmteste vorgezeichnet haben. Maximilien Robespierre war nichts als die Hand von Jean Jacques Rousseau, die blutige Hand, die aus dem Schoß der Zeit den Leib hervorzog, dessen Seele Rousseau geschaffen.«[33]

Marx ist von Rousseau begeistert und bekennt sich schon als 25jähriger ausdrücklich zu Rousseaus totalitärer Staatstheorie und Menschenführung: »Die Abstraktion des politischen Menschen schildert Rousseau richtig also: Wer den Mut hat, einem Volke eine Rechtsordnung zu geben, muß sich fähig fühlen, sozusagen *die menschliche Natur zu ändern*, jedes Individuum, das in sich selbst und für sich allein ein vollkommenes Ganzes ist, in den *Teil* eines größeren Ganzen umzuwandeln, von dem dieses Individuum in gewisser Weise sein Leben und Sein empfängt, an die Stelle einer physischen und unabhängigen eine *moralische Teilexistenz* zu setzen. Er muß *dem Menschen seine eigenen Kräfte* nehmen, um ihm fremde dafür zu geben, die er nur mit Hilfe anderer gebrauchen kann.«[34]

In den 50er Jahren hat sich die SPD scharf von allen Formen des Totalitarismus distanziert. So heißt es z. B. im Aktionsprogramm der SPD des Jahres 1952: »Totalitäre Herrschaftssysteme bedrohen die Demokratie und die Menschenrechte.«[35] Diese Überzeugung wurde 1954 bekräftigt. Bei derselben Gelegenheit, nämlich auf dem Parteitag in Berlin, hat Willi Eichler, mit der Ausarbeitung des Grundsatzprogramms, also des Godesberger Programms, betraut, noch geäußert: »Die Impulse des Marxschen Denkens galten der Freiheit, und diese Tatsache verbindet den demokratischen Sozialismus gegenüber den Pervertierungen des östlichen Totalitarismus auch und gerade heute mit Marx.«[36] Gut ein Jahr später kommt es in Bonn zu einer Sitzung des Unterausschusses Grundsatzfragen der Programmkommission, in der, auch von Eichler, das Verhältnis von Marx zum Totalitarismus immer wieder, und zwar vom eben Gehörten auf recht unterschiedliche Weise zur Sprache gebracht wird:

– Borinski: »Das Verhältnis von Totalitarismus und Marx muß stärker unterbaut werden.«
– Stammer: »Wir sind zur Formel des ›vergewaltigten Marxismus‹ gekommen. Der junge Marx gehört innerlich ins westliche Lager hinein.«
– Eichler: »Die Marxsche Staatsauffassung spukt im heutigen Bolschewismus noch weiter. Die heutige russische Wirklichkeit ist zwar eine Verfälschung des Marxschen Wollens, aber ihre Vorstellungen gehen auf Marx zurück.«
– Weisser: »Seid ihr ganz sicher, daß wir mit der These vom ›vergewaltigten Marx‹ recht haben? Hat nicht die Haßkomponente bei Marx und sein Verlangen nach Rechtgläubigkeit mindestens objektiv-geschichtlich so gewirkt, daß ein konformistisches Denken von da aus seinen Anfang genommen hat?«
– Borinski: »Zu Marx: Wenn wir die Wirkung von Marx gerade heute im Totalitarismus sehen, scheint es mir richtig zu sein, was Weisser sagt... Das Menschenbild von Marx ist ein für unsere heutige Zeiterfahrung vereinfachtes und verharmlostes. Gewisse Punkte wurden dabei verabsolutiert und von daher Ansatz zum Totalitarismus.«
– Gneuss: »Ich bin auch der Meinung, daß die Formel vom vergewaltigten Marx nicht ausreicht. Auch schon beim jungen Marx waren Ansätze zum Totalitarismus in seiner Staatstheorie, noch stärker in seiner Anthropologie und seiner Geschichtsphilosophie.«[37]

1959 hat der SPD-Vorsitzende Erich Ollenhauer »die Frage nach dem sogenannten marxistischen Charakter der SPD« den »politischen Gegnern« angelastet. Ihnen gehe es nur um die »Herabsetzung und Diffamierung der Partei«.[38] Aus welchen Gründen auch immer die »Gegner« der SPD die politische Gretchenfrage gestellt haben: »Wie hältst du es mit Marx?«, die *SPD hat mit dem Godesberger Programm nicht deshalb von Marx Abschied genommen, weil die »Gegner« den historischen Marx pervertiert, sondern weil die eigenen Freunde, seriöse Marxexperten, den historischen Marx restauriert haben.*
Daß die Eingeweihten die Loslösung der SPD von Marx fast lautlos und spurenlos betrieben, ist nur zu verständlich. Doch die Folge der scheinbar grundlosen Preisgabe war die Rückkehr der Jugend zu den ideologischen Säulen ihrer Väter, die programmatische Rückkehr der Partei zum Marxismus, wie dies das Berliner Programm des Jah-

res 1989 dokumentiert: »Der Demokratische Sozialismus in Europa hat seine geistigen Wurzeln... in Marxscher Geschichts- und Gesellschaftslehre«[39].

## 3. Marx »zählt zu den herausragenden Gestalten europäischer Freiheitsbewegungen« Willy Brandt

Das prominente Mitglied der Sozialistischen Partei Österreichs und mehrmalige österreichische Bundespräsident Karl Renner äußerte anläßlich des 50. Todestages von Marx: »Am 17. März dieses Jahres 1933 sind es gerade 50 Jahre, seitdem man den entseelten Leib von Karl Marx auf dem Friedhof des Londoner Vororts Highgate bestattet hat. Ist das zu glauben? Jenes Karl Marx', dessen Bildnis lebensvoll von den Wänden der Arbeiterheime wie der Stuben von Millionen Arbeitern auf uns herabblickt, dessen Worte wir immer wieder gebrauchen und vernehmen, als wären sie heute zum ersten Male gesprochen?... Warum wird dieser heimatlose Deutsche auf dem ganzen Erdenrund, unter allen Völkern der fünf Weltteile, als Großer genannt, von den arbeitenden Massen verehrt, von den Herrschenden gehaßt und gefürchtet?«[40]
»Wer und was war dieser Marx? Die 65 Lebensjahre von Karl Marx... fallen in das vorige Jahrhundert. Von keinem Menschen des 19. Jahrhunderts sind so gewaltige Wirkungen ausgegangen wie von Karl Marx, keiner hat so machtvoll hinübergewirkt in unser 20. Jahrhundert. *Er war der größte Genius seines Zeitalters! Er ist zugleich die lebendigste Kraft des unsrigen!*«[41] »Die Zeit geht im Sturmschritt vorwärts, wir stehen vor den Toren einer neuen Weltepoche! Karl Marx ist es, der uns die Gesetze enthüllt hat, denen das wirtschaftliche Werden und das soziale wie das politische Geschehen folgen; er ist es, der uns dadurch die Gewißheit des nahen Sieges gegeben hat; er ist es, der den Schlüssel zum Tore der Zukunft in unsere Hand gedrückt hat. Er ist nicht tot! Er lebt in uns! Und sein Bild auf unseren Fahnen, seine Erkenntnis in unseren Gehirnen und seine Kampfparole auf den Lippen – so werden wir siegen!«[42]
Nein, zu solch schwülstigen Hymnen hat sich sein bundesdeutsches Pendant, Willy Brandt, SPD-Vorsitzender von 1964–1987, Vorsit-

zender der Sozialistischen Internationale von 1976 bis zu seinem Tode, nicht hinreißen lassen. Aber auch seine Ausführungen über Marx und Engels sind dazu angetan, die Herzen junger Menschen für diese sozialistischen Klassiker höher schlagen zu lassen, neue Marxisten zu rekrutieren. Doch inwieweit korrespondieren seine schönen Worte mit der Wirklichkeit? Beschränken wir unsere Betrachtung auf zwei Stichworte, denen niemand eminente Bedeutung absprechen kann: Freiheit und Terror.

In seiner Rede vom 4. Mai 1977 zum 30. Jahrestag der Eröffnung des Karl-Marx-Hauses in Trier äußerte Brandt: »Marx war nicht nur ein großer Deutscher. Er zählt zu den herausragenden Gestalten europäischer Freiheitsbewegungen. Was immer man aus Marx gemacht hat oder hat machen wollen: Das Streben nach Freiheit, nach Befreiung der Menschen aus Knechtschaft und unwürdiger Abhängigkeit war Motiv seines Denkens und Handelns.« (Ähnliches glaubt auch sein Nachfolger als SPD-Parteivorsitzender Oskar Lafontaine zu wissen, wenn er schreibt: »Erst er [Gorbatschow] entdeckte wieder die freiheitliche Tradition des Marxschen Grundgedankens.«[43])

Woher kennt Brandt die Motive von Marxens Denken und Handeln? Darüber schweigt er sich aus. Doch davon muß noch ausführlich die Rede sein (VIII 1). Nun aber kommt in Brandts Text eine verräterische Floskel: »Dies ist«, so fährt er fort, »meine gewiß nicht sensationelle, gegen Ignoranten und Buchstabengelehrte gleichermaßen gerichtete Eingangsfeststellung.«[44] Warum wendet er sich gegen die »Buchstabengelehrten«? Das heißt doch nicht mehr und nicht weniger, als daß jene, die die Marxtexte, und zwar alle, genau lesen, zu einer ganz anderen »Freiheitsidee« im Weltbild von Marx durchstoßen, als Brandt uns glauben machen möchte. Das Resümee der Auswertung aller einschlägigen Äußerungen zu »Freiheit« lautet in meinem Marxismus-Quellenlexikon:

»I. Thesen: Eine systematische Abhandlung der verschiedenen Arten von Freiheit finden wir bei Marx nicht, bei Engels nur in Ansätzen. ›Freiheit‹ ist für sie kein zentrales Anliegen. Aus überwiegend beiläufigen Bemerkungen ergibt sich folgendes:

Die Willensfreiheit des Menschen geht zumindest nicht so weit, daß sie die Gesetzlichkeit des historischen Materialismus außer Kraft setzen könnte, d. h. die Menschheitsgeschichte ist im wesentlichen vorprogrammiert.

Angeborene Freiheitsrechte als Menschenrechte gibt es nicht. Die

bürgerlichen Freiheitsrechte, die Grundrechte, sind der menschlichen Natur zuwider, da sie auf Ablösung von der Gesellschaft und nicht auf Vergesellschaftung hinwirken. Trotzdem sind die bürgerlichen Freiheiten, vor allem die Pressefreiheit, zu begrüßen, da sie der revolutionären Arbeit dienen.
In der Diktatur des Proletariats gibt es keine Freiheit für die Gegner dieser Ordnungsform. Kommunisten dürfen am Kommunismus keine Kritik üben. Der Kommunismus bietet nicht einzelne Freiheiten, sondern die Emanzipation schlechthin. Eine Stelle im ›Kapital‹ macht deutliche Vorbehalte.

II. Texte...

III. Kommentar: Während in den anderen Utopien, z. B. bei Platon, Bacon, Campanella, Thomas Morus, von Freiheit nicht die Rede ist, verspricht Marx für die kommunistische Zukunftsgesellschaft totale Freiheit, ohne jedoch auch nur mit einem Satz auf die naheliegende Frage einzugehen, wie sich der große Plan mit individueller Lebensgestaltung verträgt. Offenbar ist es ein gänzlich anderer Freiheitsbegriff, der mit keinem der heute üblichen übereinstimmt, oder überhaupt nur das leere, aber stets wohlklingende Wort.«[45]
Klaus Hornung fragt: »Ging es Marx aber wirklich um ›Freiheit‹ in diesem europäisch-neuzeitlichen Zusammenhang? Ging es ihm nicht... vielmehr um Freiheit von der Religion als um Religionsfreiheit, weniger um bürgerlich-politische Freiheiten als um Freiheit von den normativen und institutionellen Ordnungen des menschlichen Zusammenlebens... Für Marx als Schüler nicht nur Hegels, sondern auch Rousseaus wird wahre Freiheit nicht etwa konstituiert durch die zwischen den Teilwillen und dem Gesamtwillen, zwischen Staat und Gesellschaft vermittelnden Institutionen, sondern erst durch das bewußte Aufgehen aller individuellen und Sonderinteressen im Gesamtinteresse.«[46]
Brandt argumentiert weiter: »Auf der anderen Seite wurde er [Marx] nicht müde, nationale Freiheitsbewegungen zu unterstützen. So stand er auf der Seite derer, die das polnische Volk in seinem Kampf gegen die Teilung nachdrücklich ermutigten... Während des amerikanischen Sezessionskrieges ergriff er natürlich Partei für den Norden und gegen die Sklaverei.«[47] Das ist jeweils nur die halbe Wahrheit. Zur ganzen Wahrheit gehört beispielsweise mit Blick auf Polen ein Brief Engels' an Marx, in dem es heißt: »Von der ›Unsterblich-

keit‹ Polens liefern Napoleons Kriege 1807 und 1812 schlagende Exempel. Unsterblich war bei den Polen bloß ihre Krakeelerei ohne allen Gegenstand... Glücklicherweise haben wir in der ›Neuen Rheinischen Zeitung‹ keine positiven Verpflichtungen gegen die Polen übernommen, als die unvermeidliche der Wiederherstellung mit suitabler Grenze – und auch die noch unter der Bedingung der agrarischen Revolution... Resultat: Den Polen im Westen abnehmen, was man kann, ihre Festungen unter dem Vorwand des Schutzes mit Deutschen okkupieren, besonders Posen, sie wirtschaften lassen, sie ins Feuer schicken, ihr Land ausfressen, sie mit der Aussicht auf Riga und Odessa abspeisen, und im Fall die Russen in Bewegung zu bringen sind, sich mit diesen alliieren und die Polen zwingen nachzugeben.«[48] Marx antwortete fünf Tage später, ohne auch nur mit einer Silbe dem Polenverriß des Freundes entgegenzutreten. Zur ganzen Wahrheit gehört auch der Slawenhaß (VI 2).

*Was die Sklaven anlangt, so hat Marx für die sklavenhaltenden Kalifornier Partei ergriffen (VI 2) und den Fortschritt mit der Sklaverei affirmativ verknüpft:* »Die direkte Sklaverei ist der Angelpunkt der bürgerlichen Industrie, ebenso wie die Maschinen etc. Ohne Sklaverei keine Baumwolle, ohne Baumwolle keine moderne Industrie. Nur die Sklaverei hat den Kolonien ihren Wert gegeben;... ohne die Sklaverei würde Nordamerika, das vorgeschrittenste Land, sich in ein patriarchalisches Land verwandeln. Man streiche Nordamerika von der Weltkarte, und man hat die Anarchie, den vollständigen Verfall des Handels und der modernen Zivilisation. Laßt die Sklaverei verschwinden, und ihr streicht Amerika von der Weltkarte.«[49] Wer kann das schon wollen? Die Freiheitsparolen zugunsten der Schwarzen sind für Marx »Sklavenemanzipationsheulereien«: »Herr Heinzen hat, durch seine Sklavenemanzipationsheulereien unterstützt, eine neue Aktiengesellschaft in New York zustande gebracht...«[50] Daß die Sklaverei in der Antike kein Unrecht war, betonen die Freunde ausdrücklich (VII 3).

Gegen Ende seiner Ansprache betont Brandt nochmals, was die SPD mit Marx verbindet: »Karl Marx, seine Analysen und sein geschichtlicher Denkansatz sind ungeeignet für Mausoleen und Altäre. Und wenn es eine Verbindung zwischen Marx und der Sozialdemokratie gibt und beständig geben wird, dann die, daß es ihm wie uns um einen Sozialismus geht, der Freiheit voraussetzt und Freiheit bewirkt. Freiheit ist für Marx das große Thema und darin erweist er sich nun selbst als ein Erbe: als Erbe der bürgerlichen Revolution des ausgehenden 18. und 19. Jahrhunderts.«[51] Doch welchen Stellenwert hat die Freiheit im Sozialismus/Marxismus wirklich? Oben wurde Karl Renner zitiert. Er schrieb an den schlimmsten Massenmörder neben Hitler: »Hochverehrter Herr Generalissimus! Werter Genosse Stalin! Verzeihen Sie, daß ich diese meine Anrede an die alles überragende Persönlichkeit und den größten Staatsmann unserer Zeit mit der vertraulichen Bezeichnung Genosse verbinde, die an die gemeinsamen Wurzeln der Weltanschauung anknüpft, die mich Ihnen näher bringt.«[52]

Susanne Miller, die angesehene Chronistin der SPD, kommt in einer einschlägigen Untersuchung zu dem Ergebnis: »Der Ansatzpunkt der Freiheitsvorstellungen der Sozialisten war stets die Freiheit ›des Proletariats‹, ›der Klasse‹, ›des Volkes‹, ›der Menschheit‹, niemals die Freiheit des Einzelnen... Der Einzelne wurde der Gesellschaft gegenüber als ›nichtig‹ betrachtet (Karl Kautsky), und es wurde ihm das Recht abgesprochen, seine Freiheitsansprüche gegenüber einer sozialistischen Gesellschaft geltend zu machen, sobald diese dem etablierten Kodex dieser Gesellschaft nicht entsprachen.«[53]

Auch die SPD unter Brandt hat das Panier der Freiheit nicht gegen die Herausforderungen des totalitären Marxismus auf Dauer energisch hochgehalten, sondern immer weiter – bis zur Unleserlichkeit – eingerollt. Erwähnt sei nur das gemeinsame Papier von SPD und SED vom Sommer 1987, in dem der freiheitsfeindlichen DDR ein Existenzrecht zugebilligt, die Freiheit gegen den Frieden ausgetauscht wurde.[54]

Als die Rote Armee Fraktion ihre Bluthochzeiten zu zelebrieren begann und sich dabei auch auf Marx berief[55], äußerte Brandt über den Rundfunk: »Da führt es uns in die Irre – es muß uns in die Irre führen –, wenn man meint, man könne die Wurzeln für die politische Kriminalität, den Terrorismus in dem finden, was einige Marxismus, Kommunismus nennen.«[56] Auch hier unterbleibt jede Auseinandersetzung mit dem, was »Buchstabengelehrte« im geistigen Vermächtnis von Marx aufstöbern und nur als entschiedene Befürwortung von Terror gedeutet werden kann, so der Satz aus dem Kommunistischen Manifest: »Mit einem Wort, die Kommunisten unterstützen überall jede revolutionäre Bewegung gegen die bestehenden gesellschaftlichen und politischen Zustände...«[57], so das feierliche Bekenntnis zum »revolutionären Terrorismus«[58], so der publizierte Rat: »Weit entfernt, den sogenannten Exzessen, den Exempeln der Volksrache an verhaßten Individuen oder öffentlichen Gebäuden, an die sich nur gehässige Erinnerungen knüpfen, entgegenzutreten, muß man diese Exempel nicht nur dulden, sondern ihre Leitung selbst in die Hand nehmen.«[59] Mit derlei Zitaten läßt sich eine ganze Broschüre füllen (VII 3).[60]

Brigitte Seebacher-Brandt, die Witwe Willy Brandts, schrieb mir, »daß ich in vierzehn gemeinsamen Jahren nicht eine einzige Zeile veröffentlicht habe, die mein Mann nicht begutachtet hätte. Was glauben Sie eigentlich, wer mich geprägt hat?«[61] In diese vierzehn Jahre fällt die Veröffentlichung ihres Buches »Bebel – Künder und Kärrner im Kaiserreich«[62]. Es ist durchaus glaubwürdig, daß Brandt jede Zeile des Manuskripts gelesen hat, handelt es sich doch um die Geschichte seiner Partei, trägt die Autorin doch auch seinen Namen und verbindet ihn mit ihr ein besonders enges Verhältnis. Die Biographie weist, was Marx betrifft, bemerkenswerte Lücken auf, liegt also insofern ganz auf der Schiene, die Bebel befahren hat und die allen neuralgischen Punkten ausweicht. Unter »Nachweise« nennt die Autorin auch »August Bebels Briefwechsel mit Karl Kautsky«[63]. Verdient die harsche Kritik, die Bebel an Marx und Engels in Briefen an Kautsky äußert, keine Erwähnung? Darin heißt es beispielsweise: »Was geärgert hat, ist *die Rücksichtslosigkeit in der Form* und daß eine Menge Dinge veröffentlicht wurden, die mit der Sache nichts zu tun hatten. Außerdem hat Engels wider Willen Marx geschadet. Der Ton, den M[arx] gegen Lassalle angeschlagen hat, wird allgemein als gehässiger und kleinlicher Eifersüchtelei entsprungen beurteilt. Und zwar nicht bloß von den Gegnern, auch der Chicagoer *Vorbote* spricht sich ganz ähnlich aus. *Ich bin auch überzeugt,* daß Marx selbst *nie in diese Art der Veröffentlichung gewilligt hätte.*
In welche Lage wir gekommen sind, das werden Dir nicht nur die gegnerischen Angriffe in der Presse, sondern auch die hämischen im Reichstag gezeigt haben. Es ist doch auch ein starkes Stück, daß von dem geistigen Haupt der Partei das fünfzehn Jahre alte Programm derselben von A bis Z als Dummheit und Verlogenheit dargestellt wird.«[64] »Ja wo wäre die Partei geblieben, wenn nicht Lassalle sie gründete; die M[arx] und E[ngels] in ihrer Londoner Isoliertheit hätten sie nie gegründet. Und *das stimmt...* Die Partei hat trotz aller Lassalleschen und Schweitzerschen Fehler ihren Weg gefunden, aber die beiden Londoner trugen daran die wenigste Schuld. Großartige Theoretiker, aber unbrauchbare Praktiker; das zeigt schon, daß sie trotz jahrzehntelanger Anwesenheit in London weder auf England

noch die Deutschen in England einen wesentlichen Einfluß erlangten.«[65]
Verdient die skandalöse Verfälschung des Briefwechsels Marx-Engels, die Bebel voll zu verantworten hat, keine Erwähnung in seiner Biographie (IV 4)? Darf der schier unglaubliche Satz: »Wir haben ja die schlimmsten dieser Briefe beseitigt«[66] – gänzlich unerwähnt bleiben? Und dann der lange, sensationelle Brief von Louise Kautsky an Bebel, in dem sie ihm die Vaterschaft Marxens das Kind der Helene Demuth betreffend, mitteilt. Der Brief hat wie eine Bombe eingeschlagen! Von all dem kein Wort. Alles Beiträge, den Mythos Marx am Leben zu erhalten.

## 4. Marx war »gegen Bevormundung und Zensur« – Der philomarxistische Brain-Trust

Die Äußerungen Brandts, die oben zitiert wurden, stammen überwiegend aus einem von Iring Fetscher herausgegebenen Sammelband. Fetscher ist ein bestens ausgewiesener Marxspezialist, war stets ein Gegner Lenins wie Stalins und ihrer Satelliten im Ostblock. Im April 1994 wurde der Frankfurter Politikwissenschaftler mit dem »Orden der Akademischen Palmen« geehrt und bei der Feier in Bonn als »fils des Lumières«, Sohn der Aufklärung, gewürdigt. Es steht zu vermuten, daß Fetscher, der der SPD angehört, seinen Parteivorsitzenden in Sachen Marx beraten, zumindest beeinflußt hat. Wie Brandt ist Fetscher weit davon entfernt, in überschwengliche Lobsprüche zu verfallen. Wie Brandt scheut er vor Kritik an Marx nicht zurück:

»Kein Zweifel, als vergöttertes Idol von Staaten und Monopolparteien, die sich auf ihn beriefen, ist Marx heute tot. Aber dieser ›tote Marx‹ hatte mit dem ›realen‹, der am 5. Mai 1818 geboren wurde und 1883 starb, nur wenig zu tun... Wie einst Benedetto Croce ›Lebendiges und Totes‹ bei Hegel unterschieden hat, so müssen wir heute verhängnisvoll Irreführendes und theoretisch Weiterführendes im Werk von Karl Marx unterscheiden. Das Irreführende, so ist zu hoffen, wird bald vollends absterben; das theoretisch Brauchbare aber verdient, am Leben erhalten zu werden.«[67]

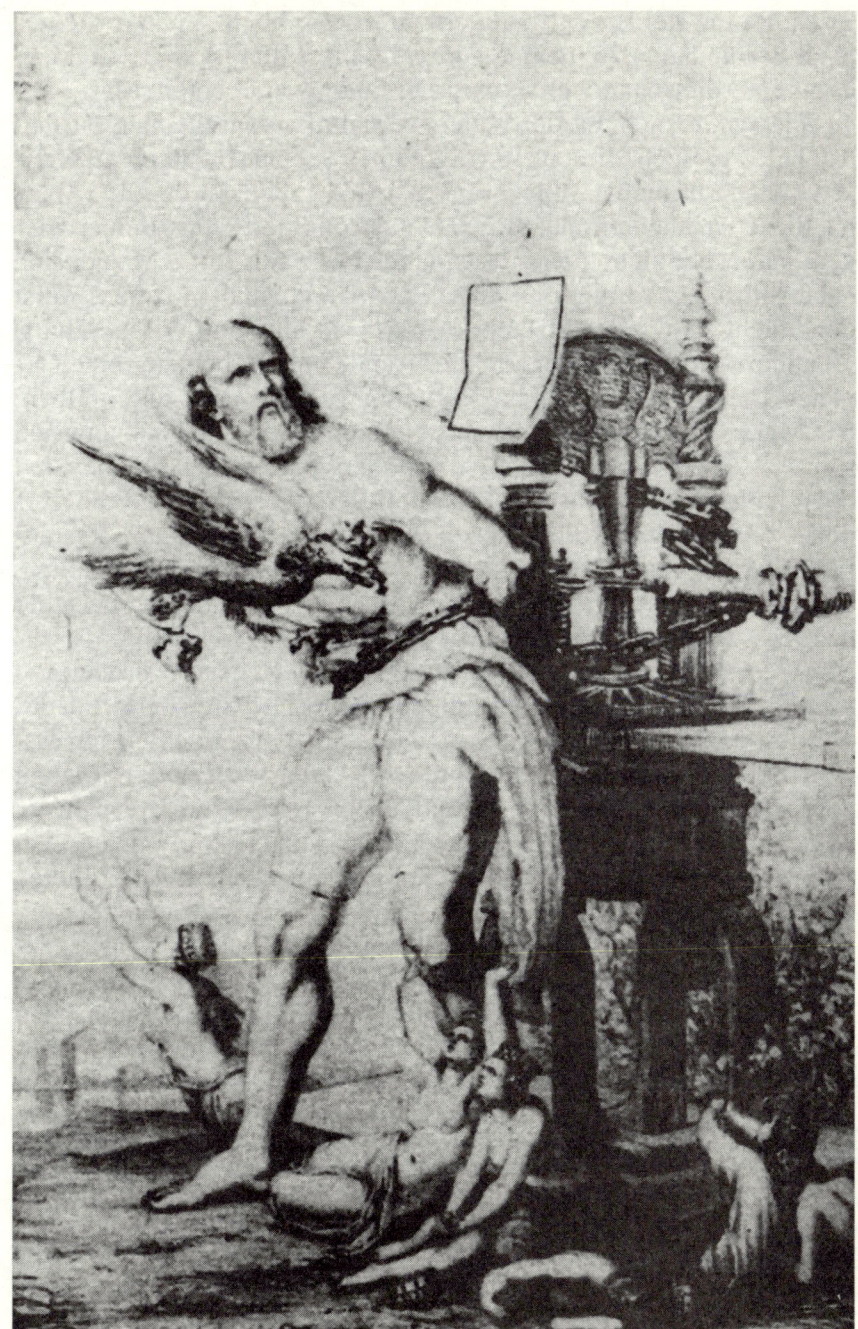

Marx, der an die Druckerpresse gefesselte Prometheus.

Er zählt eine Reihe von Irrtümern auf, um schließlich das »theoretisch Brauchbare« zu thematisieren. Das Resultat ist so dürftig, daß es einem Adieu Marx nahekommt:»Immer wieder betont Marx, daß von der Untersuchung der realen Verhältnisse auszugehen ist und daß jeder Versuch, diesen ein vorgefaßtes Schema oder eigene Wünsche unterzuschieben, unwissenschaftlich sei.«[68] In der Tat, Marx hat diese Weisheit einmal prägnant ausformuliert, von »immer wieder« kann aber nicht die Rede sein. Fetscher fährt fort:»Mag er sich auch selbst nicht immer an diese Forderung gehalten haben, so ist doch nicht zu leugnen, daß er – wie es sich für einen Wissenschaftler gehört – immer wieder auch Einwände und Vorbehalte seinen eigenen Thesen hinzugefügt hat.« Richtig wäre gewesen zu schreiben, daß Marx sich zeit seines Lebens von fixen Ideen leiten ließ und sich selbst nirgendwo ausdrücklich kritisiert hat. Widersprüche sind noch längst keine Selbstkritik! Von dieser »Qualität« sind die Verdienstzuweisungen, die Fetscher Marx zuteil werden läßt, bestenfalls also ein schwacher Beitrag, um den Mythos aufrechtzuerhalten. Der zitierte Artikel stammt aus dem Jahre 1993. Früher hat Fetscher insofern weit mehr geleistet, wie anhand seiner Publikation »Karl Marx/Friedrich Engels – Pressefreiheit und Zensur« verdeutlicht werden soll. Darin heißt es einleitend:»Von den ersten Schriften des politischen Journalisten Marx im Jahre 1842 bis zu Friedrich Engels' Brief an Bebel aus dem Jahre 1892 zieht sich die Verteidigung der freien Presse gegen Zensur und bürokratische Beeinträchtigung wie ein roter Faden durch ihre Arbeiten... Von den Argumenten gegen Bevormundung und Zensur, die Marx vor allem in den früheren Arbeiten ausbreitet, hat er manche später nicht mehr wiederholt, ohne daß man daraus schließen dürfte, daß sie ihm nicht mehr eingeleuchtet hätten.«[69] Es folgen dann über 200 Seiten Text, die beim Durchschnittsleser jeden Zweifel daran ausschließen, daß es sich bei Marx um einen Vorkämpfer des für die Demokratie eminent wichtigen Grundrechts der Pressefreiheit gehandelt hat. Eine genauere Inhaltsanalyse macht jedoch stutzig. Der erste Teil umfaßt 120 Seiten und geht zurück auf die Jahre 1842/43. Der zweite Teil, knapp 80 Seiten stark, beinhaltet Texte der Jahre 1848/49. Der Rest, zwölf Seiten, enthält alles Passende ab 1849, also bei Marx vom 31. bis zum 65. Lebensjahr, nämlich genau *einen* Artikel, bestimmt für »The Daily News«, 1871. Es wäre verwunderlich, wenn der schärfste Kritiker der bestehenden Zustände nicht zugleich für sich die uneingeschränkte Pressefreiheit postuliert hätte. Doch wann und wo bringt

er zum Ausdruck, daß in der von ihm erstrebten »Diktatur des Proletariats« den Gegnern nennenswerte Freiheiten konzediert werden sollen. Derlei wird ausdrücklich verneint. Davon muß noch die Rede sein (siehe Doumentation 1). Doch auch innerparteilich duldete Marx keinerlei Kritik. *Nie hat er einer Meinung, die von der seinigen abwich, Respekt gezollt. Innerhalb der »Partei Marx« und außerhalb hat er alle, die ihm widersprachen, auf das heftigste bekämpft.*
Mit derlei Äußerungen ließen sich ganze Bände füllen. Einige Passagen aus Wolfgang Schieders Buch »Karl Marx als Politiker« sollen genügen: »Selbstverständlich bestand Marx auch darauf, allein darüber zu bestimmen, wer zur ›Partei‹ gehörte und wer nicht. Nur Spott hatte er beispielsweise für den alten Weitlingianer Scherzer übrig, der ›glaubte, er könne Parteivertreter ernennen‹. Marx gab ihm zu verstehen, daß niemand außerhalb ihm und Engels die ›Bestellung als Vertreter der proletarischen Partei‹ vornehmen könne.

Wer einmal der ›Partei‹ zugerechnet wurde, von dem wurde bedingungslose Unterordnung erwartet. Moses Heß sprach einmal treffend davon, ›daß das Selbstgefühl dieses unbestreitbar genialsten Mannes unserer Partei‹ sich nicht mit der Anerkennung begnüge, die ihm ohnehin gezollt werde, sondern daß er eine ›persönliche Unterwerfung zu fordern‹ scheine. Marx ließ in der Tat nicht zu, daß seine Getreuen eigenverantwortlich politische Entscheidungen trafen. Eindringlich setzte er einmal Lassalle auseinander, welche Befehlsstruktur ›in unserer Partei‹ zu gelten habe... Selbst ein so alter persönlicher Freund wie Johann Philipp Becker, der in Deutschland so viel für die Internationale bewirkt hat wie sonst kein anderer, wurde von Marx wegen angeblicher Eigenmächtigkeiten gemaßregelt. ›Ich bedaure den old Becker‹ schrieb Marx im Januar 1869 an Engels, ›aber er muß doch merken, daß wir die Zügel in der Hand halten...‹«[70]

Von all dem scheint Fetscher nichts zu wissen, wie seine Kritik an Marx bis auf den heutigen Tag weder den Kern der Lehre noch des Menschen trifft. Er attestiert: »Es wäre sicher falsch, wollte man alle Äußerungen des frühen Marx zur Pressefreiheit unverändert auch dem späten Marx zuschreiben. Gewiß aber blieb er stets von der Notwendigkeit einer freien, kritischen Presse – auch in einer sozialistischen Zukunftsgesellschaft – überzeugt. Er konnte es sich einfach nicht vorstellen, daß der Übergang vom Kapitalismus zum Sozialismus mit dem Abbau der Freiheiten verbunden sein könnte.«[71]
Ein weiterer Beleg für Fetschers Klitterkünste ist das von ihm herausgegebene Buche »Marxisten gegen Antisemitismus«. Dort heißt

es zu Beginn des Vorworts: »Von Beginn seiner Entwicklung an hat der Marxismus sich kritisch mit dem Antisemitismus auseinandergesetzt. Nicht immer war das theoretische Niveau dieser Kritik ausreichend, aber nie gab es einen Zweifel an dem reaktionären Charakter dieser Form des ›Fremdenhasses‹ und des Chauvinismus. Wenn Karl Marx in seinem Artikel ›Zur Judenfrage‹ (1844) Judentum und Schacher identifiziert, so geschieht das nicht in der Absicht, den europäischen Juden die ›Schuld‹ für die Entstehung des Kapitalismus in die Schuhe zu schieben...«$^{72}$ Und am Ende in einer Fußnote: »Der Text von Karl Marx ›Zur Judenfrage‹ (1844), der ursprünglich in diesen Band aufgenommen werden sollte, mußte aus Raumgründen weggelassen werden.«$^{73}$ Wer ist – nach Fetschers Auffassung – wichtiger beim Thema »Marxisten gegen Antisemitismus« als Marx, den er mit keinem Satz zitiert? Antwort: Friedrich Engels, August Bebel, Karl Kautsky, Vladimir Medem, Rosa Luxemburg... Der Grund liegt auf der Hand: Marx war zeitlebens Antisemit (VI 2, Dokumentation 4.). *Was Fetscher angeblich aus Raumgründen wegließ, war aus der Sicht des Juden Franz Jona Fink das einhundert Jahre später in Auschwitz vollzogene Todesurteil:* »What Jew could forget the mass extermination of 1943 when he reads the death sentence of 1843?«$^{74}$
Von Engels wird ein Brief zitiert, nämlich sein Schreiben an den Juden Isidor Ehrenfreund. Alle antisemitischen Äußerungen von Engels bleiben selbstverständlich ausgeblendet, z. B.: »... die Barbareien der preußischen Soldateska, der Juden und Deutschpolen...«$^{75}$ »... die deutsch-jüdischen Lügen... Die Leser der ›Neuen Rheinischen Zeitung‹ erinnern sich... daß die deutschen Nationalgimpel und Geldmacher des Frankfurter Sumpfparlaments bei diesen Zählungen immer noch die polnischen Juden zu Deutschen gerechnet, obwohl diese schmutzigste aller Racen...«$^{76}$ »Wir wünschen nur, daß es recht gemeine, recht schmutzige, recht jüdische Bourgeois sein mögen, die dies altehrwürdige Reich ankaufen. Solch eine widerliche, stockprügelnde, väterliche, lausige Regierung verdient, einem, recht lausigen, weichselzöpfigen, stinkenden Gegner zu unterliegen.«$^{77}$
In einer Kurzbiographie über Karl Marx bemerkt Fetscher: »Er lernt Russisch und gibt eine ausführliche Antwort auf die Frage der russischen Sozialistin Vera Sassulitsch, ob es einen ›Sonderweg‹ Rußlands zum Sozialismus geben könne... Marx verfaßt mehrere Entwürfe seines Briefes...«$^{78}$ Die Schlußfolgerung liegt nahe, Marx, der

Marx war auch kein Demosthenes. Nirgendwo ist er als Rhetor hervorgetreten.

sich ruck-zuck die russische Sprache aneignet, habe mit seiner Partnerin in ihrer Muttersprache korrespondiert. Damit erhält der verbreitete Mythos Auftrieb, Marx sei ein Sprachgenie gewesen, eine Annahme, die sowohl seine schulischen Leistungen als auch sein späteres Leben widerlegen. Marx hat keinen einzigen eigenen Satz in russischer Sprache geschrieben, keinen einzigen Satz in russischer Sprache gesprochen. Seine Kenntnisse reichten gerade aus, um sich mit einem Lexikon durch ca. 100 Seiten russischen Text hindurchzuquälen, eine Zeitinvestition à fond perdu. Noch nach sieben Jahren Aufenthalt in England mußte er bekennen: »Ich bin für heute zum Essen bei dem Putnamkerl eingeladen, der wieder hier ist. Ich weiß nicht, ob ich hingehe. Mein schlechtes Englischsprechen könnte mich blamieren.«[79]

Dennoch ist Marx als Sprachengenie in die Geschichte eingegangen. Was Erich Mielke, der DDR-Minister für Staatssicherheit, zum Besten gab: »Er [Marx] konnte in 16 Sprachen sprechen und lesen. Diese ›Klugscheißer‹, die da sagen, er sei überholt, können sich mit diesem Genie nicht vergleichen«[80] – war nicht aus den Fingern gesogen. Kein Geringerer als der englische Marxbiograph Padover behauptet: »›Karell‹ [so nannte Henriette Marx ihren Sohn Karl] lernte offenbar die niederländische Sprache in seiner Kindheit. Er konnte lesen und sprechen, aber er gab vor – vielleicht aus Antipathie gegen seine Mutter – mit Holländisch nicht vertraut zu sein..., obgleich er ein beschlagener Linguist wurde, zu Hause in nahezu allen europäischen Sprachen, Russisch eingeschlossen.«[81] Irgendwelche Beweise suchen wir vergebens. Gerade seinem in den Niederlanden lebenden Onkel Philipps wollte Karl mit allen Mitteln imponieren (XIII 2). Wäre er der niederländischen Sprache auch nur halbwegs mächtig gewesen, hätte er diesen Trumpf ganz sicher ausgespielt. Nicht minder leichtfertig behauptet Giroud, Marx habe »fließend Spanisch«[82] gesprochen. Beweis: keiner. Nein, von den europäischen Sprachen konnte er Deutsch, Englisch und Französisch. Französisch hatte er am Gymnasium. Ferner lebte er zwischen 1843 und 1848 überwiegend in frankophonen Städten, in Paris und Brüssel. Fremdsprachen waren nicht seine Stärke, wie schon seine Lehrer feststellen mußten.

Wegen all dieser Konservierungsarbeiten am Marx-Monument genoß Fetscher, solange die DDR bestand, in diesem »Heil-Marx-Land« eine ganz andere Reputation als die »plumpen Marx-Fälscher«: »Solche Marx-Interpreten wie z. B. in der BRD Iring Fetscher unterscheiden sich deutlich von den plumpen Marx-Fälschern. Ihre Funktion ist auch eine ganz andere. Sie beschäftigen sich professionell mit der marxistisch-leninistischen Theorie, um sie für die gesamte bürgerliche Ideologie habbar zu machen. Sie geben die Stichworte vor, unter denen man die Auseinandersetzung mit dem Marxismus führt, wie beispielsweise Entfremdung oder Werttheorie, Klassenstruktur oder Totalität. Sie fälschen keine Zitate und be-

schimpfen weder Marx noch Engels. Ihr Ziel ist es vielmehr, den Marxismus so lange und in einer solchen Weise zu deuten, bis er in das Gefüge der bürgerlichen Ideologie hineinpaßt.«[83]
Zu den einschlägig bekannten Schülern Fetschers zählt insbesondere Walter Euchner. Von ihm stammt das Buch »Karl Marx«, ein vorzügliches Exempel der »Methode Heuss« (s. S. 19ff.) mit Blick auf Marx. Es endet mit den Sätzen: »Der Marxismus selbst als klassisch gewordenes Gedankengebäude befindet sich in keiner Krise, sowenig wie andere große Philosophien... Sie gehören der Kultur an, in der sie entstanden sind, und dauern mit ihr fort, solange diese besteht.«[84] Mit keiner Silbe kommt er auf Marx' Antisemitismus zu sprechen, auf die Befürwortung des Terrors, auf den Slawenhaß. Die »Diktatur des Proletariats« ist so geschickt verpackt, daß nur ein Spürhund die Gefährlichkeit wittern könnte.
Auch Hermann Weber darf – was Marxismus anlangt – dem SPD-Brain-Trust zugerechnet werden. 1928 geboren, studierte er von 1947 bis 1949 an der SED-Parteihochschule »Karl Marx«. Bekannt wurde er vor allem durch seine zahlreichen Veröffentlichungen zur Geschichte der DDR sowie als Leiter eines entsprechenden Arbeitsbereichs an der Universität Mannheim. An seiner demokratischen Gesinnung gibt es nicht den geringsten Zweifel, und dementsprechend ist auch seine Auseinandersetzung mit der kommunistischen Herausforderung. Ob bewußt oder unbewußt glaubte er jedoch, die ideologische Position der SED/DDR dadurch zu schwächen, daß er ihr das marxistische Fundament streitig machte, ein vielleicht richtiges Kalkül, das aber weder damals noch heute als wissenschaftlich relevant anerkannt werden darf. So zitiert er in »Geschichte der DDR« den SED-amtlichen Standpunkt: »Ausdruck dessen ist die führende Rolle der Arbeiterklasse und ihrer marxistisch-leninistischen Partei, die in der Verfassung verankert ist und im Leben verwirklicht wird.« Kommentierend fährt er fort: »Hier wird die Marxsche These über die Rolle einer Arbeiterpartei ebenso verzerrt wie seine Auffassung vom Staat in der neuen Gesellschaft. Der Kontrast zwischen der Praxis der DDR und den Konzeptionen von Marx tritt besonders drastisch zutage. Sozialismus war eben für Marx und die von ihm geprägte freie Arbeiterbewegung Emanzipation des Menschen, Selbstbestimmung der Arbeiter in einer solidarischen Gesellschaft. Dies beinhaltet auch politische Demokratie, Rechtssicherheit und Freiheitsrechte des einzelnen. Doch gerade diese Grundrechte fehlen im ›realen Sozialismus‹, der

sich damit faktisch auf die Allmacht der Partei – oder genauer: ihrer Führung – reduziert.

Gerade deswegen birgt die Berufung auf Marx auch eine Gefahr für die Führung der DDR. Einerseits benötigt sie seine Person und sein Werk zur Legitimation, andererseits entsteht aus dem kritischen Geist der Theorie von Marx eben auch Opposition. War es doch gerade Marx, der auf die ›Explosivkraft der demokratischen Ideen und dem der Menschheit angeborenen Drang nach Freiheit‹ verwies.«[85] Weber nennt auch die Fundstelle des Zitats, während alle anderen Behauptungen unbewiesen bleiben. Wer sich nun an Webers einzige Quelle begibt, traut kaum seinen Augen. Der ganze Satz lautet: »Rußland ist entschieden eine Eroberernation und war es auch ein ganzes Jahrhundert lang, bis ihm die große Bewegung von 1789 einen furchtbaren Gegner voll mächtiger Tatkraft schuf. Wir meinen die europäische Revolution, die Explosivkraft der demokratischen Ideen und den der Menschheit angeborenen Drang nach Freiheit.«[86]

1. Der Text stammt entgegen der Behauptung Webers nicht von Marx, sondern von Engels.
2. Was aber noch weit wichtiger ist, es handelt sich um einen Zeitungsartikel, geschrieben für die »New York Daily Tribune«, dessen Leser durch und durch demokratisch gesinnt waren. Ein falscher Zungenschlag hätte genügt, und der Kontrakt wäre gelöst worden, wozu es später, zum großen Leidwesen von Marx, auch kam. Das Bekenntnis zur Demokratie war hier Tribut an den Brötchengeber, eine Kriegslist wie in der »Neuen Rheinischen Zeitung« (II 2).
3. Dutzende von Äußerungen, die genau in die andere Richtung weisen, bleiben unberücksichtigt!

Mit dieser Methode der Marx-Interpretation macht sich Weber bei den halbwegs Kundigen zum Gespött. Die Frankfurter Allgemeine Zeitung witzelt: »Wer sagt, Marx sei ein mißverstandener Wohlmeinender, meint wohl selbst so wohl nicht oder versteht gleichfalls miß oder ist Marxist. Es hilft aber nichts: Marx war in vielem ein entschieden Übelmeinender. Hermann Weber nimmt ihn in Schutz. Der Verfasser verficht den wahren Marx; die einst Mächtigen der DDR sind für ihn nicht Marxisten, sondern ›Marxisten‹. Aus den Wortprotokollen des KPD-Gründungsparteitags soll man herauslesen können, daß es ›eine demokratische Variante im deutschen Kommunismus‹ gegeben habe. Kronzeugen sind, wie denn wohl anders, Karl Liebknecht und Rosa Luxemburg.«[87]

Wer durch Kritik Webers Zorn erregt, dem tritt er entgegen, wie er es als junger Mann an der SED-Parteihochschule »Karl Marx« gelernt hat. So zitiert Weber aus meinem »Marxismus-Quellenlexikon«, was ihm mißfällt, und verweist dann auf ein anderes: »Vgl. hingegen das wissenschaftlich fundierte Marx-Lexikon: Zentrale Begriffe...«[88] Dieses Lexikon ist in seinen Augen wohl deshalb so vorbildlich, weil darin der gesamte Briefwechsel Marx-Engels unberücksichtigt bleibt, der nicht selten für die Öffentlichkeit bestimmte Aussagen gänzlich auf den Kopf stellt. So hat Herbert Wehner unter Hinweis auf die von Marx verfaßte »Inauguraladresse« der Ersten Internationalen ihm, Marx, die Auffassung unterstellt: »Die einfachen Gesetze der Sittlichkeit und Gerechtigkeit, die die Beziehungen zwischen Privatleuten regieren, müssen auch Geltung erhalten als die obersten Gesetze im Verkehr zwischen den Völkern.«[89] Wer den Schriftwechsel kennt, weiß, daß Marx insofern gegen seine Überzeugung geschrieben hat. Denn hinter vorgehaltener Hand teilt er Freund Engels mit: »Nur wurde ich verpflichtet, in das Préamble der Statuten zwei ›duty‹ und ›right‹ Phrasen, ditto ›truth, morality and justice‹ aufzunehmen, was aber so placiert ist, daß es einen Schaden nicht tun kann.«[90] Weber fährt fort: »Typisch für seine [Löws] Erläuterungen ist, wie er Marx' Aussage, der Mensch sei das höchste Wesen für den Menschen, es gelte der ›kategorische Imperativ, alle Verhältnisse umzuwerfen, in denen der Mensch ein erniedrigtes, ein geknechtetes, ein verlassenes, ein verächtliches Wesen ist‹, kommentiert als ›ganz ungewöhnliche Gefühlskälte‹ des jungen Marx. Ebenda, S. 142.« Doch der von Weber zitierte Satz wird von mir gerade nicht als Beleg für die »Gefühlskälte« angeführt. Vielmehr heißt es im Lexikon S. 142: »Eine ganz ungewöhnliche Gefühlskälte zeigte sich schon beim jungen Marx. Seine Jugendgedichte, die Briefe des Vaters, insbesondere seine eigenen Briefe sind dafür ein sicherer Beleg.«[91]

Meine Hauptsünde ist es in seinen Augen, Marx und Engels »als Stammväter der Diktatur kommunistischer Parteiführungen auszugeben.«[92] Davon soll nun die Rede sein.

## 5. »Marx... prinzipiell und kompromißlos für Demokratie«

Spätestens seit 1917, seit der Oktoberrevolution, streiten sich namhafte Sozialisten um das Marxsche Erbe. Auslöser und Kristallisationspunkt ist die Frage, ob Lenins »Diktatur des Proletariats« als legitimer Akt der Testamentsvollstreckung zu deuten ist oder nicht. Das erste Wortgefecht fand zwischen Kautsky und Lenin statt.

1918 schrieb Kautsky: »Der Gegensatz der beiden sozialistischen Richtungen beruht nicht auf kleinen persönlichen Eifersüchteleien, er ist der Gegensatz zweier grundverschiedener Methoden: der *demokratischen* und der *diktatorischen*. Beide Richtungen wollen dasselbe: das Proletariat und damit die Menschheit durch den Sozialismus befreien. Aber den Weg, den die einen gehen, halten die anderen für einen Irrweg, der ins Verderben führt... Unsere Parteipflicht jedoch ist es, uns nicht eher in den russischen Bruderzwist für die eine oder andere Seite zu entscheiden, ehe wir nicht die Argumente beider gründlich geprüft haben. Daran wollen uns manche Genossen hindern. Sie erklären es für unsere Pflicht, uns unbesehen für jene Richtung des russischen Sozialismus auszusprechen, die am Ruder ist.«[93]

Kautsky verteidigt seinen Standpunkt auf dem Schwebebalken nur *einer* Marxpublikation, nämlich »Der Bürgerkrieg in Frankreich«[94]. Auch insofern unterläßt er jede Problematisierung, so beispielsweise,
- daß diese Rebellion der Hauptstadt die Merkmale des Hochverrats erfüllte (II 5),
- die Ermordung von Geiseln auf Veranlassung der Kommuneleitung,
- vor allem aber, daß Marx hier als Repräsentant der Internationalen Arbeiter Assoziation aufgetreten ist, deren führende Mitglieder ihn zu verbalen Abstrichen von seinen radikalen Positionen zwangen, wie eben schon gezeigt.

Lenin konterte mit der ihm eigenen Vehemenz und hat dabei die weit besseren Trümpfe in der Hand: »Kautsky hat dem Marxismus den Rücken gekehrt, denn er hat vergessen, daß *jeder* Staat eine Maschine zur Unterdrückung einer Klasse durch eine andere ist und daß auch die *demokratischste* bürgerliche Republik eine Maschine zur Unterdrückung des Proletariats durch die Bourgeoisie ist.

Nicht eine ›Regierungsform‹, sondern ein Staat vom anderen Typus ist die Diktatur des Proletariats, ein proletarischer Staat, eine Maschine zur Niederhaltung der *Bourgeoisie durch das Proletariat.* Die Niederhaltung ist notwendig, weil die Bourgeoisie ihrer Enteignung stets erbitterten Widerstand entgegensetzen wird... Wo es Niederhaltung gibt, dort kann es keine Freiheit, Gleichheit usw. geben. Deshalb sagt Engels auch: ›Solange das Proletariat den Staat noch *gebraucht*, gebraucht es ihn nicht im Interesse der Freiheit, sondern der Niederhaltung seiner Gegner, und sobald von Freiheit die Rede sein kann, hört der Staat als solcher auf zu bestehen.‹
Die bürgerliche Demokratie, deren Wert für die Erziehung des Proletariats und für seine Schulung zum Kampf unbestreitbar ist, bleibt stets beschränkt, heuchlerisch, verlogen und falsch, ist stets eine Demokratie für die Reichen und Betrug für die Armen.
Die proletarische Demokratie hält die Ausbeuter, die Bourgeoisie, nieder – darum heuchelt sie nicht, *verspricht ihnen nicht* Freiheit und Demokratie – ...«[95]

Seit dieser Zeit sind die Meinungen gespalten. Es kam einer kleinen Sensation gleich, als anläßlich des hundertsten Todestages von Marx demokratische Sozialisten in Ost-Berlin frank und frei ihre Meinung sagen durften und der Delegierte der Sozialdemokratischen Arbeiterpartei Schwedens, Sven Ove Hansson, äußerte: »Aus Zeitgründen habe ich nur eine Blütenlese aus den vielen Texten vorgenommen, in denen sich Marx über Demokratie und demokratische Rechte ausspricht. Ich habe zwei Schlußbemerkungen zu diesen Texten: Die erste Bemerkung ist die, daß Marx sich prinzipiell und kompromißlos für Demokratie und Meinungsfreiheit ausspricht. Demokratie war für ihn nichts, worum man sich nur kümmert, wenn es den eigenen Zwecken paßt, Demokratie war nichts, was man nach der Vorstellung, daß das Ziel die Mittel heiligt, aufgeben kann. Die demokratischen Prinzipien sind ein wichtiger Teil der Bedingungen, die notwendig sind, um die von Marx befürwortete Umwandlung der Gesellschaft durchführen zu können. Seine klaren Äußerungen machen es einem Sozialdemokraten leicht, sich zurechtzufinden und seine Texte als aktuell aufzufassen.«[96] Die Presse berichtete bei uns in diesem Sinne:

»... daß Sozialdemokraten, wenn sie schon nach Ost-Berlin gingen, dort auch ihre eigene Marx-Interpretation der kommunistischen entgegenstellen würden, war ja zu erwarten gewesen. Am eindrucksvollsten gelang dies übrigens dem Vertreter der Sozialdemokratischen Arbeiterpartei Schwedens, der anhand einer Vielzahl von

Marx-Zitaten nachwies, daß Marx sich kompromißlos für Demokratie und Meinungsfreiheit ausgesprochen habe.«[97]

Wer nun im Text Hanssons die Belege sucht, die Marx als Demokraten ausweisen, wird bitter enttäuscht. Seine Äußerungen in Interviews, der Übergang zum Sozialismus könne auch mittels des Stimmzettels erfolgen, ist nichtssagend, wie jeder bestätigen wird, der sich Hitlers Weg zur Macht vergegenwärtigt. Ich schrieb Hansson und er antwortete ausführlich (drei DIN A 4-Seiten): »Meine Rede in Berlin war für das DDR-Publikum gemeint, und hatte auch einen politischen Zweck. Marx-Zitate gegen Zensur sind Sprengstoff in der DDR. Der beigefügte Artikel (Financial Times) spricht für die politische Zweckmäßigkeit der Rede... Erstens, was Marx direkt über Demokratie sagte, war pro-demokratisch. Zweitens...«[98] Darauf ich, zunächst ihn kritisch zitierend: »›Was Marx direkt über Demokratie sagte, war prodemokratisch.‹ – Ich habe alle 42 Bände der Marx/Engels-Werke gelesen, finde ihre Behauptung aber nirgendwo bestätigt. Bitte zitieren Sie oder nennen Sie mir die Fundstellen.«[99] Darauf, wie nicht anders zu erwarten, keine Antwort mehr!
Hansson hat in bester demokratischer Absicht gehandelt, aber ein Preis für Wahrhaftigkeit gebührt ihm nicht. Selbst Willy Brandt beurteilt Marxens »Verdienste« um die Demokratie weit differenzierter: »Als er 1850 zum ersten Mal die Losung der ›Diktatur des Proletariats‹ von Blanqui übernahm, scheint ihm wirklich eine revolutionäre Diktatur nach Art der Jakobiner vorgeschwebt zu haben; dies auch im Schlachtruf von der ›Revolution in Permanenz‹.«[100] Was dann folgt, verdient mehrere Ausrufezeichen: »In der Tat, auch der spätere Marx hat, ohne seine revolutionären Ansätze ausdrücklich zu korrigieren, an zahlreichen Stellen seiner Schriften eine andere Perspektive des Übergangs [!] zugelassen; vornehmlich in solchen Texten, die ihn als politisch aktiven Funktionär der Internationale ausweisen [!].«[101]
Den Nagel auf den Kopf trifft Alexander Schwan, früher ebenfalls Mitglied der SPD, mit der resümierenden Feststellung am Ende seines Buches »Theorie als Dienstmagd der Praxis«: »Wir haben demgegenüber zu zeigen versucht, daß Marx sehr wohl als der erste und der originäre ›Marxist‹ anzusehen ist und daß Lenin als der getreueste Nachfahre und Vollstrecker seiner Praxis-Theorie im 20. Jahrhundert gelten muß.«[102]
Diese Sicht ist allein richtig, wovon sich jeder überzeugen kann, der

Marx ganzheitlich, d. h. sein Wesen und Agieren, sein Theoretisieren und demokratiefeindliches Kritisieren des Zeitgeschehens bis hin zum – so Marx wörtlich – »Kriegsplan gegen die Demokratie«[103] ins Auge faßt. Ich hatte die Ehre, darüber vor der Enquete-Kommission »Aufarbeitung von Geschichte und Folgen der SED-Diktatur in Deutschland« zu referieren.

(Das Protokoll der Sitzung ist auszugsweise unter Dokumentation 1. abgedruckt und bietet in der gebotenen Kürze alle Argumente zum Thema: War Marx für oder gegen Demokratie?)

In der anschließenden Diskussion gab es, wie dem Protokoll zu entnehmen ist, nur zwei Einwände. Der als Sachverständiger geladene Prof. Dr. Herbert Wolf glaubte, wesentliche Lücken entdeckt zu haben, die er zu schließen versprach. Auf meinen Einwand hin, mit derlei Zusagen sei ich schon des öfteren vertröstet worden, antwortete die stellvertretende Kommissionsvorsitzende Margot von Renesse (SPD): »Herr Prof. Löw, ich kann Ihnen ankündigen, Herr Prof. Wolf wird dieses Versprechen wahrmachen. Er ist dafür bekannt.«[104] Trotz Reklamation bei Frau von Renesse warte ich immer noch auf die Einlösung dieser Zusage.[105]

Der zweite Einwand (Bernd Faulenbach) lautete: »Zunächst zu dem Referat von Herrn Löw. Ich weiß nicht, ob wir tatsächlich weiterkommen, wenn wir Marx so interpretieren, wie Sie das tun. Mich hat Ihre Darstellung erinnert an die Art, wie die SED Marx interpretiert hat. Sie haben bestimmte Zitate zusammengetragen und die jeweiligen historischen Kontexte dabei außer acht gelassen. Ich plädiere dafür, Marx zu historisieren, d. h. ihn im jeweiligen Kontext zu sehen.«[106] Ich erwiderte (laut Protokoll): »Herr Soell [Prof. Dr. Hartmut S.], mit dem ich ja schon während meiner Ausführungen ganz kurz einen Dialog begann, mußte sich leider entfernen. Aber bevor er ging, meinte er: ›Man muß Marx historisch sehen. Marx war ein Kind seiner Zeit.‹ Ähnlich hat sich ja auch Herr Faulenbach, wenn ich ihn recht verstanden habe, ausgedrückt. Meine Antwort: Ja, Marx war ein Kind seiner Zeit. Seine Zeit hatte aber mehrere Kinder. Seine Zeit hatte Vorkämpfer für eine freiheitlich-demokratische Ordnung und hatte eben auch Vorkämpfer des Totalitarismus. Und zu letzteren zähle ich Marx, muß ich ihn leider zählen. Ich habe Marx früher anders gesehen, in meinen ersten Publikationen. Ich weiß nicht, ob ich es begrüßen oder bedauern soll, ich habe ihn damals anders geschildert, weil ich glaubte, ich könnte ihn gegen die DDR ausspielen, bis ich eben der Wahrheit die Ehre geben mußte und ihr [der DDR] resignierend Marx überlassen mußte. Marx war ein Kind seiner Zeit, ohne Zweifel. Auch Hitler war ein Kind seiner Zeit. Und jetzt frage ich Sie: Soll man die Schriften von Marx anders lesen als die Publikationen von Hitler, als beispielsweise ›Mein Kampf‹?«[107]

# VII.
# Marx – »der erfolgreichste ›Theologe‹ seit der Reformation«

> »... daß diese Marxstudien [der evangelischen Kirche] jedenfalls turmhoch über der törichten und verständnislosen Marxkritik stehen, die in den letzten Jahren aus den Reihen der Sozialdemokratie laut wurde, ist jetzt schon deutlich sichtbar.«[1]

## 1. Christentum und Marxismus

Der Träger des Friedenspreises des Deutschen Buchhandels 1980 und Ehrendoktor der Ostberliner Humboldt-Universität seit 1985, der Priester, Poet und Ex-Kulturminister Nicaraguas, Ernesto Cardenal, Starredner auf Evangelischen Kirchentagen, verkündet heute nach der friedlichen Revolution: »Was scheiterte, war nicht der Marxismus, weil das, was praktiziert wurde, nicht Marxismus, sondern nur eine Karikatur davon war... Ich glaube, daß beide leben: Jesus und Marx.«[2] Und er bejaht beides zugleich.

Daß Cardenal damit die Vorstellungen vieler Christen geradezu auf den Kopf stellt, liegt auf der Hand. Wie ist dieser Widerspruch zu erklären? – Wer Christus und Marx, wer das Wesen des Christentums und das Wesen des Marxismus kennt, muß doch wissen, ob es sich dabei um gleichgerichtete oder gegensätzliche Kräfte handelt, ob sie artverwandt oder grundverschieden sind. Oder ist beides so vieldeutig, so vage, so nichtssagend, daß man alles Beliebige hinein- oder herauslesen kann?

»Kann ein Christ Marxist sein?«[3] Welche marxistischen Aussagen kann sich ein christlicher Theologe zu eigen machen?

Zum Wesen des Christentums zählt der Glaube an Gott, zählt der Glaube an die Kreatürlichkeit des Menschen, d. h. daß er sich nicht selbst erschaffen hat.

Zum Wesen des Christentums zählt der Glaube an eine zeitlos gültige Sittlichkeit, an Gut und Böse in der Welt, an die gute und die böse Tat.

Zum Wesen des Christentums zählt der Glaube an die Gabe der Unterscheidung, d. h. der Mensch ist zumindest in Ansätzen fähig, das Gute vom Bösen zu unterscheiden, Gutes oder Böses zu wollen und diesen Willen auch zu vollbringen.

Gut ist, nach christlichem Glauben, die Gottes- und die Nächstenliebe; gut ist die Wahrhaftigkeit, d. h. das Denken und Sprechen gemäß der eigenen Einsicht; gut ist das Streben nach Gerechtigkeit. Dem christlichen Menschenbild liegt die Überzeugung zugrunde, daß selbst die Heiligen Sünder und alle Menschen erlösungsbedürftig sind. Die Eucharistiefeier der katholischen Kirche beginnt daher – ähnlich wie in der evangelischen Kirche – mit dem Confiteor, dem öffentlichen Schuldbekenntnis des Klerus wie des Volkes, des jüngsten Ministranten ebenso wie des Papstes.

Zum christlichen Welt- und Menschenbild gehören Ehe und Familie, gehören der Staat, ohne den ein harmonisches Zusammenleben der Menschen nicht möglich ist, und eine Eigentumsordnung, die nicht nur Kollektive, sondern auch einzelne Menschen als Rechtssubjekte anerkennt.

Der Marxismus weist viele Gemeinsamkeiten mit den mosaisch-christlichen Religionen auf. Diese Behauptung ist bis in Details hinein beweisbar und daher nahezu unbestritten. Marx war sich auch der Gemeinsamkeiten bewußt: Dem biblischen Garten Eden entspricht im Marxismus der Urzustand, wie er vor allem von Engels beschrieben worden ist. Doch dann kommt der Sündenfall. Marx selbst ist es, der die Parallele zwischen Offenbarungsglauben und seiner Lehre zieht. Der Sündenfall ist Fluch und Segen zugleich. Zunächst muß der Fluch der Sünde ausgetragen werden. Das »Jammertal«, ein biblisches Wort, das auch Marx gebraucht, hat ein Ende. Hier wie dort wird ein Erlöser geboren. Bei Marx ist es die Kollektivperson »Proletariat«. Obwohl geschmäht und geschändet, sind beide, Jesus wie das Proletariat, von einem besonderen Adel verklärt. Nur durch die äußerste, alles Leid auslotende Erniedrigung erfüllen beide ihre Mission, bewirken die Heilung der Welt. Der Erlöser stiftet seine Kirche, das Erlöser-Proletariat schafft seine kirchenähnlich strukturierte Partei. Den Abschluß der Vorgeschichte der Menschheit bildet nach der Bibel das Jüngste Gericht, nach Marx die kommunistische Revolution, jeweils ein furchterregendes, für viele schmerzliches Ereignis. Das Jüngste Gericht wie die proletarische Revolution läuten zugleich die glückliche Endzeit ein. Doch nur dem im Feuer Geläuterten wird Zutritt gewährt. Der Weg in den perfekten Kommunismus führt über den rohen Kommunismus, eine Art Gerichtsfeuer. Marx bietet eine Endzeitlehre, die den Himmel auf Erden verheißt, den neuen Himmel und die neue Erde in eins verschmelzen läßt.

*Auf den ersten Blick erscheinen so die christlichen Konfessionen und der Marxismus als austauschbare Größen mit einem ähnlichen Weltbild, einer ähnlichen Zukunftserwartung.* Dieser Anschein ist trügerisch. Der Marxismus verneint Punkt für Punkt die wesentlichen Bestandteile des christlichen Glaubens, wie sie oben zusammengestellt worden sind:

Marx war Atheist. Der Marxismus leugnet Gott ohne Wenn und Aber, ohne nähere Begründung. Die Nichtexistenz Gottes ist eine Selbstverständlichkeit. Die Wissenschaft hat nur zu beweisen, daß es keinen Gott gibt und nicht zu prüfen, ob es Gott gibt oder nicht. Jede Religion ist den Freunden verhaßt. Der Mensch ist kein Geschöpf, sondern aus sich selbst hervorgegangen. Marx bietet dafür den folgenden »unwiderstehlichen Beweis«: »Indem aber für den sozialistischen Menschen die ganze sogenannte Weltgeschichte nichts anders ist als die Erzeugung des Menschen durch die menschliche Arbeit, als das Werden der Natur für den Menschen, so hat er also den anschaulichen unwiderstehlichen Beweis von seiner Geburt durch sich selbst, von seinem Entstehungsprozeß.«[4]

Es gibt also keinen Gott; es gibt keine gottgewollte Ordnung. Es gibt auch kein zeitloses Sittengesetz. Für Marx ist Moral eine »Phrase«[5], jede Zeit habe ihre eigene Moral. Marx brüstet sich: »Die Kommunisten predigen überhaupt keine Moral...«[6] Es ist nur konsequent, wenn auch die Unterscheidung von Gut und Böse ausdrücklich bestritten wird. (Manches spricht sogar für die These, daß Marx ein Satanist gewesen sei.[7])

*Die naheliegende theologische Konsequenz müßte lauten: Der Marxismus als geradezu lückenlose Negation aller zentralen Aussagen der christlichen Lehre ist entschieden abzulehnen.* Doch die Wirklichkeit sieht anders aus. Auch insoweit ist eine Beschränkung auf die Aussagen exemplarischer Gestalten geboten.

Dabei bleiben, dem Untersuchungszweck folgend, die ohnehin schwer zu klärenden Motive ungeprüft. Auch wenn scheinbar ausweglose Not, Mitleid, Empörung über die Gleichgültigkeit des eigenen »Lagers« die Feder geführt haben sollten, die Frage bleibt ebenso berechtigt wie mit Blick auf die Jahre 1930–1933, ob hier nicht leichtfertig und vorschnell auf das falsche Pferd gesetzt, einem trügerischen Messias gehuldigt wurde. Im Rahmen dieser Untersuchung ist letztlich aber nicht entscheidend, ob die marxistischen Gesundbeter ihre Methode für richtig hielten, selbst an den beschworenen Geist glaubten, vorsätzlich, fahrlässig oder schuldlos in die Irre geführt haben, sondern nur, ob der von ihnen gepredigte Marx-Glaube einer wissenschaftlichen Prüfung standhält.

## 2. »Das eigentliche menschliche Verhalten [ist nach Marx] Liebe« – Tillich, Fuchs, Gollwitzer

Paul Tillich, 1886–1965, wurde 1962 mit dem Friedenspreis des Deutschen Buchhandels ausgezeichnet. In einer Würdigung heißt es: »Obwohl im kirchlich konservativen Bürgertum des ausgehenden 19. Jahrhunderts aufgewachsen, wurde er in den 20er Jahren zum beredten Anwalt der damals schon weithin entkirchlichten sozialistischen Massen der Arbeiterschaft... Von der Grenze aus [zwischen Luthertum und Sozialismus] ging der Appell an die Kirchen, ihr Versagen am atheistischen Marxismus einzusehen...«[8] Tillich, der 1933 in die USA emigrierte, galt dort als »einer der führenden, wenn nicht gar als *der* führende Denker.«[9] Über den Bereich seiner Kirche hinaus wurde er immer mehr auch von Katholiken gelesen. Seine Gedanken über Sozialismus, Marx und Marxismus sind über das ganze gewaltige Werk verstreut anzutreffen. Er ist es vor allen, der dem Marxschen Sozialismus den Weg in die Kirchen erschlossen hat. Immer wieder begegnen wir Aussagen wie den folgenden: »Die Unmöglichkeit, Religion und Sozialismus zu verbinden, kann sich in naher oder ferner Zukunft auch als das tragische Element der deutschen Geschichte erweisen... Es scheint mir, daß eine falsche Anthropologie besonders auf deutschem Boden dem Sozialismus jede Schlagkraft genommen hat... So kann die Entscheidung für den Sozialismus in einer bestimmten Periode Entscheidung für das Reich Gottes sein... Als ein solcher Ansatz zu einer neuen Theonomie ist der Sozialismus zu verstehen. Er ist mehr als eine neue Wirtschaftsordnung, er ist eine Gesamtordnung der Existenz, er ist die im gegenwärtigen Kairos geforderte und erwartete Form der Theonomie.«[10] So geht es weiter, über Seiten, Kapitel und Bücher hinweg. Marx betreffend lesen wir: »Ich will jetzt über den erfolgreichsten ›Theologen‹ seit der Reformation sprechen – Karl Marx. Jawohl, ich will ihn als Theologen betrachten, denn wenn wir ihn nur als politischen Führer, als großen Wirtschaftswissenschaftler oder Soziologen betrachten – und das alles war er ebenfalls –, bleibt unverständlich, woher die Macht stammt, die die ganze Welt verändert...«[11] »Was ich vor allem von Marx gelernt habe, ist die Einsicht in den ideologischen Charakter des Idealismus – und nicht nur des Idealismus, sondern aller Gedankenbildungen...«[12] Seine Schlußfolgerung lautet: »Die Frage, warum für uns der Sozialismus Grundlage und Kraft für die geistige und politische Gestaltung sein soll, ist doppelt beantwortet: einmal um deswillen, was wir das in ihm Letzt-Gemeinte genannt haben und auf das wir mit dem Wort hinweisen: ›Eine Gesellschaftsordnung, in der sinnerfülltes Leben für jeden einzelnen und für jede Gruppe möglich ist.‹ Dann um der unlösbaren Verbindung willen mit dem Ort der radikalen Sinnlosigkeit, dem Proletariat...«[13]

Wer exakte Definitionen und Analysen sucht, der sucht vergebens. Keine Zitate, geschweige denn Belege. Der Geist Tillichs schwebt über den Abgründen dieser Welt. Mit seinen Satellitenaugen sieht er untrüglich, was ist, wie es kam und was zur Heilung der Welt zu geschehen hat. Wen der gewaltige Flug der Gedanken berauscht, wird versucht sein, auf den Hexenbesen aufzuspringen. Der Skeptiker aber legt die Zaubersprüche als Hokuspokus kopfschüttelnd beiseite und fragt sich, wie kann man nur auf diese Weise Jünger fangen, Preise verdienen. Eine wissenschaftliche Auseinandersetzung mit Tillich ist heute nicht mehr nötig und war früher nicht möglich, da seinen »Ergebnissen« weder Tatsachen noch stringente Schlüsse zugrundeliegen.

Die Begründung für Marx, den erfolgreichsten »Theologen« seit der Reformation, provoziert die Frage, ob nicht zwischen 1933 und 1945 der »größte Feldherr aller Zeiten« (Gröfaz) ihm diesen Platz streitig gemacht hat. Skrupellose Atheisten waren sie beide!

Von Marxens Wegbereitern in die evangelische Kirche verdient ferner Emil Fuchs (1874–1971) Erwähnung: »Es liegt in der Hoffnung, die Karl Marx weckte, etwas von jener Hoffnung, die Jesus Christus weckte, als er das Kommen des Reiches Gottes verkündete.«[14]

Fuchs' Vita ist außergewöhnlich. Bereits im Jahre 1914 hatte ihm die Theologische Fakultät der Universität Gießen mit folgender Begründung den Ehrendoktor verliehen: »Dem treuen Freunde des arbeitenden deutschen Volkes, dem wissenschaftlichen Dolmetscher des deutschen Idealismus, dem tapferen Vorkämpfer für deutsches Christentum...«[15] 1921 trat er in die SPD ein. Etwa gleichzeitig begann er die Bewegung der religiösen Sozialisten zu fördern. 1931 folgte er einem Ruf der Pädagogischen Akademie Kiel. Gleich nach Hitlers Machtantritt mußte er seine Lehrtätigkeit einstellen. Nach Kriegsende nahm er sein politisches Engagement wieder auf, auch in seiner und für seine Partei, die er jedoch im Oktober 1949 unter Protest verließ. In einem Kündigungsschreiben an den SPD-Parteivorsitzenden, Kurt Schumacher, offenbart er seine Weltsicht und Gesinnung: Der Kommunismus bringe den Völkern Freiheit.

»Es muß uns allen deutlich werden, daß Rußland und der Kommunismus ihre ungeheure, bezwingende Anziehungskraft für die Millionen der Verzweifelten haben und daß diese Anziehungskraft wächst, je mehr die Demokratie die Wege geht, auf denen sie die Völker um ihre Zukunft betrügt und zu Machtsphären des Kapitalismus macht. Hier scheint mir wieder einer der Fehler unserer Bewegung zu liegen: Man hat die Scheidung gegenüber dem Kommunismus in einer Weise vorgenommen, die das Verständnis für ihn völlig unmöglich macht und dadurch dem Wiederaufrichten des Kapitalismus Vorschub leistet. Ich stehe durchaus auf dem Standpunkt, daß wir alles tun müssen, um den Weg zur Neugestaltung der Gesellschaft durch Demokratie zu bahnen. Aber wir dürfen darüber doch nicht vergessen, daß bis jetzt diese Umgestaltung durch Demokratie, d. h. durch die Macht des Gewissens, noch nirgends geschehen ist, während der russische Kommunismus auf seine Weise eine Befreiung der Massen durchgeführt hat, die anziehend auf Millionen wirkt, daß in China die Befreiung des Bauernstandes in derselben Weise im Gange ist und bezaubernd wirkt, daß die Dinge, die sich heute in Europa und besonders im deutschen Westen abspielen, denen Recht geben, die sagen, daß formale Demokratie immer wieder zu demselben Bankrott führt, den die deutsche Republik erlitten hat.«[16]

Etwa gleichzeitig beginnt er seine Lehrtätigkeit als Professor für christliche Ethik und Religionssoziologie in Leipzig. Hat er zunächst, wie oben belegt, Marx mit Christus auf eine Stufe gestellt, so ist es in seiner Leipziger Antrittsvorlesung Stalin, hinter dem er den unsichtbaren Christus sieht.[17] (Der Text erinnert peinlichst an die Erklärung der »Deutschen Christen« vom März 1934: »In Hitler ist die Zeit erfüllt für das deutsche Volk. Denn durch Hitler ist Christus... unter uns mächtig geworden.«)

Da nimmt es nicht wunder, daß Marx mit lächerlichem Lob über-häuft wird: »Es ist die Größe von Karl Marx, daß er uns in seiner ›dialektischen Methode‹ das Werkzeug schuf, mit dem wir das Wirt-schaftsleben, seine Struktur, seine in ihm selbst gegebene Gesetz-mäßigkeit und Entwicklungsnotwendigkeiten durchleuchten kön-nen und von da aus immer wieder feststellen können, wo und wie wir eingreifen müssen, um es der Umgestaltung entgegenzuführen, die wir erreichen müssen.«[18] Tatsache ist, daß kein in der freien Welt tätiger Wirtschaftswissenschaftler auch nur behauptet, er bediene sich bei seinen Forschungsarbeiten der »dialektischen Methode«. Wozu sie gut ist, davon soll noch die Rede sein (VIII 3). Der Pro-fessor für christliche Ethik hingegen findet in Marx seinen Meister: »Nur so benutzen wir Karl Marx' Erkenntnisse, um zur Heilung des erkrankten Gesellschaftslebens tun zu können, was möglich ist, zur Rettung der Millionen und suchen die Weltanschauung, die uns trägt, zu bilden aus dem, was wir heute erleben und kennen.«[19]

Auch Helmut Gollwitzer (1908–1986) bildet ein unverzichtbares Glied in dieser Kette Marx verklärender Theologen. Als er aus so-wjetischer Kriegsgefangenschaft zurückkehrte, gab er in einem Auf-satz zur Frage: »Kann ein Christ Kommunist sein?« die eindeutige Antwort: »Der Christ kann unter einer kommunistischen Obrigkeit leben; aber er kann es nur, indem er sie erleidet. Er kann nicht ihre Weltanschauung teilen, er kann nicht Kommunist sein, er kann auch nicht sich mit dem Marxismus taktisch verbünden, um auf diese Weise einen Ausweg aus den Nöten der heutigen Menschheit zu fin-den.«[20] Doch rasch besann er sich eines »Besseren«. Superintendent Reinhold George erinnert sich: »Man ist dann fast entsetzt, daß er ein paar Jahre später schreibt: ›Wie könnte der Heilige der mensch-lichen Arbeit‹ – damit ist Karl Marx gemeint! – ›verworfen werden von Christus, der Arbeiter in seine Ernte ruft?‹ Und weiter: ›Im Ge-bot ora et labora [bete und arbeite] ist vereinigt, was in der christ-lich-marxistischen Kontroverse oft öde genug gegeneinander aus-gespielt worden ist.«[21]

»Dank an Karl Marx« betitelt Gollwitzer 1983 einen Artikel, der sei-ne revidierte Marxsicht zusammenfaßt. Daß er auf alle Belege ver-zichtet, ist eine Eigenart, die er aus naheliegenden Gründen mit vie-len Marxadoranten teilt. Anstelle von Belegen heißt es dann schlicht »bekanntlich«: »Er selbst sei kein Marxist, hat er bekanntlich ge-sagt, er sei also für sich selbst nicht Schulhaupt, nicht seiner Dog-matik unterworfen. Damit desavouiert er alle, die in verba magistri

schwören.«[22] Wer wagt dann noch nach Beweisen zu fragen? Wäre er dennoch gefragt worden, er wäre in einen peinlichen Beweisnotstand geraten (XII 5). Offenbar wurde er nie kritisch »hinterfragt«, sonst hätte er sich keine so unglaublichen geistigen Kapriolen leisten können. In einem Aufsatz, betitelt »Zum Verständnis des Menschen beim jungen Marx« heißt es: »Von daher hat gerade der junge Marx in eindringenden Analysen anschaulich machen können, inwiefern das eigentliche menschliche Verhalten *Liebe* ist und inwiefern Verlust der Liebesbeziehung Verlust im Menschsein ist.«[23]
Also gibt es offenbar ein Traktat von Marx, das die Liebe besingt, vielleicht gar ein Hohes Lied der Liebe wie bei Paulus, zumindest aber Betrachtungen über die Bedeutung der zwischen- und mitmenschlichen Liebe, – ist man geneigt zu schlußfolgern. Die hohe Erwartung wird etwas gedämpft, wenn wir im nächsten Satz lesen: »Marx hat – mit gutem Grund – das Wort Liebe nur selten verwendet.« Welchen guten Grund hatte Marx? Wir erfahren es nicht. Immerhin, der Analytiker der Liebe hat demnach auf das Wort »Liebe« nicht gänzlich verzichtet. Aber wäre es dann nicht angezeigt, daß uns Gollwitzer wenigstens mit einem der Marxschen Sätze vertraut macht, in denen von Liebe die Rede ist? Wenn Marx von »Liebe« spricht, dann macht er sich über die »Liebessabbeleien« anderer lustig (VIII 3). Gollwitzer versucht seine »Entdeckung« zumindest mit *einem* Zitat zu untermauern, auch wenn es ganz »liebe«-los ist. Doch sein Schatzfund ist mehr als kläglich, erlaubt keinen vernünftigen Abbau: »Das Verhältnis des Mannes zum Weib ist das natürlichste Verhältnis des Menschen zum Menschen. In ihm zeigt sich also, inwieweit das menschliche Wesen ihm zum natürlichen Wesen, inwieweit seine menschliche Natur ihm zur Natur geworden ist. In diesem Verhältnis zeigt sich auch, inwieweit ihm also der andere Mensch zum Bedürfnis geworden ist...«[24] Was sollen diese dürren, abstrakten Worte? »Der/die andere ist mir zum Bedürfnis geworden!« – lautet die Begründung für die meisten Sexualdelikte. Genau in diese Richtung hat Marx gedacht, von Liebe im ethischen Sinn keine Spur: »Mit der Teilung der Arbeit... ist zu gleicher Zeit auch die Verteilung... gegeben, also das Eigentum, das in der Familie, wo die Frau und die Kinder die Sklaven des Mannes sind, schon seinen Keim, seine erste Form hat. Die freilich noch sehr rohe, latente Sklaverei in der Familie ist das erste Eigentum, das übrigens hier schon vollkommen der Definition der modernen Ökonomen entspricht, nach der es die Verfügung über fremde Arbeitskraft ist.«[25]

Noch drastischer und anschaulicher Engels: »Der Lassalle ist offenbar daran kaputtgegangen, daß er das Mensch [Helene von Dönnings] nicht sofort in der Pension aufs Bett geworfen und gehörig hergenommen hat, sie wollte nicht seinen schönen Geist, sondern seinen jüdischen Riemen.«[26]

Was Gollwitzer uns hier vorzaubert, ist eine Glanznummer aus der Trickkiste der vielgepriesenen »marxistischen Dialektik«. Mit dieser Methode kann man alles beweisen und – nach Belieben – widerlegen. Gollwitzer »wußte«, die marxistische Weltrevolution, der Übergang zum Sozialismus, ob mit dem Stimmzettel oder mit Waffengewalt, ist überfällig:

»So besteht die marxistische Frage nach der massenhaften Hebelkraft für die Überwindung des kapitalistischen Systems weiter, heute bedrängender denn je, da die Menschheit ›diese Umwälzung bei Strafe des Untergangs zu vollziehen genötigt ist‹ (so schon Engels im Anti-Düring). Dafür wird die marxistische Revolutionstheorie gemäß den heutigen Bedingungen modifiziert werden müssen: Die nötige planetarische Revolution erfolgt in Schritten, ungleichzeitig in den verschiedenen Ländern und Erdteilen, nicht notwendig mit Gewalt verbunden, oft – besonders in den Industrieländern – evolutionär, in sich steigernden Reformschritten, ideologisch pluralistisch, d. h. verbunden mit dem revolutionären Potential von Traditionen und Religionen...«[27]

In nur scheinbarem Widerspruch dazu stand sein spektakuläres Engagement in der Friedensbewegung, deren Ziel es war, die Abwehrkräfte der demokratischen Staaten zu schwächen. Arm in Arm mit Mitgliedern der Evangelischen Studentengemeinden, des Kommunistischen Bundes, des Sozialistischen Büros, der Gruppe Internationaler Marxisten und Deutscher Jungsozialisten versuchte er bei jeder sich bietenden Gelegenheit, gegen die westlichen Verteidigungsanstrengungen Stimmung zu machen und Sand ins Getriebe des Rüstungsapparats zu streuen, natürlich nur diesseits von Mauer und Stacheldraht, nicht jenseits, d. h. bei jenen, die den laufend Blutopfer fordernden – knapp eintausend Menschen – »antifaschistischen Schutzwall« errichtet hatten. Daß er in schriftlichen Verlautbarungen an beide Blöcke appellierte, ändert daran nichts.
Hätte Gollwitzer nicht Hirngespinste für die Wirklichkeit genommen, so wäre er – Aufrichtigkeit vorausgesetzt – zu demselben Schluß gelangt wie der Arbeiterführer August Winnig: »Es gibt Menschen, deren Wesen ihr ganzes Leben lang nichts als Liebe aus-

strömt, wie etwa der Pastor Bodelschwingh... Es gibt andere Menschen, deren ganzes Wirken vom Haß genährt, vom Haß bestimmt ist. Solch ein Mensch war Marx... Marx hatte zum Arbeiter gar keine innere Beziehung... Er fühlte nicht mit dem Arbeiter. Er wandte sich ihm und seiner Bewegung nicht zu, weil etwa sein Herz für den Arbeiter geschlagen hätte, er wandte sich an den Arbeiter nur, weil er ihn brauchte. Er brauchte ein Werkzeug seines Hasses. Er brauchte die Riesenkraft, die seinen furchtbaren Haß in die Welt tragen konnte.«[28]

### 3. Nur »Analyse« und »Methode« – Cardenal, Dom Helder, Boff

Am Anfang dieses Kapitels wurde Ernesto Cardenal zitiert. Im Anschluß an die angeführten Zeilen heißt es in seinem Text: »Ich glaube, Jesus ist das Ziel für die Menschheit, das Liebe heißt. Der Marxismus ist eine wissenschaftliche Methode, dorthin zu gelangen.«[29] Cardenal gilt als führender Kopf der »Befreiungstheologie«. Dieses Wort geht zurück auf Gustavo Gutiérrez, der eine 1973 erschienene Arbeit so betitelt hat.[30] Längst haben sich unter diesem Oberbegriff verschiedene Schulen gebildet, so daß verallgemeinernde Urteile nicht mehr möglich sind. Soweit sich Befreiungstheologen auf Marx berufen, geschieht dies nicht pauschal. Für Cardenal ist es, wie oben belegt, die »wissenschaftliche Methode«. Noch bekannter als er ist der Bischof Dom Helder Camara. 21 Jahre leitete er die Erzdiözese Olinda-Recife im Nordosten Brasiliens. Mit 76 Jahren wurde er auf seinen Antrag hin durch den Papst von seinen Pflichten entbunden (1985). »Fast nicht zu zählen sind die Doktorhüte Dom Helders, darunter die der Sorbonne, der Universitäten Saint Louis, Löwen, Harvard und Münster. Der Lutherische Weltbund hatte ihn 1970 für den Friedensnobelpreis vorgeschlagen...«[31] Auf die Frage: »Haben Sie Marx gelesen?« antwortete er: »Natürlich. Ich stimme mit seiner Analyse der kapitalistischen Gesellschaft überein, nicht jedoch mit seinen Schlußfolgerungen.«[32]
Halten wir fest: Für Cardenal, stellvertretend für viele, ist die »wissenschaftliche Methode« des Marxismus richtungweisend, für Dom Helder, auch er stellvertretend für viele, die Marxsche Analyse. Als

weibliches Element, das dieser Richtung zuzurechnen ist, soll noch die Professorin für Neues Testament der Universität Kassel, Luise Schottroff, zu Worte kommen: »Ich weiß immer noch kein besseres Wort für eine gerechte Gesellschaft als das Wort Sozialismus... Der Sozialismus hat große Philosophen und Philosophinnen hervorgebracht, von deren Analysen immer noch genausoviel zu lernen ist wie damals: zum Beispiel Rosa Luxemburg und Karl Marx. Der Sozialismus hat tiefe Wurzeln in der Bibel... Als der Ostblocksozialismus zerbröckelte, hat Bundesminister Blüm gesagt: ›Karl Marx ist tot, und Jesus lebt.‹ Er hat mit Jesus vermutlich das katholische Kirchenpatriarchat gemeint. Ich stelle dagegen: Wo Jesus heute lebt, wird Karl Marx studiert.«[33]

Wo wird Marx heute studiert? Wo kann man nachlesen, was die Marxsche Methode meint? Mir fällt nichts ein, was von seiner Lehre und Methode nach dem Maßstab der christlichen Ethik auch nur das Prädikat »neutral« verdienen würde. Davon, daß Marx ausdrücklich darauf verzichtet, Moral zu predigen, war schon die Rede. Er fühlte sich auch an keinerlei Moralvorgaben gebunden. Für ihn und Engels war das Postulat der Nächstenliebe nur Anlaß, um sich zu mokieren. *Haß, Verachtung anderer, Hohn und Spott, Racheschwüre, ja Terror und Mord, also die extremen Gegensätze von Liebe, werden andererseits ausdrücklich bejaht.*

In einem seiner ersten Briefe an Marx berichtet Engels die Einstellung der Arbeiter, denen er in Paris begegnet: »›Milde‹, ›Sanftmut‹, ›warme Brüderlichkeit‹. Ich hab' sie aber gehörig gerüffelt, jeden Abend bracht' ich ihre ganze Opposition von 5, 6, 7 Kerls... zum Schweigen.«[34]

Philanthropie und Humanismus nennt Engels ausdrücklich »antirevolutionäre Untugenden«[35]. Besonders deutlich werden Marx und Engels in einem »Zirkular«, d. h. Rundschreiben, das sich gegen einen ehemaligen Gesinnungsgenossen, namens Kriege, der an die Nächstenliebe appelliert, wendet:

»Dieser Liebessabbelei [»sabbeln« = schnell und viel reden, und zwar, lt. Duden, abwertend gemeint] entspricht es, daß Kriege [ein ehemaliger kommunistischer Mitstreiter]... den Kommunismus als den liebevollen Gegensatz des Egoismus darstellt und eine weltgeschichtliche revolutionäre Bewegung auf die paar Worte: Liebe – Haß, Kommunismus – Egoismus reduziert... Welche entnervende Wirkung auf beide Geschlechter diese Liebesduselei ausüben und welche massenweise Hysterie und Bleichsucht sie bei den ›Jung-

frauen‹ hervorrufen muß, darüber möge Kriege selbst nachdenken.«[36]
»Es versteht sich, daß Krieges Liebessabbeleien und Gegensatz gegen den Egoismus weiter nichts sind als die schwellenden Offenba-
rungen eines durch und durch in Religion aufgegangenen Gemüts.
Wir werden sehen, wie Kriege, der sich in Europa immer für einen
Atheisten ausgab, hier sämtliche Infamien des Christentums unter
dem Wirtshausschild des Kommunismus an den Mann zu bringen
sucht und ganz konsequent mit der Selbstschändung des Menschen
endigt.«[37]

Haß und Verachtung, Hohn und Spott werden gepredigt. Von Engels
in Versform gekleidet, lautet das Programm:
  »Nichts Schöneres gibt es auf der Welt
  als seine Feinde zu beißen,
  als über all die plumpen Geselln
  seine schlechten Witze zu reißen.«[38]
Voll Stolz schreibt Engels an Marx, daß ein britischer Gewerk-
schaftsführer namens Jones »ohne unsere Doktrin nicht auf den richtigen Weg geraten wäre und nie gefunden hätte, wie man... den in-
stinktiven Klassenhaß der Arbeiter gegen die industriellen Bourgeois, nicht nur beibehalten, sondern noch erweitern, entwickeln
und der aufklärenden Propaganda zugrundelegen kann...«[39] Marx
nennt sein System, das »system of mockery and contempt«[40], das
System der Verhöhnung und Verachtung.
Noch einige weitere Zitate, die ohne jeden Kommentar eindeutig für
sich sprechen: »Bei uns ist eher Haß nötig als Liebe.«[41] »Es war gerade die Verachtung und der Spott, mit dem wir die Gegner behan-
delten, die uns in den sechs Monaten bis zum Belagerungszustand
fast 6000 Abonnenten einbrachte.«[42]
»Diese freie Luft muß das Blatt [Der Social-Demokrat] nach
Deutschland hineintragen und dazu dient vor allem, daß der Gegner
mit Verachtung behandelt, verhöhnt wird.«[43]
»Nicht sich drehen und winden unter den Schlägen des Gegners,
heulen, winseln und Entschuldigungen stammeln: so böse war's
nicht gemeint; – wie noch so viele tun. Wiederhauen muß man, für
jeden feindlichen Hieb zwei, drei zurück. Das war unsre Taktik von
jeher, und wir haben bis jetzt, glaub' ich, noch so ziemlich jeden
Gegner untergekriegt.«[44]
Racheorgien werden mit schauerlicher Genüßlichkeit als Menetekel
an die Wand gemalt: »Der heilige Kirchenvater wird sich doch sehr

wundern, wenn der Jüngste Tag, an dem sich dies alles erfüllet, über ihn hereinbricht – ein Tag, dessen Morgenrot der Widerschein brennender Städte am Himmel ist, wenn unter diesen ›himmlischen Harmonien‹ die Melodie der Marseillaise und Carmagnole mit obligatem Kanonendonner an sein Ohr hallt, und die Guillotine dazu den Takt schlägt; wenn die verruchte ›Masse‹ ça ira, ça ira brüllt und das ›Selbstbewußtsein‹ vermittels der Laterne aufhebt.«[45] Doch damit nicht genug. Marx und Engels fordern Rache, ja, sie wollen selbst »blutige Rache« üben und die Leitung der Volksrache in die Hand nehmen: »Vergeßt nur keine Euch und allen unsern Leuten getane Niedertracht, die Zeit der Rache kommt und muß redlich ausgenutzt werden.«[46]

»Nun, ich hoffe, daß der Volkszorn endlich geweckt und Rache genommen wird. Es wird Zeit.«[47] »Und für diesen feigen, niederträchtigen Verrat an der Revolution [Die Slawen haben sich 1848/49 mehrheitlich konservativ verhalten.] werden wir einst blutige Rache an den Slawen nehmen.«[48]

»Weit entfernt, den sogenannten Exzessen, den Exempeln der Volksrache an verhaßten Individuen oder öffentlichen Gebäuden, an die sich nur gehässige Erinnerungen knüpfen, entgegenzutreten, muß man diese Exempel nicht nur dulden, sondern ihre Leitung selbst in die Hand nehmen.«[49]

*Auch wer Marx und Engels geistige Väter des Terrorismus nennt und ihnen die Verherrlichung von Mordtaten vorwirft, tut ihnen kein Unrecht, nimmt sie nur beim Wort.* Schon das bisher Zitierte würde eigentlich genügen. Denn was ist »blutige Rache« anderes als mörderischer Terror? Aber Marx und Engels werden noch deutlicher:

Marx: »Die resultatlosen Metzeleien seit den Juni- und Oktobertagen, das langweilige Opferfest seit Februar und März, der Kannibalismus der Konterrevolution selbst wird die Völker überzeugen, daß es nur ein Mittel gibt, die mörderischen Todeswehen der alten Gesellschaft, die blutigen Geburtswehen der neuen Gesellschaft abzukürzen, zu vereinfachen, zu konzentrieren, nur ein Mittel – den revolutionären Terrorismus.«[50]

Marx: »Wir sind rücksichtslos, wir verlangen keine Rücksicht von euch. Wenn die Reihe an uns kömmt, wir werden den Terrorismus nicht beschönigen.«[51]

*Die Freunde sind Revolutionäre durch und durch. Die große Revolution, die weltweite Revolution, die »Revolution in Permanenz« ist ihre zeitlebens laut und gemeinsam bekundete Sehnsucht.*[52]

Und sie zögern nicht, uns die Wirklichkeit ihrer Revolution mit bestürzender Anschaulichkeit und Grausamkeit vor Augen zu stellen: »Eine Revolution ist gewiß das autoritärste Ding, das es gibt; sie ist der Akt, durch den ein Teil der Bevölkerung dem anderen Teil seinen Willen vermittels Gewehren, Bajonetten und Kanonen, also mit denkbar autoritärsten Mitteln aufzwingt; die siegreiche Partei muß, wenn sie nicht umsonst gekämpft haben will, dieser Herrschaft Dauer verleihen durch den Schrecken, den ihre Waffen den Reaktionären einflößen.«[53]

Menschen, die so denken, fühlen, agieren, billigen Mord und Totschlag, wenn sie in revolutionärer Absicht ausgeführt worden sind. Marx und Engels haben daran offenbar sogar Gefallen: »Und à l'intérieur, welche famose Entwicklung! Die Mordversuche werden schon ganz alltäglich...«[54]

»In dem heut angekommenen ›Social-Demokrat‹ findet sich glücklicherweise, im Feuilleton, hinter meinem Artikel, wo selbst jedes ›Scheinkompromiß‹ verurteilt wird, Dein Aufruf zum Totschlagen des Adels.«[55] Gibt es überhaupt politische Denker, die sich gewalttätiger und blutrünstiger geäußert haben?

*Wie lauten zeitgenössische Arbeiten christlicher Theologen, die sich mit diesen authentischen Marxschen Herausforderungen an die abendländische Ethik kritisch auseinandersetzen?* Ich kenne keine. Von all diesen Zitaten wird nirgendwo nachprüfbar Notiz genommen.

Nun zur »Marxschen Analyse«. Zu den herausragenden Gestalten der Befreiungstheologie zählt der inzwischen laisierte Ex-Franziskaner Leonardo Boff. Er und sein Bruder Clodovis belehren uns: »Der Befreiungstheologie ist es stets darum gegangen, den Marxismus als Vermittlung, als intellektuelles Werkzeug, als Instrument zur Analyse der Gesellschaft zu gebrauchen. Darin besteht der erkenntnistheoretische Stellenwert des Marxismus innerhalb der Befreiungstheologie... Gewiß ist der Marxismus gefährlich, offensichtlich aber auch nützlich, vor allem im Hinblick auf das Verständnis der gesellschaftlichen Wirklichkeit, insbesondere hinsichtlich der Armut und ihrer Überwindung.«[56]

Wozu taugt dieses Werkzeug »Marxismus« ganz konkret? – Die Brüder antworten: »Es ist uns dabei behilflich, einige der zentralen Begriffe der Theologie besser zu verstehen und mit reicherem Inhalt zu füllen: Volk, Armut, Geschichte und auch Praxis und Politik.«[57]

Betrachten wir jeden der genannten Begriffe:

»Volk« spielt im Marxschen Schrifttum keine nenneswerte Rolle! Oder wenn doch, wo?

Ebenso verhält es sich mit Armut. *Marx stand doch nicht auf Seiten der Armen, sondern bestenfalls auf Seiten des Proletariats.* Nun waren auch nach Auffassung der Freunde die Proletarier arm. Aber längst nicht alle Armen waren Proletarier. Die Ärmsten der Armen, jene, die, aus welchen Gründen auch immer, ihre Arbeitskraft nicht verkaufen konnten, waren noch ärmer. Marx gebraucht für sie die Bezeichnung »Lumpenproletariat«.

Hören wir, was er davon hält: »Das Lumpenproletariat, dieser Abhub der verkommenen Subjekte aller Klassen, der sein Hauptquartier in den großen Städten aufschlägt, ist von allen möglichen Bundesgenossen der schlimmste. Dieses Gesindel ist absolut käuflich und absolut zudringlich. Wenn die französischen Arbeiter bei jeder Revolution an die Häuser schrieben: Mort aux voleurs! Tod den Dieben! und auch manche erschossen, so geschah das nicht aus Begeisterung für das Eigentum, sondern in der richtigen Erkenntnis, daß man sich vor allem diese Bande vom Hals halten müsse.«[58]

»Geschichte« läßt uns mangels näherer Umschreibung an den historischen Materialismus denken. Inwiefern der historische Materialismus der Befreiungstheologie dienstbar gemacht werden kann, ist unerfindlich. Denn nach Marx ist die Ausbeutung der Arbeiter in der Dritten Welt kein Unrecht. Keine der Produktionsweisen sei an sich zu mißbilligen. Weder dem Sklaven noch dem Leibeigenen noch dem Proletarier geschieht – so Marx – auf der Basis der jeweiligen Produktionsweise (Sklavenhaltergesellschaft bzw. Feudalismus) Unrecht. Marx: »Was ist ›gerechte‹ Verteilung? Behaupten die Bourgeois nicht, daß die heutige Verteilung ›gerecht‹ ist? Und ist sie in der Tat nicht die einzige ›gerechte‹ Verteilung auf Grundlage der heutigen Produktionsweise?«[59] »Dieser Inhalt ist gerecht, sobald er der Produktionsweise entspricht, ihr adäquat ist. Er ist ungerecht, sobald er ihr widerspricht. Sklaverei auf Basis der kapitalistischen Produktionsweise ist ungerecht...«[60]

Wenn wir nun gleichzeitig bedenken, daß jene Staaten, die nach Marx und Engels berufen sind, als erste in den Kommunismus zu gelangen, nämlich England, Frankreich, die USA und Deutschland,[61] diesen naturnotwendigen Schritt noch nicht bewältigt haben, weil offenbar der entsprechende Entwicklungsstand noch nicht erreicht ist, so können die Staaten der Dritten Welt erst recht nicht auf baldige Befreiung hoffen. Denn die Zeit muß für die Revolution reif sein.

Über »Praxis« haben sich Marx und Engels vielfältig geäußert. Aber es findet sich dort keine Spur einer Offenbarung. »Politik« ist viel zu allgemein, als daß man sich damit kritisch auseinandersetzen könnte.

Die unmittelbar dem Papst unterstehende Glaubenskongregation mit Kardinal Ratzinger an der Spitze mißbilligt entschieden die Anleihen von Befreiungstheologen bei Marx und dem Marxismus: »Wir rufen in Erinnerung, daß der Atheismus und die Negation der menschlichen Person, ihrer Freiheit und ihrer Rechte, sich im Zentrum der marxistischen Konzeption befinden. Diese enthalten auch die Irrtümer, die die Wahrheit des Glaubens über die ewige Bestimmung der Person direkt bedrohen. Mehr noch, wer eine solche Analyse in die Theologie integrieren will, bei der die Kriterien der Interpretation von dieser atheistischen Konzeption abhängen, verstrickt sich in schlimme Widersprüche. Das Verkennen der geistigen Natur der Person führt dazu, diese völlig dem Kollektiv unterzuordnen und ebenso die Prinzipien eines sozialen und politischen Lebens zu leugnen, die mit der Menschenwürde übereinstimmen.«[62] Eine behutsame Kritikerin dieser Instruktionen meint nun: »Es wäre doch denkbar, daß solche Analysen ihre, wenn auch zeit- und situationsbedingte Wahrheit unabhängig vom ideologischen Kontext, in dem sie stehen, haben. Sonst könnte sich einer der Väter der modernen katholischen Soziallehre, Oswald von Nell-Breuning, nicht dazu bekennen, etwas oder gar viel von Marx gelernt zu haben (›Am Marxismus haben wir seine Irrtümer, und zwar ausschließlich diese, zu bekämpfen‹).«[63] Damit sind wir bei Nell-Breuning angelangt, dessen Verhältnis zu Marx eine besondere Würdigung verdient.

## 4.  »Wir alle stehen auf den Schultern von Karl Marx« – Oswald von Nell-Breuning SJ

Gehört es nicht in die Sammlung »Treppenwitze der Weltgeschichte«, daß just in Trier, und zwar aus der Feder eines katholischen Theologen namens Marx, 1846 ein Aufsatz erschien: »Die Jesuiten als Lehrer des Communismus«?[64] Dieser Marx, mit Vornamen Jacob, ist nicht verwandt mit Karl Marx. Trotz widersprechender Behauptungen[65] wurde Karl Marx – anders als z. B. Fidel Castro – nicht

von Jesuiten erzogen. Und dennoch bilden ein Jesuit, nämlich Oswald von Nell-Breuning, die Stadt Trier und Karl Marx eine Art Dreiecksverhältnis, das eine nähere Betrachtung lohnt:
Von Nell-Breuning – Ehrendoktor der Universität Frankfurt a.M., Ehrenbürger der Stadt Frankfurt, Träger des Hans-Böckler-Preises des DGB, des Romano-Guardini-Preises der Katholischen Akademie in Bayern, der Goldenen Bonifatius-Plakette der Deutschen Bischofskonferenz – wurde, wie Karl Marx, in Trier geboren, Marx am 5. Mai 1818, von Nell-Breuning am 8. März 1890. Zu seinem 100. Geburtstag erschien eine Art Festschrift: »Unbeugsam für den Menschen«.[66] In ihm finden wir Huldigungen aus der Feder so namhafter Persönlichkeiten wie Norbert Blüm, Heiner Geißler, Oskar Lafontaine, Helmut Schmidt, Hans-Jochen Vogel.
Marx war schon sieben Jahre tot, als von Nell-Breuning geboren wurde. Und von Nell-Breuning war bereits 75 Jahre alt, als er in einem Fernsehinterview mit Günter Gaus den Ausspruch tat: »Wir alle stehen auf den Schultern von Karl Marx.«[67] (Der bemerkenswerte Kontext: »Karl Marx, also mein Mitschüler vom Gymnasium her, hat sicher eine imponierende geistige Leistung vollbracht. Wir alle stehen auf den Schultern von Karl Marx, ob wir es wissen oder ob wir es nicht wissen. Und die Irrtümer von Karl Marx nennen wir heute Marxismus.«)
Eine kühne Behauptung! Sie findet nicht ihresgleichen, nicht einmal aus der Feder marxistisch orientierter Sozialisten. Aus der Feder eines katholischen Theologen und Sozialwissenschaftlers ist sie einmalig. Da er Marx zugleich seinen »Gegner«[68] nennt und ihn scharf kritisiert, ist der schockierende Ausspruch doppelt glaubwürdig, geeignet dem verklärten Marx die Krone aufzusetzen.
Dieser Ausspruch wurde von Nell-Breuning übelgenommen.[69] Trotzdem hat er ihn in der Zeit zwischen 1965 und 1976, also elf Jahre hindurch, mehrmals wiederholt. Das große Wort begleitete ihn, wo er auftrat, wo von ihm die Rede war oder ist: Willy Brandt zitierte es mit viel Lob bei feierlichem Anlaß und wiederholte es gern.[70] Walter Euchner beschließt damit sein Buch »Karl Marx«[71]. In Trier wurde von Nell-Breuning anläßlich der Karl-Marx-Matinee am 14. Mai 1983 damit begrüßt,[72] Norbert Blüm baute es ein in seine Laudatio anläßlich des 95. Geburtstags.[73] Nicht einmal der Mailänder Kardinal Carlo Maria Martini glaubt, darauf verzichten zu können.[74] Was hat von Nell-Breuning zu diesem Ausspruch bewogen, wie hat er ihn begründet, wie wollte er ihn verstanden wissen, warum hat er

ihn, trotz zahlreicher passender Gelegenheiten, in den letzten 15 Jahren seines Lebens nicht mehr gebraucht?
In der Zeit, als von Nell-Breuning mit diesem Ausspruch zu schockieren pflegte, der ihm bis heute wie ein Schatten folgt, der wohl sein meistzitierter ist, war er der Überzeugung, daß die Spaltung der Gesellschaft in Klassen zuerst von Marx entdeckt worden sei.

So heißt es in einem 1967 gehaltenen Vortrag: »Marx diagnostiziert industrielle Gesellschaft als Klassengesellschaft, bestehend aus einer herrschenden Klasse, den Kapitalisten, und einer unterdrückten und ausgebeuteten Klasse, dem Proletariat... Für die kirchlichen Kreise und nicht für diese allein war der Marxsche Klassenbegriff etwas Neues und Unerhörtes; wie alles Neue lehnte man ihn zunächst einmal ohne genauere Kenntnisnahme ab.«[75] Und noch deutlicher 1971: »Die große geistige Leistung von Marx ist seine Analyse der industrie-kapitalistischen Gesellschaft, seine Erkenntnis des Klassencharakters dieser Gesellschaft. Weder die in Staat und Wirtschaft noch die im kirchlichen Bereich einflußreichen Kreise hatten den durch die Französische Revolution und den aufkommenden Industrialismus ausgelösten gesellschaftlichen Strukturwandel erkannt.«[76]

Diese Verdienstzuweisung ist falsch. Wie von Nell-Breuning dieser Irrtum unterlaufen konnte, ist schwer verständlich. Schon bei Marx selbst steht klipp und klar zu lesen: »Was mich nun betrifft, so gebührt mir nicht das Verdienst, weder die Existenz der Klassen in der modernen Gesellschaft noch ihren Kampf unter sich entdeckt zu haben. Bürgerliche Geschichtsschreiber hatten längst vor mir die historische Entwicklung dieses Kampfes der Klassen, und bürgerliche Ökonomen die ökonomische Anatomie derselben dargestellt.«[77]
Werner Sombarts Standardwerk »Der proletarische Sozialismus«, insgesamt zehn Auflagen, und zwar zwischen 1896 und 1924, behandelt in einem eigenen Kapitel »Die Theorie des Klassenkampfes vor Marx«. Sombart genoß auch bei den sozialethisch-nationalökonomisch führenden Jesuiten großes Ansehen. Leute wie Viktor Cathrein und Heinrich Pesch kannten die Schriften von Sombart ganz genau. Der Irrtum war von Nell-Breuning also unschwer, und zwar zwingend, nachzuweisen.
1980 erschien in der Jesuitenzeitschrift »Stimmen der Zeit« ein Aufsatz aus seiner Feder, betitelt »In eigener Sache«.[78] In einer Fußnote der Herausgeber heißt es: »Diesen am 8. Mai 1979 abgeschlossenen Text hatte der Verfasser zur Veröffentlichung nach seinem Tod

bestimmt; er sollte Mißverständnisse und Fehldeutungen richtigstellen. Wir bringen nun den Beitrag mit dem Einverständnis des Autors zur Vollendung seines 90. Lebensjahres...«[79] Nell-Breuning selbst kommt darin auf den oben aufgezeigten Irrtum zu sprechen: »Ist er (Karl Marx) nicht, wie ich unbezweifelt annahm, die Erstquelle, sondern nur abgeleitete Quelle, dann habe ich mich insoweit bis 1974 im Irrtum befunden und bekenne diese meine Unwissenheit.«[80]

1976 tat von Nell-Breuning zum letzten Mal seinen fulminanten Ausspruch. Er schreibt da, sich selbst zitierend: »Damit aber haben wir von Marx nicht nur in Institutionen zu denken, sondern, was noch mehr ist, geschichtlich zu denken gelernt.« Und er fährt fort: »Als Fazit zog ich: ›Wir alle stehen auf den Schultern von Karl Marx.‹«[81]

Dieser zweite, der historische Argumentationsstrang hat lebhaften öffentlichen Widerspruch ausgelöst: »Recht eigentümlich mutet von Nell-Breunings Behauptung an, wir hätten von Marx ›geschichtlich zu denken gelernt‹. Von Nell-Breuning gibt m.E. wieder keine stichhaltige Begründung, vielmehr schreibt er: ›Um der Wahrheit die Ehre zu geben, müssen wir ehrlich eingestehen: Wir sind weit davon entfernt, die Auseinandersetzung mit Marx bestanden zu haben. Lange Zeit sind wir ihr aus dem Weg gegangen. Anstatt von seinem Lehr- und Gedankengebäude im ganzen Kenntnis zu nehmen, beschränkten wir uns lange Zeit auf einige aus dem Zusammenhang herausgebrochene Stücke‹... wenn wir uns nur höchst unzulänglich mit Marx befaßt haben und ihn auch gar nicht recht verstehen konnten, konnten wir dann gleichwohl viel von ihm lernen?«[82]

Durch diese Attacke provoziert, publiziert er nochmals, letztmals, das provokante Wort. Aber nun und in der Folgezeit wird es so sehr relativiert, daß es seine schockierende Wucht gänzlich einbüßt und sich der scheinbar tragfähige Quader eines babylonischen Marxmonuments als haltloses Kunststoffprodukt entpuppt. Die Metamorphose geschieht auf mehrfache, recht bezeichnende Weise:

1. Von Nell-Breuning bestritten, daß er, was Marx betrifft, Autorität sei: »Wenn man sich für irgendeine Aussage auf Marx beruft und einen Beleg aus Marx dafür beibringt, muß man darauf gefaßt sein, daß einem ein anderer Marxtext entgegengehalten wird, der tatsächlich oder angeblich das Gegenteil besagt... Diese Gefahr ist hier vermieden; den vorstehenden Ausführungen liegen keine Texte oder Meinungsäußerungen von Marx zugrunde, sondern nur heute allge-

mein verbreitete Erkenntnisse und Denkweisen...«[83] Dabei ist der Jesuitenprofessor keineswegs zitierscheu. Nur Marx-Zitate finden sich, zumindest in den einschlägigen Schriften, nicht. Das spricht Bände!

Schon früher stand bei ihm zu lesen: »So viel aber ist gewiß: Darüber, was Marx wirklich gedacht, gemeint und gewollt hat, aber auch über die verschiedenen, von marxistischen und antimarxistischen Gelehrten wissenschaftlich vertretenen Deutungen des historischen und dialektischen Materialismus, kann nur noch ein engster Kreis von Fachleuten sachverständig und sachförderlich diskutieren; für alle anderen, zu denen auch der Schreiber dieser Zeilen sich zählen muß, ist das zu einer Geheimwissenschaft geworden, zu der ihnen der Schlüssel fehlt.«[84]

Was hier ohne falsche Bescheidenheit, jedoch mit bemerkenswerter Aufrichtigkeit klargestellt wird, sollte auch von denen zur Kenntnis genommen werden, die ihn, aus vielen Gründen ganz zu Recht, gerühmt haben und rühmen. Zu Unrecht jedoch offenbar, wenn er in Trier mit den Worten begrüßt wird: »... Sehr verehrter Herr Pater, der Sie sich lange und kompetent, wie kein zweiter, mit Karl Marx befaßt und auseinandergesetzt haben...«[85] Oder, wie bei der Verleihung des Ludger-Westrich-Preises formuliert wurde: »Die Auseinandersetzung mit Karl Marx sei die Herausforderung seines Lebens gewesen«[86] und, anläßlich seines Todes in DIE ZEIT, Helmut Schmidt: »Nell-Breuning war ein guter Kenner von Marx wie auch der verschiedenen Spielarten des Marxismus.«[87]

2. Er beseitigt ein naheliegendes Mißverständnis, indem er in einer brieflichen Äußerung an den Autor vom 27. Oktober 1982 betont, es wäre falsch, dem angefochtenen Wort den Sinn beizulegen, »wir alle stünden auf dem Boden der Lehre von Karl Marx«.

3. Er nimmt dem Wort sein Gewicht, indem er feststellt: »Der Schüler, der sich zum ersten Mal daran macht, Goethes Faust zu lesen, ist höchst überrascht zu entdecken, wieviele Redewendungen er im Munde führt, die Goethes Faust entnommen sind. – So ähnlich, das ist meine Behauptung, verhält es sich auch mit Karl Marx...«[88] Stehen wir deshalb auf Goethes Schultern? – Zugunsten von Marx könnte darauf verwiesen werden, daß die Welt ohne ihn sicherlich anders aussähe. Doch wenn es darauf ankommt, dann stehen wir auf den Schultern vieler, auch vieler Bösewichte, deren Namen wir lieber nicht aussprechen.

Und ein zweites: Der »Große Büchmann«, die angesehenste Zitatensammlung deutscher Autoren, füllt nicht weniger als 28 Zeilen mit Seitenangaben, die auf Goetheaussprüche hinweisen. Marx aber hat den Zitatenschatz des deutschen Volkes demnach nur mit insgesamt fünf Ausdrücken und Redewendungen bereichert, nämlich »Entfremdung«, »die Religion... ist das Opium des Volks«, »ein Gespenst geht um in Europa – das Gespenst des Kommunismus«, »Proletarier aller Länder vereinigt euch!«, »die Philosophen haben die Welt nur verschieden interpretiert; es kommt darauf an, sie zu verändern«. Aber auch insofern ist die Vaterschaft des Karl Marx bei dreien mehr als fraglich. »Entfremdung« war längst vor Marx in den Kultursprachen Europas eingebürgert: lat. alienatio, franz. aliénation, engl. alienation. Der Kommunismus als Gespenst taucht schon im Staatslexikon von Rotteck und Welcker auf, und den Schlachtruf: »Proletarier aller Länder vereinigt euch!« verdanken wir Babeuf.

4. Von Nell-Breuning hat Marx in den letzten Jahren schärfer als je zuvor angegriffen. Bei der Einweihung einer Gedenktafel am gemeinsamen Gymnasium in Trier 1983 äußerte er: »Was Marx in der Welt angerichtet hat, das ist sicher beispiellos... Wir können nur sagen, die Veränderung, die er in die Welt hineingebracht hat, ist doch vielleicht zudem das größte Unglück, das über die Menschheit gekommen ist. Wir können uns unseres Mitschülers Marx unmöglich rühmen, wenn dieses Rühmen nicht eine kindliche Eitelkeit sein soll.«[89] (Von diesen Einlassungen Nell-Breunings nehmen jene, die sich auf ihn stützen, um ihr Marxbild hochhalten zu können, keine Notiz.)

5. Ganz besonders aussagekräftig ist seine letzte diesbezügliche Äußerung. In einem Brief vom 10. Oktober 1985 an den Autor schreibt er: »Meine Formel ›Wir alle stehen...‹ ist eine von denen, die mein Mitbruder Kerber als ›(viel zu) pointiert formuliert‹ bezeichnet. Ich weiß, daß sie dem Mißverständnis und dem Mißbrauch ausgesetzt sind, mag aber nicht davon lassen, weil man nur damit den Menschen zum Nachdenken bringt.«

Nun, von dieser Formel hat er seit 1976 gelassen, weil er sie offenbar selbst als »viel zu« pointiert formuliert empfunden hat. Das »viel zu« hat er selbst eingefügt, ein Eingeständnis, das gar nicht hoch genug veranschlagt werden kann.

So sehr Oswald von Nell-Breuning als Sozialwissenschaftler und Sozialapostel hohe und dauernde Anerkennung verdient, da er die Sozialgeschichte sowohl der katholischen Kirche als auch der Bundesrepublik Deutschland mitgeschrieben hat, ebenso verdient er es, daß sein beredtes Schweigen hinsichtlich der zunächst gelegentlich eines Interviews beiläufig geäußerten »viel zu« pointierten Formel respektiert wird. Wer aber das Schweigen bricht, sollte die vielfältigen Relativierungen, die der Autor dem obiter dictum nachgeschoben hat, nicht unterschlagen, auch nicht seinen Irrtum die Klassenanalyse betreffend, ein Irrtum vom Gewicht her vergleichbar der Annahme, Johannes der Täufer sei der Verfasser des vierten Evangeliums.

## 5. »... was die ganze Welt Karl Marx verdankt« – im Soge einseitiger Entspannung

1937, in der Enzyklika »Divini redemptoris« warnte der Papst nachdrücklichst vor der raffinierten Vereinnahmung durch die Kommunisten. In der von Moskau geschickt inszenierten Ära der Entspannung, in der der Westen militärisch und strategisch ins Hintertreffen geriet (1960–1980), glaubte auch eine wachsende Zahl katholischer Theologen, dem Zeitgeist ihren Tribut entrichten zu müssen, und andere, die nicht die Muße fanden, sich ein eigenes Urteil zu bilden, wurden zu absichtslosen Werkzeugen. Der Dialog Christen : Marxisten wurde Programm, erkauft durch den Verzicht auf kritische Auseinandersetzung mit dem Marxismus und seiner zentralen Gestalt, Karl Marx. In der »Deutschen Zeitschrift für Philosophie«, herausgegeben von linientreuen SED-Mitgliedern, veröffentlichte Prof. Dr. Konrad Feiereis, Konsultor des Päpstlichen Rates für den Dialog mit den Nichtglaubenden und Rektor des theologisch-philosophischen Studiums in Erfurt, ein Referat, das er auf einem Dialogkongreß gehalten hatte. Darin führte er aus:
»Dem Lehramt der Kirche obliegt die hohe Verantwortung, sich über Marxismus so zu äußern – wenn nötig, zu urteilen – , wie es dem Selbstverständnis dieser Philosophie entspricht. Galt nicht jahrzehntelang der Marxist in den Augen des Christen häufig als ›Gottloser‹, dem alles Böse zuzutrauen sei und der keine Ethik besitzt?« Ein »erschreckendes Beispiel dafür liefert Konrad Löw...«

Ihn/mich zitiert Feiereis: »Die Basis der marxistischen Ideologie ist ›die Diabolik‹... Marx und Engels... sehen in Ehe und Familie schädliche Institutionen, die es zu beseitigen gelte... Marx haßt die Menschen, die Proletarier eingeschlossen, auch jene, die ihm nicht das

Geringste zuleide getan haben... Allen Legenden zum Trotz ist Marx ein Wegweiser in den Archipel Gulag sowie in den Holocaust gewesen.« Nach weiteren Zitaten teilt Feiereis mit, Marxisten hätten ihm erklärt, »sie würden es nicht zulassen, daß der Papst in Medien der DDR verunglimpft werde. Diese Aussage und die Realität stimmen bis heute überein.«[90]

Nun, hätte sich der Papst so abgrundtief böse geäußert, wie Marx über Jahrzehnte hinweg gleichsam nach allen Richtungen, hätten am allerwenigsten die Kommunisten dies verschwiegen. Und das mit Recht! Feiereis unterschlägt alle Belege, die den Leser in die Lage versetzen zu beurteilen, ob meine Schlußfolgerungen gerechtfertigt sind oder nicht.[91]
Verwunderung löst aus, wenn ein Wissenschaftler und Ordensmann, Ruppert Lay SJ, der 1975 ein fundiertes Werk über den Marxismus veröffentlicht hat,[92] knapp zehn Jahre später mit der Behauptung an die Öffentlichkeit tritt, die jeder Erfahrung und dem auch theoretisch Fundierten widerspricht: »Ein tiefes Mißtrauen, das meist die Außenseite einer latenten Angst ist, verhindert jeden Brückenschlag. Vorurteile (im strengen Sinne des Wortes) sind Urteile, gegen die keine Erfahrung sprechen kann, weil sie das Netzwerk vorgeben, in dem alle Erfahrung interpretiert wird. So vermauern sich viele Christen hinter den Vorurteilen:
– Der Marxismus strebt nach Weltrevolution (ein Wort aus der nationalsozialistischen Gegenpropaganda).
– Marxisten sind militante Atheisten und somit potentiell unmoralisch (vertragsbrüchig, Verletzer von Menschenrechten...).
– Marxisten ist Ideologie wichtiger als Wohlstand.
– Marxisten denken kollektivistisch und nicht personalistisch. Sie behaupten den Primat der Gesellschaft vor der Person.
– Marxisten wollen (deshalb auch) persönliches Eigentum wegnehmen oder mindern.«[93]
Sind das wirklich Vorurteile? Hat der Marxismus etwa nicht nach Weltrevolution gestrebt? Die Antwort ist eindeutig und geradezu unbestreitbar. Oben wurde der Philomarxist Helmut Gollwitzer zitiert, der diese Absicht unumwunden einräumt: »Die notwendige planetarische Revolution erfolgt in Schritten...«[94] Die revolutionäre Sehnsucht war eine Konstante im Denken und Handeln von Marx und Engels.[95] Es liegt in der Konsequenz des historischen Materialismus, daß diese Revolution schließlich die ganze Menschheit beglücken soll. Gab es nicht beim Machtantritt Gorbatschows, also 1985, mar-

xistische Metastasen rund um die Welt, finanziert von der Zentrale aus? Dieser ideologische Imperialismus hat mit zum ökonomischen Kollaps des marxistischen Riesenreiches geführt.

Zum zweiten »Vorurteil«: Wenn wir unter »Marxisten« Menschen verstehen, die sich voll und ganz zu Marx bekennen und über ihn genau Bescheid wissen, so sind militanter Atheismus und – in der Theorie – moralische Skrupellosigkeit die notwendige Folge. Hören wir Marx: »Die sozialen Prinzipien des Christentums predigen die Feigheit, die Selbstverachtung, die Erniedrigung, die Unterwürfigkeit, die Demut, kurz alle Eigenschaften der Kanaille...«[96] Und Engels: »Diese Heuchelei führen wir auf die Religion zurück, deren erstes Wort eine Lüge ist – oder fängt die Religion nicht damit an, daß sie uns etwas Menschliches zeigt und behauptet, das sei etwas Übermenschliches, Göttliches? Weil wir aber wissen, daß alle diese Lüge und Unsittlichkeit aus der Religion folgt, daß die religiöse Heuchelei, die Theologie der Urtypus aller andern Lügen und Heuchelei ist, so sind wir berechtigt, den Namen der Theologie auf die gesamte Unwahrheit und Heuchelei der Gegenwart auszudehnen, wie dies zuerst durch Feuerbach und B. Bauer geschehen ist.«[97]

Noch zum dritten »Vorurteil«: Wäre den tonangebenden Marxisten die Ideologie nicht wichtiger als der Wohlstand gewesen, hätten sie bereits vor Jahrzehnten dem Sozialismus abschwören müssen. Schon in den 20er Jahren, noch unter Lenin, zeigte sich die Überlegenheit einer auf Privateigentum basierenden Wirtschaftsordnung. Nicht minder hieb- und stichfest sind die anderen »Vorurteile« zu verifizieren.

Auch sonst bieten die Ausführungen Lays Überraschungen, so wenn es heißt: »Ich möchte Ihnen nur verständlich machen, wie ein psychisch zerrissener und sozial geächteter Mensch, von einer großen Idee getrieben, die Geschichte verändert.«[98] Die Zerrissenheit hat schon der eigene Vater leidvoll erfahren und mehrmals beim Namen genannt, z. B.: »Entschuldige dich nicht mit deinem Charakter. Klage die Natur nicht an. Sie hat dich gewiß mütterlich behandelt. Sie hat dir Stärke genug verliehen... Aber bei dem kleinsten Sturm sich dem Schmerz zu überlassen, bei jedem Leiden ein zerrissenes Herz offenzulegen und das unserer Lieben mit zu zerreißen, soll das Poesie heißen?«[99]

Die »soziale Ächtung« hat er sich selbst zuzuschreiben als Folge seiner Kritik an allen und an allem. Schon vor Jahren glaubte ich feststellen zu müssen: »Marx ist der Geist, der alles verneint, Himmel und Erde: Seine Religionsfeindschaft ist hinlänglich bekannt. Sein Ausspruch: ›Die Religion... ist das Opium des Volks‹ ist geradezu zu einer Redewendung geworden. Seiner eigenen Rasse stand der Jude Marx feindselig gegenüber. Den philosophischen Zeitgeist hat er mit beißendem Spott verfolgt. Schon die Titel mehrerer Publikationen sprechen für diese Behauptung, z. B. ›Die heilige Familie oder Kritik der kritischen Kritik. Gegen Bruno Bauer und Konsorten‹ oder ›Die deutsche Ideologie... Kritik der neuesten deutschen Philosophie in ihren Repräsentanten Feuerbach, B. Bauer und Stirner und des deutschen Sozialismus in seinen verschiedenen Propheten‹. Auch Hegels Dialektik ist für ihn nur akzeptabel, wenn sie gänzlich umgestülpt wird: ›Meine dialektische Methode ist der Grundlage nach von der Hegelschen nicht nur verschieden, sondern ihr direktes Gegenteil.‹ Während die akademische Jugend der damaligen Zeit in Nationalismus geradezu entflammte, propagierte Marx, daß die Proletarier kein Vaterland hätten. Der Staat selbst ist für ihn nur die Folge der Ursünde. Sobald sie ausgemerzt sei, sterbe der Staat ab. Damit gerät Marx in die Nähe der Anarchisten, deren Hauptvertreter er gleichwohl leidenschaftlich bekämpft. Leidenschaftlich bekämpft er auch die meisten Sozialisten.«[100]

Was nun bei Lay folgt, ist noch frappierender: »1836 verlobt sich der 18jährige Marx heimlich mit der vier Jahre älteren Jenny von Westfalen. Sein Vater mißbilligt die Verbindung, weil Karl Jennys nicht würdig sei. Als der Vater 1838 stirbt, ist der Konflikt nicht beigelegt. Marx sieht sich in seinen tiefsten Gefühlen irreparabel verletzt.«[101]

Wie bei den Marxverehrern üblich, verzichtet Lay, der seit Sommer 1995 mit seinem Orden in offenem Konflikt lebt, auf jeglichen Beleg.

Hätte sich der Vater tatsächlich so verhalten, wäre das wirklich bei einem psychisch halbwegs normal Veranlagten Grund genug, in den »tiefsten Gefühlen irreparabel verletzt« zu sein? Doch die Unterstellung Lays entspricht nicht den Tatsachen. Die einzige Quelle sind die Briefe des Vaters an den Sohn. Und was lesen wir dort hinsichtlich der Verbindung Karls zu Jenny? Der Vater unternimmt alles, um die Verbindung wachsen und reifen zu lassen:

»Sie bringt Dir ein unschätzbares Opfer – sie beweist eine Selbstverleugnung, die nur von der kalten Vernunft ganz gewürdigt werden kann. Wehe Dir, wenn Du je in Deinem ganzen Leben dies vergessen könntest! Doch jetzt kannst Du nur selbst wirkend eingreifen. Aus Dir muß die Gewißheit hervorgehen, daß trotz Deiner Jugend

Du ein Mann seiest, der die Achtung der Welt verdient, sie im Sturm-schritte erobert; der Versicherung für seine Beständigkeit und für sein künftiges ernstes Streben gibt, und Stillschweigen für vergan-gene Fehler den bösen Zungen auferlegt.«[102]
»Du weißt, lieber Karl, ich habe aus Liebe zu Dir mich in etwas ein-gelassen, was nicht meinem Charakter ganz angepaßt und was mich wohl zuweilen drückt. Aber,mir ist kein Opfer zu groß, wenn es das Wohl meiner Kinder erfordert. Ich habe auch das unbegrenzte Zu-trauen Deiner Jenny erworben. Aber das gute, liebenswürdige Mädchen peinigt sich unaufhörlich – fürchtet Dir zu schaden – Dich zur Überanstrengung zu verleiten etc. etc. etc. Drückend ist für sie, daß ihre Eltern nichts wissen oder, wie ich glaube, nichts wissen wollen...
Ein Brief von Dir – den Du einschlagen darfst –, den aber nicht der phantastische Poet diktieren darf, kann Trost bringen. Er muß zwar, wie ich daran übrigens nicht zweifle, voll zarten, hingebenden Ge-fühls und reiner Liebe sein, aber er muß hell und klar das Verhältnis auffassen, die Aussichten erörtern und beleuchten. Es müssen die ausgesprochenen Hoffnungen unumwunden, klar und mit fester Überzeugung dargelegt werden, damit sie wieder überzeugen.
Es muß die Versicherung fest ausgesprochen sein, daß dies Verhält-nis, weit entfernt Schaden Dir zu bringen, die glücklichsten Wir-kungen für Dich hätte, und in gewisser Beziehung glaube ich das selbst... Was sagst Du zu Deinem Vater? Findest Du nicht, daß ich mich zum Erstaunen zum Unterhändler qualifiziere? Wie schief möchte ich wohl von manchem beurteilt werden, wenn meine Ein-wirkung bekannt würde? Welche unlauteren Beweggründe möchte man mir vielleicht unterlegen? Doch ich mache mir keine Vorwürfe – der Himmel gebe nur sein Gedeihen, und ich werde mich höchst glücklich dadurch fühlen.«[103]

Wenn ausgewiesene Fachleute so sehr in die Irre leiten, nimmt es nicht wunder, daß jene, die mit Sekundärliteratur arbeiten müssen, zu absurden Ergebnissen gelangen. Selbst im »schwarzen« Bayern stießen Schüler in ihren Materialien zum Religionsunterricht auf Absurditäten wie: »Wichtige Elemente der Gesellschaftslehre von Marx sind in die christliche Soziallehre sowie in die Verfassung und Gesetzgebung christlicher Staaten eingegangen.« Zur Rede gestellt, antwortete der Verfasser: »Ich übernahm von Küng und vom Syn-odenpapier das Wichtigste in mein ›Grundwissen‹; ich tat es in der Überzeugung, diese Behauptungen seien evident. Wenn ich aller-dings auf die wissenschaftliche Folterbank gespannt werde und z. B. mit Quellenangabe und Entstehungsgeschichte angeben soll, wel-cher Paragraph unseres Grundgesetzes eine bewußte Erfüllung mar-

xistischer Forderungen ist, bin ich überfordert. Für die Verifizierung von Details muß ich Sie an Ihren Kollegen Küng verweisen. Sollten Sie... in einem Briefwechsel oder gar in eine Kontroverse mit Küng treten, so wäre ich verständlicherweise sehr interessiert, zu erfahren, was Hans Küng auf Ihre Einwendungen antworten wird.«[104]
Nun, Küng gab sich diese Blöße nicht. Da er den Beweis für die Richtigkeit nicht führen konnte, schwieg er eisern. Er hatte sich in Publikationen tatsächlich sehr weit aus dem Fenster gelehnt, z. B. mit der Formulierung:»Konzentriert man sich sogleich auf das Negative, so übersieht man leicht, was etwa Rußland (im Vergleich zu dem von Kirche und Adel gestützten Zarenregime) Lenin... ja, was die ganze Welt Karl Marx verdankt.«[105]
Was verdanken die Russen Lenin? Nicht den Sturz des Zaren, wie Küngs Worte nahelegen, das hatten andere besorgt! Lenin? Ihm »verdanken« sie die Oktoberrevolution, die Abschaffung der Demokratie, die Beseitigung aller Parteien, die Schaffung der »Partei«, die keine Partei ist, sondern – wie sie meinte – das »wahre Ganze«, das Morden der Tscheka, Ströme von Blut, Bürgerkrieg, Hungersnot, Stalin.
Was verdankt die ganze Welt Karl Marx? Alle geistesgeschichtlichen Wandlungen des 19. Jahrhunderts, die längst schon vor Marx feste literarische Gestalt angenommen hatten, und alle Sozialreformen führt Küng offenbar auf Marx zurück:

»Wichtige Elemente der marxschen Gesellschaftstheorie sind auch im Westen allgemein übernommen worden. Oder wird heute nicht ganz anders als im liberalen Individualismus der Mensch in seiner Gesellschaftlichkeit gesehen? Konzentriert man sich nicht ganz anders als im idealistischen Denken auf die konkret zu ändernde gesellschaftliche Wirklichkeit, auf die faktische Entfremdung des Menschen in unmenschlichen Verhältnissen, auf die Notwendigkeit der Bewahrung jeder Theorie in der Praxis? Wird jetzt nicht die zentrale Bedeutung der Arbeit und des Arbeitsprozesses für die Entwicklung der Menschheit gesehen und der Einfluß der ökonomischen Faktoren auf die Geschichte der Ideen und Ideologien bis ins Detail untersucht? Wird die weltgeschichtliche Relevanz des Aufstiegs der Arbeiterklasse im Zusammenhang mit sozialistischen Ideen nicht auch im Westen erkannt? Wurden nicht auch Nichtmarxisten für die Widersprüche und die strukturellen Ungerechtigkeiten des kapitalistischen Wirtschaftssystems sensibilisiert und benützen nicht auch sie für ihre Analysen das von Marx bereitgestellte kritische Instrumentarium? Und wurde in der Folge der uneingeschränkte Wirtschaftsliberalismus, für den die Bedürfnisbefriedigung Mittel zur eigennützigen Gewinnmaximierung ist, nicht schließlich durch sozialere Wirtschaftsformen abgelöst?«[106]

Es würde den Rahmen sprengen, wollte man auf alle Behauptungen eingehen. Nikolaus Lobkowicz stellt treffend fest: »Wenn man ein vor dem Ersten Weltkrieg erschienenes Lexikon aufschlägt, findet man den Namen von Karl Marx nur in den seltensten Fällen als ein eigenes Stichwort; bevor die Sowjetunion entstand, war er im Grunde nur Sozialisten und Sozialismusforschern vertraut.«[107] Beschränken wir uns daher auf die erste und die letzte von Küngs Behauptungen, und denken wir im übrigen daran, daß der, der eine Behauptung aufstellt, sie zu beweisen hat und nicht umgekehrt.

Im ersten Satz fehlt jede Präzisierung, so daß man zurückfragen muß, welche »wichtigen Elemente« gemeint sind. Offenbar ist der zweite Satz als Teilantwort gedacht. Verdanken wir die Überwindung des »liberalen Individualismus« im Sinne extremer Ichbezogenheit wirklich Marx? Diese Geisteshaltung und Weltanschauung war doch nur eine Modeerscheinung im Gefolge der Aufklärung. Gegenströmungen wie Romantik, Historismus, Sozialismus und christlicher Personalismus meldeten sich zu Wort, bevor Marx die Weltbühne betrat. Auch vor Marx stand die Zeit nicht still, und ohne ihn wäre sie nicht zum Stillstand gekommen. Ist Marx persönlich kein Exempel extremer Ichbezogenheit, die der eigene Vater bereits beklagte?

Das eben Gesagte gibt auch die Antwort auf den letztzitierten Satz. Die erwähnten Gegenströmungen haben vor Marx und später weitgehend unabhängig von Marx den Manchester-Liberalismus hinweggespült. Um im Bilde zu bleiben, *Marx war zu seinen Lebzeiten bestenfalls ein Rinnsal im Strome der Zeit.*

Angesichts dieser nahezu geschlossenen Phalanx christlicher Marxverehrer wurden selbst Bischöfe der katholischen Kirche zu mehr als fragwürdigen Lobsprüchen verleitet. Unter der Überschrift »Den Juden zur Dankbarkeit verpflichtet« berichtete die Münchner Katholische Kirchenzeitung über ein Interview des Augsburger Bischofs Dr. Josef Stimpfle, in dem er sagte: Die Völker sollten »mit Dankbarkeit statt mit Verachtung auf das Judentum schauen«. Als Beispiel für jüdische Impulse nannte Stimpfle u. a. Karl Marx, insofern er für die Befreiung des unterdrückten Proletariats gekämpft habe.[108] Auf die Fragwürdigkeit dieser Verdienstzuweisung hingewiesen antwortete der Bischof: »Die von Ihnen beanstandete und mit

Recht mißzuverstehende Marx-Passage ist im Vorabdruck des Interviews, das von einer Reihe von Zeitungen... verbreitet worden ist, enthalten gewesen. Auf Ihre Intervention hin habe ich diese ganze Passage in der eigentlichen Veröffentlichung..., die z. B. auch von der Wochenzeitung der Juden in Deutschland sowie jüdischen Blättern in Israel und Amerika abgedruckt worden ist, gestrichen.«[109] Derlei stillschweigende Korrekturen wie seitens Nell-Breunings und Stimpfles waren sicherlich die großen Ausnahmen. Nur in stundenlangen Gesprächen kann das wirklichkeitsfremde Marxbild der Studenten auf den Boden der Tatsachen gestellt werden. Doch – nüchtern betrachtet – ist es vielleicht einer aus einer Million, der auf diese Weise das ihm vermittelte »Wissen« auf die Probe stellen läßt.

*Abschließend drängt sich die Frage auf, warum die theologischen Forschungseinrichtungen, die jedes Wort der Heiligen Schrift kritisch unter die Lupe nehmen und auf seinen wahren Gehalt hin abklopfen, mit Marxtexten so leichtfertig hantieren und dabei alle Grundsätze der Hermeneutik außer acht lassen. Angesichts dieser Defizite bleibt der wirkliche Marx nahezu allen Theologen verborgen. Welche Fakultät wird es wagen, den Fehdehandschuh, der ihr hiermit hingeworfen wird, aufzuheben?*

# VIII.
# »Marx und Engels... Begründer einer wissenschaftlichen philosophischen Weltanschauung«[1]

> *»In der Epoche, in der wir leben, ist die Marxsche Lehre zu einem kostbaren Gut der fortschrittlichen Menschheit geworden, und jeder denkende Mensch, unabhängig von seiner ideologischen Orientierung, verspürt das Bedürfnis, sich diesen geistigen Reichtum in irgendeiner Weise zu eigen zu machen.«*[2]

War Marx ein Philosoph? Die Frage klingt nach Provokation. Wie kann man nur daran zweifeln, hatte doch Marx das Jurastudium an den Nagel gehängt, um sich ganz der Philosophie zu widmen, ein Wechsel, der mit dem Dr. phil. gekrönt wurde? In dem KP-amtlichen Standardwerk »Die Entstehung der marxistischen Philosophie« werden die unterschiedlichen Antworten herausgestellt:

»Zu Beginn unseres Jahrhunderts waren indes nicht nur bürgerliche Ideologen, sondern auch einige führende sozialdemokratische Theoretiker der Meinung, daß der Marxismus keine philosophische, sondern eine ökonomische Lehre sei. So sah Karl Kautsky im Marxismus ›keine Philosophie, sondern eine Erfahrungswissenschaft, eine besondere Auffassung der Geschichte‹... Heute wird von bürgerlichen Ideologen schon nicht mehr behauptet, Marx und Engels hätten keine eigene Philosophie gehabt. Um so häufiger erklären sie, die ganze marxistische Lehre sei ausschließlich Philosophie.«[3]

Die bösen »bürgerlichen Ideologen«! Doch auch stramme Marxisten lassen Zweifel aufkommen, ob Marx Philosoph gewesen sei, Philosph sein wollte. In der »Deutschen Ideologie« schreiben die Freunde: »Da, wo die Spekulation aufhört, beim wirklichen Leben, beginnt also die persönliche, positive Wissenschaft... Die Phrasen vom Bewußtsein hören auf, wirkliches Wissen muß an ihre Stelle treten. Die selbständige Philosophie verliert mit der Darstellung der Wirklichkeit ihr Existenzmedium.«[4] Auch noch der alte Engels vertrat diese Ansicht: »Mit Hegel schließt die Philosophie überhaupt ab.«[5]

Als Hegel starb, war Marx 13 Jahre alt. Da aber Engels keine allgemeinverbindlichen Dogmen verkündet hat, ist niemand an seine Sicht, die der Aufwertung ihrer Weltanschauung in den Rang einer stringenten Wissenschaft dienen sollte, gebunden und kann jeder – trotz Marx und Engels – den Marxismus als die wohl einflußreichste Philosophie des 20. Jahrhunderts werten.

## 1. Marx, »der unübersteigbare Horizont« – Sartre, Althusser, Garaudy

Louis Aragon bejubelte 1953 den eben verstorbenen Stalin als den »größten Philosophen aller Zeiten«[6]. Dieses Urteil hat er nie revidiert, nie Reue und Zerknirschung gezeigt. Mit derlei Irrwahn stand er auch nicht allein, weder in Frankreich noch im übrigen Europa.[7] Maßlose Verblendung bildet einen zeitlosen Bestandteil des Abgründigen der menschlichen Natur. Erschütternd aber, daß anläßlich seines Ablebens die Presse berichten mußte: »Für ein paar Stunden wurde die französische KP-Zentrale zum Pantheon. Im gläsernen Parteipalast an der Pariser Place du Colonel Fabien war der tote Dichter Louis Aragon aufgebahrt, und die Republik der intellektuellen Politiker und kleinen Leute verneigte sich vor dem Mann, der (so Staatspräsident François Mitterand) ›einer der größten Schriftsteller Frankreichs‹ war... Regierungschef Pierre Mauroy, mit sieben Ministern zur Trauerfeier des im Alter von 85 Jahren gestorbenen Mitglieds des Zentralkomitees der KPF erschienen, sprach im Stile eines Literaturprofessors von einem herben Verlust für das nationale Geistesleben.«[8]

Als selbst die KPdSU Stalin fallenließ und überall seine Denkmäler stürzten, war Platz für einen noch Größeren als den Größten. Jean Paul Sartre, der zu seiner Zeit maßlos verehrte, gab ihm, dem »unüberschreitbaren Horizont« der Epoche, den Namen Marx.[9] Daß Sartres Urteil eher einem Schnellschuß als einem mühsamen Forschungsergebnis gleicht, verdeutlicht die Pointe jener Episode, die wir Raymond Aron verdanken: »Wir neckten ihn wegen der Leichtigkeit, mit der er schrieb...‹ Du hast in den letzten drei Wochen nur 350 Manuskriptseiten geschrieben, was ist los?‹ sagten wir zu unserem ›kleinen Kameraden‹.«[10]

»Gewiß, wir alle haben das ›Kapital‹ gelesen, wir alle lesen es! Seit einem Jahrhundert etwa können wir es jeden Tag in aller Deutlichkeit lesen: in den Aktionen und Träumen unserer Geschichte, ihren Auseinandersetzungen und Konkflikten, in den Niederlagen und Siegen der Arbeiterbewegung – unserer einzigen Hoffnung und Bestimmung.

Seit wir ›zur Welt gekommen sind‹, hören wir nicht auf, ›Das Kapital‹ zu lesen: in den Schriften und Worten derer, die es für uns – gut oder schlecht – gelesen haben, der Lebenden oder Toten.«[11]

So schwärmte 1965 der Philosph Louis Althusser, Lehrer an Frankreichs höchster Elite-Schule ENS. Seine zügellosen Ergüsse fließen über die Seiten hinweg. Müßten derlei Kapriolen nicht den Dienstherrn auf den Plan rufen und den Amtsarzt mobilisieren?

Erschütternd Vita und Exitus jenes Mannes, der mit seiner Marx-Idolatrie »eine ganze Generation von Intellektuellen in Bann geschlagen«[12] hat. Nachdem er 1980 seine Frau erdrosselt hatte und als nicht voll verantwortlicher Gattenmörder in eine psychiatrische Gefängnisklinik eingewiesen worden war, beschrieb er sein Leben. Seit seiner Kindheit von Ängsten und Komplexen gequält, landete er schon früh beim Psychiater, der ihn nicht heilen konnte. Der Alltag, auch in der Ehe, wurde zur Dauerkrise, die Freunde als »Hölle zu zweit« beschrieben.[13] Bemerkenswert sein Urteil über Sartre: Er habe von Marx »nie etwas ... verstanden«[14]. Sartre seinerseits hätte sicherlich nicht gezögert, dem »lieben Kollegen« das gleiche Attest auszustellen.

Als dritter in dieser Reihe philosophischer Irrlichter sei Roger Garaudy erwähnt, der 1954 in Moskau mit einer Arbeit über »Die Freiheit als philosophische und historische Kategorie« promoviert wurde. Zur Buchausgabe von Garaudys Dissertation schrieb der damalige KPF-Zentralsekretär Maurice Thorez ein Vorwort: »Die Freiheit ist also nur eine Maske, hinter der sich die schlimmsten Feinde verbergen. Es ist das Verdienst von Roger Garaudy, in seinem Buch alle diese Lügen über die Freiheit entlarvt zu haben. Er hat damit einen wertvollen Beitrag zum Kampf gegen den Imperialismus geleistet, einen Beitrag zum Friedenskampf... Ein französischer Journalist des ›Figaro‹ drückte sein Erstaunen darüber aus, daß Garaudy nach Moskau ging, um eine Dissertation über die Freiheit zu verteidigen. Vor dem sowjetischen Prüfungsausschuß hat Roger Garaudy auf diese Unverschämtheit die gebührende Antwort gegeben: ›Der dialektische Materialismus lehrt uns‹, sagte er, ›jedes Phänomen dort zu untersuchen, wo es vorhanden ist und sich entwickelt. Um zum Beispiel die Jugendkriminalität zu erforschen, müßte man die Vereinigten Staaten aufsuchen. Das Studium der Probleme der Freiheit konnte nirgends besser vorgenommen werden als in dem Lande, in dem sich die wirkliche Freiheit zum ersten Male in der Weltgeschichte entfaltet.‹«[15] Trotzdem oder gerade wegen seiner verblüffenden »Einsichten« in die Wirklichkeit der alltäglichen Sowjetunion wurde er zum Star auf zahlreichen Veranstaltungen, die dem christlich-marxistischen Dialog zu dienen bestimmt waren. 1981 wollte er französischer Staatspräsident werden, für die Frauen und die Grünen. »An seiner Stelle wurde François Mitterand Präsident. Das Ereignis machte die Abkehr der Linksintellektuellen – zu deren prominentesten Vertretern er gehört hatte – vom Sozialismus und die Überwindung des Marxismus in der Kultur auch politisch endgültig bewußt. In dieser Situation der allgemeinen Ungewißheit, der Neubesinnung und Umorientierung gelang Garaudy ein politisch-philosophisch-religiöses Kabinettstück: Er nahm – schon immer ein bißchen eifriger als die anderen – gleich eine doppelte Konversion vor und blieb sich dennoch selber treu. Der Philosoph verabschiedete sich auf einen Schlag von Christentum und Marxismus, die er im Dialog zu versöhnen getrachtet hatte, und bekehrte sich zum Islam. Seither nennt er sich Ragaa, was im Arabischen ›Auferstehung‹ bedeuten soll.«[16] Ja, Marx – so scheint es – hat in Frankreich abgedankt. Der »unübersteigbare Horizont« ist verschwunden. Oder war es von vornherein nur eine Fata Morgana, die der frische Wind »neuer Philosophen« wie billige Spreu hinweggeblasen hat? Als Marx dank Sartre und Althusser hoch im Kurse stand, blieb jede Kritik, auch wenn sie von einem so Qualifizierten wie Aron verfaßt war, ohne öffentliche Resonanz.[17]

## 2. Der »aus besten europäischen Traditionen gespeiste Humanismus des Karl Marx«

Schon das Vorwort hat die Frage aufgeworfen, ob Stalins Berufung auf Marx als Mißverständnis, als Täuschungsversuch oder als Verunglimpfung des Andenkens eines Verstorbenen zu werten sei. Stalin ist heute zum Synonym für Gewalt, Terror, Massenmord geworden. Bereits vor Jahrzehnten äußerte Milovan Djilas die Überzeugung: »Bei Stalin war jedes Verbrechen möglich, denn es gibt kein einziges, das er nicht begangen hätte. Mit welchem Maß wir ihn auch messen wollen, ihm wird jedenfalls – hoffen wir, für alle Zeiten – der Ruhm zufallen, der größte Verbrecher der Geschichte zu sein.«[18] (Andere mögen seinen »Ruhm«-Rekord eingestellt haben, übertroffen hat ihn wohl keiner.)

Dementgegen wird Marx wie folgt portraitiert: »Hatte man bis dahin [gemeint ist 1932, das Jahr der Veröffentlichung der sog. Frühschriften] nur den grimmigen Kämpfer und Hasser, den eiskalten Denker, der zugleich ein glühender Revolutionär war, gekannt, so lernte man zu seiner Überraschung jetzt einen anderen, ganz von Menschlichkeit bestimmten Marx kennen, einen Mann, dem es um den Menschen ging, um die Menschenwürde und die menschenwürdige Behandlung eines jeden, der Menschenantlitz trägt.«[19] Dieser Text ist nicht leichtfertige Lobhudelei irgendeines Marx-Adoranten, sie stammt vielmehr von einer hochangesehenen Persönlichkeit, nämlich von dem Jesuiten Oswald von Nell-Breuning (s. VII 4). Auf einem wesentlich anderen weltanschaulichen Fundament stehend, spricht Iring Fetscher (s. VI 4) von dem »aus besten europäischen Traditionen gespeisten Humanismus des jungen Marx.« »Hoffnung und Wille zur Vermenschlichung der unmenschlichen Welt« seien »die ursprünglichen Triebfedern dieses Denkens und Handelns gewesen.«[20]

Auch der berühmte Sir Karl Popper äußert sich in diesem Sinne, nennt in seinem Buch »Die offene Gesellschaft und ihre Feinde...« den Marxismus »eine wahrhaft humanitäre Bewegung« und fügt, wiederum wörtlich, hinzu, es »kann doch über den humanitären Impuls des Marxismus kein Zweifel bestehen.« »Humanität und Anstand waren für ihn [Marx] Voraussetzungen, die keiner Diskussion bedurften, die einfach hinzunehmen waren.«[21] Zahlreiche andere, namhafte und namenlose, sind diesen Wegweisungen gefolgt.[22] Selbst der Papst und Hans Küng scheinen sich in diesen Punkten nahezukommen.[23]

In der Zeitschrift »Blick nach rechts« vom 18. Mai 1993, Herausgeber Pressedienst der SPD, steht zu lesen: »Der Nazismus war die Verwirklichung einer menschenfeindlichen Ideologie, zu der sich Hitler in ›Mein Kampf‹ schon Mitte der 20er Jahre öffentlich bekannt hatte, der Stalinismus hingegen die Perversion einer seit Herausbildung des Industriekapitalismus gewachsenen humanistischen Idee.«

Der junge Marx war demnach ein edler Humanist, Stalin das genaue Gegenteil. Wo liegt die Bruchstelle jener Geraden, die so viele Gläubige von Marx zu Stalin gezogen haben, veranschaulicht in den Bildtafeln, die in der Stalinära allgegenwärtig gewesen sind und die vier Evangelisten der neuen Heilslehre gezeigt haben: Marx, Engels, Lenin, Stalin? Stalin der Testamentsvollstrecker von Marx? Marx der Inspirator Stalins?

Stalins Nachfolger, Chruschtschow, und sein Anhang stürzten Stalin 1956 von eben jenem Podest, das sie zuvor ihm zur Ehre errichtet hatten. Doch Lenin durfte bleiben, wo er war, im Herzen der Metropole, im Herzen der Partei, anbetungswürdig über alle Maßen. Mit anderen Worten: Der Bösewicht Stalin hat den göttlichen Lenin verraten.

Zwischenzeitlich darf auch am Leninbild gekratzt werden, und was dabei zum Vorschein kommt, ist ein Monstrum. Daher ist es nur zu verständlich, daß andere die gesuchte Bruchstelle zwischen Marx und Lenin zu entdecken glauben. Aurel von Jüchen, evangelischer Pastor und Gründer der »Bruderschaft sozialistischer Theologen«, in der Sowjetischen Besatzungszone Deutschland aus der SED ausgeschlossen, von einem Leningrader Sondergericht zu 15 Jahren Zwangsarbeit verurteilt, nach Stalins Tod begnadigt, in West-Berlin militanter Kämpfer gegen den Kommunismus sowjetischer Prägung, ist der Auffassung, der Irrweg beginne nicht erst mit Stalin, sondern schon mit Lenin. Aber: »Es gibt keine größere Lüge als die, die in dem Bindestrich zwischen den beiden Worten Marxismus-Leninismus liegt.«[24] Von Nell-Breuning hingegen zieht einen Trennungsstrich zwischen dem alten und dem jungen Marx. Im Anschluß an das schon Zitierte heißt es: »Dieser Mann, der ›junge Marx‹, wirkte anziehend und gewinnend; auch wenn man ihm in wesentlichen Stücken nicht zustimmte, konnte man ihm doch seine Achtung, ja seine Sympathie nicht versagen.« Wer von den Genannten, wer von den Zitierten hat recht? Könnte es nicht sogar sein, daß selbst der so überschwenglich verkündete Humanismus des jungen Marx einer erbaulichen Legende gleicht, die die Wirklichkeit auf den Kopf stellt. Auch dafür gibt es – einige wenige – namhafte Stimmen[25], insbesondere Ernst Topitsch[26].

Unter all den Rätseln, die uns Marx wie Engels aufgeben, ist das Handlungsmotiv von herausragender Bedeutung, wie Klaus Hornung veranschaulicht: »Hitlers Obsession der Rassenreinheit und Rassenkämpfe forderte das zivilisierte Bewußtsein der Welt heraus.

Dem Marxismus-Leninismus trug dagegen ›die Berufung auf ein humanitäres Menschheitsvermächtnis nicht nur lange Zeit die Glaubensenergie und Hingabebereitschaft von Millionen Anhängern, sondern auch, weit über seinen engeren Herrschaftsbereich hinaus, Verständnis sowie stille oder sogar organisierte Sympathie ein‹.«[27]

Bevor wir versuchen, die Argumente für und wider die einzelnen Positionen abzuwägen, müssen wir uns dem Begriff »Humanismus« zuwenden. Dabei stellen wir fest, daß das Wort »Humanismus« heute[28] recht unterschiedlich gebraucht wird, daß dem einen Wort mehrere Begriffe entsprechen. Es klingt wie ein schlechter Scherz und war doch Wirklichkeit, daß jede Abhandlung den Humanismus betreffend in den sozialistischen Staaten während der Stalin-Ära mit einem Zitat aus einer Stalin-Rede des Jahres 1935 eingeleitet wurde, in der es heißt: »Man muß endlich begreifen, daß von allen wertvollen Kapitalien, die es in der Welt gibt, das wertvollste und das entscheidende Kapital die Menschen, die Kader sind.«[29] Mit derlei Platitüden wurde Stalin zu einem Klassiker des Humanismus hochstilisiert. Darauf näher einzugehen, lohnt heute nicht mehr; aber es lohnt sich, immer wieder darauf hinzuweisen, wozu sich menschlicher (Un-)Geist versteigen kann.

Die Etymologie sagt uns, daß das lateinische Wort für Mensch, nämlich homo, den Kern des Wortes Humanismus bildet. Nahezu alle Zweige der Wissenschaften befassen sich mit dem Menschen unter jeweils anderen fachspezifischen Aspekten. Auch wenn wir uns auf die Ethik beschränken, stellen wir fest, daß jedes Menschenbild andere Aussagen über den Menschen macht: Der Mensch als Gottes Ebenbild, der Mensch als Maschine, der Mensch als Tier, der Mensch als Dämon. Marx nennt den »Humanismus jene Phrase, womit alle Konfusionarier in Deutschland von Reuchlin bis Herder ihre Verlegenheit bemäntelt haben.«[30] Damit bringt er seine Meinung zum Ausdruck, daß es sich um ein wohlklingendes Allerweltswort handele, auf das besser zu verzichten sei. Der Humanismus, zu dem sich er und Freund Friedrich Engels früher bekannt hatten, machte den realen Menschen zum Maßstab aller Dinge, wie den folgenden Zitaten zu entnehmen ist: »Der reale Humanismus hat in Deutschland keinen gefährlicheren Feind als den Spiritualismus oder den spekulativen Idealismus, der an die Stelle des wirklichen individuellen Menschen das ›Selbstbewußtsein‹ oder den ›Geist‹ setzt...«[31] »Der wahre Weg zum ›Menschen‹ zu kommen ist der umgekehrte.

Wir müssen vom Ich, vom empirischen, leibhaftigen Individuum ausgehen...«[32]
Sind Marx und Engels diesem Anspruch gerecht geworden? Die Frage ist wohl zu verneinen, da ihren Aussagen, dem sogenannten »wissenschaftlichen Sozialismus«, kaum empirische Untersuchungen zugrundeliegen, vielmehr Annahmen, Konstrukte, ideologische Vorgaben. Ein besonders anschauliches Beispiel bietet die Entfremdungslehre (XI 4). Marx hat, wie unbestritten, keinerlei Feldforschung betrieben, nie eine Fabrik aufgesucht und keinen Kontakt zu Proletariern gepflegt.
Für Marx war der Mensch sein eigener Erzeuger. Marx schreibt: »Indem aber für den sozialistischen Menschen die ganze sogenannte Weltgeschichte nichts anders ist als die Erzeugung des Menschen durch die menschliche Arbeit,... hat er also den anschaulichen, unwiderstehlichen Beweis von seiner Geburt durch sich selbst, von seinem Entstehungsprozeß.«[33] Damit erinnert Marx an Goethes Prometheus, der dem Gotte den Dank verweigert: »Ich Dich ehren, wofür?« Vorab bescheinigt er sich: »Hast Du nicht alles selbst vollendet, heilig glühend Herz?« Die Arbeit ist es, die den Menschen zum Menschen gemacht hat. Die Lehre vom Menschen als »Selbsterzeuger« könnte Inhalt eines Humanismusbegriffes sein, der dann mit dem Atheismus Hand in Hand ginge, der, da er den Schöpfergott leugnet, den Menschen zum Produkt der Selbstorganisation des Lebens macht, zum eigenen Schöpfer.
Aber die Durchsicht der einschlägigen Lexika belehrt uns eines Besseren. *Goethes Devise: »Edel sei der Mensch, hilfreich und gut« ist die wohl prägnanteste Kurzfassung dessen, was üblicherweise unter Humanismus verstanden wird* und woran jene denken, die Marx einen Humanisten nennen. Erinnert sei an die Charakterisierungen durch von Nell-Breuning und Fetscher.
Die Meinung, die da lautet: »Anhänger und Gegner von Karl Marx sind sich darin einig,... daß moralischer Protest ein starker Impuls seines Denkens, daß seine Intention humanistisch war«[34], bedarf eigentlich keiner Beweise, wandert daher ungeprüft von einem »Marxologen« zum anderen. Bodenlose Hymnen ersetzen die Beweise: »Der Marxismus erwies dem Menschen höchste Ehre. Moses', Jesu und Marxens Vision der gerechten Erde, der Nächstenliebe, der menschlichen Universalität, der Aufhebung aller Grenzen zwischen den Ländern, Klassen, Rassen, der Überwindung des Stammeshasses...«[35] »The Marx who, himself, was filled with so

much hatred for his philistine enemies is lyrical about love. Self-love is attacked in the name of love of humanity. The world he wishes to create is a lovely one, and we feel uplifted by and to it.«[36] »Few people in the 19th century had the ethical standards of Karl Marx...«[37] Marx hat schon in seiner Jugend »die Not der breiten Masse des Volkes empfunden, woraus ihm dann das Schicksal der Proletarier zur Aufgabe seiner Lebens wurde.«[38]

Doch es gibt ein umfangreiches Werk, das auf den ersten Blick den fehlenden Beweis zu liefern verspricht: Albert Massiczek »Der menschliche Mensch – Karl Marx' jüdischer Humanismus«, 654 Seiten stark. Das Buch beginnt mit einem Fanfarenstoß: »Um die Jahreswende 1843/1844 endet für Karl Marx ›die Kritik der Religion mit der Lehre, daß der *Mensch das höchste Wesen für den Menschen* sei, also mit dem *kategorischen Imperativ, alle Verhältnisse umzuwerfen*, in denen der Mensch ein erniedrigtes, ein geknechtetes, ein verlassenes, ein verächtliches Wesen ist, Verhältnisse, die man nicht besser schildern kann als durch den Ausruf eines Franzosen bei einer projektierten Hundesteuer: ›Arme Hunde! Man will euch wie Menschen behandeln!‹ Dieser Aussage stehen viele sinngleiche des späteren und sinnverwandte des früheren Marx zur Seite.«[39]

Der kritische Leser ist auf die vielen sinngleichen und sinnverwandten Äußerungen gespannt. Doch die Erwartung endet in Enttäuschung. Er findet sie weder bei Massiczek noch bei Marx, weil es sie nicht gibt. Peter Ehlen SJ bietet insofern mehr, wenn er schreibt: »Wie berechtigt es ist, Karl Marx zu den großen theoretischen Humanisten unserer Zeit zu zählen, zeigt schon ein flüchtiger Blick in seine zahlreichen politisch-ökonomisch-philosophischen Schriften.«[40] Dann folgen der oben zitierte »kategorische Imperativ« und anschließend die Zitate: »die empirische Welt so einrichten, daß er das wahrhaft Menschliche erfährt«; einen Zustand überwinden, in dem »der Arbeiter zur Maschine herabgesunken ist«; »der Arbeit ihre menschliche Bestimmung und Würde« zurückerobern. Die Fundstellen sind in der Veröffentlichung nicht angegeben. Eine Rückfrage ergab nur die Fundstelle für den Halbsatz mit der »Würde«, der im Kontext lautet: »Eine gewaltsame *Erhöhung des Arbeitslohns...* wäre also nichts als eine bessere *Salairierung der Sklaven* und hätte weder dem Arbeiter noch der Arbeit ihre menschliche Bestimmung und Würde erobert.«[41] Dieser Kontext ist doch recht bemerkenswert, da er uns verdeutlicht, worum es Marx geht, nämlich nicht um die Verbesserung der Arbeitsbedingungen, sondern um Revolution als Voraussetzung gänzlich anderer Lebensbedingungen. Wie diese aussehen sollen, verschweigt er, weiß er offenbar selber nicht, es sei denn, wir unterstellen ihm, die Menschheit in einen Zustand zurückführen zu wollen, der vor aller Geschichte liegt, der unmenschlich ist, da er auf die zwischenmenschliche Arbeitsteilung als Folge der Lebensgemeinschaft verzichtet. Die Frage bleibt offen, ob für ihn die Revolution nur Mittel oder das eigentliche Anliegen gewesen ist. Um die aufgeworfene Frage gründlich zu beantworten, müssen wir alles berücksichtigen, was an Faktischem über den jungen Marx zutage liegt: seine Äußerungen als Schüler, Student, junger Journalist und Agitator, sein Verhältnis zu Vater, Mutter, Geschwistern, zu denen, die ihm politisch nahestanden, zum eigenen Volk, zur eigenen Rasse, zur eigenen Religion, zur Tradition schlechthin, sowie die zeitgenössischen Urteile über ihn. Eine erschöpfende Auswertung würde unschwer ein eigenes Buch füllen, dessen Inhalt keine nennenswerten Widersprüche aufwiese.

Da sind zunächst rund 150 Jugendgedichte, alle ohne Ausnahme literarisch wertlos, worüber sich die Kenner einig sind. Als Spiegelbild seiner Seele, als Schlüssel zu seinen Motiven sind diese Gedichte jedoch wahre Fundgruben. Sie geben Einblick in die Zerrissenheit des Studenten, seinen Haß auf alles und jedes, seine Selbstvergottung, die ihm schon Heinrich Heine zum Vorwurf gemacht hat. Dabei immer wieder »Vernichtung, »Vernichtung«, »Vernichtung«, so daß er schon als junger Mann der »Vernichter«[42] getauft wurde:

»Wunsch

Könnt' ich die Seele sterbend tauchen
In der Vernichtung Ocean,
Mit einem Hauch das Herz verhauchen,
Verhauchen seinen Schmerz und Wahn!...

Ich will euch nicht ihr Ewigkeiten,
Nicht euer schwindelnd, riesig Reich,
In der Vernichtung Arm, dem breiten,
Küßt Todeshauch mich mild und weich.

Dem Gotte mögt ihr dienend frönen,
Aus dem ihr kreisend aufgetaucht,

Mich könnt ihr nicht mit ihm versöhnen,
Dem eure Flamme opfernd raucht.

Laßt Schmerzen und Kampf und Glut und Wähnen
Mit meinem Staub in nichts verhalln,
Geweihet von zwei großen Tränen,
Die blauen Himmelsaug entfalln.«[43]

In einen Satz komprimiert lauten Motiv und Programm:
»Dann werf' ich den Handschuh höhnend
Einer Welt ins breite Angesicht...«[44]

In jenem Staate, in dem Karl Marx als »der größte Sohn des deutschen Volkes«[45] verehrt wurde, in der DDR, hielt man keines der vielen Gedichte für geeignet, in eines der zahlreichen Schulbücher aufgenommen zu werden. Diese Tatsache spricht Bände.
Ende Oktober/Anfang November 1842 veröffentlichte Marx einen Artikel zugunsten der notleidenden Waldbauern. Wenige Monate später, am 13. März 1843, schreibt er an seinen Freund Arnold Ruge: »Soeben kömmt der Vorsteher der hiesigen Israeliten zu mir und ersucht mich um eine Petition für die Juden an den Landtag, und ich will's tun.« An dieser Stelle wird das Zitat gewöhnlich beendet und als Trumpf zugunsten Marx ausgespielt. Doch erst der folgende Satz verdeutlicht das Handlungsmotiv. Er lautet: »Es gilt soviel Löcher in den christlichen Staat zu stoßen als möglich und das Vernünftige, soviel an uns, einzuschmuggeln. Das muß man wenigstens versuchen –, und die Erbitterung wächst mit jeder Petition, die mit Protest abgewiesen wird.«[46] – Auch die Parteinahme zugunsten der »Holzdiebe« war wohl nur der Versuch, »soviel Löcher in den christlichen Staat zu stoßen als möglich«.
Der oben bereits zitierte »kategorische Imperativ« des Karl Marx, der immer und immer wieder als Humanismusbeweis zu dienen hat, wurde um die Jahreswende 1843/44 niedergeschrieben. *Eine* Schwalbe macht noch keinen Sommer, und *ein* Satz macht noch keinen Humanisten, auch dann nicht, wenn der Satz kupiert und tranchiert wird. Er steht nicht allein, ist vielmehr eingebettet in den Essay »Zur Kritik der Hegelschen Rechtsphilosophie« und ist nur Teil eines längeren Satzes. Sein Anfang lautet: »Die Kritik der Religion endet mit der Lehre, daß der Mensch das höchste Wesen für den Menschen sei, also mit dem [schon zitierten] kategorischen Impera-

tiv...« Daraus folgt, daß mit den Worten »der Mensch das höchste Wesen für den Menschen« primär der Tod Gottes und nicht das Gebot der Brüderlichkeit verkündet werden sollte.

Es ist aufschlußreich, daß Marx die Worte »alle Verhältnisse umzuwerfen« unterstrichen hat, während die Klage über die Erniedrigung des Menschen ohne diese Betonung geblieben ist, ein Indiz dafür, daß es dem »Vernichter« vor allem eben darum ging, »alle Verhältnisse umzuwerfen«, Revolution zu machen, und die Berufung auf die Notlage weiter Kreise der Bevölkerung der Beschönigung dienen sollte, wie dies Solschenizyn mit Röntgenaugen diagnostiziert hat: »Die Ideologie! Sie ist es, die der bösen Tat die gesuchte Rechtfertigung und dem Bösewicht die nötige zähe Härte gibt. Jene gesellschaftliche Theorie, die ihm hilft, seine Taten vor sich und vor den anderen reinzuwaschen, nicht Vorwürfe zu hören, nicht Verwünschungen, sondern Huldigungen und Lob.«[47]

Dafür sprechen auch zahlreiche andere Passagen des Marxschen Artikels, beispielsweise: »Krieg den deutschen Zuständen! Allerdings! Sie stehen unter dem Niveau der Geschichte, sie sind unter aller Kritik, aber sie bleiben ein Gegenstand der Kritik, wie der Verbrecher, der unter dem Niveau der Humanität steht, ein Gegenstand des Scharfrichters bleibt. Mit ihnen im Kampf ist die Kritik keine Leidenschaft des Kopfes, sie ist der Kopf der Leidenschaft. Sie ist kein anatomisches Messer, sie ist eine Waffe. Ihr Gegenstand ist ihr Feind, den sie nicht widerlegen, sondern vernichten will.«[48] Und dann noch ein Satz aus dieser Veröffentlichung, der uns zeigt, auf welcher Höhe Marx sich wähnt, von der herab er gnädigst die Deutschen zu Menschen zu machen geruht: »Wie die Philosophie im Proletariat ihre materiellen, so findet das Proletariat in der Philosophie seine geistigen Waffen, und sobald der Blitz des Gedankens gründlich in diesen naiven Volksboden eingeschlagen ist, wird sich die Emanzipation der Deutschen zu Menschen vollziehn.«[49] Mit anderen Worten: *Um mächtig zu sein, braucht der Philosoph eine Waffe. Er findet sie in Gestalt einer Menschenmasse, des Proletariats. Und das Proletariat vermag nichts, es sei denn, daß sich ein Philosoph seiner erbarmt,* es befruchtet. Diese Erkenntnis wurde bereits 1850 zu Papier gebracht. Damals notierte Gustav Techow ein Gespräch mit Marx: »Die einzigen, die er achtet, sind ihm die Aristokraten... Um sie von der Herrschaft zu verdrängen, braucht er eine Kraft, die er allein in den Proletariern findet, deshalb hat er sein System auf sie zugeschnitten.[50]

Den Aufsatz: »Zur Kritik der Hegelschen Rechtsphilosophie...«, aus dem oben zitiert worden ist, verfaßte Marx unmittelbar im Anschluß an »Zur Judenfrage«. Obwohl selbst Jude unter Juden mit sicherlich gutem Einblick in das jüdische Leben seiner Vaterstadt, überschüttet er sie mit haltlosen, in ihrer Heftigkeit unüberbietbaren Pauschalurteilen: »Suchen wir das Geheimnis des Juden nicht in seiner Religion, sondern suchen wir das Geheimnis im wirklichen Juden. Welches ist der weltliche Grund des Judentums? Das praktische Bedürfnis, der Eigennutz. Welches ist der weltliche Kultus des Juden? Der Schacher. Welches ist sein weltlicher Gott? Das Geld. Nun wohl! Die Emanzipation vom Schacher und vom Geld, also vom praktischen, realen Judentum wäre die Selbstemanzipation unserer Zeit... Die Judenemanzipation in ihrer letzten Bedeutung ist die Emanzipation der Menschheit vom Judentum.«[51] Und so weiter (s. VI 2). Das hindert manche nicht, Marx insofern total zu exkulpieren. Alles nur Mißdeutung.[52] Auch derlei unglaubliche Nachsicht dient dem Schutz der Ikone.

Wenige Wochen später schreibt er die sogenannten Pariser Manuskripte, bekannt vor allem durch die Entfremdungslehre. Die allseitige Befreiung, die der neue Mose aus der Moselstadt Trier verkündet, folgt auf die tiefste Erniedrigung, die sich in totaler Entfremdung äußert. Der Radikalist kennt keine Halbheiten. Er belehrt uns: »Diese ›Entfremdung‹, um den Philosophen verständlich zu bleiben, kann natürlich unter zwei praktischen Voraussetzungen aufgehoben werden. Damit sie eine ›unerträgliche‹ Macht werde, d. h. eine Macht, gegen die man revolutioniert, dazu gehört, daß sie die Masse der Menschheit als durchaus ›eigentumslos‹ erzeugt hat und zugleich im Widerspruch zu einer vorhandenen Welt des Reichtums und der Bildung, was beides eine große Steigerung der Produktivkraft, einen hohen Grad ihrer Entwicklung voraussetzt...«[53]

Der letztzitierte Marxtext besagt doch nichts anderes als: *Die Klassengegensätze müssen zunehmen, damit die revolutionäre Theorie sich bewahrheitet.* Und daher werden alle Bemühungen und Erfolge um eine allmähliche Verbesserung des Loses der arbeitenden Klasse von ihm zeitlebens entschieden – wenngleich mitunter verklausuliert – abgelehnt. Über Jahrzehnte hinweg behauptet er trotz genauer Kenntnis widersprechender Tatsachen die fortschreitende Verelendung: immer weniger werden immer reicher, immer mehr werden immer ärmer. Warum? – Es war Wunschdenken. Noch deutlicher: Marx wollte Revolution und wußte genau, daß Elend der beste

Nährboden für Revolution ist, Wohlstand aber für friedliche Entwicklung. Wohin mit seinem angestauten Haß, wenn es nichts Kritikwürdiges mehr gegeben hätte. Also wollte er die Verelendung.

Aus der Fülle der Belege einige Proben: »Daß die Krisen einer der mächtigsten Hebel der politischen Umwälzung sind, liegt schon im ›Kommunistischen Manifest‹... ausgeführt, daneben aber auch, daß die rückkehrende Prosperität dann auch die Revolution knickt, und den Sieg der Reaktion begründet.«[54] Aus dieser von Marx formulierten Einsicht ergeben sich die nachfolgenden Beurteilungen: »Leider scheint die Ernte in Nordostdeutschland, Polen und Rußland passabel, stellenweise gut zu werden. Hier hat auch das letzte gute Wetter gefruchtet. Aber Frankreich bleibt in der Sauce, und das ist schon viel.«[55] »Die amerikanische Krise... ist beautiful.«[56] »Wenn das noch einige Zeit so vorangeht, so werden die Movements für Lohnheraufsetzungen anfangen. In Frankreich verdienen die Baumwollspinner auch seit einiger Zeit mehr als in den letzten Jahren... Alles das sieht verdammt optimistisch aus, und der Henker weiß, wie lange das noch dauert...«[57] Schlechte Nachrichten sind für Marx und Engels gute Ernteaussichten, Prosperität, Lohnheraufsetzung, Arbeitszeitverkürzung. Gute Nachrichten sind: Verelendung, große Unglücksfälle, Krisen. *Hier, in dieser blutleeren Philosophie liegt der Schlüssel zum Verständnis des späteren Marxschen Werkes, seines Denkens und seiner Agitation.*

Marx bekennt offen, daß seine Sprache die Sprache der Leidenschaft ist, und in seiner Leidenschaftlichkeit übersieht er gänzlich, daß weder die Juden noch die Deutschen noch die Slawen, um Marxens Stoßrichtungen aufzugreifen, bis dato nur Zustände geschaffen haben, die »unter aller Kritik« sind. Die mangelnde Bereitschaft, nach der menschlichen Natur zu fragen, die vielfältigen Rätsel und Geheimnisse unserer Natur als zumindest vorläufige Gegebenheiten hinzunehmen, war eine seiner Kardinalschwächen, die ihm gleichwohl wegen ihrer Originalität und vehementen Kapitalismuskritik viele Bewunderer bescherte.

Marx und Engels lehnen in den folgenden Jahren karitative Liebe (VII 2), Brüderlichkeit und Philanthropie ausdrücklich ab. Schon in einem seiner ersten Briefe an Marx verdeutlicht Engels eine Strategie der Gewalt und der ehernen Rücksichtslosigkeit. Vier Jahrzehnte später nennt Engels »Philanthrophie, Humanismus, Sentimentalität« immer noch »antirevolutionäre Untugenden«[58]. In ihrem Menschenbild hatte der Altruismus, die Nächstenliebe keinen moralischen Stellenwert, da die Moral als bloße Phrase abgetan wurde. Marx an Engels. »Nur wurde ich verpflichtet, in das Préamble der Statuten zwei ›duty‹ und ›right‹ Phrasen, ditto ›truth, morality and justice‹ aufzunehmen, was aber so placiert ist, daß es einen Schaden nicht tun kann.«[59] Im ehemaligen Bund der Gerechten, der auf Betreiben von Marx und Engels ab 1847 als Bund der Kommunisten firmierte, wurde die Losung »Alle Menschen sind Brüder« durch »Proletarier aller Länder vereinigt euch« ersetzt. Dementgegen schrieb Joseph Goebbels, Hitlers Reichspropagandaminister: »Alle sind Brüder, die zu tragen haben. Und wir haben ja alle zu tragen, wir armen Menschen! Warum sollten wir nicht alle Brüder sein!«[60] Daraus könnte man schlußfolgern... Doch diese Schlußfolgerung wäre falsch. Sie kann uns verdeutlichen, daß einige schöne Worte weder im Falle Marx noch im Falle Goebbels ein fundiertes Urteil tragen. Allein schon das Bekenntnis zum Kommunismus muß als Absage an den Humanismus verstanden werden. Marx und Engels bekannten im Kommunistischen Manifest: »Die Kommunisten predigen überhaupt keine Moral... sie stellen nicht die moralische Forderung an die Menschen: Liebet Euch untereinander, seid keine Egoisten pp.; sie wissen im Gegenteil sehr gut, daß der Egoismus ebenso wie die Aufopferung eine unter bestimmten Verhältnissen notwendige Form der Durchsetzung der Individuen ist.«[61]

*Wenn wir die großen Marxbiographien von Friedenthal, Künzli und Raddatz daraufhin befragen, ob sich beim jungen Marx bemerkenswerte Spuren edler Menschlichkeit entdecken lassen, so antworten die drei Genannten unisono mit Nein.* In einem der letzten Briefe, die Heinrich Marx vor seinem Tode an seinen Sohn Karl richtete, finden sich die bereits in einem anderen Zusammenhang zitierten bitteren Worte: »Ich will und muß Dir sagen, daß Du Deinen Eltern viel Verdruß gemacht und wenig oder gar keine Freude.«[62]

Mit Blick auf vorausgegangene Briefe klagt der Vater: »Nie haben wir den Genuß einer vernünftigen Korrespondenz gehabt, in der Regel der Trost der Abwesenheit. Denn Korrespondenz unterstellt folgerechte und fortgesetzte Verhandlung, ineinandergreifend und harmonisch von beiden Teilen betrieben. Nie erhielten wir Antwort auf unsere Schreiben; nie enthielt Dein folgender Brief eine Ankettung weder an Deinen vorhergehenden noch an den unsrigen... als wären wir Goldmännchen, verfügt der Herr Sohn in einem Jahre für beinahe 700 Taler gegen alle Abrede, gegen alle Gebräuche, während die Reichsten keine 500 ausgeben.«[63]

Nirgendwo wird Verantwortungsbewußtsein für die nächsten Angehörigen, nirgendwo Mitleid konkret sichtbar, vielmehr schier beispiellose Rücksichtslosigkeit, zu der er sich ausdrücklich bekennt.[64] Von seiner geradezu pathologischen Verschwendungssucht zu Lasten anderer war schon ausführlich die Rede (III 8).

Eine der ersten Charakterstudien von Marx verdanken wir Edgar Bauer sowie dem späteren Freund Engels. Den 24jährigen schildern sie:

> »Ein schwarzer Kerl aus *Trier*, ein markhaft Ungetüm.
> Er gehet, hüpfet nicht, er springet auf den Haken
> Und raset voller Wut, und gleich als wollt' er packen
> Das weite Himmelszelt und zu der Erde ziehen,
> Streckt er die Arme sein weit in die Lüfte hin.
> Geballt die böse Faust, so tobt er sonder Rasten,
> Als wenn ihn bei dem Schopf zehntausend Teufel faßten.«[65]

Noch erschütternder das Selbstportrait Engels. Es zeigt, daß zwei Artverwandte schließlich zusammenfanden:

> »Doch der am weitesten links mit langen Beinen toset,
> Ist *Oswald*, grau berockt und pfefferfarb behoset,
> Auch innen pfefferhaft, *Oswald* der Montagnard,
> Der Wurzelhafteste mit Haut und auch mit Haar.
> er spielt *ein* Instrument: das ist die Guillotine...«[66]

»Oswald« ist, wie unbestritten, ein Deckname für Engels. Der Guillotine sind in der Französischen Revolution Zehntausende Unschuldiger zum Opfer gefallen. »Er spielt *ein* [im Original] Instrument«! Was die einen mit der Guillotine zu erreichen trachteten, versuchten andere mit Gas. Auch Engels Vater hatte, wie der von Marx, trübe Vorahnungen. In einem Brief an die Mutter vom 27. August 1835: »Friedrich hat mittelmäßige Zeugnisse in voriger Woche gebracht. Im Äußeren ist er, wie Du weißt, manierlicher geworden, aber trotz der früheren strengen Züchtigungen scheint er selbst aus Furcht vor Strafe keinen unbedingten Gehorsam zu lernen... Gott wolle sein Gemüt bewahren, oft ist mir bange um den übrigens trefflichen Jungen... Noch einmal: der Liebe Gott wolle den Knaben in Seinen Schutz nehmen, damit sein Gemüt nicht verderbt werde. Bis jetzt entwickelt er eine beunruhigende Gedanken- und Charakterlosigkeit...«[67]

Im Kölner Raum, wohin sich Marx nach dem Ausbruch der Revolution 1848 begab, hatte ein praktischer Arzt, Dr. Andreas Gottschalk, eine über 6000 Mitglieder zählende proletarische Gemeinde geschaffen. Marx, der nur über wenige Anhänger verfügte, verspürte keine Neigung, sich Gottschalk unterzuordnen. Eine reelle Chance, den populären Mann zu verdrängen, hatte er nicht. Gottschalks leidenschaftlicher, unermüdlicher Dienst an den Ärmsten führte ihm täglich neue Anhänger zu. Marxens Stunde kam, als Gottschalk im Zusammenhang mit Arbeiterunruhen verhaftet wurde. Im Oktober 1848 trat Marx an seine Stelle. Doch die Arbeiter spürten rasch, was Gottschalk Marx zum Vorwurf machte: »Das Elend des Arbeiters, der Hunger der Armen hat für Sie nur wissenschaftliches, doktrinäres Interesse. Sie sind erhaben über solche Misere. Als gelehrter Sonnengott bescheinen Sie bloß die Parteien. Sie sind nicht ergriffen von dem, was die Herzen der Menschen bewegt.«[68]

*Unter diesen Umständen verwundert es nicht, wenn wir bei Marx mehrmals dem scheußlichen Wort »Menschenkehricht«[69] begegnen, wo »Menschen« oder »Menschheit« stehen müßte. Marx rühmt sich geradezu seiner, wie er wörtlich schreibt, »Verachtung der Massen wie der einzelnen«.[70] Wie kann man die Menschheit lieben, wenn man die eigene Mutter haßt (III 1)? Wer sich für die Sklavenbefreiung in den USA stark macht, macht sich in seinen Augen der »Sklavenemanzipationsheulereien« (VI 3) schuldig. Der leibhaftige Proletarier spielt im Leben von Marx keine nennenswerte Rolle. Auch finden wir weder in den Veröffentlichungen noch in den Briefen herzliche Worte über die einzelnen Mitglieder dieser Klasse; harte, ja kränkende Kritik ist jedoch an der Tagesordnung, wobei Engels Marx nicht nachsteht.[71] Für die Ärmsten der Armen, das »Lumpenproletariat«, haben der »Humanist« Marx und Freund Engels nur Hohn und Verachtung übrig. (VII 3). Das spricht Bände.*

Hier ein weiterer Beleg. Marx: »Wer aber nicht erschien, war das Lumpenproletariat. Diejenigen, die sich vor den Türen des Areopags eingefunden, waren zu wenig zahlreich, um auf Erfolg rechnen zu können und zogen sich deshalb zurück. Du weißt, daß es feige Kanaillen sind, und jeder der Lumpenhunde hat ein zu schlechtes Gewissen, um isoliert vor einer größeren Versammlung als öffentlicher Ankläger aufzutreten.«[72]

Die »Lumpen« waren Manns genug, um jenen, von denen sie verachtet wurden, nicht auch noch die Füße zu küssen. Dieser Einsicht konnten sich Marx und Engels nicht entziehen. Daher schlußfolgern sie: »... und *lieben* wird uns der demokratische, rote oder selbst kommunistische Mob doch nie.«[73] Daran hätte sich bis heute nichts geändert, hätten nicht parteiliche Biographen das faltenreiche Gesicht dieser selbsternannten Führer des Proletariats geglättet.

Im vorgegebenen Rahmen muß das Gesagte genügen, um das Urteil glaubhaft zu machen, daß der junge Marx Humanismus weder gepredigt noch gelebt hat. Seine rücksichtslose Kritik an allem und an allen, wozu er sich ausdrücklich bekennt, verknüpft er mit der Verheißung paradiesischer Zustände, des Anbruchs der eigentlichen Menschheitsgeschichte, des Eintritts in das Land, in dem Milch und Honig fließen. Es heißt: Kommunismus. In ihm sind alle Welträtsel gelöst.[74] – Und wer ist das Faktotum der schöneren Welt, der Mose mit dem Zauberstab, der sein Volk aus der ägyptischen Versklavung, aus der Nacht der Ausbeutung und der Entfremdung in die lichte Zukunft führt? Hören wir, was Marx' Freund Arnold Ruge schreibt: »Laßt die Toten ihre Toten begraben und beklagen. Dagegen ist es beneidenswert, die ersten zu sei, die lebendig ins neue Leben eingehen; dies soll unser Los sein.«[75]

Auch insofern sind schon die ersten literarischen Zeugnisse recht aufschlußreich. Marx, der Mensch gewordene Prometheus, dient nicht, er herrscht. Vom Umgang mit seinen Schwestern wird berichtet: »Er zwang sie, in vollem Galopp den Markusberg zu Trier hinunter zu kutschieren, und was noch schlimmer war, er bestand darauf, daß sie die ›Kuchen‹ aßen, welche er mit schmutzigen Händen aus noch schmutzigerem Teige selbst verfertigte. Aber sie ließen sich dies alles ohne Widerrede gefallen, denn Karl erzählte ihnen zur Belohnung so wundervolle Geschichten.«[76]

Marx tut mit Erfolg alles, um keinen Wehrdienst ableisten zu müssen. Arnold Künzli konstatiert treffend: »Prometheus taugt schlecht zum Rekruten.«[77] Nie wird er später ein Arbeitsverhältnis eingehen, mag die Not noch so drückend sein, mag sie seine Kinder töten. Markerschütternd die Klagelieder der Frau Marx (III 2, 4, 8).

Der Abituraufsatz in Deutsch ist auch insofern höchst bemerkenswert. Die Gottheit ist ihm ein sicherer Führer. *Der* Beruf, meint er, sei zu wählen, »der uns die größte Würde gewährt, der auf Ideen gegründet ist, von deren Wahrheit wir durchaus überzeugt sind, der das größte Feld darbietet, um für die Menschheit zu wirken und uns selbst dem allgemeinen Ziele zu nähern, für welches jeder Stand nur ein Mittel ist, der Vollkommenheit.«[78] Marx zögert nicht, uns zu verdeutlichen, was er unter Würde versteht: »Die Würde ist dasjenige, was den Mann am meisten erhebt, was seinem Handeln, allen seinen Bestrebungen, einen höheren Adel leiht, was ihn unangetastet, von der Menge bewundert und über sie erhaben dastehen läßt.« Während »das Wohl der Menschheit« von allen Schülern als Richtschnur angepeilt wird – ein großes Anliegen des Deutschlehrers[79] –, ist Karls Definition der Würde einmalig.

»Höherer Adel« und Erhabenheit über die bewundernde Menge, das ist es, was er schon als Schüler erstrebte und was er später für sich in Anspruch nahm, von niemandem insofern übertroffen. »Ich, Engels, Heß...«[80] Diese Reihenfolge ist typisch Marx, gibt sein Selbstwertgefühl angemessen wieder. Sein Grußwort an das deutschsprachige Publikum lautet: »In seinem Sessel, behaglich dumm, sitzt schweigend das deutsche Publikum.«[81] Die Mitschüler sind ihm »Bauernlümmel«[82]. In der Dissertation werden beiläufig Cicero und Plutarch zu kleinen Würstchen degradiert: »Sachverständige wissen, daß für den Gegenstand dieser Abhandlung keine irgendwie brauchbaren Vorarbeiten existieren. Was Cicero und Plutarch geschwatzt haben, ist bis auf die heutige Stunde nachgeschwatzt worden.«[83] Was sonst noch kreucht und fleucht, ist geradezu selbstverständlich nicht besser, gleichgültig ob Freund oder Feind. Wer alle Beweise für den Solipsismus von Karl Marx zusammentragen wollte, müßte auch diesem Vorhaben ein eigenes Buch widmen. An der Spitze der proletarischen Bewegung steht er, wie er meint, kraft eigenen Rechts. In einem Brief an Engels schreibt Marx: »Eine sehr schöne Lektion haben die Herren Knoten [gemeint sind Genossen der Kommunistischen Partei] so erhalten. Der Alt-Weitlingsche Esel Scherzer glaubte, er könne Parteivertreter ernennen. In meiner Zusammenkunft mit einer Deputation der Knoten... erklärte ich ihnen rundheraus: Unsere Bestellung [also die von Engels und Marx] als Vertreter der proletarischen Partei hätten wir von niemand als uns selbst. Sie sei aber kontrasigniert durch den ausschließlichen und allgemeinen Haß, den alle Fraktionen der alten Welt und Parteien uns widmeten. Du kannst Dir denken, wie verblüfft die Ochsen waren.«[84] Mögliche Rivalen wie Lassalle[85] und Bakunin[86] werden mit beißendem Spott und Intrigen verfolgt. Ein Herr Vogt, der es wagte, Marx als unbedeutend einzustufen, wird mit einem eigenen

Buch bedacht, das es verdient, in die internationale Spitzengruppen aller je verfaßten Schmähschriften aufgenommen zu werden[87].

Diese Diagnose verdanken wir nicht neuesten Forschungen, vielmehr entspricht sie im Kern den Beobachtungen und Erfahrungen seiner Zeitgenossen.[88] Heinrich Heine spricht von den Jung-Hegelianern und deren »noch viel verstockterem Freund Marx« als von »gottlosen Selbstgöttern«.[89] Der namhafte Zionist Moses Heß klagt: »Schade, jammerschade, daß das Selbstgefühl dieses unbestreitbar genialsten Mannes unserer Partei sich nicht mit der Anerkennung begnügt, die ihm verdientermaßen... gezollt wird, sondern eine persönliche Unterwerfung zu fordern scheint.«[90] Der bekannteste Anarchist, Michail Bakunin, urteilt: »Marx ist äußerst eitel, eitel bis zum Schmutz und zur Tollheit. Wer das Unglück hatte, ihn auf noch so unschuldige Weise in dieser krankhaften, stets empfindlichen und stets gereizten Eitelkeit zu verletzen, dessen unversöhnlicher Feind wird er, und dann hält er alle Mittel für erlaubt und benutzt tatsächlich die schmählichsten, unerlaubtesten Mittel, um einen solchen in der öffentlichen Meinung zu verderben... Man muß ihn anbeten, zum Abgott machen, um von ihm geliebt zu werden, man muß ihn zum mindesten fürchten, um von ihm geduldet zu werden.«[91] Schließlich sei noch Carl Schurz zitiert, ein Revolutionsheld des Jahres 1848 und später Innenminister der USA: »Aber niemals habe ich einen Menschen gesehen von so verletzender Arroganz des Auftretens. Keiner Meinung, die von der seinen wesentlich abwich, gewährte er die Ehre einer einigermaßen respektvollen Erwähnung. Jeden, der ihm widersprach, behandelte er mit kaum verhüllter Verachtung.«[92] Dies alles und vieles mehr auswertend kommt Arnold Künzli in seiner Psychographie des Karl Marx zu dem Ergebnis: »Der dämonische Vernichtungswille, der ihn im Kampfe gegen alle beseelte, die ihm den Rang des einzigen, auserwählten ›Gottessohnes‹ streitig machen konnten, äußerte sich in publizistischen Formen, die man heute ›stalinistisch‹ nennen würde.«[93]

## 3. »... unbestechliche Wahrheitsfindung, Objektivität, Wissenschaftlichkeit« – die marxistische Dialektik

Franz Loeser, Professor der Philosophie an der Ost-Berliner Humboldt-Universität, 1983 nach langen Auseinandersetzungen mit dem Parteiapparat und Veröffentlichungsverbot in die USA geflohen, schrieb 1987 in einer kritischen Abrechnung mit dem Staat, für den er zunächst optiert hatte: »Marx und Engels verstanden ihre Philosophie als revolutionäre Waffe für einen wirklich demokratischen Sozialismus. Das Instrumentarium dieser Waffe waren unbestechliche Wahrheitsfindung, Objektivität, Wissenschaftlichkeit...«[94] Und an anderer Stelle:
»Aus dem Schöpfertum eines Genies entstand das Dogma eines Dilettanten.
Aus einer demokratischen Philosophie entstand eine demagogische Ideologie.
Aus einem visionären Glauben entstand ein illusionärer Irrglaube.
Aus einer wissenschaftlichen Wahrheit entstand eine pseudowissenschaftliche Verfälschung.«[95]
Ähnlich äußert sich Oskar Lafontaine, der in seinen Veröffentlichungen Marx häufiger als jeden anderen politischen Denker zitiert: »Der Aufklärer Marx, der für sich selbst keine andere Autorität anerkannte als die des besseren Arguments, wurde zur Autorität verzerrt.«[96]
Die Urheber dieser »wissenschaftlichen Wahrheit« hatten, wie schon ausgeführt (VIII vor 1.), ein gespaltenes Verhältnis zur Philosophie, was auch dem folgenden Text zu entnehmen ist: »Was von der ganzen bisherigen Philosophie dann noch selbständig bestehn bleibt, ist die Lehre vom Denken und seinen Gesetzen – die formelle Logik und die Dialektik.«[97] Die Logik ist ein allgemein unbestrittener Bestandteil der Philosophie; wie aber verhält es sich mit der Dialektik? Insofern gab und gibt es heftige Kritik, die sie als primitiv, wertlosen Dilettantismus, ungeheuren Widerspruch abtut, der die Zerstörung der Persönlichkeit bewirke.[98] Um so bombastischer die Hymnen der anderen Seite zu Ehren derer, denen die Menschheit die größte Errungenschaft der Weltgeschichte verdankt: »Die überragende Größe von Marx und Engels beruht in erster Linie auf ihrer Leistung als Wissenschaftler. Mit der Ausarbeitung des dialekti-

schen und historischen Materialismus entdeckten sie die objektiven Entwicklungsgesetze der Natur und Gesellschaft.«[99] Sie garantieren »die Ablösung des Kapitalismus durch den Sozialismus«.[100] – Was meint »dialektischer Materialismus« und welches der widersprechenden Urteile trifft ins Schwarze? Eine ausführliche, systematische Darstellung würde den Rahmen sprengen.[101]

Zum hundertsten Todestag von Marx erschien ein Artikel, betitelt: »Verheißung, dialektisch«. Der Autor schildert den unglaublichen Siegeszug des Marxismus: »Doch heute, nur hundert Jahre später, wird ein Drittel der Menschheit im Namen seiner Lehre regiert. Über ein weiteres Drittel der Menschheit dürfte seine Lehre zum mindesten Schatten werfen: gepredigt von Intellektuellen, getragen von Bewegungen, Parteien, einflußreich unter Regierungen oder Widerstandskämpfern.«[102] Er fährt fort: »Wie ist das zu erklären? Vielleicht und vor allem durch einen Begriff, von dem Zauberkraft ausstrahlt: Dialektik.« Dann wird die Dialektik abstrakt erläutert: »Dialektik meint Bewegung im Dreischritt: Ein Begriff oder Zustand erzeugt den Gegenbegriff oder Gegenzustand, schlägt in diesen um. Und aus dem Umschlag geht etwas Neues, Höheres hervor: These, Antithese, Synthese.« Auch die Konkretisierung läßt nicht lange auf sich warten: »Der Feudalismus bezeichnet eine Agrargesellschaft, in der die Verfügungsgewalt über das Land entscheidend ist. Diese Verfügungsgewalt konzentriert sich zunehmend auf eine dünne Herrenschicht, für die die unfreien Bauern Fronarbeit leisten müssen.« Wer hier jedoch das Modell an der Wirklichkeit oder die Wirklichkeit am Modell messen möchte, gerät in Schwierigkeiten. Was ist die These, was die Antithese und was schließlich die Synthese im Feudalismus? Der Feudalherr die These? Aber der Feudalherr ist doch nicht denkbar ohne den Leibeigenen? Also müssen beide sich gleichzeitig entwickelt haben. Ferner: Nicht der Leibeigene hat dem Feudalsystem das Lebenslicht ausgeblasen, sondern eine ganz andere Schicht der sich herausbildenden Bevölkerung, das Bürgertum. In dem Aufsatz folgen noch weitere Beispiele der materialistischen Dialektik, die aber die Geduld des Lesers nicht minder strapazieren: »Noch etwas ist merkwürdig und zeigt den dialektischen Umschlag ins Gegenteil: In den kapitalistischen Industriestaaten haben die Arbeiter sich Rechte erkämpft, an denen niemand mehr rütteln kann: das Organisationsrecht zu Parteien und Gewerkschaften, das allgemeine Wahlrecht, das Streik- und Tarifrecht.« Was soll das? Hat sich die Dialektik gegen Marx verschworen? Ist er der Zauberlehrling, der die Geister, die er rief, nicht bändigen kann? Wo ist hier die These, die Antithese, die Synthese? Hatten die Arbeiter jener Länder, die später dem Faschismus oder Nationalsozialismus verfielen, noch nicht die genannten Rechte? Falls ja, so kann an diesen Rechten nicht nur gerüttelt, sie können auch zur Gänze entzogen werden!

Engels war noch kühner als Marx, der die Anwendung seiner Dialektik auf die interpretationselastischeren Bereiche Geschichte und Nationalökonomie beschränkte. Die Dialektik, das Grundgesetz des Alls und allen Lebens, muß sich nach Engels auch und gerade in der Natur offenbaren. Hunderte von Seiten hat er im Anti-Düring darauf verwendet, um den Nachweis der Richtigkeit zu führen.

Recht anschaulich doziert er: »Aber was ist denn diese schreckliche Negation der Negation, die Herrn Dühring das Leben so sauer macht, die bei ihm dieselbe Rolle des unverzeihlichen Verbrechens spielt, wie im Christentum die Sünde wider den Heiligen Geist? – Eine sehr einfache, überall und täglich sich vollziehende Prozedur, die jedes Kind verstehen kann, sobald man den Geheimniskram abstreift, unter dem die alte idealistische Philosophie sich verhüllte, und unter dem sie ferner zu verhüllen das Interesse hülfloser Metaphysiker vom Schlage des Herrn Dühring ist. Nehmen wir ein Gerstenkorn. Billionen solcher Gerstenkörner werden vermahlen, verkocht und verbraut und dann verzehrt.

Aber findet solch ein Gerstenkorn die für es normalen Bedingungen vor, fällt es auf günstigen Boden, so geht unter dem Einfluß der Wärme und Feuchtigkeit eine eigene Veränderung mit ihm vor, es keimt; das Korn vergeht als solches, wird negiert, an seine Stelle tritt die aus ihm entstandene Pflanze, die Negation des Korn. Aber was ist der normale Lebenslauf dieser Pflanze? Sie wächst, blüht, wird befruchtet und produziert schließlich wieder Gerstenkörner, und sobald diese gereift, stirbt der Halm ab, wird seinerseits negiert. Als Resultat dieser Negation der Negation haben wir wieder das anfängliche Gerstenkorn, aber nicht einfach, sondern in zehn-, zwanzig-, dreißigfacher Anzahl.«[103]

Die anderen Beispiele, die er nennt, sind von gleicher Qualität, d. h. – bei Licht betrachtet, ist keines in der Lage, die Richtigkeit des dialektischen Materialismus zu beweisen. Im Gegenteil, sie sind alle nachweislich naturwissenschaftlich falsch, weshalb in den sozialistischen Staaten alle diese »Erkenntnisse« und »Ergebnisse« aus dem Bereich der Naturwissenschaften verbannt und als Philosophie ausgegeben wurden. Im Vorwort des Instituts für Marxismus-Leninismus beim Zentralkomitee der SED heißt es: »Der ›Anti-Dühring‹ ist vor allem ein philosophisches Werk.«[104] Dementgegen hatte Engels behauptet:»Die Dialektik ist aber weiter nichts als die Wissenschaft von den allgemeinen Bewegungs- und Entwicklungsgesetzen der Natur, der Menschengesellschaft und des Denkens.«[105] Was naturwissenschaftlich falsch ist, kann das etwa philosophisch richtig sein? Betrachten wir Engels' Gerstenkorn etwas näher. Vergeht das Korn, wenn es in feuchte Erde fällt? Es ändert allmählich seine Gestalt, es entfaltet sich. Die Veränderung der Gestalt, die Entfaltung der Anlagen als Negation zu bezeichnen, ist purer Unsinn. Wie oft würde sich der Mensch im Verlauf seines Lebens negieren? Ist der Säugling die Negation des Embryos, das Kleinkind die Negation des Säuglings? War Engels so einfältig, daß er seinen eigenen Worten geglaubt hat, oder glaubte er an die bodenlose Einfalt seiner Leser? Für letzteres spricht der Rat, den er einmal Marx gegeben hat: »Die Schwächen, die Dir auffallen, finden die Esel doch nicht heraus«[106], für ersteres die oben zitierten »mittelmäßigen Zeugnisse« des jungen Friedrich. Über die einzelnen Noten wissen die Biographen offenbar nichts zu berichten. In der Mathematik, wo Logik das A und O bildet, war er offenbar schwach, wie seiner Bemerkung zu entnehmen ist: »... Dazu konnte ich ihm [dem Vater] lange nicht richtig genug rechnen.«[107] Über Marx wissen wir insofern weit besser Bescheid. Er, der Engels bei der Sammlung des Materials zum »Anti-Dühring« geholfen, das Manuskript gelesen und mit einem eigenen Kapitel ergänzt hatte, war ebenfalls nur ein mittelmäßiger Schüler. Carl Grünberg, der ihm durchaus wohlgesonnen ist, resümiert:»Im Ganzen galt er in den Augen der Lehrer als guter Durchschnitt – von nicht wenigen durch Anlagen, Fleiß und Leistungen überragt. Seine Lieblingsfächer waren die alten Sprachen, Deutsch und Geschichte. Die Noten waren in keinem Gegenstand glänzend. Sie lauteten im Jahresmittel für die Übersetzungen: ins Lateinische und aus dem Griechischen 3; ins Französische 4-5; für die lateinischen Aufsätze 2 bis 3 (wobei 1 sehr gut, 5 nicht genügend bedeutet). – Ungefähr auf dem gleichen Niveau bewegten sie sich auch für die schriftlichen Arbeiten im Abiturientenexamen. Was speziell die mathematische anbelangt, so war von den vier gestellten Aufgaben ›nur die erste und die Konstruktion der zweiten ohne erhebliche Fehler; die trigonometrische Auflösung der zweiten war ganz verfehlt und selbst in der leichten dritten Aufgabe war ein Fehler‹. Wozu noch zu bemerken ist, daß die vierte gar nicht in Angriff genommen wurde. – Ähnlich stand es um die mündliche Prüfung.«[108] Logisches Denken war demnach weder die Stärke des einen noch des anderen.

Schon allein der dialektische Materialismus widerlegt, wie andeutungsweise gezeigt, die Prädikate »unbestechliche Wahrheitsfindung, Objektivität, Wissenschaftlichkeit«. Marx ging es um Revolution. Jedes Faktum, jeder Gedanke wurde diesem Ziel dienstbar gemacht. Nachdem Marx wußte, was er wollte, hat er nach Tatsachen Ausschau gehalten, die seine als Wissenschaft maskierten Analysen und Prophetien untermauern sollten. Schon der originäre Marxismus steckt voller Widersprüche, wovon noch die Rede sein wird (X 2 – 4). Hier nur ein Satz, der die Meinung mehrer einschlägiger Forscher zum Ausdruck bringt: »... at least sometimes, Marx mistakenly thought that Marx [sic] did not believe that capitalism was unjust, because he was confused about justice.«[109] Dabei steht diese Frage doch im Zentrum seiner, dem Kapitalismus gewidmeten Energie.

Wie wenig es Marx um Fakten ging, seien sie gelegen oder ungelegen, sondern um die »direkt revolutionäre Aufgabe«[110] zeigt exemplarisch seine Polemik mit Lujo Brentano, einem durchaus arbeiterfreundlich gesonnenen Nationalökonomen.[111] Dieser war im »Kapital« zufällig auf eine massive, sinnentstellende Verstümmelung einer Unterhausrede des britischen Premiers William Edward Gladstone gestoßen und hatte sie scharf kritisiert. Doch weder Marx noch Engels noch ihre Nachlaßverwalter konnten sich entschließen, die Fälschung zu annullieren und den Lesern von »Das Kapital« reinen Wein einzuschenken.[112] Gemäß der Marxschen Verelendungstheorie mußten die Reichen immer reicher und die Armen immer ärmer werden. Als Beweis dafür sollte ihm auch die erwähnte Ansprache dienen. Daher mußte aus dem Text jene Passage eliminiert werden, die besagt, »daß die Durchschnittslage des britischen Arbeiters innerhalb der letzten zwanzig Jahre in einem Grade sich verbessert hat, der außerordentlich ist...« (Siehe Dokumentation 2.)

*Die klassische – aber nicht für die Allgemeinheit bestimmte – Definition der marxistischen Dialektik verdanken wir keinem geringeren als Karl Marx selbst:* »Es ist möglich,« schrieb er an Engels, »daß ich mich blamiere. Indes ist dann immer mit einiger Dialektik wieder zu helfen. Ich habe natürlich meine Aufstellung so gehalten, daß ich in umgekehrtem Falle auch Recht habe.«[113] In diesem Sinne wurde »Dialektik« auch von seinen Epigonen verstanden, so von Bebel in einem Brief an Kautsky: »Macht man ihn [Liebknecht] dann auf die Widersprüche aufmerksam, dann leugnet er den Widerspruch und beweist mit großer dialektischer Gewandtheit, daß der größte Widerspruch eigentlich die größte Einheit sei.«[114] Mit Blick auf Eduard Bernstein hat man sich zu dem als Kritik gedachten Urteil hinreißen lassen: »Dabei war ihm, dem an sich redlichen, wenngleich wahrlich nicht tiefschürfenden Begründer des ›Revisionismus‹ die Dialektik das ›Verräterische‹, der ›Fallstrick‹, der vom Boden der Erfahrung wegführe.«[115] Einhundert Jahre später hat sich an dieser »Redlichkeit« noch nichts geändert, wie das SPD-Vorstandsmitglied Hans Apel so anschaulich unter Beweis stellt: »Der arme Junge wird mit einem Schwall von Worten eingedeckt. Und er kann wirklich nicht ›dialektisch‹ lesen. Denn die Entschließung ist so formuliert, daß sie für Kundige auch Joachims Wahrheit enthält, bei allen anderen aber den Eindruck erzeugt, schon damals...«[116]

Zu welcher Akrobatik die Dialektik befähigt, demonstriert der namhafte evangelische Theologe Karl Barth: »Der echte Dialektiker weiß, daß diese Mitte unfaßlich und unanschaulich ist... Auf diesem schmalen Felsengrat kann man nur gehen, nicht stehen, sonst fällt man herunter, entweder zur Rechten oder zur Linken, aber sicher herunter. So bleibt nur übrig, ein grauenerregendes Schauspiel für alle nicht Schwindelfreien, beides, Positives und Negatives, gegenseitig aufeinander zu beziehen. Ja am Nein zu verdeutlichen und Nein am Ja...«[117]

## 4. »Marx war der ... nicht-entfremdete... Mensch« – Erich Fromm

»Marx *war* der produktive, nicht-entfremdete, unabhängige Mensch«[118]. So sieht Erich Fromm, Soziologe, Psychologe und Philosoph, Karl Marx. Fromm ist nicht einer unter vielen. Sein Lebenswerk verdient Respekt. Seine Bücher sind in 25 Sprachen erhältlich und erreichten Millionen in aller Welt. Schon 1982 erschien eine Gesamtausgabe in zehn Bänden.[119] Seine wohl bedeutendste Veröffentlichung trägt den Titel »Haben oder Sein. Die seelischen Grundlagen einer neuen Gesellschaft«. Er unterscheidet zwei Existenzweisen, nämlich, wie schon dem Titel zu entnehmen, Haben und Sein. Haben steht für Besitz, Gier, Macht, charakterisiert die gegenwärtige Gesellschaft, wohingegen Sein die Rückkehr des Menschen von allen Nebensächlichkeiten zum eigentlichen Ich bedeutet, dem mönchischen Ideal der Armut (kein Besitz), der Keuschheit (keine Gier) und des Gehorsams (keine Herrschaft) verwandt. Mehrmals zitiert er Marx, so schon im Motto, das er dem Buch voranstellt: »Je weniger du *bist*, je weniger du dein Leben äußerst, umso mehr *hast* du, umso größer ist dein entäußertes Leben.« Dabei betont Fromm: »Ich beziehe mich hier auf den wirklichen Marx, den radikalen Humanisten, nicht auf die üblichen Fälschungen, wie sie der Sowjetkommunismus vornimmt.«[120]

Das ganze Lebenswerk von Marx sei geprägt von dieser Einsicht. Die Arbeit habe für Marx menschliches Tätigsein repräsentiert, »und menschliches Tätigsein ist Leben. Das Kapital repräsentiert dagegen für Marx das Angehäufte, das Vergangene und in letzter Konsequenz das Tote. Für Marx lautete die Frage: Wer soll über wen herrschen? Soll das Leben das Tote oder soll das Tote das Leben beherrschen? Der Sozialismus stellte für ihn eine Gesellschaft dar, in der das Leben über das Tote gesiegt hatte. Marx' ganze Kritik am Kapitalismus und seine Vision vom Sozialismus wurzeln in der Überzeugung, daß menschliche ›Selbständigkeit‹ im kapitalistischen System gelähmt ist...«[121] Da nimmt es nicht wunder, daß für Fromm die Marxsche Entfremdungslehre einer Offenbarung gleicht. Sie vermittle Einsichten nicht nur in das Grundmotiv von Marx, sondern auch in die Struktur der gegenwärtigen Phase der Menschheitsgeschichte:

»Für Marx ist die Geschichte der Menschheit eine Geschichte der wachsenden Entwicklung des Menschen und gleichzeitig seiner wachsenden Entfremdung. Marx' Sozialismus bedeutet die Befreiung von der Entfremdung, die Rückkehr des Menschen zu sich selbst, seine Selbstverwirklichung.

Entfremdung (oder Entäußerung) bedeutet für Marx, daß der Mensch sich selbst in seiner Aneignung der Welt nicht als Urheber erfährt, sondern daß die Welt (die Natur, die anderen, und er selbst) ihm fremd bleiben [sic]. Sie stehen als Gegenstände über ihm und ihm gegenüber, obgleich von ihm selbst geschaffen sein können.«[122] »Aber mit der Entwicklung des Privateigentums und der Arbeitsteilung verliert die Arbeit den Charakter, ein Ausdruck der menschlichen Kräfte zu sein. Die Arbeit und ihre Produkte nehmen ein vom Menschen, seinem Wollen und seinem Planen getrenntes Sein an. ›Der Gegenstand, den die Arbeit produziert, ihr Produkt, tritt ihr als ein *fremdes Wesen*, als eine von dem Produzenten *unabhängige Macht* gegenüber...‹ Die Arbeit ist entfremdet, weil sie aufgehört hat, ein Teil der Natur des Arbeiters zu sein und ›er sich daher in seiner Arbeit nicht bejaht, sondern verneint, nicht wohl, sondern unglücklich fühlt...‹«[123]

»Die Entfremdung führt zur Pervertierung aller Werte. Indem der Mensch die Wirtschaft und ihre Werte – ›den Erwerb, die Arbeit und die Sparsamkeit, die Nüchternheit‹ – zum höchsten Ziel des Lebens macht, versäumt er, die wahrhaft moralischen Werte zu entwickeln...«[124]

So geht es weiter über viele Seiten, sowohl bei Marx als auch bei Fromm, der an Marx keine Kritik übt, sondern sich offenbar alle Zitate zu eigen macht. »Nur eine Korrektur hat die Geschichte an Marx' Vorstellung der Entfremdung genommen: Marx glaubte, daß die Arbeiterklasse die am meisten entfremdete Klasse sei, daß daher die Befreiung von der Entfremdung notwendig mit der Befreiung der Arbeiterklasse beginnen würde. Marx sah nicht das Ausmaß voraus, dem die Entfremdung zum Schicksal der großen Mehrzahl der Menschen werden sollte, insbesondere ahnte er nichts von dem immer größer werdenden Teil der Bevölkerung, der Symbole und Menschen statt Maschinen manipuliert. Wenn irgendwer, dann sind der Angestellte, der Vertreter, der Manager heutzutage sogar noch entfremdeter als der Facharbeiter.«[125]

Angesichts dieses entmutigenden Bildes der nahezu total entfremdeten Menschheit werden es die meisten Leser als Hoffnungsschimmer empfinden, daß zumindest *eine* reale Gestalt unserer Zeit als »der produktive, nicht-entfremdete, unabhängige Mensch, den seine Arbeiten als den Menschen einer neuen Gesellschaft entworfen hatten« ausgewiesen wird, gleichsam als Modell, Zielprojektion, nämlich Marx.

Auf den ersten Blick scheint es, als habe Marx es tatsächlich verstanden, keine entfremdete und entfremdende Arbeit zu leisten. Er hat sich beharrlich geweigert, in fremde Dienste zu treten, einen Brotberuf zu ergreifen. Er ist seiner Neigung, seiner Berufung gefolgt, hat sich im Rahmen des Irgendmöglichen frei entfaltet. Er ist nicht der entfremdete Arbeiter, den er beschreibt:

»Seine Arbeit ist daher nicht freiwillig, sondern gezwungen, *Zwangsarbeit*. Sie ist daher nicht die Befriedigung eines Bedürfnisses, sondern sie ist nur ein *Mittel*, um Bedürfnisse außer ihr zu befriedigen... Endlich erscheint die Äußerlichkeit der Arbeit für den Arbeiter darin, daß sie nicht sein eigen, sondern eines andern ist, daß sie ihm nicht gehört, daß er in ihr nicht sich selbst, sondern einem anderen gehört.«[126]

Und doch, wer Marxens Vita auch nur etwas näher kennt, weiß, daß sich hinter seiner Arbeit, insbesondere seinem Lebenswerk »Das

Kapital«, ein persönliches Drama verbirgt. Raddatz überschreibt ein Kapitel mit »Vorwände zur Flucht vor der ›ökonomischen Scheiße‹?«[127], was Künzli mit »Der Leidensweg von ›Das Kapital‹« betitelt.[128] Marx nennt es »Alp«[129], »das ›verdammte‹ Buch«[130], »Saubuch«[131], »Scheiße«[132], »ökonomische Scheiße«[133] und begrüßt jeden Vorwand, der eine Verzögerung rechtfertigt.[134]

Die obige Beschreibung entfremdeter Arbeit enthält weitere Sätze, die uns schließlich doch daran zweifeln lassen, ob nicht auch Marx nach seiner eigenen Definition entfremdete Arbeit geleistet hat, so wenn es heißt: »Ihre Fremdheit tritt darin rein hervor, daß, sobald kein physischer oder sonstiger Zwang existiert, die Arbeit als eine Pest geflohen wird.«[135]

Kann es etwa sein – ein ketzerischer Gedanke –, daß die freie Entfaltung à la Marx weniger befriedigt als die prosaische, bürgerlich-proletarische Pflichterfüllung? Fromms entfremdungsfreier Bilderbuchmensch überstrahlt alle Entstellungen: »Das Mißverständnis und die falsche Auslegung des Marxschen Werks findet ihresgleichen nur in der Fehldeutung seiner Persönlichkeit. Ebenso wie es bei seinen Theorien der Fall ist, folgt auch die Entstellung seiner Persönlichkeit einem Klischee, das von Journalisten, Politikern und sogar Sozialwissenschaftlern, die es eigentlich besser wissen müssen, wiedergekäut wird. Er wird als ›einsamer‹ Mensch beschrieben, abgesondert von seinen Mitmenschen, aggressiv, arrogant, autoritär. Jeder, der nur die geringste Ahnung von Marx' Leben hat, wird Mühe haben, dem beizupflichten, da es kaum mit dem Bild von Marx als Gatten, Vater und Freund zu vereinbaren ist. Es gibt wohl sehr wenig Ehen in der Welt, die eine solche menschliche Erfüllung waren wie die von Karl und Jenny Marx... Es war eine Ehe, in der, trotz der Verschiedenartigkeit des gesellschaftlichen Hintergrundes, trotz eines Lebens in beständiger Armut und Krankheit, unerschütterliche Liebe und gemeinsames Glück herrschten, eine Ehe, die nur möglich ist bei zwei Menschen mit außerordentlicher Liebesfähigkeit und einer tiefen Liebe zueinander.«[136]

Wer hat hier Modell gesessen? Unter der Überschrift »Der entfremdete Mensch« fragt Andreas Gedö Erich Fromm: »Wie lassen sich aus dem Marxschen Denken die Idee des Klassenkampfes, der sozialistischen Revolution und der Diktatur des Proletariats sowie der dialektische Materialismus eliminieren?«[137] Was mit Blick auf die Lehre als »Der entfremdete Marx« gebrandmarkt wird, gilt auch mit Blick auf den Menschen und sein Leben. Ja, es ist eine doppelte Ent-

fremdung: Die Wirklichkeit wird auf den Kopf gestellt, und der entfremdete Mensch Marx wird in sein Gegenteil verkehrt. *Da er nie genug haben konnte, wurde er von Jugend an zum permanenten Schuldner. Bereits am Studiosus hat der eigene Vater sowohl Entfremdung als auch Zerrissenheit und grobe Rücksichtslosigkeit gegenüber Eltern wie Geschwistern diagnostiziert.*
In diesem Zusammenhang war ferner nachzuweisen, daß das Verhältnis zum Vater mit schweren Hypotheken belastet, das Verhältnis zur Mutter miserabel war (III 1). Um seine zahlreichen Geschwister kümmerte Marx sich weder als Student noch später.[138] Er bedauerte, geheiratet zu haben[139], und seine Frau wünschte sich wie den Kindern den Tod (III 2). Er floh die häusliche Misere und pries den Aufenthalt im fernen Deutschland als Oase, aus der er sich nur schwerlich lösen konnte (III 4). Zwei seiner drei Töchter, die das Erwachsenenalter erreichten, schieden durch Selbstmord aus dem Leben (Laura und Eleanor). Die dritte, Jenny, starb bereits als 38jährige. Auch sie war alles andere als mit ihrem Leben zufrieden, was gegen eine glückliche Kindheit spricht.

Aus einem ihrer Briefe: »Du [Laura] hast mir immer vorgeworfen, ich sei ein bißchen ein Misanthrop, jetzt habe ich alle Lebensgeister verloren. Ich habe weder Gefallen am Manne noch am Weibe.«[140]

Den Sohn, den Marx mit der Haushälterin gezeugt hatte, verleugnete und verstieß er (III 5). Freund und Feind bespritzte er mit Galle, die zugleich sein eigenes Leben psychisch wie somatisch vergiftete. Mit Blick auf Lassalle sprach er von »Lazarus, der Aussätzige«[141], eine Beschimpfung, die bei Licht betrachtet einer bitteren Selbstironie nahekommt. Über Jahrzehnte hinweg haben ihn Furunkel und Karbunkel gequält und entstellt.
»Dann das chronische Erbrechen, das mit einer Überfunktion der Galle in Zusammenhang stand, da Marx immer wieder betonte, er breche Galle. Die Anfälle haben tage-, ja gelegentlich sogar wochenlang angehalten... Der psychosomatische Sinn ist hier evident, heißt es doch schon im Volksmund, die Galle laufe einem über, es komme einen das große K...«[142] Ein Kapitel in Künzlis Marx-Psychographie trägt den Titel »Der Aussätzige«[143]. Sieht der »nicht-entfremdete« Mensch wirklich so aus? Sonderbar auch, wie sich der »Nicht-Entfremdete« uns empfiehlt: »Jedenfalls hoffe ich, daß die Bourgeoisie ihr ganzes Leben lang an meine Karbunkel denken wird.«[144]

# IX.
# Marx – ein »herausragender deutscher Historiker« (Hans-Ulrich Wehler)

Im Vorwort des vierbändigen Werkes »Deutsche Historiker« schreibt Hans-Ulrich Wehler: »Wir wollen all denen, die an der Geschichtswissenschaft interessiert sind, eine Möglichkeit schaffen, sich schnell und zuverlässig über herausragende deutsche Historiker zu informieren.«[1] Daß er mit »Historiker« Geschichtswissenschaftler meint, folgt aus seinen weiteren Ausführungen.

War Marx ein Geschichts*wissenschaftler*? »Am schlechtesten schnitt der künftige Schöpfer der materialistischen Geschichtsauffassung in der Geschichtsprüfung ab. Er sollte über ›Severius Tullius und die von demselben getroffenen Staatseinrichtungen‹ erzählen, zeigte sich aber nur ›mit dem allgemeinsten bekannt‹.«[2] Diese exakt belegte Episode aus der Reifeprüfung von Marx wird kaum jemand ohne Schmunzeln zur Kenntnis nehmen. Aussagekräftig ist sie – für sich genommen – sicherlich nicht. Etwas gewichtiger ist da schon, was von Nell-Breuning (VII 4) über Marx und die Geschichte geschrieben hat. Er behauptet, »... wir hätten von Marx gelernt, geschichtlich zu denken.« Und dann die frappierende Begründung: »Gegen die Aussage, Marx habe uns gelehrt *geschichtlich* zu denken, läßt sich nun allerdings der Einwand erheben, er selbst denke doch ganz und gar *ungeschichtlich*; seine ›Geschichtsphilosophie‹, der ökonomische Determinismus (›historischer Materialismus‹), schließe doch gerade das aus, was wir unter Geschichte verstehen, und setze an dessen Stelle kausal determinierte Abläufe grundsätzlich gleicher Art, wie sie von den monologischen Naturwissenschaften erforscht und dargestellt werden. Dem ist in der Tat so; ein kausal determinierter Ablauf, wie ihn der historische Materialismus lehrt, ist für uns keine Geschichte, sondern ausgesprochenermaßen *un*geschichtlich.« Dann fährt er fort: »Aber glücklicherweise haben wir von Marx *nicht* seine Geschichtsphilosophie gelernt, die geschichtliches Denken, wie wir es verstehen, *blockiert*, sondern haben uns von ihm den Anstoß geben lassen, die von ihm erkannten, aber durch seine Geschichtsphilosophie vergewaltigten Tatsachen schlicht, d. h. einfach so, wie sie sind, in Augenschein zu nehmen...«[3]

Welches sind die von Marx erkannten Tatsachen, die vorher unbekannt waren. Da Marx es in aller Regel unterläßt, seine Quellen anzugeben, wird vieles ihm gutgeschrieben, was er seinerseits anderen schuldet. In seinem Buch »Marxismus und Industrielle Revolution« kommt Ernst Nolte zu dem Resümee: »So waren die wichtigsten Beobachtungen bereits angestellt, die grundlegenden Auslegungen und Theorien umrissen, die maßgebenden Postulate vorgebracht und die bedeutendsten Vorhersagen getroffen, als Marx und Engels die Bühne betraten.«[4] Auch Wehlers Polemik gegen marxistische Kollegen offenbart Zweifel an der Wissenschaftlichkeit des Marxismus, des »wissenschaftlichen Sozialismus«: »Diametral entgegengesetzt [zu Max Webers Einstellung] ist die Position, sich einer vorgegebenen obsoleten Geschichtsphilosophie durch Glaubensakt anzuvertrauen und prinzipielle Veränderungen aufgrund rationaler Gegenargumente nicht zuzulassen.«[5]

Doch welches sind die Kriterien für Wissenschaft? Die durch Art. 5 Abs. 3 des Grundgesetzes für die Bundesrepublik Deutschland gewährleistete Wissenschaftsfreiheit gab dem Bundesverfassungsgericht Veranlassung, Wissenschaft zu definieren. In ständiger Rechtsprechung stellt es fest: »Die Wissenschaftsfreiheit schützt daher auch Mindermeinungen sowie Forschungsansätze und -ergebnisse, die sich als irrig oder fehlerhaft erweisen. Ebenso genießt unorthodoxes oder intuitives Vorgehen den Schutz des Grundrechts. Voraussetzung ist nur, daß es sich dabei um Wissenschaft handelt; darunter fällt alles, was nach Inhalt und Form als ernsthafter Versuch zur Ermittlung von Wahrheit anzusehen ist... Einem Werk kann allerdings nicht schon deshalb die Wissenschaftlichkeit abgesprochen werden, weil es Einseitigkeiten und Lücken aufweist oder gegenteilige Auffassungen unzureichend berücksichtigt. All das mag ein Werk als fehlerhaft im Sinn der Selbstdefinition wissenschaftlicher Standards durch die Wissenschaft ausweisen. Dem Bereich der Wissenschaft ist es erst dann entzogen, wenn es den Anspruch von Wissenschaftlichkeit nicht nur im einzelnen oder nach der Definition bestimmter Schulen, sondern systematisch verfehlt... Dafür kann die systematische Ausblendung von Fakten, Quellen, Ansichten und Ergebnissen, die die Auffassung des Autors in Frage stellen, ein Indiz sein.«[6]

Ist demnach die literarische Hinterlassenschaft von Marx Wissenschaft? Niemand wird dies mit Blick auf das Ganze behaupten. Um ihn als Historiker auszuweisen, genügen einige Arbeiten, die diesen

Kriterien entsprechen. Dieter Groh, der Marx in Wehlers Kompendium bearbeitet hat, nennt zwei Veröffentlichungen, nämlich die Schriften über die Klassenkämpfe in Frankreich und über den Staatsstreich des Louis Bonaparte[7].

## 1. »Die Klassenkämpfe in Frankreich« – »Höhepunkt der deutschen Geschichtsschreibung«

»An analytischer Schärfe, Plastizität der Darstellung und Souveränität im Umgang mit den eigenen Kategorien gehören die ›Klassenkämpfe‹ zu den Höhepunkten der deutschen Geschichtsschreibung des 19. Jahrhunderts.«[8] So das Urteil von Groh.

Nachdem Marx Ende August 1849 in London eingetroffen war, reifte der Entschluß, in Fortsetzung des 1848/Anfang 49 in Köln herausgegebenen Blattes eine »Neue Rheinische Zeitung. Politisch ökonomische Revue« herauszugeben. Insgesamt sind sechs Hefte erschienen, und zwar alle 1850. Marx' Artikelserie trug die Überschrift: »1848 bis 1849«. Den Titel »Die Klassenkämpfe in Frankreich« hat Engels gewählt, als er 1895 die Aufsätze von Marx neu herausgab. Die Arbeiten von Marx umfassen ca. 100 Druckseiten, die er fast ausschließlich in den Monaten Januar bis März 1850 zu Papier gebracht hat.

Der nüchterne Sachverhalt dieser Klassenkämpfe wurde schon an anderer Stelle geschildert (II 2):

Am 23. April 1848 hatten gegen den Willen der um Blanqui gescharten linksextremen Kräfte erstmals auf dem europäischen Kontinent, in Frankreich, freie und gleiche Wahlen stattgefunden, an denen alle erwachsenen Männer, auch die Arbeitslosen und die Proletarier, teilnehmen durften. Mit größter Spannung wurde das Resultat im Inland wie im Ausland erwartet. Ergebnis: Die Königstreuen konnten ein Viertel der ca. 800 Sitze erobern. Von den 600 republikanischen Abgeordneten waren rund 100 Sozialisten, und zwar der verschiedenen Couleurs, von denen kaum einer so radikal dachte wie Marx. Die äußerste Linke bestand »weitgehend aus Intellektuellen der freien Berufe«. Während einer Demonstration besetzten mit dem Wahlergebnis unzufriedene Revolutionäre die unbewachte Nationalversammlung. Die Regierung ordnete die Festnahme ihrer Führer an, und die Revolte begann.

Marxens Schilderung ist ebenso voluminös wie obskur. Oft weiß man nicht, ob ein Urteil ernst gemeint oder Ironie ist. Keine Behauptung wird belegt. Das Wissen beruht weder auf Feldforschung noch auf amtlichen Quellen, sondern stützt sich auf Zeitungsberichte, soweit es nicht gar der finalen Vision entspringt. Daß er sich nicht seriös mit gegenteiligen Auffassungen auseinandersetzt, ist eine Konstante seines ganzen Lebens, die hier keine Ausnahme macht. Marx steht, ohne dies klar auszusprechen, auf der Seite derer, die das Ergebnis der allgemeinen, freien Wahlen nicht anerkennen wollen. Vergegenwärtigen wir uns einige der zentralen Passagen aus Teil I: »Die Juni-Niederlage 1848«: Warum kam es 1848 zur Februarrevolution in Frankreich? Marx: »Die industrielle Bourgeoisie sah ihre Interessen gefährdet, die kleine Bourgeoisie war moralisch entrüstet, die Volksphantasie war empört, Paris war von Pamphlets überflutet – ›La dynastie Rothschild‹, ›Les juifs rois de l'époque‹ etc. –, worin die Herrschaft der Finanzaristokratie mit mehr oder weniger Geist denunziert und gebrandmarkt wurde.«[9] Die geglückte Revolution konnte ihn und seinesgleichen nicht befriedigen: »Alle Royalisten verwandelten sich damals in Republikaner und alle Millionäre von Paris in Arbeiter. Die Phrase, welche dieser eingebildeten Aufhebung der Klassenverhältnisse entsprach, war die *fraternité*, die allgemeine Verbrüderung und Brüderschaft. Diese gemütliche Abstraktion von den Klassengegensätzen, diese sentimentale Ausgleichung der sich widersprechenden Klasseninteressen, diese schwärmerische Erhebung über den Klassenkampf, die fraternité, sie war das eigentliche Stichwort der Februarrevolution... Das Pariser Proletariat schwelgte in diesem großmütigen Fraternitätsrausche.«[10]
Dem Resultat allgemeiner Wahlen zollt Marx keine Anerkennung, im Gegenteil: »Am 4. Mai trat die aus den *direkten allgemeinen Wahlen* hervorgegangene *Nationalversammlung* zusammen. Das allgemeine Stimmrecht besaß nicht die magische Kraft, welche ihm die Republikaner alten Schlags zugetraut hatten... Aber wenn das allgemeine Stimmrecht nicht die wundertätige Wünschelrute war, wofür republikanische Biedermänner es angesehen hatten, besaß es das ungleich höhere Verdienst, den Klassenkampf zu entfesseln, die verschiedenen Mittelschichten der bürgerlichen Gesellschaft ihre Illusionen und Enttäuschungen rasch durchleben zu lassen, sämtlich Fraktionen der exploitierenden Klasse in einem Wurfe auf die Staatshöhe zu schleudern und ihnen so die trügerische Larve abzureißen, während die Monarchie mit ihrem Zensus nur be-

stimmte Fraktionen der Bourgeoisie sich kompromittieren und die anderen hinter den Kulissen im Versteck ließ und sie mit dem Heiligenschein einer gemeinsamen Opposition umgab.«[11]
Der Aufstand gegen die demokratisch Legitimierten endete in einem Blutbad. Marx: »Es blieb den Arbeitern keine Wahl, sie mußten verhungern oder losschlagen. Sie antworteten am 22. Juni mit der ungeheuren Insurrektion, worin die erste große Schlacht geliefert wurde zwischen den beiden Klassen, welche die moderne Gesellschaft spalten. Es war ein Kampf um die Erhaltung oder Vernichtung der *bürgerlichen* Ordnung... Es ist bekannt, wie die Arbeiter mit beispielloser Tapferkeit und Genialität, ohne Chefs, ohne gemeinsamen Plan, ohne Mittel, zum größten Teil der Waffe entbehrend, die Armee, die Mobilgarde, die Pariser Nationalgarde und die aus der Provinz hinzugeströmte Nationalgarde während fünf Tagen im Schach hielten.«[12] Warum blieb »den Arbeitern« keine andere Wahl? Auf diese naheliegende Frage gibt auch der folgende Satz keine Antwort: »Von der Bourgeoisie wurde das Pariser Proletariat zur Juni-Insurrektion *gezwungen*... An die Stelle seiner, der Form nach überschwenglichen, dem Inhalte nach kleinlichen und selbst noch bürgerlichen Forderungen, deren Konzession es der Februarrepublik abringen wollte, trat die kühne revolutionäre Kampfparole : *Sturz der Bourgeoisie! Diktatur der Arbeiterklasse!*«[13]
Der erste Teil endet mit den Worten: »Endlich nahm Europa durch die Siege der Heiligen Allianz eine Gestalt an, die jede neue proletarische Erhebung in Frankreich mit einem *Weltkriege* unmittelbar zusammenfallen läßt. Die neue französische Revolution ist gezwungen, sofort den nationalen Boden zu verlassen und das *Europäische Terrain zu erobern*, auf dem allein die soziale Revolution des 19. Jahrhunderts sich durchführen kann.
Erst durch die Juni-Niederlage also wurden alle Bedingungen geschaffen, innerhalb deren Frankreich die *Initiative* der Europäischen Revolution ergreifen kann. Erst in das Blut der *Juni-Insurgenten* getaucht, wurde die Trikolore zur Fahne der Europäischen Revolution – zur *roten Fahne*!
Und wir rufen: *Die Revolution ist tot! - es lebe die Revolution*! »[14]
So geht es weiter, Seite für Seite, gipfelnd in den einprägsam markigen Worten: Das *Proletariat* gruppiert sich »immer mehr um den *revolutionären Sozialismus*, um den *Kommunismus*, für den die Bourgeoisie selbst den Namen *Blanqui* erfunden hat. Dieser Sozialismus ist die *Permanenzerklärung der Revolution*, die *Klassendik-*

*tatur* des Proletariats als notwendiger Durchgangspunkt zur *Abschaffung der Klassenunterschiede überhaupt,* zur Abschaffung sämtlicher Produktionsverhältnisse, worauf sie beruhen, zur Abschaffung sämtlicher gesellschaftlicher Beziehungen, die diesen Produktionsverhältnissen entsprechen, zur Umwälzung sämtlicher Ideen, die aus diesen gesellschaftlichen Beziehungen hervorgehen.«[15]

*Sind diese von revolutionärem Rausch diktierten Brandreden wirklich Wissenschaft, Geschichtsschreibung großen Stils? Wie substanzarm die Analysen sind, zeigt schon, daß keine der Prognosen ins Schwarze traf.* Diese Einsicht dämmerte noch Engels, der dementsprechend in der Einleitung zu »Die Klassenkämpfe in Frankreich« schrieb: »Die Geschichte hat uns und allen, die ähnlich dachten, unrecht gegeben. Sie hat klargemacht, daß der Stand der ökonomischen Entwicklung auf dem Kontinent damals noch bei weitem nicht reif war für die Beseitigung der kapitalistischen Produktion...«[16] Auch Lenin mußte diesen »Fehler« eingestehen: »Aber *solche* Fehler der Giganten des revolutionären Denkens, die das Proletariat der ganzen Welt über die kleinlichen, alltäglichen Groschenaufgaben zu erheben suchten und erhoben, sind tausendmal edler, erhabener, *historisch wertvoller und wahrhafter* als die banale Weisheit des zopfigen Liberalismus, der deklamiert, lamentiert, trompetet und orakelt über die Eitelkeit der revolutionären Eitelkeiten, über die Vergeblichkeit des revolutionären Kampfes, über den Zauber konterrevolutionärer ›konstitutioneller‹ Hirngespinste«.[17] Für die orthodoxen Marxisten ging Marx' Arbeit »Die Klassenkämpfe in Frankreich« als »klassisches Werk des wissenschaftlichen Kommunismus in die Geschichte ein.«[18] Wie mir scheint, sind »Die Klassenkämpfe in Frankreich« ebenso wissenschaftlich wie der Sozialismus und Kommunismus.

Was Marx, den »wissenschaftlichen« Propheten der Revolution, anlangt, so verdient Erwähnung, daß »Die Klassenkämpfe...« als Begründung dafür dienen können, warum die von ihm im Kommunistischen Manifest vorhergesagte Revolution (»Auf Deutschland richten die Kommunisten ihre Hauptaufmerksamkeit, weil Deutschland am Vorabend einer bürgerlichen Revolution steht und... die deutsche bürgerliche Revolution also nur das unmittelbare Vorspiel einer proletarischen Revolution sein kann«[19]) nicht eingetreten ist. Marx weiß, was kommt, und kommt es anders, weiß Marx auch, warum.

## 2. »Der achtzehnte Brumaire des Louis Bonaparte«

Neben »Die Klassenkämpfe in Frankreich« gilt »Der 18te Brumaire des Louis Napoleon« als Beleg seiner geschichtswissenschaftlichen Betätigung. Auch die amtlichen Marxisten der KPdSU und der SED werteten es als »zu den hervorragendsten Schriften des wissenschaftlichen Kommunismus« gehörig. »Genial sowohl in der Analyse der historischen Ereignisse als auch in der theoretischen Verallgemeinerung, ist es gleichzeitig ein wahres Meisterwerk revolutionärer Publizistik.«[20] »Die Grundthesen des historischen Materialismus, die Theorie vom Klassenkampf und von der proletarischen Revolution sowie die Lehre von der Diktatur des Proletariats, fanden in dieser Arbeit auf der Grundlage der Analyse der Revolution von 1848–1851 in Frankreich ihre Weiterentwicklung. Hier hat Marx zum ersten Mal die These aufgestellt, daß das siegreiche Proletariat notwendigerweise die bürgerliche Staatsmaschine zerbrechen muß. Marx schrieb das Werk von Dezember 1851 bis März 1852.«[21] Die rund 90 Druckseiten erschienen im Mai 1852 in der ersten (und letzten) Nummer von »Die Revolution. Eine Zeitschrift in zwanglosen Heften«, New York.

Es ist fast selbstverständlich, daß die Kritik, die an den »Klassenkämpfen« zu üben war, auf ihre Fortsetzung durchschlägt. Schon der erste Satz ist typisch für die »wissenschaftliche« Form: »Hegel bemerkt irgendwo, daß alle großen weltgeschichtlichen Tatsachen und Personen sich sozusagen zweimal ereignen.«[22] Wenig später zitiert Marx aus Goethes Faust: »Alles, was besteht, ist wert, daß es zugrunde geht«.[23] Doch Goethe hat dem Mephistopheles andere Worte in den Mund gelegt, nämlich: »... denn alles, was entsteht, ist wert, daß es zugrunde geht...« Daß es »entsteht« und nicht »besteht« heißen muß, folgt auch aus dem nächsten Satz: »Drum besser wär's, daß nichts entstünde.« (Diese scheinbar unbedeutende Abänderung bringt Marxens Philosophie auf den Punkt und soll seine rücksichtslose Kritik an allen und an allem rechtfertigen.) Was bei Marx folgt, ist Feuilleton, ob gut oder schlecht, bleibt Geschmacksfrage: »Die soziale Revolution des 19. Jahrhunderts kann ihre Poesie nicht aus der Vergangenheit schöpfen, sondern nur aus der Zukunft. Sie kann nicht mit sich selbst beginnen, bevor sie allen Aberglauben an die Vergangenheit abgestreift hat. Die früheren Revolutionen bedurften der weltgeschichtlichen Rückerinnerungen, um sich über ihren eigenen Inhalt zu betäuben. Die Revolution des 19. Jahrhunderts muß die Toten ihre Toten begraben lassen, um bei ihrem eigenen Inhalt anzukommen. Dort ging die Phrase über den Inhalt, hier geht der Inhalt über die Phrase hinaus.«[24] Dann tritt der Prophet noch ungeschminkter auf den Plan: »Jeder erträgliche Beobachter übrigens, selbst wenn er nicht Schritt vor Schritt dem Gang der französischen Entwicklung gefolgt war, mußte ahnen, daß der Revolution eine unerhörte Blamage bevorstehe.«[25] Doch wo ist in den Revolutionsverheißungen der »Klassenkämpfe« von den bevorstehenden »Blamagen« die Rede? Dort werden, wie zitiert, ganz andere Töne angeschlagen. Im weiteren kritisiert der schwer »erträgliche Beobachter« Marx die Freiheitsrechte der bürgerlichen Verfassung als bloße Phrase, weil sie nicht schrankenlos gewährleistet worden sind. Massivste Hiebe führt er gegen Kernelemente parlamentarischer Demokratie: Ihre Repräsentanten »waren also darauf angewiesen, sich genau innerhalb der parlamentarischen Schranken zu bewegen. Und es gehörte jene eigentümliche Krankheit dazu, die seit 1848 auf dem ganzen Kontinent grassiert hat, der *parlamentarische Kretinismus*...«[26]

Am 10. Dezember 1848 wurde Louis Napoleon, der spätere Kaiser, von der großen Mehrheit der Franzosen zum Präsidenten gewählt. 75 vom Hundert gaben ihm ihre Stimme. Doch davon bei Marx, dem »Historiographen«, keine Silbe. Er schildert den »Stock der Gesellschaft vom 10. Dezember« (Wahltag) auf eine Weise, die auf Anhieb verrät, wie tief er seine Feder in die Galle getaucht hat: »... neben verkommenen und abenteuernden Ablegern der Bourgeoisie Vagabunden, entlassene Soldaten, entlassene Zuchthaussträflinge, entlaufene Galeerensklaven, Gauner, Gaukler, Lazzaroni, Taschendiebe, Taschenspieler, Spieler, Maquereaus [Zuhälter], Bordellhalter, Lastträger, Literaten, Orgeldreher, Lumpensammler, Scherenschleifer, Kesselflicker, Bettler, kurz, die ganze unbestimmte, aufgelöste, hin- und hergeworfene Masse, die die Franzosen la bohème nennen; mit diesem ihm verwandten Elemente bildete Bonaparte...«[27] »So wird die große Masse der französischen Nation gebildet durch einfache Addition gleichnamiger Größen, wie etwa ein Sack von Kartoffeln einen Kartoffelsack bildet.«[28]

## 3. »Marx, Engels und die Sklaverei«

Marx gilt als der geistige Vater des historischen Materialismus (Histomat). Insofern ist Marx der Baumeister, der, von Engels unterstützt, vorhandenes Material in eigenwilliger, origineller Weise zusammengefügt hat. Eine längere Abhandlung den Histomat betreffend gibt es jedoch nicht, was, wenn wir uns die Fülle seiner schriftlichen Äußerungen vergegenwärtigen und seinen Anspruch, das Gesetz der Geschichte erkannt zu haben,[29] doch sehr überrascht. Andererseits ist Engels beizupflichten, der behauptet, Marx habe »kaum etwas geschrieben, wo sie [seine Geschichtsauffassung] nicht eine Rolle spielt.«[30]

Die Urgesellschaft bildet den Ausgangspunkt. Sie zeichnet sich aus durch vier »Freiheiten«: die Freiheit von Arbeitsteilung, die Freiheit von Privateigentum, die Freiheit von Entfremdung, die Freiheit von Ausbeutung. Mit der Ursünde, der Arbeitsteilung, kam der Klassenkampf, der seitdem den Alltag der Menschheit bestimmt. »Freier und Sklave, Patrizier und Plebejer, Baron und Leibeigener, Zunftbürger und Gesell, kurz, Unterdrücker und Unterdrückte standen im steten Gegensatz zueinander... Die aus dem Untergang der feudalen Gesellschaft hervorgegangne moderne bürgerliche Gesellschaft hatte die Klassengegensätze nicht aufgehoben.«[31] Diese Feststellung trafen die Freunde bereits 1848, also ziemlich am Anfang ihres publizistischen Wirkens. Von diesem Schema sind sie nicht mehr abgewichen; sie haben vielmehr seine Gültigkeit zu beweisen versucht. Jede einschlägige Entdeckung in Gestalt von Forschungsberichten wurde gierig aufgegriffen. Was Engels über die Urgesellschaft zu wissen glaubte, basiert weitgehend auf einer Veröffentlichung Lewis Henry Morgans »Ancient Society«. Am 16. Februar 1884 schrieb Engels begeistert an Karl Kautsky: »Über die Urzustände der Gesellschaft existiert ein *entscheidendes* Buch, so entscheidend wie Darwin für die Biologie, es ist natürlich wieder von Marx entdeckt worden: Morgan, ›Ancient Society‹, 1877.«[32] Darauf fußend hat Engels »Der Ursprung der Familie, des Privateigentums und des Staates« verfaßt, mit dem ausdrücklichen Vermerk – schon auf dem Titelblatt: »im Anschluß an Lewis H. Morgans Forschungen« (1884). Heute ist unbestritten, daß diese Forschungen nicht die Urgesellschaft, sondern entwickeltere Populationen betrafen, die, verglichen mit anderen Erscheinungsformen dieser Entwicklungsstufe, Besonderheiten aufweisen und zudem Morgans Feststellungen in wesentlichen Punkten unrichtig gewesen sind: »Morgans Annahme, daß die Vorräte im Langhaus Gemeinschaftsgut sind, läßt sich so nicht halten: Sie waren an erster Stelle Besitz der dort ansässigen Matrilineage.«[33]

Aus der Urgesellschaft entwickelte sich – so Marx – die Sklavenhaltergesellschaft. Ferner: Die Werkzeuge haben die Menschwerdung bestimmt, die Werkzeuge, daß der Mensch mehr produzieren konnte, als er für sich selber benötigte. Der Überschuß konnte ihm abgenommen werden und wurde ihm häufig abgenommen – von einem stärkeren Menschen. Hat der den schwächeren nicht getötet, mußte ihm dieser hinfort als Sklave dienen.

Dazu Engels: »Die *Sklaverei* war erfunden. Sie wurde bald die herrschende Form der Produktion bei allen über das alte Gemeinwesen hinaus sich entwickelnden Völkern, schließlich aber auch eine der Hauptursachen ihres Verfalls. Erst die Sklaverei machte die Teilung der Arbeit zwischen Ackerbau und Industrie auf größerem Maßstab möglich, und damit die Blüte der alten Welt, das Griechentum. Ohne Sklaverei kein griechischer Staat, keine griechische Kultur und Wissenschaft; ohne Sklaverei kein Römerreich. Ohne die Grundlage des Griechentums und des Römerreichs aber auch kein modernes Europa. Wir sollten nie vergessen, daß unsere ganze ökonomische, politische und intellektuelle Entwicklung einen Zustand zur Voraussetzung hat, in dem die Sklaverei ebenso notwendig wie allgemein anerkannt war. In diesem Sinne sind wir berechtigt zu sagen: Ohne antike Sklaverei kein moderner Sozialismus.«[34]

Anders als nach dem Schema F des Marxschen historischen Materialismus gab es Sklaverei nicht nur in der Antike, sondern es gab sie auch im Kapitalismus und Sozialismus, ein Phänomen, mit dem sich der Marxismus (Leninismus) nicht systematisch auseinandergesetzt hat. Erst vor gut 100 Jahren wurde in den USA die Sklaverei abgeschafft. Im Hitlerreich waren Millionen KZ-Insassen und »Hilfswillige« in den mörderischen Rüstungsprozeß eingespannt. Nicht besser der Rechtsstatus jener Millionen, die in den Arbeitslagern der Sowjetunion ihrer Arbeitskraft beraubt wurden.

Aber noch gewichtiger ist die Tatsache, daß nicht die Sklaven ihre Ketten sprengten, sondern ganz andere Kräfte der Sklavenhaltergesellschaft ein Ende bereiteten. Es gab zwar Sklavenaufstände. Die gefährlichsten fanden statt im zweiten und ersten vorchristlichen Jahrhundert, z. B. unter dem Anführer Spartakus. Seine Aufstände wurden, wie die anderen auch, im Blute ertränkt, und das alte Leben nahm seinen Gang. Es dauerte noch Jahrhunderte, bis das durch Lasterhaftigkeit zersetzte weströmische Reich im Strudel der Völkerwanderung unterging. Auch in den USA waren es nicht die Sklaven, die sich befreiten. Ein aus humanitären Gründen ausgelöster Bürgerkrieg der Nordstaaten gegen die Südstaaten hat das Werk der Befreiung vollbracht.

In den Augen der Freunde bewirkte jede neue antagonistische Gesellschaftsformation zunächst einen Fortschritt, der sich dann allmählich in eine Fessel verwandelte. Sie bemühten sich, diese Behauptung insbesondere an der Sklavenhaltergesellschaft zu demonstrieren. Als Materialbasis diente ihnen vor allem die zeitgenössische Sklaverei in den Südstaaten der USA.

Als Gründe dafür, warum die Sklaverei letztlich den technischen Fortschritt hemmt, nannten die Freunde den Hang der Sklaven zur Arbeitssabotage, ihr Desinteresse sowie ihr von den Sklavenhaltern bewußt niedrig gehaltenes Ausbildungsniveau, hohe unproduktive Aufsichtskosten, die Verachtung körperlicher Arbeit als nur Sklaven geziemend. Der rasche Verschleiß von Sklaven sei ein ökonomisches Gesetz.[35] Eingehende Untersuchungen dieser und ähnlicher histomat-konformen Bauelemente haben ihre Brüchigkeit erwiesen. »Dabei zeigte sich, daß sich Marx zwar auf die heute noch für das Studium der Sklaverei in den Südstaaten unentbehrlichen Berichte Olmsteds berief, jedoch diese entweder nur dort heranzog, wo sie sich in seine eigenen Anschauungen einfügen ließen, und das zahlreiche diesen widersprechende Material einfach ignorierte, oder, was wahrscheinlicher ist, im Original nicht gelesen, sondern aus Cairnes geschöpft hat... Hier wie im Fall der Schriften Careys, MacGregors und Johnstons, wo Marx z.T. außerordentlich gut fundierte und mit detaillierten statistischen Angaben belegte, aber seinen Auffassungen widersprechende Ausführungen ignorierte, verwertete er nur das, was in seinem Schema Platz hatte.«[36]

Diese Kritik an Marx und seiner Arbeitsweise wird von allen bestätigt, die ihm insofern aufmerksam über die Schultern geguckt haben. Wenn sie zutrifft – und alles spricht dafür –, kann sein Werk nach den Kriterien des Bundesverfassungsgerichts nicht als Wissenschaft qualifiziert werden. Gegen »Geschichtswissenschaft« spricht auch der häufige Verzicht auf Archive und Dokumente, die Verweigerung jedes sachlichen Dialogs mit Andersdenkenden, die Unfähigkeit, das Für und Wider abzuwägen, im Faktischen wie im Normativen. Sein Kurzbiograph Groh spricht von einem »engagierten Historiker«[37]. Deutlicher Heinz-Horst Schrey: »Ginge es um objektive Wahrheit bei Marx, so müßte ihn die Frage leiten: Was kann man aus der Geschichte lernen? Ihn leitet dagegen eine bestimmte Vorstellung vom Endziel der Geschichte und von dieser Vorstellung her kommt er zum praktischen Handeln in der Gegenwart.«[38] Bei Heinrich von Treitschke heißt es nicht minder deutlich: »Hier ist keine Spur von Bescheidenheit des Forschers, der im Bewußtsein des Nichtwissens an seinen Stoff herantritt, um unbefangen zu lernen; was bewiesen werden soll, steht für Marx von Haus aus fest.«[39] Einleitend war auch von Engels als »herausragendem deutschen Historiker« die Rede. Die elf Seiten, die Hans-Josef Steinberg ihm in »Deutsche Historiker« widmet, beschränken sich überwiegend auf Biographisches, den Mann betreffend, den, wie Steinberg bemerkt, marxistisch-leninistische Historiker als »Stolz der ganzen Menschheit«[40] feierten. Von diesen »hagiographischen Ergüssen« distanziert er sich ausdrücklich. Wenn er gleichwohl betont, Engels habe unter den herausragenden deutschen Historikern seinen Platz, dürfte seine Begründung wohl nur wenige überzeugen: »Der Beitrag von Engels zur Geschichtswissenschaft ist einmal gegeben durch sein Mitwirken an der Ausformung einer bestimmten Geschichtstheorie, der materialistischen Geschichtsauffassung, zum anderen durch die Anwendung der Methoden des historischen Materialismus bei der Analyse historischer Phänomene.«[41] *Eine Geschichtstheorie, die ebenso wirklichkeitsgetreu ist wie Michelangelos »Jüngstes Gericht« – gereicht sie nicht primär dem Geschichtsphilosophen zur Ehre? Und die Methode – ist sie nicht mitursächlich dafür, daß die Theorie letztlich total gescheitert ist? Wären Marx und Engels aufgrund dieser »Leistungen« große Geschichtswissenschaftler gewesen, fiele es schwer, dem Gros der Journalisten die gleiche Würdigung zu verweigern.*

# X.
# »Die Krönung der Lebensarbeit ist DAS KAPITAL«
# (Albert Massiczek[1])

## 1. »Das Kapital« als Gegenstand der Anbetung und Verachtung

Marxens literarisches Erbe gleicht eher einer Aphorismensammlung als einem Lehrbuch: Viele Äußerungen zu vielen Themen. Nicht nur das, sondern auch viele Äußerungen zu einem Thema, letztere teils im wesentlichen identisch, teils in Nuancen oder gänzlich verschieden. Zentrale Begriffe seiner Gedanken läßt er undefiniert, einzelne inhaltsschwere Worte gebraucht er in unterschiedlicher Bedeutung. Grundsätzliches über Materialismus und Dialektik suchen wir vergebens. Der historische Materialismus, das Marxsche Geschichtsverständnis mit den fünf Stadien (Urgesellschaft, Sklavenhaltergesellschaft, Feudalismus, Kapitalismus, Sozialismus/Kommunismus), wird dem überraschten Publikum wie der höchst komprimierte und apodiktische Tenor eines sensationellen, rechtskräftigen Endurteils vorgetragen. Eine eingehende Auseinandersetzung mit dem Sachverhalt, eine ausführliche Darstellung und auf nachprüfbare Beweise abgestützte Begründung hielt Marx für überflüssig.

*Ein* Teilbereich bildet eine Ausnahme, nämlich die »vierte historische Gesellschaftsformation«, der Kapitalismus. Das war seine Welt. In sie war er hineingeboren. Und doch war es, paradox formuliert, nicht seine Welt. Er lehnte sie ab, bekämpfte sie, wollte sie überwinden, verkündete immer wieder mit spitzer journalistischer Feder über Jahrzehnte hinweg ihren notwendigen Untergang. Aber das genügte ihm nicht. Hier wollte er mehr sein als wortgewandter, treffsicherer Chefredakteur, mehr als abstrahierender, deduzierender Philosoph, nämlich: strenger, untrüglicher, jeden Widerspruch ausschließender Wissenschaftler. Ein Werk sollte entstehen, das nach Umfang und Bedeutung seinesgleichen sucht.

Nach Ansicht aller Marxisten ist ihm dies auch gelungen. Mit entsprechenden Belegen ließen sich ganze Bücher füllen.[2]

Begnügen wir uns mit einer Stimme: »Es gibt wenige Bücher, an die der Leser mit solchem Wissenseifer und solcher Andacht herangeht, wie an das ›Kapital‹ von Karl Marx. In den Gefängnissen aller Kulturstaaten, in den sibirischen Verbannungsorten zur Kaiserzeit, in Krankenhäusern und Volksbibliotheken, aber auch in Dachkammern und armseligen Hinterstuben saßen und sitzen Proletarier, junge und alte, tief gebeugt vor dem I. Band des ›Kapitals‹, die Arme trotzig aufgestemmt, mit einer verbissenen Arbeitswut, sich in die nicht immer leichten Gedankenfolgen vergrabend.

Ja, es ist die ›Bibel des Proletariats‹, wie das ›Das Kapital‹-Werk schon von Engels getauft worden ist. Hier findet sich das umfassendste theoretische Waffenarsenal zum Kampf der modernen Arbeiterschaft gegen alle Apologeten des Kapitalismus, alle Verteidiger der bürgerlichen Gesellschaft, aber auch gegen alle humanitären Quacksalber und reformistischen Pillendreher, die an der kapitalistischen Produktionsweise herumflicken möchten und ihr doch nicht weh tun wollen. Marx gab die eingehendste und radikalste Analyse, die das kapitalistische System je erfahren hat.«[3]

Auch Bürgerliche haben ihm hohes Lob gespendet.

»Als Wirtschaftstheoretiker vielmehr hat Marx die mit Abstand bedeutendste wissenschaftliche Leistung zu verzeichnen, die einem deutschen Nationalökonomen in der zweiten Hälfte des 19. Jahrhunderts gelungen ist. Die vier Bände seines ›Kapital‹ (von denen freilich nur der erste fertig wurde und zu seinen Lebzeiten erschien) sind das Ergebnis einer bewundernswerten Beherrschung und Durchdringung der gesamten wirtschaftswissenschaftlichen Literatur aller Kulturnationen, in die er sich in seinem Londoner Exil im British Museum maulwurfsartig einwühlte, und eines bohrenden Scharfsinns, dessen zugespitzte Intensität sich nur mit der seines wirtschaftstheoretischen Meisters Ricardo vergleichen läßt.«[4]

Andererseits haben nicht wenige Sozialisten vor der Lektüre zurückgeschreckt oder recht despektierlich geurteilt. Als einer der ersten verdient Eugen Dühring Erwähnung. Der Band 1 des »Kapital«, jener »fragmentarisch doktrinäre Versuch des Herrn Karl Marx«, erschien ihm als »Sproß eines Zweiges der neueren Sektenscholastik«, mangelnd »an natürlicher und verständlicher Logik«, dagegen voll an »dialektisch krausen Verschlingungen und Vorstellungsarabesken«, an »dialektischem Geheimniskram«, an »Anmerkungspolyhistorie« und »Chinesengelehrsamkeit«[5] Der Exmarxist und Exsozialist Hermann von Berg – bis 1985 Professor an der Humboldt-Universität, Berlin – ließ noch deutlich – schon vor der Wende – seiner

Die Pyramide des Kapitalistischen Systems.

Enttäuschung und Empörung freien Lauf: »Marx ist Murx, in Basis und Überbau, denn weder das ökonomische noch das politische Modell des realen Sozialismus ist menschenwürdig funktionsfähig... Das ganze ›Kapital‹ von Marx ist ein schlechter Witz: Aber Lenin verfuhr streng ökonomisch nach Marx, von 1917 bis 1920. Sein Oberster Volkswirtschaftsrat ruinierte somit, nach Lenins Worten, Rußland mehr als Krieg und Bürgerkrieg.«[6] In dieselbe Kerbe schlägt Roland Baader mit seinen »Murks als Wissenschaft« betitelten Ausführungen.[7]

Noch bemerkenswerter dünkt mich die Ansicht Lenins: »Man kann das ›Kapital‹ von Marx und besonders das erste Kapitel nicht vollkommen begreifen, wenn man nicht die *ganze* Logik Hegels durchstudiert und begriffen hat. Folglich hat nach einem halben Jahrhundert keiner von den Marxisten Marx begriffen!«[8] Auch Iring Fetscher ist der Ansicht: »Zugleich ist dieses Buch [Das Kapital] aber auch eins der am wenigsten verstandenen.«[9] Im folgenden kann es nicht darum gehen, mit dem Inhalt von »Das Kapital« vertraut zu machen,[10] noch die zahllosen widersprüchlichen Werturteile zu bewerten, vielmehr sollen drei einschlägige Tatsachenbehauptungen auf ihre Haltbarkeit hin geprüft werden.

## 2. »Die Umwälzung der ökonomischen Wissenschaft durch Karl Marx«

Als Walther Biehahn in einer Gedenkschrift zum 50. Todestag von Marx die Behauptung aufstellte, DAS KAPITAL bewirke »die Umwälzung der ökonomischen Wissenschaft«[11], war der Glaube an ihre Richtigkeit weit verbreitet. Daß sich die sozialistischen Staaten in den amtlichen Verlautbarungen nie von der Marxschen Kapitalismuskritik distanzierten, ist geradezu selbstverständlich. Sie verstummte erst mit dem Zusammenbruch dieser Regime. Tot ist sie immer noch nicht. Ja manche wollen ihrem Auditorium weismachen, daß Marx berufen sei, die Probleme von heute und morgen, auch die ökonomischen, zu lösen. »Marx, wir brauchen dich!«[12] – rufen die einen, und andere meinen, Marx sei der Ökonom des 21. Jahrhunderts:

»Doch trotz der Keynesianischen Techniken und ungeachtet der zahlreichen Versuche, die Arbeiterklasse in den Spätkapitalismus zu integrieren, erscheint das kapitalistische System schon über mehr als ein Jahrzehnt mehr krisengeschüttelt als zu der Zeit, da Marx das ›Kapital‹ schrieb. Vom Vietnam-Krieg bis zu der Zerrüttung des Weltwährungssystems, von der Zunahme radikaler Arbeitskämpfe in Westeuropa seit 1968 bis zur Ablehnung bürgerlicher Werte und Kultur durch einen bedeutenden Teil der Jugend, von der ökologischen und Energiekrise bis zu den regelmäßig wiederkehrenden ökonomischen Rezessionen, von der Hungerkatastrophe bis zu dem wachsenden Elend in der ›dritten Welt‹: Es ist nicht nötig, sehr weit zu suchen, um die Anzeichen dafür zu finden, daß die Blütezeit des Kapitalismus vorbei ist. Das ›Kapital‹ erklärt, weshalb die Verschärfung der Widersprüche des Systems genauso unvermeidlich ist wie sein Drang nach Wachstum. In diesem Sinne ist Marx, ganz im Gegensatz zu einer allgemein akzeptierten Auffassung, weit mehr ein Ökonom des 20. und 21. als des 19. Jahrhunderts.«[13]

Diese Ansicht datiert aus dem Jahre 1979, aber erst 1991 wurde sie veröffentlicht, nicht etwa dort, wo marxistische Irrtümer als solche zur Schau gestellt werden, sondern im Dietz-Verlag, Berlin. Verfasser Ernest Mandel, zuletzt Professor an der Freien Universität Brüssel, verstorben im Sommer 1995. Die mehr als 300 Seiten, die er »Kontroversen um ›Das Kapital‹« widmet, wiederholen jedoch nicht die Behauptung, Karl Marx habe die ökonomische Wissenschaft umgewälzt. Die tatsächlichen Zustände sind auf diesem Gebiete so handgreiflich, daß jeder Widerspruch bei den auch nur halbwegs Eingeweihten unverständliches Kopfschütteln auslösen müßte. Im Rahmen historischer Betrachtungen fällt der Name Marx, war er es doch, der originelle Ideen fabrizierte, die seine zahlreichen Anhänger weltweit in fruchtbare Wirtschaftspolitik umzusetzen versuchten. Von einer Umwälzung der ökonomischen Wissenschaft durch Marx kann auch nicht ansatzweise die Rede sein. Hat er sie befruchtet? Bestenfalls durch die Widersprüche, die er ausgelöst hat, und durch die marxistischen Wirtschaftssysteme, die zu Studienobjekten geworden sind.

Der Wert ist der zentrale Begriff im »Kapital«. Darüber sind sich alle einig, die Marxisten sowohl wie ihre Kritiker. So schreibt Mandel: »Kein Teil der Marxschen Theorie ist in den letzten 75 Jahren in der akademischen Welt mehr angegriffen worden als seine Werttheorie. Ihre bürgerlichen Kritiker zeigen hier einen scharfen Klasseninstinkt, denn diese Theorie ist in der Tat der Eckpfeiler des ganzen Marxschen Systems.«[14]

Welchen Tauschwert und damit auch welchen Preis hat eine Ware? Wie kann er ermittelt werden? Marx antwortet: »Durch das Quantum der in ihr enthaltenen ›wertbildenden Substanz‹, der Arbeit. Die

Quantität der Arbeit selbst mißt sich an ihrer Zeitdauer, und die Arbeitszeit besitzt wieder ihren Maßstab an bestimmten Zeitteilen, wie Stunde, Tag usw.«[15]

Dabei kommt es nicht auf die reale Arbeitszeit dieses oder jenes »faulen oder ungeschickten« Arbeiters an, sondern auf die »gesellschaftlich notwendige Arbeitszeit«.[16]

Als Kind seiner Zeit ist Marx in einem Grundirrtum befangen: Es gäbe einen *objektiven Wert der Ware*. Diese falsche Annahme hat zahlreiche Fehlschlüsse zur Folge; auf ihnen basiert seine zentrale Argumentation. Ohne sie bricht die Behauptung, im Kapitalismus könne das Elend der Massen nicht auf die Dauer gelindert werden, in sich zusammen.

Gekauft und verkauft wird jedoch nicht nach einem errechenbaren objektiven Wert, sondern nach subjektiver Wertschätzung, wobei sich die Kaufvertragspartner zwar über den Preis einigen, aber den Vertrag nur deshalb schließen, weil dem Verkäufer die Ware weniger wert ist als die Gegenleistung, dem Käufer mehr.

Der Vorwurf, der Marx trifft, besteht darin, daß er die damals vorherrschende objektive Wertlehre nicht nur ungeprüft übernommen, sondern ihr sogar eine besonders ausschließliche Form gegeben hat, obwohl er damit unlösbare Widersprüche konstruierte.

So finden sich bei David Ricardo und Adam Smith durchaus auch subjektive Gesichtspunkte (z. B. Wert von Luxusgütern)[17], mit denen sich Marx jedoch in keiner Weise auseinandersetzt, obwohl ihm ein einzigartiger Überblick über die einschlägige Literatur nachgerühmt wird. Jegliche Problematisierung unterbleibt. Die schlichte Behauptung, daß dem so sei, hat dem Leser zu genügen. Und damit jeder Zweifel erstirbt, wird die Behauptung stets aufs neue wiederholt. Andere haben zu seiner Zeit in England (Stanley Jevons), in der Schweiz (Léon Walras) und in Österreich (Carl Menger) die subjektive Wertlehre entwickelt. Doch trotz dieser Verdienste sind *sie* nur Fachleuten namentlich bekannt.

Das Quantum der in der Ware enthaltenen Arbeit ist nach Marx der Maßstab des objektiven Werts. Doch was ist das für ein Wertgegenstand, der niemandem etwas wert ist, den, weil sich Bedürfnisse oder Geschmäcker geändert haben, niemand kauft, obwohl viel Arbeitszeit investiert worden ist?

Da die objektive Wertlehre handgreiflich falsch ist, heute deshalb auch keine renommierten Vertreter mehr findet, ist es müßig, sie ausführlich zu widerlegen. So fällt »Das Kapital« wie ein Kartenhaus in sich zusammen, insbesondere auch Marxens Lehre vom Mehrwert, auf die er so stolz gewesen ist.

Schon 1918 schrieb Max Beer in seiner Monographie »Karl Marx«: »Es scheint unmöglich zu sein, die Ansicht von der Hand zu weisen, daß die Marxsche Wert- und Mehrwerttheorie eher die Bedeutung eines politischen und sozialen Schlachtrufes als die einer ökonomischen Wahrheit hat.«[18] Dabei neigt Beer insgesamt zu einer geradezu schwärmerischen Verehrung seines Idols.

Das Beispiel »Arbeitswertlehre« steht für eine Vielzahl ähnlicher Irrtümer, z. B. die Übertragung dieser Lehre auf die menschliche Arbeitskraft, so als ob die primären Produzenten dieses Produktionsfaktors, also die Eltern, ihre »Erzeugnisse« auf dem Arbeitsmarkt feilbieten würden, wie dies früher Sklavenhändler mit ihrer »Ware« getan haben und heute noch Kraut und Rüben auf dem Viktualienmarkt feilgeboten werden.

Der Schluß des Buches trägt apokalyptische Züge. Der Würgeengel trifft die vernichtende Feststellung: »Wenn das Geld, nach Augier, ›mit natürlichen Blutflecken auf einer Backe zur Welt kommt‹, so das Kapital von Kopf bis Zeh, aus allen Poren, blut- und schmutztriefend.«[19]

Im Urteilsspruch zieht Marx – wie in einem gewaltigen Schlußakkord – alle Register. Emotionen, Diamat und Histomat sind die Richter. Einstimmig verkünden sie: Der Kapitalismus ist dem Tode geweiht:

»Mit der beständig abnehmenden Zahl der Kapitalmagnaten, welche alle Vorteile dieses Umwandlungsprozesses usurpieren und monopolisieren, wächst die Masse des Elends, des Drucks, der Knechtschaft, der Entartung, der Ausbeutung, aber auch die Empörung der stets anschwellenden und durch den Mechanismus des kapitalistischen Produktionsprozesses selbst geschulten, vereinten und organisierten Arbeiterklasse. Das Kapitalmonopol wird zur Fessel der Produktionsweise, die mit und unter ihm aufgeblüht ist. Die Zentralisation der Produktionsmittel und die Vergesellschaftung der Arbeit erreichen einen Punkt, wo sie unverträglich werden mit ihrer kapitalistischen Hülle. Sie wird gesprengt. Die Stunde des kapitalistischen Privateigentums schlägt. Die Expropriateurs werden expropriiert.

Die aus der kapitalistischen Produktionsweise hervorgehende kapitalistische Aneignungsweise, daher das kapitalistische Privateigentum, ist die erste Negation des individuellen, auf eigene Arbeit gegründeten Privateigentums. Aber die kapitalistische Produktion erzeugt mit der Notwendigkeit eines Naturprozesses ihre eigne Negation. Es ist die Negation der Negation. Diese stellt nicht das Privateigentum wieder her, wohl aber das individuelle Eigentum auf Grundlage der Errungenschaft der kapitalistischen Ära: der Kooperation und des Gemeinbesitzes der Erde und der durch die Arbeit selbst produzierten Produktionsmittel.

Die Verwandlung des auf eigner Arbeit der Individuen beruhenden, zersplitterten Privateigentums in kapitalistisches ist natürlich ein Prozeß ungleich mehr langwierig und schwierig als die Verwandlung des tatsächlich bereits auf gesellschaftlichem Produktionsbetrieb beruhenden kapitalistischen Eigentums in gesellschaftliches. Dort handelte es sich um die Expropriation der Volksmasse durch wenige Usurpatoren, hier handelt es sich um die Expropriation weniger Usurpatoren durch die Volksmasse.«[20]

Dieses Todesurteil, dieser vorweggenommene Grabgesang wurde vor mehr als 125 Jahren veröffentlicht. Was zwischenzeitlich geschehen ist, ist hinlänglich bekannt. Wer allen theoretischen Widerlegungen abhold ist, den kann vielleicht – nach Glasnost und Perestrojka – die handgreifliche empirische Erfahrung überzeugen, daß das laute Finale des Marxschen Lebenswerkes keine Entsprechung in der Wirklichkeit gefunden hat. Freilich, der marxistische Dialektiker ist auch heute nicht in Verlegenheit zu bringen. Hat Marx etwa nicht einen gewaltigen Kollaps vorhergesagt? Hat Marx, der Demiurg, die Götterdämmerung nicht selbst inszeniert? Damit hat er doch bewiesen, daß er aus einem ganz anderen Holz geschnitzt ist als der Rest der Menschheit! Fällt es wirklich so sehr ins Gewicht, was implodiert ist? Apokalypse ist Apokalypse. Der zeitgleich mit ihm verstorbene Richard Wagner hat die Götterdämmerung auf die Bühne gebracht, Marx die Welt in diese Bühne verwandelt. Wer ist der größere? Lange vor Gorbatschow kursierte der Witz: »Kapitalismus: ein längst dem Untergang anheim gefallenes Wirtschaftssystem, das sich nur noch dadurch mühsam über Wasser halten kann, daß die sozialistischen Ostblockstaaten in ihrem hohen Verantwortungsbewußtsein für das Elend der durch den Kapitalismus ausgebeuteten Massen diesen Kredite, Know-how und Lebensmittel abnehmen.«[21]

## 3. »Von Vorurteilen und außerwissenschaftlichen Neigungen frei« (Joseph Schumpeter)

Unter der Überschrift »Marx der Nationalökonom« steht bei dem renommierten Nationalökonomen Schumpeter zu lesen: »Dieses unaufhörliche Bestreben, sich selbst zu schulen und zu meistern, was immer zu meistern war, hat ihn weithin von Vorurteilen und außerwissenschaftlichen Neigungen frei gemacht«.[22] Das volle Lob erfährt jedoch bereits im nächsten Halbsatz eine gravierende Einschränkung: »..., obwohl er sicher in der Absicht arbeitete, eine bestimmte Vision zu verifizieren.« Wird damit nicht das Lob in sein Gegenteil verkehrt? Marx arbeitet, um die Richtigkeit seiner Einbildung zu beweisen, nicht, wie es Wissenschaft gebietet, um die Richtigkeit zu prüfen. (Engels: »Wir waren verpflichtet, unsre Ansicht wissenschaftlich zu begründen«[23]). Die »Methode« Marx blendet alles aus, was nicht ins Konzept paßt. Ganz konkret: Wir haben gehört, wie er das Kapital als »von Kopf bis Zeh, aus allen Poren, blut- und schmutztriefend« diffamiert. Er erweckt damit den Anschein, als ob der Kapitalismus das Elend in die Welt gebracht habe. Doch der Kapitalismus hat die Bevölkerungsexplosion nicht ausgelöst, geschweige denn beabsichtigt. Der Nobelpreisträger Friedrich von Hayek argumentiert, daß diese enorme Bevölkerungszunahme nur dank der marktwirtschaftlichen Ordnung möglich wurde und daß tatsächlich der Kapitalismus das Proletariat hervorgebracht hat in dem Sinne, daß das Proletariat dem Kapitalismus sogar seine Existenz verdankt. Ohne diesen Ordnungsrahmen wäre die Bevölkerungszunahme gar nicht möglich gewesen. Das Durchschnittseinkommen ist während der Industrialisierungsperiode gesunken, aber ohne daß jemand schlechter gestellt wurde; es ist gesunken, weil die Schichten mit niedrigerem Einkommen viel schneller zunahmen als die übrigen Schichten.[24] Gustave Le Bon nennt Zahlen für Europa: Vom 6. Jahrhundert bis 1800, also 12 Jahrhunderte hindurch, nie mehr als 180 Millionen, von 1800 bis 1914 Anstieg von 180 Millionen auf 480 Millionen.[25] Es gab keine Dienstverpflichtung. Die Arbeiter wanderten Hunderte von Kilometern, um in einer Fabrik Arbeit zu finden. Daß diese übergroße Nachfrage häufig mißbraucht wurde, ist ebenso naheliegend wie beweisbar. Aber selbst dann, wenn alle Unternehmer wie Owen und Ketteler gedacht und gehandelt hätten, die durch das galoppierende Bevölkerungswachstum ausgelöste Not wäre nicht zu beheben gewesen. Manchmal wird eingewendet – nicht von Marx, der diese für die Thematik »Ausbeutung« so zentrale Ursachen-Wirkung-Analyse gar nicht anspricht –, der Kapitalismus habe vielen Handwerksbetrieben die Existenzgrundlage entzogen, so etwa den Webern, sie und ihre Kinder ins Elend gestürzt. Das ist sicherlich richtig. Und doch hatte auch dieser Vorgang eine positive Kehrseite. Dem Weber wurde nicht »das Handwerk gelegt«, vielmehr fand seine Ware keinen Absatz mehr, da die Fabriken preisgünstiger produzierten. Die niedrigeren Preise kamen allen Kaufinteressenten – auch den ärmsten Schichten der Bevölkerung – zugute. Eine an Fakten orientierte nüchterne Betrachtung hätte also Marxens gehässige Attacken verhindert. Aber seine vorgefaßte Absicht, an allem und allen Kritik zu üben[26], fand in den schlimmen Zuständen seiner Zeit einen idealen Nährboden für Massenagitation. Schuld war das Kapital, der Jude, der Unternehmer. Dabei hat sich Engels als Unternehmer nicht anders verhalten als seine Kollegen. Er wurde auch von Freund Karl nicht dazu animiert.

Damit seine Rechnung aufgeht, behauptet er das ganze »Kapital« hindurch, der Unternehmer kaufe die volle Arbeitskraft seiner Beschäftigten. »Der Kapitalist zahlt z. B. den Tageswert der Arbeitskraft. Ihr Gebrauch, wie der jeder andren Ware, z. B. eines Pferdes, das er für einen Tag gemietet, gehört ihm also für den Tag.«[27] Ein ausführlicher Exkurs im »Kapital« (70 Seiten lang) trägt die Überschrift »Der Arbeitstag«. Marx schildert dramatisch, wie die Bourgeois gegen eine Verkürzung der Arbeitszeit ankämpfen. Aber schließlich siegt die gute Sache. Am Ende heißt es: »An die Stelle des prunkvollen Katalogs der ›unveräußerlichen Menschenrechte‹ tritt die bescheidne Magna Charta eines gesetzlich beschränkten Arbeitstags, die ›endlich klarmacht‹, wann die Zeit, die der Arbeiter verkauft, endet, und wann die ihm selbst gehörige Zeit beginnt‹.«[28] Der Leser atmet auf. Aber zu früh. In den folgenden theoretischen Auslassungen spricht Marx wieder so, als ob er die Quintessenz der historischen Entwicklung nie zu Papier gebracht hätte, z. B.: »Daher das merkwürdige Phänomen in der Geschichte der modernen Industrie, daß die Maschine alle sittlichen und natürlichen Schranken des Arbeitstags über den Haufen wirft.«[29]

»Seinem scharfen Intellekt stand«, so Schumpeter im nächsten Satz,

»das Interesse für das Problem als solches im Vordergrund«.[30] Doch was ist das für ein scharfer Intellekt, der Widerspruch an Widerspruch reiht? Wir haben gehört, wie unüberbietbar deftig er das Kapital beschimpft. Gleichzeitig behauptet er: »Äquivalent wurde gegen Äquivalent ausgetauscht. Der Kapitalist zahlte als Käufer jede Ware zu ihrem Wert, Baumwolle, Spindelmasse, Arbeitskraft. Er tat dann, was jeder andre Käufer von Waren tut. Er konsumierte ihren Gebrauchswert.«[31] Dem Verkäufer der Ware Arbeitskraft geschieht »durchaus kein Unrecht«[32], wie Marx ausdrücklich betont. Aber gleichzeitig wird er nicht müde, mit Blick auf den gleichen Vorgang von »ohne Äquivalent entwandt«[33] von »unbezahlter Arbeit«[34], von »unentgeltlich angeeignetem Mehrwert«[35], von »kapitalistischer Prellerei«[36] zu sprechen. *Er merkt die Widersprüchlichkeit* (»Dieser ganze Verlauf, die Verwandlung seines Geldes in Kapital, geht in der Zirkulationssphäre vor und geht nicht in ihr vor«[37]), *sucht sie, aber zwangsläufig vergebens, in der Sache. Doch sie dort zu suchen, wo sie steckt, nämlich in seiner Lehre, das kommt ihm nicht in den Sinn.*

Um tunlichst niemanden auf die fragwürdigen Punkte seines Gedankengangs hinzustoßen, unterläßt er es, die Frage zu erörtern, warum der doch so skrupellose Unternehmer Äquivalent gegen Äquivalent setzt, wie Marx sich auszudrücken beliebt. Der Unternehmer hält sich wie selbstverständlich an vorgegebene Gesetze, die keinen Gesetzgeber kennen und deren Verletzung keine Sanktionen zur Folge hat.

Die Antwort liegt auf der Hand. Könnte der Unternehmer den Lohn unter das »Äquivalenzgesetz« drücken, so könnte umgekehrt der Proletarier im Verein mit dem an der Macht befindlichen Sozialpolitiker den Lohn über das »Äquivalenzgesetz« hinaus hochtreiben. Diese Möglichkeit ist auszuschließen, da sonst der Kapitalismus im Zuge evolutionärer Maßnahmen seine inhumanen Züge verlieren könnte und die heiß ersehnte Revolution überflüssig würde. *Es ist unschwer möglich, dem »scharfen Intellekt« ein Dutzend solcher handgreiflicher, zugleich essentieller Widersprüche nachzuweisen.*[38] *Doch wir tun Marx Unrecht: Ihm geht es nicht um Erkenntnis und Logik, sondern um Revolution:* »Die Kerls wollen alle Rezepte für Wunderkuren, und die ziemlich greiflich schon angedeuteten Feuer- und Eisenkuren sehn sie nicht.«[39]

Unverständlich auch Schumpeters Bemerkung, Marx habe sich »von außerwissenschaftlichen Neigungen freigemacht«. Nahezu jeder

Brief an Engels beweist das Gegenteil, so wenn er sich rühmt: »Trotz meiner Belesenheit auf diesem Gebiet, glaube ich nicht, daß die chaude pisse [Tripper] jemals so poetisch beschrieben worden ist...«[40] Die Belesenheit auf diesem Gebiete – spricht sie nicht Bände? Seine einschlägige Phantasie treibt Blüten, die beim Laien Kopfschütteln auslösen, den Psychotherapeuten aber auf den Plan rufen müßten, so wenn er davon träumt und derlei auch noch mit Tinte festnagelt, daß ein kerngesunder Kerl von Nonnen in einem Kloster »zu Tod geritten« worden sei.[41] Auch unterschlägt Schumpeter, daß Marx viel Zeit in die politische Agitation und Führerschaft gesteckt hat, wie Wolfgang Schieder mit seinem Buch »Karl Marx als Politiker« beweist.[42] Schließlich müßte auch der Hinweis nachdenklich stimmen, daß in den Jahren von 1867 bis zu seinem Tode (1883) »Das Kapital« keine Fortsetzung mehr erfahren hat, obwohl es sich bei dem 1867 veröffentlichten Band 1 nach seinen eigenen Ankündigungen nur um einen Bruchteil des Ganzen handelte.

## 4. »Die Arbeitsleistung grenzt an das Wunderbare« (Ernst Nolte)

»Die Arbeitsleistung dieser zwei Jahre [Mitte 1861 – Mitte 1863] ist mit dem Wort ›bewundernswert‹ nicht zureichend zu erfassen; sie grenzt vielmehr an das Wunderbare, denn man muß sich vor Augen halten, daß die mehr als 1500 Druckseiten umfassenden ›Theorien über den Mehrwert‹ in kaum neun Monaten niedergeschrieben wurden.«[43] Das »Wunderbare«, das Nolte hier bewundert, ist keine wissenschaftliche Kategorie. Quantität verdient nur dann professorales Lob, wenn sie sachlich gerechtfertigt ist und dem wissenschaftlichen Standard genügt. Tatsache ist, daß Marx, der über vier Jahrzehnte auf dem Felde der Nationalökonomie geackert hat, nur eine der Früchte seines Lebenswerkes für ausgereift hielt, zum Kauf, zur Veröffentlichung anbot, nämlich »Das Kapital. Kritik der politischen Ökonomie. 1. Band«. Dieser eine Band steht für das Ganze, dessen Rest später teils von Engels, teils von Kautsky, teils von KP-parteiamtlichen Institutionen mehr oder weniger redaktionell überarbeitet und ergänzt der Allgemeinheit zugänglich gemacht worden ist. Nur mit Blick auf Das Kapital Band 1 verbietet sich der Vorbehalt, Marx habe dem Text noch nicht die endgültige Fassung gegeben, das Geschriebene könne ihm daher nicht voll angelastet werden. Ob die Bände II und III die Nationalökonomie seiner Zeit befruchtet haben, bleibt hier daher unerörtert.[44] Auch wenn wir dies als gegeben unterstellen, so begründet es nur ein Anrecht auf einen der zahlreichen Plätze in der Ahnengalerie der Nationalökonomen.

Schon vor über zehn Jahren kam ich nach der intensiven Lektüre und Analyse von »Kapital« Bd. 1 zu der Überzeugung, daß der Foliant trotz seiner 802 Druckseiten keine reelle Chance hätte, an einer deutschen Universität als Dissertation angenommen zu werden – den Wissenstand des Jahres 1867 und eine ideologiefreie Sachbehandlung vorausgesetzt.[45] Dieses harte Urteil hat sich im Verlaufe der Jahre, insbesondere durch ein entsprechendes Lehrangebot und die dadurch ausgelöste Resonanz, noch verfestigt. Fünf Gründe sind es, wovon nicht jeder für sich allein, aber zumindest alle zusammen die Annahme tragen:

1. Auf naheliegende, zentrale Fragen wird nicht eingegangen, z. B. ob nicht die – insbesondere hygienisch-medizinisch bedingte – Bevölkerungsexplosion Hauptursache der sozialen Not sei.

2. Die Arbeit bietet keine, zumindest keine sachliche Auseinandersetzung mit anderen Ansichten, z. B. nicht mit der subjektiven Werttheorie, obwohl dieser Komplex für das ganze Buch grundlegend ist.

3. An entscheidenden Stellen treten schlichte Behauptungen an die Stelle von Beweisen, Beweisversuchen oder dem Eingeständnis, daß es sich um eine Annahme handelt, z. B. daß die Arbeitskraft eine Ware sei wie jede andere Ware auch und daher nach dem allgemeinen Wertgesetz verkauft werde.

4. Unversöhnliche Widersprüche finden sich in großer Zahl (X 2).

5. Die Ausführungen sind in unvertretbarer Weise aufgebläht, was dem Mengenlob Noltes den soliden Boden entzieht. Marx ist ein wahrer Meister der »Distribution«, wie derlei in der Aufklärung genannt wurde, ein Meister der »Walztechnik«. Wo einige Zeilen genügten, finden sich Dutzende von Seiten. Das Werk ist ein Dickicht von Tautologien, das man nur mit großem Zeitaufwand und nicht minder großer Energie durchdringen kann. Die rund 800 Seiten ließen sich ohne Verlust auf ca. 5 Prozent davon, also etwa 35 bis 40 Seiten reduzieren. Carl Christian von Weizsäcker vermittelt den Inhalt auf wenigen Seiten.[46] Die Quintessenz lau-

tet: Der Wert jeder Ware hängt ab von der Menge der in ihr enthaltenen wertbildenden Substanz. Die einzige wertbildende Substanz ist die Arbeit. Daher: Je mehr Arbeit in einer Ware steckt umso größer ist ihr Wert. Auch die menschliche Arbeitskraft ist für Marx eine Ware. Folglich bestimmt sich ihr Wert nach der in ihr enthaltenen Menge Arbeit.

Zur Reproduktion der Arbeitskraft ist nicht so viel Arbeitszeit erforderlich, wie der Mensch ableisten kann. Die vom Kapitalisten gekaufte Arbeitskraft muß jedoch so viele Stunden produzieren, bis die physische Leistungsgrenze erreicht ist.

Der Eigentümer der Produkte, der Kapitalist, verkauft die vom Arbeiter produzierte Ware nicht zu den Gestehungskosten, sondern zu ihrem wahren Wert, also entsprechend der in ihr enthaltenen Arbeitszeit. Die Differenz zwischen den Gestehungskosten und dem Erlös des Kapitalisten für seine Ware ist der Mehrwert. Die Aneignung des Mehrwerts durch den Kapitalisten ist die wesentlichste Form der Ausbeutung. Da der so kassierte Mehrwert den Konsum des Kapitalisten übersteigt, wächst sein Vermögen. Immer mehr werden immer ärmer, immer weniger immer reicher, bis die Revolution eine neue Produktionsweise und damit Gesellschaftsordnung hervorbringt.

Die meisten dieser Behauptungen sind falsch, daher unbeweisbar. Dennoch verschwendet Marx Hunderte von Seiten, um das Unglaubliche glaubhaft zu machen. Daß die Quintessenz schon im Kommunistischen Manifest[47] steht – also 30 Jahre früher veröffentlicht worden ist, verdient zumindest beiläufige Erwähnung. Das Wertvollste am Buche, die historischen Exkurse, würden dabei zwar unter den Tisch fallen. Doch wäre die Arbeit um einige Widersprüche ärmer. Denn Marx verwertet die Erkenntnisse der Exkursionen nicht. Sie waren für ihn kontraproduktiv und daher für das Ergebnis unbeachtlich, als Schaummasse jedoch höchst willkommen. Auch Schumpeter, der durchaus marxfreundliche, übt diese Kritik: »Überdies ist das harte Metall der Wirtschaftschaftstheorie in Marxens Büchern in solch einen Reichtum dampfender Phrasen eingetaucht, daß es eine ihm von Natur aus nicht eigene Temperatur erreicht.«[48] Und wenige Seiten weiter: »Alles, was er als Erklärung zu bieten hat, schrumpft, seiner Bildersprache entkleidet, auf die nicht gerade aufregenden Feststellungen zusammen, daß ›der Konkurrenzkampf durch Verbilligung der Waren geführt wird‹...«[49]

War sich Marx dieser schweren Mängel bewußt?

Mit Blick auf Max Stirner urteilt Marx: »... unendliche Wiederholungen – beständiger Widerspruch mit sich selbst – Gleichnisse ohnegleichen... Abhängigkeit von Hegelschen Traditionen...«[50] Ist das nicht eine unbewußte Selbstkritik? Oder das Urteil über Macleod: »Er ist ein sehr gespreizter Esel, der jede banale Tautologie 1. in algebraische Formen bringt und 2. geometrisch konstruiert.«[51]

Die konkurrenzlose Zeilenschinderei hat, ob bewußt oder unbewußt, wohl noch stärker auf Marx gelastet als die inneren Widersprüche. Zur Blähleibigkeit seiner Darstellungen wurde er von Freund Engels geradezu animiert: »Die Hauptsache ist, daß Du erst wieder mit einem dicken Buch vor dem Publikum debütierst, und am besten mit dem unverfänglichsten, der Historia.«[52] In einem anderen Brief macht es Engels noch deutlicher, daß es auf den Inhalt gar nicht ankommt: »n'importe quoi [gleichgültig was].«[53] Auch die Qualität spielt keine Rolle: »Die Schwächen, die Dir auffallen, finden die Esel doch nicht heraus.«[54] Über eine halbe Seite hinweg schildert Marx eine Uhrenfabrikation, ohne die geringste sachliche Veranlassung:

»Aus dem individuellen Werk eines Nürnberger Handwerkers verwandelte sich die Uhr in das gesellschaftliche Produkt einer Unzahl von Teilarbeitern, wie Rohrwerkmacher, Uhrfedermacher, Zifferblattmacher, Spiralfedermacher, Steinloch- und Rubinhebelmacher, Zeigermacher, Gehäusemacher, Schraubenmacher, Vergolder, mit vielen Unterabteilungen, wie z. B. Räderfabrikant (Messing- und Stahlräder wieder geschieden), Triebmacher, Zeigerwerkmacher, acheveur de pignon (befestigt die Räder auf den Trieben, poliert die facettes usw.), Zapfenmacher, planteur de finissage (setzt verschiedne Räder und Triebe in das Werk), finisseur de barillet (läßt Zähne einschneiden, macht die Löcher zur richtigen Weite, härtet Stellung und Gesperr), Hemmungmacher, bei der Zylinderhemmung wieder Zylindermacher, Steigradmacher, Unruhemacher, Requettemacher (das Rückwerk, woran die Uhr reguliert wird), planteur d'échappement (eigentliche Hemmungsmacher); dann der repasseur de barillet (macht Federhaus und Stellung ganz fertig), Stahlpolierer, Räderpolierer, Schraubenpolierer, Zahlenmaler, Blattmacher (schmilzt das Email auf das Kupfer), fabricant de pendants (macht bloß die Bügel des Gehäuses), finisseur de charnière (steckt den Messingstift in die Mitte des Gehäuses etc.), faiseur de secret (macht die Federn im Gehäuse, die den Deckel aufspringen machen), graveur, ciseleur, polisseur de boîte usw., usw...«[55]

Entweder Lexikonwissen oder Fachmann? Angesichts ähnlicher Auslassungen über Nähmaschinen wurde Marx für einen Exfabrikanten gehalten. Darauf er zu Engels: »Wenn die Leute nur wüßten, wie wenig ich von all dem Zeug weiß.«[56]

Er selbst bekennt mit einer Offenheit, die die Stimme verschlägt, das Mißverhältnis zwischen Umfang und Inhalt: »Ich dehne diesen Band mehr aus, da die deutschen Hunde den Wert der Bücher nach dem Kubikinhalt schätzen.«[57]

Daß eine solche Arbeit wenig Spaß macht und daher wie ein Alp auf ihm lastete, ist nur zu verständlich. Engels: »Das Buch hat sehr viel dazu beigetragen, Dich kaputtzumachen.«[58]

Fassen wir zusammen: »Das *wissenschafts*theoretische Ergebnis der Analyse ist ebenso eindeutig wie ernüchternd: Marx' Theorien sind *keine Wissenschaft*, sondern letztlich Utopien.«[59] So das Urteil Horst Recktenwalds, Ordinarius der Wirtschaftswissenschaften an der Universität Erlangen-Nürnberg. Dem ist nichts hinzufügen.

*»Marx der Nationalökonom«*, um nochmals Schumpeter zu zitieren, *hat eine Lehre entwickelt, der zahlreiche systemimmanente Widersprüche wie auch Widersprüche zur Wirklichkeit eigen sind. Sie wurde zudem maßlos aufgebläht, weil Masse allein schon imponiert. Marx »beweist« haargenau, was er beweisen wollte,* der Kapitalismus zerstört sich selbst; der Kommunismus wird ihn bald schon überwunden haben. Hendrik de Man, nach Paul-Henri Spaak »der unverfälschteste sozialistische Denker des 20. Jahrhunderts«,[60] verdanken wir die wohl treffendste Würdigung:

»Die Bedeutung des Marxschen *Kapitals* als Bibel des Sozialismus hängt viel weniger von dem Inhalt des Buches ab als von seiner Form, die es besonders dazu geeignet macht, als heilige Offenbarung zu wirken... Es ist im Grunde nicht nur ein äußerst schwer verständliches, sondern – ja, ich wage es auszusprechen! – ein außerordentlich langweiliges Buch. Der Leser erstickt stellenweise in einem Wust von Zitaten und Belegen, der logische Aufbau des Ganzen ist konfus und unsystematisch, die Gedankengänge sind erschwert durch eine Menge pedantischer Begriffsspaltereien; überall tritt eine übertriebene Vorliebe für mathematische Formeln zweifelhafter Nützlichkeit zutage; und das Ganze schleppt sich mühsam vom ersten bis zum dritten Band zu Schlußfolgerungen hin, die drei Viertel des vorangegangenen Beweismaterials als überflüssig erscheinen lassen. Indessen ist dieses mein Urteil eine Geschmacksache, worüber sich streiten läßt. Dennoch bin ich überzeugt, daß ein nicht unbeträchtlicher Teil der Sozialisten, die *Das Kapital* gelesen haben oder lesen wollten, durchaus denselben Geschmack haben, ihr Urteil aber hübsch für sich behalten, ja es sich in den meisten Fällen nicht einmal selbst eingestehen wollen. Die Zahl derjenigen, die sich auf das Werk berufen, als ob sie es gelesen hätten, übersteigt in allen Ländern um ein Vielhundertfaches die recht bescheidene Zahl jener, die es gelesen haben. Das Merkwürdigste ist nun, daß es einen großen Teil seines Zaubers gerade den Umständen verdankt, die es so ungenießbar machen: seiner Unverständlichkeit für die Menge, seiner ostentativen Gelehrsamkeit, seiner algebraischen Mystik, seiner drückenden Unverdaulichkeit. Die Menge – und nicht nur die Menge der Volksschulgebildeten! – verhält sich immer noch so zu der Wissenschaft ihrer Gelehrten wie der Afrikaneger zu der seines Dorfzauberers. Je fremder, geheimnisvoller und feierlicher sie auftritt, um so mehr schätzt er sie.«[61]

# XI.
# Marx – »der Begründer der modernen systematischen Sozialwissenschaft« (Werner Sombart)

Soziologie gab es schon vor Marx. Das steht außer Zweifel, findet sich doch im »Kapital« der Hinweis auf die Rede eines gewissen Seniors, die dieser »auf dem soziologischen Kongreß zu Edinburgh 1863« gehalten habe.[1] War Marx, wie Sombart behauptet, »der Begründer der modernen systematischen Sozialwissenschaft«?[2] Daß er zahlreiche Sozialwissenschaftler angeregt hat, steht außer jedem Zweifel, ist geradezu selbstverständlich, wenn man bedenkt, daß jene Partei, die sich offiziell auf ihn berief, innerhalb weniger Jahrzehnte zur stärksten politischen Kraft in Deutschland geworden war. Tom Bottomore hat diesem Thema einen eigenen Aufsatz gewidmet.[3] Als ersten Rezipienten nennt er Ferdinand Tönnies und sein Buch »Gemeinschaft und Gesellschaft« (1887). Die erste größere Kritik erschien bereits 1896, »Wirtschaft und Recht nach der materialistischen Geschichtsauffassung«. Autor: Rudolf Stammler. Als »goldenes Zeitalter« der marxistischen Soziologie sind die ersten 14 Jahre des 20. Jahrhunderts in die Geschichte eingegangen. Die Austromarxisten – Max Adler, Otto Bauer, Rudolf Hilferding und Karl Renner – waren seine Wortführer[4] Deutschland stand Österreich nicht nach. Beide Länder bilden insofern geradezu eine Einheit, wie die Lebensläufe der von Ernst Topitsch Genannten beweisen: »Tatsächlich ist ein großer Teil der klassischen deutschen Soziologie ein kritischer Dialog mit Karl Marx – man denke etwa an Werner Sombart, Max und Alfred Weber, Ernst Troelsch, Georg Simmel, Max Scheler, Karl Mannheim und andere.«[5] In seiner »Einführung in die Geschichte der Soziologie« nennt Hermann Korte Karl Marx: »die Kolossalfigur des 19. Jahrhunderts«[6] Auch in Frankreich, Italien und im übrigen Europa verbreiteten sich die marxistischen Vorstellungen ziemlich rasch. Eine wichtige Ausnahme bildete England.

»Daß Marx eine irgendwelche [sic!] und wohl auch überragend große Bedeutung für unsere Wissenschaft habe, gilt heute, denke ich, als eine allgemein anerkannte Wahrheit. Die Sonderlinge und

Neidlinge, die ihm jede wissenschaftliche Bedeutung abstreiten
(weil sie immer noch zu faul gewesen sind, ihn zu lesen), sterben
langsam aus.«[7] Wer möchte sich schon freiwillig zu den wenigen
Sonderlingen und Neidlingen gesellen? Also... Doch was bei Sombart folgt, macht stutzig: Zwar sei die Größe von Marx nahezu unbestritten, worauf sie beruhe, darüber hingegen seien die Meinungen
geteilt:

»Aber wenn man sich auch allmählich darüber einigt: Marx sei einer der ganz großen Denker gewesen, so gehen die Meinungen doch
recht weit auseinander, wo es sich um eine Begründung dieses Ur-
teils handelt. Noch immer begegnet man gelegentlich der seltsamen
Auffassung, die uns unsere Lehrer einst beibrachten: Marxens
Größe läge in der ›Kritik‹, die er geübt habe... Eine Auffassung, die
offenbar aus einer Verwechslung der Politik mit der Wissenschaft
entstanden war. Denn daß in der Wissenschaft Marx irgend welche
größere kritische Arbeit geleistet hätte, ist mir nicht bekannt...
Aber auch dort, wo Marxens wissenschaftliche Leistungen stets
außer allem Zweifel standen, wo man ihn für den Newton oder sonst
etwas ähnliches der Nationalökonomie erklärte: in den Kreisen seiner politischen Anhänger scheint mir das Urteil über Marxens Oeuvre nicht glücklicher zu sein. Insbesondere das, was Friedrich Engels zu sagen wußte, um seinen Freund zu würdigen, und was dann
immer wieder nachgesprochen und nachgeschrieben ist, läßt ganz
und gar unbefriedigt. Nicht nur, daß es den Leistungen Marxens
nicht gerecht wird: es sucht sie in einer Richtung, in der sie gewiß
nicht liegen.«[8]

Sombarts Feststellung erinnert an Andersons Märchen von des Kaisers neuen Kleidern. Niemand wagt es einzugestehen, daß er seine
Majestät nackt sieht. Die Frage drängt sich auf, welchen Ornat der
Kaiser trägt. Und nun zeigt sich, daß jeder Bewunderer der kaiserli-
chen Pracht eine andere Schilderung liefert. Im Märchen wurden so
des Kaisers »Schneider« überführt. Vergegenwärtigen wir uns
zunächst drei namhafte Soziologen, wie jeder von ihnen sein Super-
lob auf den »Kollegen« Marx begründet.

## 1. »In alle Ewigkeit groß«
## (Werner Sombart)

Werner Sombart (1863–1941) ist einer der ganz wenigen namhaften Soziologen, auf die noch Friedrich Engels aufmerksam geworden ist. Am 26. Februar 1895 bemerkte er in einem Brief: »In Deutschland hat Werner Sombart, Prof. in Berlin, ein etwas eklektischer Marxist, einen guten Artikel über den 3. Bd. [des »Kapitals«] geschrieben.«[9] Kurt Sontheimer nennt Sombart einen der »erfolgreichsten und wirkungsvollsten Gelehrten Deutschlands in den schicksalsträchtigen Jahrzehnten zwischen Wilhelminismus und ›Drittem Reich‹«.[10]

Sein Präludium zu »Das Lebenswerk von Karl Marx« (1909) beginnt verheißungsvoll: »Marx ist theoretisch und praktisch ›überwunden‹; er hat seine eigene geschichtliche Mission erfüllt. Wir aber, die wir ein gut Teil unseres Lebens hingegeben haben, um für Marx zu kämpfen, sind aus der Zeit des leidenschaftlichen Hassens und Liebens heraus und haben angefangen, Marx gegenüber Distanz zu gewinnen: so daß wir ihn selber jetzt als eine rein historische Erscheinung objektiv zu werten vermögen. Weshalb in der Tat aus subjektiven wie objektiven Gründen der Augenblick nicht ungeeignet erscheint, im Zusammenhange auszusprechen, worin wir die historische Bedeutung Marxens erkennen sollen.«[11] Auch alles, was folgt, zeichnet sich durch Anschaulichkeit, Sprachgewalt sowie paradoxe Gedankenfülle aus und macht die Lektüre kurzweilig: »Fast möchte man sagen: er ist auf dem Wege, universitätsfähig zu werden. Kostete es einen akademischen Lehrer noch vor 15 Jahren wenn auch nicht die Stellung, so doch die Karriere: das bloße Bekenntnis, daß er Karl Marx für einen sehr großen Denker halte, und wurde der, der also bekannte, für einen Sonderling und Halbidioten gehalten: so pfeift es heute jeder belanglose Privatdozent vom Katheder: daß niemand, der sich mit Nationalökonomie, Wirtschaftsgeschichte, Sozialphilosophie befaßt, an Karl Marx vorbei kann, ohne sich selbst zur Sterilität zu verdammen, daß alle, die nicht durch Marx hindurchgegangen und in irgendeiner Form mit ihm und seinen Lehren fertiggeworden sind, als sozialwissenschaftliche Theoretiker einfach nicht mitzählen... Stürbe Marx heute erst, so müßte die Wissenschaft bekennen: daß der einzige lebende Sozialtheoretiker großen Stils von uns gegangen sei.«[12] Welche Bescheidenheit spricht aus den letztzitierten Worten des »akademischen Stars«, um nochmals Sontheimer zu zitieren.

Nun, welche Erkenntnisse und Leistungen verdanken wir – nach Sombart – Marx? »Sozialismus als Ziel, Klassenkampf als Weg hörten auf, persönliche Meinungen zu sein und wurden in ihrer historischen Notwendigkeit begriffen.«[13] Was sonst noch, will jener wissen, der zwischenzeitlich an der historischen Notwendigkeit des Sozialismus zu zweifeln begonnen hat. Dieser ungestillte Wissensdurst wird auf eine harte Probe gestellt. Denn *über viele Seiten hinweg verdeutlicht Sombart, was wir alles Marx nicht gutschreiben dürfen:*

»Man findet in meinem ›Sozialismus‹ den Nachweis, daß kaum ein Bestandteil der Marxschen Entwicklungslehre (mit der der ›naturnotwendige‹ Übergang des Kapitalismus in den Sozialismus ›bewiesen‹ werden sollte) einer kritischen Prüfung standhält.«[14]

»Wollte man nun wirklich unter diesen Gesichtspunkten Marxens Größe abschätzen und ihm soviel Bedeutung für die soziale Wissenschaft zuerkennen, als er ihre dauernd gültige ›Gesetze‹ formuliert hat, so müßte man freilich zu einem ganz anderen Schluß kommen als Engels, nämlich dem: daß er recht wenig geleistet habe. Denn welches von Marx geprägte ›Gesetz‹ ließe sich anführen, das wir heute noch in seiner Richtigkeit anerkennen, wie etwa das Verbrennungsgesetz?!«[15]

»Oder ist etwa die ›materialistische Geschichtsauffassung‹, als deren Begründer man Marx ansprechen mag, das ›Gesetz‹, dessen Formulierung wir ihm verdanken?... Oder soll man an die sog. ›Entwicklungsgesetze‹ denken, die Marx für den Ablauf der kapitalistischen Wirtschaft aufgestellt hat? Mit diesen hat es auch seine eigene Bewandtnis.«[16]

»Denn was wir ihm an neuen ›Gesetzen‹ verdanken, sahen wir schon, ist herzlich wenig und ist nicht zu vergleichen mit dem, was uns Geister minderen Ranges – Ricardo, Senior... u. a. – hinterlassen haben. Den technischen Hilfsapparat nationalökonomischer Gesetze hat Marx kaum vermehrt. Er ist darin über Ricardo nicht wesentlich hinausgekommen... So blasphemisch es den Ohren manchen Marxverehrers klingen mag: Ich wage es doch auszusprechen, daß Marxen für derartige Gesetzesschmiederei offenbar ein notwendiges Requisit fehlte: die Abstraktionskraft und in weiterem Sinne – die Verstandesschärfe. Ich entsinne mich noch, welches Entsetzen mich damals packte, als ich zum ersten Male das Urteil von Roscher über Karl Marx las... Heute scheint mir dieses Urteil durchaus das Richtige zu treffen. Denn einem Mangel an Verstandesschärfe begegnen wir allerorten in den Marxschen Schriften... Marx definiert fast nie und seine Begriffe sind oft genug mehrdeutig und verschwommen: Wert, Mehrwert, Kapital, Fabrik, Betrieb, industrielle Reservearmee, Akkumulation, Konzentration, Verelendung und viele andere tragende Begriffe in seinem System entbehren durchaus der scharfen Prägung...«[17]

»Was aber ist denn nun in Wirklichkeit, das Marx die überragende Größe als Menschheitsforscher verleiht? Nun offenbar ein Geist, der in Überlebensgröße sich in diesem Menschen betätigen konnte: eine wundersame Fruchtbarkeit an neuen und schöpferischen Ideen, an unerhörten Gesichten... Er vereinigte die Errungenschaften der klassischen Nationalökonomie mit den Ergebnissen der historischen Schule, indem er den Begriff des Wirtschaftssystems (wenn auch nicht mit klaren Worten) schuf und ihn zum Objekte der nationalökonomischen Wissenschaft machte. Damit begründete er gleichzeitig die Nationalökonomie ausdrücklich als eine soziale Wissenschaft, deren Objekte die historisch wandelbaren Beziehungen von Menschen untereinander sind (und nicht etwa irgendwelche Naturzusammenhänge ewig gleichen Inhalts, wie man vor Marx so oft irrtümlich geglaubt hatte).
Indem er dann einen bestimmten Zusammenhang zwischen den wirtschaftlichen Vorgängen und allen übrigen Erscheinungen der menschlichen Kultur nachwies, zeigte er – so unvollkommen auch seine Formulierung sein mag – doch den einzigen Weg, auf dem auch eine allgemeine systematische Gesellschaftslehre sich einmal wird entwickeln können.
Das sind seine großen Leistungen als Methodiker und Systematiker, aber es sind noch nicht seine größten Leistungen. Diese sind vielmehr Entdeckertaten allerersten Ranges...
Diese Entdeckung möchte ich aber noch etwas genauer beschreiben und dann verallgemeinern. Was Marx entdeckte, war nicht sowohl eine Summe von Rechtseinrichtungen und Wirtschaftsweisen, wie sie ein Wirtschaftssystem bilden, als vielmehr die hinter diesen Einrichtungen und Vorgängen steckenden lebenden Menschen. Er entdeckte die Subjekte des Kapitalismus: Die kapitalistischen Unternehmer: die ›eminent spinners‹, die ›extensive sausage-makers‹, und die ›influencial shoeblack-dealers‹, diese eigentümliche Abart des homo sapiens und wußte aus ihrer Psyche heraus das ganze große Getriebe der marktmäßig organisierten Wirtschaft zu erklären... Da liegt, scheint mir, das Geheimnis: weshalb uns die Lektüre einer marxischen Schrift, vor allem natürlich die Lektüre des er-

sten Bandes des Kapitals immer wieder fortreißt wie ein spannender Roman.«[18]

Der ebenso polyphone wie substanzarme Hymnus klingt aus mit den pathetischen Worten: »Mag von Marxens Oeuvre bald kein einziger Satz mehr der Kritik standhalten: es wird doch in alle Ewigkeit groß und erhaben uns vor Augen stehen und seine Schönheiten uns zum Genusse bieten.«[19]

Diese Ewigkeit war – wie schon bemerkt – für Sombart von ebenso kurzer Dauer wie das Tausendjährige Reich. *Angesichts der sprichwörtlichen Ungenießbarkeit von »Das Kapital«, die sogar in die Literatur eingegangen ist,*[20] *fällt es schwer, die Empfindungen Sombarts nicht zu belächeln.* So gut wie niemand quält sich durch dieses in der Tat von Kuriositäten wimmelnde Dickicht. Was haben beispielsweise die extensive sausage-makers, die influential shoeblack-dealers für eine Aussagekraft? Hat Sombart auf shoeblack verzichtet? Aber nein, er war ein eleganter Mann, der mit der Mode ging. Doch der Sozialist kann auf den Dealer verzichten, wenn er nur ein Mädchen hat, das ihm die Schuhe wichst. *Hätte Sombart Marx verstanden, so hätte er gewußt, daß – nach Marx – gerade nicht die Psyche des Menschen die Marktgesetze bestimmt,* daß sie vielmehr vorgegeben sind wie die Werte der Waren: Gleichwert wird gegen Gleichwert gesetzt. Das ist Marx, wie er zu uns aus dem »Kapital« spricht. Unbeabsichtigt konstatiert Sombart im Werke von Marx sowohl einen systemimmanenten Widerspruch als auch einen Widerspruch zur Wirklichkeit, wenn er schreibt: »Zunächst holte er die Nationalökonomie aus den nebelhaften Regionen der Teleologie, in die sie sich verstiegen hatte, herunter und stellte sie auf den sicheren Boden einer durchgängig kausalen, von allem ethischen oder utilitaristischen Beiwerk freien Betrachtungsweise.«[21] Marx spricht einerseits von ehernen Gesetzen, die die kapitalistische Wirtschaftsordnung durchwalten und dem einzelnen Teilnehmer des Prozesses jeden Gestaltungsspielraum hinsichtlich des Preises verwehren, andererseits aber ist seine Druckerschwärze Seite für Seite moralinsauer. Das ist ein handgreiflicher, allseits bekannter Widerspruch.

Daß im praktischen Leben der schlichte Utilitarismus tonangebend ist und die Wirtschaft bestimmt, wurde zwischenzeitlich zum Allgemeingut.

Basses Erstaunen muß auch das bereits zitierte Eingeständnis auslösen: »Denn daß in der Wissenschaft Marx irgendwelche größere kritische Arbeit geleistet hätte, ist mir nicht bekannt...« Dabei war das ganze Lebenswerk von Marx Kritik und nochmals Kritik.[22] Der Untertitel von »Das Kapital« lautet »Kritik der politischen Ökonomie«, der Untertitel von »Die heilige Familie«: »Kritik der kritischen Kritik« usw. Angesichts dieser »Vertrautheit« mit Marx nimmt es nicht wunder, daß auch Sombart ihn fälschlich zum Gründer der Internationalen Arbeiterassoziation macht.[23] Ein Irrtum von ganz anderem Kaliber wird in seiner Metamorphose vom Marxisten des Jahres 1895 zum treuen Nationalsozialisten und scharfen Antisemiten gesehen.[24]

In einem Rundfunkvortrag anläßlich seines 70. Geburtstages im Januar 1933 hat Werner Sombart über sich selbst bemerkt: »Ich (bin) immer allein, zunächst ohne Gefolgschaft, im Kampfe meine Straße gezogen. Später gingen dann auch andere diesen Weg. Ob er zum Heile führt, vermag niemand zu sagen. Und ob mein Leben und Werk... verfehlt waren, wie es mir manchmal erscheinen will, oder ob sie doch einen Sinn gehabt haben, kann nur die Zukunft entscheiden.«[25] Diese Sätze verraten trotz mancher Unzulänglichkeiten in Details menschliche Größe.

»Und es ist am Ende gar nicht so wunderbar, wenn wir einen ganz großen sozialen Denker nur vergleichen können mit einem sozialen ›Dichter‹«[26] – meint Sombart. Ist vielleicht dieser Satz der Schlüssel zum Verständnis von Sombarts großen Gesängen?

## 2. »Diese Wahrheit, über alle Zweifel erhaben« (Joseph Schumpeter)

Im selben Jahr, in dem Karl Marx starb, wurde Joseph A. Schumpeter (1883–1959) in Österreich geboren. Er gilt als einer der führenden Nationalökonomen und Soziologen der ersten Hälfte des 20. Jahrhunderts. Von 1932 bis 1950 wirkte er an der Harvard Universität (USA). In diese Zeit fällt auch die Veröffentlichung von »Capitalism, Socialism and Democracy« (1942), das 1946 in deutscher Sprache erschienen ist und mehrere Auflagen erlebt hat. Es zählt zu den klassischen Werken der Sozialwissenschaften. Das Vorwort beginnt: »Dieses Buch ist die Frucht meiner Bemühung, die Summe einer beinahe vierzigjährigen Gedankenarbeit, Beobachtung und Forschung über das Thema des Sozialismus in eine lesbare Form zu gießen.«[27] Der erste Teil trägt die Überschrift: »Die Marxsche Lehre« und gliedert sich in vier Kapitel: »Marx der Prophet«, »Marx der Soziologe«, »Marx der Nationalökonom«, »Marx der Lehrer«. Wenngleich seine Elogen zur höheren Ehre von Marx längst nicht jene Höhe erreichen wie bei Sombart, so ist Marx für ihn doch »der große Lehrer des sozialistischen Glaubensbekenntnisses«[28], der den Weg weist, der allein begangen werden kann. Seine Argumentation unterscheidet sich grundlegend von jener Sombarts. Kann sie überzeugen? Schon das Vorwort macht stutzig: »Im zweiten Teil – ›Kann der Kapitalismus weiterleben?‹ – habe ich zu zeigen versucht, daß eine sozialistische Gesellschaftsform unvermeidlich aus einer ebenso unvermeidlichen Auflösung der kapitalistischen Gesellschaft entstehen wird. Manche Leser werden sich fragen, warum ich eine so mühsame und komplizierte Analyse für nötig erachte, um das festzustellen, was nun rasch zur allgemeinen Ansicht selbst der Konservativen wird.«[29] *Diese Einsicht/Überzeugung wird immer und immer wieder aufgetischt. Doch »die zwingende Kraft und Richtigkeit von Marxens Versuch, die Unvermeidbarkeit des sozialistischen Endzieles zu beweisen«[30], haben sich längst als Irrtümer herausgestellt, als Irrtümer von Marx wie von Schumpeter.* Im folgenden ist von Marxens Fähigkeit die Rede, »seine sozialen Visionen nicht nur durch große historische Fresken, sondern auch durch viele Details zu illustrieren, von denen die meisten hinsichtlich Zuverlässigkeit eher über als unter dem Standard anderer Soziologen seiner Zeit standen... Darin lag nicht bloß Leidenschaft, lag nicht bloß ein analytischer Impuls. Darin lag beides. Und das Ergebnis seines Versuches, diese Logik zu formulieren, die sogenannte ökonomische Geschichtsauffassung, ist zweifellos bis auf diesen Tag eine der größten individuellen Leistungen der Soziologie.«[31] Das ist recht schön gesagt. Aber um sich selbst ein Urteil bilden zu können, wüßte man gerne die genaue Fundstelle. Doch Schumpeter entzieht sich den Gefahren der Nachschnüffelei: »Die Hinweise auf die Schriften von Marx sind auf ein Minimum beschränkt...«[32] Warum? Seine Gläubigen mag er damit zufriedenstellen, nicht aber jene, die sich ihres eigenen Verstandes bedienen wollen.

Im Mittelpunkt von »Marx, der Soziologe« stehen die Klassen und ihre Konfrontation: »Grob gesprochen können wir sagen, daß die sozialen Klassen zum ersten Mal auftraten in der berühmten, im *Kommunistischen Manifest* enthaltenen Feststellung, daß die Geschichte

der Gesellschaft die Geschichte von Klassenkämpfen ist. Das ist natürlich ein maximaler Anspruch. Aber selbst wenn wir ihn hinunterschrauben auf die Behauptung, daß historische Ereignisse sehr oft mit Klasseninteressen und Klassenhaltungen erklärt werden können und daß bestehende Klassenstrukturen immer ein wichtiger Faktor der geschichtlichen Deutung sind, so bleibt genug übrig, um uns das Recht zu geben, von einer Auffassung zu sprechen, die fast so wertvoll ist wie die ökonomische Geschichtsauffassung selbst.«[33] Also man muß Marx kräftig »hinunterschrauben«. Das ist ganz unbestritten, da es schon der alte Engels eingeräumt hat.[34] Was dann noch bleibt, war wirklich nicht neu. Man denke nur an die großartigen Darstellungen der jahrzehntelangen Auseinandersetzungen zwischen Patriziern und Plebejern durch Theodor Mommsen. Hier kann sogar Marx selbst in den Zeugenstand gerufen werden: »Was mich nun betrifft, so gebührt mir nicht das Verdienst, weder die Existenz der Klassen in der modernen Gesellschaft noch ihren Kampf unter sich entdeckt zu haben. Bürgerliche Geschichtsschreiber hatten längst vor mir die historische Entwicklung dieses Kampfes der Klassen, und bürgerliche Ökonomen die ökonomische Anatomie derselben dargestellt.«[35] Das Verdienst, das Marx für sich reklamiert, hat sich zwischenzeitlich längst als Irrtum herausgestellt: »Was ich neu tat, war 1. nachzuweisen, daß die *Existenz der Klassen bloß an bestimmte historische Entwicklungsphasen der Produktion* gebunden ist; 2. daß der Klassenkampf notwendig zur *Diktatur des Proletariats* führt; 3. daß diese Diktatur selbst nur den Übergang zur *Aufhebung aller Klassen* und zu einer *klassenlosen Gesellschaft* bildet.«[36]
Ins Schwarze trifft Schumpeter mit der Feststellung: »Merkwürdigerweise hat Marx das, was offensichtlich einer der Tragpfeiler seines Gedankenbaus war, unseres Wissens nie systematisch ausgebaut.«[37] Doch schon der nächste Satz ist wieder mehr als fragwürdig: »Es ist möglich, daß er die Aufgabe so lange hinausschob, bis es zu spät war, gerade weil sein Denken so sehr sich in Klassenbegriffen bewegte, daß er es nicht als notwendig empfand, sich um eine endgültige Darstellung zu kümmern.«
*Marx hatte selbst keine klare Vorstellung; er wollte sich auch nicht festlegen. Die mangelnde begriffliche Schärfe erlaubt es, den Menschen ziemlich willkürlich den einzelnen Klassen zuzuordnen. Wann immer die Freunde ihr Klassenschema historischen Ereignissen zugrunde legen, sind nur diejenigen Proletarier, die das tun, was die*

*Freunde erwarten,* die anderen sind Lumpenproletarier, Pöbel, Déclassés,[38] ebenso wie in den sozialistischen Staaten nur jene »sozialistische Menschen« waren, die der Kommunistischen Partei angehörten. Am Ende von »Das Kapital« ist gar von »drei großen Klassen der modernen, auf der kapitalistischen Produktionsweise beruhenden Gesellschaft« die Rede.[39]

Schumpeter: »Das Bestehen von Zwischengruppen, wie sie von den Bauern oder von den Handwerkern, die Arbeitskräfte beschäftigen, aber selbst auch mit ihren Händen arbeiten, und von den Angestellten und den freien Berufen gebildet werden, wird selbstverständlich nicht in Abrede gestellt. Sie werden jedoch als Anomalien behandelt, die dazu neigen, im Verlaufe des kapitalistischen Prozesses zu verschwinden.«[40] Der Bauernstand ist dank der Modernisierung der Arbeitsgeräte und dank der chemischen Düngemittel erheblich geschrumpft, längst nicht in diesem Maße auch das Handwerk. Aber die Masse der Angestellten wächst und wächst, weshalb sie, um Marx nach Kräften zu retten, in den sozialistischen Staaten schon vor Jahrzehnten vorbehaltlos zu den Arbeitern gezählt wurden. Sie alle bildeten das Proletariat, obwohl auf keinen von ihnen die Marxschen Merkmale des Proletariers zutrafen. Sie lauten: Der Proletarier ist eigentumslos. Er lebt nur vom Verkauf seiner Arbeitskraft, ist den Wechselfällen des Lebens und der kapitalistischen Wirtschaft schutzlos ausgeliefert. Er lebt nicht in einer bürgerlichen Familie und hat kein Vaterland. Er mit seinesgleichen entwickelt ein revolutionäres Klassenbewußtsein.[41]

Wie sehr Marx die Wirklichkeit vergewaltigt hat, um seine Theorie zu retten, verdeutlicht Schumpeter mit dankenswerter Schärfe: »Deswegen gab es nur gerade zwei Klassen, besitzende und nichtbesitzende, und deswegen mußten alle andern Einteilungsprinzipien, darunter auch viel einleuchtendere, stark vernachlässigt oder entwertet oder auf dieses eine reduziert werden.«

»Die Übertreibung der Endgültigkeit und Bedeutung der Trennungslinie zwischen der Kapitalistenklasse in diesem Sinne und dem Proletariat wurde nur durch die Übertreibung des Antagonismus zwischen ihnen noch überboten. Für jedermann, dessen Geist nicht durch die Gewohnheit, den Marxschen Rosenkranz herunterzuleiern, nur noch in einer Richtung läuft, sollte es offensichtlich sein, daß ihre Beziehung in normalen Zeiten in erster Linie eine Beziehung der Zusammenarbeit ist und daß jede gegenteilige Theorie weitgehend pathologische Fälle zur Verifikation heranziehen muß.

Im sozialen Leben sind natürlich Antagonismus und Synagogismus überall vorhanden und außer in sehr seltenen Fällen tatsächlich unzertrennlich. Ich bin beinahe versucht zu behaupten, daß in der alten harmonischen Anschauung jedenfalls weniger absoluter Unsinn enthalten war – voller Unsinn war sie freilich auch – als in der Marxschen Konstruktion einer unüberbrückbaren Kluft zwischen Werkzeugeigentümern und Werkzeugbenützern. Jedoch wieder: er hatte keine andere Wahl...«[42]

Dem ist nichts hinzuzufügen. Aber die Frage drängt sich auf, warum Schumpeter dann Marx als Soziologen anpreist. Er bleibt uns die – für mich erschütternde – Antwort nicht schuldig: »Es gibt Enthusiasten, und hat sie immer gegeben, die die Marxsche Theorie der sozialen Klassen als solche bewunderten. Weit verständlicher sind jedoch die Empfindungen jener, die die Stärke und Größe dieser Synthese als eines Ganzen so sehr bewundern, daß sie bereit sind, beinahe jede Zahl von Mängeln in den einzelnen Teilen zu verzeihen.«[43] Und an anderer Stelle, noch aufschlußreicher: »Selbst wenn Marxens Tatsachen und Beweisführung noch irriger wären, als sie sind, könnte nichtsdestoweniger sein Ergebnis insofern richtig sein, als es einfach versichert, daß die kapitalistische Entwicklung die Grundlagen der kapitalistischen Gesellschaft zerstören wird. Ich glaube, so ist es. Und ich glaube nicht, daß ich übertreibe, wenn ich eine Vision tiefgründig nenne, in der diese Wahrheit, über alle Zweifel erhaben, im Jahre 1847 enthüllt wurde. Sie ist heute ein Gemeinplatz.«[44] *Wie gemein von der Wirklichkeit, daß sie sich nicht an den Gemeinplätzen »wissenschaftlicher« oder wissenschaftlich gekleideter Glaubens-Sehnsucht orientiert!*

## 3. »Ein ungeheuerer und grundlegender wissenschaftlicher Fortschritt« (Alexander Rüstow)

Rüstow erinnert an Moses Heß (IV 1), wenn er geradezu ekstatisch schwärmt: »Diese soziologische Geschichtsauffassung bedeutet einen ungeheuren und grundlegenden wissenschaftlichen Fortschritt von äußerster Fruchtbarkeit, wodurch sich Marx als Begründer der historischen Soziologie mindestens ebenbürtig neben Comte als Begründer der systematischen stellt. Was seitdem in historischer Soziologie einschließlich Religionssoziologie, Wissenssoziologie usw. geleistet worden ist, verdankt ihm Entscheidendes und wäre ohne ihn nicht möglich gewesen. Wir historischen Soziologen sind letzten Endes sämtlich seine Schüler, wie auch immer wir seine politische Zielsetzung beurteilen mögen.«[45] Rüstows Begründung ist wieder eine andere als die von Sombart und von Schumpeter. Im Focus seiner Bewunderung steht Marxens Satz: »Es ist nicht das Bewußtsein der Menschen, das ihr Sein, sondern umgekehrt ihr gesellschaftliches Sein, das ihr Bewußtsein bestimmt«[46], durch den sich Marx zum Begründer der historischen Soziologie gemacht habe. Es lohnt sich, Rüstows Begründung seines überschwänglichen Lobes genauer zu betrachten.

»Das eigentliche Reale, die wirkliche Wirklichkeit, das dem Menschen als Ausgangspunkt und Grundlage unmittelbar Gegebene, ist weder, wie für den Idealismus, der Geist, noch, wie für den Materialismus, der Stoff, sondern unser tägliches Leben, das wirkliche konkrete Sein des Menschen als Gemeinschaftswesen, als gesellig lebendes Tier, als ζῷον πολιτικόν, der Alltag, wie er sich täglich und stündlich vor unser aller Augen abspielt, die gleiche gesellschaftliche Realität, wie sie in der realistischen Malerei und in dem realistischen Gesellschaftsroman der gleichen Zeit den Gegenstand der Darstellung bildet, während sie bis dahin weder für die Kunst noch für die Wissenschaft als würdiger Gegenstand ernsthaft sachlicher Beschäftigung gegolten hatte, vielmehr aus einer Art von sozialer Prüderie verdrängt worden war. Im Gegensatz zum Idealismus nennt Marx das Materialismus, irreführender Weise, und Lenin und Stalin sind dieser vulgären Irreführung tatsächlich erlegen und haben sie zum Dogma des bolschewistischen Glaubensbekenntnisses erhoben. In Wirklichkeit hat diese Anschauung mit Materialismus im naturphilosophischen Sinne unmittelbar nicht das geringste zu tun, und man würde sie zutreffender soziologischen Realismus oder soziologische Geschichtsauffassung nennen.«

»Da in diesem berühmten Satz das ›gesellschaftliche Sein‹ des Menschen genau den Bereich deckt, der den Gegenstand der Soziologie bildet, so ist hier in der Tat zum ersten Mal ausdrücklich – und mit genialer Kühnheit des Wurfs – die Aufgabe der Kultursoziologie bezeichnet.«[47]

Drei Einwände lassen diese Verdienstzuweisung fragwürdig erscheinen:

1. Rüstows Ausschmückung des Satzes über die Bedingtheit des

Bewußtseins findet sich sinngemäß auch bei Marx, aber dort nicht als eigenes Elaborat, sondern als Zitat, das von Montesquieu stammt:

»Was ist es also eigentlich mit der sozialen Frage?

Der Mensch soll und will leben.

Zum Leben braucht der Mensch Wohnung, Kleidung, Nahrung.

Wohnung und Kleidung bringt die Natur gar nicht hervor, Nahrung wächst wild nur spärlich und lange nicht zureichend.

Der Mensch muß sich deshalb diese Bedürfnisse selbst anschaffen.

Das geschieht durch Arbeit.

Arbeit ist demnach die erste Bedingung unseres Lebens, ohne Arbeit können wir nicht leben.

Bei den ersten Völkern baute sich nun jeder seine Hütte selbst, fertigte sich seine Kleidung aus Tierfellen selbst, brach sich seine Früchte zum Essen selbst. Das war der Urzustand.

Wenn der Mensch aber nichts braucht als Wohnung, Kleidung, Nahrung, wenn er also bloß seine körperlichen Bedürfnisse befriedigt, so steht er mit dem Tiere auf gleicher Stufe; denn das tut das Tier auch.

Der Mensch aber ist ein höheres Wesen als das Tier, er braucht mehr zum Leben: Er braucht Freude, er soll sich zu einem sittlichen Werte erheben. Das kann er aber nur, wenn er in Gesellschaft lebt.

Sobald die Menschen aber in Gesellschaft lebten, trat ein ganz anderes Verhältnis ein. Sie bemerkten bald, daß die Arbeit viel leichter sei, wenn jeder einzelne nur eine bestimmte Arbeit machte. Und so fertigte der eine Kleidung, der zweite baute Häuser, der dritte sorgte für Nahrung, und der erste gab dem zweiten, was diesem fehlte. So bildeten sich die verschiedenen Stände der Menschen ganz von selbst, indem der eine Jäger, der andere Handwerker, der dritte Ackerbauer wurde. Die Menschen aber blieben dabei nicht stehen; denn die Menschheit muß vorwärts schreiten. Man machte Erfindungen. Man erfand das Spinnen und das Weben, das Schmieden des Eisens, das Gerben der Tierfelle. Je mehr man Erfindungen machte, desto mannigfaltiger ward das Handwerk, desto leichter der Ackerbau, dem das Handwerk Pflug und Spaten lieferte. Alles half sich, alles griff ineinander. Man kam dann mit benachbarten Völkern zusammen; das eine Volk hatte, was das andere entbehrte – und dieses besaß, was jenes nicht hatte. Man tauschte dieses um. So entstand der Handel und damit ein neuer Zweig der menschlichen Tätigkeit. So schritt die Bildung von Stufe zu Stufe fort, von den ersten unbeholfenen Erfindungen kam man in Jahrhunderten endlich zu den Erfindungen unserer Zeit.

So bildeten sich unter den Menschen die Wissenschaften und die Künste, und immer reicher, immer mannigfaltiger wurde das Leben. Der Arzt heilte den Kranken, der Pfarrer predigte, der Kaufmann handelte, der Landmann baute das Feld, der Gärtner zog Blumen, der Maurer baute die Häuser, die der Schreiner mit Hausgerät versah, der Müller mahlte das Mehl, das der Bäcker zu Brot verbackte – eines griff in das andere; niemand konnte allein stehen, niemand sich seine Bedürfnisse selbst allein verschaffen.

Das sind die sozialen Verhältnisse.« [48]

Insgesamt hat Marx nicht weniger als 109 Auszüge aus Montesquieu gemacht! *Demnach gebührt offenbar Montesquieu das Verdienst, der »Begründer der historischen Soziologie« zu sein, nicht Marx!*

2. Rüstow hat den Satz, der die Abhängigkeit des Bewußtseins zum Ausdruck bringt, aus dem Zusammenhang gerissen.

Der Kontext lautet: »In der gesellschaftlichen Produktion ihres Lebens gehen die Menschen bestimmte, notwendige, von ihrem Willen unabhängige Verhältnisse ein, Produktionsverhältnisse, die einer bestimmten Entwicklungsstufe ihrer materiellen Produktivkräfte entsprechen. Die Gesamtheit dieser Produktionsverhältnisse bildet die ökonomische Struktur der Gesellschaft, die reale Basis, worauf sich ein juristischer und politischer Überbau erhebt, und welcher bestimmte gesellschaftliche Bewußtseinsformen entsprechen. Die Produktionsweise des materiellen Lebens bedingt den sozialen, politischen und geistigen Lebensprozeß überhaupt.«[49]

Entscheidend für das menschliche Bewußtsein ist nach Marx also nicht der menschliche Alltag mit seinen Höhen und Tiefen, seinen Freuden und Leiden, wie Rüstow Marx deutet, sondern nur ein Ausschnitt daraus, nämlich das Erwerbsleben. Aber auch dieses nicht generell, vielmehr die Eigentumsfrage: Ist der Arbeiter Eigentümer der Rohstoffe, der Maschinen, der Produkte? – ein Aspekt, den Rüstows Deutung gar nicht erwähnt. Für Marx aber ist die Abschaffung des Privateigentums an den Produktionsmitteln der Dreh- und Angelpunkt der Geschichte. Die Marxschen Ausführungen sind diesbezüglich von seltener Deutlichkeit. Schon im »Kommunistischen Manifest« steht: »Eure Ideen selbst sind Erzeugnisse der bürgerlichen Produktions- und Eigentumsverhältnisse.«[50]

3. Kann man ernstlich behaupten, daß das gesellschaftliche Sein das Bewußtsein dirigiert? Wäre das gesellschaftliche Sein bestimmend

für das Bewußtsein, müßten doch alle Glieder einer Klasse das gleiche Bewußtsein aufweisen. In allen Klassen gibt es Wähler aller Parteien. Ferner: Besteht nicht eine Wechselbeziehung zwischen Sein und Bewußtsein? Revolutionäre Agitation soll das Bewußtsein verändern. Wird das Ziel erreicht, werden die Verhältnisse umgewälzt, so hat das Bewußtsein das Sein verwandelt. Läßt sich die umstürzende Ausstrahlung von Marx vorzüglich mit seinem gesellschaftlichen Sein erklären? Schon Engels hat diese Wechselwirkung eingesehen und zugegeben, daß auch verschiedene Momente des Überbaus Rückwirkungen auf die Basis zeitigen:

»Wir machen unsere Geschichte selbst, aber erstens unter sehr bestimmten Voraussetzungen und Bedingungen. Darunter sind die ökonomischen die schließlich entscheidenden. Aber auch die politischen usw., ja selbst die in den Köpfen der Menschen spukende Tradition, spielen eine Rolle, wenn auch nicht die entscheidende.«[51] (Nur nebenbei sei bemerkt, daß Engels sich auch hier als unscharfer Denker erweist. Denn wenn mehrere Faktoren Einfluß ausüben, kann jeder ausschlaggebend werden. Das Wahlergebnis in einer Großstadt hat für das Gesamtergebnis einer landesweiten Wahl ein ganz anderes Gewicht als das einer kleinen Gemeinde. Und doch kann ihr Ergebnis das Zünglein an der Waage bilden.) Von Marx stammt der auch in diesem Zusammenhang aufschlußreiche Satz: »Meine Krankheit kommt immer aus dem Kopf.«[52]

Ähnlich emphatisch wie sich Rüstow über Marx, den Kultursoziologen, geäußert hat, hat er ihn als Wirtschaftstheoretiker gepriesen. Marx habe »die mit Abstand bedeutendste wissenschaftliche Leistung zu verzeichnen, die einem deutschen Nationalökonomen in der zweiten Hälfte des 19. Jahrhunderts gelungen ist...«[53] Nachdem dann noch von »bohrendem Scharfsinn« die Rede ist, kommt es, wie aus heiterem Himmel, zum Vorwurf einer Fundamentallüge des Marxschen Gedankengebäudes. Wenig später wird erneut der »ungeheuere Scharfsinn« gepriesen, mit dem Marx die Ausbeutung des Arbeiters als gesetzmäßig nachweisen wollte. Und dann: »Dieser Nachweis ist restlos gescheitert und wird heute von keinem ernsthaften wissenschaftlichen Nationalökonomen mehr aufrecht erhalten.«[54] Diese Kapriolen sprechen für sich und gegen Rüstow. »Judenfrage« (VI 2 u. 4) und »Entfremdung« (VIII 4) sind gleichfalls genuin soziologische Themen. Doch auch insofern ist der wissenschaftliche Wert der Marxschen Analyse mehr als fragwürdig. Werner Blumenberg, der Marx nach Kräften vom Vorwurf des Anti-

semitismus freisprechen möchte, tut dies mit Argumenten, die Marx, den »Soziologen«, der Lächerlichkeit preisgeben:
»War Marx Antisemit? Die Auffassung, daß er es war, spitzt sich auf diese Aufsätze, auf Stellen in anderen Schriften, auf Artikel der ›Neuen Rheinischen Zeitung‹ sowie auf viele Äußerungen über Juden, von denen besonders die Korrespondenz mit Engels wimmelt und die keineswegs ›geistreich‹ oder ›witzig‹, sondern anstößig und geschmacklos sind... Was diese Aufsätze angeht, so ist Gustav Mayer zuzustimmen, daß Marx hier unwählerisch die Überlegenheit seiner neuen Betrachtungsweise über die ideologischen Auffassungen der Junghegelianer demonstrieren wollte. Aber man darf auch nicht übersehen, daß er den konkreten gesellschaftlichen und politischen Tatbestand ohne jede Kenntnis der Sozial- und Geistesgeschichte der Juden behandelt...«[55] – Das kann doch zugunsten der allermeisten Antisemiten ins Feld geführt werden. Und ferner, was hier noch mehr ins Gewicht fällt, er war doch selbst Jude und hatte mütterlicher- wie väterlicherseits nur Juden als Vorfahren! Marx hat sich also nicht nur nicht informiert, sondern sein durch die familiären Gegebenheiten bedingtes Wissen als unpassend ausgeblendet.
*Die Entfremdungslehre[56] von Marx ist keinen Deut besser, als es seine Betrachtungen über das Judentum sind. Um die Entfremdung als Tatsache in den Raum zu stellen, braucht Marx keinerlei Feldforschung, weder eigene noch fremde.* Voll Selbstgewißheit verkündet er: Im Kapitalismus sind alle entfremdet, und zwar total, in allen Dimensionen. Ausnahmen, Differenzierungen, Abstufungen kennt der Revolutionär nicht: »Indem die entfremdete Arbeit dem Menschen 1. die Natur entfremdet, 2. sich selbst, seine eigne tätige Funktion, seine Lebenstätigkeit, so entfremdet sie dem Menschen die Gattung; sie macht ihm das Gattungsleben zum Mittel des individuellen Lebens. Erstens entfremdet sie das Gattungsleben und das individuelle Leben, und zweitens macht sie das letztere in seiner Abstraktion zum Zweck des ersten, ebenfalls in seiner abstrakten und entfremdeten Form...
Die entfremdete Arbeit macht also:
3. das Gattungswesen des Menschen, sowohl die Natur als sein geistiges Gattungsvermögen, zu einem ihm fremden Wesen, zum Mittel seiner individuellen Existenz. Sie entfremdet dem Menschen seinen eignen Leib, wie die Natur außer ihm, wie sein geistiges Wesen, sein menschliches Wesen.
4. Eine unmittelbare Konsequenz davon, daß der Mensch dem Pro-

dukt seiner Arbeit, seiner Lebenstätigkeit, seinem Gattungswesen entfremdet ist, ist die Entfremdung des Menschen von dem Menschen.«[57]

*Wenn gleichwohl namhafte Soziologen überschwengliches Lob verkünden, so keimt im Laien ein Zweifel, ob hier nicht taktische Erwägungen und ideologische Hoffnungen bestimmend geworden sind. Friedrich Tenbruck, vormals Direktor des Seminars für Soziologie der Universität Tübingen, war nicht der erste und nicht der letzte, der diese Art von Soziologie als Wissenschaft in Frage gestellt hat.*[58]

# XII.
# »Wären unsere Gegner pfiffiger als sie sind...«
# Konservative und Liberale

»Wären unsere Gegner pfiffiger als sie sind, sie hätten die Sache noch ganz anders gegen uns persönlich ausspielen können. Wehe den Gegnern, denen wir ähnliches nachzuweisen vermöchten.«[1] Diese Bemerkung Bebels in einem Brief an Kautsky vom 26. März 1891 ist sicherlich richtig und sollte für die »Gegner« Anlaß zur Selbstkritik sein. Parteischädigendes Verhalten von Marx, dem »geistigen Haupt der Partei«, und Engels gab Bebel die Veranlassung zu diesen so deutlichen Zeilen. Wer damals die Gegner waren, liegt auf der Hand. Wer sind heute die Gegner? Haben Marx, seine Anhänger, seine Lehre heute überhaupt noch Gegner?

## 1. »...die deutsche Nation die Scheiße an und für sich« (Karl Marx) – Bund und Länder

Die Kernaussagen des Grundgesetzes für die Bundesrepublik Deutschland (Art. 1 und Art. 20) lauten: »Die Würde des Menschen ist unantastbar. Sie zu achten und zu schützen ist Verpflichtung aller staatlichen Gewalt. Das deutsche Volk bekennt sich daher zu unverletzlichen und unveräußerlichen Menschenrechten als Grundlage jeder menschlichen Gemeinschaft, des Friedens und der Gerechtigkeit in der Welt.«
»Die Bundesrepublik Deutschland ist ein demokratischer und sozialer Bundesstaat. Alle Staatsgewalt geht vom Volke aus.«
Wer sich intensiv mit Marx und dem Marxismus befaßt hat, weiß, daß Marx nahezu alle Aussagen, die die eben zitierten Bekenntnisse enthalten, negiert. Grund für die Menschenwürde ist die Fähigkeit zur sittlichen Entscheidung; Marx aber, der Determinist, verneint die Willensfreiheit und eine allseits verbindliche Moral (VIII 2). Über unverletzliche und unveräußerliche Menschenrechte macht er sich lustig.[2] Die Demokratie bejaht er nur als Sprungbrett in die Dik-

Fraglich ist, ob die schrägen Striche von Marx stammen. Dagegen spricht, daß er sonst Streichungen waagrecht tätigt und Anfang wie Ende klar bestimmt. Tatsache bleibt, daß er in solchen Kategorien gedacht hat.

tatur des Proletariats (VI 5). Auch die bundesstaatliche Ordnung war ihm ein Dorn im Auge.[3] Marx war Vorkämpfer des Totalitarismus, ein Hasser der slawischen Völker, ein Antisemit. Terroristen haben guten Grund, sich auf ihn zu berufen. Marx nennt das deutsche Volk »die Scheiße an und für sich«[4].

Kann Deutschland einen solchen »Sohn«, der nie die deutsche Staatsangehörigkeit besessen und auf die preußische freiwillig verzichtet hat, ehren?

Dennoch:

»Irritiert sind die Ostler nur darüber, daß sie im Erdgeschoß [des Karl-Marx-Hauses in Trier] von einem Foto der Christdemokrat Helmut Kohl anblickt. Der Bonner Regierungschef hatte 1974, damals Ministerpräsident in Mainz, das Marx-Haus besichtigt. ›Der Bundeskanzler hier‹, sagt ein Besucher aus Sachsen, ›das ist ein Ding.‹«[5]

Im Bericht der Bundesregierung zur Lage der Nation im geteilten Deutschland erklärte Bundeskanzler Helmut Kohl am 23. Juni 1983 vor dem Deutschen Bundestag: »Die großen Gedenktage dieses Jahres – dazu gehört auch der 100ste Todestag von Karl Marx – zeigen die Einheit der Nation...«[6]

Aus Anlaß der 100sten Wiederkehr des Todestages von Marx hat die Deutsche Bundesbank eine Münze im Nennwert von 5 DM in einer Auflage von 8,35 Millionen Stück in Umlauf gebracht. Die Vorstellung der Münze geschah durch das Bundesfinanzministerium mit den Worten: »Die Bildseite zeigt das Portrait des Philosophen, Sozialwissenschaftlers und Politikers, sowie die Umschrift ›Karl Marx 1818–1883‹... Der glatte Münzrand enthält die vertiefte Inschrift: ›Wahrheit als Wirklichkeit und Macht‹.«[7] Die Karl-Marx-Münze wird bei all jenen, die das verquere Verhältnis Marxens zum Geld kennen, Kopfschütteln, Verwunderung oder ein süffisantes Lächeln auslösen. Ausgerechnet der Kopf des Mannes, der das Geld haßte, von dem er nie genug haben konnte, der mit ihm nicht umzugehen wußte, der ihm alle Gebrechen der Welt anlastete, der es abschaffen wollte – schmückt eine Münze! Der Botschafter der Bundesrepublik Deutschland in London, Jürgen Ruhfus, legte in amtlicher Eigenschaft am Grabe von Marx einen Kranz nieder. Ein Mitarbeiter der Botschaft erklärte: »Karl Marx war ein Deutscher und ein anerkannter politischer Philosoph.«[8]

(In einer anderen Meldung aus diesem Anlaß hieß es: »In London werden am Montag, dem Todestag selber, Delegationen verschiedener marxistischer Richtungen das Grab des Begründers des dialektischen Materialismus auf dem Highgate-Friedhof besuchen. Der Kranzniederlegung durch Englands Kommunistische Partei werden eine Moskauer, eine Pekinger und zwei deutsche Delegationen beiwohnen.
Gesondert zum Grabe zieht die trotzkistische Organisation ›Workers Revolutionary Party‹, die mit dem ebenfalls trotzkistischen ›Sozialistischen Jugendbund‹ einen Sternmarsch von Trier nach London organisiert hatte... Ein weiterer Kranz wird vom SPD-Vorsitzenden Willy Brandt erwartet.«[9])

»Das Parlament«, eine überwiegend aus Bundesmitteln finanzierte Wochenzeitschrift, ließ Marx ebenfalls aus diesem Anlaß von Marianne Dörfel würdigen. Unter der Überschrift »Unstreitiges Verdienst« behauptet sie: »Unstreitig ist dabei jedoch das Verdienst Marx', durch seine umfassenden Analysen des kapitalistischen Systems das Bewußtsein für soziale Ungerechtigkeit geschärft und erweitert zu haben. Sein Begriffsinstrumentarium hat Diskussionen ermöglicht, in denen neue Dimensionen sichtbar wurden. Das zeigte sich zuletzt in der Protestbewegung der zweiten Hälfte der 60er Jahre. Es wurden brillante Diskussionen geführt, wichtige Denkanstöße gegeben und verarbeitet und die soziale und politische Welt in mancher Hinsicht radikal verändert. Die Verirrung in terroristische Gewaltaktionen beschränkte sich weitgehend auf Deutschland... Die von Marx programmtisch geforderte Verkürzung der ›notwendigen Arbeitszeit‹ ist aus einer Kampfparole zum vielfältig angebotenen Allheilmittel geworden.«[10]
Das »unstreitig« ist ebenso richtig wie der Ausspruch Engels: »... denn mit Ausnahme derjenigen, die nicht zählen, sind im Jahre 1846 alle europäischen Demokraten mehr oder weniger klare Kommunisten.«[11] Daß Dörfels Behauptungen unbelegt bleiben, versteht sich fast von selbst. Wann etwa hat Marx die Verkürzung der notwendigen Arbeitszeit gefordert? Nach seiner Kapitalismus-

Analyse bezahlt der Unternehmer den Arbeiter für den ganzen Tag (X 3).

1986 stellte PZ, herausgegeben von der Bundeszentrale für politische Bildung, Bonn, »Botschafter – Made in Germany« vor. Auf der ersten Seite: Otto Wolff von Amerongen, Nina Hagen, Boris Becker und Karl Marx. Der Begleittext: »Sein Name ist Programm. Revolutionäre aller Herren Länder haben sich auf seinen ›kategorischen Imperativ‹ berufen, ›alle Verhältnisse umzuwerfen, in denen der Mensch ein erniedrigtes, ein geknechtetes, ein verlassenes, ein verächtliches Wesen ist‹ (VIII 2). Das ›Kommunistische Manifest‹ erreicht Auflagenhöhen, die nur noch mit denen der Bibel zu vergleichen sind. Heute hängt sein Bild neben dem von Staatsgründern aus Äthiopien und Kambodscha, Algerien und Vietnam. Das Bild eines Mannes, der 1845 seine Entlassung aus dem ›Königlich preußischen Untertanenverband‹ beantragte und bis zu seinem Lebensende als ›Internationalist‹ staatenlos blieb.«[12] Marx blieb staatenlos, weil Preußen ihm die Jahrzehnte später erwünschte Wiedereinbürgerung verweigerte.

Anläßlich einer Sitzung des Deutschen Bundestages im Gedenken an den 17. Juni 1953 zitierte 34 Jahre später der Gastredner, Prof. Dr. Fritz Stern, die, wie es heißt, »berühmten Worte Karl Marx': ›Setze den Menschen als Menschen und sein Verhältnis zur Welt als ein menschliches voraus, so kannst du Liebe nur gegen Liebe austauschen, Vertrauen nur gegen Vertrauen etc.«[13] (In derselben Ansprache äußerte Stern auch: »Es [der 17. Juni 1953] war kein Aufstand für die Wiedervereinigung.«[14])

Nun, von »berühmten Worten« kann nicht die Rede sein. Wer kennt sie schon? Man lese sie immer und immer wieder, und wird – wie ich meine – keine Veranlassung sehen, sie zu bewundern. Dieses Urteil dürfte noch mehr überzeugen, wenn wir den Kontext der »berühmten Worte« berücksichtigen. Voraus geht ein Satz, der Marxens wirres Verhältnis zum Geld verdeutlicht: »Da das Geld nicht gegen eine bestimmte Qualität, gegen ein bestimmtes Ding, menschliche Wesenskräfte, sondern gegen die ganze menschliche und natürliche gegenständliche Welt sich austauscht, so tauscht es also – vom Standpunkt seines Besitzers angesehn [sic] – jede Eigenschaft gegen jede – auch ihr widersprechende Eigenschaft und Gegenstand – aus; es ist die Verbrüderung der Unmöglichkeiten, es zwingt das Sich-Widersprechende zum Kuß.« Und nach den »berühmten Worten« lesen wir: »Wenn du die Kunst genießen willst, mußt du ein künstlerisch gebildeter Mensch sein; wenn du Einfluß auf andre Menschen ausüben willst, mußt du ein wirklich anregend und fördernd auf andre Menschen wirkender Mensch sein.«[15]

Ein Schulbuch der Verlage Diesterweg, Frankfurt a.M., und Kösel, München, mit dem Titel »Ethik – ein Arbeitsbuch für den Ethikunterricht im 9. und 10. Schuljahr« stellt schon in einer Überschrift »Jesus, Buddha, Eckehart, Marx und Schweitzer« in eine Reihe. Dann wird Erich Fromm (VIII 4) zitiert, der zu wissen glaubt: »Marx lehrt, daß Luxus ein genauso großes Laster sei wie Armut und daß es unser Ziel sein müsse, viel zu sein, nicht viel zu haben.«[16] Auch hier natürlich keinerlei Beleg. Vermutlich entsprechen zahlreiche Schulbücher diesem Beispiel.

Marx hatte für seine Geburtsstadt Trier nicht die geringste Anhänglichkeit gezeigt. Gleichwohl fanden auch dort aus Anlaß seines 100sten Todestages Festveranstaltungen statt. Dabei sprachen neben zahlreichen anderen der Staatsminister im Auswärtigen Amt Dr. Alois Mertes, CDU, und der Ministerpräsident von Rheinland-Pfalz, Bernhard Vogel, CDU. Der CDU-Oberbürgermeister Felix Zimmermann rühmte sich seiner großzügigen Toleranz, die es ihm ermöglicht habe, für die erneute Restaurierung des Geburtshauses von Marx das Steuersäckel um 1,5 Millionen zu erleichtern.

Weder der Staatsminister noch der Ministerpräsident machten einen Kniefall vor dem »Ehrwürdigen«, mußten andererseits aber bemüht sein, große, nicht exakt nachprüfbare Verdienste anzuerkennen, da sie ja sonst ganz fehl am Platz gewesen wären. Mertes betonte einleitend, daß er als Vertreter der Bundesregierung, insbesondere des Kanzlers und seines Außenministers, die »einmalige Persönlichkeit« von Marx würdige.

»Gestatten Sie mir ein Grußwort als Vertreter der Bundesregierung; insbesondere von Bundeskanzler Kohl. Ihm lag bereits als Ministerpräsident des Landes Rheinland-Pfalz sehr daran, zusammen mit der Stadt Trier die Sanierung und museale Umgestaltung des Geburtshauses von Karl Marx, aber auch die Bemühungen um die wissenschaftlich und geschichtlich-politisch angemessene Bildungsarbeit dieses Hauses zu fördern; eine Bildungsarbeit, die den schöpferischen Anstößen, den grundlegenden Irrtümern wie auch den verhängnisvollen Wirkungen dieser einmaligen Persönlichkeit der Menschheitsgeschichte gerecht werden muß.«[17]

Mertes irrt mit der Feststellung: »Karl Marx hat von sich selbst geschrieben: ›Moi, je ne suis pas marxiste – ich bin kein Marxist.‹«[18]

Marx hat derlei nie geschrieben, und das, was ihm an Einschlägigem in den Mund gelegt wird, zielt in eine ganz andere Richtung (XII 5). Ferner irrt Mertes mit der Behauptung: »Marx definiert Freiheit – so wie sein durch ihn vom Kopf auf die Füße gestellter Lehrer Hegel – als ›Einsicht in die Notwendigkeit‹.«[19] Diese Definition stammt von Hegel/Engels.[20] Mertes trifft ins Schwarze mit der Feststellung, daß Marx geistig ins Absolute fortsetzt, »was Robespierre als ›Terror aus Tugend‹ postuliert hatte.«[21] Die nächste Aussage fordert erneut zum Widerspruch heraus: »Karl Marx nötigt uns Respekt ab, weil sein Denken – mitsamt seinen Irrtümern – zeigt, in welchem Ausmaß ihm das Leid der Menschen, vor allem in der Frühphase der industriellen Revolution, bewegt hat.«[22] Dann wieder ganz korrekt: »Marx' verhängnisvollster Irrtum, sein negativstes Erbe, ist die Anerkennung einer Diktatur des Proletariats als einer geschichtlich notwendigen und deshalb ethisch in sich selbst guten Sache.«[23]
Weit gediegener die Ansprache Bernhard Vogels. Er sprach in Anwesenheit der Botschafter der Sowjetunion, Chinas, Jugoslawiens sowie des Leiters der Ständigen Vertretung der DDR und anderer »erlauchter« Gäste.

Einleitend bemerkte er: »Für meine Ausarbeitung habe ich Karl-Marx-Studien von Prof. Dr. Erwin Faul, Universität Trier, benutzt, dem ich an dieser Stelle für seine Hilfe und Zusammenarbeit herzlich danke.«[24]
»Diese weltweite Wirkung von Karl Marx ist der Grund, warum wir hier in Trier in dieser Stunde zusammengekommen sind. Für das Leben dieser Stadt, für die Geschichte dieses Landes mag mancher Sohn dieser Stadt und ihrer Landschaft mehr bewirkt haben, als der zumeist in London ansässige Philosoph und ökonomische Schriftsteller, der in jungen Jahren seine Vaterstadt verlassen hatte. An weltweiter Wirkung wird er kaum von jemandem übertroffen, seit Konstantin der Große – zwar nicht hier geboren, aber hier aufgewachsen – von hier aus mit der Erneuerung des Römischen Weltreiches begann.«[25]

Wenn weltweite Wirkung allein Anlaß für Ehrung ist, so hätte am 20. April 1989 in Braunau am Inn eine ähnliche Veranstaltung stattfinden müssen. Entscheidend sollte doch eher sein, ob diese große Wirkung zugleich überwiegend auch eine segensreiche gewesen ist. Vieles von dem, was die beiden weltwirksamen Halbdeutschen verbindet, so Rassismus und Antisemitismus, bleibt unerwähnt. Aber es wird verdeutlicht, daß der, der auf dem Boden des Grundgesetzes steht, nicht zugleich Marxist sein kann:

»Als Bürger eines Verfassungsstaates müssen wir Vorbehalte und Widerspruch gegen die Staatsauffassung von Karl Marx hegen, die natürlich eng mit seinen Systemannahmen verknüpft ist. Im Denken von Karl Marx haben weder die Allgemeinverbindlichkeit einer Verfassung, noch eine Rechtsordnung, noch sonstige übergreifende Werte Platz, die nur als Ausfluß von Klassenherrschaft erscheinen. Den Problemen der Regierungsform hat Marx eine untergeordnete Bedeutung beigemessen. Errungenschaften des Verfassungsstaates wie die Gewaltenteilung galten leichthin als verzichtbar.« [26]

*Erneut stellt sich die Frage, ob es wirklich ein Handeln im Geiste des Grundgesetzes ist, wenn Vorkämpfern des Totalitarismus wie Marx durch Großveranstaltungen im Bewußtsein der unaufgeklärten naiven Massen eine gewaltige Aufwertung zuteil wird.*

## 2. »Was als richtig erkannt, kommt ohne Mythen aus« – konservative Stimmen

*»Natürlich existiert auch eine innere Differenziertheit im Konservatismus und in der konservativen Marxismus-Kritik. Sie reicht z. B. von Positionen bei Löw, der trotz ›jahrelangen emsigen Suchens... keine positive, als richtig anerkannte Feststellung, die wir Marx verdanken‹ kennt, bis zu Rohrmoser, der davon ausgeht, daß der Marxismus ›ein umfassendes, befriedigendes Konzept der Erklärung aller Fragen und Probleme weltanschaulicher, implizit religiöser Natur zur Verfügung‹ habe...«[27]*

Auch die Neue Zürcher Zeitung, ein weltweit renommiertes, freiheitlich konservatives Blatt, würdigt Marx anläßlich seines hundertsten Todestages: »Bei aller Leidenschaft des polemischen Stils ging es letztlich nur darum, die politischen, gesellschaftlichen und wirtschaftlichen ›Kräfte‹ in ihrer ›Gesetzmäßigkeit‹ darzustellen... Und was als richtig erkannt ist, kommt ohne die Mythen aus, die sonst den Propheten einer Erkenntnis biographisch begleiten.«[28] Wir haben gesehen, auch diesen Propheten begleiten Mythen über Mythen.

Und ist es nicht ein weiterer Mythos, wenn der Artikel bereits im ersten Satz feststellt: »Seit 1843 Herausgeber der ›Deutsch-Französischen Jahrbücher‹«? Tatsache ist, daß überhaupt nur ein Heft (Doppelheft 1/2) erschien, und zwar 1844. Was folgt, bietet überwiegend Werturteile, die durchaus Beifall verdienen.

Die Monatszeitschrift Criticón brachte etwa um die gleiche Zeit einen Aufsatz Gerd-Klaus Kaltenbrunners, seit 1986 Träger des Konrad-Adenauer-Preises: »Wider den Euro-Masochismus«. Darin findet sich die Behauptung: »Neu ist vielmehr etwas anderes. Und dieses Neue bleibt für immer mit der Geistesgeschichte Europas verbunden: die grundsätzliche, entschiedene und totale Absage an Kolonialismus und Ausbeutung anderer Rassen, Völker und Erdteile. Ob man nun an... Bartholomé de Las Casas (1474–1566), Francisco de Vitoria (1480–1546)... Karl Marx... denkt, an die gegen Sklavenarbeit und Sklavenhandel kämpfenden Dominikaner, Jesuiten, Quäker und Methodisten...[29] Die Darstellung gab mir Veranlassung, den Verfasser um einen Beleg zu bitten. Anstatt der wiederholt schriftlich geäußerten Bitte zu entsprechen, erhielt ich folgende Belehrung: »Marx ist einer der größten Humanisten aller Zeiten, schon allein wegen des Ausspruchs, ›daß der Mensch für den Menschen das höchste Wesen sei‹. Was Sie hingegen nicht ganz verstanden zu haben scheinen, ist meine Bewertung dieser Tatsache. Es kann jemand ein Humanist sein, und dennoch – eben weil er einen radikalen Humanismus vertritt – die gnadenlosesten politischen Praktiken rechtfertigen. Die größten Verbrechen sind ja gar nicht im Namen des Rassismus, des Militarismus, nicht einmal irgendwelcher molochitischer Götzendienste begangen worden, sondern – rein statistisch betrachtet – im Namen humanistischer und emanzipatorischer Ideale.«[30]

Ist nicht auch die Feststellung des Präsidenten der Katholischen Universität Eichstätt ein Beitrag zum Mythos Marx: »... hätten Marx und seinesgleichen geschwiegen, hätten sich ihre Prognosen bewahrheitet, da zu wenigen Menschen der Gedanke gekommen wäre, Maßnahmen zu ergreifen, durch welche die elementaren Bedürfnisse der Arbeiterschaft befriedigt werden konnten«[31]?

Der hypothetische Geschichtsablauf ist immer ungewiß. Davon abgesehen, *vielfältige Hilfsprogramme waren längst angekurbelt, bevor Marx irgendeine sozialpolitische Wirksamkeit entfalten konnte.* So kümmerten sich in England nicht nur vereinzelte Außenseiter der Gesellschaft um die Linderung der Not, vielmehr waren vom Unterhaus eingesetzte Fabrikinspektoren unterwegs, um die Einhaltung der immer schärfer werdenden Vorschriften, insbesondere zugunsten der Kinder und Frauen, durchzusetzen. Der den Terror bejahende Radikalismus Marxens hat letztlich unbegründete Aversionen gegenüber der Sozialdemokratischen Partei ausgelöst. Auch die Sozialistengesetze des Jahres 1879 dürften Marxens Radikalismus anzulasten sein. Treffender insofern schon Bernstein. Er erkannte, daß die Demokratie in England, Frankreich, der Schweiz, den skandinavischen Ländern und den Vereinigten Staaten »sich als ein machtvoller Hebel des sozialen Fortschritts erwiesen«[32] habe.

Günter Rohrmoser, ebenfalls ein konservativer Philosoph, demonstriert einen eigentümlichen Wissenschaftsbegriff an Marx, indem er schreibt: »Man kann sagen, daß der ganze wissenschaftliche Gehalt, der produktive Kern des Marxismus als einer wissenschaftlichen Theorie, in der Lehre von der Diktatur des Proletariats besteht.«[33] Reizvoll wäre es zu wissen, wie Rohrmoser »Wissenschaft« definiert.

Das Marxbild des Ernst Nolte bedarf nach dem oben Ausgeführten (III 2 ff.) keines Kommentars: »Seiner Familie und seinen Freunden gegenüber war er jedoch nach vielen Berichten ein zu jedem persönlichen Opfer bereiter Helfer, ein heiterer Gesellschafter, ein in seine Kinder und Enkelkinder vernarrter Vater und während seines ganzen Lebens ein wie ein Jüngling in seine Frau verliebter Gatte.«[34] Entsprechendes gilt für die Sätze: »Das Urteil über Marx' Antisemitismus hängt aber letzten Endes ganz und gar von der Interpretation seines Aufsatzes ›Zur Judenfrage‹ ab. Sie ist insofern sehr leicht, als aus der gleichzeitigen Korrespondenz unzweideutig hervorgeht, daß Marx eine Verteidigung der Juden und ihres Rechts auf – vorläufige – Beibehaltung ihrer Eigenart geben wollte [VI 2 u. 3].«[35]

Im christlich-konservativen Rheinischen Merkur wird Karl Marx von Curt Hohoff portraitiert. Einleitend heißt es: »Kein anderer Denker hat auf die Entwicklung der Weltgeschichte einen so großen Einfluß genommen wie der Philosoph Karl Marx. Trotzdem bleibt seine Lehre bis heute ein Buch mit sieben Siegeln: Einerseits markiert sie den Gipfel neuzeitlicher Rationalität, auf der anderen Seite übt sie gleich einer Droge eine narkotisierende Wirkung aus.«[36] Wer überschwängliches Lob sucht, sucht vergebens. Was er findet, sind etliche Irrtümer, manche mit, manche ohne Gewicht für unser Thema: »Es war eine anscheinend harmonische Ehe.« »Daß Karl Marx trotz allem heiter und guter Laune war, den Humor nicht verlor, hing mit seinem Optimismus zusammen.« »Marx bewarb sich um die englische Staatsangehörigkeit, die ihm schließlich erteilt wurde. Sie war die Voraussetzung zu Reisen auf das europäische Festland. Vor allem in Preußen hatte er die Verhaftung zu befürchten.« Was die beiden ersten Zitate anlangt, so sei auf III 2 und 4 verwiesen; zum dritten: 1874 hat Marx Antrag auf Einbürgerung gestellt. Dieser Antrag wurde jedoch abgelehnt, da er »seinem König gegenüber nicht loyal« gewesen ist. Als Staatenloser konnte er gänzlich unbehindert in zahlreiche Staaten reisen, insbesondere auch nach Preußen und später, also nach 1871, ins Kaiserreich (II 7).

Ebenfalls im Rheinischen Merkur nennt Bundesarbeitsminister Norbert Blüm Marx »einen guten Diagnostiker, und auch wer seiner Therapie nicht zu folgen vermag, kann aus seinen Analysen noch immer lernen.«[37] Marx findet selbst in »Kon.texte«, der Zeitschrift des RCDS, eine reizvolle Erwähnung: »Hier hat Marx uns auch heute noch eine Menge zu sagen«, heißt es, nachdem vorher die Stichworte »brillante Anwendung und Übertragung hegelscher Dialektik auf die Geschichte« und »menschengerechte Zukunftsgesellschaft ohne Entfremdung, durchdrungen von selbstbestimmter Arbeit«[38] gefallen sind. Daß der von Marx aufgezeigte Weg nach Utopia nicht gangbar ist, hätte er nüchternen Sinnes selbst erkennen müssen.

Schließlich sei noch eine erfolgreiche Anleitung: »Wie man eine wissenschaftliche Abschlußarbeit schreibt« erwähnt. Unter der Überschrift »Was eine Abschlußarbeit auch nach dem Universitätsabschluß nützt« wird der Doktorand wie folgt belehrt: »Marx hat nicht über politische Ökonomie, sondern über zwei griechische Philosophen, nämlich Epikur und Demokrit, promoviert. Und das war kein Arbeitsunfall. Vielleicht konnte Marx, wie wir wissen, die geschichtlichen und wirtschaftlichen Probleme gerade deshalb mit solch großer theoretischer Kraft durchdenken, weil er das Denken an seinen griechischen Philosophen gelernt hat. Angesichts zahlreicher Studenten, die mit einer höchst anspruchsvollen Arbeit über Marx anfangen, um dann im Personalbüro einer großen Kapitalgesellschaft zu landen, erscheint es nötig, über den Nutzen, die Aktualität und die Anforderungen des Gegenstandes der Arbeit nachzudenken.«[39]

## 3. »Warum einen so klugen Deutschen den Marxisten überlassen« (Walter Scheel) – liberale Stimmen

Wolfram Engels, kürzlich verstorbener Großneffe Friedrich Engels', hat, ausgerechnet in CAPITAL, das Verhältnis des Liberalismus zum Marxismus recht anschaulich beschrieben: »Marx' originelle wissenschaftliche Leistung war eine Umkehrung der Zentralthese der Liberalen. Weil der Mensch selbstsüchtig ist – so die liberalen Klassiker –, müssen Institutionen wie Eigentum, Vertragsfreiheit und Wettbewerb geschaffen werden, die den Egoismus des einzelnen in den Dienst der Allgemeinheit stellen.

Marx argumentiert entgegengesetzt: Weil es Eigentum und Wettbewerb gibt, ist der Mensch gezwungen, selbstsüchtig zu handeln, wenn er nicht untergehen will. Schafft man Eigentum und Markt ab, dann verschwindet damit der Egoismus.«[40] Jene, die ihre und fremde Völker zwangen, diesen Weg zu gehen, haben unendliches Leid über die Menschheit gebracht, Unfreiheit, Not und Tod für Millionen, ein Gesichtspunkt, den Wolfram Engels nachdrücklich betont. Da wundert es schon, wenn einer der namhaftesten Liberalen der Nachkriegsära, der zweite von der FDP gestellte Bundespräsident, Walter Scheel, die rhetorische Frage stellt: »Warum sollten wir einen so klugen Deutschen wie Karl Marx so ganz und gar den Marxisten überlassen?«[41] Das war kein Fauxpas, das entspricht offenbar dem Geist der Partei: Oder wie sollte man die Tatsache anders werten, daß im Saal 1903 NH, in dem üblicherweise die Sitzungen der FDP-Bundestagsfraktion stattfinden, Marx eine ungewöhnliche Ehrung erfährt. Rund 40 Schrifttafeln schmücken die Wände. Auf Tafel 1 der Name Johann Wolfgang v. Goethe, auf Tafel 2: Friedrich Schiller, auf Tafel 3: Heinrich von Kleist, auf Tafel 4, immer noch über dem Präsidium, im vollen Blickfeld also: Karl Marx/Friedrich Engels.

Allen Tatsachen zum Trotz erklärte der frühere Bundesinnenminister Werner Maihofer, FDP, unter der Überschrift »Recht und Staat im Denken des jungen Marx«: »Was diesen Kapitalismus anlangt, so sind wir heute alle ›Marxisten‹, wo immer wir stehen...«[42] Allen Tatsachen zum Trotz verwandelte er Marx in einen Vorkämpfer der Demokratie: »An die Stelle des früheren *autokratischen Staates,* der als die Herrschaft eines einzelnen oder einer durch ihre Rasse oder Klasse, ihren Stand oder Besitz ausgezeichneten und bevorrechtigten Gruppe über alle übrigen Glieder der Gesellschaft sich etabliert hat, soll ein *demokratischer Staat* treten, der im vollen Sinne des Wortes Demokratie: Herrschaft der Beherrschten über sich selbst, Selbstherrschaft und Selbstbeherrschung, ist.«[43]

Nun, Maihofer liebte offenbar Kapriolen in linker Schräglage, die heute im Rückblick geradezu belustigend wirken. 1989 schrieb er das Vorwort zu Uwe-Jens Heuers »Marxismus und Demokratie«. Heuer ist nicht irgendwer, trat vielmehr bereits 1948 der SED bei, wirkte in ihrem Geist über Jahrzehnte hinweg in der DDR und vertritt heute die PDS im Deutschen Bundestag.
In seinem Vorwort postuliert Maihofer »den beiderseitigen Abschied eines neuen Denkens von der langgehegten Erwartung, das jeweils andere politische System werde ohnehin an seinen eigenen Widersprüchen – hier von Demokratie und Kapitalismus, dort von Sozialismus und Diktatur – zugrundegehen, ›verfaulen‹ hier, ›zusammenbrechen‹ dort«.[44]
Dies ist nicht mehr und nicht weniger als die Aufforderung, die Augen vor der tristen, moribunden DDR zu verschließen, den parteiamtlich propagierten Schein für die Wirklichkeit zu nehmen. Im gleichen Geiste Maihofers Schlußsatz: »Das aber meint und heißt auch für den von uns hier erörterten Dialog der Systeme: ›Keine Demokratie ohne Sozialismus, kein Sozialismus ohne Demokratie, das ist die Formel einer Wechselwirkung, die über die Zukunft entscheidet.«[45]

Wann immer Gräfin Dönhoff glaubt, sie müsse moralische Appelle vom Stapel lassen, bemüht sie Marx: »Alle Fesseln sind gefallen, jeder bereichert sich, so schnell und so gut er kann. Es ist wie zu den Zeiten des Karl Marx, der den Kapitalismus verdammte. Auch bei uns gibt es kaum noch gesamtgesellschaftliche Werte, die der individuellen Gier Fesseln anlegen.«[46] Schön und richtig wäre es gewesen, hätte sie hinzugefügt, daß sich schon der Studiosus Marx rücksichtslos zu Lasten seiner Eltern und Geschwister zu bereichern suchte und daß Marx keinerlei tradierte Werte akzeptieren wollte. An anderer Stelle teilt sie uns mit: »Auch Marx hätte sich ja nie vorstellen können, daß sein System, das zum Glück in Permanenz führen sollte, nur mit Gulag und Terror zu erreichen sein würde.«[47] (Nein, auch damit war es nicht zu erreichen.) »Permanenz« gebraucht Marx nur im Zusammenhang mit Revolution: »Revolution in Permanenz«[48]. Offenbar weiß Gräfin Dönhoff nichts von den »Feuer und Eisenkuren«[49], die der von ihr Gelobte der Welt verordnen wollte.

Schließlich sei eine Publizistin erwähnt, die häufig in liberalen Blättern schreibt, Barbara Sichtermann. Sie ist auch heute noch der Ansicht, das »imperialistische Terrorregime« im Osten habe den Namen von Marx »eher zufällig auf seine Propaganda-Broschüren geklebt«[50]. Die Auffassung, Marx sei ein politischer Prophet gewesen, nennt sie eine »absurde Unterstellung«[51]. Vielmehr gelte es einen »Schatz... zu heben – an philosophiegeschichtlichen Kommentaren, heuristisch fruchtbaren Methoden, zeitgeschichtlichen Untersuchungen, sozialkritischen Skizzen, politisch-spekulativen Entwürfen und wirtschaftstheoretischen Konstruktionen. Es ist ein enormer analytischer Scharfsinn zu bewundern, empirische Detailbesessenheit, historisches Wissen, theoretisches Genie, kritische Schlagfertigkeit und stilistische Meisterschaft«[52].

## 4. »Traktat über kritische Vernunft« – Karl Popper

Am 17. September 1994 verstarb der vielfach geehrte Philosoph deutsch-jüdischer Abstammung Karl Popper, ein Anlaß für alle Medien, über ihn zu berichten. Schon seit Jahrzehnten genoß er hohes Ansehen. Henning Ritter würdigte ihn und entsprach damit ganz sicher dem Urteil vieler: »Der Philosoph des 20. Jahrhunderts, der am entschiedensten gegen die Staatsphilosophen der Vergangenheit, gegen Platon und Hegel, polemisierte, war auch der einzige, der eine vergleichbare Rolle gespielt hat.«[53]
Poppers Name ist ein Synonym für kritischen Rationalismus, wissenschaftliche Redlichkeit, geistige Offenheit. In diese Richtung weisen auch die Titel seiner bekanntesten Veröffentlichungen, nämlich »Logik der Forschung«, »Traktat über kritische Vernunft«, »Die offene Gesellschaft und ihre Feinde«. Gerade letzteres hat seinen internationalen Ruhm begründet. Im Vorwort zur ersten englischen Ausgabe finden wir die treffenden Worte: »Auch wenn in diesem Werk... harte Worte über einige der größten geistigen Führer der Menschheit fallen, so hoffe ich doch, daß mein Beweggrund nicht als Wunsch verstanden wird, sie herabzusetzen. Mein Beweggrund ist eher in meiner Überzeugung zu suchen, daß wir, wenn unsere Kultur weiter bestehen soll, mit der Gewohnheit brechen müssen, großen Männern gegenüber unsere geistige Unabhängigkeit aufzu-

geben.« Popper, Kant zitierend, ruft jedem zu: »Habe Mut, dich deines eigenen Verstandes zu bedienen!«[54] Daher handeln wir in seinem Geiste, wenn wir ihm respektvoll, aber vorbehaltlos einige kritische Fragen stellen und an sein Verhalten seinen eigenen Maßstab anlegen.

Zwölf Jahre nach der ersten englischen Ausgabe von »Die offene Gesellschaft...« (1945) erschien eine deutsche Übersetzung. 1992 kam die siebte Auflage auf den deutschen Büchermarkt. Die »Feinde« der offenen Gesellschaft sind für Popper Platon, Hegel, Marx, denen er sich aber als Gentleman nähert: »Große Männer können große Fehler machen, und ich versuche hier, zu zeigen, daß einige der größten geistigen Führer der Vergangenheit den immer wieder erneuerten Angriff auf Freiheit und Vernunft unterstützt haben.«[55] Die Zahl der Elogen, die er speziell Marx widmet, ist beachtlich, ihr Gewicht wiegt schwer. Er nennt den Marxismus »eine wahrhaft humanitäre Bewegung«[56] und fügt gleich noch ebenso tautologisch wie apodiktisch hinzu, daß »über den humanitären Impuls des Marxismus kein Zweifel bestehen«[57] könne. 15 Zeilen weiter folgt als biographisches Crescendo: »Man kann Marx nicht gerecht werden, ohne seine Aufrichtigkeit zuzugestehen. Seine Aufgeschlossenheit, sein Wirklichkeitssinn, sein Mißtrauen vor leerem Wortschwall und insbesondere vor moralisierendem Wortschwall machten ihn zu einem der größten und einflußreichsten Kämpfer gegen Heuchelei und Pharisäertum. Marx hatte ein brennendes Verlangen, den Unterdrückten zu helfen...«[58] Das Kapitel »Marxens Ethik« endet mit den Worten: »Der ›wissenschaftliche‹ Marxismus ist tot. Sein Gefühl für soziale Verantwortlichkeit und seine Liebe für die Freiheit müssen weiterleben.«[59] Da nach Popper über die Richtigkeit dieser Feststellungen »kein Zweifel bestehen« kann – obwohl seine Theorie derart sichere Einsichten ausschließt–, entfällt in den Augen des gutgläubigen Lesers die Notwendigkeit einer Beweisführung.

Die neueste, die siebte Auflage bietet insofern aber eine Sensation. Zwischen den Anmerkungen und dem Sachregister, auf S. 494 von Band 2, an einer Stelle, an der kaum jemand noch eine wichtige Sachaussage vermutet, heißt es: »Mehr als 20 Jahre, nachdem ich dieses Buch schrieb, wurde mir Leopold Schwarzschilds Buch über Marx, *Der rote Preuße,* bekannt. Schwarzschild betrachtet Marx mit teilnahmslosen und sogar feindlichen Augen, und er stellt ihn immer als einen unsympathischen Menschen hin... Schwarzschild be-

schreibt ihn als einen Mann, für den das ›Proletariat‹ bloß ein Instrument war, um seinen persönlichen Ehrgeiz zu befriedigen. Obgleich das vielleicht die Sache härter ausdrückt als es das Beweismaterial zuläßt, so muß doch zugestanden werden, daß Schwarzschilds Beweismaterial niederschmetternd ist.«
Auf das »niederschmetternde«ʹBeweismaterial stieß Popper 1965.
Dennoch unterließ er es, seine hymnischen Äußerungen zugunsten
von Marx, von denen einige oben wiedergegeben wurden, in den folgenden Auflagen zu revidieren, vor der Wende sogar den zitierten
Hinweis auf seine »Entdeckung«. Warum? »Der rote Preuße« wurde 1954 veröffentlicht. Weit bedeutsamer als dieses Werk sind die
Marx-Psycho- und Biographien von Arnold Künzli, Fritz Raddatz,
Richard Friedenthal, 1966, 1975 bzw. 1981 erschienen. Warum
nahm Popper davon keine Notiz, obwohl sie wahre Fundgruben
»niederschmetternden« Beweismaterials bilden? Alle drei Werke
unterstreichen nachhaltig, was Popper aus Schwarzschilds Biographie herausgelesen hat. Wer sie in einer wissenschaftlichen Abhandlung, die Motivation und Absicht des Karl Marx betreffend, unbeachtet läßt, offenbart eine eigentümliche »Logik der Forschung«,
um einen von Poppers Buchtiteln aufzugreifen. Diese eigentümliche
»Logik der Forschung« macht mißtrauisch und stimuliert die Frage,
welche Quellen Poppers Marx-Elogen speisen. Obgleich die Anmerkungen zu seinem Werk mehrere hundert Seiten füllen, fehlt insofern jeder nachprüfbare Hinweis.
Auf diese Fragen werden wir keine kompetenten Antworten erhalten. Keine ist vorstellbar, die Popper den Vorwurf ersparen würde,
er habe zunächst unbewußt, später bewußt dem Mythos Marx Vorschub geleistet und, was ein konsequentes Traktat über kritische Vernunft auszeichnet, selbst nicht durchgängig beherzigt.

## 5. »Ich bin kein Marxist« (Karl Marx) –
## der Irrglaube so vieler

»›Ich weiß nur dies, daß ich kein Marxist bin.‹ Karl Marx«. Damit
beginnt die »WirtschaftsWoche« einen Artikel, betitelt: »Abschied
vom Übervater«[60]. »Ich bin kein Marxist«, in der kürzeren oder längeren Version, wird immer und immer wieder zitiert von Leuten un-

terschiedlicher geistiger Provenienz, die damit glaubhaft dartun, daß Marx kein Dogmatiker gewesen sei, sich nicht selbst für den unfehlbaren Papst einer Bewegung gehalten habe, die »Marxisten« sich also nicht auf ihn berufen können, er gar nicht so gefährlich gewesen sei.

In dem sechsbändigen Herder-Lexikon »Sowjetsystem und demokratische Gesellschaft« heißt es besonders überzeugend formuliert: Marx mußte »erleben, daß sein Name zum Aushängeschild für seine Schüler wurde. Er mußte sich damit abfinden, unterließ es aber nicht, seinen ersten Anhängern die ausdrückliche – und von Engels mehrfach bestätigte – Warnung zuzurufen: ›Alles, was ich weiß, ist, daß ich kein Marxist bin.‹«[61] Autor kein geringerer als Maximilien Rubel. An anderer Stelle wird er noch deutlicher: »Marx hat sich wahrhaft Mühe gegeben, sie [die ›Marxisten‹] vom Hals zu schaffen, als er in seinen letzten Lebensjahren, nachdem sein Ruf die um sein Werk errichtete Mauer des Schweigens durchbrochen hatte, die vernichtende Erklärung abgab: ›Ich weiß nur dies, daß ich kein ›Marxist‹ bin!‹«[62] Im Geiste Rubels wiederholen seither unzählige zur höheren Ehre von Marx seinen Ausspruch: Je ne suis pas Marxiste, z. B. Helmut Gollwitzer[63], Oswald von Nell-Breuning[64], Julius Löwenstern[65], Robert Havemann[66]. Willy Brandt glaubt zu wissen: »Aber dogmatischer Marxismus, das erschien ihm [Kurt Schumacher] – und das ist – ein Widerspruch in sich.«[67]

Es verschlägt dem neugierigen Leser aber fast den Atem, wenn er den Quellen nachgeht, die Rubel benennt. (Alle anderen hier genannten Autoren verzichten auf jeden Beleg!) Sie zeigen, daß sich Marx nur von jenen distanzieren will, die seine Lehre, die wahre Lehre, entstellt vertreten und Engels alles tut, um insofern kein Mißverständnis aufkommen zu lassen, Rubels Worte Engels' Text und Intention auf den Kopf stellen.

Vier Belegstellen nennt Rubel, die hier, chronologisch geordnet, im vollen einschlägigen Wortlaut wiedergegeben werden, damit sich jeder Leser selbst ein Urteil bilden kann. Vorab aber erscheint es bemerkenswert, daß uns den fraglichen Ausspruch nur Engels überliefert hat, das Diktum also in der literarischen Hinterlassenschaft von Marx nicht auftaucht.

1. Brief an Bernstein vom 2./3. November 1882: »Für Ihre wiederholte Versicherung von dem bedeutenden Mißkredit des ›Marxismus‹ in Frankreich haben Sie doch auch keine andre Quelle als diese, d. h. *Malon zweiter Hand.* Nun ist der sog. ›Marxismus‹ in Frankreich allerdings ein ganz eignes Produkt, so zwar, daß Marx dem La-

fargue sagte: ce qu'il y a de certain c'est que moi, je ne suis pas Marxiste.«[68]
2. Brief an Conrad Schmidt vom 5. August 1890: »Auch die materialistische Geschichtsauffassung hat deren heute eine ganze Menge, denen sie als Vorwand dient, Geschichte *nicht* zu studieren. Ganz wie Marx von den französischen ›Marxisten‹ der letzten 70er Jahre sagte: ›Tout ce que je sais, c'est que je ne suis pas Marxiste.‹«[69]
3. Brief an Paul Lafargue vom 27. August 1890: »Diese Herren machen alle in Marxismus, aber sie gehören zu der Sorte, die Sie vor zehn Jahren in Frankreich kennengelernt haben und von denen Marx sagte: ›Alles, was ich weiß, ist, daß ich kein Marxist bin!‹«[70]
4. Brief an die Redaktion der Sächsischen Arbeiter-Zeitung vom 13. Sept. 1890: »Marx sah auch diese Jüngerschaft voraus, als er von dem zu Ende der 70er Jahre unter gewissen Franzosen grassierenden ›Marxismus‹ sagte: ›Tout ce que je sais, c'est que mois, je ne suis pas marxiste‹ – ›ich weiß nur dies, daß *ich* kein ›Marxist‹ bin‹.«[71]

Bernstein, der erste Adressat, tat sein möglichstes, um jeder Mißdeutung entgegenzutreten. Im Manuskript einer Vorlesung, die er 1921 hielt, heißt es mit nicht zu überbietender Deutlichkeit: »Hinsichtlich der französischen Sozialisten wissen wir, daß Marx unter Bezugnahme auf seinen eigenen Schwiegersohn..., der in Frankreich als der orthodoxeste Marxist angesehen wurde, einmal sagte: ›Was mich betrifft, so weiß ich nur das eine, daß ich kein Marxist bin‹ – will sagen, kein Marxist in solchem Sinne.«[72] Und an anderer Stelle schreibt Bernstein: »Charles Longuet, aus der Normandie stammend und Schüler Proudhons, hatte sich der äußersten Linken der radikalen Partei angeschlossen, Paul Lafargue hatte zusammen mit Jules Guesde die Partei begründet, deren offizieller Titel ›Parti Ouvrier‹ war, und die ihre politische Doktrin von Marx ableitete. Das Wie der Ableitung war freilich schon zu Marxs Lebzeiten nicht immer nach dessen Geschmack, so daß er einmal zu Lafargue das berühmte Wort sprach: ›Ce qu'il y a de certain, c'est que moi je ne suis pas Marxiste.‹«[73]
Marx war auf seine beiden Schwiegersöhne immer schlechter zu sprechen. In einem Brief an seine Tochter Jenny Longuet äußert er sich über ihren Mann, als ob es sich um einen Fremden handeln würde:
»Ich gehe wohl nicht fehl, wenn ich Herrn Ch. Longuets erfindungsreichem Genie diese literarische ›Ausschmückung‹ zuschreibe. Derselbe Autor erwähnte, als er von der Beschränkung des Arbeitstags und den Fabrikgesetzen in einer anderen Nummer der ›Ju-

stice‹ sprach, ›Lassalle und Karl Marx' [welcher Affront steckt allein schon in der Reihenfolge!], ersterer hat jedoch niemals eine Silbe zu der fraglichen Angelegenheit gesagt oder drucken lassen. Longuet würde mich sehr verpflichten, wenn er in *seinen* Schriften nie meinen Namen erwähnte.«[74] Und den anderen Schwiegersohn betreffend äußert er: »Lafargue hat die üble Narbe von dem Negerstamm: *Kein Gefühl der Scham,* ich meine damit der Schamhaftigkeit, sich lächerlich zu machen... Lafargue ist in der Tat der letzte Schüler Bakunins, der ernstlich an ihn glaubt... Longuet als letzter Proudhonist und Lafargue als letzter Bakuninenist! que le diable les emporte!«[75] So also lautet der Steckbrief jener »Marxisten«, mit denen er nicht auf einen Nenner gebracht werden wollte, die unwürdig waren, sich unter seinem Namen zu sammeln. Und daher ist es richtig, was Bakunin schon 1871 zu Papier brachte: »Zuerst hat er den Fehler aller Berufsgelehrten, er ist doktrinär. Er glaubt absolut an seine Theorien... Er betrachtet sich dadurch ganz ernstlich als Papst des Sozialismus oder vielmehr des Kommunismus...«[76]

# XIII.
# Marx – auch der Mythos des 21. Jahrhunderts?

## 1. »Wenn alte Mythen untergehen« –
## Eine Herausforderung für Wissenschaft und Politik

»Wenn alte Mythen untergehen, besteht Bedarf an neuen. Mythen florieren, welken und sterben ab; aber neue entstehen, alte werden wiederbelebt...«[1] Diese Erkenntnis stellt Richard Cavendish an den Anfang seiner »Illustrierten Weltgeschichte des mythisch-religiösen Denkens«. Demnach erscheint der Kampf gegen Mythen nicht nur zum Scheitern verurteilt, sondern zugleich unsinnig zu sein, da Mythen offenbar einem Grundbedürfnis des Menschen und der menschlichen Natur entsprechen. Warum der Nachweis, daß der allseits bekannte und vielfach verehrte St. Georg, der Drachentöter, den jeder am Hochalter in Weltenburg und auch sonst vielerorts bewundern kann, nie gelebt hat? Soll man den Amazonen unserer Tage partout den Glauben rauben, daß es das Reich der Amazonen einst gegeben habe? Das historische Fundament der »Ritterlichkeit« der Ritter ist äußerst schmal und brüchig. Sollten wir deshalb darauf verzichten, Knaben »ritterliche« Tugenden und Manieren beizubringen: Gottesfurcht, Treue, Hilfsbereitschaft, Höflichkeit? Wilhelm Tell, der Schweizer Nationalheld, ist nirgendwo belegt. Kaum besser steht es um Arnold von Winkelried, der 1386 die Schlacht von Sempach bei Luzern zugunsten der Eidgenossen gegen das Heer der Habsburger entschieden haben soll. Die Glorious Revolution 1688/89 war alles andere als die Erhebung eines Volkes gegen seinen Despoten. Anglikanische Bischöfe weigerten sich, eine Indulgenzerklärung Jakobs II. verlesen zu lassen, die allen Religionsgemeinschaften Freiheit des Gewissens zusicherte. Vor den Toren Münchens, unweit der Sendlinger Kirche, fiel 1705 der bayerische Freiheitsheld, der Schmied von Kochel, zusammen mit Tausenden seiner Männer im Kampf gegen die österreichische Intervention – lernten wir im Unterricht. Nein, Kampf war es keiner, nur ein furchtbares Gemetzel an denen, die der Aufforderung gemäß ihre Waffen schon niedergelegt hatten.[2] Ist es geboten, den Mythos, an den wir von Kindesbeinen an geglaubt haben, durch die für beide Konfliktsparteien schmähliche Wirklichkeit zu zerstören? Hundert Jahre später, 1809, sind es wieder Bayern und Österreicher, die einander gegenüberstehen. Und wieder wird der Anführer der letztlich Unterlegenen, diesmal der Österreicher Andreas Hofer, pietätvoll überhöht und – bis auf den heutigen Tag – folkloristisch vermarktet. Der Volkszorn verflucht seit jeher jene, die die heiligen Eichen fällen, die im Volksboden wurzelnden »Erinnerungen« widerlegen wollen. Auch Frankreich hat seine historischen Mythen, so den Sturm auf die Bastille, durch den das Volk seine Freiheit erlangt habe. In Wirklichkeit hat gar kein »Sturm auf die Bastille« stattgefunden, und nur sieben Personen, darunter vier Falschmünzer und ein Geisteskranker, befanden sich am fraglichen Tag als Gefangene in diesem Gebäude. Von Napoleon I. verdient augenscheinlich nur das Positive Erwähnung: Die Beendigung der Anarchie, die Vereinheitlichung des Rechtswesens, die Straffung der Verwaltung, die Emanzipation der Juden. Daß er mit Terror die italienischen Städte unter Kontrolle hielt, Länder nach Willkür eroberte und plünderte, riesige Menschenverluste ungerührt in Kauf nahm, paßt nicht in jenen goldenen Empire-Rahmen, mit dem die Grande Nation den Kaiser umgibt. In diesen Zusammenhang gehören auch die Mythen von der Selbstbefreiung Frankreichs 1944 und der DDR-Bewohner 1989. Letztere haben zumindest dem bereits siechen Leviathan den Todesstoß versetzt. Die Frankfurter Allgemeine Zeitung titelt: »Italien sieht sich des Resistenza-Mythos beraubt«[3].

Lohnt es sich, gegen diese Mythen anzukämpfen? Sie schönen in aller Regel die Wirklichkeit, schmeicheln sich ein, werden zu einer Gewohnheit, von der man nicht lassen will, machen die Gläubigen glücklich und schaden angeblich keinem. Aber *Wissenschaft darf auf derlei Nostalgie keine Rücksicht nehmen. Sie will wissen, was die Welt im Innersten zusammenhält, will beschreiben, wie es wirklich war.*

Im Falle Marx/Marxismus gibt es neben der wissenschaftlichen Verpflichtung vor allem ein eminent politisches Interesse an der nüchternen Rekonstruktion des Geschehenen, der Ursachen und Wirkungen. Die von Marx immer und immer wieder vorhergesagte, heiß ersehnte Revolution fand zu seinen Lebzeiten nicht statt. Aber 100 Jahre nach seinem Tode herrschten in Europa, Asien, Afrika und Amerika grausame Despoten, die sich als Testamentsvollstrecker von Marx ausgaben. Dazu Kolakowski: »Viele Neomarxisten behaupten natürlich, daß diese Regime mit dem ›echten‹ Marxismus, mit seinen Diagnosen und Prognosen, nichts zu tun hätten. Man muß allerdings nur fragen: Wie konnte es dann geschehen, daß so viele Menschen im 19. Jahrhundert (besonders die Anarchisten) lange Zeit vor der Russischen Revolution ziemlich genau den auf marxistischen Ideen fundierten Sozialismus als eine Staatssklaverei zu beschreiben wußten? Welche Hellseherei ermöglichte es denn, die Unterdrückung der Klassen, die Ausbeutung und den Polizeistaat als Resultat der marxistischen Theorie vorauszusagen?«[4] Längst sind noch nicht alle dem Bekenntnis nach marxistischen Staaten vom Erdboden verschwunden, und in der Freiheit lebende Phantasten halten immer noch oder schon wieder Ausschau nach Marx, von dem sie die Lösung der Welträtsel erwarten, wie es der schon erwähnte Buchtitel »Marx, wir brauchen Dich«[5] veranschaulicht.

»Wir brauchen Klarheit bis ins letzte. Über uns und über das, was hinter uns liegt. Zum Bilde des Retters gehört das System, das Verfahren, das er und seine Leute anwandten. Dieses System der Bildung eines Mythos muß durch und durch erkannt und durchschaut werden, damit dieser Mythos seine magische Kraft verliert.«[6] Diese Worte, 1946 mit Blick auf Hitler und den Nationalsozialismus geschrieben, gelten heute nicht minder, jedoch mit Blick auf Marx und den Marxismus.

## 2. »Wir haben ja die schlimmsten dieser Briefe beseitigt«[7] – Kleine Systematik der Manipulationen

»Überall stellten sich mir in diesem neuen Grundlegen und Aufbauen die unterirdischen Sümpfe grundloser Fabeln und Legenden und das wüste Treiben einer kritiklosen, nachbetenden historischen Liebhaberei dar.«[8] Dieser Seufzer, den der »Reichsarchivdirektor« Ritter von Lang ausstieß, als er sich »ganz in die Tiefen der baierischen Geschichte« stürzte, macht sich immer wieder Luft. In zahlreichen Büchern und Aufsätzen werden plumpe wie raffinierte Fälschungen nachgewiesen. Die voluminösen »Hitler-Tagebücher« sind dafür nur ein besonders dreistes Exempel. Einige einschlägige Buchtitel lauten: »Gefälscht! Betrug in Literatur, Kunst, Musik, Wissenschaft und Politik«[9], »Der Mogelfaktor. Die Wissenschaft und die Wahrheit«[10], »Betrug und Täuschung in der Wissenschaft«[11]. Doch in keinem ist vom Mythos Marx die Rede, obwohl fraudulöse Praktiken insofern an der Tagesordnung waren und sind: In der Überschrift wurde Bebel zitiert. Er bekennt intern, die schlimmsten der Briefe aus der Korrespondenz zwischen Marx und Engels beseitigt zu haben. Bereits vor ihm säuberten die Marxtöchter und Engels den Schriftwechsel, alles nur um Marx zu schönen, zu verfälschen. Die Text-«Verbesserungen«, die Bebel und Bernstein zu verantworten haben, bilden ein weiteres Glied im Mythenschema. Hinzu kommen die schriftlichen Lügen, deren erste fulminante in dem Zeitungstitel »Organ der Demokratie« steckt, obwohl eine Kampfansage an die Demokratie beabsichtigt war. Wer sich zum Thema Marx äußert, glaubt – das ist die Regel, – auf jedweden Beleg verzichten zu können. Nur ausnahmsweise geben die Akteure dafür einen Grund an, der im Falle Nell-Breuning (VII 4) ein besonders großes Ausrufezeichen verdient: Marx habe sich an anderer Stelle zum gleichen Thema scheinbar oder anscheinend abweichend geäußert. Die Widersprüche zu problematisieren unterbleibt, obwohl doch nur so ein solides Urteil gefällt werden kann. Nach Laune und Bedarf tranchieren sie Sätze und finden so ein halbes Dutzend griffiger Formulierungen, die gebetsmühlenartig wiederholt werden: »Ich bin kein Marxist« (XII 5), »Das gesellschaftliche Sein bestimmt das Bewußtsein« (XI 3), »Alle Verhältnisse umzuwerfen, in denen der Mensch ein erniedrigtes, ein geknechtetes, ein verlassenes, ein verächtliches Wesen ist« (VIII 2), »An die Stelle der alten bürgerlichen Gesellschaft... tritt eine Assoziation, worin die freie Entwicklung eines jeden die Bedingung für die freie Entwicklung aller ist«[12], »Man muß an allem zweifeln«. Weit weniger als ein Promille wird für das Ganze genommen.

Wenn schon der engere Kontext unberücksichtigt bleibt, um wieviel mehr die Glaubwürdigkeit der Äußerungen ungeprüft. Gerade die letzterwähnte Sentenz ist dafür ein schöner Beleg. »De omnibus dubitandum« (»Man muß an allem zweifeln«) schrieb Marx am 18. April 1865 seiner Cousine Nannette Philips in den »Fragebogen«, der damals in der Gesellschaft als Herausforderung an Geist und Witz beliebt war.[13] Ihr Vater, Lion Philips, ein bürgerlich gesinnter Bankier, fungierte als Vermögensverwalter von Karls Mutter. Um ihn, den Onkel, zu Vorauszahlungen auf die Anwartschaft des mütterlichen Erbes zu bewegen, mußte Karl den Revolutionär in sich verleugnen und dem Onkel gegenüber als Seinesgleichen auftreten, der an der Börse spekuliert[14] und sich zugleich zum Judentum bekennt[15]; das ist übrigens Marx' einziges derartiges Bekenntnis in allen seinen schriftlichen Aufzeichnungen. Zugleich nennt Marx mit Nachdruck Lassalle »mein[en] Freund«[16]. Der Marx überaus wohlwollende Blumenberg resümiert: »Wahrscheinlich wollte er dem Onkel und dessen Familie... imponieren, und er wußte schon, womit er ihnen imponieren konnte.«[17] Doch alle Welt tut so, als ob uns Marx mit »De omnibus dubitandum« und der ebenfalls im Fragebogen enthaltenen Maxime »Nihil humanum alienum a me puto« (nichts Menschliches ist mir fremd) sein innerstes Wesen offenbart hätte. Wann und wo hat er sich gegenüber Freund Engels oder einem der zahlreichen anderen Kampfgefährten so geäußert? Die Töne, die er ihnen gegenüber anschlug, sind, wir haben es gesehen, nur auszugsweise salonfähig. Auch seine Weltanschauung ist nur auszugsweise zu vermitteln. Daher werden weite Felder gänzlich ausgeblendet: sein Rassismus, sein Chauvinismus, sein Antisemitismus, sein Terrorismus, sein Totalitarismus.

Beliebt sind die großen Gesänge, die mit Moses Heß (IV 1) anheben und aus substanzlosen, diffusen Werturteilen bestehen. Sie sind die Antwort auf Marxens Epigramm: »Alles sag ich euch ja, weil ich ein Nichts euch gesagt.«[18] Es hat sich eingebürgert, in Marx ein Genie, einen großen Denker zu sehen, wodurch die Angesprochenen leicht in Bewunderung erstarren. Schon in frühen Jahren hat man sich über seine geistigen Qualitäten Gedanken gemacht. An den Verehrer Heß schrieb Wilhelm Weitling: »Ich sehe in Marxens Kopf weiter nichts als eine gute Enzyklopädie, aber kein Genie.«[19] Das war Anfang 1846. Zwei Jahre früher urteilt Arnold Ruge noch paradoxer: »Marx ist ein ›Genie‹, d. h. ein Narr geworden...«[20] Die Lehrer gar, deren Urteil besonderes Gewicht zukommt, da sie ihn wie kein anderer beobachten und testen konnten, sehen in Karl einen gut durchschnittlichen Schüler, in keinem Fach auffällig begabt. Die Auffassung ist verbreitet, daß sich hohe Begabung auch noch nach dem Abitur manifestieren könne, wofür dann häufig auf Einsteins schulisches Versagen hingewiesen wird. Doch dieser Hinweis geht fehl, beruht schlicht auf einem Übersetzungsfehler. Nachdem der junge Albert von einer deutschen in eine Schweizer Schule gewechselt hatte, erhielt er dort, dem Reglement entsprechend, für besondere Leistungen die Note 6 [21], die in Deutschland das genaue Gegenteil aussagt. Bei den Beurteilungen von Marx fällt nur auf, daß mehrmals seine Phantasie betont, zugleich mangelnde Klarheit getadelt wird:

»Unter den Deutschaufsatz schrieb der Lehrer: »Die Arbeit empfiehlt sich durch Gedanken-Reichtum und gute, planmäßige Anordnung. Sonst verfällt der Verfasser auch hier in den ihm gewöhnlichen Fehler, in ein übertriebenes Suchen nach einem seltenen, bilderreichen Ausdrucke; daher fehlt der Darstellung an den vielen angestrichenen Stellen die nötige Klarheit und Bestimmtheit, oft Richtigkeit, wie in den einzelnen Ausdrücken, so in den Satzverbindungen.«[22]
Vom Religionsaufsatz heißt es: »Eine gedankenreiche, blühende, kraftvolle Darstellung, die Lob verdient, wenngleich das Wesen der fraglichen Vereinigung gar nicht angegeben, der Grund derselben nur von einer Seite aufgefaßt, und ihre Notwendigkeit nur mangelhaft nachgewiesen ist.«[23]

Diese Stärken und Schwächen haben sich in Marx' späterem Leben ins Extreme weiterentwickelt: *Er wurde zum kühnen Vordenker, der dank eines außergewöhnlichen Selbstbewußtseins und der auch daraus resultierenden Mißachtung der Wirklichkeit die abwegigsten Thesen im Brustton felsenfester Überzeugung zu äußern wagte.* Verdient er es darum, als Genie angesprochen zu werden? »Genie« übersetzt »Das große Wörterbuch der deutschen Sprache« mit »überragende schöpferische Begabung, Geisteskraft«. Ich zögere sehr, insofern dem Wörterbuch zu folgen. Wer es anders sieht als ich, möge bedenken, daß auch ein anderer, kaum weniger wirkmächtiger Deutscher gelegentlich als Genie bezeichnet wird. Raymond Aron nennt Hitler »genial und pathologisch«[24]. Sebastian Haffner reiht Hitler unter die großen Männer – »Gott sei's geklagt, zweifellos«[25]. Bei Joachim Fest heißt es: »Wenn Hitler Ende 1938 einem Attentat zum Opfer gefallen wäre, würden nur wenige zögern, ihn einen der größten Staatsmänner der Deutschen, vielleicht den Vollender ihrer Geschichte zu nennen.«[26] Können wir nicht die Attribute »Genie« und »groß« auf jene Persönlichkeiten beschränken, die sich geistreich um andere verdient gemacht haben, eingedenk des Goethewortes: »Was ist Genie anderes als jene produktive Kraft, wodurch Taten entstehen, die vor Gott und in der Natur sich zeigen können, und die eben deswegen Folge haben und von Dauer sind?« Wird »menschliche Größe« von ihrem Ertrag getrennt, besteht die Gefahr, daß in den Augen der Vielen die »Größe« eine generelle Exkulpation bewirkt. Diese aus Bewunderung resultierenden besonderen Maßstäbe sind reichlich irrational. Der amerikanische Gefängnispsychiater Dr. Gustav Gilbert ermittelte die Intelligenzquotienten der Nürnberger Hauptkriegsverbrecher und kam für Schacht, Seyss-

Inquart, Göring und Dönitz zur Einstufung »Genie«.[27] Gut möglich, daß er für den gemeinsamen Chef der Genannten zu einem nicht minder positiven Urteil gelangt wäre. Darf man daraus ehrwürdige Größe, bewundernswerte Genialität ableiten?

Sachlichen Auseinandersetzungen mit seinen Gegnern ging Marx zeitlebens aus dem Wege. Dazu war er nicht willens. Hierin stimmen alle Biographen überein. Die Erfahrungen des Carl Schurz sind typisch: »Keiner Meinung, die von der seinen wesentlich abwich, gewährte er die Ehre einer einigermaßen respektvollen Erwähnung.«[28] Die gleiche Feststellung gilt zu Lasten auch der heutigen Marxisten, gleichgültig ob demokratisch oder totalitär orientiert. Nie wird, so meine Erfahrungen, der Marxkritiker zu einer der zahlreichen Tagungen, Symposien oder Kongresse eingeladen, die von marxistischer Seite veranstaltet werden.

Am Beginn meiner akademischen Tätigkeit glaubte ich, was in der »westlichen« Literatur über Marx zu lesen stand und sah keine Veranlassung, die Quellen zu prüfen. Damals lehrte und schrieb ich – ganz dem, was man so zu sagen pflegte folgend: »Marx' philanthropische Grundeinstellung erhellt aus Worten wie: Da der Mensch das höchste Wesen für den Menschen ist, ist es ein kategorischer ›Imperativ, alle Verhältnisse umzuwerfen, in denen der Mensch ein erniedrigtes, ein geknechtetes, ein verlassenes, ein verächtliches Wesen ist...‹«[29] Und, in einer anderen Publikation: »In den ersten vier Auflagen hieß es an dieser Stelle: ›Für Marx und Engels war ›Diktatur des Proletariats‹ Herrschaft der Mehrheit, die nach Einführung des allgemeinen Wahlrechts zwangsläufig die Herrschaft des Proletariats sein würde, weil der Proletarisierungsprozeß des Volkes dauernd voranschreite.‹ Diese Betrachtungsweise entspricht der herrschenden Ansicht. Aufgrund des Studiums der gesamten Marx/Engels-Werke bin ich jedoch zu der Überzeugung gekommen, daß das politische System in der DDR weit eher der ›Diktatur des Proletariats‹ im Sinne von Marx und Engels entspricht als unsere freiheitliche demokratische Ordnung.«[30] So sehr ich es bedaure, damals vorschnell der gängigen Meinung gefolgt zu sein, diese »Sünde« hat auch ihr Gutes, da sie mir selbst und auch den anderen beweist, daß ich nicht mit einer negativen Voreingenommenheit die Marxismusstudien begonnen habe. Über meine fortschreitende Positionsverschiebung hielt ich meine Hörer auf dem Laufenden, die damals an der Hochschule für Politik, München, überwiegend den Marxisten-Leninisten bei Wahlen zur Studentenvertretung ihre Stimme gaben.

Zu meiner großen Überraschung löste jedoch meine zunehmende Marxkritik, immer mit zahlreichen Zitaten untermauert, keine Widersprüche aus, nur den Einwand: Was würden Ihnen geschulte Marxisten antworten? »Zu jeder Zeit und an jedem Ort bin ich zur Diskussion bereit« – gab ich wörtlich wie sinngemäß zurück. Doch bis heute warte ich vergebens, daß eine der Marx verpflichteten Institutionen den Fehdehandschuh aufhebt. Als ich 1981 von der Tschechoslowakischen Akademie der Wissenschaften im Rahmen eines Austauschprogramms nach Prag eingeladen wurde, durfte ich trotz meiner wiederholten Bitten keinen Schritt in die Karls-Universität tun. Zu einer Diskussion über Fragen des Marxismus fand man sich nur höchst widerwillig bereit. Die Begegnung endete mit einem Eklat, mit der Verhaftung des Staatsgastes: Ich hätte versucht, aus den Mitgliedern der Akademie Faschisten zu machen.[31] Nach drei Tagen abgeschoben, konnte ich meinen Hörern in der Bundesrepublik die gestellte Frage umfassend beantworten: Wo die Marxisten die Macht haben, werden die Kritiker mundtot gemacht, wo nicht, vermeiden sie jede Konfrontation. Vom 23. bis 25. November 1995 fand in Wuppertal eine Tagung »Friedrich Engels im Licht seiner Korrespondenz« statt. Meine Bitte um Einladung blieb unbeantwortet. Die Hagiographen wollen nicht gestört werden.

Nie gibt es in meinen Veranstaltungen zum Thema Marx heiße Debatten. Die Faktenlage ist offenbar zwingend. Nach dem Ende einer Pause stand auf der Tafel zu lesen – offenbar von barmherziger Hand geschrieben: »De mortuis nil nisi bene [über Tote nur Gutes].« Niemand widersprach, als ich sagte, derlei Sprüche seien zumindest an einer Universität deplaziert. Ein anderer meinte, ich solle doch sagen, was Marx wirklich gedacht habe. Das von ihm Geschriebene sei eine Zumutung. Keiner der Studenten behauptet, ich würde Belege unsachlich aus dem Kontext reißen oder wesentliche Texte unterschlagen. Denn sie wissen, daß ich sie dann auffordern würde, diese Kritik zu belegen. Bei Vorträgen aber sind derlei Einlassungen eine beliebte Masche. Drei Kollegen kann ich namentlich benennen, die ihren Marx auf diese Weise zu salvieren versuchten und dann auf meine Bitte hin versprachen, sie würden meine Einseitigkeit belegen. Doch daraus ist nie etwas geworden.

Herrn
Prof. Dr. G. T...
Institut für Politische Wissenschaft
Allende-Platz 1
2000 H a m b u r g 13

14. Dezember 1983

Sehr geehrter Herr Kollege,

gut 3 $^1/_2$ Jahre ist es wohl her, daß wir uns in Bernried am Starnberger See getroffen haben. Damals vertrat ich die Auffassung, daß sich unsere Terroristen zu Recht auf Marx berufen können. Sie widersprachen lebhaft und kündigten an, uns allen Ihre gegenteiligen Erkenntnisse zukommen zu lassen.

Meine Auffassung habe ich publiziert in »Warum fasziniert der Kommunismus?« 4. A. 1983 S. 109 ff. Wann darf ich mit Ihrer Erwiderung rechnen?

Mit freundlichen Grüßen

Antwort: Keine!

Ähnlich verhielt sich Prof. Dr. G. H. im Anschluß an ein Referat, das ich am 14. November 1992 auf einer Tagung der Gesellschaft für Deutschlandforschung hielt.[32] Der dritte Fall ist sogar – wie erwähnt – protokollarisch belegt. Weder Prof. Wolf noch Frau von Renesse, die stellvertretende Vorsitzende der Enquete-Kommission »Aufarbeitung von Geschichte und Folgen der SED-Diktatur in Deutschland«, haben die Zusage eingelöst oder auf die Erinnerung reagiert (VI 5).

In DIE ZEIT stand zu lesen: »Und mit einer Flut von Zitaten meinte er belegen zu können, daß die beiden eben doch Humanisten und Freiheitsfreunde waren.«[33] »Er« ist Dr. Michael Knieriem, der Direktor des Engels-Hauses der Stadt Wuppertal. Mit Schreiben vom 26. Juli 1994 an ihn zitierte ich diese Behauptung und fuhr fort: »Meine herzliche Bitte: Teilen Sie mir doch diese Flut von Zitaten mit, die ich bisher nicht wahrnehmen konnte.« Seine Antwort, geradezu »klassisch«: »Ich denke allerdings nach wie vor, daß Marx und Engels Vorkämpfer all dessen waren, auf das wir heute so stolz sind: Politische Emanzipation, Pressefreiheit u.s.w. Die gesamten bisher erschienenen Bände der MEGA sind dafür ein beredtes Zeugnis.«[34]

Wie schlimm gerade von Knieriem und seinesgleichen der freie Geist unterdrückt wird, davon war schon die Rede (I 3).

## 3. »Ihr Schlachtruf muß sein: Die Revolution in Permanenz«[35] (Karl Marx/Friedrich Engels)

*So einfach es ist, die Praktiken der Mythenbildung im Detail zu beschreiben und zu beweisen, die Motive entziehen sich einer ähnlich zuverlässigen Analyse.* Dennoch sind ziemlich zuverlässige Annahmen möglich. Marx und Engels waren Revolutionäre, längst bevor sie Kommunisten wurden. Nicht der Kommunismus hat sie zu Revolutionären gemacht, sondern ihr rebellisches Sein hat kommunistisches Bewußtsein bewirkt (VIII 2). Bebel wie Bernstein fühlten sich in einer Zwangslage, als sie die Korrespondenz der Freunde im Dienst am »großen Führer«, der Partei und den damit verknüpften Idealen wie Interessen gesäubert und gefälscht veröffentlichten. Die Impulse, die Liebknecht gesteuert haben dürften, sind schon aufgezählt (IV 2), ähnlich wie die Umstände, die Marx' Tochter Eleanor zum Weihrauchstreuen bewogen (III 9). Daß sich die Eingeweihten der SPD nach 1945 gerne von Marx getrennt hätten, liegt auf der Hand. Ihr halbherziges Handeln entsprach ähnlichen Beweggründen, wie sie bei Bebel und Bernstein zu unterstellen sind. Lenin war – im Rahmen des in der politischen Praxis Möglichen – ein treuer Testamentsvollstrecker von Marx. Wohl aus innerster Überzeugung heraus hat er ihm den höchsten Rang in der Klassikerhierarchie zugebilligt. Daraus folgte für alle Marxisten-Leninisten, alles zu tun, was Marxens Verehrung fördert.

Doch warum beschränkt sich die Marx-Adoration nicht auf die Marxisten, warum hat sie auch bürgerliche Wissenschaftler und Theologen in die Knie gezwungen? Hans Mohr, Prof. für Allgemeine Biologie und Botanik, äußerte die Überzeugung: »Ja, die Forschergemeinschaft (Scientific Community) wacht mit Sorgfalt und Erfolg darüber, daß außerwissenschaftliche Interessen keinen Einfluß darauf gewinnen, was als wissenschaftlich wahr anerkannt oder als falsch abgelehnt wird. Wir haben uns vom philosophischen Spott über unsere ›Wahrheitsrhetorik‹ nicht dazu verleiten lassen, die Zielsetzung positiver Wissenschaft zu verleugnen: Forschung orientiert sich an der Wahrheit als einer regulativen Idee... Es gibt keine Anzeichen dafür, daß sich in den klassischen wissenschaftlichen Disziplinen die Verbindlichkeit der Forschertugenden gelockert hätte. Ganz im Gegenteil...«[36] Anders sieht es Eckhart Jesse: »Die sarkastisch-provozierende Frage von Haungs, ob Fälschungen in der Geschichtswissenschaft offenbar als Kavaliersdelikt gelten, trifft in dieser Form natürlich nicht zu. Denn in anderen, weniger gravierenden Fällen hat die ›scientific community‹ durchaus funktioniert.«[37] Jesse geht es um den Reichstagsbrand, Februar 1933. Gab es Hintermänner und – falls ja, waren es Kommunisten oder Nationalsozialisten? Wirklich eine hochpolitische Frage. Aber würde sich das Schuldkonto der Nationalsozialisten nennenswert erhöhen, wenn letzteres zuträfe? Würde sich ihr Schuldkonto nennenswert verringern, wenn auch Stalin einen Angriffskrieg vorbereitet hätte? Trotzdem ist diesbezüglich »ein selbstgewähltes Erkenntnisverbot der Forschung«[38] festzustellen. Marxens Person und Leistung ist demgegenüber von grundsätzlicher Bedeutung, wie die scharfen Attacken auf brave, dem Sozialismus keineswegs feindliche Marxbiographen beweisen (I 3). Nur so ist es verständlich, daß – quer durch die wissenschaftlichen Disziplinen – bei der Beschäftigung mit Marx alle gängigen Auslegungsregeln mißachtet werden. Die pia fraus, die Fälschung aus edlen Motiven, ist sie wirklich eine böswillige Erfindung? Die »Konstantinische Schenkung« ist nur die bekannteste solcher Urkunden. Die mittelalterliche Unterscheidung zwischen verum ut verum und verum ut bonum, zwischen »wahr als wahr« und »wahr als gut« ist auch in unserer Gegenwart häufig anzutreffen, und die Verbindung von wahr mit gut verleitet zu den zahlreichen Tabus und volkspädagogischen Erwägungen. »Zur Zeit ist es der Tugendterror der political correctness, der« – so Martin Walser – »freie Rede zum halsbrecherischen Risiko macht.«[39]

Viele von denen, die sich zu Marx äußern, äußern müssen, finden nicht die Zeit, sich gründlich mit ihrem Thema auseinanderzusetzen und übernehmen das, was man zu sagen pflegt. Andere halten es für angezeigt, vor dem »großen Gegner« höfliche Verbeugungen zu machen, damit die anschließende Kritik um so glaubwürdiger klingt. So rechtfertigte sich ein konservativer Kollege auf entsprechende Kritik. Auch Arons Argumentation geht in diese Richtung: »In meinen ›18 Vorlesungen über die industrielle Gesellschaft‹ hielt ich an mehreren Stellen mit meinem Urteil über die Sowjetunion zurück. Um meine Objektivität zu erweisen, mußte ich gegenüber dem Regime, das ich bekämpfte, Nachsicht walten lassen.«[40]

Der Mythos Marx steht für »Freiheit«, »Klarheit«, »Gerechtigkeit«, für eine bessere Welt. Das alles sind bona, Güter, auf die die Wahrhaftigkeit Rücksicht zu nehmen habe – so die Denkweise vieler. Erinnert sei an Schumpeters schier umwerfende Gedankenführung (XI 2): »Selbst wenn Marxens Tatsachen und Beweisführung noch irriger wären, als sie sind, könnte nichtsdestoweniger sein Ergebnis insofern richtig sein, als es einfach versichert, daß die kapitalistische Entwicklung die Grundlage der kapitalistischen Gesellschaft zerstören wird. Ich glaube, so ist es.« Und im nächsten Satz wird aus dem Glauben schon eine Wahrheit: »Und ich glaube nicht, daß ich übertreibe, wenn ich eine Vision tiefgründig nenne, in der diese Wahrheit, über alle Zweifel erhaben, im Jahre 1847 enthüllt wurde.« Wenn der Name, der für diese Güter steht, über das empirisch Erwiesene hinaus verherrlicht wird, so kann das nur der Umsetzung idealer Ziele dienen.

Jürgen Habermas hat freimütig eingeräumt, er habe sich weder theoretisch noch politisch mit dem Stalinismus gründlich auseinandergesetzt. Als Entschuldigung gab er an, andernfalls dem Antikommunismus und mit diesem wiederum einer fatalen Kontinuität deutscher Geschichte Vorschub zu leisten.[41] Die Zahl derer, die aus ähnlichen Erwägungen die Gemeinsamkeiten des Marxismus mit dem Nationalsozialismus verkennen, dürfte ganz beachtlich sein.

In den Staaten des real existierenden Sozialismus gab es für die Geistesschaffenden gar keine Alternative zum Marxkult. Favorinus, ein Philosoph, wurde – so wird erzählt – von Kaiser Hadrian wegen des Gebrauchs eines Wortes, das an sich allgemein üblich war, getadelt. Er pflichtete dem Kaiser bei. Von den Freunden zur Rede gestellt, antwortete er: »Zu Unrecht tadelt ihr mich. Warum duldet ihr nicht, daß ich jenen für den Lehrer aller halte, der über dreißig Legionen gebietet.« Kaiser Nero wurde für seine Dichtungen und Gesänge mehrmals mit Olivenzweigen aus Olympia bekränzt. Macht machte damals Verehrer, und so ist es bis auf den heutigen Tag geblieben. Die Machtergreifung Hitlers erwies auf schier unglaubliche Weise die Verführbarkeit des Geistes.[42] Macht machte auch Marxisten. Der laufende Machtzuwachs erschien den Einfältigen als Beweis für die Richtigkeit der Lehre und ihrer Prognosen. Sowohl diese Logik als auch Gesichtspunkte der Sicherung einer halbwegs zeitgemäßen Existenz ließen es geraten sein, vor dem Geßlerhut Marxismus in die

*l. 25.11.88*
*Di.*

MINISTERRAT
DER DEUTSCHEN DEMOKRATISCHEN REPUBLIK
Ministerium für Staatssicherheit

HA/Abt. ___VIII/13___

BV/Abt. _____

Referat _____

Sachbearbeiter _____

Telefon ___65 318___                    083

*5/E/1737/88*

HA/Abt. ___ZKG / 5___          Berlin          15.07.1988

BV/Abt. ___Gen. Zimmermann___   Tgb.-Nr. ___1527/88; A 13/ 1127 /88___

Kreisdienststelle _____

Tgb.-Nr. ___171/88___

# Ermittlungsbericht

Es sollte ermittelt werden ___Prof. Dr.    L ö w    , Konrad___
25.12.1931 in München
8021 Baierbrunn, Kirchenstr. 17

Die Studienveranstaltungen des L. sollen immer gut besucht sein.
Bei den Studenten ist Konrad    L ö w        beliebt.

L. gilt als Vertreter eines klaren Feindbildes. Er bemängelt z.B.,
daß seit der sogenannten neuen Ostpolitik der BRD-Regierung statt
von Konzentrationslagern in der UdSSR nur noch von Arbeitslagern geredet wird; statt von kommunistischen Diktaturen, von sozialistischen Staaten.

Daraus schlußfolgert L., daß es nicht deshalbnicht verwunderlich
sei, daß die Mehrheit der Jugend der BRD heute den Unterschied zwischen den beiden Weltsystemen nur in den wirtschaftlichen Grundlagen
sieht. Er sei dafür, den Gegner ohne diplomatische Rücksichten zu
charakterisieren.

Noch heute kritisiert er die im Jahre 1981 an Anna Seghers herange-
tragene Ehrenbürgerschaft durch die Stadt Mainz.

L. argumentiert, daß auch die höchsten Leistungen, ganz gleich
welcher Art sie auch seien, nicht gewürdigt werden dürfen, wenn
sich die betreffende Person in den Dienst einer kommunistischen
Diktatur stellt, da diese vom Charakter her stets Menschenrechte
verletzen würde. Höchste Leistungen in Kultur, Sport und Wissenschaft
dürfen dennoch nicht zur Aufwertung solcher menschenrechtsverletzen-
der Regime führen.

Auszüge aus dem Ermittlungsbericht des Ministeriums für Staatssicherheit.

Knie zu gehen. Jetzt, nach dem systembedingten Kollaps des »Vaterlandes aller Werktätigen« und seiner Satelliten, wehren sich viele Betrogene gegen diese wenig schmeichelhafte Einsicht. Konrad Lorenz: »Dazu kommt, daß die suggestive Wirkung einer fest geglaubten Doktrin mit der Zahl ihrer Anhänger wächst, vielleicht sogar in geometrischer Proportion.«[43]

Die ideologischen Zwänge, denen die Menschen in den sozialistischen Staaten ausgesetzt waren, zeitigten offenbar auch dort, wo nach sowjetischer Lesart die Ausbeutung des Menschen durch den Menschen immer krassere Formen annahm, im westlichen Kapitalismus, Früchte. Wer nicht die Reisemöglichkeit nach Osten gefährden und für den Fall des Falles, daß Marx doch Recht behalten sollte, Sanktionen gewärtigen wollte, tat gut daran, seine Sprache so zu zügeln, daß sie bei den roten Funktionären nicht Anstoß erregte. Am 7. August 1983 warnte mich ein namhafter amerikanischer Kollege: »Übrigens: Ich glaube, Sie müssen sich vorsehen, damit Sie nicht eines Tages von einem russischen Agenten um die Ecke gebracht werden.« Nein, diese Sorge war übertrieben. Doch zum Zwecke der Observierung wurden Agenten eingesetzt (s. S. 361). Den Anlaß bildeten wohl meine einschlägigen Veröffentlichungen, die, nach Bedarf entstellt, Ziele heftiger Angriffe wurden. So heißt es in dem Aufsatz »Karl Marx, Friedrich Engels und die Bedrohungslüge«: »Mit mehreren Veröffentlichungen war Löw bemüht, Marx und den realen Sozialismus als eine Art modernen Antichrist zu verteufeln.«[44]

## 4. »Das dumme deutsche Publikum« – Spiegel oder Zerrspiegel?

»In seinem Sessel, behaglich dumm, sitzt schweigend das deutsche Publikum.«[45] So sieht es Marx. Diesem Publikum hält er den Spiegel vors Gesicht:

»Worte lehr' ich, gemischt in dämonisch verwirrtem Getriebe,
Jeder denke sich dann, was ihm zu denken beliebt...
Alles sag' ich euch ja, weil ich ein Nichts euch gesagt!«[46]

Derlei Vorwürfe an die Adresse der Deutschen begegnen uns nicht nur in seiner Poesie, sondern auch in der deutlich später verfaßten Prosa, z. B.: »Überhaupt handelt es sich bei diesen Deutschen stets darum, den vorgefundenen Unsinn in irgendeine andre Marotte aufzulösen, d. h. vorauszusetzen daß dieser ganze Unsinn überhaupt einen aparten *Sinn* habe, der herauszufinden sei, während es sich nur darum handelt, diese theoretischen Phrasen aus den bestehenden wirklichen Verhältnissen zu erklären.«[47]

Marx hatte keine Mühe, sein deutsches Publikum angemessen, d. h. mit nichtssagenden Worten zu bedienen. Verwiesen sei auf die Urteile seiner Lehrer (XIII 2), aber auch auf seinen Vater, der dem Filius ins Stammbuch schrieb: »Dein Gedicht habe ich buchstabierend gelesen. Ich gestehe Dir ganz unumwunden, lieber Karl, ich verstehe es nicht, weder dessen wahren Sinn, noch dessen Tendenz... Willst Du nur im abstrakten Idealisieren (etwas analogisch mit Schwärmerei) Glückseligkeit finden? Kurz, gib mir den Schlüssel, ich gestehe meine Beschränktheit.«[48] Die Vieldeutigkeit von Marxens Lehre wird rückblickend von Werner Blumenberg unbeabsichtigt, gleichwohl überzeugend veranschaulicht: »Der Marxismus teilte sich in viele Richtungen und Schulen, und die Vielseitigkeit des Marxschen Lebenswerkes wird durch nichts anderes so nachdrücklich demonstriert wie durch die Tatsache, daß alle Richtungen sich auf Marx beriefen und daß sie es auch durften.«[49] – Wenn sich alle darauf berufen können, kann sich keiner so recht darauf berufen. Streng logisch: Von mehreren sich widersprechenden Feststellungen kann bestenfalls eine ganz richtig sein. Aber – wie mir mal ein Student weismachen wollte – mit Logik dürfe man Marx nicht kommen. Er sei doch ein Dialektiker gewesen. Auch der, der sich einbildet, er sei etwas Besseres, muß sich von den anderen mit menschlichen Maßstäben messen lassen.

Ja, die Mehrdeutigkeit hat Marx beim deutschen Publikum nicht geschadet, im Gegenteil: Werner Maihofer, Professor, Doktor der Rechte, für die FDP Innenminister unter Bundeskanzler Brandt, preist das Dunkle bei Marx als erhellend. Der Kommunismus sei nach der Vorstellung von Marx nicht »das ›Ziel der menschlichen Entwicklung‹, das er mit dem ebenso dunklen wie erhellenden Begriff: ›Gestalt der menschlichen Gesellschaft‹ über seine Zeit hinaus anzuvisieren suchte.«[50]

Das ist ein Geheimnis am deutschen Wesen, daß es im Reich des Geistes das Dunkle, das Vieldeutige, das Unbewiesene, das Originelle, das Phantastische, das Utopische preist, zumindest höher wertet als die sachliche, exakte, belegte, nüchterne Arbeit. (Raymond Aron rühmt sich zu Recht: »In keiner meiner Dissertationen oder

Vorträge habe ich irgendeine Originalität gezeigt.«[51]) Daher wächst die Bereitschaft, die ertragsarme Wissenschaft zugunsten von heilverheißenden Hirngespinsten hintanzustellen. Der seriöse geistige Arbeiter wäre zu den »Leistungen« von Marx gar nicht in der Lage, da er es nicht wagt, sich so weit von der Wirklichkeit zu entfernen und realitätsferne Schreibtischprodukte als Tatsachen auszugeben. Marx wurde zum »großen Denker«, weil er nicht vernünftig gedacht hat. Mehrere seiner Verehrer – wir haben es gesehen – bescheinigen ihm zahlreiche, ja zahllose Irrtümer. Alle diese Irrtümer hinweggedacht, was bliebe dann noch vom »großen Denker« übrig? *Wer fragt ihn und seine Anbeter nach Beweisen, wer nach Belegen? Widersprüche stören nicht, ebensowenig willkürliche Annahmen. Geschätzt wird der weite Flug der Phantasie, das große Wort, die globale Betrachtung.*

Soll Marx also verdrängt, gar abgeschrieben werden, der Vergessenheit anheimfallen? Keineswegs. Kolakowski gibt die treffende Antwort: »Daß der Marxismus weder die heutige Welt erklären noch ihre Zukunft vorauszusehen vermag, heißt allerdings nicht, daß es sich nicht lohnen würde, die Werke von Karl Marx zu lesen. Karl Marx hat Anteil an der Geschichte der europäischen Kultur. Nicht nur seine... historischen Analysen und seine philosophischen Spekulationen sind interessant; interessant sind auch seine falschen Prophezeiungen. Es ist wichtig, alle Denker, die zur Gestaltung unserer modernen Welt beigetragen haben, zu kennen.«[52]

Bisher war vom »deutschen Publikum« die Rede, dem Marx einen Zerrspiegel vor Augen hält, der aber doch, wenngleich überzeichnet, Charakteristisches wiedergibt. Freilich, so ganz anders als unsere Nachbarn sind wir Deutschen wiederum nicht. Marx blieb zwar in England unbeachtet – wo man ihn über Jahrzehnte hinweg persönlich-menschlich kennengelernt hatte–, aber sowohl in Rußland als auch in den USA hatte er eine große Zahl begeisterter Anhänger (V 5) und zwischendurch auch in Frankreich. Gerade die Franzosen haben wenig Grund, insofern herablassend auf die Deutschen zu blicken. Schon Jahrzehnte vor Marxens Geburt verehrte Frankreich den »Bluthund der Revolution«, den »widerlichen«[53] Jean-Paul Marat. »Er war ein vollkommener Menschenverächter, der die französische Nation schulte, und er war der leibhaftig gewordene Verdacht, die beständige Denunziation.«[54] Die neue Zeit – ausgedrückt auch in einer neuen Zeitrechnung – brauchte ihre Helden, Heiligen, Märtyrer.

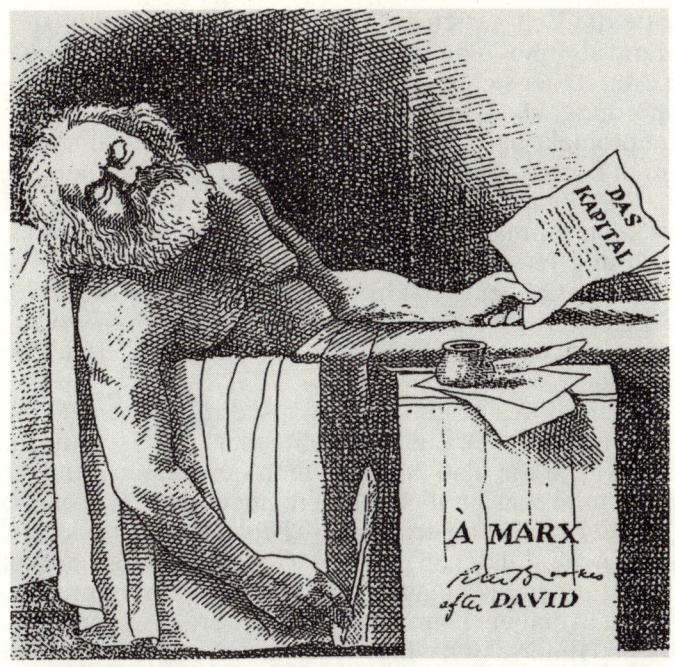

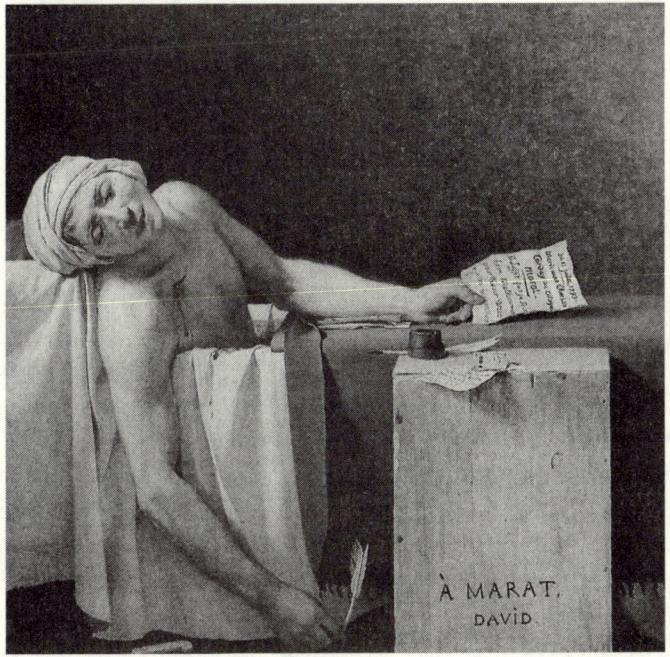

Marat und Marx.

»Als hätte die Zeit auf einen Märtyrer gewartet, nahm sie sich des toten Marat als eines Objekts der Verklärung des revolutionären Willens an. Marat, der sich schon zu Lebzeiten ein paar Wochen vor seiner Ermordung, als ›Märtyrer der Freiheit‹ bezeichnet hatte, wurde zum Hauptobjekt patriotischer Heiligung. An ehedem sakralen Orten wurden Büsten von ihm aufgestellt und Altäre seinem Kult übergeben... 1794 benannte man den Montmartre um in Mont-Marat.«[55] Das war keine einmalige Sünde, sie hat sich mehrmals wiederholt in der Verehrung jener, die ihrerseits Stalin verehrten. Als ich Ende April 1993 die Gräber der »Großen« an der Kreml-Mauer besichtigte, war keines so geschmückt wie das von Stalin – von Lenin im Mausoleum abgesehen. Daran hat sich bis heute (Ende Mai 1995) nichts geändert.

Auch das Urteil des Briten McLellan verrät eine deutsche Ader – oder ein den Menschen eigenes Gebrechen: »Es ist natürlich in gewissem Sinne wahr, daß Marx immer ›unbekannt‹ und seine Absichten unenthüllbar bleiben werden; aber wenn, wie es die gegenwärtig moderne Dekonstruktions-Theorie will, Texte nach ihrer Fähigkeit, neue Auslegungen und Gedankengänge hervorzubringen, die weit über das hinausgehen, was sich der ursprüngliche Autor vorgestellt haben konnte, bewertet werden, dann verdient die schriftliche Hinterlassenschaft von Marx den Dekonstruktionisten-Preis.«[56]

## 5. »Nie wieder!«

Während ich das Schlußkapitel zu Papier bringe, kommt mir ein Leserbrief in die Finger: »Nie wieder! Nie wieder Dresden, nie wieder Auschwitz, nie wieder Holocaust, nie wieder Gewalt und Fanatismus, nie wieder! So hören wir es aus Nord und Süd, aus West und Ost, so schreien es viele aus ihren verletzten Herzen hinaus.«[57] Das ist bitterer Ernst. Nie wieder Hitler! Aber er ist doch nicht persönlich gemeint. Es geht darum, eine Person vom Schlage Hitlers oder Stalins, eine Massenbewegung wie die NSDAP, die KPdSU oder SED zu verhindern, tunlichst in der Anfangsphase zu bekämpfen, d. h. bei der geistigen Wegbereitung. »Die Bücher von heute sind die Taten von morgen« – soll Thomas Mann gesagt haben. Wie auch immer, der Ausspruch ist ebenso richtig wie »Ohne Theorie keine Revolution«.[58] Anläßlich der Gedenkfeier »Ein Jahr Solingen« äußerte Ministerpräsident Johannes Rau: »Untaten werden durch Unworte vorbereitet.«[59]

Hitler war nicht in erster Linie ein »großer politischer Denker«, vielmehr wurden durch ihn die Gedanken anderer zur Tat. Er verstand es, sich in Szene zu setzen, und andere haben dabei kräftig mitgewirkt. »Der Mythos des Führers war fertig, bevor Hitler die Macht übernahm«[60], heißt es in der Überschrift einer Besprechung. Und in einer anderen Besprechung: »Tatsächlich hielten die meisten Deutschen Hitler bis fünf Minuten nach zwölf die Treue. Der Führermythos blieb das wirksamste Bindemittel des Regimes, selbst noch in den Wochen des Zusammenbruchs im Frühjahr 1945.«[61] Alle »großen Deutschen«, Martin Heidegger, Karl Schmitt und tutti quanti, die sich aus Einfalt oder Liebedienerei in Hitlers Dienst stellten, verdienen es, daß ihr Andenken zumindest auf Augenhöhe der Betrachter abgesenkt wird.

Wenn das »nie wieder!« Hitler und seinesgleichen gilt, dann auch Stalin. Doch die »Scheißstadt Augsburg«[62] schätzt sich glücklich, daß es Bertolt Brecht, den widerwillig dort Geborenen, einen der ihren nennen darf, und Ludwigshafen Ernst Bloch, beide Männer Kantoren zur höheren Ehre Stalins. Meine Heimatstadt München hat 1957 ihrem Sohn Lion Feuchtwanger den Kulturpreis verliehen, obwohl er nicht müde wurde – auch über Chruschtschows Enthüllungen hinaus–, die Massenmorde Stalins zu rechtfertigen.[63]

Wie aber steht es mit Marx, dessen vom SED-Staat errichtetes, von Erich Honecker am 4. April 1986 eingeweihtes ehernes Standbild weiterhin im Herzen der Bundeshauptstadt residieren soll? Von Marx stammt der Satz: »Wie damals der *Mönch,* so ist es jetzt der *Philosoph,* in dessen Hirn die Revolution beginnt.«[64] In seinem Hirn wurde die Revolution ausgebrütet, deren Merkmale charakteristisch sind für die Totalitarismen des 20. Jahrhunderts. Wer »nie wieder!« sagt, es aber nicht wagt, auch heikle politische Texte sorgfältig zu lesen, das Klare, ob es beliebt oder nicht, als Faktum zu akzeptieren, das Unklare unklar, das Mehrdeutige mehrdeutig, das Unsinnige Unsinn, das Infame infam zu nennen, bricht diesen Schwur. Marx hat dem »dummen deutschen Publikum« vorgeworfen, es finde Gefallen an dämonisch Verwirrtem. Der Vorwurf, den er der geistigen Elite macht, wiegt noch schwerer: »Die Lakaiennatur deutscher Professoren wird in den gelehrten Herren zu Berlin und Halle in ihrem Ideale übertroffen. Vor diesem Knechtssinn steht der russische Leibeigene beschämt da. Der fromme Buddhist, der gläubig die Exkremente seines Dalai-Lama hinunterschluckt, er hört verwundert die Sage von den Berliner Halleschen Buddhisten, deren Prostitution vor dem Königtum ›von Gottes Gnaden‹ ihm als Fabel erscheint.«[65] War es zu seiner Zeit – wie Marx meint – die Prostitution vor dem Königtum, so später vor dem NS-Regime, kurz darauf vor dem SED-Staat (gerade [Ost-]Berlin und Halle, die Marx namentlich erwähnt, ritten die schärfsten Attacken gegen mich![66]). Zwischen 1933 und 1989 gab es beachtliche Schuldminderungsgründe. Die Sanktionen des Zeitgeistes in einer Demokratie wiegen nicht so schwer, daß sie Kants *sapere aude* (habe Mut, Dich Deines Verstandes zu bedienen) verdrängen dürften.

Mitten in Berlin soll ein Holocaust-Denkmal errichtet werden. Franz Jona Fink, der 1962 in Israel starb, stellt uns die Frage: »How can one consider objectively, as Marx's ideas should be considered, thoughts on Judaism which (however they were meant originally) sound like a justification for the murder of Jews?« Und er fährt fort: »What Jew could forget the mass-extermination of 1943 when he reads the death-sentence of 1843?«[67] Fink steht mit dieser Sicht nicht allein. Sollen die beiden benachbarten Monumente, das zu Ehren von Marx und das zu Ehren der Opfer seiner Theorie, das Gespaltene, das Abgründige der deutschen Seele symbolisieren?

Franz Ludwig Graf Stauffenberg, ein Sohn des Hitlerattentäters, äußerte aus artverwandtem Anlaß: »Aber ein demokratischer, freiheitlicher Rechtsstaat, dessen Identität und Selbstverständnis gekennzeichnet ist von den ersten zwanzig Artikeln des Grundgesetzes, ein solcher demokratischer Rechtsstaat, der sich dazu hergibt, an der einen ›Gedenkstätte‹ unter bestimmten, nur historisch zu erklärenden Vorzeichen, Personen zu ehren, die in sich das krasse Gegenteil von Freiheit und Recht personifizieren, und wenige Meter davon entfernt, nämlich an dem Denkmal für die Opfer des 17. Juni, dieselben Personen als die großen Bösewichter und Untäter in das Geschichtsbewußtsein der Nachwelt überliefert, ein solcher Staat muß sich fragen lassen, ob er seine Sinne beieinander hat, oder ob er nicht psychiatrischer Behandlung bedarf.«[68]

*Weil man die volle Wahrheit über Marx nicht wußte, hat man Straßen und Plätze nach ihm benannt. Weil man Straßen und Plätze nach ihm benannt hat, will man die volle Wahrheit nicht mehr wissen.* Mindestens einmal im Jahr wird eine neue ebenso umfangreiche wie inhaltsarme, mythengeschwängerte Marxpublikation auf den Markt geworfen.[69]

Aber es gibt auch Zeichen der Hoffnung. So stimmen die elf Mitwirkenden einer Ringvorlesung der Universität München darin überein, »daß Marx kein Demokrat gewesen ist, die Gewalt bejaht, Kinderarbeit gerechtfertigt, die Idee der Menschenrechte, Ehe und Familie, nicht nur das Privateigentum abgelehnt und keine Rücksicht auf ethnisches und kulturelles Selbstbestimmungsrecht genommen hat.«[70]

In der Einleitung wurde Theodor Heuss zitiert, der drei Formen der Auseinandersetzung mit Ideologien und politischen Strömungen unterscheidet und den Mittelweg gewählt hat. Die nationalsozialistischen Blätter nahmen von seinem Buch keine Notiz. Goebbels machte sich jedoch am 24. Januar 1932 eine Tagebucheintragung: »Ich lese eine Broschüre, die ein Demokrat über ›Hitlers Weg‹ geschrieben hat. Das ist alles so dumm, daß es kaum einer Beachtung wert erscheint.«[71] Ganz anders verhielt es sich mit den publizistischen Attacken Gerlichs auf Hitler und seine Bewegung. Diese Sprache und die sie begleitenden Karikaturen erreichten das Volk, gingen den Nationalsozialisten unter die Haut. Vor mir liegt ein Foto. Es zeigt Hitler am Schreibtisch und vor ihm liegt Gerlichs »Der gerade Weg«. Nun, Fritz Gerlich wurde eines der ersten Mordopfer des NS-Regimes; am 1. Juli 1934 erschlugen ihn in der »Schutzhaft« – KZ-Dachau – braune Schergen. Heuss kam nach der ›Machtergreifung‹ mit Aberkennung des Reichstagsmandates, Lehr- und zeitweiligem Publikationsverbot einigermaßen glimpflich davon. Der »goldene Mittelweg« hat ihm das Leben gerettet. Doch welchen Weg hätte die deutsche Geschichte genommen, hätten Heuss[72] und seinesgleichen, also alle Gegner Hitlers, eine klare, scharfe, an den Fakten orientierte Sprache gesprochen und so Hitler die Maske vom Gesicht gerissen? Vielleicht wäre dann Deutschland und der Welt eine der schlimmsten Katastrophen erspart geblieben.

> »Und handeln sollst du so als hinge
> Von dir und deinem Tun allein
> Das Schicksal ab der deutschen Dinge
> Und die Verantwortung wär' dein.«
>
> Prof. Kurt Huber, Mentor des Freundeskreises
> Weiße Rose, vor dem Volksgerichtshof,
> der ihn zum Tode verurteilte.

# Anmerkungen

(aaO verweist auf das Literaturverzeichnis)

## Zu diesem Buch

1 Anatolij Frenkin »Die Krise des Marxismus...« Gesellschaft für Kulturwissenschaft e. V., Mitteilungen, November 1991 S. 3.
2 Theodor Heuss »Hitlers Weg« Neu herausgegeben und mit einer Einleitung versehen von Eberhard Jäckel, Tübingen 1968, Vorbemerkung o. S.
3 Ebenda S. 14. Wer August Bebels »Die Frau und der Sozialismus« (Stuttgart 1919) liest und mit Hitlers »Mein Kampf« vergleicht, dürfte die größten Schwierigkeiten haben, irgendwelche nennenswerten Gemeinsamkeiten zwischen den beiden Autoren und zwischen den beiden Publikationen zu entdecken. Während sich in »Mein Kampf« Anstößiges an Anstößiges reiht, ist derlei in »Die Frau...« nirgendwo auszumachen.
4 Ebenda S. 27.
5 Ebenda S. 115.
6 Lassalles erste Amtsperiode sollte gemäß Satzung fünf Jahre betragen, praktisch ohne nennenswerte Kontrollmöglichkeiten durch die übrigen Vorstandsmitglieder.
7 NN »Propheten wider das Dritte Reich« München 1946 S. 437. In Aufzeichnungen meines Vaters, Peter Löw (gest. 1952), seine Anti-NS-Aktivitäten betreffend, heißt es: »Verbreitung von Flugblättern und Schriften, vor allem auch ›Geraden Weg‹, für dessen Werbung ich einmal meinen ganzen Urlaub verwendet habe.«
8 MEW aaO Ergbd. 1, 593.
9 Vgl. MEW aaO Ergbd. 1, 8: »Ein Vorhang war gefallen, mein Allerheiligstes zerrissen, und es mußten neue Götter hineingesetzt werden.«
10 MEW aaO 4, 461.
11 Siehe Richard Pipes »Die Russische Revolution. Rußland unter dem neuen Regime« Berlin 1993. Darin wird geschildert, wie totalitär und machtgierig Lenin sein Regime gegen den Willen der Bevölkerung und auf ihren Toten errichtete. Rund 10 Millionen Menschen starben zwischen Herbst 1917 und Frühjahr 1922 an Hunger, Seuchen, Bürgerkrieg, etwa zwei Millionen flohen ins Ausland.
12 Alan Bullock »Hitler und Stalin: Parallele Leben« Berlin 1991 S. 310.
13 Siehe Erhard Schreiber »Die Meisterdenker und die Strafkolonie« in Schubert aaO S. 261 ff.

14 Nach Alexander Litschev u. a. (Hrsg.) »Abschied vom Marxismus« Reinbek 1992 s. 19.

15 Waleri Alexandrowitsch Wolin »Rußland rehabilitiert...« in »Friedrich Ebert Stiftung, Büro Leipzig, »Der 17. Juni 1953...« Leipzig 1993 S. 75.

16 Nach Friedrich Torberg »Als der tote Stalin noch lebte« in: ders. »Wo der Bartel die Milch holt« München 1981 S. 121 ff.

17 So Günther Deschner »Doch der Forscher will den ganzen Hitler« DIE WELT 15. 4. 89.

18 Siehe Löw »Marxismus-Quellenlexikon« aaO »Deutsche, Deutschland«.

19 Hans Paul Höpfner »Hitler und Stalin. Die parallelen Leben zweier Diktatoren« Das Parlament 27. 3. 92 S. 19. Verwiesen sei ferner auf Jan Kershaw »Der Hitler-Mythos...« Stuttgart 1980.

20 Siehe Institut für Geschichte der Arbeiterbewegung (Hrsg.) »In den Fängen des NKWD. Deutsche Opfer des stalinistischen Terrors in der UdSSR« Berlin 1991.

21 Nach Motschmann aaO S. 284.

22 Politik – Informationen aus Bonn Nr. 1 31. 5. 90 S. 1.

23 Jakob Strobel y Serra »Erneuerung als Wählertäuschung?« Frankfurter Allgemeine Zeitung 30. 6. 94 S. 4.

24 Manfred Kittel »Die Legende von der ›zweiten Schuld‹« Berlin 1993 S. 237.

25 »Grundsatzprogramm der Sozialdemokratischen Partei Deutschlands« Bonn o.J. S. 7.

26 Roland Kirbach »Gegen den Strom« DIE ZEIT 21.8.93 S. 14.

27 Ziegler u. a. aaO.

28 Siehe Paul-Ludwig Weinacht »Studenten in Ost und West« Die politische Meinung 294 (Mai 94) S. 65.

29 Manfred Kittel »Die Legende von der ›Zweiten Schuld‹« Berlin 1993 S. 349: »Von den CDU- und CSU-Anhängern waren nur 23 % (gegen 55 %) dieser Auffassung, von denen der SPD aber beachtliche 36 % (gegen 46 %). Mag die vergleichsweise hohe Akzeptanz des Nationalsozialismus bei den Wählern der SPD mit seinen wohlfahrtsstaatlichen Elementen zu erklären sein, so dürften bei den 42 % (gegen 46 %) der FDP-Anhänger, die den Nationalsozialismus 1951 für eine überwiegend gute Sache hielt, andere Motive zugrunde gelegen haben.« Hermann von Berg in einem Brief an den Autor vom 2. 3. 94: »Hier sagen 80 Prozent der Studenten: Marx und der Sozialismus sind gut, nur, die SED hat es verhunzt.«

30 Raddatz aaO. S. 340.

31 Dirk Kurbjuweit »DIE MEGA-Stars« DIE ZEIT 7. 5. 93 S. 13.

32 Ebenda S. 14.

33 Rojahn aaO.

34 Nach Kautsky Jr. aaO S. 76.

# Zu I.

1 MEW aaO 32, 460.
2 MEW aaO 32, 792.
3 MEW aaO 32, 460.
4 MEW aaO 16, 131. Die Feststellung betrifft den Kapitalismus. Im Kommunismus gibt es keine Löhne mehr.
5 MEW aaO 33, 689.
6 Wilhelm Weitling in Silberner aaO S. 151.
7 MEW aaO 39, 288.
8 Geoffrey Barraclough »Karl Marx und der Marxismus – Eine säkulare Betrachtung« in Schubert aaO S. 301.
9 Flechtheim aaO S. 12 f. Ebenso Schwan aaO S. 12: »Einerseits tritt Marx als der schonungsloseste kritische Geist auf..., andererseits ist er zum Gegenstand einer Hagiographie und eines Heroenkultes von überdimensionalen Ausmaßen geworden...«
10 Rubel »Die Marx-Legende« aaO S. 15.
11 So Werner Maser »Genossen beten nicht« Köln 1963 S. 36.
12 Monz aaO S. 243.
13 MEW aaO 39, 33, 55.
14 Hans Mayer »Ich bin unbelehrbar« DER SPIEGEL 28/93 S. 167.
15 MEW aaO 33, 252.
16 Külow u. a. aaO S. 33.
17 Bakunin aaO S. 189.
18 Maximilien Rubel »Die Marxlegende oder Engels als Begründer« in Horst Schallenberg u. a. »Im Gegenstrom« Wuppertal 1977 S. 13.
19 Ebenda S. 14.
20 Leonhard Reinisch im Vorwort zu Kolakowski »Leben« aaO S. 17.
21 Albert Massiczek »Der menschliche Mensch – Karl Marx' jüdischer Humanismus« Wien 1968 S. 184.
22 Künzli aaO S. 16.
23 Fritz Raddatz »Karl Marx – eine politische Biographie« Hamburg 1975.
24 DER SPIEGEL 1975 Nr. 17 S. 155.
25 DER SPIEGEL 1975 Nr. 20 S. 158 ff.
26 Nürnberger Nachrichten 12. Januar 1982.
27 Angelika Senge »Marxismus als atheistische Weltanschauung – Zum Stellenwert des Atheismus im Gefüge marxistischen Denkens« Paderborn 1983.
28 Pilgrim aaO S. 26 f.
29 Siehe z. B. Konrad Löw (Hrsg.) »Karl Marx – Bilanz nach hundert Jahren« Köln 1984 S. 7 f.

30 Eine – sehr späte (1989) – Ausnahme bildet »Fromm« aaO S. 64. Dort heißt es: »Und so verkündet Löw mit großer Geste: ›Doch nirgendwo gibt es im Westen eine Marxismuskritik, ›die das *erklärte Ziel*‹ der Fälschung verfolgt. Diese Anschuldigung ist ebenso ungeheuerlich wie absurd. Keine der angeblichen Fälschungen wird verdeutlicht, geschweige denn nachgewiesen. Entsprechende Anfragen bleiben unbeantwortet.‹

Da ›entsprechende Anfragen‹ bisher nirgendwo eingegangen sind, wir aber bei unserer Meinung bleiben, daß die hier zur Debatte stehende militante Marxkritik bezweckt, den Marxismus-Leninismus bewußt und gezielt, also absichtlich nicht nur zu analysieren und zu interpretieren, sondern auch zu verzerren und zu fälschen, wollen wir dafür einige Belege bringen.

Natürlich tun wir das nicht, um Herrn Löw zufriedenzustellen. Er weiß ganz genau, daß er ein verzerrtes, ein falsches Bild vom Marxismus-Leninismus zeichnet; nur zugeben will und darf er das nicht. Es zeugt doch wohl zumindest von weltfremder Ignoranz, wenn es bei ihm heißt: ›*trotz jahrelangen emsigen Suchens kenne ich keine positive als richtig anerkannte Feststellung, die wir Marx verdanken.*‹ Und man erhält schon einen gewissen Aufschluß darüber, wie Löw zu Karl Marx steht, wenn er es als eine ›mutige Tat‹ feiert, daß eine Gemeinde in der BRD ihre Karl-Marx-Straße in Brunnenstraße umgetauft hat.« Soweit Fromm. Die einzige »Fälschung«, die dann nachgewiesen wird, findet sich nicht in einem meiner einschlägigen Bücher, sondern in einem Zeitungsartikel, der, wie üblich, dem Autor nach Drucklegung nicht mehr zur Korrektur vorgelegt wurde. Aus welchen Gründen auch immer hat ein Redakteur zwei Zitate, die als solche exakt kenntlich gemacht worden waren, durch Punkte verbunden. Diese Prozedur ist nicht zu entschuldigen, kann aber nicht dem Autor angelastet werden, der den Text nicht mehr zu Gesicht bekommt. Auch die Überschriften sind das Privileg der Redaktionen.

31 Nach Alfred Schmidt »Menschenfreund und Verächter des Systems« in FAZ 28. 7. 1984.

32 Künzli aaO S. 334; Bleuel aaO S. 301, 360.

33 Bleuel aaO S. 360.

34 Kautsky Jr. aaO S. 334.

35 Bleuel aaO S. 301.

## Zu II.

1 Marx »Texte« aaO S. 25:
»Einen Thron will ich mir auferbauen,
Kalt und riesig soll sein Gipfel sein,

Bollwerk sei ihm übermenschlich Grauen,
Und sein Marschall sei die düst're Pein!«

2 MEW aaO 8,139.
3 Eberhard Fromm »Der Kult der großen Männer« Berlin 1991 S. 113.
4 Eberhard Fromm »Marx – von rechts gelesen...« Berlin (Ost) 1989 S. 12.
5 MEW aaO 37, 327. Da heißt es zwar: »Abgesehen von der Frage der Moralität...« Wenn man aber bedenkt, daß dieses Zitat dem Brief an einen nicht näher Bekannten (Gerson Trier) entnommen ist und sich die Freunde untereinander darauf verständigt hatten, »Moral« als bloße Phrase zu werten (MEW 31, 15), so wird klar, daß die Einleitung des Satzes nur die Funktion eines Hintertürchens haben sollte.
6 MEW aaO 27, 107.
7 MEW aaO 4, 492 f.
8 MEW aaO 4, 481.
9 MEW aaO 4, 461.
10 MEW aaO 21, 16.
11 MEW aaO 21, 18.
12 Löw »Die Lehre...« aaO S. 226 f.
13 Friedenthal aaO S. 320.
14 MEW aaO 27, 190.
15 MEW aaO 4, 493.
16 MEW 4, 461.
17 MEW aaO 5, 499.
18 MEW aaO 4, 493.
19 MEW aaO 27, 125 f; Äußerungen anderer Emissäre sind abgedruckt in Padover aaO S. 263 ff.
20 MEW aaO 21, 18 f.
21 MEW aaO 36, 598.
22 Theodor Schieder »Handbuch der europäischen Geschichte« Bd. 5, Stuttgart 1981, S. 287.
23 MEW aaO 5, 110.
24 MEW aaO 5, 112.
25 MEW aaO 5, 116.
26 MEW aaO 5, 132. Noch Jahrzehnte später verteidigt Engels ganz ungeniert das Verhalten von damals (MEW aaO 21, 22: »Vom ersten Schuß an traten wir unbedingt ein für die Insurgenten. Nach ihrer Niederlage feierte Marx die Besiegten in einem seiner gewaltigsten Artikel.«)
27 MEW aaO 5, 137.
28 MEW aaO 5, 136.
29 MEW aaO 19, 344.
30 MEW aaO 27, 278.
31 MEW aaO 37, 326.

32 Löw »Die Lehre...« aaO S. 243 ff; ders. »Marxismus-Quellenlexikon« aaO »Demokratie«, »Diktatur des Proletariats«.
33 MEW aaO 6, 519.
34 MEW aaO 16, 361 f.
35 Willy Brandt in Fetscher (Hrsg.) aaO S. 37.
36 von Berg »Marxismus-Leninismus« aaO S. 201.
37 MEW aaO 4, 341.
38 MEW aaO 4, 482 ff.
39 MEW aaO 21, 206 ff.
40 Nach von Berg »Marxismus-Leninismus« aaO S. 173 ff.
41 MEW aaO 19, 11 ff.
42 Schieder aaO S. 18.
43 Nach Dowe aaO S. 39 f.
44 MEW aaO 20, 1 ff.
45 Siehe zum Thema Marx und die Arbeiterbewegung: Löw »Die Lehre...« aaO S. 224 ff., insbes. S. 266 ff.
46 Andréas »Marx'« aaO S. 11.
47 Z.B. MEW aaO 27, 59; 7, 21.
48 Hans-Ulrich Wehler »Deutsche Gesellschaftsgeschichte« 3. Bd. München 1995 S. 157.
49 Bakunin nach Enzensberger aaO S. 401.
50 MEW aaO 19, 100 f.
51 MEW aaO 36, 598 f.
52 MEW aaO 19, 336.
53 MEW aaO 31, 10 f.
54 MEW aaO 22, 340 f.
55 Gäbler aaO S. 57; Motschmann aaO S. 146; Schwerbrock aaO S. 21; Wagenlehner aaO S. 349. In dem hochangesehenen Lexikon »Sowjetsystem und demokratische Gesellschaft« (Claus Kernig u. a. (Hrsg.); Freiburg 1966 ff.) heißt es aus der Feder von Dietrich Geyer unter dem Stichwort »Kommunistische Internationale«: »In Anknüpfung an die von K. Marx organisierte I. Internationale...«
56 MEW aaO 19, 244.
57 MEW aaO 33, 328 f.
58 MEW aaO 33, 463.
59 Josef Weber nach Enzensberger aaO S. 382 ff.
60 MEW aaO 33, 491.
61 MEW aaO 19, 336.
62 Artur Müller »Gespräche zur Weltgeschichte« Stuttgart 1965 S. 174.
63 MEW aaO 33, 642.
64 MEW aaO 33, 206.
65 MEW aaO 33, 238.
66 MEW aaO 17, 335.
67 MEW aaO 17, 342.

68 MEW aaO 17, 362.
69 MEW aaO 31, 347.
70 MEW aaO 31, 530.
71 MEW aaO 17, 277.
72 MEW aaO 33, 54.
73 Wolfe aaO S. 123.
74 Wolfe aaO S. 130.
75 Wolfe aaO S. 130 f.
76 Siehe Löw »Marxismus-Quellenlexikon« aaO »Proletariat, Proletarier«.
77 MEW aaO 33, 314.
78 MEW aaO 33. 341.
79 MEW aaO 35, 160.
80 Löw »Marxismus-Quellenlexikon« aaO »Revolution«.
81 MEW aaO 22, 199.
82 MEW aaO 33, 238.
83 MEW aaO 33, 642.
84 MEW aaO 19, 336.
85 MEW aaO 19, 335 f.
86 MEW aaO 19, 189 ff; diese Arbeit ist ein Extrakt aus »Herrn Eugen Düring's Umwälzung der Wissenschaft« (MEW aaO 20, 1 ff.).
87 Hans Pelger »Was verstehen Marx/Engels und einige ihrer Zeitgenossen bis 1848 unter ›wissenschaftlichem Sozialismus‹, ›wissenschaftlichem Kommunismus‹ und ›revolutionärer Wissenschaft‹?« in: Karl-Marx-Haus Nr. 24 aaO S. 9.
88 Siehe dazu Löw »Die Lehre...« aaO, und zwar zum Thema Geschichte S. 84 ff, zum Thema Mehrwert S. 139 ff, jeweils mit weiteren Literaturhinweisen.
89 MEW aaO 19, 208.
90 MEW aaO 19, 187.
91 MEW aaO 19, 207.
92 MEW aaO 19, 208 f.
93 MEW aaO 19, 209.
94 Most aaO S. 63.
95 MEW aaO 24, 14; Eckstein Gustav »Thomas Hodgskin als Theoretiker der politischen Ökonomie« in Grünberg aaO Bd. VI S. 286 ff; v. Berg aaO S. 193, 210 f, 226.
96 Carl-Erich Vollgraf u. a. »›Marx in Marx' Worten‹?...« MEGA Studien 2/94 S. 32; sinngemäß ebenso: Hans-Georg Backhaus »Der politisch-ideologische Grundcharakter der MEGA« MEGA Studien 2/94 S. 102.
97 MEW aaO 19, 292.
98 MEW aaO 27, 566.
99 MEW aaO 19, 336.

100 Rubel (aaO S. 50): »After negotiations it was agreed to suppress the journal on condition that the expulsion order be revoked.«
101 MEW aaO 4, 539.
102 MEW aaO 4, 530.
103 Die hier angeführten Tatsachenbehauptungen sind entnommen der Dokumentation Andreas' aaO insbes. S. 28.
104 Siehe Jenny Marx betreffend: Enzensberger aaO S. 88; A. Jakobi: Die Neue Zeit XXI Bd. 1 Nr. 23 (März 1903) S. 720.
105 MEW aaO 4, 607.
106 MEW aaO 4, 493.
107 MEW aaO 21, 19.
108 Dieses überaus harte Urteil habe ich schon vor vielen Jahren gefällt und näher begründet; siehe Löw »Die Lehre...« aaO S. 248.
109 § 130 StGB (Volksverhetzung)
»Wer in einer Weise, die geeignet ist, den öffentlichen Frieden zu stören, die Menschenwürde anderer dadurch angreift, daß er
1. zum Haß gegen Teile der Bevölkerung aufstachelt,
2. zu Gewalt- oder Willkürmaßnahmen gegen sie auffordert, oder
3. sie beschimpft, böswillig verächtlich macht oder verleumdet, wird mit Freiheitsstrafe... bestraft.«
110 MEW aaO 6, 503.
111 Rubel aaO S. 86.
112 Nach Padover aaO S. 605 ff.
113 Schwerbrock aaO S. 72.
114 Löw »Warum fasziniert...« aaO S. 109 ff.
115 MEW aaO 32, 464.
116 Most aaO S. 30.
117 Maximilien Rubel »Die Marx-Legende oder Engels als Begründer« in: Schallenberger u. a. (Hrsg.) aaO S. 17.
118 MEW aaO 31, 303.
119 MEW aaO 27, 374.
120 MEW aaO 30, 15.
121 Löw »Marxismus-Quellenlexikon« aaO »Revolution«.
122 MEW aaO 31, 453. Die Gedanken und Äußerungen von Marx werden häufig von seiner Frau unterstrichen (Institut für Marxismus-Leninismus aaO S. 212): »... und die ganze Schar der Knoten und Straubinger hing sich mit fanatischer Bewunderung an die neue Lehre, den falschen Glimmer der Sache und den neuen Messias, für welchen ein Kultus aufgetan wurde, der in der ganzen Geschichte kaum seinesgleichen hat. Das Weihrauchschwingen der Knoten machte halb Deutschland betäubt und noch heute, nachdem Lassalle in einem Duell in Genf, von einem wallachischen Jüngling erschossen, in einem stillen jüdischen Kirchhof in Breslau ruht, dauert das Räuchern und Fahnenschwingen und Lorbeerkränzen fort.«

123 MEW aaO 38, 235.
124 MEW aaO 3, 229.
125 MEW aaO 37, 327.
126 MEW aaO 4, 22.
127 MEW aaO 21, 16.
128 MEW aaO 16, 235.
129 MEW 16, 210 i.V. mit 23, 39.
130 MEW aaO 32,9.
131 Siehe Andréas aaO S. 284 f.
132 MEW aaO 36, 302.
133 Carl-Erich Vollgraf u. a. »›Marx in Marx' Worten‹?...« MEGA Studien 2/94 S. 4.
134 MEW aaO 19, 335.
135 Flechtheim aaO S. 12.
136 MEW aaO 36, 279.
137 MEW aaO 35, 229 f.
138 MEW aaO 37, 259.
139 MEW aaO 36, 287.
140 MEW aaO 31, 360.
141 Marx »Texte« aaO S. 25.
142 Marx »Texte« aaO S. 35.
143 Heinrich Heine, Historisch-kritische Gesamtausgabe der Werke, hg. v. Manfred Windfuhr, Bd. 15: Geständnisse, Memoiren und kleine autobiographische Schriften, Hamburg 1982, S. 39.
144 Siehe Löw »Warum fasziniert...« aaO S. 91 ff. (»Das Prometheus-Idol«).
145 Marx »Texte« aaO S. 9.
146 MEW aaO Ergbd. 1 S. 261.
147 MEW aaO 31, 183.
148 MEW aaO 23, 27.
149 MEW aaO 32, 554.
150 MEW aaO 34, 207.

# Zu III.

1 Jenny Marx an ihren Gatten, Karl Marx, in einem Brief vom 11. 8. 1844; MEW Ergbd. 1, 652.
2 Nur Monz setzt ein Fragezeichen, indem er formuliert: »Man hat immer wieder auf die engen Beziehungen von Karl Marx zu seinem Vater und die – angeblich weniger engen – zu seiner Mutter hingewiesen.« (Heinz Monz »Die soziale Lage der elterlichen Familie von Karl Marx« in: Lamm aaO S. 67.).
3 Institut für Marxismus-Leninismus »Mohr und General« aaO S. 240.

4 Erwähnt seien Beer aaO S. 27. Friedenthal aaO S. 23 f.; Künzli aaO S. 107; Lamm aaO S. 24; McLellan »Marx before« aaO S. 28 und S. 32; Monz »Die soziale Lage der elterlichen Familie von Karl Marx« in Lamm aaO S. 67; Padover aaO S. 4.

5 MEW aaO Ergbd. 1, 11.

6 Institut für Marxismus-Leninismus »Mohr und General« aaO S. 240.

7 MEW aaO 30, 444.

8 MEW aaO 28, 221.

9 MEW aaO 29, 560.

10 MEW aaO 32, 52.

11 MEW aaO 30, 504.

12 Institut für Marxismus-Leninismus »Mohr und General« aaO S. 240.

13 Herders Konversationslexikon Freiburg i.B. 1907 (3. A.) »Daguerre« und »Photographie«. 1989 (!) haben viele Zeitungen und Zeitschriften sinngemäß oder ausdrücklich unter der Überschrift (FAZ 18. 3. 89): »Erfindung der Fotografie vor Hundertfünfzig Jahren« berichtet.

14 MEGA$^1$ aaO 1. Abt. Bd. 1 2. Halbbd. S. 228.

15 Ebenda S. 207.

16 Ebenda S. 184 f.

17 Ebenda S. 228.

18 MEW aaO Ergbd. 1, 638.

19 Raddatz aaO S. 49.

20 MEW aaO 27, 415.

21 Blumenberg »Ein unbekanntes Kapitel« aaO S. 73.

22 Blumenberg »Marx« aaO S. 127.

23 MEW aaO 30, 588.

24 Nach Enzensberger aaO S. 279 f.

25 Institut »Mohr und General« aaO S. 235.

26 MEW aaO Ergbd. 1, 617. Der Brief ist stellenweise beschädigt und unleserlich, daher sinngemäß ergänzt.

27 Siehe Löw »Lexikon« aaO »Religion«.

28 MEW aaO Ergbd. 1, 262.

29 MEGA$^1$ aaO 1. Abt. Bd. 1 2. Halbbd. S. 204.

30 Ebenda S. 231.

31 Löw »Marxismus-Quellenlexikon« aaO »Preußen«.

32 MEW aaO 1, 340

33 MEW aaO Ergbd. 1, 632.

34 MEW aaO Ergbd. 1, 633.

35 MEGA$^1$ aaO 1. Abt. Bd. 1 2. Halbbd. S. 192.

36 MEW aaO Ergbd. 1, 11.

37 MEW aaO 27, 215, 405.

38 MEW aaO 27, 226.

39 MEW aaO 30, 311.

40 MEW aaO 28, 391.

41 MEW aaO 30, 76.
42 MEW aaO 30, 443 f.
43 Künzli aaO S. 47 f.
44 MEW aaO Ergbd. 1, 262.
45 Siehe III 7.
46 MEW aaO Ergbd. 1, 636.
47 Lamm aaO S. 24.
48 Pilgrim aaO S. 241.
49 Padover aaO S. 186.
50 MEW aaO 27, 130.
51 Institut »Mohr und General« aaO S. 238.
52 Institut »Mohr und General« aaO S. 250.
53 Institut »Mohr und General« aaO S. 138 f.
54 Institut »Mohr und General« aaO S. 304 f.
55 Institut »Mohr und General« aaO S. 312.
56 Enzensberger aaO S. 76.
57 von Krosigk aaO S. 5.
58 MEGA$^2$ aaO III, 1 S. 331.
59 Engels (MEW aaO 27, 550) in einem Brief an Wilhelm Wolff: »Was Deine amerikanischen Pläne angeht, so schlag sie Dir nur aus dem Sinn. Sie sind überflüssig, und Du wirst in London sofort etwas finden, da Du Englisch kannst und Leute von Deiner Solidität in den alten Sprachen dort gesucht sind... Haben doch ganz unbedeutende Subjekte die schönsten Positionen bekommen.«
60 von Krosigk aaO aaO S. 148.
61 MEW aaO 27, 610; 28, 442; 29, 513, 653; 30, 113, 115, 117, 201, 228, 310 f, 314, 319, 359; 31, 593; 32, 118.
62 MEW aaO 27, 536.
63 MEW aaO 27, 293.
64 MEW aaO 27, 566.
65 MEW aaO 29, 285.
66 MEW aaO 29, 340.
67 MEW aaO 29, 645.
68 MEW aaO 30, 248.
69 MEW aaO 31, 519.
70 MEW aaO 31, 596.
71 MEW aaO 33, 702.
72 MEW aaO 29, 532.
73 Nach Künzli aaO S. 316.
74 Ebenda S. 320.
75 Institut »Mohr und General« aaO S. 201.
76 Künzli aaO S. 337.
77 Siehe z. B. MEW aaO 30, 687.
78 MEW aaO 31, 297.

79 MEW aaO 31, 549.
80 Nach Enzensberger aaO S. 705.
81 Institut »Mohr und General« aaO S. 312.
82 Institut »Mohr und General« aaO S. 139.
83 Meier aaO S. 153.
84 MEW aaO 35, 195.
85 MEW aaO 35, 241.
86 von Krosigk aaO S. 51.
87 Institut »Mohr und General« aaO S. 305.
88 MEW aaO 30, 687.
89 MEW aaO 30, 110.
90 MEW aaO 30, 103.
91 MEW aaO 34, 388
92 MEW aaO 35, 186.
93 MEW aaO 30, 319.
94 MEW aaO 32, 344.
95 MEW aaO 2, 3 ff.
96 Friedenthal aaO S. 401.
97 Institut »Mohr und General« aaO S. 242 f.
98 Enzensberger aaO S. 456.
99 Institut »Mohr und General« aaO S. 302.
100 MEW aaO Ergbd. 1, 537.
101 MEW aaO 3, 6.
102 MEW aaO 4, 373.
103 MEW aaO 29, 374.
104 MEW aaO 30, 214; siehe auch 31, 131.
105 MEW aaO 28, 371.
106 MEW aaO 28, 422; 29, 132.
107 MEW aaO 29, 150.
108 MEW aaO 28, 423.
109 MEW aaO 30, 359.
110 MEW aaO 31, 297.
111 MEW aaO 31, 550.
112 MEW aaO 29, 513.
113 MEW aaO 31, 542.
114 Näheres siehe Löw »Ausbeutung« aaO S. 99 ff.
115 MEW aaO 35, 330.
116 MEW aaO 31, 151.
117 MEW aaO 30, 206.
118 MEW aaO 34, 23 f.
119 MEW aaO 34, 193.
120 Meier aaO S. 123 f.
121 Meier aaO S. 115.
122 Meier aaO S. 155.

123 Institut »Mohr und General« aaO S. 302.
124 Friedenthal aaO S. 401.
125 MEW aaO 31, 518 f.
126 MEW aaO 32, 217.
127 Nach Friedenthal aaO S. 412 f.
128 Meier aaO S. 155 f.
129 Meier aaO S. XIV.
130 Institut »Mohr und General« aaO S. 238.
131 Nach Künzli aaO S. 326 f.
132 Siehe Gemkow aaO.
133 Meier aaO S. 247.
134 Meier aaO S. 265.
135 Pilgrim aaO S. 129 ff. Es soll nicht unerwähnt bleiben, daß der amtliche Totenschein »Heart disease; Congestion of the Lungs« als Todesursache angibt. Doch die Leichenbeschauer verlassen sich gern auf die Angaben der Hinterbliebenen, zumal bei einem Dienstmädchen, wo Raubmord ganz unwahrscheinlich ist.
136 Institut »Mohr und General« aaO S. 408.
137 MEW aaO 36, 218.
138 Es sollen 150.000 Goldmark gewesen sein (Brandt aaO S. 24).
139 Heinrich Beta nach Weigel aaO S. 80.
140 MEW aaO 31, 323.
141 MEW aaO 35, 95.
142 MEW aaO 31, 535.
143 Blumenberg aaO S. 114.
144 MEW aaO 27, 16.
145 MEW aaO 27, 228.
146 MEW aaO 29, 225.
147 MEW aaO 31, 132.
148 MEW aaO 31, 296.
149 MEW aaO 36, 56.
150 MEW aaO 25, 8.
151 MEW aaO 36, 56.
152 MEW aaO 30, 312.
153 MEW aaO 30, 310.
154 Nach Hans Stein »Der Kölner Arbeiterverein« Köln 1921 S. 96.
155 Meier aaO S. 177.
156 Blumenberg aaO S. 115.
157 MEW aaO 29, 536.
158 MEW aaO 34, 344.
159 Nach Künzli aao S. 387.
160 Siehe Meier aao S. 280 ff; Raddatz aaO S. 240 ff.
161 Löw »Marxismus-Quellenlexikon« aaO »Revolution«.
162 So Victor aaO S. 35 f. Dafür spricht das enge Verhältnis zu Engels,

Mehrings Mitarbeit an »Die Neue Zeit« und der Stil. Hinzu kommt: Gustav Mayer nennt 1921 Mehring den Verfasser des Artikels (Grünberg aaO IX S. 130).

163 N. N. »Heine an Marx« in Die Neue Zeit 1895/96 S. 16 ff.

164 Hädecke aaO S. 414.

165 Hyndman nach Enzensberger aaO S. 521.

166 MEW aaO 23, 637.

167 Edda Ziegler »Heinrich Heine. Leben-Werk-Wirkung« Zürich 1993 S. 141 f.

168 Der einzige Brief Heines an Marx trägt das Datum 21. 9. 1844; insgesamt sind 1776 sichere Briefe Heines registriert, siehe Heinrich Heine – Säkularausgaben Berlin-Paris Briefbände.

169 MEW aaO 27, 434.

170 MEW aaO 27, 435.

171 MEW aaO 27, 441.

172 Victor aaO S. 100.

173 Franziska Kugelmann nach Institut für Marxismus-Leninismus »Mohr und General« aaO S. 256.

174 MEW aaO 28, 423.

175 MEW aaO 27, 110.

176 MEW aaO 29, 38 f.

177 MEW aaO 29, 53.

178 MEW aao 29, 72 f.

179 MEW aao 30, 30.

180 MEW aaO 31, 270.

181 Nach Hädecke aaO S. 436. Marx haßte seinen Konkurrenten Lassalle über alles; siehe Löw »Marxismus-Quellenlexikon« aaO »Lassalle«.

182 Nach Hädecke aaO S. 427.

183 Heinrich Heine – Säkularausgabe Berlin-Paris Bd. 23, 1972 S. 253.

184 Heinrich Heine – Säkularausgabe Berlin-Paris Bd. 23 K, 1976 S. 121.

185 Friedental aaO S. 213.

186 Victor aaO S. 8. Er verweist mit Fundstelle auf einen Aufsatz Lenins. Doch dort ist von Heine nicht die Rede.

187 Z.B. Lassalle (MEW aaO 16, 361 f); Hyndman (MEW aaO 35, 202 f.); Hyndman (MEW aaO 35, 284).

188 Hirth aaO S. 1066.

189 Hirth aaO S. 1066.

190 Lefebvre aaO S. 48.

191 Victor aaO S. 135.

192 Nur einige Sätze aus Lefebvres Untersuchung (aaO S. 6 bzw. 9): »Schon in den 20er Jahren, in den ›Reisebildern‹ z. B., äußert Heine politische Meinungen, die die marxistische Perspektive sozusagen

vorwegnehmen.« »Heine war schon fast zehn Jahre zuvor, um die Mitte der dreißiger Jahre, zu Schlußfolgerungen gelangt, die den zitierten Text von Marx gewissermaßen vorwegnehmen, wenigstens was die didaktischen Daten der politischen Perspektive (Emanzipation-Knechtschaft, Philosophie-Proletariat, Kopftheorie – Herzenspraxis usw.) sowie ihre metaphorische Formulierung angeht. Der einzige, entscheidende Unterschied lag darin, daß das Proletariat noch nicht eindeutig im dialektischen Spiel auftrat; es erscheint erst später in Heines Werk, doch noch weit vor seiner Begegnung mit Marx.«

193 Hädecke aaO S. 423; Lefebvre aaO S. 40.

194 Nach Victor aaO S. 89.

195 Nach Victor aaO S. 86.

196 Löw »Marxismus-Quellenlexikon« aaO »Kommunismus«.

197 Hädecke aaO S. 424.

198 Hädecke aaO S. 419.

199 Z.B. R. Löwit »Heinrich Heine. Werke« Wiesbaden o.J. S. LXIV.

200 Edda Ziegler »Heinrich Heine. Leben – Werk – Wirkung« Zürich 1993 S. 192. Siehe auch Wolfgang Werth »Genosse Heine in Krähwinkel« Süddeutsche Zeitung 6. 12. 95.

201 Eleanor Marx in: Institut »Mohr und General« aao S. 238.

202 Adolf Hitler »Mein Kampf« München 1935 S. 20.

203 Werner Maser »Adolf Hitler. Mein Kampf...« Esslingen 1974 S. 128 ff.

204 Grünberg aaO Bd. XII S. 233.

205 Grünberg aaO Bd. XII S. 236.

206 MEGA$^1$ aaO 1. Abt. Bd. 1 2. Halbbd. S. 190.

207 MEW aaO Ergbd. 1, 639.

208 Institut »Mohr und General« aaO S. 193.

209 McLellan aaO S. 280.

210 Ertl aaO S. 30; siehe auch Padover aaO S. 338 ff, Blumenberg »Ein unbekanntes Kapitel...« aaO S. 66 f.

211 Brandt aaO S. 61.

212 Walter Wadepuhl »Heinrich Heine – sein Leben, seine Werke« München 1981 S. 157.

213 MEW aaO 30, 665.

214 MEW aaO 30, 417.

215 MEW aaO 34, 119.

216 Heinz Kossack »Neue Dokumente über die Studienzeit von Karl Marx...« Beiträge zur Marx-Engels-Forschung Heft 2 Berlin 1978.

217 Heinz Voigtlaender »Lohn und Preis in vier Jahrtausenden« Speyer 1994 S. 95: »Eine Familie mit 5 Personen benötigte bei bescheidenen Ansprüchen 3,5 Taler pro Woche.«

218 Pilgrim aaO S. 54.

219 Giroud aaO S. 144 f.

220 »War Marx Hegels Student in Moskau?« Junge Welt 22. 2. 84.
221 MEGA$^2$ aaO III,1 S. 429 f. Dort weitere Belege. Ferner: MEW aaO 30, 257; 31, 262; 31, 533; Frau Marx s. Institut für Marxismus-Leninismus »Mohr und General« aaO S. 201.
222 Paul Lafargue »Persönliche Erinnerungen an Karl Marx« Institut »Mohr und General« aaO S. 286 ff.
223 Nach Engelsberger aaO S. 704.
224 Nach Engelsberger aaO S. 705.
225 Margarete Mitscherlich-Nielsen in der Einleitung zu Meier aaO S. XI.
226 MEW aaO 28, 423.
227 MEW aaO 33, 110.
228 MEW aaO 35, 35.
229 Nach Meier aaO S. 157.
230 Nach Meier aaO S. 160.
231 Nach Meier aaO S. 271.
232 Nach Meier aaO S. 297.
233 Nach Künzli aaO S. 489.
234 Meier aaO S. 273.
235 Ebenda S. 277.

## Zu IV.

 1 Bakunin aaO S. 189.
 2 Nach Grünberg aaO Bd. 10 S. 412.
 3 Protokoll des Parteitags zu Halle 1890, Berlin 1890, S. 41.
 4 Nach Grünberg aaO Bd. 10 S. 411.
 5 MEW aaO 31, 42.
 6 MEW aaO 31 f, 56.
 7 MEW aaO 31 f, 417.
 8 MEW aaO 29, 73.
 9 Z.B. MEW aaO 1, 359; 8, 267; 28, 625.
10 MEW aaO 34, 413.
11 Ausführlich dazu Löw »Die Lehre...« aaO S. 239 f.
12 Dieter Drowe/Klaus Tenfelde »Zur Rezeption Eugen Dührings...« in: Schriften aus dem Karl-Marx-Haus Nr. 24, Trier 1980, S. 39.
13 Löw »Marxismus-Quellenlexikon« aaO »Lassalle«; siehe ferner S. 157 ff.
14 MEW aaO 34, 125.
15 MEW aaO 19, 11 ff.
16 Siehe Wolfgang Schieder »Zur Geschichte des Begriffs ›wissenschaftlicher Sozialismus‹ vor 1914« in: Schriften aus dem Karl-Marx-Haus Nr. 24, Trier 1980, S. 18; siehe auch Dieter Dowe/Klaus Tenfelde »Zur Re-

zeption Eugen Dührings...« ebenda S. 31 f.; Peter Gay »Das Dilemma des Demokratischen Sozialismus. Eduard Bernsteins Auseinandersetzung mit Marx« Nürnberg 1954 S. 107 ff.

17 Dieter Dowe/Klaus Tenfelde »Zur Rezeption Eugen Dührings...« S. 40.

18 Z. B. MEW aaO 30, 407; 32, 396; 34, 131; 36, 111; 36, 466; 39, 316.

19 Nach Enzensberger aaO S. 548.

20 MEW aaO 36, 279. Siehe ferner II 8.

21 MEW aaO 19, 13.

22 MEW aaO 22, 90 f.

23 MEW aaO 38, 183.

24 Enzensberger aaO S. 664 f.

25 Enzensberger aaO S. 586.

26 MEW aaO 39, 458.

27 MEW aaO 39, 452.

28 MEW aaO 7, 623 f.

29 Werner Blumenberg »Ein unbekanntes Kapitel aus Marx' Leben« International Revue of Social History, Glashütten im Taunus, 1975, S. 115.

30 Kautsky Jr. aaO S. 115.

31 Ihr Brief an Rjasanow ist abgedruckt bei Gemkow aaO S. 54 ff.

32 Siehe Gemkow aaO S. 45.

33 Ebenda S. 46.

34 Liebknecht aaO S. 117.

35 John Most »Marxereien, Eseleien und der sanfte Heinrich«, Wetzlar 1985, S. 55.

36 Liebknecht aaO S. III.

37 Liebknecht aaO S. III f.

38 MEW aaO 36, 39.

39 Liebknecht aaO S. VI; ebenda auch S. 14 und 17.

40 Liebknecht aaO S. 9.

41 Liebknecht aaO S. 14.

42 Liebknecht aaO S. 18.

43 Liebknecht aaO S. 21.

44 Liebknecht aaO S. 37.

45 Liebknecht aaO S. 39.

46 Liebknecht aaO S. 37 f. bzw. S. 41.

47 MEW aaO 32, 89.

48 MEW aaO 32, 91.

49 Liebknecht aaO S. 43.

50 Liebknecht aaO S. 50.

51 Liebknecht aaO S. 51.

52 Heinz Abosch. Die Fundstelle fehlt. Abosch mit Schreiben vom 3. 7. 95: »Die Hinweise sind auf jeden Fall authentisch.«

53 Liebknecht aaO S. 61.
54 Nach Worobjowa aaO S. 14 f.
55 Liebknecht aaO S. 18 f. bzw. S. 75.
56 MEW aaO 35, 240.
57 Dominick aaO S. 135.
58 Dominick aaO S. 340.
59 Dominick aaO S. 384 ff.
60 Liebknecht aaO S. III.
61 Bebel aaO S. 118.
62 Kautsky Jr. aaO S. 85.
63 Dominick aaO S. 356 ff., 379.
64 Liebknecht aaO S. 78.
65 Liebknecht aaO S. 40.
66 Liebknecht aaO VI.
67 MEW aaO 29, 376.
68 Löw »Marxismus-Quellenlexikon« aaO »Liebknecht«.
69 MEW aaO 29, 443.
70 Bernstein aaO S. 1.
71 Nach Meier aaO S. 345.
72 Bebel aaO.
73 MEW aaO 34, 129.
74 Wolfgang Schieder »Zur Geschichte des Begriffs ›Wissenschaftlicher Sozialismus‹ vor 1918« in: Schriften aus dem Karl-Marx-Haus Nr. 24 (1979) S. 18.
75 Ignaz Auer nach Hermann Weber »Das Prinzip links. Eine Dokumentation. Beiträge zur Diskussion des Demokratischen Sozialismus in Deutschland 1847–1893« o. O. 1973 S. 104.
76 Nach Bo Gustafsson »Marxismus und Revisionismus – Eduard Bernsteins Kritik des Marxismus und ihre ideengeschichtlichen Voraussetzungen« Frankfurt 1972 S. 11.
77 Bernstein aaO S. 182.
78 Löw »Die Lehre« aaO S. 219 ff.
79 Bo Gustafsson »Marxismus und Revisionismus – Eduard Bernsteins Kritik des Marxismus und ihre ideengeschichtlichen Voraussetzungen« Frankfurt 1972 S. 26.
80 Kautsky aaO S. 3.
81 Kautsky aaO S. 5 f.
82 Kautsky aaO S. 6.
83 Kautsky aaO S. 10.
84 MEW aaO 34, 412.
85 MEW aaO 35, 178.
86 MEW aaO 35, 220.
87 MEW aaO 36, 336.
88 MEW aaO 37, 390 f.

89 MEW aaO 30, 143.
90 Werner Blumenberg »Ein unbekanntes Kapitel aus Marx' Leben« International Revue of Social History, Glashütten i. Ts, 1975, S. 55.
91 Sombart aaO S. 70.
92 Kautsky Jr. aaO S. 334.
93 Ebenda.
94 Bebel/Bernstein (Hrsg.) aaO S. V.
95 Ebenda S. VI f.
96 Ebenda S. VII.
97 MEW aaO 30, 19.
98 MEW aaO 30, 26.
99 Bebel/Bernstein aaO 2, 379.
100 MEW aaO 30, 29 f.
101 MEW aaO 30, 31.
102 Franz Mehring »Engels und Marx« in: Carl Grünberg aaO Bd. 5 S. 3.

## Zu V.

1 Lenin »Werke« aaO 2, 5. Dort heißt es: »Nach seinem Freund Karl Marx war Engels der bedeutendste Gelehrte und Lehrer des modernen Proletariats in der zivilisierten Welt.«
2 Aus »Mit Marx beraten, bei Marx Kraft holen« Neue Deutsche Presse 3/83.
3 Lenin »Werke« aaO 19,3.
4 Nach Informationsbüro WEST 195. Tagesdienst 1982 Blatt 3.
5 »These des ZK der SED...« Einheit/83 S. 10.
6 So auch Wolfgang Leonhard (aaO S. 709): »... das Schulungssystem war so gestaltet, daß im Rahmen der Schulung nur ganz wenige ›genehme‹ Äußerungen von Marx und Engels behandelt wurden; auch in der Presse wurde nur eine kleine, ›passende‹ Auswahl zitiert, während viele ihrer Grundgedanken und entscheidende Aussagen verdrängt wurden und weitgehend unbekannt blieben.« Den folgenden Ausführungen Leonhards muß jedoch widersprochen werden. Insofern sei auf Dokumentation 3. verwiesen.
7 Nach Pilgrim aaO. S. 71.
8 MEW aaO 39, 655.
9 Gemkow aaO S. 47.
10 Institut »Mohr und General« aaO S. 252 ff.
11 MEW aaO 33, 113.
12 Radio DDR 5. 5. 68 nach Rias »DDR-Report«
13 Siehe Ernst Nolte »Das Zeitalter des Marxismus« in: Fleischer aaO S. 37 ff.

14 Ignace Lepp »Von Marx zu Christus« Graz 1957 S. 296 f.

15 Hans Reichelt »Die natürliche Umwelt...« Der Pflüger, Berlin (Ost) 3/85.

16 Manfred Schöncke »Karl und Heinrich Marx und ihre Geschwister...« Bonn 1993.

17 Haug (Hrsg.) aaO.

18 Mehring aaO S. 3 im Vorwort.

19 Mehring aaO S. 8.

20 MEW aaO 35, 369.

21 MEW aaO 35, 342.

22 MEW aaO 36, 273.

23 Franz Mehring »Engels und Marx« in: Grünberg aaO V 3.

24 Die in der hier benutzten Auflage enthaltenen Fußnoten stammen vom Herausgeber; 468 Anmerkungen für 535 Textseiten. Das sind wenige.

25 Mehring aaO S. 20.

26 Mehring aaO S. 196.

27 MEW aaO 29, 474 f.

28 Mehring aaO S. 215.

29 Mehring aaO S. 216.

30 MEW aaO 27, 190.

31 Mehring aaO S. 236.

32 Mehring aaO S. 320.

33 Franz Mehring »Ein neuer Literaturkrakeel« Die Neue Zeit 5. 12. 13 S. 394.

34 Institut »Marx« aaO S. 13.

35 Institut »Marx« aaO S. 22.

36 Institut »Marx« aaO S. 143 f.

37 Institut »Marx« aaO S. 244 ff.

38 Siehe z. B. J. A. Döring »Marx kontra Rußland« Stuttgart 1960; siehe auch Löw »Marxismus-Quellenlexikon« aaO »Rußland, Russen«.

39 Karl Marx »Die Geschichte der Geheimdiplomatie des 18. Jahrhunderts« Berlin (West) 1977 S. 47.

40 Karl Marx »Die Geschichte der Geheimdiplomatie des 18. Jahrhunderts« Berlin (West) 1977 S. 81.

41 Institut »Marx« aaO S. 388 f.

42 Institut »Marx« aaO S. 417 f.

43 Institut »Marx« aaO S. 418.

44 Ausführlich Ralph Colp »The Contacts between Karl Marx and Charles Darwin« in: Journal of the History of Ideas Vol. XXXV (1974) Nr. 2 S. 329 ff.

45 MEW aaO 35, 315.

46 Das Zitat ist entnommen meinem Büchlein: »Kann ein Christ Marxist sein?« München 1987 S. 33. Selbstverständlich wird meine seitenlange Begründung auch nicht auszugsweise wiedergegeben.

47 Heinrich Gemkow »Weggefährten im Kampf für eine sozial gerechte Ordnung« Neues Deutschland 12./13. 3. 88 S. 10.

48 Siehe Raddatz aaO S. 160–182. In Enzensbergers »Injurien- und Elogenregister« steht zu lesen (aaO S. 712): Siehe Ferdinand Freiligrath. Im eminenten Sinn des Wortes Freund. Urgroßmütig. Teutone. Lächerlich. Bepißtes Pudelbewußtsein. Cherusker. Alter Parteifreund. Zweideutig. Dickwanst. Vieh. Philister. Außerordentlich ordinär in seinen Ansichten. Das erkältete westfälische Maul. Schweinhund. Edler Dichter. Merkantilistischer Poet. Braver Bürger. So brav neutral. Wirklich nichts gelernt. Viel too cautious [zu vorsichtig]. Narr. Kindische Malice [Bosheit]. Blamiert sich durch öffentliche Bettelei. Dicker Lyriker. Kommun und feig. Literaturzudringlichkeit. Pantoffelkriecherei. Verworfene Kleinlichkeit. Koketterie. Dient dem Mammon. Charakterlosigkeit. Kleine Komödienzänkereien. Subaltern. Schwacher Esel. Direkte Gemeinheit. Literatenkitzel. Popularitätssucht. Belletristenpack. Borniert. Familienpoet. Fadaise. Mühsam herausgefurzter Gesang. Versballadenkrämer. Gemütsproduzent des nationalliberal philistine [des nationalliberalen Spießers].

49 Gemkow aaO S. 46.

50 Institut »Marx« aaO S. 536 f.

51 Korn aaO S. 4.

52 Ebenda.

53 Korn aaO S. 312.

54 Korn aaO S. 10 ff.

55 Korn aaO S. 196.

56 MEW aaO 36, 385.

57 MEW aaO 31, 368 f.

58 MEW aaO 19, 32; ausführlich Löw »Marxismus-Quellenlexikon« aaO »Kinderarbeit«.

59 Institute »Ihre Namen leben« aaO S. 217.

60 Institute »Ihre Namen leben« aaO S. 29.

61 Institute »Ihre Namen leben« aaO S. 216.

62 Institute »Ihre Namen leben« aaO S.9 f.

63 Institute »Ihre Namen leben« aaO S. 9.

64 NN »Abschied von Marx« SZ 8./9. 12. 84.

65 Sergej E. Schewitsch »Marx und die russischen Sozialisten« Institute »Ihre Namen leben« aaO S. 215.

66 Institute »Ihre Namen leben« aaO S. 12.

67 Horst Bartel »Das Lutherbild der deutschen Arbeiterbewegung« Stimme der DDR 20. 10. 83, 20.30 Uhr.

## Zu VI.

1 Anders aaO S. 46.
2 Nach Susanne Miller »Das Problem der Freiheit im Sozialismus« Berlin 1974 S. 19.
3 Vorwärts 28. 2. 33 S. 1.
4 Karl Marx/Friedrich Engels »Das kommunistische Manifest« Verlag der SPD, München 1946 S. 3.
5 Nach Das Parlament 17. 1. 81.
6 NN »Charly lebt« DER SPIEGEL 37/94 S. 73.
7 NN »Ein Kampf um Engels« Süddeutsche Zeitung 4./5. 3. 95.
8 Miller/Potthoff aaO S. 30.
9 Miller/Potthoff aaO S. 27.
10 Siehe Richard Kumpf »Gemeinnützig in Wuppertal« (Leserbrief) Frankfurter Allgemeine Zeitung 13. 9. 94.
11 Nach Weber aaO S. 218.
12 Kassette O1696 (Archiv der sozialen Demokratie).
13 Rosdolsky aaO.
14 Rosdolsky aaO S. 17; Friedrich-Ebert-Stiftung, Archiv für Sozialgeschichte 1964, Band 4, S. 87.
15 MEW aaO 21, 19.
16 Rosdolsky aaO S. 77; Friedrich-Ebert-Stiftung, Archiv für Sozialgeschichte 1964, Band 4, S. 147.
17 Ebenda S. 77 f. bzw. S. 147 f.
18 Ebenda S. 115 bzw. S. 185.
19 Ebenda S. 116 bzw. S. 186.
20 Ebenda S. 172 f. bzw. S. 242 f.
21 Ebenda S. 181 bzw. S. 251.
22 Ebenda S. 184 bzw. S. 254.
23 Ebenda S. 185 bzw. S. 255.
24 Ebenda S. 185 bzw. S. 255.
25 Ebenda S. 187 bzw. S. 257.
26 Ebenda S. 189 bzw. S. 259.
27 Ebenda S. 194 f. bzw. S.264 f.
28 Edmund Silberner, Kommunisten zur Judenfrage – Zur Geschichte von Theorie und Praxis des Kommunismus, Opladen 1983, S. 33. Das Kapitel über Marx in diesem Buch entspricht fast wörtlich einem Kapitel in »Sozialisten zur Judenfrage...«, Berlin 1962.
29 Ebenda S. 44. Silberner gibt die durchaus herrschende Sicht wieder; siehe z. B. Lamm aaO S. 11 ff, Carlebach aaO, Kaplan aaO.
30 Kassette 01702 (Archiv der sozialen Demokratie).
31 James D. Talmon »Die Ursprünge der totalitären Demokratie« Köln 1960.
32 Giselher Schmidt, Demontage der Freiheit, Hamburg 1976.

33 J. D. Talmon »Die Ursprünge der totalitären Demokratie« Köln 1960 S. 14.

34 MEW aaO 1, 370.

35 Miller/Potthoff aaO S. 342.

36 Kassette 01701 (Archiv der sozialen Demokratie).

37 Kassette 01696 (Archiv der sozialen Demokratie).

38 Vorstand der SPD (Hrsg.), Protokoll der Verhandlungen des Außerordentlichen Parteitags der SPD vom 13. – 15. Nov. 1959, Bonn o.J., S. 55.

39 »Grundsatzprogramm der Sozialdemokratischen Partei Deutschland« Bonn o. J. S. 7.

40 Renner aaO S. 4.

41 Ebenda aaO S. 5.

42 Ebenda aaO S. 17.

43 Oskar Lafontaine »Deutsche Wahrheiten« Hamburg 1990 S. 42.

44 Fetscher (Hrsg.) »Geschichte« aaO S. 33.

45 Löw »Marxismus-Quellenlexikon« aaO »Freiheit«.

46 Klaus Hornung »Politischer Messianismus...« NZZ 11. 3. 83 S. 31.

47 Fetscher (Hrsg.) »Geschichte« aaO S. 35.

48 MEW aaO 27, 267.

49 MEW aaO 4, 132.

50 MEW aaO 27, 357.

51 Fetscher (Hrsg.) »Geschichte« aaO S. 46.

52 Nach Rolf Steininger »Los von Rom?...« Innsbruck 1987 S. 235. Das war keine Heuchelei im Dienst an Staat und Volk; schon in den 20er und 30er Jahren äußerte er viel Verständnis für Stalin.

53 Susanne Miller »Das Problem der Freiheit im Sozialismus. Freiheit, Staat und Revolution in der Programmatik der Sozialdemokratie von Lassalle bis zum Revisionismusstreit« Düsseldorf 1977 S. 293 ff.

54 Ausführlich Löw »...bis zum Verrat« aaO S. 85 ff, insbesondere 101 ff.

55 Siehe Löw »Terror« aaO S. 13 ff.

56 Süddeutscher Rundfunk 9. 10. 77.

57 MEW aaO 4, 493.

58 MEW aaO 5, 457.

59 MEW aaO 7, 249.

60 Löw »Terror...« aaO.

61 Brief vom 7. 9. 94 an den Autor.

62 Seebacher-Brandt aaO S. 396.

63 Siehe Kautsky Jr. aaO.

64 Ebenda S. 76.

65 Ebenda S. 334.

66 Ebenda.

67 Iring Fetscher »Die Epigonen sind weg, was bleibt vom Werk?« Das Parlament 7. 5. 93.

68 Ebenda.
69 Iring Fetscher (Hrsg.) »Pressefreiheit und Zensur« Frankfurt a. M. 1969 S. 5.
70 Schieder aaO S. 136 f.
71 Iring Fetscher (Hrsg.) »Pressefreiheit und Zensur« Frankfurt a. M. 1969 S. 15.
72 Iring Fetscher (Hrsg.) »Marxisten gegen Antisemitismus« Hamburg 1974 S. 7.
73 Ebenda S. 10.
74 Franz John Fink nach Carlebach aaO S. 302.
75 MEW aaO 5, 186.
76 MEW aaO 6, 448.
77 MEW aaO 4, 509.
78 Iring Fetscher »Über Marx' Persönlichkeit in moderner Sicht« in Reckenwald aaO S. 88.
79 MEW aaO 29, 72.
80 »Erich Mielke (MfS)... Über den drohenden Untergang des sozialistischen Lagers« Deutschland Archiv 1993 S. 1027.
81 Padover aaO S. 12.
82 Giroud aaO S. 171.
83 »Anspruch und Wirklichkeit der sogenannten Marxologie« Radio DDR II 25. 2. 82, 20.05 Uhr. Fetscher (»Neugier und Furcht. Versuch, mein Leben zu verstehen« Hamburg 1995 S. 469) scheint diese Sicht zu bestätigen, wenn er schreibt: »Meine Antrittsvorlesung sollte zeigen, daß eine scharfe Kritik an der existierenden Sowjetunion durch Aufweis ihres Gegensatzes gegenüber den Intentionen von Marx und Engels geübt werden kann.«
84 Euchner aaO S. 156. Diese Kritik trifft auch seine »Klassiker des Sozialismus« (s. Euchner Hrsg. aaO).
85 Weber aaO S. 495.
86 MEW aaO 9,17.
87 N.N. »Wohl oder übel« Frankfurter Allgemeine Zeitung 21. 2. 94 S. 38.
88 Hermann Weber »Die Instrumentalisierung des Marxismus-Leninismus« Jahrbuch für historische Kommunismusforschung 1993 S. 160. Weber verweist auf Hans-Joachim Lieber u. a. (Hrsg.) »Marxlexikon...« Darmstadt 1988.
89 Kulturstiftung der deutschen Vertriebenen (Hrsg.) »Verletzungen von Menschenrechten« Bonn 1985 S. 19.
90 MEW aaO 31, 15.
91 Hermann Weber »Die Instrumentalisierung des Marxismus-Leninismus« Jahrbuch für historische Kommunismusforschung 1993 S. 160.
92 Ebenda.
93 Mende (Hrsg.) aaO S. 9.

94 Mende (Hrsg.) aaO S. 31.
95 Lenin »Werke« aaO 28, 97.
96 Sven Ove Hansson in: N. N. »Karl Marx und unsere Zeit – der Kampf um Frieden und sozialen Fortschritt. Internationale Wissenschaftliche Konferenz des Zentralkomitees der Sozialistischen Einheitspartei Deutschlands, Berlin, 11. bis 16.April 1983. Reden und Beiträge« Dresden 1983 S. 529.
97 Peter Jochen Winters »Unfamiliäres von der Bruderpartei« Frankfurter Allgemeine Zeitung 20. 4. 83 S. 12.
98 Schreiben vom 24. 11. 85 an den Autor.
99 Schreiben des Autors an Hansson vom 8. 4. 86.
100 Fetscher (Hrsg.) »Geschichte« aaO S. 40.
101 Ebenda S. 41.
102 Alexander Schwan »Theorie als Dienstmagd der Praxis. Systemwille und Parteilichkeit – Von Marx zu Lenin« Stuttgart 1983 S. 255.
103 MEW aaO 27, 278.
104 Protokoll der 28. Sitzung der Enquete-Kommission »Aufarbeitung von Geschichte und Folgen der SED-Diktatur in Deutschland« 28, 68.
105 Schreiben vom 22. 6. 94 an Margot von Renesse.
106 Protokoll der 28. Sitzung der Enquete-Kommission »Aufarbeitung von Geschichte und Folgen der SED-Diktatur in Deutschland« 28, 63.
107 Ebenda 28, 84.

# Zu VII.

1 Peter von Oertzen »Archiv der sozialen Demokratie« Kassette 01703.
2 Ernesto Cardenal »Jesus lebt, doch Marx ist genauso lebendig« in: Sommer aaO S. 404.
3 Löw »Kann ein Christ« aaO S. 11 ff.
4 MEW aaO Ergbd. 1, 546.
5 MEW aaO 31, 15.
6 MEW aaO 3, 229.
7 Pottier aaO; Wurmbrand aaO.
8 Gotthold Müller in: Tillich aaO S. 7 ff.
9 Ebenda S. 10.
10 Ebenda S. 54 ff.
11 Paul Tillich »Vorlesungen über die Geschichte des christlichen Denkens« II Stuttgart 1972 S. 148.
12 Tillich aaO S. 60.
13 Paul Tillich »Christentum und soziale Gestaltung« II Stuttgart 1962 S. 147.

14 Fuchs »Christentum und Sozialismus« aaO S. 21.

15 Ebenda S. 107.

16 Emil Fuchs »Aus meinem Leben« 2. Teil, Leipzig 1959 S. 308 f.

17 Nach R. Gerhardson »Christentum und Kommunismus« Köln 1966 S. 90.

18 Fuchs aaO S. 12.

19 Ebenda S. 19l.

20 Helmut Gollwitzer »Kann ein Christ Kommunist sein?« Nachdruck in: Heinz-Horst Schrey (Hrsg.) »Christliche Daseinsgestaltung. Äußerungen evangelischer Ethik zu Fragen der Gegenwart.« Bremen 1958 S. 371.

21 Reinhold George »Theologieprofessor zwischen Marx und Gott« Berliner Morgenpost 29. 12. 83.

22 Helmut Gollwitzer »Dank an Marx« in Flechtheim (Hrsg.) aaO S. 40.

23 Gollwitzer aaO S. 179.

24 Ebenda S. 178. »Liebe« also – bei Licht betrachtet – Fehlanzeige! Entsprechendes gilt für »Gerechtigkeit«. In dem Buch »Gerechtigkeit bei Marx...« räumt Monz (aaO S. 16) ein: »Karl Marx' Selbstverständnis von Gerechtigkeit [er nennt sie ›Phrase‹, was Monz verschweigt] wird dazu geführt haben, daß er nicht expressis verbis die Forderung nacg Gerechtigkeit erhob...« Ferner: »Dahrendorf hat weniger als 60 Mal in den Werken und Schriften [von Marx] das Wort Gerechtigkeit festgestellt, mehr als die Hälfte Zitat, die andere Hälfte als ironische oder polemische Erwähnung.« Trotzdem wird mit den fragwürdigsten Methoden, beginnend mit dem »besonders guten Verhältnis zwischen Heinrich Marx und seinem Sohn«, aus Karl ein Prophet und Vorkämpfer der Gerechtigkeit gemacht.

25 MEW 3, 32.

26 MEW aaO 31, 17.

27 Helmut Gollwitzer »Dank an Marx« in Flechtheim (Hrsg.) aaO S. 46.

28 August Winnig »Vom Proletariat zum Arbeitertum« Hamburg 1930 S. 53 f.

29 Cardenal in Sommer aaO S. 404.

30 Gustavo Gutiérrez »Theologie der Befreiung« Mainz 1992 (10. deutschspr. Aufl.). Reichlich abstrakt und daher einer Nachprüfung nicht zugänglich wird Marx häufig als Gewährsmann angerufen.

31 Hermann M. Görgen »Erzbischof Dom Helder Camara« Deutsch-Brasilianische Hefte 2/85 S. 64.

32 Ebenda S. 74.

33 Nach Motschmann aaO S. 283 f.

34 MEW aaO 27, 59.

35 MEW aaO 36, 176.

36 MEW aaO 4,7.

37 MEW aaO 4,12.

38 MEW aaO 36, 172.
39 MEW aaO 28, 40.
40 MEW aaO 30, 101 f.
41 MEW aaO 34, 170.
42 MEW aaO 35, 153.
43 MEW aaO 35, 171.
44 MEW aaO 35, 425.
45 MEW aaO 3, 70 f.
46 MEW aaO 35, 222.
47 MEW aaO 39, 32.
48 MEW aaO 6, 283.
49 MEW aaO 7, 249.
50 MEW aaO 5, 457.
51 MEW aaO 6, 505.
52 Siehe Löw »Marxismus-Quellenlexikon« aaO »Revolution«.
53 MEW aaO 18, 308.
54 MEW aaO 28, 11.
55 MEW aaO 31, 59.
56 Boff aaO S. 101.
57 Ebenda
58 MEW aaO 7, 536.
59 MEW aaO 19, 18.
60 MEW aaO 25, 352.
61 MEW aaO 4, 372.
62 Glaubenskongregation »Absagen an ›gewisse Formen‹ der Befreiungstheologie« Herder-Korrespondenz 1984 S. 469.
63 Gabriele Burchardt »Rom urteilt zu undefiniert« Herder-Korrespondenz 1984 S. 480 ff.
64 Jacob Marx »Die Jesuiten als Lehrer des Communismus« in »Jahrbuch für Katholiken auf das Jahr 1847« Trier 1846. (Der Aufsatz enthält keine Anschuldigungen, möchte nur den »neuen« Kommunisten vor Augen führen, daß Besseres schon früher, und zwar von den Jesuiten in Paraguay und Indien u. a. geleistet worden sei.)
65 »Opium für das Volk« Weltbild 4. 3. 83 S. 71.
66 Heribert Klein (Hrsg.) »Oswald von Nell-Breuning – Unbeugsam für den Menschen« Freiburg 1989.
67 »Portraits in Frage und Antwort« München 1966 S. 194.
68 Oswald von Nell-Breuning »Auseinandersetzung mit Karl Marx« München 1969 S. 30.
69 Ebenda S. 17 f.
70 Z.B. Fetscher (Hrsg.) »Geschichte« aaO s. 36.
71 Euchner aaO S. 156.
72 Jahresbericht 1982/83.
73 Rheinischer Merkur, 2. 3. 85.

74 Gianni Valente »Wir alle stehen auf den Schultern von Marx« 30 Tage Febr. 93 S. 41.
75 Oswald von Nell-Breuning »Auseinandersetzung mit Marx« München 1969 S. 17 f.
76 Oswald von Nell-Breuning »Das Verhältnis von Christentum und Marxismus in Gegenwart und Zukunft« in »Lebendiges Leben« März 1972 S. 8.
77 MEW aaO, 28, S. 507 f.
78 »Stimmen der Zeit« München 1980 S. 159.
79 Ebenda S. 163.
80 Ebenda S. 181.
81 Oswald von Nell-Breuning »Auseinandersetzung mit Marx« in »Stimmen der Zeit« München 1976 S. 181.
82 Konrad Löw »Auf den Schultern von Marx?« in »Stimmen der Zeit« München 1976 S. 613.
83 Oswald von Nell-Breuning »Wir alle stehen auf den Schultern von Karl Marx« in »Stimmen der Zeit« München 1976 S. 621.
84 Oswald von Nell-Breuning »Auseinandersetzung mit Karl Marx« München 1969 S. 83.
85 Jahresbericht 82/83, S. 146.
86 Frankfurter Allgemeine Zeitung, 9. 11. 82.
87 Helmut Schmidt »Über Orden und Kirche hinaus« DIE ZEIT 30. 8. 91 S. 18.
88 Oswald von Nell-Breuning »Wir alle stehen auf den Schultern von Karl Marx« in: »Stimmen der Zeit« München 1976 S. 617.
89 Jahresbericht 82/83 S. 152.
90 Konrad Feiereis »Das gemeinsame Europäische Haus...« Deutsche Zeitschrift für Philosophie 5/90 S. 413.
91 Verwiesen sei insbesondere auf Löw »Kann ein Christ...« aaO S. 13 ff.
92 Ruppert Lay SJ »Marxismus für Manager – Einführung und Argumentationshilfe« München 1975.
93 Ruppert Lay »Marx und die Christen« – Literaturreport Jan. 84 S. 67 f.
94 Helmut Gollwitzer »Dank an Marx« in Flechtheim (Hrsg.) aaO S. 46.
95 Löw »Marxismus-Quellenlexikon« aaO »Revolution«.
96 MEW aaO 4, 200.
97 MEW aaO 1, 544.
98 Ruppert Lay »Marx und die Christen« – Literaturreport Jan. 84 S. 68.
99 MEGA$^1$ aaO 1. A. Bd. 1 2. Halbbd. S. 206 (und S. 222).
100 Löw »Warum fasziniert...« aaO S. 43 f.
101 Ruppert Lay »Marx und die Christen« – Literaturreport Jan. 84 S. 68.

102  MEGA[1] aaO 1. A. Bd. 1 2. Halbbd. S. 198.
103  MEW aaO Ergbd. 1, 624.
104  Schreiben vom 13. 6. 84 an den Autor.
105  Hans Küng »Christ sein« München 1974 S. 36.
106  Ebenda.
107  Nikolaus Lobkowicz »Marxismus – Realität und Illusion« Kontinent 4/83 S. 13.
108  »Den Juden zur Dankbarkeit verpflichtet« Münchner Katholische Kirchenzeitung 8. 3. 81 S. 1.
109  Schreiben vom 3. 6. 81 an den Autor.

## Zu VIII.

1  Oisermann aaO S. l9.
2  Ebenda S. 15.
3  Ebenda S. 20 f.
4  MEW aaO 3, 27.
5  MEW aaO 21, 270.
6  Nach SPIEGEL 1/83 S. 118.
7  Siehe Gerd Koenen »Die großen Gesänge – Lenin, Stalin, Mao Tsetung. Führerkult und Heldenmythen des 20. Jahrhunderts« Frankfurt a. M. 1991.
8  Der SPIEGEL 1/83 S. 118.
9  Nach Altwegg aaO S. 102. Raymond Aron (DIE WELT 20. 3. 76) hat Sartres Begründung gewürdigt: »Was die unübertreffbare Philosphie unserer Zeit anlangt, die im übrigen seit mehr als einem halben Jahrhundert in radikaler Weise steril ist, so faßt sie Sartre in vagen, ja beinahe sinnlosen Formulierungen zusammen, wie: Die Menschen machen ihre Geschichte, aber auf der Basis der gegebenen materiellen Bedingungen.«
10  Aron aaO S. 33 f.
11  Althusser aaO S. 11.
12  N.N. »Hölle zu zweit« Der SPIEGEL 19/92 S. 292.
13  Ebenda S. 294.
14  Louis Althusser »Die Zukunft hat Zeit. Die Tatsachen« Frankfurt a.M. 1993 S. 203.
15  Nach Altwegg aaO S. 105 f.
16  Ebenda S. 107.
17  Aron aaO S. 377.
18  Milovan Djilas »Gespräche mit Stalin« Frankfurt a.M. 1962 S. 237.
19  Oswald von Nell-Breuning »Auseinandersetzung mit Karl Marx« München 1969 S. 82.
20  Iring Fetscher »Von Marx zur Sowjetideologie« in: »Der Mensch im

kommunistischen System« Tübinger Studien zur Geschichte und Politik Nr. 8 1957 S. 102.

21 Karl Popper »Die offene Gesellschaft und ihre Feinde...« S. 96.

22 Das war die amtliche Sicht der SU und der DDR. Statt vieler: Martina Thom: »Dr. Karl Marx. Das Werden der neuen Weltanschauung 1835–1843« Berlin (Ost) 1986 S. 8: »Der Marxismus ist eine einzigartige Revolution im weltanschaulichen Denken. Mit seiner Entstehung und Entwicklung wurde Philosophie zum ersten Mal Wissenschaft und ein umfassend begründeter Humanismus, welcher es der kommunistischen Bewegung ermöglicht, eine Gesellschaft zu errichten, die frei ist von Ausbeutung und Unterdrückung und in der die freie, universelle Entwicklung eines jeden gesichert wird.«
Von den im Westen Beheimateten seien erwähnt: Hannah Arendt nach Dolf Sternberger »Vernünftige Erkenntnisse und übermütige – Zum Briefwechsel zwischen Hannah Arendt und Karl Jaspers« Frankfurter Allgemeine Zeitung 3. 12. 85 S. L9; Aron aaO S. 421; Ernst Bloch »Über Karl Marx« Frankfurt a. M. 1968 S. 18 ff; Erhard Eppler auf dem Frankfurter Kirchentag, in: Gerhard Rein (Hrsg.) »Deutsche Dialoge. Anstöße zu einem neuen Denken« Berlin 1987 S. 55; Gerd-Klaus Kaltenbrunner in einem Brief an den Autor vom 22. 4. 85: »Marx der gewiß grandioseste Humanist aller Zeiten«; Eugen Löbl »Leninismus = Marxismus – Humanismus«; »Marxismus – Wegweiser und Irrweg« Wien 1973 S. 32; Paul Roth »Mensch und Medien in der UdSSR« in: Ostpriesterhilfe e. V. »Kirche in Not. Humanismus – Marxismus – Christentum« Königstein 1974 S. 58.; Wolfgang Ruge »Stalinismus – Versuch einer Begriffsbestimmung« in: Wolfgang Gercke (Hrsg.) »Stalinismus – Analyse und Kritik« Bonn 1994 S. 10 ff. In einem Schulbuch steht sogar zu lesen: »... Der Humanismus von Marx war unverträglich mit Hitlers rassistischem Ausleseprinzip« (Rudolf Berg u. a. [Hrsg.]) »Grundkurs Deutsche Geschichte 2« Frankfurt a. M. 1987 S. 104. Dementgegen begründete der ehemalige preußische Oberpräsident August Winnig seinen Übertritt von der SPD zur NSDAP damit, daß Marx keine innere Beziehung zum Arbeiter gehabt habe und er nur aus Haß gegen jede Autorität zum Feind des Staates geworden sei (Christian Striefler »Kampf um die Macht...« Berlin 1993 S. 167).

23 Die ZEIT (17. 9. 93) zitiert den Papst, der Anfang September 1993 in Riga ausführte: »Die Ausbeutung, der ein unmenschlicher Kapitalismus seit den Anfängen der Industriegesellschaft das Proletariat unterworfen hatte, war ein Übel, das auch von der Sozialdoktrin der Kirche offen verurteilt wurde. Und dies war im Grunde der Kern der Wahrheit des Marxismus – l'anima di verità.« Bei Hans Küng heißt es: »Alles in allem also ein sozialisierter und demokratisierter Humanismus« (»Christ sein« Mission 1974 S. 35).

24 Dokumentiert in: Walter Dirks u. a. »Christen für den Sozialismus II Dokumente (1945-59)« Stuttgart 1975 S. 35.
25 So Karl Jaspers/Dolf Sternberger »Vernünftige Erkenntnisse und übermütige – Zum Briefwechsel zwischen Hannah Arendt und Karl Jaspers« Frankfurter Allgemeine Zeitung 3. 12. 85 L 9.; Ernst Nolte in einem Brief an den Autor vom 4. 6. 85; Schwan aaO insbes. S. 255; Weigel aaO passim.
26 Ernst Topitsch in mehreren Veröffentlichungen insbes. »Marx zwischen Mythos und Wirklichkeit« in: Gerhard Szczesny (Hrsg.) »Marxismus – ernstgenommen« Hamburg 1975 S. 12 ff.; ders. »Die Legende vom Humanismus des jungen Marx« PRESSE 31. 3./1. 4. 1973 (Wochenendbeilage).
27 Hornung aaO S. 15.
28 Zur Begriffsentwicklung siehe Bienert aaO S. 163 ff.
29 Nach Joseph Bochenski »Die kommunistische Ideologie und die Würde...« Bonn 1963 S. 42.
30 MEW aaO 8, 278; ausführlich Werner Raith »Humanismus und Unterdrückung...« Frankfurt a. M. 1985 S. 93 ff.
31 MEW aaO 2, 7.
32 MEW aaO 27, 12.
33 MEW aaO Ergbd. 1, 546.
34 Paul Roth »Mensch und Medien in der UdSSR« in: Ostpriesterhilfe (Hrsg.) »Kirche in Not«. »Humanismus – Marxismus – Christentum« Königstein 1974 S. 58.
35 Ein abtrünniger italienischer Kommunist; nach Hans Maier »Nach dem Sozialismus – eine neue Ethik des Sozialen?« in: IKZ Communio 6/92 S. 525.
36 Mazlish aaO S. 88.
37 Ilya Taytslin in einem Leserbrief TIME January 23, 1995 S. 6.
38 Monz »Karl Marx« aaO S. 391.
39 Massiczek aaO s. 15.
40 Peter Ehlen SJ »Karl Marx und die Menschlichkeit« Stimmen der Zeit 3/83 S. 149.
41 MEW aaO Ergbd. 1, 520 f.
42 Nach Enzensberger aaO S. 50.
43 MEGA² aaO I 1 S. 718.
44 Nach Lamm aaO S. 16.
45 Marx »Texte« aaO S. 35.
46 MEW aaO 27, 418.
47 Alexander Solschenizyn »Archipel Gulag« München 1974 S. 172.
48 MEW aaO 1, 380.
49 MEW aaO 1, 391.
50 Nach Enzensberger aaO S. 185.
51 MEW aaO 1, 372 f.

52 So Wolfgang Fritz Haug »Pluraler Marxismus. Beiträge zur politischen Kultur« Bd. 2 Berlin 1987.
53 MEW aaO 3, 34.
54 MEW aaO 35, 268.
55 MEW aaO 28, 118.
56 MEW aaO 29, 198.
57 MEW aaO 29, 357.
58 MEW aaO 36, 176.
59 MEW aaO 31, 15.
60 Nach Ulrich Höver »Joseph Goebbels« Bonn 1992 S. 42.
61 MEW 3, 229.
62 MEW aaO Ergbd. 1, 638.
63 MEW aaO Ergbd. 1, 638 f.
64 MEW aaO 29, 513.
65 MEW aaO Ergbd. 2, 301.
66 Nach Gustav Mayer »Friedrich Engels« Bd. 1 Haag 1934 S. 9 f.
67 MEW aaO Ergbd. 2, 300.
68 Nach Enzensberger aaO S. 120.
69 Z. B. MEW aaO 1, 359; 28, 625.
70 MEW aaO 29, 552.
71 Löw »Marxismus-Quellenlexikon« aaO »Proletariat, Proletarier«.
72 MEW aaO 27, 330.
73 MEW aaO 27, 254.
74 MEW aaO Ergbd. 1, 536.
75 MEW aaO 1, 338.
76 Institut aaO S. 245.
77 Künzli aaO S. 174.
78 MEW aaO Ergbd. 1, 593.
79 Siehe Heinz Monz »Betrachtungen eines Jünglings...« in Monz (Hrsg.) aaO S. 33.
80 MEW aaO 27, 434.
81 MARX »Text« aaO S. 27.
82 MEW aaO 34, 78.
83 MEW aaO Ergbd. 1, 261.
84 MEW aaO 29, 436.
85 Löw »Marxismus-Quellenlexikon« aaO »Lassalle«
86 Ebenda »Bakunin, Bakunisten«.
87 MEW aaO 14, 381 ff.
88 Siehe dazu Weigel aaO.
89 Nach Ernst Topitsch »Die Legende vom Humanismus des jungen Marx« PRESSE 31. 3./1. 4. 73.
90 Heß aaO S. 256.
91 Bakunin aaO S. 206 ff.
92 Schurz aaO S. 143.

93 Künzli aaO s. 631.

94 Franz Loeser »Die Misere der realsozialistischen Philosophie – eine Philosophie der Misere« in: Hermann von Berg u. a. »Die DDR auf dem Weg in das Jahr 2000« Köln 1987 S. 108.

95 Ebenda S. 100.

96 Oskar Lafontaine »Deutsche Wahrheiten. Die nationale und die soziale Frage« Hamburg 1990 S. 35.

97 MEW aaO 20, 24.

98 Näheres dazu Löw »Die Lehre« aaO S. 41 ff.

99 MEW aaO 1, XI.

100 Leszek Klimaszewskky (Hrsg.) »Weltanschauliche und methodologische Probleme der materialistischen Dialektik« Berlin (Ost) 1976 S. 10.

101 Siehe Löw »Die Lehre« aaO S. 41 ff.

102 C. Graf von Krockow »Verheißung, dialektisch« Frankfurter Allgemeine Zeitung 14. 3. 83.

103 MEW aaO 20, 126.

104 MEW aaO 20, IX.

105 MEW aaO 20, 131 f.

106 MEW aaO 30, 15.

107 MEW aaO 32, 460.

108 Carl Grünberg »Marx als Abiturient« in: Grünberg (Hrsg.) aaO XI S. 431. Ähnlich der Vater (MEW aaO Ergbd. 1, 620): »Deine Rechnung... ist à la Carl, ohne Zusammenhang, ohne Resultat. Kürzer und bündiger und nur die Ziffern regelmäßig in Kolonnen gesetzt, wäre die Operation sehr einfach gewesen...«

109 G. A. Kohen nach Alex Callinizos »Marxist Theorie« Oxford University Press 1989 S. 13.

110 MEW aaO 30, 565.

111 Lujo Brentano »Meine Polemik mit Karl Marx...« Berlin 1890.

112 MEW aaO 23, 681.

113 MEW aaO 29, 161.

114 Nach Kautsky Jr. aaO S. 31.

115 Erich Thier »Etappen der Marxismusinterpretation« in: Schriften der Studiengemeinschaft der Evangelischen Akademien »Marxismus-Studien Inr.3« Tübingen 1954 S. 21.

116 Hans Apel »Der Abstieg« Stuttgart 1991 S. 351.

117 Nach Ernst Lerle »Wahrheit!« Stuttgart 1984 S. 17.

118 Erich Fromm »Das Menschenbild bei Marx« Frankfurt a.M. 1982 S. 79.

119 Peter Hofstätter »Das Ich siegt im Nirwana« Rheinischer Merkur 7. 5. 82.

120 Fromm aaO S. 27.

121 Fromm aaO S. 95 f.

122 Erich Fromm »Das Menschenbild bei Marx« Frankfurt a.M. 1982 S. 49.
123 Ebenda S. 52.
124 Ebenda S. 57.
125 Ebenda S. 59.
126 MEW aaO Ergbd. 1, 514.
127 Raddatz aaO S. 345.
128 Künzli aaO S. 274.
129 MEW aaO 29, 232 und 31, 134, 292; gelegentlich auch »Last« (30, 350).
130 MEW aaO 31, 178; 31, 292; 32, 43.
131 MEW aaO 30, 359.
132 MEW aaO 31, 321.
133 MEW aaO 27, 228.
134 Engels: »... er war nur zu froh, wenn er irgendeine theoretische Entschuldigung dafür finden konnte, warum das Werk damals nicht zum Abschluß kam. Alle diese Argumente hat er seinerzeit vis-à-vis de moi gebraucht; sie schienen sein Gewissen zu beruhigen« (MEW aaO 36, 385).
135 MEW aaO Ergbd. 1, 514.
136 Erich Fromm »Das Menschenbild bei Marx« Frankfurt a.M. 1982 S. 77 f.
137 Andreas Gedö »Der entfremdete Marx...« Frankfurt a.M. 1971 S. 23.
138 Siehe den Brief seiner älteren Schwester vom 25. 9. 1846 MEGA$^2$ aaO III, 2 S. 311 f.
139 MEW aaO 28, 371: »Beatus ille der keine Familie hat.«
140 Nach Maier aaO S. 165.
141 MEW aaO 30, 165.
142 Künzli aaO S. 454.
143 Künzli aaO S. 457.
144 MEW aaO 31, 305.

## Zu IX.

1 Wehler aaO S. 3.
2 Carl Grünberg »Marx als Abiturient« in Grünberg aaO XI S. 432.
3 Oswald von Nell-Breuning »Wir alle stehen auf den Schultern von Karl Marx« Stimmen der Zeit 1976 S. 618.
4 Nolte aaO S. 505.
5 Nach Konrad Adam »Ein neuer Historismus« Frankfurter Allgemeine Zeitung 4. 9. 85 S. 25.

6 Sammlung der Entscheidungen des Bundesverfassungsgerichts 90, 12 f.
7 Dieter Groh »Karl Marx« in Wehler aaO S. 26.
8 Ebenda S. 31.
9 MEW aaO 7, 15.
10 MEW aaO 7, 21.
11 MEW aaO 7, 29.
12 MEW aaO 7, 31.
13 MEW aaO 7, 33.
14 MEW aaO 7, 34.
15 MEW aaO 7, 89 f.
16 MEW aaO 7, 516.
17 Lenin aaO 12, 376.
18 MEW aaO 7, VIII.
19 MEW aaO 4, 493.
20 MEW aaO 8, XI.
21 MEW aaO 8, 617.
22 MEW aaO 8, 115.
23 MEW aaO 8, 119.
24 MEW aaO 8, 117.
25 MEW aaO 8, 119.
26 MEW aaO 8, 173.
27 MEW aaO 8, 161.
28 MEW aaO 8, 198.
29 MEW aaO 4, 474.
30 MEW aaO 37, 464.
31 MEW aaO 4, 462 f.
32 MEW aao 36, 109.
33 Till Förster »Langhäuser – oder: Was ist aus dem frühen Kommunismus geworden?« Probevortrag Bayreuth 1994.
34 MEW aaO 20, 167 f.
35 Backhaus aaO S. 243.
36 Ebenda S. 243 f.
37 Dieter Groh »Karl Marx« in Wehler aaO S. 26.
38 Heinz-Horst Schrey »Geschichte oder Mythos bei Marx und Lenin« in: Hermann Bollnow u. a. (Hrsg.) »Marxismusstudien« 3 Tübingen 1954 S. 147.
39 Nach Stadler aaO S. 131.
40 Hans-Josef Steinberg »Friedrich Engels« in Wehler aaoO S. 29.
41 Ebenda S. 34.

## Zu X.

1 Massiczek aaO S. 553.
2 Siehe Löw »Die Lehre« aaO S. 120 ff.
3 Duncker aaO S. 37.
4 Rüstow aaO S. 302.
5 Dieter Dowe u. a. »Zur Rezeption Eugen Dührings...« Schriften aus dem Karl-Marx-Haus Nr. 24 (1979) S. 31 f.
6 Von Berg aaO S. 212.
7 Baader aaO S. 158 ff.
8 Vladimir Lenin nach Alfred Schaefer »Das Dogma – Wegbereiter der Diktatur« Berlin (West) 1984 S. 81.
9 Iring Fetscher »Das Kapital« DIE ZEIT 21. 10. 83 S. 52; sinngleich derselbe »Über Marx' Persönlichkeit...« in Recktenwald u. a. aaO S. 81.
10 Zu Band 1 siehe Löw »Die Lehre...« aaO S. 119 ff.
11 Walther Biehahn »Marx als Wirtschaftstheoretiker« in Stein aaO S. 24.
12 Ziegler u. a. aaO.
13 Mandel aaO S. 8 f.
14 Ebenda S. 42.
15 MEW aaO 23, 53.
16 Ebenda.
17 Peters aaO S. 26 f.
18 Beer aaO S. 105.
19 MEW aaO 23, 788.
20 MEW aaO 23, 790 f.
21 Arno Sölter »Ökonokomik« Bad Bentheim 1981 S. 47.
22 Schumpeter aaO S. 43.
23 MEW aaO 8, 583 u. 21, 212.
24 Gerard Radnitzky »Friedrich von Hayeks Theorie...« Sonderdruck aus Hamburger Jahrbuch für Wirtschafts- und Gesellschaftspolitik, 1984 S. 22.
25 Gustave Le Bon »Psychologie der Massen« Stuttgart 1964 S. 19.
26 Löw »Warum fasziniert« S. 35 ff.
27 MEW aaO 23, 200.
28 MEW aaO 23, 320.
29 MEW aaO 23, 430.
30 Schumpeter aaO S. 43.
31 MEW aaO 23, 209.
32 MEW aaO 23, 208; (Engels) 16, 211.
33 MEW aaO 23, 639.
34 MEW aaO 23, 556 u. 589.
35 MEW aaO 23, 595.
36 MEW aaO 23, 576.

37  MEW aaO 23, 209.
38  Löw »Die Lehre...« aaO S. 161 ff.
39  MEW aaO 32, 45.
40  MEW aaO 31, 368 f.
41  MEW aaO 31, 380.
42  Schieder aaO.
43  Nolte aaO S. 376.
44  Siehe Alfred Ott »Marx' Beitrag zur Wirtschaftstheorie« WISU 10/84 S. 465 ff, 11/84 S. 517 ff.
45  Löw »Die Lehre...« aaO S. 177.
46  Carl Christian von Weizsäcker »Marx' Lehren – eine analytische Kritik« in: Horst Claus Recktenwald u. a. aaO S. 59 ff.
47  MEW aaO 4, 469 ff.
48  Schumpeter aaO S. 44.
49  Ebenda S. 62.
50  MEW aaO 3, 253.
51  MEW aaO 32, 39.
52  MEW aaO 27, 374.
53  MEW aaO 28, 226.
54  MEW aaO 30, 15.
55  MEW aaO 23, 362 f.
56  MEW aaO 32, 45.
57  MEW aaO 30, 248.
58  MEW aaO 31, 264. Ähnliche Charakterisierungen: MEW 27, 228; 29, 232; 30, 359; 31, 178, 274, 292, 321; 32, 42.
59  Horst Claus Recktenwald u. a. »Karl Marx und der ›real existierende‹ Sozialismus« in ders. u. a. aaO S. 11.
60  Siehe de Man aaO S. 5.
61  Ebenda S. 120 f.

## Zu XI.

 1  MEW aaO 23, 507.
 2  Sombart »Lebenswerk« aaO S. 53.
 3  Tom Bottomore »Sociology« in: McLellan u. a. aaO S. 103 ff.
 4  Ebenda S. 110.
 5  Topitsch aaO S. 25.
 6  Hermann Korte »Einführung in die Geschichte der Soziologie« Opladen 1992 S. 41.
 7  Sombart »Lebenswerk« aaO S. 31.
 8  Ebenda S. 31 f.
 9  MEW aaO 39, 414.
10  Kurt Sontheimer »Wider die Leisetreterei...« DIE ZEIT 4. 11. 94.

11 Sombart »Lebenswerk« aaO S. 3 f.
12 Ebenda S. 8.
13 Ebenda S. 17.
14 Ebenda S. 26.
15 Ebenda S. 34.
16 Ebenda S. 35.
17 Ebenda S. 52.
18 Ebenda S. 53 ff.
19 Ebenda S. 59.
20 Siehe Löw »Die Lehre...« aaO S. 176 ff.
21 Sombart »Lebenswerk« aaO S. 53.
22 Siehe Löw »Warum fasziniert...« aaO S. 35 ff., S. 91 ff.
23 Sombart »Lebenswerk« aaO S. 11.
24 Ebenda; ferner Friedrich Lenger »Werner Sombart 1863 bis 1941« München 1994.
25 Nach Hans-Christof Kraus »Prof. Werner Sombart redivivus« DIE WELT 3. 10. 87.
26 Sombart »Lebenswerk« aaO S. 58.
27 Schumpeter aaO S. 11.
28 Ebenda S. 17.
29 Ebenda S. 12.
30 Ebenda S. 21.
31 Ebenda S. 26.
32 Ebenda S. 18.
33 Ebenda S. 31 f.
34 MEW aaO 4, 462: »Das heißt, genau gesprochen die *schriftlich* über- lieferte Geschichte. 1847 war die Vorgeschichte... noch so gut wie un- bekannt.«
35 MEW aaO 28, 507 f.
36 MEW aaO 28, 508.
37 Schumpeter aaO S. 33.
38 Löw »Marxismus-Quellenlexikon« aaO »Klassen«.
39 MEW aaO 25, 892.
40 Schumpeter aaO S. 34.
41 Löw »Marxismus-Quellenlexikon« aaO »Proletariat, Proletarier«.
42 Schumpeter aao S. 40.
43 Ebenda S. 41 f.
44 Ebenda S. 76.
45 Rüstow aaO S. 298.
46 MEW aaO 13, 9.
47 Rüstow aaO S. 297 f.
48 MEW aaO 6, 185 f.
49 MEW aaO 13, 8 f.
50 MEW aaO 4, 477.

51 MEW aaO 37, 463.
52 MEW aaO 31, 368.
53 Rüstow aaO S. 302.
54 Ebenda.
55 Blumenberg aaO S. 58.
56 MEW aaO Ergbd. 1, 510 ff.
57 MEW aaO Ergbd. 1, 516 f.
58 Friedrich Tenbruck »Die unbewältigten Sozialwissenschaften oder Die Abschaffung des Menschen« Graz 1983.

## Zu XII.

1 Kautsky Jr. aaO S. 76.
2 Löw »Marxismus-Quellenlexikon« aaO »Menschenrechte«.
3 Ebenda »Föderalismus«.
4 Karl Marx, Friedrich Engels »Ausgewählte Werke in sechs Bänden« Frankfurt a.M. 1970 Bd. 1, S. 222 f.; MEGA$^1$ aaO Bd. 5 S. 571 f.
5 NN »Charly lebt. Gedrängel bei Karl Marx...« DER SPIEGEL 37/94 S. 73.
6 Bulletin Nr. 68 S. 629 vom 24. 6. 83.
7 Nach Klaus-Dieter Latk »Offener Brief« Deutsche Tagespost 27. 9. 83.
8 N.N. »Ostblock-Ideologen« Süddeutsche Zeitung 16. 3. 83 S. 10.
9 N.N. »Grenze und Kongresse« DIE WELT 12. 3. 83.
10 Marianne Dörfel »Veränderung der Welt...« DAS PARLAMENT 12. 3. 83 S. 13.
11 MEW aaO 2, 613.
12 PZ März 1986 S. 20.
13 Deutscher Bundestag. Stenographischer Bericht. Sitzung zum Gedenken an den 17. Juni 1953 S. 1165.
14 Ebenda.
15 MEW aaO Ergbd. 1, 566 f.
16 Uwe Gerber u. a. (Hrsg.) »Ethik« Frankfurt a.M. 1986 S. 35 f.
17 Bulletin 19. 3. 83 Nr. 27 S. 235.
18 Ebenda.
19 Ebenda S. 236.
20 MEW aaO 20, 106.
21 Bulletin 19. 3.. 83 Nr. 27 S. 236.
22 Ebenda.
23 Ebenda.
24 Bernhard Vogel »Karl Marx 1818 – 1883 – 1993« Sonderdruck aus: Jahrbuch für westdeutsche Landesgeschichte IX. 1983 S. 1.
25 Ebenda S. 3.

26 Ebenda S. 17.
27 Sabine Mocek »Studien zum bürgerlichen Marx-Bild der achtziger Jahre« Martin-Luther-Universität Halle-Wittenberg, Halle 1989 S. 23.
28 mey »Karl Marx. Zum 100. Todestag« Neue Zürcher Zeitung 11. 3. 83 Fernausgabe Nr. 58 S. 29.
29 Gerd-Klaus Kaltenbrunner »Wider den Euro-Masochismus...« Criticón 72/73 S. 152.
30 Brief an den Autor vom 4. 6. 85.
31 Nikolaus Lobkowitz »Ein Plädoyer für Optimismus. Die Lust am Untergang muß ein Ende haben« Rheinischer Merkur 24. 7. 81 S. 2. Ebenso Werner Maihofer in Lamm aaO S. 167.
32 Nach Carsten aaO S. 76.
33 Günter Rohrmoser »Kommunistisches Aktionsfeld Dritte Welt« Epoche April 83 S. 38.
34 Nolte aaO S. 323.
35 Ebenda S. 480.
36 Curt Hohoff »Karl Marx« Rheinischer Merkur 11. 3. 83 S. 22.
37 Norbert Blüm »Von der Geschichte widerlegt« Rheinischer Merkur 30. 4. 93.
38 Frank Prieß »Karl Marx – ein Denker und seine Wirkung« Kon.texte 2/83 S. 1.
39 Umberto Eco »Wie man eine wissenschaftliche Abschlußarbeit schreibt« Heidelberg 1993 S. 13 f.
40 Wolfram Engels »Das Gespenst« CAPITAL 5/83 S. 187.
41 Walter Scheel »Von der Bereitschaft, das eigene Denken in Frage zu stellen« in: ders. Reden und Interviews (5) Bonn 1979 S. 32. In seinem Schreiben vom 28. 7. 95 an den Autor heißt es, »der Satz ist seinem Sinn nach besser zu verstehen, wenn er im Zusammenhang gelesen wird. Vorab führte der damalige Bundespräsident aus: »Weil man im demokratischen Westen in den sozialistischen Ländern lange Zeit den politischen und geistigen Feind sah – und wohl auch sehen mußte –, hat man hier immer leise davon gesprochen, daß Karl Marx auch als Vater sehr vieler und wichtiger Gedanken gelten kann, ohne die die Wirklichkeit zum Beispiel dieses Landes in Wirtschaft, Gesellschaft, Wissenschaft kaum zu verstehen wäre. Ich kann darin keinen rechten Sinn erblicken. Warum...«
42 Werner Maihofer »Recht und Staat im Denken des jungen Marx« in: Lamm aaO. S. 167.
43 Ebenda S. 178.
44 Maihofer in Heuer aaO S. 7.
45 Ebenda S. 9.
46 Marion Gräfin Dönhoff »Es ist etwas faul« DIE ZEIT 26. 11. 93 S. 1.
47 Marion Gräfin Dönhoff »Allein auf die Bürger kommt es an« DIE ZEIT 16. 9. 94 S. 1.

48 MEW aaO 7, 254.

49 MEW aaO 32, 45.

50 Barbara Sichtermann »Der tote Hund beißt. Karl Marx neu gelesen« Berlin 1991 S. 12.

51 Ebenda S. 15.

52 Ebenda.

53 Henning Ritter »Die Stunde Poppers« Frankfurter Allgemeine Zeitung 19. 9. 94.

54 Karl R. Popper »Die offene Gesellschaft und ihre Feinde« Bd. 2 »Falsche Propheten: Hegel, Marx und die Folgen« Tübingen[7] 1992 S. XXII.

55 Ebenda S. XVI.

56 Ebenda S. 96.

57 Ebenda S. 96.

58 Ebenda S. 97.

59 Ebenda S. 246.

60 Uli Schulte-Döinghaus »Abschied vom Übervater« Wirtschaftswoche 17. 1. 89 S. 164.

61 Claus Kernig u. a. (Hrsg.) »Sowjetsystem und demokratische Gesellschaft – eine vergleichende Enzyklopädie« Freiburg 1966 ff. Bd. 4 »Marx« (Spalte 358).

62 Wie Maximilien Rubel »Die Marx-Legende oder Engels als Begründer« in: Horst Schattenberger u. a. (Hrsg.) »Im Gegenstrom« Wuppertal 1977 S. 17.

63 Helmut Gollwitzer »Dank an Marx« in: Flechtheim (Hrsg.) aaO. S. 36.

64 Oswald von Nell-Breuining »Katholische Kirche und Marxsche Kapitalismuskritik« in: Lamm (Hrsg.) aaO. S. 143.

65 Julius Löwenstern »Marx contra Marxismus« Tübingen 1976 S. 133.

66 Robert Havemann in: Fritz Raddatz »Warum ich Marxist bin« München 1978 S. 27.

67 Willy Brandt »Reden und Interviews« Hamburg 1973 S. 173.

68 MEW aaO 35, 388.

69 MEW aaO 37, 436.

70 MEW aaO 37, 450.

71 MEW aaO 22, 69.

72 Bernstein aaO S. 35; sinngleich S. 161.

73 Eduard Bernstein »Aus den Jahren meines Exils« Berlin 1918 S. 227 f.

74 MEW aaO 35, 242.

75 MEW aaO 35, 109.

76 Bakunin nach Enzensberger aaO S. 360.

## Zu XIII.

1 Richard Cavendish u. a. (Hrsg.) »Mythologie der Weltreligionen. Eine illustrierte Geschichte des mythisch-religiösen Denkens« München 1985 S. 9.
2 Henric L. Wuermeling »1705 Der bayerische Volksaufstand« München 1995.
3 Jens Petersen »Rette sich wer kann. Italien...« Frankfurter Allgemeine Zeitung 29. 9. 95 S. 41.
4 Leszec Kolakowski »Marxismus – am Ende?« Neue Zürcher Zeitung 5. 12. 86 S. 45.
5 Zieger u. a. aaO.
6 Hans Windisch »Führer und Verführte – eine Analyse deutschen Schicksals« Seebruck 1946 S. 145.
7 Kautsky Jr. aaO S. 334.
8 Nach Hans Goldstein »Im Vorzimmer ein großer Affe« Sharivari 9/84 S. 8.
9 Karl Corino (Hrsg.) »Gefälscht!...« Nördlingen 1988.
10 Albrecht Fölsing »Der Mogelfaktor« Hamburg 1984.
11 William Broad u. a. »Betrug und Täuschung in der Wissenschaft« Basel 1984.
12 MEW aaO 4, 482.
13 Zalt-Bommel 1. 4. 1865; International Revue of Social History, Amsterdam, vol. I part 1, p. 107 f. Siehe auch Blumenberg »Ein unbekanntes Kapitel« aaO S. 108; siehe auch MEW aaO 31, 596: Die Fragebögen der Töchter hat er ähnlich beantwortet.
14 MEW aaO 30, 665.
15 MEW aaO 31, 432.
16 MEW aaO 30, 591.
17 Blumenberg »Ein unbekanntes Kapitel« aaO S. 68.
18 Marx »Texte« aaO S. 28.
19 Nach Enzensberger aaO S. 64.
20 Ebenda S. 28.
21 Hanna Rheinz »Der unaufhaltsame Aufstieg der Top Ten« Süddeutsche Zeitung 16./17. 4. 94.
22 Nach Grünberg II aaO S. 437.
23 Ebenda S. 440.
24 Nach Golo Mann »Der engagierte Wächter« Frankfurter Allgemeine Zeitung 24. 4. 82.
25 Sebastian Haffner in der Besprechung des Buches: Klaus Hildebrand »Das Dritte Reich« Frankfurter Allgemeine Zeitung 8. 9. 80 S. 11.
26 Joachim Fest »Hitler« Stuttgart 1973 S. 25.
27 Georg Stadtmüller in der Besprechung des Buches: Werner Maser »Nürnberg. Tribunal der Sieger« ZfP 77, 103.

28 Carl Schurz »Lebenserinnerungen« Berlin 1906 S. 143.
29 Konrad Löw »Grundwerte der Demokratie – Menschenwürde, Freiheit, Gleichheit« München 1974 S. 35.
30 Konrad Löw »Rechtstaat, Demokratie, Sozialstaat – Verständnis und Wirklichkeit in beiden Teilen Deutschlands« München 1983 S. 122 f.
31 Konrad Löw »Nur ein Splitter vom Kreuz – Als Gast und Gefangener in der ČSSR« Uhldingen 1983.
32 Siehe Konrad Löw (Hrsg.) »Terror und Extremismus in Deutschland« Berlin 1994 S. 153.
33 Dirk Kubjuweit »Die MEGA-Stars« DIE ZEIT 7. 3. 93 S. 15.
34 Schreiben an den Autor vom 1. 8. 94.
35 MEW aaO 7, 254.
36 Hans Mohr »Objektive Experten...« Freiheit der Wissenschaft«, 88 S. 8. Doch an anderer Stelle (»Wissenschaft in der Krise?« Frankfurter Allgemeine Zeitung 7. 12. 83 S. 33) schreibt er: »Der pointierte Satz eines bekannten Politikers, man könne heutzutage zu jeder Sachfrage jedes gewünschte, als wissenschaftlich bezeichnete Gutachten bekommen – ein für die Wissenschaft moralisch vernichtender Satz, ist nicht ganz unberechtigt.«
37 Eckhard Jesse »Kontroverse zum Reichstagsbrand...« Geschichte und Gesellschaft 4/88 S. 523.
38 So Günther Gillessen in der Besprechung von Joachim Hoffmanns »Stalins Vernichtungskrieg 1941–1945« Frankfurter Allgemeine Zeitung 10. 10. 95 S. 11.
39 Martin Walser »Öffentliches Gewissen und deutsche Tabus« Die politische Meinung 302/95 S. 15.
40 Aron aaO S. 256.
41 Wolfgang Kraushaar »Die auf dem linken Auge blinde Linke« DIE ZEIT 11. 3. 94 S. 70.
42 Karl Corino (Hrsg.) »Intellektuelle im Banne des Nationalsozialismus« Hamburg 1980; Manfred Funkc »Universität und Zeitgeist im Dritten Reich« Beilage zur Wochenzeitung Das Parlament 12/86 S. 3; Jörg Tröger (Hrsg.) »Hochschule und Wissenschaft im Dritten Reich« Frankfurt 1984.
43 Konrad Lorenz »Die acht Todsünden der zivilisierten Menschheit« München 1980 S. 108.
44 Hanni Wettengel/Günter Wisotzki »Karl Marx, Friedrich Engels und die Bedrohungslüge« Beiträge zur Geschichte der Arbeiterbewegung 1/85 S. 4.
45 Marx »Texte« aaO S. 27.
46 Ebenda S. 28.
47 MEW aaO 3, 40.
48 MEW aaO Ergbd. 1, 618.
49 Blumenberg »Marx« aaO S. 159.

50 Werner Maihofer in Lamm aaO S. 179.
51 Nach Ralf Dahrendorf »Der Intellektuelle und die Politik« DIE ZEIT 28. 10. 83 S. 13.
52 Leszec Kolakowski »Marxismus – am Ende?« Neue Zürcher Zeitung 5. 12. 86 Fernausgabe Nr. 282 S. 45.
53 Jacob Burckhardt nach Henning Ritter »Man muß die Menschheit zur Ader lassen« Frankfurter Allgemeine Zeitung 10. 7. 93.
54 Ebenda.
55 Ebenda.
56 McLellan aaO S. 13.
57 Deutsche Tagespost 7. 3. 95.
58 Rolf Pohle, ein führender deutscher Terrorist, nach Münchner Merkur 5. 4. 74.
59 ARD-Nachrichten 29. 5. 94, 20 Uhr.
60 Karl-Heinz Janßen »Rudolf Herz: Hoffmann + Hitler« DIE ZEIT Literaturbeilage 18. 3. 94 S. 20.
61 Hans-Paul Höpfner »Hitler und Stalin...« Das Parlament 27. 3. 92.
62 Nach Renats Schostack »Brechts Heimholung« Frankfurter Allgemeine Zeitung 13. 2. 85 S. 25.
63 Siehe Meinrad von Ow »Nach aller Halbheit des Westens. Lion Feuchtwangers Huldigungen auf Stalin und die Sowjetunion« Frankfurter Allgemeine Zeitung 17. 6. 95 (Bilder und Zeiten).
64 MEW aaO 1, 385.
65 MEW aaO 6, 81.
66 Siehe z. B. S. 7 und S. 179f.
67 Nach Julius Carlebach »Karl Marx and the Radical Critique of Judaism« London 1978 S. 302.
68 Aus einem Manuskript Stauffenbergs, das in: Eckhard Jesse/Konrad Löw (Hrsg.) »Vergangenheitsbewältigung« Berlin 1996 erscheinen wird. Erwähnung verdient, daß eine der Straßen, die direkt auf den Reichstag, den Sitz des Deutschen Bundestages, zuläuft, den Namen einer Frau trägt, die noch 1932 als Alterspräsidentin in der Hoffnung schwelgte, »den ersten Rätekongreß Sowjetdeutschlands zu eröffnen«, Clara Zetkin.
69 Z. B. Fleischer aaO, Giroud aaO, Gottlieb aaO, Sichtermann aaO, Monz aaO, Zieger u. a. aaO.
70 Schubert aaO S. 12.
71 Elke Fröhlich (Hrsg.) »Die Tagebücher von Joseph Goebbels. Sämtliche Fragmente« Teil I: Aufzeichnungen 1924–1941, Bd. 2: 1. 1. 1931 – 31. 12. 1936, München u. a. 1987 S.115.
72 Wilhelm Grewe (»Bemerkungen Grewes über Adenauer und Heuss« Süddeutsche Zeitung 30. 8. 79): »Ich machte auch im weiteren Verlauf der Reise (durch die USA) die Erfahrung, daß die Wirkungskraft der Heuss'schen Reden mit ihrem Inhalt nicht viel zu tun hatte, der

oft von einer etwas dunklen, schwäbischen Versponnenheit war. Aber der Redner kam an: mit seiner Stimme, seiner Erscheinung und dem Rufe, der ihm vorausging.« Grewe schildert dann auch die Beurteilung Heuss' durch Walter Eucken, er habe darüber philosophiert, daß eine tiefe Stimme ihrem Inhalt aber häufig die Tiefe des Nachdenkens erspare, weil die Menschen sich von dem Klang einer tiefen Stimme beeindrucken ließen und ihr aus irrationalen Antrieben Vorschuß an Vertrauen und Glaubwürdigkeit einzuräumen bereit seien. Das sei auch Hindenburg mit seiner tiefen Stimme zugute gekommen.«

# Dokumentation

**DEUTSCHER BUNDESTAG**
12. Wahlperiode
Enquete-Kommission
"Aufarbeitung von Geschichte
und Folgen der SED-Diktatur
in Deutschland"

Protokoll Nr. 28

PROTOKOLL*

der 28. Sitzung

der Enquete-Kommission
"Aufarbeitung von Geschichte und Folgen der SED-Diktatur in
Deutschland"

am Freitag, dem 12. Februar 1993, 09.00 Uhr

in Bonn, Bundeshaus, Sitzungssaal F 214

Vorsitz: Abg. Rainer Eppelmann (CDU/CSU)

Einziger Punkt der Tagesordnung

Öffentliche Anhörung zu dem Thema:

"Marxismus-Leninismus und die soziale Umgestaltung in der SBZ/DDR"

*) unwesentlich gekürzt

Deutscher Bundestag                          Freitag d. 1 2. Feb. 93   9 ᵒᵒ

A n w e s e n h e i t s l i s t e

Sitzung der Enquete-Kommission "Aufarbeitung von Geschichte und Folgen
der SED-Diktatur in Deutschland"

| Ordentliche Mit-glieder der Enquete-Kommission | Unterschrift | Stellvertretende Mit-glieder der Enquete-Kommission | Unterschrift |
|---|---|---|---|
| Abgeordnete(r) CDU/CSU | | Abgeordnete(r) CDU/CSU | |
| Dehnel, Wolfgang | ............ | Böhm(Melsungen),Wilfried | .... |
| Eppelmann, Rainer | | Dr.-Ing. Jork, Rainer | |
| Dr. Kahl, Harald | | Koschyk, Hartmut | |
| Dr. Krause(Bonese),Rudolf | | Michalk, Maria | |
| Lehne, Klaus-Heiner | | Frhr. v.Schorlemer,Reinhard | |
| Dr. Müller, Günther | | Skowron, Werner | ............ |
| Dr. Wilms, Dorothee | | Dr. Wisniewski,Roswitha | |
| | | | |
| SPD | | SPD | |
| Hanewinckel, Christel | ............ | Barbe, Angelika | |
| Hilsberg, Stephan | | Fischer(Gräfenhainichen) Evelin | |
| Meckel, Markus | | Dr. Soell, Hartmut | |
| von Renesse, Margot | ............ | Thierse, Wolfgang | |
| Weisskirchen(Wiesloch),Gert. | | Weißgerber, Gunter | ............ |
| | | | |
| F.D.P. | | F.D.P. | |
| Hansen, Dirk | | Hackel, Heinz-Dieter | ............ |
| Dr. Schmieder, Jürgen | | Lüder, Wolfgang | ............ |
| PDS/LL | | PDS/LL | |
| Dr. Keller, Dietmar | | Dr. Modrow, Hans | ............ |
| BÜNDNIS 90/DIE GRÜNEN | | BÜNDNIS 90/DIE GRÜNEN | |
| Poppe, Gerd | | Dr. Ullmann, Wolfgang | |

Wir hören nun den nächsten Referenten. Ich bitte Herrn Professor Konrad Löw von der Universität in Bayreuth ums Wort. Sein Thema lautet: "War der SED-Staat marxistisch"?

Sv Prof. Dr. Konrad Löw:

I.   Einige begriffliche und persönliche Vorbemerkungen

SED-Staat meint die sogenannte Deutsche Demokratische Republik in den Jahren 1949 bis zur Wende.

"Marxistisch" wird im folgenden für Theorien und Maximen gebraucht, die auf Karl Marx und, wie er selbst sagt, sein alter ego, Friedrich Engels, zurückgehen. Was sich sonst als marxistisch ausgibt oder angesprochen wird, kann schon aus zeitlichen Gründen nicht berücksichtigt werden. Verwiesen sei auf das dreibändige Werk "Die Hauptströmungen des Marxismus", Verfasser der polnische Philosoph Leszek Kolakowski.

Im Wintersemester 1967/68, also vor genau 25 Jahren, begann ich an der Hochschule für Politik, München, mit Vorlesungen über das politische System der DDR. Dem gingen Lehrveranstaltungen über die politische Ordnung der Bundesrepublik Deutschland voraus. Für letztere war ich durch meine juristische Ausbildung, insbesondere meinen öffentlich-rechtlichen Schwerpunkt, gut vorbereitet. Die Darstellung der politischen Gegebenheiten und ihrer rechtlichen wie ideologischen Untermauerung in der DDR stellte mich vor eine neue, für den bundesdeutschen Juristen atypische Aufgabe.

1968 trat in der DDR eine Verfassung in Kraft, die schon auf den ersten Blick erkennen ließ, daß sie eine ideologische Basis hatte, eine Verfassung, die sich ausdrücklich zum Marxismus-Leninismus bekannte. Daher wurde die Auseinandersetzung mit dieser Ideologie zur Voraussetzung einer sachgerechten Interpretation. In der gebotenen Eile bediente ich mich der einschlägigen Taschenbücher. Dazu zählten insbesondere "Sowjetideologie heute" Bd. 1, verfaßt von Gustav Wetter, Bd. 2, von Wolfgang Leonhard. Diesen Autoren verdanke ich sehr viel, wenngleich ich in manchen, keineswegs unwichtigen Punkten die damals gewonnene Sicht aufgrund des späteren Quellenstudiums korrigieren mußte.

Die wichtigsten Merkmale des SED-Staates waren: 1. Diktatur; 2. führende Rolle e i n e r Partei; 3. Gewaltmonopol; 4. Terror; 5. Leugnung der Menschenwürde als vorrangigem Verfassungswert, 6. Leugnung der Menschenrechte; 7. keine Grundrechte im traditionellen Sinne; 8. Abschaffung des Privateigentums an den Produktionsmitteln; 9. der große Plan.

Haben Marx und Engels diese Themen angesprochen und, falls ja, wie?

Um nicht bloß Schlagworte zu servieren, beschränkt sich der Hauptteil auf das erste Stichwort, doch kommen in diesem Zusammenhang auch die meisten anderen Charakteristika des SED-Staates zur Sprache. Die gesonderte Abhandlung aller Punkte bleibt der schriftlichen Expertise vorbehalten.

II.   Die "Diktatur des Proletariats" als Herrschaft der von der Geschichte Berufenen

Die DDR nannte, anders als die Sowjetunion, ihre "sozialistische Demokratie" bis zur Wende eine Diktatur, eine "Diktatur des Proletariats". Daß eine Diktatur keinen Pluralismus, keine politische Opposition dulde, sei doch wohl selbstverständlich. Aber es sei kein Geringerer als Marx gewesen, der die "Diktatur des Proletariats" als unausweichlich vorausgesagt habe.

Berief sich Lenin, berief sich die DDR bei der Propagierung ihrer Diktatur zu Recht auf Marx? Das wird sowohl von Vertretern des demokratischen Sozialismus wie auch von Bürgerlichen entschieden bestritten, so von Karl Kautsky, Otto Bauer, Max Adler, Leszek Kolakowski, Wolfgang Leonhard, Hermann Weber, Werner Maihofer und Günther Wagenlehner.[1]

Welche der beiden Positionen ist wissenschaftlich fundierter? Darauf gibt es eine klare, wenngleich wenig erfreuliche Antwort: die DDR/SED-amtliche!

1.   Das verbale Bekenntnis zur Diktatur

In der umfangreichen literarischen Hinterlassenschaft von Marx und Engels wird die Wortkombination "Diktatur des Proletariats" nicht häufig benützt. Im Kommunistischen Manifest, 1848, ist nur von "despotischen Eingriffen in das Eigentumsrecht" die Rede.[2] Im Jahre 1850 begegnet uns "Diktatur der Arbeiterklasse".[3]

Ziemlich zeitgleich unterzeichnen Marx und Engels ein Dokument mit der Überschrift: "Weltgesellschaft der revolutionären Kommunisten", in dessen Art. 1 von "Diktatur der Proletarier" die Rede ist: "Das Ziel der Assoziation ist der Sturz aller privilegierten Klassen, ihre Unterwerfung unter die Diktatur der Proletarier, in welcher die Revolution in Permanenz erhalten wird bis zur Verwirklichung des Kommunismus, der die letzte Organisationsform der menschlichen Familie sein wird."[4]

Wenig später heißt es: "Die Klassendiktatur des Proletariats" sei ein "notwendiger Durchgangspunkt zur Abschaffung der Klassenunterschiede überhaupt."[5]

In einem sehr aufschlußreichen Brief schreibt Marx 1852: "Was ich neu tat war 1. nachzuweisen..., daß der Klassenkampf notwendig zur Diktatur des Proletariats führt;... 3. daß diese Diktatur selbst nur den Übergang zur Aufhebung aller Klassen und zu einer klassenlosen Gesellschaft bildet."[6]

20 Jahre lang wird dann der Ausdruck in schriftlichen Äußerungen offenbar nicht mehr verwendet. Aber, wie Leonhard[7], daraus zu schließen, Marx und Engels hätten den Begriff während dieser Zeit nicht verwendet, ist nicht möglich.

"The World" druckte am 15. Oktober 1871 die Aufzeichnungen eines Korrespondenten über Marxens Rede anläßlich der Feiern zum 7. Jahrestag der Internationalen Arbeiterassoziation am 25. September 1871 in London. Darin heißt es: "... Aber bevor eine solche Änderung vollzogen werden könne, sei eine Diktatur des Proletariats notwendig..."[8]

Auch eine Äußerung Engels' aus dem Jahre 1872 läßt auf den häufigen Gebrauch von "Diktatur des Proletariats" durch Marx schließen. Denn er behauptet: "Ebenso haben die sogenannten Blanquisten... die Anschauung des deutschen wissenschaftlichen Sozialismus von der Notwendigkeit der politischen Aktion des Proletariats und seiner Diktatur als Übergang zur Abschaffung der Klassen und, mit ihnen, des Staates - wie solche bereits im 'Kommunistischen Manifest' und seitdem unzählige Male ausgesprochen worden",[9] proklamiert. In einem Brief vom 4. September

1872 schreibt Eugène Vermersch: "Im Abstand von einer halben Stunde gab er [Marx] dann auch die beiden folgenden charakteristischen Sätze von sich, von denen ich glauben möchte, daß sie für sein politisches Vorgehen bezeichnend sind: 'Die proletarische Diktatur ist ein notwendiges historisches Durchgangsstadium der Geschichte!...'"[10] 1874 verteidigt Engels die Diktatur des Proletariats gegen Blanquis "Diktatur eines oder einiger weniger."[11]

1875 ist es dann Marx, der mit größter Selbstverständlichkeit den Gedanken erneut ausspricht: "Zwischen der kapitalistischen und der kommunistischen Gesellschaft liegt die Periode der revolutionären Umwandlung der einen in die andre. Der entspricht auch eine politische Übergangsperiode, in der der Staat nichts andres sein kann als die revolutionäre Diktatur des Proletariats."[12]

2.      Demokratische Diktatur?

Nur Kautsky und Leonhard geben eine nähere, auf Marx- und Engelszitaten fußende Begründung, warum sie mit einem entschiedenen Ja antworten.

Kautsky: "Daß dieser Ausdruck [Diktatur des Proletariats] keineswegs die Verwerfung der Demokratie, noch auch den Anspruch auf die absolute Macht im Staate bedeuten sollte, geht schon allein aus der Tatsache klar hervor, daß Marx in eben demselben Schreiben 'die demokratische Republik' als die Regierungsform bezeichnete, in deren Rahmen, der Klassenkampf definitiv auszufechten ist."[13]

Im Zusammenhang gelesen ist die von Kautsky zitierte Stelle - wie nahezu jeder Satz der Marxschen "Kritik des Gothaer Programms" - eine heftige Schelte der Verfasser des "verwerflichen und die Partei demoralisierenden Programms" der Sozialistischen Arbeiterpartei Deutschlands, das nichts tauge.[14]

Die Stelle lautet: "Selbst die vulgäre Demokratie, die in der demokratischen Republik das Tausendjährige Reich sieht und keine Ahnung davon hat, daß gerade in dieser letzten Staatsform der bürgerlichen Gesellschaft der Klassenkampf definitiv auszufechten ist - selbst sie steht noch berghoch über solcher Art Demokratentum innerhalb der Grenzen des polizeilich Erlaubten und logisch Unerlaubten."[15]

Das ist kein Bekenntnis zur bürgerlichen Demokratie, eher ihr vorweggenommener Grabgesang. Die demokratische Republik ist für Marx die letzte Staatsform der bürgerlichen Gesellschaft. Die sozialistische Gesellschaft während der Diktatur des Proletariats ist der bürgerlichen Gesellschaft wesensfremd, und entsprechend offenbar das demokratische Element. Kautsky zitiert noch eine weitere Stelle, die aber nur zum Ausdruck bringt, daß Marx kein Anbeter eines starken, viele Generationen überdauernden Staates gewesen ist.[16] Ob für die Übergangszeit eine despotische Diktatur notwendig sei, kann daraus nicht beantwortet werden.

Wertvoll im Sinne Kautskys ist meines Erachtens nur jenes seiner Zitate, wonach, wie Engels sich ausdrückt, unsere Partei unter der Form der demokratischen Republik zur Herrschaft kommen kann, was "die spezifische Form für die Diktatur des Proletariats" sei. Eindeutig sind auch diese Worte nicht. Der Schwerpunkt liegt auf Republik. Für ihn ist es "undenkbar, daß unsere besten Leute unter einem Kaiser Minister werden sollten."[17]

Noch weit wichtiger aber scheint mir folgender Gesichtspunkt: Die Äußerung datiert aus dem Jahre 1891, wurde also acht Jahre nach Marxens Tod gemacht. Nun ist es unbestreitbar, daß Engels den toten Marx an mehreren wichtigen Stellen korrigiert hat. Engels geistiges Testament, wenige Monate vor seinem Tode verfaßt, besteht weitestgehend in Selbstkritik an früher gemeinsam vertretenen Ansichten. Da heißt es mehrmals, wörtlich fast übereinstimmend: "Die Geschichte hat uns und allen, die ähnlich dachten, Unrecht gegeben."[18] Und dann die geradezu klassische Stelle: "Die Ironie der Weltgeschichte stellt alles auf den Kopf. Wir, die 'Revolutionäre', die 'Umstürzler', wir gedeihen weit besser bei den gesetzlichen Mitteln als bei den ungesetzlichen und dem Umsturz. Die Ordnungsparteien, wie sie sich nennen, gehen zugrunde an dem von ihnen selbst geschaffenen gesetzlichen Zustand. Sie rufen verzweifelt..., 'die Gesetzlichkeit ist unser Tod', während wir bei dieser Gesetzlichkeit pralle Muskeln und rote Backen bekommen und aussehen wie das ewige Leben."[19]

Das ist doch nichts anderes als wenn er gesagt hätte: Wir wollen legal an die Macht kommen, weil wir legal an die Macht kommen können und weil das der sicherste Weg ist.

Kein Geringerer als der Vorsitzende der Sozialistischen Internationale Willy Brandt räumte ein: "Der späte Engels bemüht sich nun auch, dem Wort von der 'Diktatur des Proletariats' eine neue Deutung zu geben."[20] Freilich, zum eindeutigen Demokraten mauserte Engels sich nicht.[21] - Damit ist das Wesentliche auch schon gegen die Argumentation von Leonhard gesagt, soweit er sich auf den späten Engels, d. h. auf Engels post Marx, beruft.

Engels Bemerkung aus dem Jahre 1891, wonach die Pariser Kommune ein lebendiges Modell der Diktatur des Proletariats gewesen sei, kann schwerlich ohne Schmunzeln registriet werden. Denn schon zehn Jahre zuvor hat Marx zutreffend festgestellt:
"Sie werden mich vielleicht auf die Pariser Kommune verweisen, aber abgesehen davon, daß dies bloß die Erhebung einer Stadt unter ausnahmsweisen Bedingungen war, war die Majorität der Kommune keineswegs sozialistisch..."[22]

Die Arbeitervertretung war in der Kommune eine Minderheit. Auch war sie nicht organisiert und hatte nachweislich kein einheitliches Bewußtsein.

Marxens Lob auf die Kommune entspringt nicht geschichtlichen Tatsachen, sondern dem unstillbaren Verlangen, eine seiner zahllosen Revolutionsprognosen möge sich irgendwo und irgendwie erfüllen.

3. Histomat und Demokratie

Um der Wahrheit näherzukommen, müssen wir weiter ausholen, über die verlesenen Zitate hinausgehen, eine Antwort aus dem Ganzen der marxistischen Ideologie zu geben versuchen.

Der Histomat, das Herzstück der marxistischen Lehre, basiert auf folgender Annahme: Ausgangspunkt ist die Urgesellschaft. Sie wird abgelöst durch antagonistische Gesellschaftsformationen, in denen jeweils eine Minderheit die Mehrheit ausbeutet. Die historische Mission der Arbeiterklasse ist es, Arbeitsteilung, Entfremdung, Ausbeutung für immer zu beseitigen, also Wiederherstellung des ursprünglichen Zustandes, aber auf höherer Ebene, d. h. zusätzlich Freiheit von Furcht, Freiheit von Not, Freiheit von Aberglauben zu erlangen.

Die bösen Ausbeuter würden, so glaubte man ursprünglich, ihre Herrschaft mit Zähnen und Klauen verteidigen. Deshalb sei jedes Mittel recht, um sie zu stürzen. Aber siehe, sie schaffen - zunächst in England, wo Marx und Engels lebten - das allgemeine, gleiche Wahlrecht und schaufeln sich damit selbst ihr Grab. Denn die Mehrheit wird letztlich einsehen, wer ihre Interessen vertritt, und dementsprechend vom Stimmrecht Gebrauch machen. Unter der geradezu selbstverständlichen Voraussetzung, daß sich die Mehrheit bei den Wahlen ihrer geschichtlichen Aufgabe würdig erweist, stehen Wahlen nicht im Widerspruch zur erstrebten Diktatur des Proletariats (noch irgend einer historischen Form totalitärer Herrschaft!). So kann gewaltlos die eigentliche Menschheitsgeschichte anbrechen.

Wenn wir, wie Marx und Engels, an die historische Mission des Proletariats, an die heilsgeschichtliche Notwendigkeit einer weltweiten kommunistischen Ordnung glaubten (die von ihnen geführte Arbeiterklasse handelt "im vollen Bewußtsein ihrer geschichtlichen Sendung"[23]), insbesondere auch, daß jedes Mittel recht sei, um sich die Macht zu verschaffen, würden wir es dann dulden, daß mit Hilfe von Stimmzetteln das Räderwerk der Geschichte blockiert, ja zurückgedreht werden kann? Ob Marx und Engels überhaupt je an die Möglichkeit gedacht haben, daß Liberale, Konservative oder andere Bürgerliche mit dem Stimmzettel eine kommunistische Mehrheit gefährden könnten, weiß ich nicht. Aber alles spricht dafür, daß sie dann die Opposition gewaltsam unterdrückt hätten. Eine Übertragung der Macht auf Nichtkommunisten wäre Preisgabe der leidenschaftlich verfochtenen Ideologie, Preisgabe des Histomat!

Eindeutige Belege für die Richtigkeit dieser Annahme sind unter anderem jene Ausführungen, die klarstellen, daß Einsichten, die sich gegen den vorausgesagten historischen Prozeß aussprechen, unbeachtlich sind, gleichgültig, ob sie von den geborenen Reaktionären oder von Proletariern vertreten werden:

"Es handelt sich nicht darum, was dieser oder jener Proletarier oder selbst das ganze Proletariat als Ziel sich einstweilen vorstellt. Es handelt sich darum, was es ist und was es diesem Sein gemäß geschichtlich zu tun gezwungen sein wird."[24]
"..., denn mit Ausnahme derjenigen, die nicht zählen, sind im Jahre 1846 alle europäischen Demokraten mehr oder weniger klare Kommunisten."[25]
"Habe ich recht, wenn ich sage, daß die Demokratie heutzutage der Kommunismus ist?"[26]

Sollten jene, die allein zählen, die Macht erlangen, dürften eben jene, "die nicht zählen", entweder nicht wählen, oder die "Wahlen" würden, wie in allen sozialistischen Staaten, so ausgerichtet, daß überhaupt nur eine im kommunistischen Sinne geschichtskonforme Stimmabgabe möglich wäre.

4.    Die Merkmale der Diktatur nach Marx

"Marx und Engels haben niemals erklärt, warum sie diesen Zustand als 'Diktatur' bezeichnet hatten, obgleich er doch aus der Demokratie erwachsen sollte"[27] meint Kautsky.

Bestand für sie Veranlassung zu sagen, was sie unter Diktatur verstanden? Nein, wenn sie mit "Diktatur" das zum Ausdruck bringen wollten, was man damals allgemein darunter verstand: Ausschaltung jeder gefährlichen Meinung und Opposition. Beide waren sehr wortgewandt und hätten ihre Leser nicht im unklaren gelassen, falls sie mit "Diktatur" eine freiheitliche Demokratie hätten bezeichnen wollen.

Im Zweifel ist davon auszugehen, daß jemand gängige Worte im üblichen Sinne verwendet. Aber haben wir es überhaupt mit einem Zweifelsfall zu tun? Marx und Engels nennen ausdrücklich die Merkmale ihrer Diktatur, ihrer, wie Marx betont, energischen Diktatur;[28] keine Gewaltenteilung, keine Grundrechte,[29] kein Pluralismus,[30] Niederhaltung der Gegner, straffe Umerziehung. Daß die Teilung der Staatsgewalt im Falle einer Revolution ohne ein besonderes Gesetz aufhört, stellt Marx ausdrücklich fest.[31]

Anerkennende Worte über Parlamentarismus und Gewaltenteilung finden sich nirgendwo, jedoch recht despektierliche: "parlamentarischer Kretinismus",[32] "die Hunde von Parlamentskretins"[33], "wurmstichige... Teilung der Gewalten, mit abgetragenen Phrasen und längst durchschauten Fiktionen"[34], "bemooste Weisheit"[35], "Verfassungsunsinn"[36].

Was mit Oppositionellen zu geschehen habe, beantwortet Engels: "Da nun der Staat doch nur eine vorübergehende Einrichtung ist, deren man sich im Kampf, in der Revolution bedient, um seine Gegner gewaltsam niederzuhalten, so ist es purer Unsinn, vom freien Volksstaat zu sprechen: Solange das Proletariat den Staat noch gebraucht, gebraucht es ihn nicht im Interesse der Freiheit, sondern der Nieder- haltung seiner Gegner..."[37]

Mit Rousseau fordert Marx die Erziehungsdiktatur: "Die Abstraktion des politi- schen Menschen schildert Rousseau richtig also: 'Wer den Mut hat, einem Volke eine Rechtsordnung zu geben, muß sich fähig fühlen, die menschliche Natur zu än- dern, jedes Individuum, das in sich selbst und für sich allein ein vollkommenes Ganzes ist, in den Teil eines größeren Ganzen umzuwandeln, von dem dieses Indi- viduum in gewisser Weise sein Leben und Sein empfängt, an die Stelle einer physi- schen und unabhängigen eine moralische Teilexistenz zu setzen. Er muß dem Men- schen seine eigenen Kräfte nehmen, um ihm fremde dafür zu geben, die er nur mit Hilfe anderer gebrauchen kann.'"[38]

Schließlich läßt sich die mehrmals erhobene Forderung nach "Revolution in Per- manenz"[39] mit unseren Vorstellungen von einer rechtsstaatlichen Demokratie ebensowenig in Einklang bringen wie die Verabscheuung "nur gesetzlicher Mit- tel... gegenüber einem Feind, der solche Bedenken nur verachtet".[40] Auch die ausdrückliche Billigung der "Volksrache"[41] muß in diesem Zusammenhang er- wähnt werden.

Doch was besagt schon des Wort Revolution? Engels definiert es mit bestürzender Deutlichkeit: "Haben diese Herren nie eine Revolution gesehen? Eine Revolution ist gewiß das autoritärste Ding, das es gibt; sie ist der Akt, durch den ein Teil der Bevölkerung dem anderen Teile seinen Willen vermittels Gewehren, Bajonetten und Kanonen, also mit denkbar autoritärsten Mitteln aufzwingt; und die siegreiche Partei muß, wenn sie nicht umsonst gekämpft haben will, dieser Herrschaft Dauer verleihen durch den Schrecken, den ihre Waffen den Reaktionären einflößen."[42]

"In der Praxis werden wir wie immer darauf reduziert sein, vor allem auf resolute Maßregeln und absolute Rücksichtslosigkeit zu drängen."[43]

Auch jene feindseligen, verächtlichen Äußerungen gegen die Demokraten und die Demokratie verdienen in diesem Zusammenhang bedacht zu werden, ebenso die Betonung, daß die Kommunisten "für den Augenblick... als Demokraten" auftreten.[44]

5.    Demokratiefeindliche Kritik des Zeitgeschehens

Die Juni-Revolution in Paris 1848 war ein Arbeiteraufstand gegen die vom Volk gewählte Nationalversammlung und ihre Exekutivorgane. Marx und Engels stellen sich vorbehaltlos auf die Seite jener, die sich gegen die demokratisch legitimierte Macht erheben. Marx' Artikel "Die Juni-Revolution" - ein demagogisches Meisterwerk voller Entstellungen und Gehässigkeiten - meint abschließend, es sei das Recht der demokratischen Presse, den Rebellen Lorbeer um die Stirne zu winden.[45]

Die demokratisch legitimierte "sog. Deutsche Nationalversammlung" war für ihn "eine Körperschaft, so abnorm, so lächerlich schon durch die Stellung, die sie einnahm, und dabei so erfüllt von ihrer eigenen Wichtigkeit, daß die Geschichte höchstwahrscheinlich nie ein Gegenstück dazu liefern wird."[46]

Seine völlig undifferenzierte Beschimpfung des "bloßen Debattierclubs", der "Versammlung leichtgläubiger Tröpfe", der "Marionetten"[47] hat Schule gemacht und sowohl dem demokratischen Gedanken allgemein als auch den Lebenschancen der ersten deutschen Demokratie erheblich Abbruch getan.

Die Pariser Kommune erhob sich im März 1871 gegen die vom Volk gewählte Französische Nationalversammlung. Es ist hinlänglich bekannt, daß Marx zugunsten der Kommune Partei ergriffen hat. Nicht die Demokratie erschien ihm schutzwürdig, sondern die Rebellion. Noch eine, recht aufschlußreiche Feststellung sei erwähnt. Marx und Engels bejahen die Demokratie dort, wo die Proletarier die Mehrheit bilden, weil es so zur Proletokratie kommt. Demokratie ist auch dann gut, wenn sie monarchische Herrschaft ablöst. Aber was dann, wenn die Proletarier in der Minderheit sind, wie im Deutschen Reich des Jahres 1875?

Marx schreibt in seiner Kritik des Gothaer Programms: "Erstens besteht 'das arbeitende Volk' in Deutschland zur Majorität aus Bauern und nicht aus Proletariern..."[48] Für diesen Fall lautet die Antwort, die er eine Seite später gibt und die uns schon begegnet ist: "... revolutionäre Diktatur des Proletariats."[49]

Deutlicher kann es kaum noch gesagt werden. Selbstverständlich Diktatur des Proletariats auch dann, wenn die Proletarier in der Minderheit sind. Als die Forderung zuerst aufgestellt wurde, betrug der Anteil der Arbeiter in Deutschland 4,5 bis 6 Prozent.[50]

Diese Beispiele zeigen: Vor die Alternative gestellt, Demokratie oder, mangels Mehrheit, Diktatur der Revolutionäre, haben sie sich stets für letztere ausgesprochen.

Ganz folgerichtig zum eben Gesagten die Weisungen von Marx und Engels in der "Ansprache der Zentralbehörde an den Bund" vom März 1850: "Während die demokratischen Kleinbürger die Revolution möglichst rasch und unter Durchführung höchstens der obigen Ansprüche zum Abschluß bringen wollen, ist es unser Interesse und unsere Aufgabe, die Revolution permanent zu machen, so lange, bis alle mehr oder weniger besitzenden Klassen von der Herrschaft verdrängt sind, die Staatsgewalt vom Proletariat erobert" ist.[51]

6. Keine Demokratie ohne Demokraten

Woran erkennt man den Demokraten? Der Demokrat wird die demokratische Staatsform wesentlich höher schätzen als jede andere Staatsform, die nicht durch das Volk legitimiert ist. Doch Engels ist anderer Ansicht. Mit Blick auf das demokratische Frankreich äußert er:

"Ihr könnt also den Monarchien eure bürgerliche Republik nicht mehr als etwas gegenüberstellen, was die anderen Nationen erstreben sollten. Eure Republik und unsere Monarchien - das ist ein und dasselbe gegenüber dem Proletariat..."[52]

Ganz unvereinbar mit demokratischer Gesinnung ist die oben beschriebene Kampftaktik, die Marx und Engels für die Auseinandersetzung mit den legitimierten Volksvertretern empfehlen.

Ganz unvereinbar mit demokratischer Gesinnung ist auch die Fürsprache für "absolute Rücksichtslosigkeit",[53] "revolutionären Terrorismus", "Volksrache".[54]

War Marx nach seinem Naturell, Lebensstil und Umgang ein Demokrat? 1896, also 13 Jahre nach dem Tode von Marx, äußert Wilhelm Liebknecht: "Marx selbst war - versteht sich innerhalb des Rahmens der kommunistischen Anschauungsweise - der toleranteste aller Menschen."[55]

Doch der Nimbus von Marx hatte noch nicht ganz die Erinnerung verklärt. Schon im nächsten Satz heißt es: "Er konnte Widerspruch vertragen, wenn er auch nicht selten darob in argen Zorn geriet." Weit zuverlässiger sind jene Urteile, die zu Lebzeiten von Marx zu Papier gebracht worden sind. Selbst jene Leute, die der politischen Linken angehörten, stimmen darin überein, daß Marx nur sich selbst würdigte, keinen Widerspruch duldete, bedingungslose Unterwerfung forderte, kurz, diktatorische Neigungen in ungewöhnlicher Konzentration offenbarte. Ich erwähne Pavel Annenkov,[56] Wilhelm Weitling,[57] Heinrich Beta,[58] August Willich,[59] Gustav Adolf Techow,[60] Giuseppe Mazzini,[61] Michail Bakunin.[62] Aus dem Munde von Marx und Engels begegnen uns immer wieder Äußerungen wie: "demokratisches Gesindel",[63] "demokratisches Lumpenpack",[64] "das ganze demokratische hiesige Geschmeiß",[65] "demokratisches Lumpengesindel".[66] "Die Betriebsamkeit dieser kleinen aus der demokratischen Pißjauche ausgebrüteten Flöhe ist rührend."[67] Gemeint waren Blind, Bronner, Hecker, drei angesehene tapfere Freiheitskämpfer. "Es wäre vielleicht gut, wenn es noch einige Jahre ruhig bliebe, damit diese gesamte Demokratie von 1848 Zeit fände zu verfaulen."[68] "Die Hunde von Demokraten und liberalen Lumpen werden sehn, daß wir die einzigen Kerls sind, die nicht verdummt sind in der schauderhaften Friedensperiode."[69]

III.    Ein Wegbereiter des Totalitarismus

1959 wurde das Godesberger Programm der SPD verabschiedet. Es machte damals Schlagzeilen, insbesondere deshalb, weil sich die SPD, vormals "Erbe - und Willensvollstreckerin von Marx und Engels",[70] in augenfälliger Weise vom Marxismus trennte und statt dessen die christliche Ethik, der Humanismus und die klassische Philosophie als Nährboden des demokratischen Sozialismus gewürdigt wurden. Die SPD erteilte damals jeder Form des Totalitarismus eine entschiedene Absage, nicht nur dem Nationalsozialismus, sondern auch dem Sowjetsystem, der politischen Wirklichkeit im SED-Staat.

Was aber hat das Sowjetsystem, die Sowjetideologie, der in der DDR manifeste Totalitarismus mit Marx zu tun? Im Schoße der SPD ist während der vorbereitenden Sitzungen des Godesberger Parteitags diese Frage lebhaft erörtert worden, wobei ausweislich des Protokolls Marx immer stärker belastet wurde.

Prof. Dr. Gerhard Weisser: "Seid ihr ganz sicher, daß wir mit der These vom 'vergewaltigten Marx' Recht haben? Hat nicht die Haßkomponente bei Marx und sein Verlangen nach Rechtgläubigkeit mindestens objektiv-geschichtlich so gewirkt, daß ein konformistisches Denken von da aus seinen Ausgang genommen hat?"

Borinski: "Zu Marx: Wenn wir die Wirkung von Marx gerade heute im Totalitarismus sehen, scheint es mir richtig zu sein, was Weisser sagt... Das Menschenbild von Marx ist ein für unsere heutige Zeiterfahrung vereinfachtes und verharmlostes. Gewisse Punkte wurden dabei verabsolutiert und von daher Ansatz zum Totalitarismus..."

Dr. Christian Gneuss: "Ich bin auch der Meinung, daß die Formel vom vergewaltigten Marx nicht ausreicht. Auch schon beim jungen Marx waren Ansätze zum Totalitarismus..."

Stammer: "Auch ich glaube, daß wir am Marx-Bild selber und an der Marx-Lehre und -Ideologie etwas zu korrigieren haben."[71]

Die vorstehende Untersuchung hat, wie ich meine, die Richtigkeit dieser Annahmen mehr als bestätigt. Alle wesentlichen Merkmale des Totalitarismus werden von seinem Postulat einer Diktatur des Proletariats erfüllt.

Wie ist es möglich, daß Marx von so vielen in diesem Punkt bis heute verkannt wird? Die einen wollen die Fakten nicht zur Kenntnis nehmen, weil ihnen Marx von Jugend an als verehrungswürdig nahegebracht wurde. Die anderen schreiben und sprechen über Marx ohne intensives Quellenstudium. Anfang November hielt ich in Bayreuth ein Referat über "Marx und der Terrorismus - War die Begünstigung der terrortistischen Roten Armee Fraktion durch die DDR ideologisch zu begründen?" In der auf das Referat folgenden Diskussion machte mir ein junger Privatdozent, G. H., Bonn, unter dem Beifall von schätzungsweise einem Drittel der Zuhörer, den Vorwurf, meine Beweisführung sei einseitig und es gäbe auch gegenteilige Marxinterpretationen.

Nun, der Hörer konnte selbst beurteilen, ob ich Marx und Engels interpretiert oder nicht vielmehr - ohne nennenswerte Interpretation - schlicht beim Wort genommen hatte.

Daß G. H. die behauptete Einseitigkeit nicht aus dem Stegreif belegen konnte, ist selbstverständlich. Also bat ich ihn, dies schriftlich nachzuholen. Dazu erklärte er sich bereit. Doch der Absicht sind bis heute keine entsprechenden Taten gefolgt, obgleich ich nochmals schriftlich darauf hinwies, daß mein Text veröffentlicht werden wird und ich seine Kritik berücksichtigen möchte.

Dieses Verhalten überrascht nicht, entspricht vielmehr einschlägigen Erfahrungen. Bereits 1980 habe ich den engen Konnex zwischen Marx und Terror anhand von Zitaten aufgezeigt. Damals kündigte ein Hamburger Kollege, U. B., an, er werde allen Teilnehmern der Veranstaltung schriftlich das Gegenteil nachweisen. Trotz Reklamation steht dieser Nachweis immer noch aus. Ganz offenbar sind viele ebenso unwillig, die Marx und den Marxismus belastenden Fakten zu akzeptieren, wie sie unwillig waren, die DDR-Wirklichkeit der Jahre 1949 - 1989 zur Kenntnis zu nehmen.

## Anmerkungen

1 Siehe Konrad Löw "Die Lehre des Karl Marx - Dokumentation - Kritik" 2. Aufl. Köln 1989 S. 244 ff.

2 MEW (Karl Marx/Friedrich Engels "Werke" Berlin (Ost) 1956 ff.) 4,481.

3 MEW 7, 33.

4 MEW 7, 553.

5 MEW 7, 89.

6 MEW 28, 508.

7 Wolfgang Leonhard "Sowjetideologie" II, Frankfurt 1965 S. 159.

8 MEW 17, 433.

9 MEW 18, 266; nur 2 Seiten später nochmals.

10 Nach Magnus Enzensberger "Gespräche mit Marx und Engels" Frankfurt 1973 S. 413.

11 MEW 18, 529.

12 MEW 19, 28.

13 Karl Kautsky "Über Sozialdemokratie und Kommunismus" München 1948 S. 25.

14 MEW 19, 13 f.

15 MEW 19, 29.

16 Siehe dazu Löw (wie Anm. 1) S. 286 ff.

17 MEW 22, 235.

18 MEW 22, 515.

19 MEW 22, 525.

20 Willy Brandt "Friedrich Engels und die soziale Demokratie" Bonn 1970 S. 16.

21 Siehe z. B. MEW 37, 326: "Daß das Proletariat seine politische Herrschaft, die einzige Tür in die neue Gesellschaft, nicht erobern kann ohne gewaltsame Revolution, darüber sind wir einig."

22  MEW 35, 160.

23  MEW 17, 343.

24  MEW 2, 38.

25  MEW 2, 613.

26  MEW 2, 624.

27  Kautsky (wie Anm. 13) S. 27.

28  MEW 5, 402.

29  Siehe Georg Brunner "Karl Marx und die Grundrechte"
    in: Konrad Löw "Karl Marx und das politische System
    der DDR" Heidelberg 1982 S.?

30  MEW 17, 339.

31  MEW 5, 194.

32  MEW 8, 37.

33  MEW 30, 382.

34  MEW 5, 401.

35  MEW 5, 196.

36  MEW 7, 498.

37  MEW 34, 129.

38  MEW 1, 370.

39  MEW 7, 254.

40  MEW 8, 71.

41  MEW 7, 249.

42  MEW 18, 308.

43  MEW 28, 580.

44  MEW 4, 317.

45  MEW 5, 137.

46  MEW 8, 45.

47  MEW 8, 79.

48  MEW 19, 27.

49  MEW 19, 28.

50 E. Weis "Der Durchbruch des Bürgertums" Bd. IV
   Propyläen Geschichte Europas, Frankfurt 1978 S. 405.

51 MEW 7, 247.

52 MEW 39, 90.

53 MEW 28, 580.

54 Dazu ausführlich Konrad Löw "Warum fasziniert der
   Kommunismus" München 1985 S. 109 ff.

55 Siehe Enzensberger (wie Anm.) 10 S. 161.

56 Siehe Enzensberger (wie Anm. 10) S. 59.

57 Siehe Enzensberger (wie Anm. 10) S. 67.

58 Siehe Enzensberger (wie Anm. 10) S. 108.

59 Siehe Enzensberger (wie Anm. 10) S. 166.

60 Siehe Enzensberger (wie Anm. 10) S. 185.

61 Siehe Enzensberger (wie Anm. 10) S. 296.

62 Nach Enzensberger (wie Anm. 10) S. 366 u. 425.

63 MEW 27, 183.

64 MEW 27, 501.

65 MEW 27, 565.

66 MEW 28, 490.

67 MEW 29, 376.

68 MEW 27, 560.

69 MEW 29, 401.

70 Nach Susanne Miller "Das Problem der Freiheit im
   Sozialismus" Berlin 1974 S. 19.

71 Kassette 01702 "Archiv der sozialen Demokratie".

# Meine Polemik mit Karl Marx.

Zugleich ein Beitrag zur Frage
des Fortschritts der Arbeiterklasse und seiner Ursachen.

Von

## Lujo Brentano.

Berlin 1890
Verlag von Walther & Apolant.

— 24 —

## Anhang.

—

### I.

„The Theory of the Exchanges,“ welche in der vorstehenden Polemik eine so große Rolle spielt, ist, wie ich ermittelt habe, von G. Henry Roy verfaßt worden. Um das Jahr 1866 erschien nämlich eine Broschüre Suspension of the Bank Charter Act of 1844. Ministerial Responsibility and the Question of an Act of Indemnity etc. by G. Henry Roy. Hierin nennt sich Roy selbst als Verfasser der Theory of the Exchanges. Charakteristisch für dieses von Marx als Autorität angerufene Buch ist, daß der Verfasser in besagter Broschüre über sein Buch selbst sagt, er habe dasselbe geschrieben „less in the nature of satire than ... in the carelessness of unconcealed contempt“, zu Deutsch: „nicht so sehr als Satire als vielmehr mit der Nachlässigkeit ungeschminkter Verachtung“.

Da das Buch in Deutschland völlig unbekannt geblieben und außer meinem Exemplare vielleicht kein anderes auf deutschem Boden vorhanden ist, gebe ich hier die Stelle, aus welcher Marx das falsche Citat entnommen hat und deren Glossen zu der Gladstone'schen Budgetrede die entsprechenden Glossen bei Marx, „Das Kapital“ I. 1. Aufl. S. 639, 4. Aufl. S. 617, angeregt haben. Ich bemerke dabei, daß das ganze Buch in demselben Style wie die folgenden drei Seiten (Theory of the Exchanges“ S. 134—136) geschrieben ist:

... The Reverend economist may never have entered upon the earlier speculations of the Earl of Lauderdale or of Sismondi, who feared for over accumulation.

Ere the world had known that by the wisdom of Peel,
It was created alone to be racked on his wheel.

And might have no fear of an end of production, or progression to increase of the new staple. In what he would have called the galaxy of stars outshining from the milky way of Britain, godlike in growing stature to infiniteness of onward greatness, with the attributes, all manufacturing depreciation; saintly in silence. Yet he, fervent to eccentricity, might have uttered the conservation prayer. We have not sudden death as Yankiedom, but give us moderation in our time. Lords that lord to this our consummation.

By no proofs more plainly exhibited than by the facts stated in the place of Englands annual harlequinade. The country may now weigh the import of the admissions so candidly and innocently made on the 16th April, 1863.

THE BUDGET, OR THE PARLIAMENTARY PRINCIPLE OF CHEAPNESS.

“From 1842 to 1852, the taxable income of the country increased by 6 per cent .... in the eight years from 1853 to 1861, it had increased from the basis taken in 1853, 20 per cent.! The fact is so astonishing as to be almost incredible. My honourable friend says, it is owing to Australian gold. I am sorry to see that he is lost in the depths of heresy upon the subject of gold. This intoxicating augmentation of wealth and power is entirely confined to classes of property, but must be of indirect benefit to the labouring population, because **it cheapens** the commodities of general consumption — while the rich have been growing richer the poor have been growing less poor! at any rate, whether the extremes of poverty are less, I do not presume to say.”

“Voila l'Homme en effet. Il va du blanc au noir.
Il condamne au matin ses sentimens du soir.
Importun à tout autre, à soi même incommode,
Il change à tous momens d'esprit comme de mode.”

“The average condition of the British labourer has improved during the last twenty years in a degree we know to be extraordinary and unexampled in the history of any country or any age, a matter of the greatest thankfulness, because, &c. .... hardly have earnings given a sufficiency of prime necessaries;”

“Et le dixième ciel ne tourne que pour lui;”

“and if we by proceedings within these walls to raise the standard of comfort, &c., for which the Parliament of these times will be blessed throughout future years,” and Parliament cheers —

“All quit their spheres, and rush into the skies”
“Bercés de chimères et de vapours legères.”

In heresy truth lies. Mr. Gladstone would do well to examine the cost of maintenance, per head, of the inmates of the Poor House, or of any charity, the London Orphan Asylum is taken, because it is at hand. The cost of first necessaries in 1852 was 7l. 7s. 4d. against 9l. 15s. 8d. in 1861. The average even of the last

— 25 —

three years, 1860 to 1862, including clothing, shows a rise of more than 20 per cent. over the average of the three years, 1851 to 1853. Salaries and wages have steadily advanced throughout the twelve years, and on the averages of the same periods, with the lapse of only six intervening years, there is a rise of 40 per cent., which may fairly be taken as representing the cheapness and the progression necessary for a "sufficiency," or that abundance" which is just above the lowest scale of charitable support. This is the Chancellor of the Exchequer's "profound and inestimable consolation," and most remarkable result. Not taking the details from the report of others he may compare with any year the yet more "remarkable" and accelerated rate of increase in 1861, with the Bank rate of interest ranging from 5 to 8 per cent., and on this practical application, in a widened field for generalization, he may after reflection, be able to reply to the question, what is wealth? And what is the augmentation of power, which he means? How much in the 6 per cent. advance of the earlier ten years was due to the legitimate increase of population, to "the enormous, constant, and rapid development of mechanical powers," all within that period conducive to cheapness? And then how far this "inestimable" blessing in railroads and their special power to cheapness is to be constant? How far this progressing power has been exhausted, or if in fact it has not been suddenly annihilated by his power and his wealth, or of any definition of wealth, to be founded upon his statement, or under the great free-trade cry, now only in puppetry, when powerless, unless to dearness? And how far all other mechanical means have been forestalled in the 20 per cent. advance oft he last eight years? Which is not the entire progression, because it does not mark, the latent reduction ton othing, of the stride in the development of the greatest cheapening power, but is only the visible, yet sufficient mark of the saltation after 1853, and of the year of glory 1860 to 1861.

"'Tis now from pride, from pride our very reasoning springs,
Not to account for moral as for natural things;
Why charge we heaven in those, in these ourselves acquit,
In both reversing reason — pride of place to fit."

And then upon further reflection when next he may entrance St. Stephen's.

"Nam cum maxime proloquor,
Circumloquentis ambitu."

Let the Chancellor of the Exchequer say how long it will last.

"To teach eternal wisdom how to rule,
Then drop into thyself — and be a fool." etc.

Bemerkenswerth für den Zusammenhang zwischen The Theory of the Exchanges und den hier erörterten Ausführungen in Marx, Das Kapital I. 1. Aufl S. 639 ist auch Folgendes. Nachdem Marx an dieser Stelle die aus The Theory of the Exchanges hier wiedergegebenen Angaben des London Orphan Asylum gegen Gladstone's Satz: „whether the extremes of poverty are less extreme than they were I do not presume to say" ins Feld geführt hat, wendet er sich gegen Gladstone's Budgetrede vom 7. April 1864; The Theory of the Exchanges hat einen Appendix, in welchem als Anhang zu den soeben hier abgedruckten Seiten gleichfalls das Budget von 1864 glossirt wird. Der Styl, in dem dies geschieht, ist derselbe, der aus dem Vorstehenden nun ausreichend bekannt ist. Es findet sich in diesem Extrakt folgende Stelle (p. 234):

„But the Chancellor is eloquent upon „poverty" . . . . „Think of those who are on the border of that region" . . . upon „wages . . . in others it is true not increased . . . human life is, but, in nine cases out of ten, a struggle for existence."

Nun vergleiche man damit Marx I. 1. Aufl. S. 640, 4. Aufl. S. 618. Auch hier wieder statt der Wiedergabe der wirklichen Budgetrede, wörtlich dasselbe Mosaik aus dem Zusammenhang gerissener Sätze wie in The Theory of the Exchanges. Auch hier wird wiederum nicht auf diese als auf die Quelle sondern einfach auf Gladstone, H. o. C. 7. April 1864 verwiesen. Dann aber heißt es weiter: „Die fortlaufenden, schreienden Widersprüche in Gladstone's Budgetreden von 1863 und 1864 charakterisirt ein englischer Schriftsteller durch folgendes Citat aus Molière: (Nun kommt der soeben abgedruckte Molière'sche Vers.)

Es erhellt, daß Marx nicht blos dieses Citat aus Molière, sondern auch die von dem Verfasser der Theory of the Exchanges erfundenen, „fortlaufenden, schreienden Widersprüche in Gladstone's Budgetreden" aus dessen Buche entnommen hat.

II.

Engels hat, wie in der Einleitung zu diesem Wiederabdruck bereits gesagt wurde, in der vierten Auflage des ersten Bandes von Marx, Das Kapital, S. 617 dem nach wie vor falsch wiedergegebenen Citate aus Gladstone's Budgetrede den Verweis „Morning Star, 17. April 1863" hinzugefügt. Die in Frage stehende Stelle dieser Rede wurde oben S. 8 und 9 bereits nach Hansard's stenographischem Berichte wiedergegeben. Obwohl dies auf S. 3 auch bereits für den mit dessen Sinn genau übereinstimmenden und nur dem Wortlaut nach zeitungsmäßig zusammengezogenen Timesbericht geschehen ist, so seien doch dieser Bericht und der des von Engels genannten „Morning Star" und der Wortlaut des Citates bei Marx hier nochmals neben einander gestellt:

| The Times, April 17, 1863. | The Morning Star, April 17, 1863. | Das Kapital I, 1. Aufl. S. 639, Note 103. |
|---|---|---|
| "In ten years, from 1842 to 1852 inclusive, the taxable income of the country, as nearly as we can make out, increased by 6 per cent.; but in eight years, from 1853 to 1861, the income of the country again increased from the basis taken by 20 per cent. That is a fact so strange as to be almost incredible. . . . I must say for one, I should look almost with apprehension and with pain upon this intoxicating augmentation of wealth and power if it were my belief that it was confined to the classes who are in easy circumstances. This takes no cognizance at all of the condition of the labouring population. The augmentation I have described, and which is founded, I think upon accurate returns, is an augmentation entirely confined to classes of property. Now, the augmentation of capital is of indirect benefit to the labourer, because it cheapens the commodity which in the business of production comes into direct competition with labour. (Hear, hear). But we have this profound, and, I must say, inestimable consolation, that while the rich have been growing richer the poor have been growing less poor. Whether the extremes of poverty are less extreme than they were I do not presume to say, but the average condition of the British labourer, we have the happiness to know, has improved during the last twenty years in a degree which we know to be extraordinary, and which we may almost pronounce to be unexampled in the history of any country and of any age. (Cheers.) | I must say, for one, I should look with apprehension and with pain upon this intoxicating augmentation of wealth and power, if it were my belief that it was confined to the classes who are in easy circumstances. This great increase of wealth takes no cognizance at all of the condition of the labouring population. The augmentation is an augmentation entirely confined to classes of property. But that augmentation must be of indirect benefit to the labouring population, because it cheapens the commodities which go to the general consumption. So that we have this profound, and I almost say, inestimable consolation — while the rich have been growing richer, the poor have been growing less poor. (Hear, hear.) At any rate, whether the extremes of poverty are less extreme than they were I do not presume to say, but the average condition of the British labourer, we have the happiness to know to be extraordinary, and that we may almost pronounce it to be unexampled in the history of any country or any age. (Cheers.) | "From 1842 to 1852 the taxable income of the country increased by 6 per cent. . . . In the eight years from 1853 to 1861, it had increased from the basis taken in 1853, 20 per cent.! The fact is so astonishing as to be almost incredible. . . . . . . . . . . . . . . . . . . . . . . . . . . . . . . . . . . . . . . . . . . . . . . . . . This intoxicating augmentation of wealth and power is entirely confined to classes of property, but must be of indirect benefit to the labouring population, because it cheapens the commodities of general consumption — while the rich have been growing richer, the poor have been growing less poor! At any rate, whether the extremes of poverty are less I do not presume to say." Hier, in der Mitte eines Satzes, bricht, wie der obige Abdruck zeigt, The Theory of the Exchanges ab, um ein Citat aus Molière einzuschieben; Marx, der wie die vorstehende Nebeneinanderstellung zeigt, das Citat keineswegs aus dem „Morning Star" sondern — unter Auslassung einer von ihm mit Punkten bezeichneten Stelle — wörtlich aus The Theory of Exchanges hat, läßt Gladstone mitten im Satze schließen. |

— 27 —

Deutsche Uebersetzung:

| Timesbericht. | Bericht des Morning Star. | Note 103, S. 639 von „Das „Kapital" I. I. Aufl. |
|---|---|---|
| | | „Von 1842 bis 1852 hat das steuerbare Einkommen des Landes |
| „In den 10 Jahren von 1842 bis 1852, dieses mit eingeschlossen, hat das steuerbare Einkommen des Landes, so genau wir dies feststellen können, um 6 % zugenommen; aber in den acht Jahren von 1853 bis 1861 hat das Einkommen des Landes auf der angenommenen Basis abermals um 20% zugenommen. Dies ist eine Thatsache so außerordentlich und staunenswerth, daß sie beinahe unglaublich scheint . . . Ich für meinen Theil würde beinahe mit Besorgniß und Pein auf diese berauschende Vermehrung von Reichthum und Macht blicken, wenn ich glaubte, daß sie auf die Klassen beschränkt sei, die sich in angenehmen Verhältnissen befinden. Es ist hier gar keine Notiz von der Arbeiterbevölkerung genommen. Die Vermehrung, die ich beschrieben habe, und deren Angabe, wie ich glaube, auf genauen Erhebungen basirt, ist lediglich auf die Klassen beschränkt, die Eigenthum besitzen Nun ist die Zunahme des Kapitals dem Arbeiter indirekt von Vortheil, weil sie die Waare verbilligt, welche im Produktionsprozeß mit der Arbeit unmittelbar in Concurrenz kommt. (Hört! hört!) Aber wir haben den tiefen, und ich muß sagen, unschätzbaren Trost, daß, während die Reichen reicher, die Armen weniger arm geworden sind. Ich will mich nicht unterfangen zuzagen, daß die Lage der äußersten Armuth sich verbessert habe, aber wir sind so glücklich zu wissen, daß die Durchschnittslage des britischen Arbeiters innerhalb der letzten 20 Jahre in einem Grade sich verbessert hat, der außerordentlich ist und den wir beinahe für bei- | „Ich für meinen Theil würde mit Besorgniß und mit Pein auf diese berauschende Vermehrung von Reichthum und Macht blicken, wenn ich glaubte, daß sie auf die Klassen beschränkt sei, die sich in angenehmen Verhältnissen befinden. Diese große Vermehrung von Reichthum nimmt gar keine Notiz von der Lag der Arbeiterbevölkerung. Die Vermehrung ist eine Vermehrung, gänzlich beschränkt auf die Klassen, die Eigenthum besitzen. Aber diese Vermehrung muß der Arbeiterbevölkerung indirekt zum Vortheil gereichen, weil sie die Waaren verbilligt, welche Gegenstand des allgemeinen Verbrauchs sind. So daß wir diesen tiefen, und ich muß sagen, unschätzbaren Trost haben während die Reichen reicher geworden sind, sind die Armen weniger arm geworden. (Hört! hört!) Auf jeden Fall, — ich will mich nicht untersangen, zu sagen, ob die Lage der äußersten Armuth sich verbessert habe, — sind wir aber so glücklich zu wissen, daß die Durchschnittslage des britischen Arbeiters eine außerordentliche ist, und daß wir sie beinahe bezeichnen können als beispiellos in der | um 6% zugenommen . . . In den acht Jahren von 1853 bis 1861 hat es auf der i. J. 1853 angenommenen Basis um 20% zugenommen! Die Thatsache ist so erstaunlich, daß sie beinahe unglaublich ist . . . . . . . . . . . . . . . . . . . . . . . . . . . . . . . . . . . . . . . . . . . . . . . . . . Diese berauschende Vermehrung von Reichthum und Macht ist gänzlich beschränkt auf Eigenthumsklassen, muß aber der Arbeiterbevölkerung indirekt zum Vortheil gereichen, weil sie die Waaren des allgemeinen Verbrauches verbilligt, — während die Reichen reicher geworden sind, sind die Armen weniger arm geworden! Auf jeden Fall will ich mich nicht untersangen zu sagen, ob die Lage der äußersten Armuth sich verbessert habe." (Der Rest fehlt bei Marx, wodurch dieser Satz völlig sinnlos wird.) |

— 28 —

| | |
|---|---|
| spiellos in der Ge- schichte jeglichen Landes und jeglichen Zeit- alters erklären können." (Beifall.) | Geschichte jeglichen Landes und jeglichen Zeitalters." (Beifall.) |

Es erhellt aus vorstehender Vergleichung, daß das willkürlich zusammengewürfelte Mosaik aus dem Zusammenhang gerissener Säße, welches Marx als Gladstone's Budgetrede giebt, sich ebensowenig im „Morning Star" wie in der „Times" oder im „Hansard" findet; dagegen findet es sich einzig und allein in The Theory of the Exchanges. Die im Vorstehenden durchschossen wiedergegebenen Säße sind diejenigen, welche Henry Roy und — man vergleiche den letzten Saß — noch mehr Karl Marx ausgelassen haben, um Gladstone das Entgegengesetzte von dem, was er gesagt hat, behaupten zu lassen.

# Die unbekannten Klassiker – Marx und Engels in Gesamtdeutschland

Anmerkungen zu Wolfgang Leonhard, DA 7/1995

Konrad Löw, Bayreuth

Es fällt mir nicht leicht, die Ausführungen Wolfgang Leonhards, die unter der Überschrift „Die unbekannten Klassiker - Marx und Engels in der DDR" im DA abgedruckt worden sind, öffentlich mit einem überdimensionalen Fragezeichen zu versehen. Schon sein Buch *Die Revolution entläßt ihre Kinder*[1] zog mich in seinen Bann. Der *Sowjetideologie heute*[2] verdanke ich die Grundlegung meines Wissens den Marxismus-Leninismus betreffend. Bis heute bewundere ich Leonhards Mut und seine Klugheit, den Untergang der Sowjetunion nicht nur vorhergesehen, sondern auch vorhergesagt zu haben.[3]

Nicht zuletzt dank Leonhards *Sowjetideologie heute* vertrat ich in den ersten vier Auflagen meines Buches *Rechtsstaat, Demokratie, Sozialstaat - Verständnis und Wirklichkeit in den beiden Teilen Deutschlands* (1973 ff.) die Auffassung, die DDR mißachte das politische Vermächtnis von Marx, begehe mit ihrem Marxismus Etikettenschwindel. In der fünften Auflage habe ich dieses Urteil ausdrücklich total revidiert.[4]

Den Beitrag „Die unbekannten Klassiker" halte ich für irreführend. Daran ändert auch nichts die salvatorische Klausel: *„Der Unterschied, ja Gegensatz zwischen den ursprünglichen Auffassungen von Marx und Engels auf der einen, dem späteren 'realen Sozialismus' mit der Rechtfertigungsideologie des 'Marxismus-Leninismus' auf der anderen Seite ist so groß, so deutlich, so krass...".*[5] Wohl neun von zehn Lesern wissen nicht, was sich dahinter verbirgt, nämlich die Zweiteilung von Marx: der „idealistische" der Jahre 1842/43, der kommunistische der Jahre 1843-1883. 1843 änderte Marx seine Weltsicht, nicht seinen Charakter.

Leonhard hat Recht, wenn er darauf hinweist, daß in der DDR, obwohl dort in Gestalt der Marx/Engels-Werke (MEW) nahezu die gesamte schriftliche Hinterlassenschaft veröffentlicht worden ist, viele Textteile von Marx und Engels in der praktischen Schulungsarbeit ausgeblendet blieben. Diese und andere Manipulationen vor Augen, üben namhafte DDR-Marxologen wie Heinrich Gemkow Kritik und Selbstkritik.[6]

Trotzdem sehe ich keine Veranlassung, die Feststellung, die ich vor gut zwölf Jahren getroffen habe, abzuschwächen oder gar aufzugeben: *„Fassen wir zusammen: Wenn wir uns an Tatsachen orientieren, müssen wir nüchtern feststellen, ob es uns gefällt oder nicht, daß sich Marx zwar im Niemandsland zwischen den beiden Staaten in Deutschland befindet, aber, aufs Ganze gesehen, viel näher an Mauer und Stacheldraht als an den Tafeln mit der Aufschrift: 'Sie verlassen jetzt das Hoheitsgebiet der Bundesrepublik Deutschland.' Die DDR ist marxistischer als wir gemeinhin glauben."*[7]

1 Wolfgang Leonhard, Die Revolution entläßt ihre Kinder, 1. Aufl., Köln/Berlin 1955.
2 Wolfgang Leonhard, Sowjetideologie heute II, 1. Aufl., Frankfurt/M. 1962.
3 Vgl. Interview mit Wolfgang Leonhard, Deutschland Magazin 3/1982, S. 34.
4 Konrad Löw, Rechtsstaat, Demokratie, Sozialstaat - Verständnis und Wirklichkeit in beiden Teilen Deutschlands, München 1983, S. 122 f.
5 Wolfgang Leonhard: „Die unbekannten Klassiker Marx und Engels in der DDR", DA 7/1995, S. 709-720, hier: S. 720.
6 Heinrich Gemkow/Rolf Hecker: „Unbekannte Dokumente über Marx' Sohn Frederick Demuth", Beiträge zur Geschichte der Arbeiterbewegung 4/1994, S. 43-59.
7 Konrad Löw: „Karl Marx im Niemandsland zwischen den beiden deutschen Staaten", in: ders.

Kann man es den christlichen Kirchen zum Vorwurf machen, wenn sie nicht Paulus mit Saulus relativieren, der DDR, daß sie nur den Kommunisten Marx für sich reklamiert und die Übergangsphase vernachlässigt hat?

Einleitend heißt es bei Leonhard: *„Im folgenden werde ich über 60 wichtige Äußerungen von Marx und Engels vorstellen, denen in der DDR dieses Schicksal* [der Ausblendung, K. L.] *zuteil wurde."*[8] Was sind schon 60 Äußerungen angesichts von mehr als 40 Bänden Marx/Engels-Werke? Die „60 Äußerungen" verschwinden im Meer jener Äußerungen von Marx und Engels, die uns das Gruseln lehren können, wenn wir sie als Ausdruck einer Weltsicht und als politische Losungen bedenken.[9]

Auf den fünf Schreibmaschinenseiten, die zur Verfügung stehen, kann nur einer der von Leonhard aufgetischten 16 Punkte problematisiert werden. Unter *„1. Freiheit der Persönlichkeit"* heißt es: *„Für Marx und Engels war die persönliche Freiheit ein zentrales Anliegen, die Befreiung des Menschen das Ziel: 'Die Lebensgefahr für jedes Wesen besteht darin, sich selbst zu verlieren, die Unfreiheit ist daher die eigentliche Todesgefahr für den Menschen.'*

*Marx' Schlußfolgerung: 'Radikal sein heißt, die Sache an der Wurzel fassen. Die Wurzel für den Menschen ist aber der Mensch selbst.' Daher gelte es, 'alle Verhältnisse umzuwerfen, in denen der Mensch ein erniedrigtes, ein geknechtetes, ein verlassenes, ein verächtliches Wesen ist.'*

*Gewiß handelt es sich bei diesen Aussagen um die Frühschriften des jungen Marx. Aber auch Engels bekannte sich, Jahrzehnte später, dazu."*[10]

Das Resümee der Marx- und Engelszitate zum Thema Freiheit lautet in meinem *Marxismus-Quellenlexikon: „Eine systematische Abhandlung der verschiedenen Arten von Freiheit finden wir bei Marx nicht, bei Engels nur in Ansätzen. 'Freiheit' ist für sie kein zentrales Anliegen. Aus überwiegend beiläufigen Bemerkungen ergibt sich folgendes:*

- *Die Willensfreiheit des Menschen geht zumindest nicht so weit, daß sie die Gesetzlichkeit des → historischen Materialismus außer Kraft setzen könnte, das heißt, die Menschheitsgeschichte ist im wesentlichen vorprogrammiert.*
- *Angeborene Freiheitsrechte als → Menschenrechte gibt es nicht. Die bürgerlichen Freiheits-*

*rechte, die Grundrechte, sind der menschlichen Natur zuwider, da sie auf Ablösung von der Gesellschaft und nicht auf Vergesellschaftung hinwirken. Trotzdem sind die bürgerlichen Freiheiten, vor allem die Pressefreiheit (→ Presse), zu begrüßen, da sie der revolutionären Arbeit dienen.*

- *In der → Diktatur des Proletariats gibt es keine Freiheit für die Gegner dieser Ordnungsform (→ Terror). Kommunisten dürfen am Kommunismus keine Kritik üben…"*[11]

Leonhard zitiert (s. o.) drei Passagen aus Marxens Einleitung „Zur Kritik der Hegelschen Rechtsphilosophie". Bei Licht betrachtet bildet diese Einleitung das Präludium seines künftigen Lebens und Schaffens, nämlich maßlose, gewalttlüsterne Kritik an allen und allem, nur nicht an sich selbst: *„Krieg den deutschen Zuständen! Allerdings! Sie stehn unter dem Niveau der Geschichte, sie sind unter aller Kritik, aber sie bleiben ein Gegenstand der Kritik, wie der Verbrecher, der unter dem Niveau der Humanität steht, ein Gegenstand des Scharfrichters bleibt. Mit ihnen im Kampf ist die Kritik keine Leidenschaft des Kopfs, sie ist der Kopf der Leidenschaft. Sie ist kein anatomisches Messer, sie ist eine Waffe. Ihr Gegenstand ist ihr Feind, den sie nicht widerlegen, sondern vernichten will."*[12] *– „Man muß jede Sphäre der deutschen Gesellschaft als die partie honteuse der deutschen Gesellschaft schildern…"*[13] *– „Die Waffe der Kritik kann allerdings die Kritik der Waffen nicht ersetzen, die materielle Gewalt muß gestürzt werden durch materielle Gewalt, allein auch die Theorie wird zur materiellen Gewalt, sobald sie die Massen ergreift."*[14] *– „Nicht die radikale Revolution ist utopischer Traum für Deutschland, nicht die allgemein menschliche Emanzipation, sondern vielmehr die teilweise, die nur politische Revolution, die Revolution, welche die*

(Hrsg.), Karl Marx – Bilanz nach hundert Jahren, Köln 1988, S. 192.
8 W. Leonhard (Anm. 5), S. 709.
9 Siehe Konrad Löw, Marxismus-Quellenlexikon, 2. Aufl., Köln 1988.
10 W. Leonhard (Anm. 5), S. 710.
11 K. Löw (Anm. 9), „Freiheit".
12 Marx: Zur Kritik der Hegelschen Rechtsphilosophie, in: Marx/Engels, Werke (MEW), Berlin (Ost) 1958 ff., Bd. 1, S. 380. Hervorhebung im Original (auch bei folgenden Zitaten).
13 Ebd., S. 381.
14 Ebd., S. 385.

*Pfeiler des Hauses stehenläßt."[15] – "In Deutschland kann keine Art der Knechtschaft gebrochen werden ohne jede Art der Knechtschaft zu brechen. Das* gründliche *Deutschland kann nicht revolutionieren, ohne* von Grund aus *zu revolutionieren. Die* Emanzipation des Deutschen *ist die* Emanzipation des Menschen."[16]

So lautet der Prolog zum Evangelium der Revolution, der Gewalt und des Terrors, das alle „vernichtet", die sich dem neuen Heiland und seinem Alter ego in den Weg stellen. Bereits 1842 hat sich letzterer unter dem Pseudonym Oswald wie folgt charakterisiert:

*„Doch der am weitesten links mit langen Beinen toset,*
*Ist* Oswald, *grau berockt und pfefferfarb behoset,*
*Auch innen pfefferhaft,* Oswald der Montagnard,
*Der wurzelhafteste mit Haut und auch mit Haar,*
*Er spielt ein* [sic!] *Instrument: das ist die Guillotine...*"[17]

Mit der Guillotine wurden in der Französischen Revolution Hunderttausende Unschuldiger ermordet! Das Bekenntnis zu diesem „Instrument" war damals ebenso frivol, wie es heute das Bekenntnis zum Gas als Mittel zur Lösung anstehender Probleme wäre. Nicht das Mitleid, sondern die revolutionäre Agitation war das Lebenselixier dieser beiden Deutschen, andernfalls hätten sie nicht alle Krisen ihrer Tage lebhaft begrüßt, alle realen Verbesserungen des Loses der arbeitenden Klasse bedauert.[18]

Im folgenden einiges zu den Stichworten Revolution, Gewalt, Terror. Die Auswertung aller uns überlieferten Äußerungen von Marx und Engels ergibt: *„'Revolution' ist in der literarischen Hinterlassenschaft der Freunde fast allgegenwärtig (...). Die Freunde verstehen sich als Revolutionäre und haben nach Kräften auf die Revolution hingearbeitet."[19]* Schon 1845 prophezeite Engels: *„Das Prophezeien ist nirgends so leicht als gerade in England, weil hier alles so klar und scharf in der Gesellschaft entwickelt ist. Die Revolution* muß *kommen, es ist jetzt schon zu spät, um eine friedliche Lösung der Sache herbeizuführen...".[20]* Noch ganz am Ende seines Lebens, im März 1895, pocht er darauf: *„Im 'Vorwärts' wird die Revolution allerdings manchmal mit ebensoviel Kraftaufwand verleugnet, wie früher - vielleicht auch nächstens - gepredigt. Aber das kann ich doch nicht für maßgebend halten. Ich bin der Ansicht, daß Ihr*

*nichts dadurch gewinnt, wenn Ihr den absoluten Verzicht aufs Dreinschlagen predigt."[21]* Dazwischen immer wieder Äußerungen wie: *„Und wir rufen:* Die Revolution ist tot! - Es lebe die Revolution!"[22]

Der von Leonhard zitierte weithin bekannte Marxsche kategorische Imperativ verdient in diesem Zusammenhang Erwähnung. Im Original sind nämlich die Worte: „alle Verhältnisse umzuwerfen" kursiv gesetzt, während das Motiv, nämlich die Befreiung des Menschen, ohne Betonung bleibt. (Welcher Revolutionär hat nicht edle Motive vorspiegelt?) Daß Marx und Engels keine friedliche Revolution vorschwebte, kann gleichfalls mit einer Fülle von Zeugnissen belegt werden. So schreibt Engels: *„Ich kenne nichts Autoritäreres als eine Revolution, und wenn man seinen Willen anderen mit Bomben und mit Gewehrkugeln aufzwingt, wie in jeder Revolution, dann scheint mir, daß man Autorität ausübt... Und wenn man mir von Autorität und Zentralisation wie von zwei unter allen möglichen Umständen verdammenswerten Dingen spricht, dann scheint mir, daß diejenigen, die so sprechen, entweder nicht wissen, was eine Revolution ist, oder daß sie Revolutionäre nur mit Phrasen sind."[23]*

Zur Durchsetzung ihrer Ziele bejahen sie bedenkenlos jede Form der Gewalt. Ohne Umschweif heißt es im „Manifest der Kommunistischen Partei" vom Januar 1848: *„Die Kommunisten verschmähen es, ihre Ansichten und Absichten zu verheimlichen. Sie erklären es offen, daß ihre Zwecke nur erreicht werden können durch den gewaltsamen Umsturz aller bisherigen Gesellschaftsordnung."[24]*

Die Bekenntnisse zum Terrorismus füllen eine ganze Broschüre.[25] In einer Ansprache aus

15 Ebd., S. 388.
16 Ebd., S. 391.
17 Engels: Der Triumph des Glaubens, in: MEW, Ergb. 2, S. 300.
18 Vgl. K. Löw (Anm. 9), „Krisensehnsucht".
19 Ebd., „Revolution".
20 Engels: Die Lage der arbeitenden Klasse in England, in: MEW 2, S. 505.
21 Engels an Richard Fischer, in: MEW 39, S. 424.
22 Engels: Die Klassenkämpfe in Frankreich, in: MEW 7, S. 34.
23 Engels an C. Terzaghi, 14. 1. 1872, in: MEW 33, S. 374 f.
24 MEW 4, S. 493.

dem Jahre 1850, die von Marx und Engels gemeinsam formuliert worden ist, wird die Parole ausgegeben: *„Die Revolution in Permanenz.*" Vorab aber wird der Rat erteilt: *„Weit entfernt, den sogenannten Exzessen, den Exempeln der Volksrache an verhaßten Individuen oder öffentlichen Gebäuden, an die sich nur gehässige Erinnerungen knüpfen, entgegenzutreten, muß man diese Exempel nicht nur dulden, sondern ihre Leitung selbst in die Hand nehmen.*"[26]

Mein Ausgangspunkt war das Stichwort „Freiheit". Die Zitate reichen hoffentlich aus, um Leonhards schöne Überschrift „Freiheit der Persönlichkeit" in die Nähe der Torbogenüberschrift „Arbeit macht frei" zu rücken. Bei wem die Texte die letzten Zweifel an Marx und Engels als Wegweiser in den Archipel Gulag noch nicht beseitigt haben, dem wird auch der Brief Engels' an August Bebel kein Licht aufstecken. Er zeigt, daß alles schöne Gerede von „Freiheit" einen Zustand meint, der auf die Diktatur des Proletariats, auf die kommunistische Gleichschaltung aller Menschen folgt: *„Da nun der Staat doch nur eine vorübergehende Einrichtung ist, deren man sich im Kampf, in der Revolution bedient, um seine Gegner gewaltsam niederzuhalten, so ist es purer Unsinn, vom freien Volksstaat zu sprechen: Solange das Proletariat den Staat noch gebraucht, gebraucht es ihn nicht im Interesse der Freiheit, sondern der Niederhaltung seiner Gegner.*"[27]

Engels betont ausdrücklich, daß ihm als *„Revolutionär jedes Mittel recht [sei], das zum Ziele führt, das gewaltsamste, aber auch das scheinbar zahmste.*"[28] „Jedes Mittel"!, die Lüge also eingeschlossen. Und wir können ganz exakt nachweisen, daß sie, wenn es opportun schien, bedenkenlos geheuchelt und gelogen und sich dabei einvernehmlich zugeblinzelt haben.[29] Wer aus Marx und Engels Vorkämpfer der Freiheit macht, ist meist Opfer jener Camouflage, die sie gelegentlich zur Irreführung ihrer Gegner einsetzten. Es ist bezeichnend, daß Leonhard aus der mehrere Bände umfassenden Korrespondenz der Freunde untereinander kein einziges aussagekräftiges Zitat benutzt. In ihr wurde nämlich Fraktur geredet.

25 Konrad Löw, Terror – Theorie und Praxis im Marxismus, Asendorf 1991.
26 Ansprache der Zentralbehörde…, in: MEW 7, S. 249.
27 Engels an August Bebel, 18./28. 3. 1875, in: MEW 34, S. 129.
28 Engels an Gerson Trier, 18. 12. 1889, in: MEW 37, S. 327.
29 Vgl. K. Löw (Anm. 9), „Wahrhaftigkeit".

## Replik

### Wolfgang Leonhard, Manderscheid

Ich begrüße den Diskussionsbeitrag des von mir hochgeschätzten Kollegen Konrad Löw außerordentlich. Zweifellos handelt es sich um eine wichtige historische und politische Frage, wie Marx (und Engels) angesichts der späteren diktatorischen Systeme des Kommunismus zu beurteilen sind.

In meinem Aufsatz habe ich darauf hingewiesen, daß in der DDR (wie übrigens auch in der Sowjetunion und allen anderen damaligen Ostblockstaaten) außerordentlich wichtige Gedankengänge und Zielvorstellungen von Marx und Engels bewußt aus der Schulung und den Lehrbüchern des Marxismus-Leninismus entfernt wurden. Dies habe ich durch wörtliche Zitate von 60 Äußerungen von Marx und Engels belegt. Der Hinweis des Kollegen Löw: *„Was sind schon 60 Äußerungen angesichts von mehr als 40 Bänden Marx/Engels-Werke?",* kann mich nicht ganz überzeugen. Schließlich habe ich Marx und Engels zu so wichtigen Fragen zitiert wie Freiheit, Pressefreiheit, Rechtsstaat, pluralistische Staatsform, Ablehnung von Orthodoxie, Diskussionsfreiheit in einer sozialistischen Partei, das Verhältnis des Sozialismus zum Liberalismus, Umweltschutz, Literatur und Kunst, Abrüstung, die Bereitschaft (und Notwendigkeit!), eigene kritische Fehler der sozialistischen Bewegung sorgfältig zu untersuchen, sowie Warnungen vor selbsternannten „Marxisten", deren Unkenntnis nur mit ihrer Arroganz zu vergleichen sei. Daraus zog (und ziehe ich) die

Schlußfolgerung, daß der Anspruch späterer „marxistisch-leninistischer Parteien", das Vermächtnis von Marx zu verwirklichen, nicht haltbar ist.

Konrad Löw verweist dagegen auf *„Äußerungen von Marx und Engels, die uns das Gruseln lehren können"*, und sieht in Marx und Engels *„Wegweiser in den Archipel Gulag"*. Als Beleg dafür verweist Kollege Löw auf Äußerungen von Marx und Engels, vorwiegend aus der Zeit von 1845 bis 1852, in denen sich Marx und Engels für eine radikale Revolution, den „gewaltsamen Umsturz aller bisherigen Gesellschaftsordnung", die „Revolution in Permanenz" und die Diktatur des Proletariats mit der Zielsetzung der „Niederhaltung seiner Gegner" ausgesprochen haben. Diese Äußerungen bestreite ich nicht.

Aber ich möchte zu bedenken geben: Seit Beginn der siebziger Jahre des 19. Jahrhunderts – inzwischen war in fast allen Ländern Europas eine selbständige Arbeiterbewegung entstanden – betonten Marx und Engels immer mehr den friedlichen Übergang zu der von ihnen erhofften neuen klassenlosen Gesellschaft. Die Bedeutung des Parlaments und ihre damalige Hoffnung, dort eine Arbeitermehrheit zu erhalten, rückten für Marx und Engels immer mehr in den Vordergrund. So schrieb Marx 1878: *„Gewinnt zum Beispiel in England oder den Vereinigten Staaten die Arbeiterklasse die Majorität im Parlament oder Kongreß, so könnte sie auf gesetz-*

*lichem Wege ihrer Entwicklung im Wege stehende Gesetze und Einrichtungen beseitigen."* (MEW 34, S. 498).

1891 sah Engels eine solche Entwicklung auch für Frankreich gekommen und sprach sogar vom friedlichen Hineinwachsen der alten in die neue Gesellschaft: *„Man kann sich vorstellen, die alte Gesellschaft könne friedlich in die neue hineinwachsen in Ländern, wo die Volksvertretung alle Macht in sich konzentriert, wo man verfassungsmäßig tun kann, was man will, sobald man die Majorität des Volkes hinter sich hat: in demokratischen Republiken wie Frankreich und Amerika, in Monarchien wie England, wo die Dynastie gegen den Volkswillen ohnmächtig ist."* (MEW 22, S. 234).

Diese und mehrere andere ähnliche Äußerungen scheinen mir zu zeigen, daß bei Marx und Engels eine wichtige Wandlung vor sich ging. Sich ausschließlich auf ihre gewaltmäßigen Erklärungen zu konzentrieren, vermittelt daher, wie mir scheint, ein einseitiges Bild.

Vor allem aber bleibt die Tatsache unumstößlich: Außerordentlich wichtige Gedanken und Zielvorstellungen von Marx und Engels wurden in der Periode des Marxismus-Leninismus bewußt verheimlicht – weil sie zu sehr im Widerspruch zum bürokratisch-diktatorischen System der Länder des „realen Sozialismus" standen. Mir scheint es daher kaum möglich zu sein, in Marx und Engels „Wegweiser in den Archipel Gulag" zu sehen.

## Marx und Engels für Diktatur

Erwiderung auf die Replik Wolfgang Leonhards, DA 10/1995

Konrad Löw, Bayreuth

In seiner Replik auf meine kritische Anfrage: „Die unbekannten Klassiker – Marx und Engels in Gesamtdeutschland" (DA 10/1995) zu seinem Beitrag in DA 7/1995 gibt Wolfgang Leonhard zu bedenken: *„Seit Beginn der siebziger Jahre des 19. Jahrhunderts – inzwischen war in fast allen Ländern Europas eine selbständige Arbeiterbewegung entstanden – betonten Marx und Engels immer mehr den friedlichen Übergang zu der von ihnen erhofften neuen klassenlosen Gesellschaft. Die Bedeutung des Parlaments und ihre damalige Hoffnung, dort eine Arbeitermehrheit zu erhalten, rückten für Marx immer mehr in den Vordergrund. So schrieb Marx 1878: 'Gewinnt zum Beispiel in England oder den Vereinigten Staaten die Arbeiterklasse die Majorität im Parlament oder Kongreß, so könnte sie auf gesetzlichem Wege ihrer Entwicklung im Wege stehende Gesetze und Einrichtungen beseitigen.'"* (MEW 34, S. 498)

Leonhard übersieht, daß Marx mit dem Zitat nicht seine Meinung äußert, sondern nur die Ansicht des Grafen zu Eulenburg wiedergibt. Der insofern klare Kontext lautet: *„Was Eulenburg in der Tat sagen will, ist: ..."* Im von Leonhard zitierten Satz geht es nach „beseitigen" weiter: *„und zwar auch nur, soweit die gesellschaftliche Entwicklung dies erfordere."*

Marx selbst prognostiziert immer wieder die „Diktatur des Proletariats", erstmals wörtlich 1852: *„Was ich neu tat, war 1. nachzuweisen (..), daß der Klassenkampf notwendig zur Diktatur des Proletariats führt (...)."*[1] „The World" druckte am 15. Oktober 1871 die Aufzeichnungen eines Korrespondenten über Marx' Rede anläßlich der Feiern zum 7. Jahrstag der Internationalen Arbeiterassoziation am 25. September 1871 in London. Darin heißt es: *„Aber bevor eine solche Änderung vollzogen werden könne, sei eine Diktatur des Proletariats notwendig (...)"*[2]

Auch eine Äußerung Engels' aus dem Jahr 1872 läßt auf den häufigen Gebrauch von „Diktatur des Proletariats" durch Marx schließen.[3] In einem Brief vom 4. September 1872 schreibt Eugène Vermersch: *„Im Abstand von einer halben Stunde gab er [Marx] dann auch die beiden folgenden charakteristischen Sätze von sich, von denen ich glauben möchte, daß sie für sein politisches Vorgehen bezeichnend sind: 'Die proletarische Diktatur ist ein notwendiges historisches Durchgangsstadium der Geschichte!'"*[4]

In seiner Kritik des Gothaer Programms, 1875, spricht Marx mit größter Selbstverständlichkeit den Gedanken erneut aus: *„Zwischen der kapitalistischen und der kommunistischen Gesellschaft liegt die Periode der revolutionären Umwandlung der einen in die andre. Der entspricht auch eine politische Übergangsperiode, in der der Staat nichts andres sein kann als die revolutionäre Diktatur des Proletariats."*[5] 1895 hat Engels den Abdruck ebendieses Textes gegen den Willen der führenden Sozialdemokraten durchgesetzt und ihnen – noch kurz vor seinem Tode – ins Stammbuch geschrieben: *„Gesetzlichkeit so lange und so weit sie uns paßt, aber keine Gesetzlichkeit um jeden Preis."*[6]

Was nun die Merkmale dieser Diktatur anlangt, so wird uns von den Freunden reiner Wein eingeschenkt: keine Menschenrechte, insbesondere keine Freiheit für Andersdenkende, kein Parlamentarismus, keine Gewaltenteilung, keine Rechtspflege durch unabhängige Richter, kein Föderalismus, jedoch Terror und Rache. (Ich verweise auf diese Stichworte in: Konrad Löw, Marxismus-Quellenlexikon, 2. Aufl. Köln 1988).

Warum wird das alles nicht thematisiert, nicht zur Kenntnis genommen? Unter den 60 Äußerungen, die Leonhard zitiert, ist nicht eine Äußerung von Marx aus den Jahren 1843 (Hinwendung zum Kommunismus) bis 1883 (Todesjahr), die auch nur eines meiner Zitate relativie-

1 Marx an Joseph Weydemeyer, 5. 3. 1852, in: MEW 28, S. 508.
2 MEW 17, S. 433.
3 Engels zur Wohnungsfrage, in: MEW 18, S. 266 u. 268.
4 Nach Hans Magnus Enzensberger, Gespräche mit Marx und Engels, Frankfurt a. M. 1973, S. 413.
5 MEW 19, S. 28.
6 Engels an Richard Fischer, 8. 3. 1895, in: MEW 39, S. 426.

ren würde. Richtig ist, daß Marx und Engels die Möglichkeit einer legalen Machtergreifung nicht immer ausgeschlossen haben. Aber ist es nicht eine unverzeihliche Sünde wider das Ver- mächtnis des bittersten Teils der deutschen Geschichte, wenn die Parole „Legal an die Macht!" als Beweis für eine lautere demokrati- sche Gesinnung gedeutet wird?

# Juden, Judentum

## I. Thesen

Marx und Engels haben sich je einmal ausführlicher zur Judenfrage geäußert. Daneben gibt es von beiden viele einschlägige beiläufige Bemerkungen. Marxens Frühschrift „Zur Judenfrage" bringt das Judentum mit dem Kapitalismus in Verbindung, und zwar dergestalt, daß beide Ausdrücke geradezu Synonyma werden. Alle negativen Elemente des Kapitalismus sind zugleich Eigenschaften des Judentums ($\rightarrow$ Rasse) [1].

Obwohl selbst Jude, ist ihm der jüdische Glaube widerlich und hält er offenbar die Zugehörigkeit zum Judentum für einen Geburtsfehler. Dies gibt ihm Veranlassung, aufgrund vermeintlicher jüdischer Rassemerkmale und Eigenheiten andere auf das Äußerste zu diskreditieren [2].

Engels' Äußerungen sind weniger scharf, aber zunächst ebenfalls recht eindeutig [3]. Erst sieben Jahre nach Marxens Tod kommt es zu einer Verurteilung des Antisemitismus [4]. Doch ändert sich damit seine bisherige Einstellung nicht durchgehend, wie noch spätere Äußerungen zeigen ($\rightarrow$ Lassalle) [5].

## II. Texte

[1]

M: „Betrachten wir den wirklichen weltlichen Juden, nicht den *Sabbatsjuden*, . . . sondern den *Alltagsjuden*. Suchen wir das Geheimnis des Juden nicht in seiner Religion, sondern suchen wir das Geheimnis der Religion im wirklichen Juden. Welches ist der weltliche Grund des Judentums? Das *praktische* Bedürfnis, der *Eigennutz*. Welches ist der weltliche Kultus der Juden? Der *Schacher*. Welches ist sein wirklicher Gott? Das *Geld*. Nun wohl! Die Emanzipation vom *Schacher* und vom *Geld*, also vom praktischen, realen Judentum wäre die Selbstemanzipation unserer Zeit . . . Wir erkennen also im Judentum ein allgemeines *gegenwärtiges antisoziales* Element, welches durch die geschichtliche Entwicklung, an welcher die Juden in dieser schlechten Beziehung eifrig mitgearbeitet, auf seine jetzige Höhe getrieben wurde, auf eine Höhe, auf welcher es sich notwendig auflösen muß. Die *Judenemanzipation* in ihrer letzten Bedeutung ist die Emanzipation der Menschheit vom *Judentum*. . . . Der Jude hat sich auf jüdische Weise emanzipiert, nicht nur, indem er sich die Geldmacht angeeignet, sondern indem durch ihn und ohne ihn *das Geld* zur Weltmacht und der praktische Judengeist zum praktischen Geist der christlichen Völker geworden ist. Die Juden haben sich insoweit emanzipiert, als die Christen zu Juden geworden sind. . . . Der Gott der Juden hat sich verweltlicht, er ist zum Weltgott geworden. Der

# Juden, Judentum

Wechsel ist der wirkliche Gott des Juden. Sein Gott ist nur der illusorische Wechsel." (1, 372 ff.)

M: „So finden wir, daß hinter jedem Tyrannen ein Jude, hinter jedem Papst ein Jesuit steht. Wahrlich, die Gelüste der Unterdrükker wären hoffnungslos, die Möglichkeit von Kriegen unvorstellbar, gäbe es nicht eine Armee von Jesuiten, das Denken zu drosseln, und eine Hand voll Juden, die Taschen zu plündern." (Silberner, a.a.O., S. 33)

2

E: „. . . die Barbareien der preußischen Soldateska, der Juden und Deutschpolen . . ." (5, 186)

E: „. . . die deutsch-jüdischen Lügen . . . Die Leser der „Neuen Rheinischen Zeitung" erinnern sich, . . . daß die deutschen Nationalgimpel und Geldmacher des Frankfurter Sumpfparlaments bei diesen Zählungen immer noch die polnischen Juden zu Deutschen gerechnet, obwohl diese schmutzigste aller Rassen . . ." (6, 448)

M: „Wie Edouard Simon mit aller Gewalt zur romanischen, will Levy durchaus zur angelsächsischen Rasse zählen. Wenigstens einmal jeden Monat greift er daher die englische Politik des Herrn Disraeli an, denn Disraeli, ‚das asiatische Rätsel' . . . stammt nicht, wie der ‚Telegraph', von der angelsächsischen Rasse. Aber was nützt es dem Herrn Levy, den Herrn D'Israeli anzugreifen und ein Y für ein I zu machen, da Mutter Natur seinen Stammbaum in tollster Frakturschrift ihm mitten ins Gesicht geschrieben hat. Die Nase des geheimnisvollen Fremden . . . bildete doch nur das Wochen-

gespräch von Straßburg, während Levys Nase das Jahresgespräch der City von London bildet. . . . Die große Kunst von Levys Nase besteht in der Tat darin, mit Faulgeruch zu kosen, ihn auf 100 Meilen herauszuschnüffeln und heranzuziehn. So dient Levys Nase dem ‚Daily Telegraph' als Elefantenrüssel, Fühlhorn, Leuchtturm und Telegraph. Man kann daher ohne Übertreibung sagen, daß Levy seine Zeitung mit seiner Nase schreibt." (14, 601 f.)

M: „Der Kapitalist weiß, daß alle Waren, wie lumpig sie immer aussehn oder wie schlecht sie immer riechen, im Glauben und in der Wahrheit Geld, innerlich beschnittne Juden sind, und zudem wundertätige Mittel, um aus Geld mehr Geld zu machen." (23, 169)

M: „Soeben kömmt der Vorsteher der hiesigen Israeliten zu mir und ersucht mich um eine Petition für die Juden an den Landtag, und ich will's tun. So widerlich mir der israelitische Glaube ist, so scheint mir Bauers Ansicht doch zu abstrakt. Es gilt soviel Löcher in den christlichen Staat zu stoßen als möglich . . ." (27, 418)

M: „Der Dichter oder Minnesinger des Judenweibs Hohenscheiße-esche oder -linden von Franfurt a. M. . . ." (29, 39)

M: „Ich vergesse dem Jüdchen diesen Streich nicht. Die Hast, womit sein Dreck gedruckt wurde, zeigt, daß er magna pars in der Verzögrung unserer Sachen. Dabei ist das Vieh so verliebt in seine Ausschweißungen, daß er es für selbstverständlich hält, ich brenne nur von Begier, sein ‚Anonymes' zu sehn und habe ‚Objektivität' genug, das Killen meiner Sache als in Ordnung zu betrach-

## Juden, Judentum

ten. Der verfluchte Jude aus Wien schreibt auch nicht." (29, 442)

M: „Lazarus, der Aussätzige, ist also der Urtyp des Juden und Lazarus-Lassalles. Nur ist unsrem Lazarus der Aussatz ins Hirn geschlagen." (30, 165)

M: „Der jüdische Nigger Lassalle, der glücklicherweise Ende dieser Woche abreist, hat glücklich wieder 5000 Taler in seiner falschen Spekulation verloren, der Kerl würde eher das Geld in den Dreck werfen, als es einem ‚Freund' pumpen . . . Es ist mir jetzt völlig klar, daß er, wie auch seine Kopfbildung und sein Haarwuchs beweist, – von den Negern abstammt, die sich dem Zug des Moses aus Ägypten anschlossen (wenn nicht seine Mutter oder Großmutter von väterlicher Seite sich auch mit einem Nigger kreuzten). Nun, diese Verbindung von Judentum und Germanentum mit der negerhaften Grundsubstanz müssen ein sonderbares Produkt hervorbringen. Die Zudringlichkeit des Burschen ist auch niggerhaft." (30, 257 ff.)

M: „Dieses Fräulein, das mich mit ihrem Wohlwollen direkt überschwemmte, ist das häßlichste Geschöpf, das ich je in meinem Leben gesehen habe, mit einer garstigen jüdischen Physiognomie, einer scharf hervorspringenden dünnen Nase, ewig lächelnd und grinsend, immer poetische Prosa sprechend, ständig bemüht, etwas Außergewöhnliches zu sagen, Begeisterung heuchelnd und während der Verzückungen ihrer Ekstasen ihr Auditorium bespuckend." (30, 591)

M: „Die Heuchelei einer griechischen Nase ist dem treu-jüdischen Typ gewichen; alles in ihr sieht ziemlich verschrumpelt und ver-

trocknet aus, und die Stimme hat den gutturalen Klang, mit dessen Fluch das auserwählte Volk bis zu einem bestimmten Grade beladen ist." (32, 614)

3

E: „Wir wünschen nur, daß es recht gemeine, recht schmutzige, recht jüdische Bourgeois sein mögen, die dies altehrwürdige Reich ankaufen. Solch eine widerliche, stockprügelnde, väterliche, lausige Regierung verdient, einem recht lausigen weichselzöpfigen, stinkenden Gegner zu unterliegen." (4, 509)

E: „Die sog. salva venia Schiller-Anstalt . . . ist ein reines Juden-Institut geworden, und von $^1/_2 2 - 3$ Uhr herrscht ein Lärm da, daß man ganz toll davon wird. Ich gehe auch fast gar nicht mehr in das edle Institut. Es geht wie immer mit den Juden. Haben sie doch Gott gedankt im Anfang, daß sie haben eine Schiller-Anstalt, und kaum sind sie drin, wie heißt's, ist's ihnen schon nicht mehr gut genug und wollen sie bauen ein großes Haus, einen wahren Tempel Moses, wohin die Geschichte verlegt werden soll." (30, 624)

4

E: „In ganz Nordamerika, wo es Millionäre gibt, deren Reichtum sich in unseren lumpigen Mark, Gulden oder Franken kaum ausdrücken läßt, ist unter diesen Millionären *nicht ein einziger Jude,* und die Rothschilds sind wahre Bettler gegen diese Amerikaner . . . Der Antisemitismus ist also nichts anderes als eine Reaktion mittelalterlicher, untergehender Gesellschaftsschichten gegen die moderne Gesellschaft, die wesentlich aus Kapitalisten und Lohnarbeitern besteht, und dient daher nur reaktionären Zwecken

## Juden, Judentum

unter scheinbar sozialistischem Denkmantel
. . . Dazu kommt, daß der Antisemitismus
die ganze Sachlage verfälscht. Er kennt
nicht einmal die Juden, die er niederschreit.
Sonst würde er wissen, daß hier in England
und in Amerika, dank den osteuropäischen
Antisemiten, und in der Türkei, dank der
spanischen Inquisition, es tausende und
abertausende *jüdische Proletarier* gibt; und
zwar sind diese jüdischen Arbeiter die am
schlimmsten ausgebeuteten und die allere-
lendsten . . . Außerdem verdanken wir den
Juden viel zu viel. Von Heine und Börne zu
schweigen, war Marx von stockjüdischem
Blut." (22, 50)

E: „Die Antijudenschriften haben Sie wohl
richtig zurückerhalten, ich sandte sie an
Kautsky, da Sie keine nähere Adresse gaben. Ich habe nie etwas so Dummes und
Kindisches gelesen." (35, 214)

[5]

E: „Man merkt, daß wir ein ‚Faktor' im
Staat werden, um mich reptilistisch auszudrücken, und da die Juden mehr Verstand
haben als die übrigen Bourgeois, merken
sie's zuerst − besonders unter dem Druck
des Antisemitismus − und kommen uns zuerst. Kann uns nur angenehm sein, aber *weil*
die Leute gescheuter sind und durch den
jahrhundertelangen Druck aufs Strebertum
sozusagen angewiesen und dressiert, muß
man auch mehr aufpassen." (38, 228)

E: „Ich fange an, den französischen Antisemitismus zu verstehn, wenn ich sehe, wie
diese Juden polnischen Ursprungs und mit
deutschen Namen sich überall einschlei-
chen, sich alles herausnehmen und sich
überall vordrängen . . ." (38, 403)

## III. Kommentar

Marxens Judenhaß, der kaum einer Steigerung fähig ist, ist indiskutabel.
Auch seine theoretischen Betrachtungen über das Judentum sind gänzlich
unwissenschaftlich. Das Glaubensgut der Juden ist in hohem Maße sozial
(Ruhetag, Jubeljahr, Soziallehre der Propheten). Das mußte Marx wissen.
Zur Untermauerung der sonstigen Behauptungen hat er keinerlei Feldforschung betrieben, bevor er zur Feder griff.
Ob er in früheren Jahren jemals etwas zugunsten der Juden unternommen
hat, wie ein Zitat in Aussicht stellt, ist fraglich. Bemerkenswert ist die
Begründung, die er für den beabsichtigten Schritt gibt. Sie bleibt meist unerwähnt. Die Absichtserklärung stammt vom Frühjahr 1843, im Herbst folgte
dann „Zur Judenfrage".
Wie es zu dieser Judenfeindschaft gekommen ist, wird wohl immer ein Rätsel bleiben. Die Schmach, die er anderen wegen ihres jüdischen Wesens
zufügte, wurde ihm offenbar nicht angetan. Marx bestreitet ganz energisch,

# Juden, Judentum

daß er bei den Verwandten seiner Frau auf Rassenvorurteile gestoßen sei (35, 241). Auch sonst finden sich keine Hinweise, daß ihm die Umwelt wegen seiner Rasse zugesetzt habe. Engels betont, man würde in England, wo Marx seit 1849 lebte, mit Antisemitismus nicht ankommen (22, 49). Bezeichnend ist, daß Engels, der die Wirklichkeit deutlicher sah, Marx nicht entgegentrat, vielmehr zunächst ins gleiche Horn stieß. Die spätere Verurteilung des Antisemitismus hält ihn nicht davon ab, gelegentlich wieder Verständnis für solche Strömungen zu zeigen. Neben den von ihm genannten Gründen dürfte die Kurskorrektur auf das Auftreten einer konkurrierenden Bewegung, nämlich Adolf Stoeckers christlich-soziale Arbeiterpartei, zurückzuführen sein, die antisemitische Züge aufwies.

## IV. Hinweise

1) 2, 112 ff.; 4, 509; 5, 193; 6, 75; 8, 33, 50, 535; 10, 104; 13, 335 f.; 27, 291, 357, 409; 28, 145, 207, 246 f., 270, 587; 29, 166, 194, 569, 577; 30, 29 f., 45; 31, 6, 17, 65, 361, 364, 432; 32, 32, 81, 177, 433; 34,7 f., 96, 410, 412; 35, 138, 178; 37, 8, 412; 39, 79, 87, 157, 439.
2) Carlebach, a.a.O.; Hirsch, a.a.O.; Lamm, a.a.O.; Silberner, a.a.O.

# Literaturverzeichnis

(Nur jene Titel wurden aufgenommen, die für das Thema von
größerer Bedeutung sind oder häufiger zitiert wurden)

Adler, Max: Marx als Denker. Zum 25. Todesjahre von Karl Marx, Berlin 1908.

Althusser, Luis: Marxismus und Ideologie. Probleme der Marx-Interpretation, Berlin (West) 1973.

Altwegg, Jürg: Die Republik des Geistes. Frankreichs Intellektuelle zwischen Revolution und Reaktion, München/Zürich 1986.

Anders, Karl: Die ersten hundert Jahre. Zur Geschichte einer demokratischen Partei, Hannover 1963.

Andréas, Bert: Marx' Verhaftung und Ausweisung Brüssel Februar/März 1948, (Schriften aus dem Karl-Marx-Haus Trier Nr. 22), Trier 1978.

Andrejew, German u. a.: Marxismus. Die gescheiterte Philosophie unserer Epoche?, Mainz 1985.

Aron, Raymond: Opium für Intellektuelle – oder die Sucht nach Weltanschauung, Köln 1957.

Aron, Raymond: Erkenntnis und Verantwortung. Lebenserinnerungen, München/Zürich 1985.

Baader, Roland: Kreide für den Wolf. Die tödliche Illusion vom besiegten Sozialismus, Böblingen 1991.

Backhaus, Wilhelm: Marx, Engels und die Sklaverei. Zur ökonomischen Problematik der Unfreiheit, Düsseldorf 1974.

Bakunin, Michail: Gesammelte Werke, 3 Bde., Berlin 1924 (Neudruck Vaduz 1978).

Bauer, Roland: Der wissenschaftliche Sozialismus und das Godesberger Grundsatzprogramm (Lektionen der Parteihochschule »Karl Marx« beim ZK der SED), Berlin (Ost) 1960.

Bebel, August: Aus meinem Leben, 3 Bde., Berlin 1946.

Bebel, August/Bernstein, Eduard (Hrsg.): Der Briefwechsel zwischen Friedrich Engels und Karl Marx 1844–1883, 4 Bde., Stuttgart 1913.

Beer, Max: Karl Marx. Eine Monographie, Berlin 1918.

Berg, Hermann von: Die Analyse. Die Europäische Gemeinschaft – das Zukunftsmodell?, Köln 1985.

Berg, Hermann von: Marxismus-Leninismus. Das Elend der halb deutschen, halb russischen Ideologie, Köln 1986.

Berlin, Isaiah: Karl Marx. Sein Leben und Werk, München 1959.

Bernstein, Eduard: Der Sozialismus einst und jetzt. Streitfragen des Sozialismus in Vergangenheit und Gegenwart, Berlin/Bonn 1975.

Biehan, Walther u. a.: Marx der Denker und Kämpfer. Gedenkschrift zum 50. Todestag, Berlin 1933.

Bienert, Walther: Über Marx hinaus zu wahrem Menschsein, Stuttgart 1979.

Bleuel, Hans Peter: Friedrich Engels. Bürger und Revolutionär. Die zeitgerechte Biographie eines großen Deutschen, Bern/München 1981.

Blumenberg, Werner: Ein unbekanntes Kapitel aus Marx' Leben. Briefe an die holländischen Verwandten, in: International Review of Social History, Volume I (1956), S. 54–111.

Blumenberg, Werner: Karl Marx in Selbstzeugnissen und Bilddokumenten, Reinbek bei Hamburg 1962.

Boff, Leonardo: Aus dem Tal der Tränen ins Gelobte Land. Der Weg der Kirche mit den Unterdrückten, Düsseldorf 1982.

Bottomore, Tom: Karl Marx, Oxford 1979.

Brandt, Willy: Friedrich Engels und die soziale Demokratie, Bonn 1970.

Brandt, Willy: Reden und Interviews – Herbst 1971 bis Frühjahr 1973, Hamburg 1973.

Broad, William/Wade, Nicholas: Betrug und Täuschung in der Wissenschaft, Base/Boston/Stuttgart 1984.

Brocke, Bernhard vom (Hrsg.): Sombarts »Moderner Kapitalismus«. Materialien zur Kritik und Rezeption, München 1987.

Carlebach, Julius: Karl Marx and the Radical Critique of Judaism, London 1978.

Carsten, Francis Ludwig: Eduard Bernstein 1850–1932. Eine politische Biographie, München 1993.

Corino, Karl: Intellektuelle im Bann des Nationalsozialismus, Hamburg 1980.

Cornu, Auguste: Karl Marx und Friedrich Engels, 3 Bde.: 1818–1844, 1844–1845, 1845–1846, Berlin (Ost) 1954 ff.

Cunow, Heinrich: Die Marxsche Geschichts-, Gesellschafts- und Staatstheorie. Grundzüge der Marxschen Soziologie, Berlin 1923.

Dominick III, Raymond H.: Wilhelm Liebknecht and the Founding of the German Social Democratic Party, Chapel Hill 1982.

Dornemann, Luise: Jenny Marx. Der Lebensweg einer Sozialistin, Berlin (Ost) 1984.

Duncker, Hermann: Ein Wegweiser zum Studium der ökonomischen Grundlehren von Karl Marx als Anleitung zum Selbststudium, Berlin 1931.

Ehlen, Peter: Marxismus als Weltanschauung. Die weltanschaulich-philosophischen Leitgedanken bei Karl Marx, München/Wien 1982.

Enzensberger, Hans Magnus (Hrsg.): Gespräche mit Marx und Engels, Frankfurt a. M. 1981.

Ertl, Georg: Der gute Mensch von Trier. Karl Marx wie ihn keiner kennt, Köln 1980 (1973).

Euchner, Walter: Karl Marx, München 1982.

Euchner, Walter (Hrsg.): Klassiker des Sozialismus, 2 Bde., München 1991.

Femia, Joseph V.: Marxism and Domocracy, Oxford 1993.

Fetscher, Iring: Marxisten gegen Antikommunismus, Hamburg 1974.

Fetscher, Iring: Marxistische Porträts, Bd. 1, Stuttgart 1975.

Fetscher, Iring: Von Marx zur Sowjetideologie. Darstellung, Kritik und Dokumentation des sowjetischen, jugoslawischen und chinesischen Marxismus, Frankfurt a. M. 1987.

Fetscher, Iring (Hrsg.): Geschichte als Auftrag. Willy Brandts Reden zur Geschichte der Arbeiterbewegung, Berlin/Bonn 1981.

Fischer, Paul: Volkstümliche Einführung in das Marx-Studium, Stuttgart/Berlin 1922.

Flechtheim, Ossip K. (Hrsg.): Marx heute. Pro und contra, Hamburg 1983.

Fleischer, Helmut (Hrsg.): Der Marxismus in seinem Zeitalter, Leipzig 1994.

Fricke, Dieter: Handbuch zur Geschichte der deutschen Arbeiterbewegung 1869 bis 1917, 2 Bde., Berlin (Ost) 1987.

Friedenthal, Richard: Karl Marx.Sein Leben und seine Zeit, München/Zürich 1981.

Fromm, Eberhard: Marx – von rechts gelesen. Das konservative Marxbild der achtziger Jahre, Berlin (Ost) 1989.

Fromm, Eberhard: Der Kult der großen Männer, Berlin 1991.

Fromm, Erich: Haben oder Sein. Die seelischen Grundlagen einer neuen Gesellschaft, München 1979.

Fromm, Erich: Das Menschenbild bei Marx. Mit den wichtigsten Teilen der Frühschriften von Karl Marx, Frankfurt a. M./Berlin/Wien 1982.

Fuchs, Emil: Christentum und Sozialismus, Offenbach 1948.

Gallo, Max: Rosa Luxemburg. Eine Biographie, Zürich 1993.

Gedö, András: Der entfremdete Marx. Zur existentialistisch-»humanistischen« Marxismus-Deutung, Frankfurt a. M. 1971.

Gehrcke, Wolfgang (Hrsg.): Stalinismus. Analyse und Kritik. Beiträge zu einer Debatte, Bonn 1994.

Gemkow, Heinrich: Karl Marx – Eine Biographie, Frankfurt a. M. 1972.

Gemkow, Heinrich: Unser Leben. Eine Biographie über Karl Marx und Friedrich Engels, Berlin (Ost) 1981.

Gemkow, Heinrich: Vom Highgate-Friedhof zum Marx-Engels-Platz. Marx-Engels-Jubiläen im Spiegel eines Jahrhunderts, Berlin (Ost) 1983.

Gemkow, Heinrich/Hecker, Rolf: Unbekannte Dokumente über Marx' Sohn Frederick Demuth, in: Beiträge zur Geschichte der Arbeiterbewegung, 4/94, S. 43 ff.

General, Regina/Jäger, Michael (Hrsg.): Marx mega out? Streitgespräche, Berlin 1994.

Giroud, Françoise: Trio Infernale oder Das Leben der Jenny Marx, Weinheim/Berlin 1994.

Glucksmann, André: Die Macht der Dummheit, Stuttgart 1985.

Gollwitzer, Helmut: Forderungen der Freiheit. Aufsätze und Reden zur politischen Ethik, München 1964.

Gottlieb, Roger S.: Marxism 1844–1990. Origins, betrayal, rebirth, New York/London 1992.

Grünberg, Carl (Hrsg.): Archiv für die Geschichte des Sozialismus und der Arbeiterbewegung, Graz 1979.

Gustafsson, Bo: Marxismus und Revisionismus. Eduard Bernsteins Kritik des Marxismus und ihre ideengeschichtlichen Voraussetzungen, 2 Bde., Frankfurt a. M. 1972.

Hädecke, Wolfgang: Heinrich Heine. Eine Biographie, München 1985.

Haug, Wolfgang Fritz: Pluraler Marxismus. (Beitäge zur politischen Kultur Bd. 2), Berlin 1987.

Haug, Wolfgang Fritz: Historisch-kritisches Wörterbuch des Marxismus, Bd. 1, Hamburg 1994.

Heimann, Horst: Marxismus, Revisionismus und Reformismus in der Geschichte der deutschen Arbeiterbewegung, in: Aus Politik und Zeitgeschichte, Beilage der Wochenzeitung Das Parlament, B 10/83, S. 3–24.

Herrmann, Ursula/Emmrich, Volker u. a. (Autorenkoll.): August Bebel. Eine Biographie, Berlin (Ost) 1989.

Hesse, Günter: Karl Marx: »Meine Krankheit kommt immer aus dem Kopf«. Eine neuropsychatrische Studie seines »chronisch gedrückten Hirnzustands«, in: Deutsches Ärzteblatt-Ärztliche Mitteilungen, 80 (1983), Heft 46, S. 91–97.

Heuer, Uwe Jens: Marxismus und Demokratie, Baden-Baden 1989.

Heuss, Theodor: Hitlers Weg. Eine Schrift aus dem Jahre 1932. Hrsg. v. Eberhard Jäckel, Tübingen 1968.

Hirsch, Helmut: Friedrich Engels in Selbstzeugnissen und Bilddokumenten, Reinbek bei Hamburg 1968.

Hirsch, Helmut: Rosa Luxemburg in Selbstzeugnissen und Bilddokumenten, Reinbek bei Hamburg 1976.

Hirth, Friedrich: Heinrich Heine und Karl Marx. Zum 150. Geburtstag des Dichters, 13. Dezember 1947, in: Das Goldene Tor, 2 (1947), Nr. 11/12, S. 1065–1079.

Hornung, Klaus: Der faszinierende Irrtum. Karl Marx und die Folgen, Freiburg 1978.

Institut für Marxismus-Leninismus beim ZK der KPdSU (Hrsg.): Karl Marx. Biographie, Berlin (Ost) 1975.

Institut für Marxismus-Leninismus beim ZK der SED (Hrsg.): Mohr und General. Erinnerungen an Marx und Engels, Berlin (Ost) 1982.

Institut für Marxismus-Leninismus beim ZK der SED/Institut für Marxismus-Leninismus beim ZK der KPdSU (Hrsg.): Ihre Namen leben durch die Jahrhunderte fort. Kondolenzen und Nekrologe zum Tode von Karl Marx und Friedrich Engels, Berlin (Ost) 1983.

Kaplan, Francis: Marx antisémite? Paris 1990.

Kapp, Yvonne: Eleanor Marx, 2 Bde., New York 1972 bzw. 1976.

Karl-Marx-Haus Trier (Hrsg.): Wissenschaftlicher Sozialismus und Arbeiterbewegung. Begriffsgeschichte und Dühring-Rezeption, (Schriften aus dem Karl-Marx-Haus Trier Nr. 24), Trier 1980.

Kautsky, Karl: Die historische Leistung von Karl Marx, Berlin 1919

Kautsky, Karl: Über Sozialdemokratie und Kommunismus. Hrsg. von David Shub u. Joseph Shaplen, München 1948.

Kautsky, Karl: Die Diktatur des Proletariat. Hrsg. v. Hans-Jürgen Mende, Berlin (Ost) 1990.

Kautsky, Karl Jr. (Hrsg.): August Bebels Briefwechsel mit Karl Kautsky, Assen 1971.

Kershaw, Ian: Der Hitler-Mythos. Volksmeinung und Propaganda im Dritten Reich, Stuttgart 1980.

Kersten, Karin/Prasse, Jutta (Hrsg.): Die Töchter von Karl Marx. Unveröffentlichte Briefe, Köln 1981.

Kolakowski, Leszek: Leben trotz Geschichte. Lesebuch, München 1980.

Korn, Vilmos u. Ilse: Mohr und die Raben von London, Berlin (Ost) 1977.

Korsch, Karl: Karl Marx, Frankfurt a.M./Wien 1971.

Kossok, Manfred (Hrsg.): Karl Marx und Grundfragen der Revolution in Theorie und Praxis, Leipzig 1980.

Kowalsky, Wolfgang/Schroeder, Wolfgang (Hrsg.): Linke, was nun?, Hamburg 1993.

Kriele, Martin: Befreiung und politische Aufklärung, Plädoyer für die Würde des Menschen, Freiburg/Basel/Wien 1980.

Krosigk, Lutz Graf Schwerin von: Jenny Marx, Wuppertal 1975.

Kruse, Joachim von: Der unverstandene Kommunismus. Versäumnis und Irrtum, Mainz 1977.

Külow, Volker/Jaroslawski, André (Hrsg.): David Rjasanow – Marx-Engels-Forscher – Humanist – Dissident, Berlin 1993.

Künzli, Arnold: Karl Marx. Eine Psychographie, Wien/Frankfurt a. M./Zürich 1966.

Kupsch, Wolfgang: Marx und Marcuse, Hamburg 1974.

Lamm, Hans u. a.: Karl Marx 1818–1968. Neue Studien zu Person und Lehre, Mainz 1968.

Langkau, Götz: Marx-Gesamtausgabe – Dringendes Parteiinteresse oder dekorativer Zweck? Ein Wiener Editionsplan zum 30. Todestag, Briefe und Briefauszüge, in: International Review of Social History (IRSH), Volume XXVIII (1983), S. 105–142.

Lay, Rupert: Marxismus für Manager. Einführung und Argumentationshilfe, Reinbek bei Hamburg 1977.

Lehmann, Helmut (Hrsg.): Karl Marx. Eine Sammlung von Erinnerungen und Aufsätzen, Berlin 1947.

Lehnert, Detlef: Reform und Revolution in den Strategiediskussionen der klassischen Sozialdemokratie. Zur Geschichte der deutschen Arbeiterbewegung von den Ursprüngen bis zum Ausbruch des 1. Weltkriegs, Bonn 1977.

Lenin, Wladimir Iljitsch: Marx, Engels, Marxismus. Ausgewählte Aufsätze, Berlin 1946.

Leonhard, Wolfgang: Die unbekannten Klassiker. Marx und Engels in der DDR, in: Deutschland Archiv 7/95, S. 709 ff.

Lévy, Bernard-Henri: La Barbarie à visage humain, Montrouge 1977.

Liebknecht, Wilhelm: Karl Marx zum Gedächtnis. Ein Lebensabriß und Erinnerungen, Nürnberg 1896.

Litschev, Alexander/Kegler, Dietrich (Hrsg.): Abschied vom Marxismus. Sowjetische Philosophie im Umbruch, Reinbek bei Hamburg 1992.

Löw, Konrad: Warum fasziniert der Kommunismus – eine systematische Untersuchung, München 1985.

Löw, Konrad: Kann ein Christ Marxist sein?, München 1987.

Löw, Konrad: Marxismus-Quellenlexikon, Köln 1988.

Löw, Konrad: Die Lehre des Karl Marx – Dokumentation/Kritik, Köln 1989.

Löw, Konrad: Terror – Theorie und Praxis im Marxismus, Asendorf 1991.

Löw, Konrad: ... bis zum Verrat der Freiheit. Die Gesellschaft der Bundesrepublik und die »DDR«, München 1994.

Löwenthal, Fritz: Das kommunistische Experiment. Theorie und Praxis des Marxismus-Leninismus, Köln 1957.

Lutzmann, Roman Vinzenz: Abschied von der Weltrevolution? Zur Entstehung und Entwicklung des revolutionären Weltprozesses und der friedlichen Koexistenz im Marxismus-Leninismus, München 1977.

Man, Hendrik de: Zur Psychologie des Sozialismus, Bonn 1976.

Mandel, Ernest: Kontroversen um »Das Kapital«, Berlin 1991.

Mann, Golo: Geschichte und Geschichten, Frankfurt a.M. 1973.

Manuilski, D. S.: Der Marxismus als Lehre von der proletarischen Revolution, Moskau/Leningrad 1933.

Marx, Karl: Texte zu Methode und Praxis I. Jugendschriften 1835–1841. Hrsg. v. E. Grassi, Hamburg 1966.

Marx, Karl: Manifest der Kommunistischen Partei. Hrsg., eingel. und erl. von Theo Stammen, München 1969.

Marx, Karl: Die Frühschriften. Hrsg. v. Siegfried Landshut, Stuttgart 1971.

Marx, Karl/Engels, Friedrich: Pressefreiheit und Zensur. Hrsg. und eingel. von Iring Fetscher, Frankfurt a. M./Wien 1969.

Marx, Karl/Engels, Friedrich: Historisch-kritische Gesamtausgabe (= Marx/Engels Gesamtausgabe, MEGA$^1$). Im Auftrag das Marx-Engels-Instituts hrsg. v. D. B. Rjazanow und V. V. Adoracki (versch. Orte, u. a. Berlin und Moskau) 1927 ff. (Nach Erscheinen der 1. und 3. Abt. 1936 eingestellt.)

Marx, Karl/Engels, Friedrich: Gesamtausgabe (MEGA$^2$). Hrsg. zunächst v. den Instituten für Marxismus-Leninismus bei den Zentralkomitees der KPdSU und SED, Redaktionsleitung G. Heyden u. A. Jegorow, Berlin (Ost) 1975 ff., seit der Wende: Internationale Marx-Engels-Stiftung.

Marx, Karl/Engels, Friedrich: Werke (MEW). Hrsg. v. Institut für Marxismus-Leninismus beim ZK der SED, Berlin (Ost) 1956 ff. (auf der Basis der 2. russischen Ausgabe, 1955 ff.)

Marx-Engels-Lenin-Institut Moskau (Hrsg.): Karl Marx. Chronik seines Lebens in Einzeldaten, Glashütten im Taunus 1971 (Unveränderter Nachdruck der Ausgabe Moskau 1934).

Massiczek, Albert: Der menschliche Mensch. Karl Marx' jüdischer Humanismus, Wien/Frankfurt a.M./Zürich 1968.

Mayer, Gustav: Friedrich Engels. Eine Biographie, 2 Bde., o. O. 1934.

Mazlish, Bruce: The meaning of Karl Marx, New York/Oxford 1984.

McLellan, David: Marx: the First Hundred Years, London 1983.

MEGA$^1$: siehe Marx, Karl/Engels, Friedrich: Historisch-kritische Gesamtausgabe.

MEGA$^2$: siehe Marx, Karl/Engels, Friedrich: Gesamtausgabe.

Mehring, Franz: Eine neuer Literatenkrakeel, in: Die Neue Zeit. Wochenschrift der Deutschen Sozialdemokratie, 32 (1913) v. 5. 12. 1913, S. 394 ff.

Mehring, Franz: Geschichte der deutschen Sozialdemokratie, 2 Bde., Berlin (Ost) 1960.

Mehring, Franz: Karl Marx. Geschichte seines Lebens, Berlin (Ost) 1974 (1960).

Meier-Rust, Kathrin: Alexander Rüstow. Geschichtsdeutung und liberales Engagement, Stuttgart 1993.

Metzke, Erwin (Hrsg.): Marxismusstudien, Tübingen 1954.

MEW: Marx/Engels-Werke siehe Marx, Karl/Engels, Friedrich: Werke.

Miller, Susanne/Potthoff, Heinrich: Kleine Geschichte der SPD. Darstellung und Dokumentation 1848–1990, Bonn 1991.

Monz, Heinz: Karl Marx. Grundlagen der Entwicklung zu Leben und Werk, Trier 1973.

Monz, Heinz: Gerechtigkeit bei Karl Marx und in der Hebräischen Bibel. Übereinstimmung, Fortführung und zeitgenössische Identifikation, Baden-Baden 1995. Das Buch gelangte später in meine Hände als angekündigt – erst nach dem Umbruch –, weshalb es im Text kaum noch berücksichtigt werden konnte. Von der Einleitung an werden zahlreiche der hier attackierten Mythen feilgeboten.

Monz, Heinz u. a.: Der unbekannte junge Marx. Neue Studien zur Entwicklung des Marxschen Denkens 1835–1847, Mainz 1973.

Mordstein, Friedrich: Ist der Marxismus ein Humanismus?, Stuttgart u. a. 1967.

Motschmann, Jens: Die Pharisäer. Die evangelische Kirche, der Sozialismus und das SED-Regime, Frankfurt a. M./Berlin 1993.

Motschmann, Klaus: Sozialismus und Nation. Wie deutsch ist die »DDR«, München 1979.

Münkler, Herfried: Marx heute, in: Aus Politik und Zeitgeschichte, Beilage der Wochenzeitung Das Parlament, B 10/83, S. 25–35.

Neusüss, Arnhelm: Marxismus. Ein Grundriß der Großen Methode, München 1981.

Noack, Paul: Die manipulierte Revolution. Von der Bastille bis in unsere Zeit, München 1978.

Nolte, Ernst: Marxismus und Industrielle Revolution, Stuttgart 1983.

Oiserman, Teodor: Die Entstehung der marxistischen Philosophie, Berlin 1980.

Padover, Saul K.: Karl Marx. An intimate biography, New York u. a. 1978.

Peters, Heinz F.: Die rote Jenny. Ein Leben mit Karl Marx, München 1984.

Peters, Hans-Rudolf: Politische Ökonomie des Marxismus. Anspruch und Wirklichkeit, Göttingen 1980.

Peters, Hans-Rudolf: Einführung in die Theorie der Wirtschaftssysteme, München/Wien 1987.

Pilgrim, Volker Elis: Adieu Marx. Gewalt und Ausbeutung im Hause des Wortführers, Reinbek bei Hamburg 1990.

Pottier, Joël: Die satanischen Gedichte des jungen Karl Marx, in: Müller, Harald (Hrsg.): Hoffnung und Verantwortung in unserer Zeit. Festschrift für Lothar Bossle zum 65. Geburtstag, Paderborn 1994.

Prawer, Siegbert S.: Karl Marx und die Weltliteratur, München 1983.

Raddatz, Fritz J.: Karl Marx. Eine politische Biographie, Hamburg 1975.

Recktenwald, Horst Claus/Weizsäcker, Carl Christian/Fetscher, Iring: Kritisches zu Karl Marx – anno 1988. Vademecum zu einem utopischen Klassiker, Düsseldorf 1988.

Renner, Karl: Karl Marx' Leben und Werk, in: Biehan, Walther u. a.: Marx der Denker und Kämpfer. Gedenkschrift zum 50. Todestag, Berlin 1933.

Rjazanov, David B.: Karl Marx als Denker, Mensch und Revolutionär. Ein Sammelbuch, Wien/Berlin 1928.

Röhr, Heinz: Pseudoreligiöse Motive in den Frühschriften von Karl Marx, Tübingen 1962.

Rubel, Maximilien/Manale, Margaret: Marx without myth. A chronological study of his life and work, Oxford 1975.

Rühle, Otto: Karl Marx. Leben und Werk, Hellerau 1928.

Schallenberger, Horst/Schrey, Helmut (Hrsg.): Im Gegenstrom. Für Helmut Hirsch zum Siebzigsten, Wuppertal 1977.

Schieder, Wolfgang: Karl Marx als Politiker, München/Zürich 1991.

Schmidt, Giselher: Demontage der Freiheit, Hamburg 1976.

Schneider, Michael: Das Ende eines Jahrhundertmythos. Eine Bilanz des Sozialismus, Köln 1992.

Schönke, Manfred: Karl und Heinrich Marx und ihre Geschwister. Lebenszeugnisse – Briefe – Dokumente, Bonn 1993.

Schubert, Käte (Hrsg.): Heiteres und Bissiges von Marx und Engels, Berlin (Ost) 1987.

Schubert, Venanz (Hrsg.): Karl Marx (1818–1883). Eine Ringvorlesung der Universität München, St. Ottilien 1984.

Schulte, Günter: Kennen Sie Marx? Kritik der proletarischen Vernunft, Frankfurt a. M. 1992.

Schumpeter, Joseph A.: Kapitalismus, Sozialismus und Demokratie, München 1973.

Schwan, Alexander: Theorie als Dienstmagd der Praxis. Systemwille und Parteilichkeit – Von Marx zu Lenin, Stuttgart-Degerloch 1983.

Schwarzschild, Leopold: Der rote Preusse. Leben und Legende von Karl Marx, Stuttgart 1954.

Schwerbrock, Wolfgang: Karl Marx privat. Unbekannte Briefe, München 1962.

Seebacher-Brandt, Brigitte: Bebel. Künder und Kärrner im Kaiserreich, Bonn 1988.

Senge, Angelika: Marxismus als atheistische Weltanschauung. Zum Stellenwert des Atheismus im Gefüge marxistischen Denkens, Paderborn u. a. 1983.

Sichtermann, Barbara: Der tote Hund beißt. Karl Marx, neu gelesen, Berlin 1990.

Sölter, Arno: Ökonokomik. Die Lehre von den heiteren Seiten der Wirtschaftswissenschaften, Bad Bentheim 1981.

Sombart, Werner: Das Lebenswerk von Karl Marx, Jena 1909.

Sombart, Werner: Der proletarische Sozialismus (»Marxismus«), Bd. 1, Jena 1924.

Sommer, Norbert: Der Traum aber bleibt. Sozialismus und christliche Hoffnung. Eine Zwischenbilanz, Berlin 1992.

Stadler, Peter: Karl Marx. Ideologie und Politik, Göttingen/Frankfurt a. M./Zürich 1971.

Steinbüchel, Theodor: Sozialismus, Tübingen 1950.

Theimer, Walter: Der Marxismus. Lehre-Wirkung-Kritik, München 1976.

Thomas, Andreas Maria: Das Ende des Mythos Sozialismus. Vom Scheitern der sozialistischen Politik und Theologie, Frankfurt a. M. u. a. 1993.

Tillich, Paul: Auf der Grenze. Aus dem Lebensweg Paul Tillichs, Stuttgart 1962.

Topitsch, Ernst: Gottwerdung und Revolution. Beiträge zur Weltanschauungsanalyse und Ideologiekritik, München 1973.

Topitsch, Ernst: Marxismus als Herrschaftsideologie, in: Hochschulverband – Bilanz einer Reform. Denkschrift zum 450jährigen Bestehen der Philipps-Universität zu Marburg, Bonn 1977, S. 12 ff.

Tröger, Jörg (Hrsg.): Hochschule und Wissenschaft im Dritten Reich, Frankfurt a. M./New York 1984.

Tsuzuki, Chushichi: The life of Eleanor Marx 1855–1898. A socialist tragedy, Oxford 1967.

Tucker, Robert C.: Karl Marx. Die Entwicklung seines Denkens von der Philosophie zum Mythos, München 1963.

Victor, Walther: Marx und Heine. Tatsache und Spekulation in der Darstellung ihrer Beziehung, Berlin 1953.

Vorländer, Karl: Karl Marx. Sein Leben und Werk, Leipzig 1929.

Weber, Hermann: Das Prinzip Links. Eine Dokumentation. Beiträge zur Diskussion des demokratischen Sozialismus 1847–1973, Hannover 1973.

Weber, Hermann: Geschichte der DDR, München 1985.

Weber, Hermann: »Weiße Flecken« in der Geschichte. Die KPD-Opfer der Stalinschen Säuberungen und ihre Rehabilitierung, Frankfurt a. M. 1989.

Weber, Hermann (Hrsg.): DDR. Dokumente zur Geschichte der Deutschen Demokratische Republik 1945–1985, München 1986.

Weber, Hermann u. a. (Hrsg.): Kommunisten verfolgen Kommunisten. Stalinistischer Terror und ›Säuberungen‹ in den kommunistischen Parteien Europas seit den dreißiger Jahren, Berlin 1993.

Weber, Wilhelm (Hrsg.): Angriff und Abwehr. Berichte, Kommentare, Dokumente zum Streit ADVENIAT und die »Theologie der Befreiung«, Aschaffenburg 1978.

Wehler, Hans-Ulrich: Deutsche Historiker II, IV, Göttingen 1972.

Weigel, Siegfried: Der negative Marx. Marx im Urteil seiner Zeitgenossen. Eine Dokumentation, Stuttgart 1976.

Wolfe, Bertram D.: Marx und die Marxisten, Frankfurt a. M./Berlin 1965.

Worobjowa, Olga/Sinelnikowa, Irma: Die Töchter von Marx, Berlin (Ost) 1984.

Wurmbrand, Richard: Marx: Prophet of Darkness. Communism's hidden forces revealed, Basingstoke 1986.

Wurmbrand, Richard: Das andere Gesicht des Karl Marx, Seewies 1987.
Zeleny, Jindrich: The Logic of Marx, Oxford 1980.
Ziegler, Jean/da Costa, Uriel: Marx, wir brauchen Dich. Warum man die Welt verändern muß, München/Zürich 1992.
Zimmermann, Ruth: Jenny Marx und ihre Töchter. Frauen im Schatten des Revolutionärs, München 1984.
Zippelius, Reinhold: Gesellschaft und Recht. Grundbegriffe der Rechts- und Staatssoziologie, München 1980.

# Namenregister

# Stichwortregister

„Mit dem Selbstbewußtsein desjenigen, der dem Zeitgeist getrotzt und stets vor der Verharmlosung kommunistischer Regime gewarnt hat, hält Löw allen den Spiegel vor, der Wissenschaft, den Gewerkschaften, den Kirchen, den Intellektuellen."

Alfred Mechtersheimer
Die Welt, 6. Nov. 1993

Konrad Löw
...bis zum
Die Gesellschaft
Verrat der
der Bundesrepublik
Freiheit
und die »DDR«

LANGEN MÜLLER

**Langen Müller**

Wem gehört das Verdienst an der Wiedervereinigung? Hatte man in der Bundesrepublik unverdrossen auf das von der Verfassung vorgegebene Ziel „Einheit in Freiheit" hingearbeitet oder es abgeschrieben, zumindest aus den Augen verloren?

*Diktatur hat einen neuen Namen: Political Correctness*

Klaus J. Groth

# DIE DIKTATUR DER
# GUTEN
## Political Correctness

Herbig

**Herbig**

**A**npassung sichert Überleben. Profil schadet. So eng ist die Grenze der Meinungsfreiheit inzwischen gezogen.